刑事辩护学

主　编◎韩士队

副主编◎王　婧　柴　广　张永民

XINGSHI

BIANHUXUE

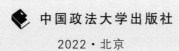
中国政法大学出版社

2022·北京

图书在版编目（ＣＩＰ）数据

刑事辩护学/韩士队主编. —北京：中国政法大学出版社，2022.12
ISBN 978-7-5764-0739-6

Ⅰ.①刑… Ⅱ.①韩… Ⅲ.①刑事诉讼－辩护－研究－中国 Ⅳ.①D925.210.4

中国版本图书馆 CIP 数据核字(2022)第 252415 号

出 版 者	中国政法大学出版社
地　　址	北京市海淀区西土城路 25 号
邮寄地址	北京 100088 信箱 8034 分箱　邮编 100088
网　　址	http://www.cuplpress.com (网络实名：中国政法大学出版社)
电　　话	010-58908586(编辑部) 58908334(邮购部)
编辑邮箱	zhengfadch@126.com
承　　印	固安华明印业有限公司
开　　本	720mm×960mm　1/16
印　　张	46.5
字　　数	750 千字
版　　次	2022 年 12 月第 1 版
印　　次	2022 年 12 月第 1 次印刷
定　　价	179.00 元

序 言
PREFACE

　　作者基于三十余年的刑事理论研究和辩护经验，又经过八年的撰写、整理和编辑，本书《刑事辩护学》终于问世。

　　自改革开放四十余年来，中国刑事辩护也经历了拨乱反正、从无到有、从有到完善、从完善到科学性发展"前进中有曲折、曲折中有前进"的历史进程。纵观各高等学府的教科书，基本以《刑法学》《刑事诉讼法学》作为研究对象，未见有将《刑事辩护学》纳入法学教学计划。作者撰写本书的目的是为了将刑事理论与辩护实践相结合的经验编撰归纳，不仅弥补了刑事辩护学的空白，而且为规范律师辩护实践具有指导意义。

　　撰写本书的主要法律依据包括《中华人民共和国刑法》《中华人民共和国刑事诉讼法》《最高人民法院关于适用〈中华人民共和国刑事诉讼法〉的解释》《人民检察院刑事诉讼规则》《公安机关办理刑事案件程序规定》《中华人民共和国律师法》《中华全国律师协会律师办理刑事案件规范》等，均为2022年5月31日之前有效的刑事法律及司法解释。

　　本书内容包括了中国刑事辩护的产生和发展进程、刑事辩护立法借鉴的外国经验及方向；刑事诉讼各程序及辩护律师在各程序中的权利和义务，以及刑事辩护的经验。

　　撰写本书得到了陈兴良（北京大学法学院教授、博士生导师）、周光权（清华大学法学院教授、博士生导师）、陈卫东（中国人民大学法学院教授、博士生导师）、陈少文（中南财经政法大学教授、博士生导师）、李贵方（北京大学法律硕士导师、北京德恒律师事务所副主任）、钱列阳（北京大学法学院法律硕士研究生兼职导师、北京紫华律师事务所主任）大力指导，在此表示由衷的谢意。

请法学专家、学者、同仁提出宝贵意见。

2022 年 5 月 31 日

目 录
CONTENTS

第一章

辩护总论

第一节　辩护的概念

一、辩护

辩护是指在刑事诉讼过程中犯罪嫌疑人、被告人及其辩护人反驳控诉人对犯罪嫌疑人、被告人涉嫌犯罪的指控，提出无罪、罪轻、轻、减轻、免除处罚或者判处"非监禁刑"的材料和意见，维护犯罪嫌疑人、被告人合法权益的一种诉讼活动。

"非监禁刑"是指判处管制、缓刑，或者单处罚金、剥夺政治权利、没收财产的附加刑，也包括对犯罪的外国人独立适用驱逐出境。

律师辩护的概念在中国还尚未有法定定义。《中华人民共和国律师法》[1]第 28 条第 1 款第 3 项规定，律师接受刑事案件犯罪嫌疑人、被告人的委托或者依法接受法律援助机构的指派，担任辩护人。《律师法》第 31 条规定："律师担任辩护人的，应当根据事实和法律，提出犯罪嫌疑人、被告人无罪、罪轻或者减轻、免除其刑事责任的材料和意见，维护犯罪嫌疑人、被告人的诉讼权利和其他合法权益。"《刑事诉讼法》第 37 条规定："辩护人的责任是根据事实和法律，提出犯罪嫌疑人、被告人无罪、罪轻或者减轻、免除其刑事责任的材料和意见，维护犯罪嫌疑人、被告人的诉讼权利和其他合法权益。"

依据前述法律规定，并结合逻辑学定义规则，不难将律师辩护的概念界定为在刑事诉讼中律师接受刑事案件犯罪嫌疑人、被告人的委托或者依法接

---

[1]　为行文方便，本书中所引法律名称，统一省略"中华人民共和国"字样，下不赘述。

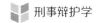

受法律援助机构的指派担任辩护人，依据事实和法律反驳控诉人对犯罪嫌疑人、被告人涉嫌犯罪的指控，提出犯罪嫌疑人、被告人无罪、罪轻、从轻、减轻、免除处罚或者判处"非监禁刑"的材料和意见，维护犯罪嫌疑人、被告人的诉讼权利和其他合法权益的诉讼活动。

二、辩护权

辩护权是指法律确认的犯罪嫌疑人、被告人及其辩护人针对控诉人对犯罪嫌疑人、被告人涉嫌犯罪的指控进行辩护的一种诉讼权利。

三、辩护制度

辩护制度是指为了保证犯罪嫌疑人、被告人在刑事诉讼活动中的辩护权得以实现，而制定的有关辩护、辩护人、辩护权以及辩护内容的法律规范的总称。

四、辩护的特征

辩护具有三个基本特征。

1. 辩护以存在指控为前提

有控诉方对犯罪嫌疑人、被告人涉嫌犯罪的指控，才使辩护方的存在具有意义。控诉方和辩护方的主张、观点和理由的相互对立，审判方的居间裁判，使法庭上形成控、辩、审三方的"三角"格局，因被告人有权自行辩护，所以在法庭上被告人与辩护人坐在同一张桌子上是世界多数国家的通行做法。中国的庭审格局是形成公诉人、辩护人、审判员、被告人"四角"格局，公诉人在审判席右侧、辩护人在审判席左侧、审判员居中坐在审判席上、被告人面对审判席，这种将辩护人与被告人座位分开的"四角"庭审格局，使辩护人与被告人在法庭上难以沟通，是"有罪推定"和"辩护律师是国家工作人员身份"的传统观念的延续。

世界各国无论采取何种庭审格局，均规定辩护方的主张、观点和理由始终针对的是控诉方的指控。所以辩护律师不得与法官进行辩论，也不得采取与庭审观众席或新闻媒体等互动的方式给法院施加压力。做到在尊重法庭、尊重法官、尊重公诉人，尊重事实和法律的基础上发表辩护意见。

2. 辩护以事实为根据和以法律为准绳

辩护律师的辩护活动始终要围绕着证据、证据锁链、犯罪构成、无罪、罪轻、从轻、减轻、免除等事实角度和实体、程序法角度发表辩护意见，做到在尊重公诉人，尊重事实和法律的基础上发表辩护意见，据理力争。那种激怒公诉人、气势压倒公诉人、为迎合被告人及其家属的心理而不负责任地信口开河、自我炫耀、故弄玄虚等做法是不必要的。

3. 辩护以推翻或削弱指控为目标

辩护律师的一切辩护活动始终是为了推翻或削弱控诉方的指控，从而达到使犯罪嫌疑人、被告人无罪、罪轻、从轻、减轻、免除处罚或者判处"非监禁刑"的目的，这也是辩护律师办理刑事案件应追求的目标，鼎铭精湛、苦修业务、认真负责、提高职业水平，日积月累、滴水成渊、持之以恒的树立一位辩护律师的良好社会形象，切忌过于贪名、贪利。

第二节 辩护制度的历史发展及法律渊源

一、外国辩护制度的立法开端

辩护制度萌芽于古罗马共和国时期，法院审理案件采取"弹劾式诉讼方式"，控告人与被告人享有平等的诉讼权利。罗马法律繁多、复杂程度为一般人所不能掌握，由此社会上便出现了雄辩家、辩护士、代言人等具有法律知识的人，为被告人提供法律帮助，并在诉讼中代被告人反驳指控。后来逐渐产生职业法学家，辩护制度被法律予以确认。《十二铜表法》正式规定了法庭上辩护人进行辩护的条文，也是人类历史上最早规定辩护制度的法典，这是古罗马奴隶制国家民主制度在刑事诉讼中的体现。罗马法的辩护制度成为现代辩护制度的原始蓝本，是现代辩护制度的发源地，它对法国、德国、意大利、西班牙、英国等国家乃至全人类辩护制度的确立产生深远影响，罗马法的法律原则、诉讼程序、辩护制度等内容成为人类社会最珍贵的知识宝库。

在中世纪的欧洲，基督教的神权统治高于世俗统治，实行宗教裁判和神罚，由于基督教徒的专横跋扈，以惩治异己为目的，实行纠问式诉讼模式，在诉讼中虽然宗教裁判所表面允许被告人辩护，实质上却只是徒有虚名，被告人的诉讼权利被剥夺殆尽，被置于诉讼客体和司法处置对象的地位，实行"有罪推定"，辩护权的行使受到了严重压制，辩护制度在中世纪的欧洲遭到毁灭性的破坏。

在 17 世纪至 18 世纪，欧洲资产阶级举起反对封建专制制度的旗帜，一批著名的启蒙思想家如英国的李尔本、洛克，法国的狄德罗、伏尔泰、卢梭、孟德斯鸠等人，吹响了"天赋人权""主权在民""三权分立""法律面前人人平等"的号角。在资产阶级革命胜利后，他们主张用辩论式诉讼模式取代纠问式诉讼模式，赋予被告人自己或委托他人行使辩护的权利，在法律中确立了辩护原则，英国于 1679 年制定的《人身保护法》首先确立了被告人的辩护权。1808 年法国拿破仑时期制定的《刑事诉讼法典》对辩护作了更为详尽、周密的规定，使刑事辩护系统化、规范化，对此后世界各国刑事辩护制度的确立和发展产生了重大和深远的影响。

二、国际社会辩护制度的规定

犯罪嫌疑人、被告人有权自行辩护和获得辩护也是为国际社会所广泛认可的、一项最基本的国际人权保护准则，而且不得有任何附加条件的限制。1948 年 12 月联合国大会通过的由人权委员会起草的《世界人权宣言》，1966 年 12 月第二十一届联合国大会通过的《公民权利和政治权利国际公约》（即《两权公约》），1990 年 8 月第八届联合国关于预防犯罪和罪犯待遇大会通过的《关于律师作用的基本原则》等国际公约、条约、习惯均对辩护作出了规定。

《两权公约》第 14 条第 3 款规定：确保被指控者"有相当的时间和便利准备他的辩护并与他自己选择的律师联络"；"出席受审并亲自替自己辩护或经由他自己所选择的法律援助进行辩护；如果他没有法律援助，要通知他享有这种权利；在司法利益有此需要的案件中，为他指定法律援助，而在他没有足够能力偿付法律援助的案件中，不要他自己付费"。

《关于律师作用的基本原则》第 1 条规定，"所有人有权请求由其选择的一位律师协助保护和确立其权利并在刑事诉讼的各个阶段为其辩护"；第 5 条规定，"各会员国政府应当确保：所有人在被逮捕、拘留或者被指控刑事犯罪时由主管当局迅速告知其有权得到由自行选择的律师提供法律协助"；第 8 条规定，"所有被逮捕、拘留或监禁的人应有充分机会、时间和便利条件，毫无迟延地、在不被窃听、不经检查和完全保密情况下接受律师来访和与律师通信和咨询。这种咨询可在执法人员能看得见但听不见的范围内进行"。[1]这些

---

[1] 摘自联合国官方网站。

规定是国际社会辩护制度产生的根基和源泉，也是国际社会辩护制度内容的重要组成部分。

三、中国辩护制度的历史发展及法律渊源

（一）中国近代辩护制度的历史沿革

中国刑事辩护制度是在清朝末期从西方引进的，1910 年清政府制定了《大清刑事、民事诉讼法（草案）》，规定了律师参与诉讼和被告人聘请律师为其辩护的权利，虽然这部法典未曾公布实施，但是并不影响它是中国历史上最早出现的刑事辩护制度的立法地位。它是清政府试图效仿西方资产阶级民主制度的见证，是清末统治者民主思想在诉讼制度中的反映，是我们探索和研究中国刑事辩护制度历史渊源的重要文献之一。1912 年北洋政府制定的《律师暂行章程》《律师登录暂行章程》是中国历史上最早以单行立法的方式确立律师制度，是中国律师制度的开端。1928 年民国政府制定了《律师章程》，1941 年民国政府又制定了《律师法》，《律师法》也成了民国政府的律师制度法典。

（二）中国现代辩护制度的确立与发展

中华人民共和国成立后，于 1954 年颁布了第一部《宪法》，将"被告人有权获得辩护"的规定确立为一项宪法原则。1954 年《人民法院组织法》第 7 条规定，被告人除自己行使辩护权外，可以委托律师为他辩护，可由人民团体介绍的或者经人民法院许可的公民为他辩护，人民法院认为必要的时候，也可以指定辩护人为他辩护，这些规定的出台标志着中国社会主义辩护制度的确立。

1979 年 7 月第五届全国人民代表大会第二次会议通过的《刑事诉讼法》规定了被告人有辩护权和律师辩护制度，这是中国第一部社会主义类型的刑事诉讼法典。1980 年 8 月第五届全国人民代表大会常务委员会第十五次会议通过了《律师暂行条例》，标志着具有中国特色社会主义的辩护制度的确立，成为中国律师辩护制度进入改革开放新的历史时期的重要里程碑。

1996 年 3 月第八届全国人民代表大会第四次会议通过了《刑事诉讼法（修正案）》。1996 年 5 月第八届全国人民代表大会常务委员会第十九次会议通过了《律师法》，不仅将犯罪嫌疑人、被告人的委托时间从审判阶段提前到侦查阶段，而且辩护人在刑事诉讼中的诉讼权利和执业保障方面也得到了扩

充，更有利于律师在刑事诉讼中发挥作用。但令人遗憾的是，将"律师参加诉讼活动，有权依照有关规定，向有关单位、个人调查，有关单位、个人有责任给予支持"，修改为"律师承办法律事务，经有关单位或者个人同意，可以向他们调查情况"。这对律师调查权进行了极大限制，甚至会使律师调查权形同虚设和变向取消，使律师辩护职能的发挥受到了较大的影响，说明了辩护制度的发展进程也遵循了"前进中有曲折，曲折中有前进"的马克思主义关于事物发展客观规律的基本原理。虽然存在种种问题，但它仍然是中国第一部具有中国特色社会主义类型的律师法。

2004 年 3 月第十届全国人民代表大会第二次会议通过的《宪法（修正案）》将"国家尊重和保障人权"写入《宪法》第 33 条第 3 款，这是中国人民以国家根本大法的形式向全世界人民公开倡导的"九字宣言书"，标志着中国以国家权利为本位、公权力至上的时代结束，中国人民将以"尊重和保障人权"、改善和发展"民主、民权、民生"为目标建设自己的美好家园，这是在中华民族历史上具有划时代意义的伟大变革。2007 年 10 月第十届全国人民代表大会常务委员会第三十次会议对《律师法》在扩大律师权利方面进行了较大修订，主要有：将律师会见犯罪嫌疑人、被告人的时间提前至"从犯罪嫌疑人被采取强制措施或第一次被讯问之日起"；律师会见犯罪嫌疑人、被告人不被监听；采用了简化的证据开示方案；取消了律师调查取证经有关单位或者个人同意的限制；规定了律师享有言论豁免权，律师在法庭上发表的代理、辩护意见不受法律追究，但发表危害国家安全、恶意诽谤他人、严重扰乱法庭秩序的言论除外。此次修改总体上强化了律师辩护权利，这是中国辩护制度的进步。

2012 年 3 月第十一届全国人民代表大会第五次会议作出了《关于修改〈中华人民共和国刑事诉讼法〉的决定》，此次修订增加了 66 个条文、修改了82 个条文，使《刑事诉讼法》的结构完整为 290 个条文，涉及辩护制度完善的主要内容有：在《刑事诉讼法》第 2 条刑事诉讼法的任务中体现了"尊重和保障人权"的宪法原则；赋予侦查阶段聘请的律师以辩护人地位；强调了实体辩护与程序辩护并重；扩大了律师承担法律援助义务的范围；赋予在最高人民法院复核死刑阶段聘请的律师以辩护人的地位，对行使辩护权的范围予以扩大。2012 年 10 月第十一届全国人民代表大会常务委员会第二十九次会议对《律师法》也按前述内容进行了相应的修订，两部修订的法典于 2013 年

1月1日起实施。辩护权是国际公认的一项基本人权，辩护制度是国际公认的一项基本人权保障制度，辩护权、辩护制度的发展与完善是基本人权、基本人权制度在刑事诉讼中的反映，标志着中国刑事诉讼活动在惩罚犯罪分子的同时要尊重和保障犯罪分子的人权，标志着中国辩护制度更有利于维护犯罪嫌疑人、被告人的合法权益，体现了中国辩护制度与国际社会辩护制度逐步接轨的立法发展方向。同时，在传统的"律师是私权利的代言人，不能赋予过多的公权力"等错误观念的影响下，对《刑事诉讼法》的此次修订仍然保留了对律师调查权的限制性规定。例如，2012年《刑事诉讼法》第41条规定："辩护律师经证人或者其他有关单位和个人同意，可以向他们收集与本案有关的材料……辩护律师经人民检察院或者人民法院许可，并且经被害人或者其近亲属、被害人提供的证人同意，可以向他们收集与本案有关的材料。"此条规定与《律师法》的相应规定相抵触。

2018年10月第十三届全国人民代表大会常务委员会第六次会议作出了《关于修改〈中华人民共和国刑事诉讼法〉的决定》，涉及律师执业的主要内容有：增加了值班律师制度；扩大了法律援助范围；在认罪认罚案件中，确立了犯罪嫌疑人、被告人签署具结书时律师的在场权；确立了律师在速裁和缺席审判程序中的辩护地位等，进一步完善了辩护制度。但遗憾的是，此次修订没有赋予律师参与监察机关调查案件程序的辩护权利，同时仍然保留了第43条对律师调查权的限制性规定。自1996年我国第一部律师法典确立以来，在是否给予律师充分调查权的问题上，国家一直处于犹豫摇摆状态。律师会见、阅卷和调查权是律师最基本的权利，如果此三权不能得到充分实施，则会对以审判为中心的司法制度改革形成较严重的影响，应在今后立法中加以完善。

犯罪嫌疑人、被告人有权自行辩护和获得辩护是中国宪法和法律确认的一项诉讼权利。《宪法》第130条规定："被告人有权获得辩护"，是中国宪法规定的一项原则。《刑事诉讼法》第14条规定…"人民法院、人民检察院和公安机关应当保障犯罪嫌疑人、被告人和其他诉讼参与人依法享有的辩护权和其他诉讼权利。……"《刑事诉讼法》第33条规定："犯罪嫌疑人、被告人除自己行使辩护权以外，还可以委托一至二人作为辩护人。……"犯罪嫌疑人、被告人有权自行辩护和获得辩护、有权针对有罪指控进行辩解也成了中国刑事基本法律的一项重要原则。此外《律师法》《人民法院组织法》《最高人民法院关于适用〈中华人民共和国刑事诉讼法〉的解释》《人民检察院刑事诉讼规则》《公安机关办理刑事案件程序规定》等法律、司法解释也做出了相应的规定，这些规定是中国辩护制度产生的根基和源泉，也是中国现行辩护制度内容的重要组成部分。

掌握辩护制度的历史发展及法律渊源，有利于我们从国际社会层面整体把握刑事辩护国际立法的内容和发展方向；有利于我们正确认识中国刑事辩护与国际社会整体刑事辩护水平的差距；有利于完善中国刑事辩护立法和准确把握刑事辩护立法的发展方向；有利于准确分析和判断中国应当缔结和参加何种有关刑事辩护内容的国际公约、条约；有利于我们借鉴国际刑事辩护立法的先进经验；有利于中国刑事辩护与国际接轨。总之，掌握辩护制度的历史发展及法律渊源，对我们学习刑事辩护制度、进行刑事辩护实践、提高刑事辩护水平、参与刑事辩护立法等各方面均有重要意义。

第三节 刑事诉讼模式

一、各国的刑事诉讼模式

（一）刑事诉讼模式的概念和种类

刑事诉讼模式是指国家为了进行刑事诉讼活动而设立的诉讼框架形式，它是整个刑事诉讼程序的基础，它不仅决定着刑事诉讼的特征、功能和类型，而且其本身也是由一定的诉讼价值观决定的。其实质和核心问题是如何配置侦查、起诉、审判程序中控、辩、审三方的法律地位和相互关系。

资产阶级夺取政权后废除了封建的纠问式刑事诉讼模式，代之以民主、文明的刑事诉讼模式，形成了新型的职权主义与当事人主义两种不同的刑事诉讼模式。

（1）职权主义刑事诉讼模式是指由法官主导刑事诉讼程序，一切刑事诉讼程序的决定都由法官依职权进行，控诉方和辩护方在刑事诉讼程序中处于消极、服从的地位的刑事诉讼模式，被大陆法系国家所采用。

（2）当事人主义刑事诉讼模式也被称为控辩对抗式刑事诉讼模式，是指由控诉方和辩护方主导刑事诉讼程序，法官在整个庭审活动中处于消极、被动的地位，法官只是居中裁判的中立者的刑事诉讼模式，被英美法系国家所采用。

（二）职权主义和当事人主义刑事诉讼模式的特点

（1）在侦查程序上，两种模式的区别集中体现在是否承认辩护方的侦查权上。在职权主义刑事诉讼模式中，法官主动依职权调查取证，犯罪嫌疑人仅属于侦查的对象，不具有侦查权，侦查是国家机关的专有行为，嫌疑人只有忍受国家机关侦查的义务；而当事人主义诉讼模式则不承认侦查权为国家机关专有，控辩双方都是侦查主体，均有权各自独立地收集证据。

（2）在起诉程序上，两种模式的区别集中体现在起诉裁量权的大小和是否实行起诉一本主义上。职权主义刑事诉讼模式一般采取起诉法定主义，控、辩双方对起诉标的无处分权，即在诉讼活动中采用不变更原则，案件一旦被起诉到法院，控诉方不能撤回起诉，诉讼的终止以法院的判决作为标志（即起诉一本主义）；当事人主义诉讼模式一般采取起诉便宜原则，控、辩双方有权自由处分诉讼标的，控方在起诉后经辩方同意可以撤回起诉（即起诉变更主义）。

（3）在认罪答辩程序上，由于职权主义刑事诉讼模式原则上不承认当事人对诉讼标的有处分权，故不设认罪答辩，即使被告人承认有罪也仍继续开庭审理，被告人被认定有罪是基于审判调查取证的结果而不是基于被告人承认有罪的结果；当事人主义刑事诉讼模式承认当事人双方对诉讼标的有处分权，不仅控方对起诉与否有自由裁量权，而且允许被告人承认起诉事实而服罪。因此，在审判前设置一项被告人认罪答辩程序，由被告人对起诉事实作承认与否的答辩，若承认有罪，则可以直接对被告人就其所答辩之罪处罚，同时考虑被告人认罪从宽处罚情节，这是被告人对诉讼标的进行处分的结果。

（4）在审判程序上，两种模式的主要区别在于审判形式的不同。职权主义刑事诉讼模式由法官指挥、主持诉讼，一切程序性决定都由法官依职权作出，法官决定诉讼进程；在当事人主义刑事诉讼模式中，除法院决定审判日期外，其余的均由当事人推动诉讼进程。

（5）在审判内容上，职权主义刑事诉讼模式中法官处于积极主动的地位，庭审调查证据完全由法官主持，是否有必要补充收集证据由法官决定，法院可以直接收集证据；当事人主义刑事诉讼模式中，庭审调查证据的权利义务全由控、辩双方承担。法院无权干涉控、辩双方的调查证据活动，法官在整个庭审活动中处于消极、被动的地位，法官只是判明证据的中立者。

（三）职权主义和当事人主义刑事诉讼模式的优势

（1）职权主义刑事诉讼模式的最大优势是由法官控制和主导整个诉讼过程，法官不仅有权组织诉讼活动并直接询问当事人，而且可以根据其职责进行事实调查，也可以依据职权独立地对证据进行评价和就是否采用做出决定，充分发挥了法官的主观能动性，有利于防止诉讼受控辩双方法庭技巧甚至伎俩的影响而难以发现客观真实。

（2）当事人主义刑事诉讼模式的最大优势是在诉讼活动中控、辩双方居于核心地位，诉讼请求的确定、诉讼材料和证据的收集与证明一概由控、辩双方负责。控、辩双方甚至对法律的适用亦有选择的权利，法官在诉讼中处于中立的地位，法官从不主动干预某一方，而是充分尊重控、辩双方的意志。当事人主义诉讼模式的原理是通过控、辩双方的相互作用、相互制约而达到制约公权利、揭示案件事实真相的目的。

（四）职权主义和当事人主义刑事诉讼模式的弊端

（1）职权主义刑事诉讼模式中，虽然有利于发现客体真实，提高诉讼效率，充分发挥惩罚功能，但是在职权主义刑事诉讼模式中法官的职权过大，有在审判前先入为主即确定有罪的弊端，容易忽视法庭审判过程中否定有罪的功能，过于强调惩罚，往往不利于保障被告人的基本权利。

（2）当事人主义刑事诉讼模式中，虽较好地体现了程序正义和诉讼民主，有利于保障被告人的基本权利，但是由控、辩双方推进诉讼活动，诉讼的结果受诉讼双方技巧乃至伎俩的影响较大，不利于查明事实真相。并且，反复地进行法庭调查和辩论会降低诉讼效率，难以达到"从重从快打击犯罪"的效果。同时也增加了指控犯罪的难度和国家公诉负担。另外，由于辩护方举证受被告人的经济状况影响较大，会导致辩护权的行使效果受金钱的影响，容易造成有钱人因为可以聘请辩护团和高级辩护律师而避重就轻甚至无罪；没钱人因为不能聘请辩护团和高级辩护律师而获重罪甚至成为冤魂的不良效果。

（五）统一的发展趋势

职权主义刑事诉讼模式和当事人主义刑事诉讼模式也在相互吸收对方的优点来弥补自身的不足。例如，大陆法系国家降低起诉一本主义的限制，在一定条件下允许当事人撤回诉讼请求；英美法系国家也在一定程度上加强法官的权限，对当事人双方的权限做了一定的要求。

二、中国的刑事诉讼模式

中国原有的刑事诉讼模式是以 1979 年制定的《刑事诉讼法》为基础构建的，具有职权主义刑事诉讼模式的一般特点，近似于大陆法系的职权主义刑事诉讼模式。1996 年《刑事诉讼法》修正，使原有的职权主义刑事诉讼模式发生了变革，淡化了职权主义刑事诉讼模式的色彩，吸收了英美法系国家当事人主义刑事诉讼模式中符合中国实际的一些制度和原则，初步确立了"职权主义和当事人主义混合型的刑事诉讼模式"，或称为"职权主义和当事人主义折中型的刑事诉讼模式"，也有人形象地比喻成中国已经初步形成了具有"中国特色的控、辩对抗式的刑事诉讼模式"。虽然中国当前的刑事诉讼模式仍然处于职权主义刑事诉讼模式的色彩非常浓厚的阶段，传统的职权主义刑事诉讼模式的立法、司法的观念和习惯一时还难以克服，但是 1996 年《刑事诉讼法》的修正，扩大了控、辩双方在法庭上各自行使诉讼职能的范围，强调控、辩双方平等对抗，增强了法庭审理的实际效果，标志着控、辩双方开始走向理性平等对抗的历史新时代；标志着中国司法审判活动向追求理想的庭审境界迈出了坚定的第一步，是划时代的历史转折。自此以后，在不断总结刑事司法实践经验的基础上，2012 年、2018 年《刑事诉讼法修正案》又进一步引进了英美法系国家控、辩对抗式的刑事诉讼模式中符合中国实际的一些制度和原则，使中国特色的控、辩对抗式的刑事诉讼模式的改革方向更加坚定，控、辩、审三方乃至法律职业共同体均应明确这个正确的改革道路。

三、中国以审判为中心的诉讼制度

（一）审判中心主义是与侦查中心主义相对应的概念

（1）侦查中心主义，是指以侦查程序作为刑事诉讼的中心，而审查起诉和审判程序都是侦查结论的审查和确认过程。具体而言，侦查机关所收集的犯罪证据，经过检察机关的移送，最终被法院采纳为定案的根据；侦查机关所认定的犯罪事实，经过检察机关的确认，最终被法院采纳为最终的裁判事实；侦查机关所查获的犯罪嫌疑人，经过检察机关的提起公诉，最终被法院认定为犯罪人。很显然，1979 年制定的《刑事诉讼法》采用的侦查中心主义具有职权主义刑事诉讼模式的一般特点，近似于大陆法系的职权主义刑事诉讼模式。在司法实践中比大陆法系职权主义刑事诉讼模式中的"权（侦查权）

力本位"更加严重，侦查机关"及时破案"就是英雄的思想和行为愈加严重，确实起到了及时有效地惩罚犯罪、维护社会正常秩序的良好效果。同时，也因定罪证据不能确实、充分，有的被采取刑讯逼供等非法方法屈打成招，有的甚至形成"欲加之罪何患无辞"的斗胆态势，司法机关互相配合有加、互相监督不及，造成冤假错案不断发生的惨痛教训。在当今国际社会强调"尊重和保障人权"的大格局下，中国刑事诉讼模式也愈加理智，侦查中心主义向以审判为中心的方向上改革、职权主义刑事诉讼模式向当事人主义刑事诉讼模式方向上改革成了新时代刑事诉讼历史发展的必然趋势。

（2）审判中心主义，是指以审判程序作为刑事诉讼的中心，而侦查程序和审查起诉只是审判程序的预备阶段，案件的一切结论都要经过审判程序予以审查和确认。具体而言，侦查机关所收集的犯罪证据，经过检察机关的移送，最终法院要经过法定程序确认才能作为定案的根据；侦查机关所认定的犯罪事实，经过检察机关的依法审核后移送，最终法院要经过法定程序确认采纳后才能作为裁判事实；侦查机关所查获的犯罪嫌疑人，经过检察机关的提起公诉，最终要通过法院生效裁判才能认定为犯罪人。自1996年《刑事诉讼法（修正案）》以来，中国不断淡化侦查主义刑事诉讼模式色彩，不断吸收英美法系当事人主义刑事诉讼模式中符合中国实际的一些制度和原则，向审判中心主义的刑事诉讼模式迈进。

（二）坚定了以审判为中心的诉讼制度改革方向

2014年10月中国共产党第十八届中央委员会第四次全体会议通过的《中共中央关于全面推进依法治国若干重大问题的决定》指出："推进以审判为中心的诉讼制度改革，确保侦查、审查起诉的案件事实证据经得起法律的检验。全面贯彻证据裁判规则，严格依法收集、固定、保存、审查、运用证据，完善证人、鉴定人出庭制度，保证庭审在查明事实、认定证据、保护诉权、公正裁判中发挥决定性作用。"此决定对进一步坚定不移地推进中国特色的控、辩对抗式的刑事诉讼模式具有重大意义，标志着向中国特色的控、辩对抗式的刑事诉讼模式的方向改革的意志更加坚定，会大踏步地迈进，对防止冤假错案的发生、纠正历史上的冤假错案具有划时代和里程碑式的意义。据此，最高人民法院颁布了《关于建立健全防范刑事冤假错案工作机制的意见》，最高人民检察院也制定了《关于切实履行检察职能防止和纠正冤假错案的若干意见》，从执法理念、素质能力、工作作风、制度落实等方面，对司法人员的执法、司法工作提出了严格要求。2016 年 7 月 20 日最高人民法院、最高人民检察院、公安部、国家安全部、司法部颁布《关于推进以审判为中心的刑事诉讼制度改革的意见》，2017 年 2 月 17 日最高人民法院又颁布《关于全面推进以审判为中心的刑事诉讼制度改革的实施意见》，对在刑事案件审判过程中重证据不轻信口供、公正裁判、完善和执行证据认定规则、切实防止冤假错案发生等起到了积极的推动作用。

（三）推进以审判为中心的诉讼制度改革，形成具有中国特色的控、辩对抗式的刑事诉讼模式

（1）重新理顺和配置控、辩、审三方之间的三角职能关系，特别是控、辩双方平等对抗机制；

（2）改变法庭调查的顺序和方式，由原来的法官出示证据并主导证据的调查，改为由控、辩双方各自向法庭出示证据，并以控、辩双方为主进行法庭调查；

（3）控、辩双方由原来只能在法庭辩论阶段进行辩论改为法庭调查每一项证据时都可以发表质证意见，并可以相互展开辩论。

以审判为中心的中国特色的控、辩对抗式的刑事诉讼模式自实行以来，已经显示出了控、辩双方在刑事庭审过程中参与的积极性和有效性、削弱了法官对庭审过程的职权干预、减少冤假错案发生等优势。同时，现有《刑事诉讼法》的相应规定也显示出法庭审理运行程序的不畅通，难以兼顾实现实体真实、保障被告人诉讼权利、准确惩罚犯罪的刑事诉讼目的的劣势。最主要表现为在庭审中控、辩双方难以形成真正的、激烈的、平等的对抗。控、辩对抗式的刑事诉讼模式的本质是"控、辩制衡对抗，法官居中裁判"。对抗制的主旨不在于对抗，而在于平等。对抗是庭审的形式，平等才能产生公正的效果。控、辩双方难以形成平等对抗的原因主要是《刑事诉讼法》的现有规定存有多处控、辩权不平等的设置，甚至存有对辩护律师不信任的歧视性条款。例如：

（1）依据《刑事诉讼法》第 43 条的规定："辩护律师经证人或者其他有关单位和个人同意，可以向他们收集与本案有关的材料，也可以申请人民检察院、人民法院收集、调取证据，或者申请人民法院通知证人出庭作证辩护。律师经人民检察院许可，并且经被害人或者其近亲属、被害人提供的证人同意，可以向他们收集与本案有关的材料。"

这是对辩方调取证据的限制性规定。

依据《刑事诉讼法》第 54 条的规定，人民检察院有权向有关单位和个人收集、调取证据。有关单位和个人应当如实提供证据。

这是对控方调取证据的无限制规定。

（2）依据《刑事诉讼法》第 39 条第 3 款的规定："危害国家安全犯罪、恐怖活动犯罪案件，在侦查期间辩护律师会见在押的犯罪嫌疑人，应当经侦查机关许可。上述案件，侦查机关应当事先通知看守所。"

依据《公安机关办理刑事案件程序规定》第 52 条的规定，对危害国家安全犯罪案件、恐怖活动犯罪案件，办案部门应当在将犯罪嫌疑人送看守所羁押时书面通知看守所；犯罪嫌疑人被监视居住的，应当在送交执行时书面通知执行机关。

辩护律师在侦查期间要求会见前款规定案件的在押或者被监视居住的犯罪嫌疑人的，应当向办案部门提出申请。

对辩护律师提出的会见申请，办案部门应当在收到申请后 3 日以内，报经县级以上公安机关负责人批准，作出许可或者不许可的决定，书面通知辩护律师，并及时通知看守所或者执行监视居住的部门。除有碍侦查或者可能泄露国家秘密的情形外，应当作出许可的决定。

公安机关不许可会见的，应当说明理由。有碍侦查或者可能泄露国家秘密的情形消失后，公安机关应当许可会见。

有下列情形之一的，属于本条规定的"有碍侦查"：

第一，可能毁灭、伪造证据，干扰证人作证或者串供的；

第二，可能引起犯罪嫌疑人自残、自杀或者逃跑的；

第三，可能引起同案犯逃避、妨碍侦查的；

第四，犯罪嫌疑人的家属与犯罪有牵连的。

（四）要使以审判为中心的司法改革产生实际效果，应强化律师的辩护权

（1）中国目前的法律设置充分说明，辩护权与检察权相比较是相对脆弱的。会见权、阅卷权、调查权是律师辩护权的最基本权利，辩护律师向证人取证，需要征得证人同意；向被害人一方的证人取证，还需要征得控方许可，调查权这种"一头轻、一头重"的立法设置方式难以实现实质意义上的控、辩双方平等对抗。立法应强化辩护权，使其与控诉权基本平衡，才能实现控、辩双方的平等对抗，才是以审判为中心改革的基础。所以"以审判为中心"

的改革，应从强化并保障实施辩护律师的辩护权起航。

（2）2008 年 5 月 21 日最高人民法院、司法部颁布了《关于充分保障律师依法履行辩护职责确保死刑案件办理质量的若干规定》，2014 年 12 月 23 日最高人民检察院颁布了《关于依法保障律师执业权利的规定》，2015 年 9 月 16 日最高人民法院、最高人民检察院、公安部、国家安全部、司法部颁布了《关于依法保障律师执业权利的规定》，2015 年 12 月 29 日最高人民法院颁布了《关于依法切实保障律师诉讼权利的规定》，这些司法解释使现有法律规定的律师诉讼权利落到实处，起到了积极的推动作用。

第二章

接受刑事案件

第一节　辩护人

一、辩护人概念

辩护人是指接受犯罪嫌疑人、被告人及其近亲属的委托或者法律援助中心指派，参与刑事诉讼活动，针对犯罪嫌疑人、被告人涉嫌犯罪的指控，提出无罪、罪轻、从轻、减轻、免除处罚或者判处"非监禁刑"的材料和意见，维护犯罪嫌疑人、被告人合法权益的人。

二、辩护人的范围

依据《刑事诉讼法》第 33 条、第 34 条之规定，下列的人可以被委托为辩护人：

（1）律师；

（2）人民团体或者犯罪嫌疑人、被告人所在单位推荐的人；

（3）犯罪嫌疑人、被告人的监护人、亲友。

在侦查期间，只能委托律师作为辩护人。

三、不得担任辩护人的范围

依据《最高人民法院关于适用〈中华人民共和国刑事诉讼法〉的解释》第 40 条、第 41 条，《最高人民法院、最高人民检察院、司法部关于进一步规范法院、检察院离任人员从事律师职业的意见》第 3 条之规定，不得担任辩护人的范围包括以下几种。

（一）　无条件的不得担任辩护人的人员

（1）正在被执行刑罚或者处于缓刑、假释考验期间的人；

（2）依法被剥夺、限制人身自由的人；

（3）无行为能力或者限制行为能力的人。

（二）　有条件的不得担任辩护人的人员

（1）被开除公职或者被吊销律师、公证员执业证书的人；

（2）人民法院、人民检察院、监察机关、公安机关、国家安全机关、监狱的现职人员；

（3）人民陪审员；

（4）与本案审理结果有利害关系的人；

（5）外国人或者无国籍人。

以上人员如果是犯罪嫌疑人、被告人监护人、近亲属的，只有经准许后，才能担任犯罪嫌疑人、被告人的辩护人。

（三）　对人民法院、人民检察院离任人员担任辩护人的限制性规定

（1）人民法院、人民检察院离任人员在离任后2年内，不得以律师身份担任辩护人；

（2）人民法院、人民检察院离任人员终身不得担任原任职人民法院、人民检察院办理案件的辩护人，但系犯罪嫌疑人、被告人的监护人、近亲属的除外。

（四）　人民法院工作人员的配偶、子女或者父母担任辩护人的限制性规定

人民法院工作人员的配偶、子女或者父母不得担任其任职法院所审理案件的辩护人，但系犯罪嫌疑人、被告人的监护人、近亲属的除外。

（五）　为关联犯辩护的禁制

依据《最高人民法院关于适用〈中华人民共和国刑事诉讼法〉的解释》第43条之规定："一名被告人可以委托一至二人作为辩护人。一名辩护人不得为两名以上的同案犯罪嫌疑人、被告人，或者未同案处理但犯罪事实存在关联的被告人辩护。"

刑事诉讼代理人的范围和不得担任刑事诉讼代理人的范围参照辩护人的规定执行。

第二节 律师接受刑事案件的范围

律师接受委托办理刑事案件的范围包括两类：一是律师接受委托担任辩护人的刑事案件的范围，即刑事辩护案件的范围；二是律师接受委托担任代理人的刑事案件的范围，即刑事代理案件的范围。

一、刑事辩护案件的范围

《刑事诉讼法》第 34 条、第 293 条，《最高人民法院关于适用〈中华人民共和国刑事诉讼法〉的解释》第 601 条规定了律师接受委托办理刑事辩护案件的范围。

(一) 律师接受公诉案件犯罪嫌疑人、被告人及其近亲属的委托担任辩护人

(1) 接受委托时间：犯罪嫌疑人自侦查机关第一次讯问或者采取强制措施之日起。

(2) 接受委托的阶段：包括侦查、审查起诉、一审、二审、审判监督阶段。律师可以按侦查、审查起诉、一审、二审、审判监督分阶段接受委托，分阶段签订委托合同；也可以将侦查、审查起诉、一审、二审、审判监督一同接受委托，一同签订委托合同。

(3) 亲属代为委托的签字确认：律师接受犯罪嫌疑人、被告人的近亲属代为委托的，须经犯罪嫌疑人、被告人确认。

(4) 办案机关有告知委托辩护人的义务：侦查机关在第一次讯问犯罪嫌疑人或者对犯罪嫌疑人采取强制措施的时候，应当告知犯罪嫌疑人有权委托辩护人；人民检察院自收到移送审查起诉的案件材料之日起 3 日以内，应当告知犯罪嫌疑人有权委托辩护人；人民法院自受理案件之日起 3 日以内，应当告知被告人有权委托辩护人。

(5) 办案机关有转达委托辩护人要求的义务：犯罪嫌疑人、被告人在押期间要求委托辩护人的，人民法院、人民检察院和公安机关应当及时转达其要求。

(二) 律师接受自诉案件被告人及其近亲属的委托担任辩护人

(1) 接受委托时间：自诉案件的被告人及其近亲属，有权在被起诉后委

托辩护人。

（2）接受委托的阶段：包括一审、二审、审判监督阶段。

（3）亲属代为委托的签字确认：律师接受被告人的近亲属代为委托的，须经被告人确认。

（三）律师接受死刑复核、核准案件中被告人及其近亲属的委托担任辩护人

接受委托及提交辩护意见的时间：在一审死刑（包括死缓）判决作出后，被告人没有上诉和公诉机关也没有抗诉的情况下，辩护律师应当在上诉、抗诉期满后接受委托，并在高级人民法院复核死刑、核准死缓期间内提交委托手续和辩护意见；高级人民法院同意判处死刑的，辩护律师应当在高级人民法院同意判处死刑的复核裁定作出后接受委托，并在最高人民法院核准死刑期间内提交委托手续和辩护意见。

（四）律师接受涉嫌犯罪的未成年人或精神病人的监护人、近亲属的委托，担任辩护人

（1）接受委托时间：犯罪嫌疑人自侦查机关第一次讯问或者采取强制措施之日起；

（2）接受委托的阶段：包括侦查、审查起诉、一审、二审、审判监督阶段；

（3）亲属委托的无需确认：律师接受涉嫌犯罪的未成年人或精神病人的监护人、近亲属的委托，无需经犯罪嫌疑人、被告人确认。

（五）律师接受缺席审判案件犯罪嫌疑人、被告人及其近亲属的委托担任辩护人

（1）接受委托时间：人民法院对人民检察院提起公诉的按缺席审判程序审理的被告人在境外的贪污贿赂犯罪、严重危害国家安全犯罪、恐怖活动犯罪案件，自人民检察院向人民法院提起公诉之日起被告人及其近亲属有权委托辩护人；被告人患有严重疾病无法出庭和被告人在人民法院受理案件后死亡按缺席审判程序审理的案件，犯罪嫌疑人及其近亲属自侦查机关第一次讯问或者采取强制措施之日起，有权委托辩护人。

（2）接受委托的阶段：人民法院对人民检察院提起公诉的按缺席审判程序审理的被告人在境外的贪污贿赂犯罪、严重危害国家安全犯罪、恐怖活动犯罪案件，包括一审、二审、审判监督阶段；被告人患有严重疾病无法出庭

和被告人在人民法院受理案件后死亡按缺席审判程序审理的案件，包括侦查、审查起诉、一审、二审、审判监督阶段。

二、刑事代理案件的范围

《刑事诉讼法》第46条、第112条、第113条、第180条、第181条、第299条、第305条，《最高人民法院关于适用〈中华人民共和国刑事诉讼法〉的解释》第614条、第617条，《人民检察院刑事诉讼规则》第173条、第557条至第561条，《公安机关办理刑事案件程序规定》第179条规定了律师接受委托办理刑事代理案件的范围。

1. 律师接受公诉案件的被害人及其法定代理人或者近亲属的委托，担任刑事部分的诉讼代理人。代理刑事部分的律师为第二公诉人的地位，起到支持和补强公诉的作用。

接受委托时间：自案件移送审查起诉之日起。

2. 律师接受公诉案件的刑事附带民事诉讼的当事人及其法定代理人的委托，担任附带民事诉讼部分的诉讼代理人。

接受委托时间：自案件移送审查起诉之日起。

3. 律师接受自诉案件的自诉人及其法定代理人的委托，担任诉讼代理人。

接受委托时间：可以随时接受委托。

4. 律师接受刑事案件生效裁判当事人及其法定代理人或者近亲属的委托，接受被刑事案件生效裁判侵犯合法权益的案外人的委托，担任申诉案件的代理人。

接受委托时间：人民法院的刑事判决、裁定生效之日起。

在提审、再审决定作出之前，受托律师为申诉代理人身份；在提审、再审决定作出之后，律师为被告人的辩护人、其他当事人的代理人身份。

5. 律师接受被害人、被不起诉人及其法定代理人或者近亲属的委托，代为提起对不起诉决定不服的申诉。

（1）接受委托时间：自被害人、被不起诉人收到不起诉决定书之日起。

（2）申诉程序：对于有被害人的案件，决定不起诉的，人民检察院应当将不起诉决定书送达被害人。被害人如果不服，可以自收到决定书后7日以内向上一级人民检察院申诉，请求提起公诉。人民检察院应当将复查决定告知被害人。对人民检察院维持不起诉决定的，被害人可以向人民法院起诉。

被害人也可以不经申诉，直接向人民法院起诉。人民法院受理案件后，人民检察院应当将有关案件材料移送人民法院。

人民检察院"对于犯罪情节轻微，依照刑法规定不需要判处刑罚或者免除刑罚"的犯罪嫌疑人作出的不起诉决定，被不起诉人如果不服，可以自收到决定书后 7 日以内向人民检察院申诉。人民检察院应当作出复查决定，通知被不起诉的人，同时抄送公安机关。

6. 在公安机关作出不予立案的决定后，控告人、被害人及其法定代理人或者近亲属如果不服，律师可接受控告人、被害人及其法定代理人或者近亲属委托，代为向作出决定的公安机关申请复议；控告人如果对不予立案复议决定不服，律师可接受控告人、被害人及其法定代理人或者近亲属委托，代为向上一级公安机关申请复核。

在公安机关作出不予立案的决定后，控告人、被害人及其法定代理人或者近亲属如果不服，律师接受控告人、被害人及其法定代理人或者近亲属委托后，也可不向公安机关申请复议，而代为直接向同级人民检察院提出控告、申诉。

（1）接受委托时间：收到公安机关不予立案通知书之日起。

（2）向公安机关申请复议、复核程序：

第一，公安机关决定不予立案的，应当制作不予立案通知书，并在 3 日以内送达控告人、被害人；

第二，控告人、被害人及其法定代理人或者近亲属对不予立案决定不服的，可以在收到不予立案通知书后 7 日以内向作出决定的公安机关申请复议；

第三，公安机关应当在收到复议申请后 30 日以内作出决定，并将决定书送达控告人、被害人及其法定代理人或者近亲属；

第四，控告人、被害人及其法定代理人或者近亲属对不予立案的复议决定不服的，可以在收到复议决定书后 7 日以内向上一级公安机关申请复核；

第五，上一级公安机关应当在收到复核申请后 30 日以内作出决定。对上级公安机关撤销不予立案决定的，下级公安机关应当执行；

案情重大、复杂的，公安机关可以延长复议、复核时限，但是延长时限不得超过 30 日，并书面告知申请人。

（3）向人民检察院直接提出控告、申诉程序：

第一，控告人、被害人及其法定代理人或者近亲属，认为公安机关对其控告或者移送的案件应当立案侦查而不立案侦查，向人民检察院提出的，人民检察院应当受理并进行审查。

第二，人民检察院负责控告申诉检察的部门受理对公安机关应当立案而不立案的控告、申诉，应当根据事实、法律进行审查。认为公安机关不立案决定正确的，应当制作相关法律文书，答复控告人、申诉人；认为需要公安机关说明不立案理由的，应当及时将案件移送负责捕诉的部门。

第三，人民检察院负责捕诉的部门应当书面通知公安机关，并且告知公安机关在收到通知后 7 日以内，书面说明不立案的情况、依据和理由，连同有关证据材料回复人民检察院。

第四，公安机关说明不立案的理由后，人民检察院负责捕诉的部门应当进行审查。认为公安机关不立案理由不能成立的，经检察长决定，应当通知公安机关立案；认为公安机关不立案理由成立的，应当在 10 日以内将不立案的依据和理由告知控告人、申诉人。

7. 人民检察院直接受理侦查的案件，在人民检察院作出不予立案的决定后，控告人、举报人如果不服，律师可接受控告人、举报人的委托，代为向上一级人民检察院申请复议。

（1）接受委托时间：收到人民检察院不予立案通知书之日起。

（2）申请复议程序：

人民检察院决定不予立案的，应当制作不立案通知书，写明案由和案件来源、决定不立案的原因和法律依据，由负责侦查的部门在 15 日以内送达控告人、举报人，同时告知本院负责控告申诉检察的部门。

控告人、举报人如果不服，可以在收到不立案通知书后 10 日以内向上一级人民检察院申请复议。不立案的复议，由上一级人民检察院负责侦查的部门审查办理。

8. 在违法所得的没收程序中，律师接受犯罪嫌疑人、被告人的近亲属或其他利害关系人的委托，担任诉讼代理人。

9. 在强制医疗程序中，律师接受被申请人、被告人及其法定代理人或者近亲属的委托，担任诉讼代理人；对强制医疗决定不服，可以向上一级人民法院申请复议，在复议程序中，律师接受被决定强制医疗的人、被害人及其法定代理人或者近亲属的委托，担任诉讼代理人。

10. 代理其他刑事案件。

三、刑事代理案件范围的立法缺失

（一）立案阶段代理案件范围的立法缺失

依据《刑事诉讼法》的相关规定，刑事案件线索来源于三条脉络：第一，公安机关、人民检察院发现犯罪事实或犯罪嫌疑人，而依法立案侦查；第二，单位和个人发现犯罪事实或犯罪嫌疑人，予以举报；第三，被害人及其法定代理人或者近亲属对侵犯其人身、财产权利的犯罪事实或犯罪嫌疑人提出控告。在司法实践中，举报、控告一般需要有认定犯罪事实和犯罪嫌疑人的初步证据材料，然而举报人、控告人的法律水平又难以完成此项法律事务，举报、控告材料客观上需要由法律专业人员拟定才能保证举报、控告材料的质量。然而，中国刑事诉讼法并没有规定律师可以代理举报和控告，这就势必会造成因举报和控告的能力缺失而放纵犯罪。

依据《刑事诉讼法》的相关规定，在公安机关、人民检察院、人民法院作出不予立案决定后，如果举报人、控告人对决定不服，可向作出决定的公安机关申请复议、对复议决定不服可向上一级公安机关复核，也可以直接向同级人民检察院提出申诉、控告。复议、复核、控告、申诉法律文书客观上也需要由法律专业人员拟定。然而，中国刑事诉讼法并没有规定律师可以代理申请复议、复核、控告、申诉，这就又会造成控告人、被害人的合法权益得不到应有的维护。

在律师实践中，律师一般是按照非诉讼法律事务接受委托，以提供撰写法律文书和法律咨询的方式为举报人、控告人提供法律帮助。然而，举报人、控告人又难以向接受立案、复议、复核、控告、申诉的机关完整、准确地描述犯罪事实，从而也会影响立案、复议、复核、控告、申诉程序的正常进行，笔者建议《刑事诉讼法》立法增加律师在立案阶段代理的法律规定。

为了避免放纵犯罪，维护举报人、控告人的合法权益，在未将律师立案代理纳入刑事诉讼法规定之前，律师应当依据《人民检察院刑事诉讼规则》《公安机关办理刑事案件程序规定》接受举报人、控告人的委托，代理举报、控告。

（二）侦查阶段代理案件范围的立法缺失

依据《刑事诉讼法》的相关规定，犯罪嫌疑人、被告人与被害人在侦查、审查起诉、审判阶段，可以自愿达成和解协议；附带民事诉讼应当在刑事案件立案后及时提起并提交刑事附带民事起诉状。然而，公诉案件的被害人及其法定代理人或者近亲属，附带民事诉讼当事人及其法定代理人，自案件移送审查起诉之日起，才有权委托附带民事部分的诉讼代理人。这会造成被害人、附带民事诉讼当事人在侦查阶段达成和解协议和提起附带民事诉讼时得不到代理律师的法律帮助，从而降低和解协议成就的概率，不利于维护被害人、附带民事诉讼当事人的合法权益。

在律师实践中，律师一般是按照非诉讼法律事务接受委托，以提供撰写法律文书和法律咨询的方式为被害人、附带民事诉讼当事人提供侦查阶段的法律帮助，无法直接参与和解协议的议定以及提起附带民事诉讼过程，建议《刑事诉讼法》立法增加律师在侦查阶段代理被害人、附带民事诉讼当事人的法律规定。

第三节　法律援助

一、申请法律援助

依据《刑事诉讼法》第35条第1款之规定："犯罪嫌疑人、被告人因经济困难或者其他原因没有委托辩护人的，本人及其近亲属可以向法律援助机构提出申请。对符合法律援助条件的，法律援助机构应当指派律师为其提供辩护。"

二、应当指派律师辩护的情形

依据《刑事诉讼法》第35条、第278条，《最高人民法院关于适用〈中华人民共和国刑事诉讼法〉的解释》第47条之规定，对下列没有委托辩护人的犯罪嫌疑人、被告人，人民法院、人民检察院和公安机关应当通知法律援助机构指派律师为其提供辩护：

（1）盲、聋、哑人；

（2）未成年人；

（3）尚未完全丧失辨认或者控制自己行为能力的精神病人；

（4）可能被判处无期徒刑、死刑的人。

高级人民法院复核死刑案件，被告人没有委托辩护人的，应当通知法律援助机构指派律师为其提供辩护。

死刑缓期执行期间故意犯罪的案件，被告人没有委托辩护人的，应当通知法律援助机构指派律师为其提供辩护。

三、可以指派律师辩护的情形

依据《中华人民共和国刑事诉讼法》第 35 条，《最高人民法院关于适用〈中华人民共和国刑事诉讼法〉的解释》第 48 条之规定，具有下列情形之一，被告人没有委托辩护人的，人民法院可以通知法律援助机构指派律师为其提供辩护：

（1）共同犯罪案件中，其他被告人已经委托辩护人的；

（2）案件有重大社会影响的；

（3）人民检察院抗诉的；

（4）被告人的行为可能不构成犯罪的；

（5）有必要指派律师提供辩护的其他情形。

四、值班律师

依据《刑事诉讼法》第 36 条之规定："法律援助机构可以在人民法院、看守所等场所派驻值班律师。犯罪嫌疑人、被告人没有委托辩护人，法律援助机构没有指派律师为其提供辩护的，由值班律师为犯罪嫌疑人、被告人提供法律咨询、程序选择建议、申请变更强制措施、对案件处理提出意见等法律帮助。人民法院、人民检察院、看守所应当告知犯罪嫌疑人、被告人有权约见值班律师，并为犯罪嫌疑人、被告人约见值班律师提供便利。"

五、法律援助通知

《最高人民法院关于适用〈中华人民共和国刑事诉讼法〉的解释》第 49 条、《人民检察院刑事诉讼规则》第 42 条、《公安机关办理刑事案件程序规定》第 47 条，对人民法院、人民检察院和公安机关通知法律援助机构指派律师的期限作出了规定。

人民法院通知法律援助机构指派律师提供辩护的，应当将法律援助通知书、起诉书副本或者判决书送达法律援助机构；决定开庭审理的，除适用简易程序或者速裁程序审理的以外，应当在开庭 15 日以前将上述材料送达法律援助机构。法律援助通知书应当写明案由、被告人姓名、提供法律援助的理由、审判人员的姓名和联系方式；已确定开庭审理的，应当写明开庭的时间、地点。

人民检察院、公安机关在办理刑事案件的过程中，犯罪嫌疑人没有委托辩护人，存在应当通知法律援助机构指派律师为其提供辩护的法定情形的，自发现之日起 3 日内书面通知法律援助机构为犯罪嫌疑人指派辩护律师。

六、拒绝指定辩护

依据《最高人民法院关于适用〈中华人民共和国刑事诉讼法〉的解释》第 50 条之规定，属于可以提供法律援助的情形，被告人拒绝法律援助机构指派的律师为其辩护，坚持自己行使辩护权的，人民法院应当准许。

属于应当提供法律援助的情形，被告人拒绝指派的律师为其辩护的，人民法院应当查明原因。理由正当的，应当准许，但被告人应当在 5 日以内另行委托辩护人；被告人未另行委托辩护人的，人民法院应当在 3 日以内通知法律援助机构另行指派律师为其提供辩护。被告人拒绝另行指派的律师为其辩护的，人民法院不予准许。

第四节　法律咨询

一、法律咨询的重要性

法律咨询是接受委托的基础，是律师能否接受委托和收费高低的重要性环节。律师解答法律咨询不仅是为咨询者提出法律问题、找出法律归宿的过程，也是律师在了解咨询者的心理状态、经济能力后，与咨询者良好交流的过程。通过良好交流，使咨询者相信律师的业务能力，才有委托的可能。唯有法律咨询不失败，才会有接受委托的成功。

律师解答法律咨询的内容，特别是对法律规定、办案方案和案件结果的解答将给咨询者留下很深的印象，也会对律师接受委托后办理案件过程产生一定程度的限制。因为如果律师解答法律咨询的内容不精准，案情一旦发生变化就会造成咨询者、委托人对律师的不信任。

法律咨询全部凭借律师以往法律知识的广度、深度以及办案经验的丰富程度针对案件进行法律解答，与办理案件的其他程序相比较，更需要律师具备坚实的法律功底和丰富的办案经验。因为在法律咨询时，律师与咨询者面对面的情况下，律师是不能翻阅法律书籍和浏览网络中的法律规定的，也无暇向其他律师请教，否则咨询者会对律师的法律知识和办案能力产生怀疑。在条件允许的情况下，律师应当在法律咨询之前了解案件所涉罪名及与相关的情况，做好查阅法条、初步办案方案等咨询前的准备工作。

二、解答法律咨询方式

律师进行法律咨询时，要问、听、记、答相结合，是多听少问，还是少听多问？这不仅取决于咨询者的法律意识、语言表达能力，还取决于咨询者的逻辑思维、判断力。咨询者的法律意识强、善于语言表达、逻辑思维和判断力较好应采取多听少问的办法，否则便要采取少听多问的办法。

律师在解答法律咨询时，在内容上要做到全面、准确、客观；在语言表达上要做到逻辑清晰、主旨明确、语言流畅。应尽量避免重复发问，以免给咨询者造成思维不清楚的不良印象，进而导致对律师的能力信任度下降。

犯罪嫌疑人、被告人及其近亲属在心理上往往比较担心和纠结，律师对刑事案件法律咨询的解答，要语重心长、平易近人，不要盛气凌人、故弄玄虚。

三、解答法律咨询内容

在刑事案件中，律师接受公诉案件犯罪嫌疑人、被告人及其近亲属的委托担任辩护人的比重最高，并且在侦查阶段犯罪嫌疑人被采取拘留、逮捕等强制措施后，其近亲属聘请律师提供法律咨询和代为委托辩护律师的现象最为常见。在此种情况下，犯罪嫌疑人的近亲属询问的常见问题有："我们这事有罪吗？""能判几年？""能不能花钱把人捞出来？""能不能取保？""取保后是不是就没事了？""你们跟公、检、法关系行吗？""公安局抓完人后边干什么？""你们律师能帮我们干点什么事？""能马上到看守所看看他吗？""你们到里边了解一下有多大事，然后告诉我们？""里边咋样、挨打吗？""你们律师怎么收费？""判刑了党籍、公职开吗？""影响拿退休金吗？""影响孩子上学和参军吗？"等等。犯罪嫌疑人近亲属提出的上述询问的主要内容，可以被概括为以下九个方面，律师均应做好法律解答。

（一）对犯罪构成的解答

鉴于在刑事案件侦查阶段律师还不能完全了解案件事实和证据，犯罪嫌疑人的近亲属对案情的介绍往往存在不全面或者不真实的特点，律师不能在侦查阶段给犯罪嫌疑人的近亲属作出构成或者不构成犯罪的确定性答复，应当作出附条件的答复。例如，如果你说的情况全面而且真实，则构成或者不构成犯罪；或者初步回答是否构成犯罪，需要等待律师在审查起诉阶段阅卷后再行确定等。

律师解答法律咨询需要慎重，根据事实、依据法律，演绎推理出法律结果。禁止在没有完全再现法条、搞清罪名和事实证据之前，仅凭对本案的主观感觉给案件下定论。

（二）对宣告刑的解答

律师要依据刑法规定的量刑幅度和量刑情节确定刑种、刑期和刑罚执行方法，在侦查阶段因为量刑情节具有不确定性，所以律师也不能在侦查阶段给犯罪嫌疑人的近亲属针对宣告刑作出确定性答复，但应当告知犯罪嫌疑人近亲属本案的法定量刑幅度和量刑情节对量刑幅度的影响；应当告知犯罪嫌疑人近亲属犯罪嫌疑人判处"非监禁刑"的法定条件。

律师在判决生效前，不得对宣告刑作出确定性的承诺，更不得用确定性的承诺换取犯罪嫌疑人、被告人近亲属的利益。但是律师在审查起诉阶段阅卷后可以对宣告刑进行幅度性推测，并告知犯罪嫌疑人、被告人近亲属此推测具有的不确定性。

（三）对强制措施的解答

律师要依据刑法规定向犯罪嫌疑人、被告人近亲属解答强制措施的适用条件和法律后果。对于已经被采取刑事拘留或逮捕强制措施的犯罪嫌疑人、被告人，符合取保候审、监视居住法定条件的，律师均应答复同意为犯罪嫌疑人、被告人申请变更采取取保候审、监视居住的强制措施。在刑事辩护实践中，除符合《刑事诉讼法》第81条第3款"对有证据证明有犯罪事实，可能判处十年有期徒刑以上刑罚的，或者有证据证明有犯罪事实，可能判处徒刑以上刑罚，曾经故意犯罪或者身份不明的，应当予以逮捕"的条件之外，律师均应答复同意为犯罪嫌疑人、被告人申请变更采取取保候审、监视居住的强制措施。

（四）对律师会见的解答

辩护律师要向犯罪嫌疑人、被告人近亲属解答律师会见程序和律师会见的主要工作。辩护律师持律师执业证书、律师事务所证明和委托书或者法律援助公函要求在看守所面见在押的犯罪嫌疑人、被告人的，看守所应当及时安排会见，至迟不得超过 48 小时；危害国家安全犯罪、恐怖活动犯罪案件，在侦查期间辩护律师会见在押的犯罪嫌疑人，应当经侦查机关许可；辩护律师在侦查阶段会见在押的犯罪嫌疑人，可以向犯罪嫌疑人了解定罪事实和量刑情节以及其他与案件有关的情况；为犯罪嫌疑人提供法律咨询等；自案件移送审查起诉之日起，还可以向犯罪嫌疑人、被告人核实有关证据；提供庭审辅导；等等。辩护律师应向犯罪嫌疑人、被告人的近亲属解答辩护律师网上预约会见的程序和视频会见的同等效果。

在司法实践中，出现了"生活律师"的现象，所谓的"生活律师"是指专门为犯罪嫌疑人、被告人在看守所衣食住行等生活情况进行服务和传递信息的律师。律师接受犯罪嫌疑人、被告人及其近亲属委托的目的是提供法律服务，在此前提下，也应当关心犯罪嫌疑人、被告人的生活状况。但是如果犯罪嫌疑人、被告人近亲属委托的目的不是接受法律服务，仅是关心犯罪嫌疑人在看守所的生活状况，律师就应不接受委托，否则会损坏辩护律师的执业形象。

（五）对保密义务的解答

律师依法承担的保密义务应当在法律咨询阶段向犯罪嫌疑人、被告人近亲属进行明示，以免在接受委托后产生争议。例如，在案件公开审理之前，律师不应将案件事实和证据以及案卷材料向近亲属及其他非办案人员泄露；律师在执业活动中知悉的国家秘密、商业秘密和个人隐私应当予以保密等。

（六）拒绝充当司法掮客

犯罪嫌疑人、被告人的近亲属向律师询问与司法机关及其工作人员的关系时，律师应当婉言拒绝答复，将其询问思路引到事实和法律上来。律师要拒绝充当司法掮客。

（七）对刑事案件程序的解答

律师应当就侦查、审查起诉、审判等法定程序及其在刑事诉讼程序中能够发挥的作用向犯罪嫌疑人近亲属进行实事求是的全面解答。

（八）有罪判决的影响

1. 党的纪律处分

《中国共产党纪律处分条例》第 33 条第 1 款规定："党员依法受到刑事责任追究的，党组织应当根据司法机关的生效判决、裁定、决定及其认定的事实、性质和情节，依照本条例规定给予党纪处分，是公职人员的由监察机关给予相应政务处分。"

第 31 条规定："党员犯罪情节轻微，人民检察院依法作出不起诉决定的，或者人民法院依法作出有罪判决并免予刑事处罚的，应当给予撤销党内职务、留党察看或者开除党籍处分。党员犯罪，被单处罚金的，依照前款规定处理。"

第 32 条规定："党员犯罪，有下列情形之一的，应当给予开除党籍处分：（一）因故意犯罪被依法判处刑法规定的主刑（含宣告缓刑）的；（二）被单处或者附加剥夺政治权利的；（三）因过失犯罪，被依法判处三年以上（不含三年）有期徒刑的。因过失犯罪被判处三年以下（含三年）有期徒刑或者被判处管制、拘役的，一般应当开除党籍。对于个别可以不开除党籍的，应当对照处分党员批准权限的规定，报请再上一级党组织批准。"

2. 公务员处分

《行政机关公务员处分条例》第 17 条第 2 款规定："行政机关公务员依法被判处刑罚的，给予开除处分。"

（九）律师法律服务费标准

对于律师办理刑事案件法律服务费标准，各省、市、自治区已经基本放开，法律服务费标准由律师事务所依据相应的法律规定制定。但是，需要注意的是，依据《司法部律师服务收费管理办法》第 12 条和《司法部、国家发展和改革委员会、国家市场监督管理总局关于进一步规范律师服务收费的意见》第 3 条第 4 项之规定，律师办理刑事诉讼案件，禁止实行风险代理收费。

第五节　委托程序

一、接受委托

（1）律师接受委托，应当由律师事务所办理以下手续：

第一，律师事务所与委托人签署《刑事案件委托合同》；

第二，委托人签署委托书；

第三，律师事务所函；

第四，律师事务所开具办案所需的其他诉讼文书。

上述手续，律师事务所应当留存原件或存根备查。

（2）律师接受委托办理刑事案件，可以在侦查、审查起诉、一审、二审、死刑复核、申诉、再审等各诉讼阶段由律师事务所分别办理委托手续，也可以一次性办理。

（3）律师接受委托或者指派后，应当及时与办案机关联系，出示律师执业证书，提交委托书和律师事务所函或者法律援助公函。

（4）律师办理刑事案件，无正当理由，不得拒绝辩护或者代理。但委托事项违法、委托人利用律师提供的服务从事违法活动，或者委托人故意隐瞒与案件有关的重要事实的，律师有权拒绝辩护或者代理。

律师与当事人或者委托人就辩护或代理方案产生严重分歧，不能达成一致的，可以代表律师事务所与委托人协商解除委托关系。

解除委托关系后，律师应当及时告知办案机关。

（5）律师办理刑事案件，可以会同异地律师协助调查、收集证据和会见，经当事人同意可以为协同工作的律师办理授权委托手续。

在侦查、审查起诉、一审、二审、死刑复核、申诉、再审案件中，当事人变更律师的，变更前的律师可以为变更后的律师提供案情介绍、案卷材料、证据材料等工作便利。

二、结案归档

律师办理刑事案件结案后，应当撰写办案总结，与辩护词或代理词、法律文书以及摘抄、复制的案卷材料、法律依据等一并编号装订归档保存。

提前解除委托关系的，律师应当在办案总结中说明原因，并附相关手续，整理案卷归档。

三、实习人员工作

辩护律师可以携一名律师助理（即实习人员）协助会见，可以根据办案需要携律师助理协助阅卷和参加庭审。

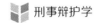

律师助理（即实习人员）可以从事协助辩护律师办理委托手续、协助会见、阅卷等协助性办案工作。

四、委托和归档手续式样

（一）刑事案件委托合同

委托合同

案号：

委托人（以下简称甲方）：

身份证号码：

联系人：

联系电话：

联系地址：

受托人（以下简称乙方）：xx律师事务所

统一社会信用代码：

联系电话：

联系地址：

依据《中华人民共和国律师法》《中华人民共和国刑事诉讼法》等法律法规的规定，甲方就本合同所涉刑事法律事务委托乙方提供法律服务，双方按照诚实守信的原则，协商一致，订立本合同，以资共同遵守：

第一条 委托事项

1. 鉴于犯罪嫌疑人（被告人、被害人）＿＿＿＿＿＿因涉嫌＿＿＿＿＿罪，乙方接受甲方委托，指派律师＿＿＿＿＿＿＿＿＿＿＿＿＿＿在下列第＿＿＿＿＿项程序中提供法律服务，担任辩护人（或代理人）：

（1）刑事侦查阶段；

（2）审查起诉阶段；

（3）一审阶段；

（4）二审阶段；

（5）申诉阶段；

（6）死刑复核阶段；

（7）再审阶段；

（8）其他_____。

2. 犯罪嫌疑人（被告人、被害人）与甲方之间系_____关系。

第二条　*承办律师及助理*

1. 乙方接受甲方的委托，指派律师承办本事务。

2. 甲方同意乙方及其所指派的律师在认为必要时可将本事务的部分工作交由乙方的助理人员或其他律师协助完成。

3. 本合同履行过程中，若律师因合理原因（包括但不限于正常调动、离职、时间冲突、回避、身体状况等）无法继续或暂时不能承办本事务时，律师应及时告知甲方并由合同双方协商另行指派其他合适的律师接替；甲方不同意其他律师接替的，视为甲方解除合同，本合同终止履行。

第三条　*律师服务费和其他费用的约定*

1. 甲方应在本合同签订之时一次性向乙方缴纳律师服务费用人民币_____元整（￥_____元）。

因甲方原因不能一次性缴纳的其他支付方式：_____

2. 双方商定甲方按照下列第___（1）或（2）___种付款方式向乙方缴纳律师服务费：

（1）现金、刷卡、票据方式

由甲方直接将应付费用交纳给乙方财务部门，乙方禁止承办律师私自向甲方收取费用；

（2）银行转账方式

收款单位：××律师事务所

开户银行：

账　　号：

3. 乙方律师在办理甲方委托的法律事务过程中发生的鉴定费、公证费、公告费、查档费、差旅费及应由甲方支付的其他费用，由甲方另行支付。

4. 因甲方未按照本合同本条第1、2、3项约定足额付清上述费用，导致乙方律师不能履行或未及时履行本合同约定义务以及委托事项出现不利后果的责任由甲方承担。

5. 有下述情形之一，甲方已按照本合同本条第1、2项约定足额付清律师服务费的，乙方不予退还；甲方未支付的，仍应按照本合同本条第1、2项约定向乙方支付律师服务费：

（1）甲方委托乙方后，就同一事项另行委托他人辩护或代理的；

（2）乙方接受委托后，甲方以乙方收取费用过高为由要求退还律师服务费的；

（3）乙方代理侦查、审查起诉、一审三个阶段案件时，任何一个阶段出现对被告人（犯罪嫌疑人）有利情况（包括但不限于侦查机关撤销案件、检察机关作出不起诉决定等），无需继续代理的；

（4）甲方无正当理由终止履行合同、单方解除合同的。

第四条 甲方的权利和义务

1. 甲方应当真实、客观、全面地向乙方律师介绍本合同所涉法律事务的有关情况，提供与委托事项有关的证据、文件及其他相关材料，不得隐瞒或虚构，如与本案有关的情况和事实发生变化，应及时告知乙方律师。

2. 甲方应当积极主动地配合乙方律师的工作，对乙方律师提出的要求应当明确具体、合法合理，不得要求乙方律师进行违法或者有违律师执业规范的活动。

3. 甲方应按照本合同约定向乙方支付律师服务费、差旅费和其他费用，如甲方拒不支付相关费用的视为甲方无理由解除合同。

4. 如乙方指派律师在服务过程中不负责任或不适合办理甲方委托的法律事务，甲方有权要求乙方更换承办律师，但甲方应向乙方说明要求更换律师的具体理由。

5. 乙方无正当理由单方解除本合同，甲方有权要求乙方退还律师服务费。

6. 甲方系被告人（犯罪嫌疑人）近亲属为委托方的，如会见时被告人（犯罪嫌疑人）本人拒绝聘请乙方律师，而律师已实际开展工作的，费用的收取问题由双方在"其他约定"条款中约定。

第五条 乙方的权利和义务

1. 乙方律师应当遵守职业道德和执业纪律，勤勉尽职，在本合同约定范围内维护甲方的合法权益。

2. 乙方律师应严格遵守律师职业道德和执业纪律，不得泄露在提供服务过程中所知悉的当事人的商业秘密或者个人隐私，非因法律规定或当事人同意，不得向任何第三方披露。但以下内容除外：

（1）当事人准备或者正在实施的危害国家安全、公共安全以及其他严重危害他人人身、财产安全的犯罪事实和信息；

（2）可以公开查阅或取得的信息和资料；

（3）为履行本合同约定的法律服务必须披露的信息和资料。

3. 如甲方隐瞒有关委托事务的真实情况或要求乙方律师从事违反法律或律师执业规范的活动，乙方有权拒绝。

4. 如甲方提出乙方指派律师在服务过程中不负责任或不适合办理甲方委托的法律事务时，乙方在收到甲方正式反馈并核实后三个工作日内向甲方另行推荐候选律师。

第六条 合同的解除、终止

1. 本合同履行过程中任何一方解除合同应当以书面形式通知对方，该解除通知自收到之日生效，一旦收到解除通知，乙方和律师立即停止提供法律服务。

2. 若乙方在受托处理本事务过程中发现甲方有故意隐瞒事实、弄虚作假或甲方要求达到的目标有违律师职业道德和执业纪律的规定，乙方有权随时终止合同，但应通知甲方。

3. 本合同委托期限终止包括但不限于：侦查阶段为侦查机关侦查终结或撤销案件之日；审查起诉阶段为检察机关审查起诉终结或作出不起诉决定之日；审判阶段为法院判决或裁定之日，裁定发回重审之日，或检察机关撤回起诉之日。若以上事由出现，均视为乙方已完成委托代理事项。

第七条 违约责任

1. 甲方逾期支付律师服务费的，乙方有权中止提供服务，甲方逾期超过十日的，乙方有权解除合同，乙方解除合同的，甲方除应向乙方支付欠付费用外还应按照同期全国银行间同业拆借中心公布的贷款市场报价利率的四倍向乙方支付逾期付款违约金。

2. 乙方无正当理由不提供法律服务，或提供法律服务时由于故意或重大过失导致甲方蒙受损失的，甲方有权要求乙方承担违约责任，乙方所承担的违约责任以退还部分或者全部已付的律师服务费为限。

第八条 不保证

乙方和律师向甲方提供的分析、判断或咨询意见，均不可理解为乙方或律师就受托事务的结果作出了成功或胜诉的保证。

第九条 其他约定

1. 如需补充或变更合同，甲方应与乙方协商并加盖乙方公章。

2. 本合同一式两份，甲、乙双方各执一份，于双方签字或盖章之日起生效，至甲方所委托的相应阶段终结之日终止。

第十条 特别申明

乙方应当按本合同约定以及相关法律、法规规定、律师执业规定为甲方提供法律服务，但对案件最终的结果不作任何承诺。

乙方就本合同条款已向甲方作明确说明，甲方已经理解并同意本合同的全部条款。

第十一条 随本合同附《刑事案件风险告知书》一份，作为本合同的附件。

甲方：　　　　　　　　　　　　乙方：××律师事务所

　　年　　月　　日　　　　　　　　年　　月　　日

（二）刑事案件风险告知书

风 险 告 知 书

尊敬的委托人：

任何刑事案件法律服务均存在法律风险，案件进程和案件结果可能受到各种客观因素的影响，在聘请律师前您应确认具有承受此等法律风险之负担能力及合理预见；为维护您的合法权益，当您委托本所办理案件前，我们遵循诚实信用原则，向您告知以下可能存在的风险：

第一条 您在签订刑事案件《法律服务委托合同》时认真阅读本风险告知并签字确认。

第二条 委托之前，您已知晓承办律师已告知过：办理本案件律师对案件结果不作任何承诺。

第三条 律师执业必须遵守宪法和法律，恪守律师职业道德和执业纪律。律师执业必须以事实为依据，以法律为准绳。

第四条 委托人不得要求律师通过非正常途径与经办法官、检察官、侦查人员或他们的上级沟通，不得要求通过承办律师与上述人员之间进行请托、送礼。

第五条 承办律师会代您提出权利主张，该主张均是依据您所提供的资料和陈述的事实建议做出的，故您必须保证您所提供的资料以及所陈述的事实，是真实可靠的。本所不会因您的要求而接受或制作虚假的资料和事实。

第六条　承办律师在代理案件过程中，通过检察院、人民法院复制、摘抄的案卷材料，通过调查取证获得的案卷材料，通过会见获得的会见笔录均为秘密文件，委托人不得要求复制、摘抄。

第七条　律师办案的进程受到侦查、检察、审判等机构及相关当事方的制约。

第八条　律师承办业务，须由律师事务所与委托人签订书面委托合同，按有关规定收取律师费；委托人所向本所缴纳的律师费，均是按照《xx律师事务所法律服务收费标准》或是与本所协商确定的。委托人应当按照委托合同的约定，按时、足额支付律师费，所缴律师费不以案件结果如何而增减或退回。

第九条　超过上诉期限的风险：当事人不服地方人民法院第一审判决的，有权在判决书送达之日起十日内向上一级人民法院提起上诉。超过上诉时限当事人未依法提起上诉的，一审法院做出的判决书即发生法律效力。

第十条　承办律师在办理刑事案件的过程中，所产生的鉴定费、复印费、交通费、食宿费等相关费用均由委托人承担。

第十一条　本告知书一式二份，事务所和委托人各留一份。

委托人确认：承办律师已告知我方上述事项，我方已完全了解告知书中所提示的内容。

委托人（签字）：
年　　月　　日

（三）刑事附带民事诉讼委托书

委托书

委托人_____根据法律的规定，特聘请××律师事务所_____律师为案件的诉讼代理人。

委托律师代理权限（选择1或2）

1. 一般代理

2. 特别授权：代为承认、放弃、变更诉讼请求，进行和解，提起反诉或者上诉。

本委托书有效期自即日起至本案<u>审查起诉或一审或二审</u>终结止。

委托人：
年　月　日

（四）刑事辩护委托书

委托书

委托人_____根据法律的规定，特聘请××律师事务所_____律师_____为_____案件的被告人（犯罪嫌疑人）_____的辩护人。

本委托书有效期自即日起至本案<u>侦查或审查起诉或一审或二审</u>终结日止。

委托人：
年　月　日

（五）律师事务所函

××律师事务所函

本所接受_____的委托，指派_____律师，担任_____案件的被告人（犯罪嫌疑人）或被害人_____的辩护人或代理人。

特此函告

××律师事务所（章）
年　月　日

（六）办案总结

被告人（犯罪嫌疑人）_____涉嫌_____罪一案的一审程序

办 案 总 结

1. 案件事实（描述案件概括性的主要事实经过）
2. 办案经过（描述律师概括性的办案经过、律师的亮点工作）
3. 案件结果（法律文书确认的结果、办案机关采纳律师意见情况）

4. 经验教训（除描写办理本案的成功经验和失败教训外，需要提醒当事人上诉、代为领取和缴纳款物、解除委托需要退代理费等善后事宜及可能发生的风险事宜也在此段落中记载）

辩护人：李×× （签字） ××律师事务所律师

年　月　日

第三章

刑事辩护种类

第一节　刑事辩护种类概述

一、划分刑事辩护种类的法律依据

《律师法》第28条第1款第3项规定，律师可以接受刑事案件犯罪嫌疑人、被告人的委托或者依法接受法律援助机构的指派，担任辩护人。

《刑事诉讼法》第34条规定："犯罪嫌疑人自被侦查机关第一次讯问或者采取强制措施之日起，有权委托辩护人；在侦查期间，只能委托律师作为辩护人。被告人有权随时委托辩护人。侦查机关在第一次讯问犯罪嫌疑人或者对犯罪嫌疑人采取强制措施的时候，应当告知犯罪嫌疑人有权委托辩护人。人民检察院自收到移送审查起诉的案件材料之日起三日以内，应当告知犯罪嫌疑人有权委托辩护人。人民法院自受理案件之日起三日以内，应当告知被告人有权委托辩护人。犯罪嫌疑人、被告人在押期间要求委托辩护人的，人民法院、人民检察院和公安机关应当及时转达其要求。犯罪嫌疑人、被告人在押的，也可以由其监护人、近亲属代为委托辩护人。辩护人接受犯罪嫌疑人、被告人委托后，应当及时告知办理案件的机关。"

依据前述及有关法律规定，犯罪嫌疑人、被告人具有自行辩护还是委托他人辩护、委托何人辩护的选择权，辩护权的行使主体遵循犯罪嫌疑人、被告人意思自治原则。即使是依法应当由法律援助中心指定辩护的案件，也允许犯罪嫌疑人、被告人更换一次辩护律师。中国法律对辩护种类的设置是犯罪嫌疑人、被告人享有自行辩护、委托辩护、法律援助中心指定辩护并存的制度，以最大限度地保护犯罪嫌疑人、被告人行使辩护权。与此同时也为我们划分辩护种类提供了法律依据。辩护种类分为两大类，即辩护的传统种类和辩护的实践种类。

二、刑事辩护传统种类

刑事辩护传统种类是指法学界在教科书、著述中描述的，供授课和理论研究使用以及立法、司法工作人员在立法司法实践中使用的传统划分方法形成的传统种类。

如按辩护权产生的方式不同，将辩护分为自行辩护、委托辩护、指定辩护三种；如按行使辩护权的主体不同，将辩护分为自行辩护、律师辩护和其他公民辩护三种。

（1）自行辩护：是指犯罪嫌疑人、被告人针对有罪指控进行反驳、辩解的诉讼活动。一旦被指控，进入刑事诉讼程序，辩护权就依法自动产生。

（2）委托辩护：是指犯罪嫌疑人、被告人委托律师或其他公民代为行使辩护权的诉讼活动。犯罪嫌疑人自被侦查机关第一次讯问或者采取强制措施之日起，有权委托律师作为辩护人；在侦查期间，只能委托律师作为辩护人。

犯罪嫌疑人在审查起诉阶段和被告人在审判阶段有权随时委托辩护人。律师、人民团体或者犯罪嫌疑人、被告人所在单位推荐的人以及犯罪嫌疑人、被告人的监护人、亲友，均可以受托成为辩护人。

（3）指定辩护：是指犯罪嫌疑人、被告人没有委托辩护人，在存有法律规定的情形时，由法律援助机构指定律师作为辩护人，为犯罪嫌疑人、被告人行使辩护权的诉讼活动。

三、刑事辩护实践种类

刑事辩护实践种类是辩护律师在辩护实践中逐渐总结形成的，指导律师在办理刑事案件过程中从多种角度审查判断证据、分析案件事实发展过程、确定辩护思路和方法，培养律师运用宽广、严谨、多元化的思维全面深入、由表及里、横向纵向地分析案件、处理案件的能力，以达到提高律师办理刑事案件的综合技能的目的，它是辩护律师集体智慧和办案实践经验的结晶，所以辩护实践种类又被称为律师辩护种类。

依据不同的标准，律师辩护的种类又可被划分为 10 种相互对应的类型，分别是：

（1）有罪辩护和无罪辩护；

（2）定罪辩护和量刑辩护；

（3）事实辩护和法律辩护；

（4）实体辩护和程序辩护；

（5）有效辩护和无效辩护；

（6）积极辩护和消极辩护；

（7）法律意义的辩护和自然意义的辩护；

（8）朴实型辩护和取宠型辩护；

（9）独立地位型辩护和服务角色型辩护；

（10）侦查辩护、审查起诉辩护、审判辩护。

鉴于定罪辩护和量刑辩护在刑事辩护实践中十分重要，也是辩护律师必须牢固掌握的基础理论，所以笔者将在本书第四章予以专章论述；其他种类将在本章以后各节中分述。

第二节 有罪辩护和无罪辩护

一、划分有罪辩护和无罪辩护的法律依据

《律师法》第 31 条规定："律师担任辩护人的，应当根据事实和法律，提出犯罪嫌疑人、被告人无罪、罪轻或者减轻、免除其刑事责任的材料和意见，维护犯罪嫌疑人、被告人的诉讼权利和其他合法权益。"

《刑事诉讼法》第 37 条规定："辩护人的责任是根据事实和法律，提出犯罪嫌疑人、被告人无罪、罪轻或者减轻、免除其刑事责任的材料和意见，维护犯罪嫌疑人、被告人的诉讼权利和其他合法权益。"

《刑事诉讼法》第 200 条规定："在被告人最后陈述后，审判长宣布休庭，合议庭进行评议，根据已经查明的事实、证据和有关的法律规定，分别作出以下判决：（一）案件事实清楚，证据确实、充分，依据法律认定被告人有罪的，应当作出有罪判决；（二）依据法律认定被告人无罪的，应当作出无罪判决；（三）证据不足，不能认定被告人有罪的，应当作出证据不足、指控的犯罪不能成立的无罪判决。"

前述有关法律的规定，明确了辩护人的义务和责任，确立了辩护人根据

事实和法律独立行使辩护权的地位，同时也为划分有罪辩护和无罪辩护提供了法律依据。

二、有罪辩护和无罪辩护的概念及分类

1. 有罪辩护的概念和种类

有罪辩护是指辩护律师依据事实和法律认为犯罪嫌疑人、被告人构成犯罪，从而对犯罪嫌疑人、被告人作罪轻、从轻、减轻、免除处罚以及判处"非监禁刑"的辩护。简言之就是从宽处罚辩护。

按犯罪的性质和量刑情节的不同为标准，可将有罪辩护划分为罪轻辩护和从轻、减轻、免除处罚辩护以及判处"非监禁刑"辩护三种类型。

2. 无罪辩护的概念和种类

无罪辩护是指辩护律师依据事实和法律对犯罪嫌疑人、被告人作不构成犯罪的辩护。

以是属于不符合犯罪构成要件的无罪，还是属于程序不合法的无罪或没有达到证明标准的无罪为标准，可将无罪辩护划分为实体无罪辩护、程序无罪辩护和疑罪从无辩护三种类型。

三、划分有罪辩护和无罪辩护的意义

（1）划分有罪辩护和无罪辩护的实践意义是指导辩护律师在确定辩护方案时，首先要抉择是作有罪辩护，还是作无罪辩护。

辩护律师要从犯罪构成要件的符合性、单项证据三性（真实性、合法性、关联性）、全案证据是否达到"确实、充分"的证明标准、程序的合法性四个方面，以怀疑一切的态度，依据法律规定对案件事实、证据进行全面严格的审查判断，从而得出定罪事实是否存在，定罪事实的确定性程度如何，是否无懈可击，然后确定是作有罪辩护，还是作无罪辩护。

（2）在犯罪嫌疑人、被告人构成犯罪的情况下，辩护律师为了使辩护产生实际效果，就不能作无罪辩护，只能根据案件的事实和法律以及客观条件，选择采取罪轻辩护或从轻、减轻、免除辩护以及判处"非监禁刑"等从宽处罚的辩护等方法，使法庭接受辩护律师的辩护观点，以保证最大限度地维护犯罪嫌疑人、被告人的合法权益；在犯罪嫌疑人、被告人构成犯罪的情况下，辩护律师如果仍然作无罪辩护，必然无法阐述减少或选择较轻的罪名、适用

从轻、减轻、免除处罚的量刑情节以及判处非监禁刑等从宽处罚的辩护意见，从而使辩护变得毫无意义。

（3）如果犯罪嫌疑人、被告人不构成犯罪；如果定罪事实和证据"确实、充分"地证明标准存有不确定性或出现了较大瑕疵，辩护律师要敢于选择作无罪辩护，但一经选择就要坚决贯彻到底，以最大限度地维护当事人的合法权益。

（4）无罪与从宽处罚并存的辩护。

《最高人民法院关于适用〈中华人民共和国刑事诉讼法〉的解释》第283条规定："对被告人认罪的案件，法庭辩论时，应当指引控辩双方主要围绕量刑和其他有争议的问题进行。对被告人不认罪或者辩护人作无罪辩护的案件，法庭辩论时，可以指引控辩双方先辩论定罪问题，后辩论量刑和其他问题。"

《最高人民法院、最高人民检察院、公安部、国家安全部、司法部关于规范量刑程序若干问题的意见》第15条规定："对于被告人不认罪或者辩护人做无罪辩护的案件，法庭调查和法庭辩论分别进行。在法庭调查阶段，应当在查明定罪事实的基础上，查明有关量刑事实，被告人及其辩护人可以出示证明被告人无罪或者罪轻的证据，当庭发表质证意见。在法庭辩论阶段，审判人员引导控辩双方先辩论定罪问题。在定罪辩论结束后，审判人员告知控辩双方可以围绕量刑问题进行辩论，发表量刑建议或意见，并说明依据和理由。被告人及其辩护人参加量刑问题的调查的，不影响作无罪辩解或者辩护。"

中国现行法律规定允许作无罪与从宽处罚并存的辩护，即辩护人在作无罪辩护时，又退一步讲，即使犯罪嫌疑人、被告人有罪，也应当罪轻、从轻、减轻、免除处罚以及判处"非监禁刑"等从宽处罚的辩护方式。虽然法律规定允许作无罪和从宽处罚并存的辩护，但是辩护律师应尽量不要采取此种辩护方案，因为无罪辩护的效果越好，从宽处罚的辩护效果就越差，反之亦然，两者具有辩护效果的抵消关系，同时会给审判人员和公诉人造成辩护律师对本案是否构成犯罪没有充分把握的感觉。

四、罪轻辩护

罪轻辩护包括以下三种情况：

1. 重罪改轻罪的辩护

重罪改轻罪的辩护就是将罪性（罪名）较重的犯罪辩护成罪性较轻的

犯罪。

2. 否定部分罪名的辩护

否定部分罪名的辩护，就是当一人犯数罪时，否定部分罪性（罪名），即对部分罪名作无罪辩护，这不是严格意义上的无罪辩护，因为犯罪嫌疑人、被告人涉嫌的未被否定的部分罪名仍然会被作出有罪宣告。

3. 减少犯罪数额和降低犯罪情节程度的辩护

减少犯罪数额的辩护，就是在刑法规定的犯罪数额、犯罪情节决定量刑种类和量刑幅度的罪名中以减少犯罪数额和降低犯罪情节程度的辩护方法，达到对犯罪嫌疑人、被告人处以轻刑种、短刑期或判处"非监禁刑"的目的。

五、从轻、减轻、免除处罚辩护

从轻、减轻、免除处罚辩护是指在犯罪嫌疑人、被告人构成犯罪的前提下，辩护人根据其具有的法定和酌定从宽处罚的量刑情节，要求对犯罪嫌疑人、被告人给予从轻、减轻、免除刑事处罚的辩护，既包括主刑和附加刑的从轻、减轻和免除，也包括单处附加刑。

（一）从轻处罚辩护

1. 从轻处罚的概念

《刑法》第 62 条规定："犯罪分子具有本法规定的从重处罚、从轻处罚情节的，应当在法定刑的限度以内判处刑罚。"

从轻处罚是指在刑法分则规定的法定刑限度以内，与不具有这一情节的犯罪应判处的具体刑期或刑种相比较，选择一个较轻的刑种或较短的刑期判处刑罚。但是不得超出法定最低刑的限度，也并非完全是适用法定量刑幅度"中间线"以下的原则。

2. 从轻处罚的示例

《刑法》第 236 条规定："以暴力、胁迫或者其他手段强奸妇女的，处三年以上十年以下有期徒刑。"被告人犯有强奸罪，如果不具有从轻情节，就应当判处 5 年有期徒刑；因具有从轻情节，结果仅判处 3 年有期徒刑，就属于从轻处罚。属于选择一个"较短刑期"方式的从轻处罚。

《刑法》第 234 条规定："故意伤害他人身体的，处三年以下有期徒刑、拘役或者管制。"被告人犯有故意伤害罪（轻伤），如果不具有从轻情节，就应当判处 1 年有期徒刑；因具有从轻情节，结果仅判处拘役或管制，就属于从轻处罚。属于选择一个"较轻刑种"方式的从轻处罚。

（二）减轻处罚辩护

1. 减轻处罚的概念

《刑法》第 63 条规定："犯罪分子具有本法规定的减轻处罚情节的，应当在法定刑以下判处刑罚；本法规定有数个量刑幅度的，应当在法定量刑幅度的下一个量刑幅度内判处刑罚。"

减轻处罚是指在法定最低刑以下判处刑罚；如果规定有数个量刑幅度，就应当在相应的法定量刑幅度的下一个量刑幅度内判处刑罚。

2. 减轻处罚的示例

《刑法》第 236 条规定："以暴力、胁迫或者其他手段强奸妇女的，处三年以上十年以下有期徒刑。"被告人犯有强奸罪，如果不具有减轻情节，就应当判处 3 年以上 10 年以下有期徒刑，因具有减轻情节，结果仅判处 2 年有期徒刑，就属于减轻处罚，属于在"法定最低刑三年以下（不包括本数）"的减轻处罚。如果判处有期徒刑 3 年就不是减轻处罚，而是从轻处罚。

《刑法》第 234 条规定："故意伤害他人身体的，处三年以下有期徒刑、拘役或者管制。"被告人犯有故意伤害罪（轻伤），如果不具有减轻情节，就应当判处 3 年以下有期徒刑、拘役或者管制；因具有减轻情节，结果仅判处罚金，就属于减轻处罚。属于在"法定最低刑以下（不包括本数，也不包括法定最低刑刑种）"的减轻处罚。如果判处有期徒刑、拘役或者管制就不是减轻处罚，而是从轻处罚。

《刑法》第 133 条规定："违反交通运输管理法规，因而发生重大事故，致人重伤、死亡或者使公私财产遭受重大损失的，处三年以下有期徒刑或者拘役；交通运输肇事后逃逸或者有其他特别恶劣情节的，处三年以上七年以下有期徒刑；因逃逸致人死亡的，处七年以上有期徒刑。"被告人交通运输肇事后因逃逸致人死亡，如果不具有减轻情节，就应当处 7 年以上有期徒刑，因具有减轻情节，结果仅判处 5 年有期徒刑，就属于减轻处罚。属于在"相应的法定量刑幅度的下一个量刑幅度内"的减轻处罚。如果判处有期徒刑 7 年就不是减轻处罚，而是从轻处罚。

（三）免除处罚辩护

《刑法》第 37 条规定："对于犯罪情节轻微不需要判处刑罚的，可以免予刑事处罚，但是可以根据案件的不同情况，予以训诫或者责令具结悔过、赔礼道歉、赔偿损失，或者由主管部门予以行政处罚或者行政处分。"

免除处罚是指因被告人的犯罪情节轻微而不需要判处刑罚或者具有法定的免除处罚情节，人民法院作出有罪判决，并对犯罪人免予刑事处罚，同时可以对犯罪人采用非刑罚性处置措施的刑罚制度。

（四）辩护律师作从轻、减轻、免除处罚辩护应注意的问题

1. 以确定刑为原则，以幅度刑为补充

人民检察院提出的量刑建议是以确定刑为原则，以幅度刑为补充，辩护律师也应当就主刑、附加刑以及是否适用缓刑等提出确定刑量刑意见；对新类型、不常见犯罪案件、量刑情节复杂的重罪案件，才可以提出幅度刑量刑意见。

2. 主刑和附加刑同步辩护的原则

辩护律师在办理个案时，如果犯罪嫌疑人、被告人具有法定或酌定的从轻、减轻、免除处罚的量刑情节，不仅要对犯罪嫌疑人、被告人应当科以的主刑作出从轻、减轻、免除处罚的辩护意见，而且也要对应当科以的附加刑作出相应的从轻、减轻、免除处的辩护。

例如，《刑法》第 205 条规定："虚开增值税专用发票或者虚开用于骗取出口退税、抵扣税款的其他发票的，处三年以下有期徒刑或者拘役，并处二万元以上二十万元以下罚金；虚开的税款数额较大或者有其他严重情节的，处三年以上十年以下有期徒刑，并处五万元以上五十万元以下罚金；虚开的税款数额巨大或者有其他特别严重情节的，处十年以上有期徒刑或者无期徒刑，并处五万元以上五十万元以下罚金或者没收财产。"如果被告人虚开的税款数额较大，依法应当在 3 年以上 10 年以下有期徒刑的量刑幅度内和 5 万元以上 50 万元以下的罚金范围内判处刑罚，如果被告人具有减轻情节，辩护律师不仅要对被告人作出处 3 年以下有期徒刑或者拘役的辩护，而且要提出对被告人处 2 万元以上 20 万元以下罚金的辩护。

3. 重视酌定从轻量刑情节

从轻、减轻、免除的法定量刑情节不是每一个案件都具备的；从轻的酌定量刑情节几乎是每一个案件都具备的，只不过是存在多少、辩护律师能够找出多少、法院判决是否采纳和能够采纳多少的问题。虽然司法实践中法院判决采纳酌定从轻的量刑情节比较少或采纳后对量刑的影响不十分明显，但是辩护律师在对个案进行辩护时也切不可忽视从酌定从轻的量刑情节角度进行辩护。从目前《刑事诉讼法》及相关司法解释规定的内容、立法精神和发

展方向上不难分析出，在将来法院判决的司法实践中采纳酌定从轻的量刑情节会逐渐增加，同时辩护律师也要注意审查是否存有从重情节，是否能够进行否定和削弱从重情节的辩护。

4. 不属于违法所得及其他涉案财产的辩护

因为法律规定属于违法所得及其他涉案财产，除依法返还被害人的以外，应当裁定予以没收，所以辩护律师不能忽视对违法所得及其他涉案财产的证据审查判断，对不属于违法所得及其他涉案财产，应向办案机关提出解除查封、扣押、冻结措施，返还给被告人（犯罪嫌疑人）的辩护意见。

六、实体无罪辩护

实体无罪辩护就是依据刑法及实体法方面的立法、司法解释，对起诉书中指控的定罪事实、罪名进行彻底否定而进行的辩护。就是从刑事责任能力、主观上的故意或过失、危害行为、危害结果、因果关系等犯罪构成主体、主观方面、客体、客观方面四个要件的基本事实角度对涉嫌罪名的彻底否定。

七、程序无罪辩护

程序无罪辩护就是依据刑事诉讼法及其他程序法方面的立法、司法解释，因侦查、审查起诉、审判程序的诉讼活动违法，导致以前经过的诉讼活动无效，从而达到否定定罪事实、罪名的目的而进行的辩护。

八、疑罪从无辩护

（一）无罪推定原则的概念及渊源

无罪推定原则是指在没有"确实、充分的证据"证实和判决有罪之前，推定被追诉人无罪的刑事司法原则。

无罪推定原则最早是在启蒙运动中被作为一项思想原则提出来的。1764年7月，意大利刑法学家贝卡里亚在其名著《论犯罪与刑罚》中抨击了残酷的刑讯逼供和有罪推定，提出了无罪推定的理论构想："在法官判决之前，一个人是不能被称为罪犯的。只要还不能断定他已经侵犯了给予他公共保护的契约，社会就不能取消对他的公共保护"[1]；1948年12月联合国大会通过

---

〔1〕 引自［意］切萨雷·贝卡利亚：《论犯罪与刑罚》，黄风译，中国法制出版社2005年版。

《世界人权宣言》第11条（一）规定："凡受刑事控告者，在未经获得辩护上所需的一切保证的公开审判而依法证实有罪以前，有权被视为无罪"；1966年12月联合国大会通过的《公民权利和政治权利国际公约》（即《两权公约》）第14条第2款规定："受刑事控告之人，未经依法确定有罪以前，应假定其无罪。"[1]

无罪推定原则现已成为一项国际刑事司法的通行准则。

（二）疑罪从无原则的概念及渊源

疑罪从无原则是指控诉方提出的证据不足以认定犯罪嫌疑人或被告人有罪时，应作无罪处理的刑事司法原则。即对任何一个案件有罪事实的认定都必须达到"事实清楚，证据确实、充分"的证明标准，否则人民法院应判决宣告无罪。

1996年《刑事诉讼法（修正案）》确立了疑罪从无原则。2018年《刑事诉讼法（修正案）》保留了疑罪从无原则。《刑事诉讼法》第12条规定："未经人民法院依法判决，对任何人都不得确定有罪。"《刑事诉讼法》第200条第3项规定："证据不足，不能认定被告人有罪的，应当作出证据不足、指控的犯罪不能成立的无罪判决。"

《刑事诉讼法》并没有按照国际刑事司法通行准则作出"视为无罪"的表述，仅仅是作出了"不得确定有罪"的表述，说明中国法律在犯罪嫌疑人或被告人未经人民法院依法判决之前，对被追诉人视为可能有罪和也可能无罪的两种可能性，这是在中国传统的"疑罪从有""宁枉勿纵""疑罪从轻""有罪推定"的立法和司法理念和实践的基础上向国际刑事司法接轨的方向上迈出了半步。虽然中国法律没有作出"推定无罪""视为无罪"的规范性表述，但是当出现疑罪时，作出有利于被追诉人的推论却体现了无罪推定的精神和立法发展方向，体现了尊重和保障人权的原则。法学界认为中国刑事诉讼法确立的是疑罪从无原则。

（三）在审查起诉阶段中适用疑罪从无原则的法律规定

（1）《刑事诉讼法》第175条第4款规定："对于二次补充侦查的案件，人民检察院仍然认为证据不足，不符合起诉条件的，应当作出不起诉的决定。"

---

[1]　摘自联合国官方网站。

（2）《人民检察院刑事诉讼规则》第 367 条规定："人民检察院对于二次退回补充调查或者补充侦查的案件，仍然认为证据不足，不符合起诉条件的，经检察长批准，依法作出不起诉决定。人民检察院对于经过一次退回补充调查或者补充侦查的案件，认为证据不足，不符合起诉条件，且没有再次退回补充调查或者补充侦查必要的，经检察长批准，可以作出不起诉决定。"

（3）《人民检察院刑事诉讼规则》第 368 条规定："具有下列情形之一，不能确定犯罪嫌疑人构成犯罪和需要追究刑事责任的，属于证据不足，不符合起诉条件：（一）犯罪构成要件事实缺乏必要的证据予以证明的；（二）据以定罪的证据存在疑问，无法查证属实的；（三）据以定罪的证据之间、证据与案件事实之间的矛盾不能合理排除的；（四）根据证据得出的结论具有其他可能性，不能排除合理怀疑的；（五）根据证据认定案件事实不符合逻辑和经验法则，得出的结论明显不符合常理的。"

（四）证据不足不起诉性质

证据不足不起诉是指在审查起诉阶段，人民检察院发现证据不足、指控的犯罪不能成立作出不起诉的决定。是疑罪从无的刑事司法原则在审查起诉阶段的体现，罪与非罪现在证据不足，先按无罪处理作出不起诉决定，待有新的证据，达到有罪的证明标准，再另行起诉。其法律性质属于暂时无罪不起诉。

（五）证据不足不起诉条件

（1）证据不足、指控的犯罪不能成立，即达不到"犯罪事实清楚，证据确实、充分"的证明标准；

（2）作不起诉的前提条件是案件必须经过一次或两次补充调查或者补充侦查；

（3）案件经过一次补充调查或者补充侦查"可以"作出不起诉的决定，案件经过两次补充调查或者补充侦查"应当"作出不起诉的决定。

九、无罪辩护意见示例

案件事实： 被告人李××系北京××医院泌尿科医生，2021 年 5 月 19 日为被害人徐××（女、17 周岁、在校学生）做结石手术，按手术规程在尿道里放置治疗管并附有线头，待术后 7 天以牵线头的方式将治疗管拔出。2021 年 5 月 26 日上午 10 时被害人徐××到医院拔管，被告人李××让被害人徐××赤裸下身做检查时未发现尿道里治疗管的线头，便让被害人徐××赤裸下身、两手扶床、站立在地上做快速的弯腰、起身动作，意图用这种动作能够使尿道里治疗管的线头露出来再拔出。被告人李××在被害人徐××身后将双手扶在被害人徐××的两腋下，以防止被害人摔倒。在被害人徐××弯腰、起身动作过程中，被告人李××触碰到被害人徐××胸部四次，其中两次是隔着内衣，另两次直接触碰到肌肤。当日下午2时被害人徐××将此事告知其同学张××，当日晚又将此事告知其父徐之男。徐之男与被告人李××电话协商未果便报案。

2021年5月27日北京××分局以李××涉嫌强制猥亵罪予以刑事拘留，后被北京××人民检察院批准逮捕，并羁押于北京××看守所。2021年8月北京××人民检察院向北京××人民法院提起公诉。

被告人李××涉嫌强制猥亵罪一案一审阶段的辩护意见

审判长、审判员：

北京××律师事务所接受被告人李××的委托，指派郭××为被告人李××涉嫌强制猥亵罪一案一审阶段的辩护人。庭审前辩护人对本案证据材料进行了审查判断，并会见了被告人，又通过刚才的法庭调查，辩护人对本案事实已经全面了解。辩护人认为北京××人民检察院《起诉书》指控被告人李××涉嫌强制猥亵罪因证据不足，故不构成犯罪，具体理由从如下六个方面阐述：

第一，被告人李××未触碰到被害人徐××的乳房，而是触碰到了胸部。

1. 被害人徐××的陈述称："被告人李××揉搓她的乳房，大概揉搓了10秒，前后大概重复了三四次"；

2. 被告人李××的供述称："触碰到被害人徐××的胸部"；

3. 证人徐之男（系被害人徐××父亲）的证言称（证据卷二第26～27页）："被告人李××触碰到被害人徐××的胸部"；

4. 证人张××（系被害人徐××同学）的证言称（证据卷三第44页）："被告人李××触碰到被害人徐××的胸部"；

5. 北京××分局派出所2021年6月10日出具的《情况说明》（证据卷五第86页）："被害人徐××的乳房拭子上未检测出其他人的DNA"。

前述被告人供述、证人证言均证明被告人李××触碰到被害人徐××的胸部，在被害人徐××的乳房拭子上也未检测出被告人李××的DNA，所以应认定被告人李××触碰到被害人徐××的胸部。被害人徐××关于"被告人李××揉搓她的乳房"的陈述，是孤证，而且与其他证据相冲突，不应予以采信。

第二，被告人李××要求被害人徐××"赤裸下身做出弯腰、起身的躬身动作，检查尿道管内线头是否出来的行为"既不是强制猥亵罪构成要件的暴力、胁迫或其他方法的手段行为，也不是强制猥亵罪构成要件的目的行为。

北京××分局××派出所2021年8月5日出具的《情况说明》（证据卷四第95页）："北京××医院（被告人李××工作单位）对于结石手术后拔管流程及患者检查时需采取的体位没有明文的规定。"

既然结石手术后拔管流程及患者检查时需采取的体位没有明确的法律规定，国家卫健委也未有明确的行业规章，北京××医院（被告人李××工作单位）也没有明文的操作规程，医疗实践中全凭医生的医疗检查经验进行，那么被告人李××要求被害人徐××"赤裸下身做出弯腰、起身的躬身动作，查看尿道管内线头是否出来的行为"就不能确定是违法行为，也不能确定是违规的医疗检查行为。所以此行为既不能认定为是暴力、胁迫或其他方法的手段行为，也不能认定为是猥亵行为本身的目的行为。

第三，被告人李××触碰被害人徐××胸部行为现有证据无法确定其存有主观故意。

1. 2021年5月26日晚（案发当日报警之前），被告人李××与徐之男（系被害人徐××父亲）之间的电话录音中称："摸被害人徐××胸部不是故意的"；

2. 2021年5月27日12时（证据卷六第116~122页）、2021年5月27日22时（证据卷六第123~132页）被告人两次供述称："不小心隔着衣服触碰到了她的胸部两次，又大胆的将手伸进她的小背心内摸她的胸部"；（即此供述中承认是故意的）

3. 2021年6月1日（证据卷六第138~146页）、2021年6月12日（证据卷六第147~148页）、2021年7月16日（证据卷六第104~113页）被告人三次供述及今天的庭审称："不小心隔着衣服触碰到了她胸部两次，又将双手不小心地伸进她的小背心内触碰她的胸部两次。"（即此供述中不承认是故意的）

4. 2021年5月27日12时，侦查人员第一次讯问李××的视频光盘（光盘上注明李××），在14时49分30秒开始侦查人员与李××有这样一段对话：

李××问：处罚是什么意思？

侦查人员答：就是行政处罚，对职业没有影响，不是刑事处罚。和解了就啥事没有了。

前述证据表明，被告人李××庭前对主观故意的供述和辩解存在反复（不是故意—故意—不是故意），且庭审中辩解称："不是故意的"，依据《最高人民法院关于适用〈中华人民共和国刑事诉讼法〉的解释》第九十六条第三款："被告人庭前供述和辩解存在反复，庭审中不供认，且无其他证据与庭前供述印证的，不得采信其庭前供述"的规定，请法庭不要采信被告人李××庭前是故意的供述，应当采信被告人李××庭审中不是故意的辩解。

前述视听资料证明，侦查人员在第一次讯问被告人李××的前后过程中称："就是行政处罚，对职业没有影响，不是刑事处罚，和解了就啥事没有了"，依据《中华人民共和国刑事诉讼法》第52条"严禁刑讯逼供和以威胁、引诱、欺骗以及其他非法方法收集证据"的规定，是典型的诱供行为。辩护人并不要求对此项证据申请非法证据排除，旨在说明被告人李××发现自己被拘留后，感觉到自己被诱供，然后将是故意的供述改为不是故意的辩解，具有合理性和真实性。

被害人徐××双手扶床、做弯腰、起身的躬身动作过程中，被告人李××首先在被害人徐××的侧后方扶其腋下、腰部，帮助其快速起身，以有利于尿道管内线头出来，在前述双方互动的过程中，被告人李××触碰被害人徐××胸部的行为，无法推断出具有主观故意，因无法排除不小心触碰的可能性，无法得出触碰胸部即是主观故意的唯一结论。

第四，被告人李××触碰被害人徐××胸部的行为不能认定为是为了满足其性欲，因为是在医疗检查行为过程中的非故意触碰。

1. 2021年5月27日12时（证据卷六第116~122页）、2021年5月27日22时（证据卷第123~132页）被告人两次供述称："为了满足性欲将手伸进被害人徐××的小背心内摸她的胸部"；

2. 2021年6月1日（证据卷六第138~146页）、2021年6月12日（证据卷六第147~148页）、2021年7月16日（证据卷六第104~113页）被告人三次供述及今天的庭审称："在扶被害人徐××弯腰、起身的过程中，不小心的碰到了她的胸部"，也就是说不是为了寻求刺激和满足性欲。

前述证据表明被告人李××庭前对是否为了满足性欲的供述和辩解存在反复，且庭审中辩解"不是为了满足性欲"，依据《最高人民法院关于适用

〈中华人民共和国刑事诉讼法〉的解释》第96条第3款："被告人庭前供述和辩解存在反复，庭审中不供认，且无其他证据与庭前供述印证的，不得采信其庭前供述"的规定，请法庭不要采信被告人李××庭前的"是为了满足性欲"的供述，应当采信被告人李××庭审中"不是为了满足性欲"的辩解。况且，被告人李××在正常的医疗检查过程中触碰被害人徐××尿道口的行为之时没有产生性欲，而在触碰被害人徐××胸部的行为之时即刻产生性欲，也不符合男性生理的自然法则。

第五，被告人李××触碰被害人徐××的行为，没有达到"情节严重"的程度。

《中华人民共和国治安管理处罚法》第44条规定："猥亵他人的，或者在公共场所故意裸露身体，情节恶劣的，处五日以上十日以下拘留；猥亵智力残疾人、精神病人、不满十四周岁的人或者有其他严重情节的，处十日以上十五日以下拘留。"依据此条法律规定，猥亵他人，有一种"严重情节"的情况下，属于行政违法行为，应当依据前述法条予以行政拘留10日以上15日以下。虽然《中华人民共和国刑法》第237条没有规定需要达到两种以上严重情节或者具有特别严重情节才构成强制猥亵罪，但是两个法律条文相比较，能够充分说明此点就是猥亵行政违法行为与猥亵犯罪行为的界限。

依据《中华人民共和国治安管理处罚法》第44条规定，"猥亵不满14岁周岁的人，属于猥亵他人的一种严重情节"，但未达到犯罪程度的仍然予以行政处罚，说明猥亵已满14周岁不满18周岁未成年人的不属于强制猥亵罪的定罪情节中的情节严重，只是属于构成犯罪后的从重处罚的量刑情节。本案被害人徐××年满17周岁，所以猥亵被害人徐××，不能认定为定罪情节中的情节严重。

《起诉书》指控："被告人李××对被害人多次以双手伸入被害人内衣揉捏其双侧乳房等方式强行实施猥亵行为"的描述是错误的，应当说前后四次触碰胸部的行为，这不能说是多次实施猥亵行为，因为刑法中的"多次"是指在不同的时间或地点对同一个人实行3次以上的行为或者在相同的时间或地点对不同的人实行3次以上的行为才认定为"多次"。被告人李××后两次触碰被害人徐××胸部的行为，不属于刑法中的"多次"；被告人李××前后四次触碰被害人徐××胸部的行为，是基于一个概括故意、在同一个时间、同一地点、对同一个人实施了多个相同的连续触碰胸部的行为，刑法上也应认定为"一次猥亵"，不属于刑法中规定的"多次猥亵"的严重情节。

猥亵他人的情节是否严重需要从猥亵手段行为的程度、猥亵本身的目的行为的程度、猥亵行为造成的后果的程度去分析，从被告人李××实行行为的全过程看，没有实行猥亵手段行为，触碰被害人胸部的行为与触碰会阴部、臀部、乳房等部位相比较也称不上是情节严重，实行行为也未造成使被害人精神失常、身体伤害等严重后果。即使是被告人李××故意触碰被害人徐××的胸部，因未达到情节严重的程度，所以也达不到构成犯罪的程度。

第六，最高人民法院发布的典型案例及裁判生效的案例，医生在医疗过程中，未经女病人同意，擅自触碰女病人胸部或乳房，在不存有两种以上严重情节或者具有特别严重情节的情况下，均是按《中华人民共和国治安管理处罚法》予以行政拘留，未按构成强制猥亵罪处理。依据《最高人民法院关于统一法律适用加强类案检索的指导意见（试行）》规定的"类案同判"原则，即使被告人李××是故意触碰被害人徐××的胸部，也应按行政拘留处理，不应按犯罪处理。

综上所述，被告人李××触碰到被害人徐××的乳房，因只有被害人单方陈述，且与其他证据相矛盾，所以不应予以认定，相反被告人李××触碰到被害人徐××的胸部，有被告人供述、证人证言等证据已形成完整的证据锁链，请法庭予以确认；现有证据无法确定被告人李××触碰被害人徐××胸部行为存有主观故意和以寻求刺激满足性欲目的；被告人李××要求被害人徐××"赤裸下身做出弯腰、起身的躬身动作，是为了检查尿道管内线头是否出来"的医疗行为，不是暴力、胁迫或其他方法的手段行为，请贵院依据《中华人民共和国刑事诉讼法》第200条第1款第3项之规定作出证据不足、指控罪名不能成立的无罪判决。

即使被告人李××触碰被害人徐××胸部的行为存有主观故意，因不存有两种以上严重情节或者具有特别严重情节，也应属于行政违法，并应依据《中华人民共和国刑事诉讼法》第16条之规定作出情节显著轻微、危害不大的无罪判决。

此致
北京市××区人民法院

辩护人：郭××　北京××律师事务所律师
2021 年 10 月××日

附：1. 质证意见共 20 页。

2. 法律依据共 8 页。

3. 最高人民法院发布的典型案例及裁判生效的案例 2 份。

十、有罪从轻处罚辩护意见示例

案件事实：2011 年 7 月 1 日被告人张浩然（被告人张×之父）为法定代表人的天津市××混凝土有限公司与天津自行车有限公司签订了《土地承包合同》，土地性质为农用地，占地面积为 87.5 亩（包括 62.4 亩基本农田）。合同签订后天津市××混凝土有限公司建立了混凝土生产线，混凝土生产线占用农用地数量为 66.9 亩（包括 62.4 亩基本农田）。2012 年 7 月 18 日至 2016 年 1 月 4 日被告人张×担任天津市××混凝土有限公司名义上的法定代表人，该公司仍然由被告人张浩然实际控制。

2012 年 5 月 29 日天津市国土资源和房屋管理局××区国土资源分局对天津市××混凝土有限公司非法改变土地用途开始进行行政执法检查；2015 年 9 月 10 日委托新疆维吾尔自治区司法鉴定科学技术研究所农林牧司法鉴定中心出具《司法鉴定意见书》的主要内容：“天津市××混凝土有限公司修建道路、房屋、堆料场地等改变了包括 62.4 亩基本农田在内的 66.9 亩土地的性质；认定该地块的‘种植条件均遭到严重毁坏’。”

2018 年 10 月 19 日天津市国土资源和房屋管理局××区国土资源分局将该案移送到天津市公安局××分局，2019 年 12 月 15 日天津市公安局××分局以被告人张×涉嫌非法占用农用地罪予以刑事拘留，以被告人张浩然涉嫌非法占用农用地罪、组织、领导、参加黑社会性质组织罪等罪名予以刑事拘留，后被天津市××人民检察院批准逮捕；2020 年 7 月 20 日天津市××人民检察院向天津市××人民法院提起公诉。

被告人张×涉嫌非法占用农用地罪一案

辩 护 意 见

审判长、审判员：

天津××律师事务所接受被告人张×的委托，指派王×律师担任张×涉嫌非法占用农用地罪一案的辩护人。庭审前辩护人详细查阅了本案卷宗，会见了被告人张×，又通过今天的法庭调查，对本案的事实证据有了全面的了解，就《起诉书》中指控被告人张×构成非法占用农用地罪不持异议；现就《起诉书》中指控造成农用地种植条件严重毁坏的数量、被告人张×在共同犯罪中所起的作用、以及对被告人张×裁量的具体刑期、罚金数额发表如下四点辩护意见，请合议庭评议时予以考虑。

第一，《起诉书》指控，"导致农用地66.9亩（包括62.4亩基本农田）种植条件严重毁坏"的证据不足。

依据《刑法》第342条、《最高人民法院关于审理破坏土地资源刑事案件具体应用法律若干问题的解释》第3条之规定，非法占用农用地罪的客观要件需要非法占用、改变土地用途、造成大量农用地严重毁坏或严重污染三点同时具备，缺一不可。

天津市××混凝土有限公司承租了农用地87.5亩，新疆维吾尔自治区司法鉴定科学技术研究所农林牧司法鉴定中心现场实际测绘面积为农用地66.9亩（包括62.4亩基本农田），并进行了毁坏程度鉴定，两者差额部分的20.6亩因维持了农用地原状未进行实际测绘和鉴定。所以辩护人对《起诉书》中指控的本案的涉案农用地数量为66.9亩（包括62.4亩基本农田）、并且改变了土地用途不持有异议，但是认定"种植条件均严重毁坏"的证据不足。理由如下：

1. 新疆维吾尔自治区司法鉴定科学技术研究所农林牧司法鉴定中心不是耕地毁坏程度鉴定的合法主体。

本案的案件来源，是由天津市国土资源和房屋管理局××区国土资源分局在查处天津市××混凝土有限公司农用地行政违法过程中发现了有构成非法占用农用地罪的可能而移送到公安机关（侦查卷五第1页、天津市国土资源和房屋管理局××区国土资源分局《关于对天津市××混凝土有限公司违法占地行为依法介入调查的函》）。依据国土资源部、最高人民检察院、公安部《关于国土资源行政主管部门移送涉嫌国土资源犯罪案件的若干意见》（国土资发〔2008〕203号）第2条之规定："……需要对耕地破坏程度进行鉴定的，由市（地）级或者省级国土资源行政主管部门出具鉴定结论。"据此规定，作为刑事案件定案依据的《耕地毁坏程度鉴定意见》的合法性是行政鉴定，出具的主体为国土资源行政主管部门，证据形式为《鉴定意见书》。耕地毁坏程度的司法鉴定（包括第三方中介鉴定）不具有刑事证据的合法性。

新疆维吾尔自治区司法鉴定科学技术研究所农林牧司法鉴定中心属于司法鉴定机构不是市（地）级或者省级国土资源行政主管部门，不是耕地毁坏程度鉴定的合法主体。

2. 新疆维吾尔自治区司法鉴定科学技术研究所农林牧司法鉴定中心也不具有耕地毁坏程度的鉴定资质。

根据该中心的司法鉴定许可证（侦查卷七第121页），该鉴定中心的业务范围共五项："农林、林业、畜牧业、园林及农林水利工程生产过程中损失的因果关系鉴定及价值评估；农、林、畜牧产品、农林水利工程和生产资料的质量鉴定及价值评估；农机、水利、生产资料给农、林、畜牧、园林造成的损失鉴定及价值评估；野生动、植物司法鉴定及价值评估；土地种类、面积的鉴定及价值评估"。

2015年9月10日新疆维吾尔自治区司法鉴定科学技术研究所农林牧司法鉴定中心出具的《司法鉴定意见书》（侦查卷七第117~120页）中，认定的"天津市××混凝土有限公司修建道路、房屋、堆料场地等改变了包括62.4亩基本农田在内的66.9亩土地的性质"的结论有效，因为其有土地种类、面积的鉴定资质；认定该地块的"种植条件均遭到严重毁坏"的结论无效，因为其不具有耕地毁坏程度的鉴定资质。依据司法部《司法鉴定程序通则》（司法部令132号）第15条第1项之规定："委托鉴定事项超出本机构司法鉴定业务范围的鉴定委托，司法鉴定机构不得受理。"

3. 新疆维吾尔自治区司法鉴定科学技术研究所农林牧司法鉴定中心出具的《司法鉴定意见书》有多处瑕疵。

依据司法部《司法鉴定程序通则》的规定，该《司法鉴定意见书》还存在未写明鉴定所依据的技术标准及技术规范、未写明资料摘要、后附鉴定所依据的相关资料不齐全等瑕疵；所作出的"66.9亩（包括62.4亩基本农田）的种植条件均遭到严重毁坏"的依据不足，缺少现场勘查土地毁坏深度、土壤中含有的元素成分毁坏程度、造成土地几年不能耕种等技术数据；同时66.9亩土地均遭到严重毁坏的鉴定意见不符合客观实际，从卷宗中的土地的现场照片（侦查卷九第118~123页）能够看出部分土地属于轻度、中度毁坏，没有达到全部严重毁坏的程度。

4. 新疆维吾尔自治区司法鉴定科学技术研究所农林牧司法鉴定中心出具

的《司法鉴定意见书》中"66.9 亩土地的种植条件均遭到严重毁坏"的部分，不能作为本案定案依据。

依据最高人民检察院《人民检察院刑事诉讼规则》第 64 条第 2 款之规定，"行政机关在行政执法和查办案件过程中收集的鉴定意见、勘验、检查笔录，经人民检察院审查符合法定要求的，可以作为证据使用。"新疆维吾尔自治区司法鉴定科学技术研究所农林牧司法鉴定中心出具的《司法鉴定意见书》中"66.9 亩土地的种植条件均遭到严重毁坏"的部分，因不具有证据的合法性，所以不能作为本案定案依据。

5. 2018 年 12 月 31 日新疆维吾尔自治区司法鉴定科学技术研究所农林牧司法鉴定中心撤销，并入新疆臻冠达农业科技有限公司，新疆臻冠达农业科技有限公司仍为第三方中介鉴定机构，依法也不应具有耕地毁坏程度的鉴定资质，事实上该公司《营业执照》《资质认定证书》《价格评估机构执业登记证书》注明的经营范围也不具备耕地毁坏程度鉴定的范围。

综上，在天津市规划和自然资源局或其××分局对本案农用地未出具耕地毁坏程度鉴定意见之前，就将农用地 66.9 亩（包括 62.4 亩基本农田）认定为均遭到严重毁坏的证据不足。但是根据农用地现场照片、天津市国土资源和房屋管理局××国土资源分局《关于对天津市××混凝土有限公司违法占地行为介入调查的函》（侦查卷五第 1 页）以及对天津市××混凝土有限公司进行行政执法、作出行政处罚的相关证据综合分析判断，天津市××混凝土有限公司造成农用地 66.9 亩中的一大部分种植条件达到严重毁坏程度还是存在的。导致农用地毁坏并达到严重程度的数量是非法占用农用地罪重要的量刑情节，所以，请法庭对被告人张×量刑时对此点给予充分考虑。

第二，被告人张×系从犯。

非法占用农用地的指挥者和起主要作用者是主犯；起次要或辅助作用的是从犯。非法占用农用地、改变被占用土地用途、从事建设给农用地造成严重毁坏或严重污染的三类行为均属于非法占用农用地罪的实行行为。

本案证据表明被告人张浩然（被告人张×之父）是非法占用农用地罪的指挥者和起主要作用者，被告人张×是受张浩然的指使和利用的帮助者。被告人张×在实施非法占用农用地期间所从事的行为有：受张浩然的指使于 2011 年 7 月 1 日与天津自行车有限公司签订了一份无效的《土地承包合同》；受张浩然的指使自 2011 年 10 月至 2012 年 11 月签署了天津市××混凝土有限公司经营混凝土往来票据 6 张（侦查卷六第 165~170 页）；受张浩然的利用自 2012 年 7 月 18 日至 2016 年 1 月 4 日担任名义上的法定代表人（侦查卷八第 21 页、第 35 页）。公司的建设行为和经营行为均由被告人张浩然决策。被告人张×所从事的前述行为均不是非法占用农用地、改变被占用土地用途和毁坏农用地并达到严重程度的实行行为，而是为被告人张浩然实施非法占用农用地罪提供方便的帮助行为，所以就非法占用农用地一个罪来说，应认定被告人张浩然为主犯，被告人张×为从犯。即使被告人张×从事了次要的实行行为也应认定为次要实行犯，即从犯。

第三，涉案农用地复垦费实际上已由天津市××混凝土有限公司缴纳。

2012 年 7 月 28 日天津市××混凝土有限公司已经向天津市国土资源和房屋管理局××区国土资源分局缴纳了土地复垦保证金 397 300 元（侦查卷 7 第 91 页），目前天津市国土资源和房屋管理局××区国土资源分局使用此笔复垦保证金将涉案农用地已经复垦并恢复了耕地的使用性质。其法律性质是赔偿了复垦费用损失，请法庭对被告人张×量刑时对此予以考虑。

第四，对被告人张×的量刑意见。

依据最高人民法院《关于统一法律适用加强类案检索的指导意见（试行）》第 4 条、第 10 条规定，请法庭对被告人张×裁量具体刑期和罚金数额时体现"同案同判"原则，参考和比较 2016 年 10 月 28 日天津市第二中级人民法院对上诉人崔××构成非法占用农用地罪出具的《刑事裁定书》[（2016）津 02 刑终 556 号]，该裁定的内容为："上诉人崔××非法占用耕地 175.71 亩，具有自愿认罪、初犯、缴纳了复垦费从轻处罚情节，判处有期徒刑一年六个月，并处罚金二万元"。依据最高人民法院《关于审理破坏土地资源刑事案件具体应用法律若干问题的解释》（法释 [2000] 14 号）第 3 条第 1 款第（一）项规定：基本农田 5 亩与基本农田以外的耕地 10 亩罪责相当，崔××非法占用耕地 175.71 亩相当于非法占用基本农田 87.855 亩。

被告人张×构成非法占有农用地罪；犯罪数量为 66.9 亩（包括 62.4 亩基本农田）中的一大部分；具有自愿认罪、初犯、赔偿复垦费用损失、从犯的法定和酌定从宽处罚情节"，当然，是否从宽处罚，属于法庭的自由裁量权，鉴于被告人张×庭审时的悔罪表现，同时对被告人张×现已羁押一年的事实，已达到了刑罚惩罚和教育的目的，再行羁押必要性不大，辩护人请法庭对被告人张×予以从轻处罚。

被告人张浩然的犯罪性质属于黑社会组织犯罪，依法应从严惩处，被告人张×虽然与被告人张浩然是父子关系，但在刑法规定中属于两个犯罪主体，请法庭对被告人张浩然从严惩处时，不要对被告人张×的量刑时产生相应的影响，对被告人张×的量刑时应比照被告人张浩然非法占用农用地罪基准刑的基础上从轻处罚。

被告人张×非法占用农用地的数量低于崔××非法占用农用地的数量，同时比崔××多出一个从犯的法定从宽处罚情节，所以对被告人张×的处罚不宜高于对崔××的处罚，辩护人请法庭对被告人张×判处1年6个月有期徒刑，并处罚金20 000元。

天津市××人民检察院对被告人张×出具的四年至四年六个月的《量刑建议》，是建立在犯罪数量为66.9亩（包括62.4亩基本农田）、涉恶、拒不认罪和没有考虑从犯的前提下予以从严惩处作出的，所以请法庭对此《量刑建议》作出相应调整。

综上所述，请贵院依据《中华人民共和国刑法》第342条、第27条，《最高人民法院关于审理破坏土地资源刑事案件具体应用法律若干问题的解释》（法释［2000］14号）第3条第2项，《天津市高级人民法院关于适用罚金刑的意见》第2条第7款第（3）项等规定对被告人张×判处一年六个月有期徒刑，处罚金20000元。

此致
天津市××人民法院

辩护人：王×　天津××律师事务所律师
2020年11月11日

附：1. 质证意见20页。

2. 法律依据5页。

3. 天津市第二中级人民法院《刑事裁定书》［（2016）津02刑终556号］复印件1份。

第三节　缓刑辩护

一、缓刑的适用条件

（一）缓刑适用条件的法律规定

依据《刑法》第 72 条第 1 款规定："对于被判处拘役、三年以下有期徒刑的犯罪分子，同时符合下列条件的，可以宣告缓刑，对其中不满十八周岁的人、怀孕的妇女和已满七十五周岁的人，应当宣告缓刑：（一）犯罪情节较轻；（二）有悔罪表现；（三）没有再犯罪的危险；（四）宣告缓刑对所居住社区没有重大不良影响。"

（二）缓刑适用条件法律规定的释义

按人民法院是否具有宣告缓刑的自由裁量权为标准，可将缓刑适用条件分为可以宣告缓刑条件和应当宣告缓刑条件。

1. 可以宣告缓刑条件

可以宣告缓刑条件的客观条件和主观条件同时具备，缺一不可。

可以宣告缓刑的客观条件是指将刑种和刑期限定在实际判处"拘役或三年以下有期徒刑"的范围内，此刑种和刑期是法律规定的标准、是客观的、不以办案人员主观意志为转移。也是宣告缓刑的前提条件。

可以宣告缓刑的主观条件是指犯罪情节较轻、有悔罪表现、没有再犯罪的危险、宣告缓刑对所居住社区没有重大不良影响，是否符合此四个条件没有法定的客观标准，而是依赖于办案人员的主观判断，同一案件因不同的办案人员会有认识上的差异。

2. 应当宣告缓刑条件

在具备可以宣告缓刑客观和主观条件的情况下，如果被告人为不满 18 周岁的人、怀孕的妇女和已满 75 周岁的人，就具备应当宣告缓刑条件。

二、犯罪情节较轻

（一）犯罪情节的种类及法律后果

《刑法》对犯罪情节作出了定量划分，分成五种轻重不同的情节，分别是：情节显著轻微、情节轻微、情节较轻、情节严重、情节特别严重。

《刑法》将五种不同程度的犯罪情节分别规定了不同的法律后果：

1. 情节显著轻微

《刑法》第 13 条规定："情节显著轻微危害不大的，不认为是犯罪。"

《刑事诉讼法》第 16 条规定："有下列情形之一的，不追究刑事责任，已经追究的，应当撤销案件，或者不起诉，或者终止审理，或者宣告无罪：（一）情节显著轻微、危害不大，不认为是犯罪的；（二）犯罪已过追诉时效期限的；（三）经特赦令免除刑罚的；（四）依照刑法告诉才处理的犯罪，没有告诉或者撤回告诉的；（五）犯罪嫌疑人、被告人死亡的；（六）其他法律规定免予追究刑事责任的。"

依据前述法律规定，如果属于犯罪情节显著轻微，在侦查阶段，辩护律师应作撤销案件的辩护；在审查起诉阶段，辩护律师应作法定不起诉的辩护；在审判阶段，辩护律师应作终止审理或者无罪辩护。

2. 情节轻微

依据《刑法》第 37 条规定："对于犯罪情节轻微不需要判处刑罚的，可以免予刑事处罚，但是可以根据案件的不同情况，予以训诫或者责令具结悔过、赔礼道歉、赔偿损失，或者由主管部门予以行政处罚或者行政处分。"

《刑事诉讼法》第 177 条第 2 款规定："对于犯罪情节轻微，依照刑法规定不需要判处刑罚或者免除刑罚的，人民检察院可以作出不起诉决定。"

依据前述法律规定，如果属于犯罪情节轻微，在审查起诉阶段，辩护律师应作酌定不起诉的辩护；在审判阶段，辩护律师应作有罪、免予刑事处罚的辩护。

3. 情节较轻

情节较轻在《刑法》中是引起另一个较轻的刑种或量刑幅度的量刑情节。

例如，《刑法》第 182 条规定："以牟利或者传播为目的，走私淫秽的影片、录像带、录音带、图片、书刊或者其他淫秽物品的，处 3 年以上 10 年以下有期徒刑，并处罚金；情节严重的，处 10 年以上有期徒刑或者无期徒刑，并处罚金或者没收财产；情节较轻的，处 3 年以下有期徒刑、拘役或者管制，并处罚金。"此条中的"情节较轻"是引起另一个较轻的刑种或量刑幅度的量刑情节。

4. 情节严重

情节严重在《刑法》中有的是定罪情节，有的是引起另一个严重的刑种或量刑幅度的量刑情节。

例如，《刑法》第 243 条第 1 款规定："捏造事实诬告陷害他人，意图使他人受刑事追究，情节严重的，处三年以下有期徒刑、拘役或者管制；造成严重后果的，处三年以上十年以下有期徒刑。"此条中的"情节严重"是定罪事实，不是量刑情节。

例如，《刑法》第 244 条第 1 款规定："以暴力、威胁或者限制人身自由的方法强迫他人劳动的，处三年以下有期徒刑或者拘役，并处罚金；情节严重的，处三年以上十年以下有期徒刑，并处罚金。"此条中的"情节严重"是引起另一个严重的刑种或量刑幅度的量刑情节，不是定罪事实。

5. 情节特别严重

情节特别严重在《刑法》中是引起另一个严重的刑种或量刑幅度的量刑情节。

例如，《刑法》第 253 条之一第 1 款规定："违反国家有关规定，向他人出售或者提供公民个人信息，情节严重的，处三年以下有期徒刑或者拘役，并处或者单处罚金；情节特别严重的，处三年以上七年以下有期徒刑，并处罚金。"此条中的"情节特别严重"是引起另一个严重的刑种或量刑幅度的量刑情节。

（二）犯罪情节较轻的论证方法

《刑法》及司法解释没有对具体罪名明确规定"犯罪情节较轻"的标准，在审判实践中要根据学理解释予以认定，由法官自由裁量认定。然而，学理解释又存有争议，势必会造成同一案件因不同的办案人员而对是否为"犯罪情节较轻"作出不同的认定。

在刑事辩护司法实践中，律师对"犯罪情节较轻"的辩护存有三种不同的思维模式和做法：第一种是从犯罪四个构成要件角度及其存有的案件事实中找出较轻的情节进行辩护，多数辩护律师采取此种思维模式和做法；第二种是从定罪事实、罪名、量刑情节和对社会的危害程度四个要素角度找出较轻的情节进行辩护；第三种是仅从定罪情节、量刑情节找出较轻的情节进行辩护。

笔者赞同采用第三种思维模式和做法论证"犯罪情节较轻"，理由分述如下：

（1）犯罪四个构成要件是确定罪与非罪、此罪与彼罪的依据，它决定犯罪性质（罪名），它包括定罪情节和部分量刑情节，仅限于案中情节，而将案前、案后情节排除在论证"犯罪情节较轻"之外，所以采取第一种思维模式和作法论证"犯罪情节较轻"是不全面的。

（2）罪名并不是缓刑的前提条件，缓刑的前提条件是对刑期和刑种的限定，所以论证缓刑条件中的"犯罪情节较轻"，没有考虑罪名的必要。同时，刑法将"对所居住社区没有重大不良影响"规定为缓刑四要件之一，"对所居住社区没有重大不良影响"属于社会的危害性的范畴，在论证"犯罪情节较轻"时没有必要阐述社会危害性程度，所以采取第二种思维模式和做法论证"犯罪情节较轻"存有不必要的论述内容。

（3）因犯罪情节是定罪情节和量刑情节的集合，仅从定罪情节、量刑情节中找出较轻的情节是唯一恰到好处的论证方法，所以笔者赞同辩护律师采取第三种思维模式和做法进行缓刑中"犯罪情节较轻"的辩护。

（三）定罪情节中的犯罪情节较轻

1. 犯罪主体

可以从犯罪主体的生理状况和身份的角度论述犯罪情节较轻。例如，未成年、老年人、孕妇、精神不健全，非特殊身份等方面。未成年犯由于身心还尚不健全，人生观和社会观还尚未定型，可塑性强，同样的犯罪事实未成年犯与成年犯相比较而言，可以认为犯罪情节较轻；老年犯由于身体机能的逐步退化，人身危险性也随之降低，监禁成本反倒逐步增大，基于以上因素的考虑与年富力强的成年犯相比较，可以认为犯罪情节较轻；怀孕的妇女身体和生理的不便性、人身危险性也随之降低，与未怀孕的人相比较，可以认为犯罪情节较轻；患有间歇性精神疾病或抑郁症等疾病的犯罪分子与精神健全的犯罪分子相比，可以认为犯罪情节较轻；特殊身份犯，如国家工作人员，他们由于掌握着国家权力，一旦犯罪，社会危害性比较大，且社会公众对他们民愤极大，一般主体与特殊身份犯相比较，可以认为犯罪情节较轻。总之，从犯罪主体角度论述犯罪情节较轻，是将犯罪主体的弱势生理状况和一般身份与正常的生理状况和特殊身份相比较而言的。

2. 犯罪主观方面

犯罪主观方面，包括故意与过失。过失犯是因为一时的疏忽大意或者过于自信，对应当预见的情况没有预见或自信可以避免，造成一定后果，并非刻意追求犯罪结果，也无意触犯刑法的权威，人身危险性较小，相对于以一定的犯罪行为，希望或者放任犯罪结果发生的故意犯来说，可以认为犯罪情节较轻。

3. 犯罪客体

犯罪客体是指刑法所保护而被犯罪行为所侵害的社会关系。中国刑法根据社会危害性从大到小的顺序，分为十类犯罪，分别为：国家安全、公共安全、社会主义市场经济秩序、公民人身权利和民主权利、财产权、社会管理秩序、国防利益、国家机关和国有单位的正常管理活动以及职务的廉洁性、国家机关的正常管理、国家军事利益。比较这十类犯罪，越是排序在刑法分则靠后的，社会危害性越小，犯罪情节也相应越轻。但是从个罪之间相比较，排序在刑法分则靠后的罪名，不一定比排序在刑法分则靠前的罪名的犯罪情节轻。然而，从犯罪客体角度论述犯罪情节较轻，又主要是从个罪之间相比较的角度论证，比如侵犯生命权的杀人罪与侵犯人身自由权的非法拘禁罪相比较，后者犯罪情节较轻，所以从犯罪客体角度论述犯罪情节较轻，并不是每一个涉案罪名都能够与其他罪名比较出犯罪情节较轻。

4. 犯罪客观方面

犯罪客观方面，有的属于定罪事实，有的属于量刑情节。犯罪客观方面中有关标准的犯罪构成事实属于定罪事实。

犯罪手段是指实施犯罪时所采用的具体方法。一般情况下犯罪手段不属于定罪事实，只有在法律有明文规定的情况下，才属于定罪事实。作为定罪事实的犯罪手段可以从侧面反映出行为人在犯罪时的主观恶性程度，对于那些犯罪手段残忍、使被害人身心受到严重伤害的犯罪分子，从中可以看出其主观恶性较大，人身危险性较大，不能认定犯罪情节较轻。对于那些犯罪手段平和的犯罪分子，由于犯罪分子主观恶性较小，人身危险性较小，与前者相比较而言，可以认为犯罪情节较轻。例如，《刑法》第 262 条之一规定："以暴力、胁迫手段组织残疾人或者不满十四周岁的未成年人乞讨的，处三年以下有期徒刑或者拘役，并处罚金；情节严重的，处三年以上七年以下有期徒刑，并处罚金。"暴力与胁迫相比较，胁迫可以被认为犯罪情节较轻。

有的危害结果属于定罪事实，有的危害结果属于量刑情节。作为定罪事实的危害结果是衡量犯罪分子的社会危害性的一个重要方面。对于危害结果比较严重的犯罪而言，由于其客观上给社会和被害人造成了极大伤害，所以即使主观恶性不大或者有其他可以谅解的因素，一般也不可认定为犯罪情较轻。犯罪后果不严重、主观恶性不大或者有其他可以谅解的因素的，一般可认定为犯罪情节较轻。

（四）法定量刑情节中的犯罪情节较轻

《刑法》规定的所有从轻、减轻的情节或规定的情节较轻、数额较大的情节均可作为认定犯罪情节较轻的根据。

例如，未造成实际危害后果的预备犯或者没有造成不可挽回后果的未遂犯和中止犯，在没有其他较为严重的情节下，一般可以认定为缓刑适用条件中的"犯罪情节较轻"。

例如，《刑法》第233条规定："过失致人死亡的，处三年以上七年以下有期徒刑；情节较轻的，处三年以下有期徒刑。本法另有规定的，依照规定。"此条中的"情节较轻"，可以认定为缓刑适用条件中的"犯罪情节较轻"。

例如，《刑法》第266条规定："诈骗公私财物，数额较大的，处三年以下有期徒刑、拘役或者管制，并处或者单处罚金；数额巨大或者有其他严重情节的，处三年以上十年以下有期徒刑，并处罚金；数额特别巨大或者有其他特别严重情节的，处十年以上有期徒刑或者无期徒刑，并处罚金或者没收财产。本法另有规定的，依照规定。"此条中的"数额较大"，可以认定为缓刑适用条件中的"犯罪情节较轻"。

（五）酌定量刑情节中的犯罪情节较轻

酌定量刑情节的范围主要包括犯罪动机、犯罪手段、犯罪对象、危害结果、犯罪的时间和地点、犯罪前后的表现六个要素。然而，在具体个案中这六个要素不一定就属于酌定量刑情节，有的属于定罪情节，有的属于法定量刑情节，只有既不属于定罪情节，也不属于法定量刑情节的那部分情节才属于酌定量刑情节。

六个要素的酌定量刑情节均反映犯罪情节的轻重，犯罪前的表现还反映犯罪分子有无再犯罪的危险，犯罪后的表现还反映犯罪分子有无悔罪表现。下文将先分别从犯罪动机、犯罪手段、犯罪对象、危害结果、犯罪的时间和地点的五个要素阐述论证犯罪情节较轻的方法。

1. 犯罪动机

犯罪动机和犯罪故意、过失、目的同属于犯罪主体的主观要素。虽然刑法未将犯罪动机规定为一切犯罪的定罪情节，但是因其反映的是犯罪人的主

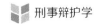

观恶性程度不同，可谴责性的程度就有差别，因此犯罪动机成了量刑时应当考虑的情节。犯罪人的主观恶性也是衡量犯罪情节轻重的因素之一。故意犯罪的动机虽然都是不良的，但也有程度上的差异。例如，贪赃不枉法比贪赃枉法的主观恶性小，所以前者与后者相比较而言犯罪情节较轻。

2. 犯罪手段

除少数罪名外，刑法未将犯罪手段作为定罪情节和法定量刑情节，而属于酌定量刑情节，其反映的实施犯罪的方法和手段的残酷性和野蛮程度不同，罪行的轻重程度、犯罪人的主观恶性程度便会有差别。例如，采用一般的犯罪方法和手段实施伤害他人的行为与采用残忍、狡诈、隐蔽的方法和手段实施伤害他人的行为相比较，犯罪人的主观恶性较小，犯罪情节相应较轻。

3. 犯罪对象

在刑法没有将特定对象作为定罪情节和法定量刑情节的情况下，就属于酌定量刑情节。犯罪对象的不同，反映着罪行轻重程度的差别，从而影响量刑。例如，盗窃一般公私财物与盗窃特定款物相比较，侵害一般人与侵害老、弱、病、残者相比较，前者的犯罪情节较轻。

4. 危害结果

在刑法没有将危害结果作为定罪情节和法定量刑情节的情况下，就属于酌定量刑情节。危害结果的轻重，反映犯罪情节的轻重。例如，同是隐匿、毁弃他人信件，其隐匿、毁弃信件的多少以及由此造成的后果不同；伤害一人与伤害多人造成的后果不同，反映出犯罪情节的轻重不同。

5. 犯罪的时间和地点

在刑法没有将犯罪的时间、地点作为定罪情节和法定量刑情节的情况下，就属于酌定量刑情节。犯罪的时间、地点的不同，也可以反映犯罪情节的轻重。例如，发生在平时的犯罪与发生在严重自然灾害期间的犯罪相比较，前者犯罪情节较轻；又如，在夜间僻静的地方实施抢劫行为与在光天化日之下在公共场所实施抢劫行为相比较，前者的犯罪情节较轻。

三、有悔罪表现

悔罪表现指犯罪分子对于自己的犯罪行为所表现出的悔恨、自责的心态与行为，是犯罪分子犯罪后的表现。

1. 悔罪表现具有以下三个方面的特征

（1）悔罪要以认罪为前提，犯罪分子要认罪，认识到自己的犯罪行为的性质和危害后果；

（2）犯罪分子要对自己的犯罪行为持否定评价的态度，要对自己实施的犯罪行为进行自我谴责；

（3）悔罪具有不可自证性，要通过犯罪分子具体的行为表现出来。

2. 悔罪表现具有以下三个方面的功能

（1）悔罪表现的有无和是否突出，揭示犯罪分子的主观恶性，也反映犯罪情节的轻重；

（2）悔罪表现的有无和是否突出，揭示犯罪分子有无再犯罪的危险；

（3）悔罪表现的有无和是否突出，揭示对犯罪分子改造的难易程度。

正因为悔罪表现具有以上三个方面作用，所以《刑法》将犯罪分子有悔罪表现作为适用缓刑这种特殊的刑罚执行方法的条件之一。

3. 司法实践中认定犯罪分子有悔罪表现通常是指犯罪分子归案后能够如实供述犯罪事实，并具有下列情形之一

（1）犯罪以后主动投案的；

（2）协助司法机关侦破案件的；

（3）有立功表现的；

（4）积极主动退赃的；

（5）犯罪后积极抢救被害人的；

（6）主动采取措施减少损失的；

（7）对犯罪所造成的损失积极进行赔偿的；

（8）向被害人真诚赔礼道歉的；

（9）经犯罪分子同意，其亲友代为退赃、赔偿损失的，视为犯罪分子的悔罪表现；

（10）具有其他悔罪表现的。

四、没有再犯罪的危险

有无再犯罪的危险主要是从犯罪分子犯罪前、后的一贯表现予以认定，依据《人民检察院刑事诉讼规则》第129条的规定，具有下列情形之一的，应认定具有再犯罪的危险：

(1) 案发前或者案发后正在策划、组织或者预备实施新的犯罪的；

(2) 扬言实施新的犯罪的；

(3) 多次作案、连续作案、流窜作案的；

(4) 一年内曾因故意实施同类违法行为受到行政处罚的；

(5) 以犯罪所得为主要生活来源的；

(6) 有吸毒、赌博等恶习的；

(7) 其他可能实施犯罪的情形。

如果犯罪分子在犯罪前一贯遵纪守法、表现较好，偶尔失足，属于初犯、偶犯，说明犯罪分子再犯可能性较小和没有再犯罪的危险。例如，两个盗窃相同数额财物的罪犯，一个平时经常有小偷小摸行为，另一个没有不良表现，对于前者应认定具有再犯罪的危险，对于后者应认定没有再犯罪的危险。

五、宣告缓刑对所居住社区没有重大不良影响

（一）刑法"对宣告缓刑对所居住社区没有重大不良影响"的确立

"宣告缓刑对所居住社区没有重大不良影响"属于社会危害性范畴。1979年《刑法》将"适用缓刑确实不致危害社会"作为适用缓刑的条件之一，2011年5月1日施行的《刑法修正案（八）》将"适用缓刑确实不致危害社会"修改为"宣告缓刑对所居住社区没有重大不良影响"，使适用缓刑的条件进一步具体化，便于在使用缓刑司法实践中应用，但是刑法对此规定仍然是比较原则的规定，待今后立法进一步具体化。

（二）"对所居住社区影响"的《调查评估意见》

《社区矫正法》第2条规定："对被判处管制、宣告缓刑、假释和暂予监外执行的罪犯，依法实行社区矫正。"

《社区矫正法》第9条规定："县级以上地方人民政府根据需要设置社区矫正机构，负责社区矫正工作的具体实施。社区矫正机构的设置和撤销，由县级以上地方人民政府司法行政部门提出意见，按照规定的权限和程序审批。"

《社区矫正法》第17条第4款规定："本法所称社区矫正决定机关，是指依法判处管制、宣告缓刑、裁定假释、决定暂予监外执行的人民法院和依法批准暂予监外执行的监狱管理机关、公安机关。"

《社区矫正法》第18条规定："社区矫正决定机关根据需要，可以委托社

区矫正机构或者有关社会组织对被告人或者罪犯的社会危险性和对所居住社区的影响，进行调查评估，提出意见，供决定社区矫正时参考。居民委员会、村民委员会等组织应当提供必要的协助。"

《社区矫正法实施办法》第14条规定："社区矫正机构、有关社会组织接受委托后，应当对被告人或者罪犯的居所情况、家庭和社会关系、犯罪行为的后果和影响、居住地村（居）民委员会和被害人意见、拟禁止的事项、社会危险性、对所居住社区的影响等情况进行调查了解，形成调查评估意见，与相关材料一起提交委托机关。调查评估时，相关单位、部门、村（居）民委员会等组织、个人应当依法为调查评估提供必要的协助。"

依据前述规定，委托和受托出具《调查评估意见》的主体和内容：

（1）有权委托出具"对所居住社区影响"的《调查评估意见》的机关是社区矫正决定机关，即人民法院、监狱管理机关、公安机关；

（2）有权受托出具"对所居住社区影响"的《调查评估意见》的法定机构是社区矫正机构或者有关社会组织；

（3）《调查评估意见》是从被告人或者罪犯居所情况、家庭和社会关系、犯罪行为的后果和影响、居住地村（居）民委员会和被害人意见、拟禁止的事项、社会危险性等多方面论述的对所居住社区是否有重大不良影响的意见。

（三）如何确认"对所居住社区没有重大不良影响"

调查被告人居所情况的范围是指被告人或者罪犯居所地村民委员会或者居民委员会管理的地域范围。

重大不良影响是指如果对犯罪分子适用缓刑，就会在其所居住社区的范围内达不到预防犯罪的目的或者产生其他重大不良影响。重大不良影响主要体现在以下三种情形之中：

（1）从预防犯罪角度去分析。例如，犯罪分子居住的社区内经常发生同类犯罪行为，如果对犯罪分子适用缓刑，就难以避免同类犯罪行为的再次发生；

（2）从犯罪分子家庭和社会关系、犯罪行为的后果和影响角度分析。例如，犯罪分子本人一贯横行乡里、民愤很大，其本人家庭和社会关系也没有良好的教育环境，如果对犯罪分子适用缓刑，就难以避免对所居住社区没有重大不良影响；

（3）从犯罪分子所居住的村（居）民委员会、村（居）民以及被害人角度去分析。如果对犯罪分子适用缓刑，就会对所居住村（居）、村（居）民以及被害人产生重大不良影响。

由此可见，论证作为适用缓刑条件之一的"对所居住社区没有重大不良影响"主要是指不存有上述三种情形。

六、缓刑的禁止条件

（一）绝对禁止条件

依据《刑法》第74条的规定："对于累犯和犯罪集团的首要分子，不适用缓刑。"这是缓刑的绝对禁止条件。

（二）相对禁止条件

《最高人民法院、最高人民检察院关于办理职务犯罪案件严格适用缓刑、免予刑事处罚若干问题的意见》（2012年8月8日）第2条规定，具有下列情形之一的贪污贿赂、渎职等职务犯罪分子，一般不适用缓刑或者免予刑事处罚：

（1）不如实供述罪行的；

（2）不予退缴赃款赃物或者将赃款赃物用于非法活动的；

（3）属于共同犯罪中情节严重的主犯的；

（4）犯有数个职务犯罪依法实行并罚或者以一罪处理的；

（5）曾因职务违纪违法行为受过行政处分的；

（6）犯罪涉及的财物属于救灾、抢险、防汛、优抚、扶贫、移民、救济、防疫等特定款物的；

（7）受贿犯罪中具有索贿情节的；

（8）渎职犯罪中徇私舞弊情节或者滥用职权情节恶劣的；

（9）其他不应适用缓刑、免予刑事处罚的情形。

这是缓刑的相对禁止条件。

七、宣告禁止令

（一）宣告禁止令概念

宣告禁止令是指人民法院对判处管制和缓刑的犯罪分子，判决时可以根据犯罪原因、犯罪性质、犯罪手段、犯罪后的悔罪表现、个人一贯表现等情况，考虑与犯罪分子所犯罪行的关联程度，有针对性地决定，禁止犯罪分子在管制执行期间和缓刑考验期限内从事特定活动、进入特定区域和场所、接触特定的人的一项或者几项内容的诉讼活动。

（二）宣告禁止令的法律规定

（1）依据《刑法》第72条第2款规定："宣告缓刑，可以根据犯罪情况，同时禁止犯罪分子在缓刑考验期限内从事特定活动，进入特定区域、场所，接触特定的人。"

依据《刑法》第38条第2款规定："判处管制，可以根据犯罪情况，同时禁止犯罪分子在执行期间从事特定活动，进入特定区域、场所，接触特定的人。"

（2）2011年4月28日《最高人民法院、最高人民检察院、公安部、司法部关于对判处管制、宣告缓刑的犯罪分子适用禁止令有关问题的规定（试行）》对"活动、区所、人"三特定的内容分别作出了详细的解释。

第3条规定："人民法院可以根据犯罪情况，禁止判处管制、宣告缓刑的犯罪分子在管制执行期间、缓刑考验期限内从事以下一项或者几项活动：（一）个人为进行违法犯罪活动而设立公司、企业、事业单位或者在设立公司、企业、事业单位后以实施犯罪为主要活动的，禁止设立公司、企业、事业单位；（二）实施证券犯罪、贷款犯罪、票据犯罪、信用卡犯罪等金融犯罪的，禁止从事证券交易、申领贷款、使用票据或者申领、使用信用卡等金融活动；（三）利用从事特定生产经营活动实施犯罪的，禁止从事相关生产经营活动；（四）附带民事赔偿义务未履行完毕，违法所得未追缴、退赔到位，或者罚金尚未足额缴纳的，禁止从事高消费活动；（五）其他确有必要禁止从事的活动。"

第4条规定："人民法院可以根据犯罪情况，禁止判处管制、宣告缓刑的犯罪分子在管制执行期间、缓刑考验期限内进入以下一类或者几类区域、场所：（一）禁止进入夜总会、酒吧、迪厅、网吧等娱乐场所；（二）未经执行机关批准，禁止进入举办大型群众性活动的场所；（三）禁止进入中小学校区、幼儿园园区及周边地区，确因本人就学、居住等原因，经执行机关批准的除外；（四）其他确有必要禁止进入的区域、场所。"

第5条规定："人民法院可以根据犯罪情况，禁止判处管制、宣告缓刑的犯罪分子在管制执行期间、缓刑考验期限内接触以下一类或者几类人员：（一）未经对方同意，禁止接触被害人及其法定代理人、近亲属；（二）未经对方同意，禁止接触证人及其法定代理人、近亲属；（三）未经对方同意，禁止接触控告人、批评人、举报人及其法定代理人、近亲属；（四）禁止接触同案犯；（五）禁止接触其他可能遭受其侵害、滋扰的人或者可能诱发其再次危害社会的人。"

第 6 条规定："禁止令的期限，既可以与管制执行、缓刑考验的期限相同，也可以短于管制执行、缓刑考验的期限，但判处管制的，禁止令的期限不得少于三个月，宣告缓刑的，禁止令的期限不得少于二个月。判处管制的犯罪分子在判决执行以前先行羁押以致管制执行的期限少于三个月的，禁止令的期限不受前款规定的最短期限的限制。禁止令的执行期限，从管制、缓刑执行之日起计算。"

第 7 条规定："人民检察院在提起公诉时，对可能判处管制、宣告缓刑的被告人可以提出宣告禁止令的建议。当事人、辩护人、诉讼代理人可以就应否对被告人宣告禁止令提出意见，并说明理由。公安机关在移送审查起诉时，可以根据犯罪嫌疑人涉嫌犯罪的情况，就应否宣告禁止令及宣告何种禁止令，向人民检察院提出意见。"

（三）禁止令的适用条件和方法

前述法律规定明确了禁止令的适用条件和方法如下：

（1）禁止令的适用对象是判处管制和缓刑的犯罪分子；

（2）禁止令中的多种措施可以单独适用，也可以合并适用；

（3）禁止令中的多种措施均要与犯罪分子所犯罪行具有关联性、针对性；

（4）禁止令的目的在于通过对犯罪分子的有效监管、促进其教育矫正、防止其再次危害社会，以达到预防犯罪的目的。

（5）是否适用禁止令、适用何种措施还要根据犯罪分子的犯罪原因、犯罪性质、犯罪手段、犯罪后的悔罪表现、个人一贯表现等的情况进行确定，即应当根据定罪事实、罪名、量刑情节、社会危害性程度进行综合审查判断后，确定是否适用禁止令和适用何种禁止令措施。

人民检察院对可能判处管制和宣告缓刑的被告人提出宣告禁止令建议的，辩护律师应当对宣告禁止令的必要性和采取禁止令措施适当性进行审查，并提出具体、明确的宣告禁止令的辩护意见，同时要阐明所依据的事实和理由。

八、辩护律师作缓刑辩护应注意的问题

（一）准确掌握缓刑的性质

一般缓刑是指人民法院对符合适用缓刑条件的犯罪分子，判处暂缓执行刑罚的一项制度，是对原判刑罚附条件的不再执行，属于一种特殊的刑罚执行方法。在办案实践中，如果辩护律师作缓刑辩护，可以就"刑罚的执行方法"提出辩护意见。

（二）准确掌握适用缓刑的条件

可以适用缓刑的条件包括一个客观条件和四个主观条件，同时具备的情况下，才可以适用缓刑；应当适用缓刑的条件包括一个客观条件、四个主观条件和属于三类特殊主体，同时具备的情况下，就应当适用缓刑。也就是说，符合适用缓刑一个客观和四个主观条件的一般主体可以宣告缓刑，对三类特殊主体应当宣告缓刑。

（三）从定罪事实和量刑情节中归纳出所有犯罪情节较轻的内容

（1）在对被告人定罪时，情节严重（包括情节恶劣、数额巨大、后果严重）已经作为定罪事实予以适用的，在量刑时不得再作为量刑情节予以重复评价；情节严重（包括情节恶劣、数额巨大、后果严重）、情节特别严重（包括情节特别恶劣、数额特别巨大、后果特别严重）已经作为引起另一个严重的刑种或量刑幅度的量刑情节予以适用的，在量刑时也不得再作为量刑情节予以重复评价。也不得以此作为否定缓刑适用条件中的"犯罪情节较轻"。

例如，《刑法》第260条规定："虐待家庭成员，情节恶劣的，处二年以下有期徒刑、拘役或者管制。"虐待家庭成员，只有达到情节恶劣的程度才能构成犯罪，其中的"情节恶劣"是定罪事实，在量刑时不能再将"情节恶劣"作为酌定量刑情节在"二年以下有期徒刑、拘役或者管制"的量刑幅度内予以从重处罚；也不得再将"情节恶劣"作为否定缓刑适用条件中的"犯罪情节较轻"。

（2）情节较轻（包括数额较大）已经作为引起另一个较轻的刑种或量刑幅度的量刑情节予以适用的，在量刑时不得再作为量刑情节予以重复评价，但是可以作为缓刑适用条件中的"犯罪情节较轻"，因为缓刑是根据定罪事实和量刑情节进行定罪并量刑以后，再次在定罪事实和量刑情节中归纳出是否存有犯罪情节较轻的缓刑条件，以便决定是否采取暂缓执行刑罚的制度，是

特殊的刑罚执行方法，是刑法特别规定的已作为定罪事实和量刑情节的内容的重复性适用。

例如，《刑法》第152条规定："以牟利或者传播为目的，走私淫秽的影片、录像带、录音带、图片、书刊或者其他淫秽物品的，处三年以上十年以下有期徒刑，并处罚金；情节严重的，处十年以上有期徒刑或者无期徒刑，并处罚金或者没收财产；情节较轻的，处三年以下有期徒刑、拘役或者管制，并处罚金。"此条中的"情节较轻"就是引起另一个较轻的刑种或量刑幅度的量刑情节，虽然在量刑时不得再作为酌定量刑情节在"三年以下有期徒刑、拘役或者管制"的量刑幅度范围内予以从轻处罚，但是可以作为缓刑适用条件中的"犯罪情节较轻"。

(3) 在量刑时，多个量刑情节具有包容、交叉关系的也不得重复评价。

例如，被告人具有自首和坦白情节，在量刑时如果已经适用自首确定了从轻处罚幅度，就不再考虑坦白予以从轻处罚幅度。

（四）从被告人犯罪后的心态和行为中归纳出有悔罪表现，以被告人犯罪后的实际行为作为重点，论证其有悔罪表现

（五）从被告人犯罪前、后表现中论证没有再犯罪的危险

（六）辩护律师应当论证对被告人适用缓刑对所居住社区没有重大不良影响，必要时可向被告人居所地社区矫正机构或者有关社会组织调取"对所居住社区没有重大不良影响"的证据，也可以申请人民检察院和人民法院调取

（七）在确定是否符合缓刑条件时，不要忽视缓刑禁止条件

第四节　事实辩护和法律辩护

一、事实辩护概念

事实辩护是指辩护方根据定罪和量刑事实，针对控诉方指控的被告人符合犯罪构成的事实和罪名、量刑情节、社会危害性而进行反驳、否定，进而提出无罪、罪轻、从轻、减轻、免除处罚或判处"非监禁刑"的诉讼活动。事实辩护的根据是定罪事实和量刑事实。简言之就是辩方根据犯罪事实否定或削弱控方对被告人的不利指控。

二、事实辩护种类

1. 不符合犯罪构成要件的辩护

是指不符合犯罪主体、主观方面、客体、客观方面四个犯罪构成要件的辩护。

2. 阻却违法性事由的辩护

是指被告人未达到刑事责任年龄，被告人因精神原因完全无刑事责任能力或相对无刑事责任能力的辩护；也指被告人具有正当防卫、紧急避险、依法执行职务、正当冒险行为等不具备刑事违法性的行为的辩护。

3. 量刑情节辩护

是指辩护律师提出被告人具有初犯、自首、立功、坦白、被害人过错、犯罪预备、犯罪未遂、犯罪中止、在共同犯罪中的从属地位、受威胁犯罪或具有限定刑事责任能力等有助于从宽处罚的事实和情节的辩护。

证据辩护是事实辩护的核心，证据辩护的内容包括："仅有犯罪嫌疑人（被告人）供述"不能确定有罪；有罪和从重处罚的事实证据未达到"事实清楚，证据确实、充分"的证明标准按疑罪从无处理；综合全案证据，所认定的事实不能排除合理怀疑的不能确定有罪；单项证据不符合三性（真实、合法、关联性）、存有非法证据未予排除；等等。

三、法律辩护概念

法律辩护是指辩护方依据法律规定，针对控诉方指控被告人符合犯罪构成的事实和罪名、量刑情节、社会危害性进行反驳、否定，进而提出无罪、罪轻、从轻、减轻、免除处罚或判处"非监禁刑"的诉讼活动。刑事实体法、程序法及相关司法解释是法律辩护的根据。简言之就是辩方依据法律规定否定或削弱控方对被告人的不利指控。

四、划分事实辩护和法律辩护的意义

在认定犯罪事实的基础上适用法律；侦查、审查起诉、审判活动是否有效也要依据法律规定予以评价；犯罪嫌疑人、被告人有无犯罪事实、有何种量刑情节也要依据法律规定的程序认定。根据事实和依据法律两者是相辅相成的关系，在整体刑事诉讼活动中难以完全分离，事实辩护和法律辩护的关

系也是相辅相成的。将辩护划分为事实辩护和法律辩护的实质意义是使辩护律师从两个不同角度解析刑事案件，两个角度同等重要，均不可忽视，在法庭调查阶段辩护律师从事的活动主要是事实辩护，在法庭辩论阶段辩护律师从事的活动主要是法律辩护，在侦查、审查起诉阶段也存有事实和法律两种辩护类型。

第五节　实体辩护和程序辩护

一、实体辩护概念

实体辩护是指辩护律师依据犯罪事实和实体法的规定，审查判断犯罪嫌疑人、被告人是否构成犯罪、构成何种罪名、具有何种量刑情节、应负的刑事责任，在此基础上提出犯罪嫌疑人、被告人无罪、罪轻、从轻、减轻、免除刑事责任或判处"非监禁刑"的材料和意见，反驳不正确的指控的诉讼活动。

二、程序辩护概念

程序辩护是指辩护律师依据程序法的规定，因侦查、审查起诉、审判行为和程序不合法或者犯罪嫌疑人、被告人诉讼权利被剥夺、侵害，而向办案机关提出纠正意见，或依法向有关机关提出申诉、控告的诉讼活动。程序辩护是导致非法证据被排除，经过的诉讼行为和程序无效，进而导致犯罪嫌疑人、被告人无罪、罪轻、从轻、减轻、免除刑事责任或判处"非监禁刑"的诉讼活动。也就是说，程序辩护最终导致实体辩护的效果。程序辩护的内容和效果有：

1. 引起一审的诉讼活动无效

依据《刑事诉讼法》第 238 条的规定，第二审人民法院发现第一审人民法院违反公开审判、回避制度、审判组织不合法以及剥夺或限制诉讼权利、其他违反法律规定的诉讼程序，可能影响公正审判的，应当裁定撤销原判，发回原审人民法院重审。原审人民法院如果出现以上几种情况，不仅会导致一审诉讼活动无效，而且也会造成一审判决无效。

辩护律师因原审法院违反法定程序，要求二审法院发回重审的案件，要注意以下五个方面：

（1）原审法院违反公开审判、回避制度和审判组织不合法三种情况属于无条件的、法定的发回重审理由。

（2）在原审法院出现违法剥夺或限制当事人的诉讼权利和其他违反法定程序的情况下，要达到可能影响公正审判的程度，才发回重审；如果违反法定程序较轻，且未发生审判不公正的结果，则可以不发回重审，原审法院审判是否公正属于二审法院自由裁量权，属于有条件的、酌定发回重审理由。

（3）原审法院出现其他违反法律规定的诉讼程序的情况有很多，例如未成年被告人没有律师予以辩护的、违法使用未经庭审质证的证据作为定案依据的、对辩护人提出的非法证据排除申请没有审查并作为定案根据的等，这些都可以作为辩护律师请求二审法院撤销原判、发回重审的理由。

（4）辩护律师要求二审法院撤销原判、发回重审不是案件的最终结果，也不是辩护律师的终极目的，而只是手段，因为发回重审只是否定了原审诉讼活动的效力，发回重审后原审法院仍然要依据事实、证据和法律对本案作出判决，所以辩护律师要使发回重审产生实际效果，必须有新的辩护方案或者有新的事实、新的证据才能使发回重审产生实质意义上的效果。

在办案实践中，委托人对发回重审的案件抱有较大希望，对辩护律师能够做到将案件发回重审的能力也赞赏有加。可是，因为辩护律师没有新辩护方案、新事实、新证据，许多案件的重审判决结果没有发生变化，发回重审实际效果仅是使委托人认识了几个新的审判员。

（5）程序辩护的内容是为实体辩护的内容服务的，程序辩护最终会转化为实体辩护，程序辩护和实体辩护的终极目标是一致的，都是使委托人无罪、罪轻、从轻、减轻、免除处罚或被判处"非监禁刑"。

2. 引起侦查、审查起诉的诉讼活动无效

侦查、审查起诉行为违反法定程序将导致该部分行为无效，进一步导致侦查阶段调取的证据被排除、指控的罪名被推翻、已采取不当的强制措施被改变或解除等后果。

三、划分实体辩护和程序辩护的意义

1. 辩护律师要重视程序辩护

在司法实践中，一些司法人员奉行一些传统理念，为了改变这些传统观

念和做法、尊重和保障公民基本权利、克服腐败等不良现象，规范和严格执行刑事程序法的规定已成为中国刑事诉讼法的发展方向之一，要求辩护律师重视程序辩护、增强程序辩护技能、帮助司法人员克服"重实体、轻程序"的传统观念，以最大限度地维护犯罪嫌疑人、被告人的合法权益。

2. 辩护律师要提高实体辩护与程序辩护的综合运用能力

在司法实践中，辩护律师要将实体辩护和程序辩护相结合，既要阐明调取证据的程序违法，也要尽可能论证由于程序违法而导致证据内容本身是虚假的；既要阐明一审法院违反法定程序，又要论证判决的结果错误；既要阐明侦查、审查起诉程序违法，又要论证非法证据应当予以排除；等等。

3. 辩护律师要客观的理解程序辩护的作用

中国辩护律师所面临的问题非常复杂，这也就给中国辩护律师提供了展现解决问题技巧和能力的大舞台。法律知识是学出来的、办案技能是在实践中磨练出来的，从此种角度上说，中国辩护律师的办案水平和办案能力也是领先世界的。

法律属于上层建筑领域，辩护律师一方面要捍卫法律的正确实施，另一方面也要清醒地认识到法律由经济基础决定，受社会环境、全民素质及道德水准、国家政策、生活文化等因素的制约。说到底，法律是为维护社会秩序服务的。

第六节　有效辩护和无效辩护

一、有效辩护的概念

有效辩护是指辩护律师提出的正确的辩护意见被公、检、法办案机关接受或采纳，进而作出有利于犯罪嫌疑人、被告人的决定或结果的诉讼活动。

有效辩护可被分为实体上的有效辩护和程序上的有效辩护。

实体上的有效辩护是指辩护律师从犯罪构成事实、量刑情节角度，依据事实和法律提出辩护意见，被办案机关接受或采纳，进而确认犯罪嫌疑人、被告人无罪、罪轻、从轻、减轻、免除刑事责任或判处"非监禁刑"的诉讼活动。例如，撤销强制措施、撤销案件、不起诉、被判无罪等等。

程序上的有效辩护则是指辩护律师从刑事诉讼程序角度，针对公、检、法机关违反法定程序的行为，提出异议性的辩护意见，得以使公、检、法机关对违反法定程序的行为予以纠正的诉讼活动。例如，因超过法定羁押期限而解除羁押措施，因原审法院违反管辖的规定而由二审法院将案件发回重审，非法证据被排除，等等。

二、有效辩护的特征

（1）辩护律师追求的目标不单单是形式意义上的享有辩护权，更重要的是经过辩护律师依据事实和法律的辩护，收获对犯罪嫌疑人、被告人相应有利的诉讼结果，使律师辩护具有实质意义。这才是律师辩护的追求的终极目标。

（2）司法公正是有效辩护的根本保证，有效辩护促进司法公正。司法公正是发挥有效辩护的土壤，对正确辩护意见的采纳程度是国家民主、文明程度的重要标志之一，辩护作用的有效发挥可以抵御国家司法权的滥用，有利于司法机关准确、及时地查明案件事实和正确适用法律，防止冤、假、错案的发生，防止当事人诉讼权利和其他合法权益受到侵犯，促进司法实体和程序公正。

（3）刑事辩护制度的科学性是实现有效辩护的前提，有效辩护促进刑事辩护制度的发展与完善。刑事辩护制度是为犯罪嫌疑人、被告人设立的，是为了使犯罪嫌疑人、被告人在实体上和程序上获得有利的诉讼结果。正是由于该效果切实存在，犯罪嫌疑人、被告人才真正需要它，辩护制度才得以发展。

三、有效辩护的实现条件

实现有效辩护应具备三个条件：立法条件、司法条件、辩护律师自身条件。

（1）立法上应当赋予犯罪嫌疑人、被告人及其辩护律师广泛、充分的辩护权利。辩护律师享有的会见、通信、阅卷、调证权是准备辩护的权利，是辩护权的最基本内容，缺少会见、通信、阅卷、调证任何一项权利都不是名副其实的辩护权。现行《刑事诉讼法》第 43 条辩护律师调取证据需要"经同意、经许可"的规定使辩护律师的调查取证权受到了极大的限制，更谈不上在调查取证方面对辩护律师予以权益保障了。其是实现有效辩护的障碍，有待于立法时予以修改。

辩护律师享有的举证、质证、辩论权是行使辩护的权利，也是实现有效辩护的手段。目前，在司法实践中，辩护律师的举证、质证、辩论权有时会受到限制。例如，在庭审时限制律师举证和发言，辩护律师就无法充分阐述自己的辩护要点及理由，从而导致有效辩护难以实现。基于此，我国在立法上应当完善保障律师行使辩护权的制度。

辩护律师具有的申诉、复议权是辩护权利受到侵犯时的救济措施，没有救济措施或者救济措施落不到实处，任何权利都将成为空谈。所以要想实现有效辩护首先应当从立法层面上着手完善辩护制度。

（2）在司法方面，办案机关必须严格依法办案，对违法办案现象予以严格纠正，对违法办案人员予以严肃追究。中国在 1996 年修改《刑事诉讼法》时确立了疑罪从无原则，同时也引进了一些英美国家的对抗式诉讼模式制度，当时受到了国际社会广泛认可和高度评价，经过近三十年的司法实践，反响是空前绝后的，落实是举步维艰的。庭前会议、非法证据排除、交叉询问等规则在 2012 年修改《刑事诉讼法》时予以确立，在 2018 年修改《刑事诉讼法》时又融入了值班律师、认罪认罚、速裁、缺席审判、监察机关的调查与起诉等内容。事实证明，我国法律正处在不断发展和完善的历史进程中。

（3）辩护律师应当具备精湛的刑事法律知识和辩护技能，熟练运用刑事法律知识和辩护技能与控诉方展开理性对抗和交锋，要用坚韧意志学习辩护技能、运用辩护技能、实现有效辩护。

辩护律师有维护犯罪嫌疑人、被告人的合法权益、维护法律的正确实施、维护社会公平和正义的"三维护"的权利和义务。仅以营利为目的的辩护律师，不是合格律师，因为此类律师也很难做到维护犯罪嫌疑人、被告人的合法权益。既然仅有"金钱"意识，收完钱也就结案了，何谈责任心，又何谈负责任。

四、无效辩护的概念

无效辩护与有效辩护是相对应的概念，是指由于辩护律师的辩护行为出现严重瑕疵，从而导致辩护意见未被公、检、法办案机关接受或采纳，进而作出不利于犯罪嫌疑人、被告人的决定或结果的诉讼活动，这是狭义上的无效辩护；广义上的无效辩护还包括辩护律师的正确辩护意见，未得到办案机关的接受或采纳。

无效辩护制度源于美国，"是指律师的辩护行为中出现严重瑕疵而导致影响诉讼结果的公正性，一旦律师的行为被上级法院宣布为无效行为，原审法院的判决就将被撤销并发回重审，以此保障被指控人的宪法意义上的辩护权"。[1]无效辩护制度是对辩护律师没有实现有效辩护的一种救济手段，以确保被告人获得有效的辩护。对辩护律师来说，出现无效辩护会受到处分。很显然，美国使用的是狭义上的无效辩护概念。

有效辩护是以立法完善为基础，以司法公正为保障，以辩护律师的职业素养和辩护技能为依托，以全民守法的客观环境为后盾的。随着中国以上四个方面逐步发展和提高，辩护律师刑事辩护的有效性一定会不断实现和提高。在当今的客观环境下，辩护律师应当从自身做起，努力学习刑事法律知识、磨练刑事辩护技能、提高职业素养，以坚定的意志追求有效辩护，为中国刑事辩护立法、司法实践奉献力量。

第七节　积极辩护和消极辩护

一、积极辩护的概念

积极辩护是指辩护律师依法主动向侦查人员、公诉人、审判员了解案件的进展情况，有效控制案件进展情况，提前削弱或否定对犯罪嫌疑人、被告人不利的证据，调取对犯罪嫌疑人、被告人有利的证据，在法律允许的第一时间内采取查阅卷宗等采取积极进攻的方式行使辩护权的诉讼活动。

二、消极辩护的概念

消极辩护是指辩护律师被动地在收到侦查人员、公诉人、审判员的通知后才开展阅卷、召开庭前会议等辩护行为，仅通过阅卷了解案件事实、证据，仅在卷宗中查找对犯罪嫌疑人、被告人有利的证据，不去调取证据等采取被动的、坐以待毙的方式行使辩护权的诉讼活动。

---

[1]　林劲松："美国无效辩护制度及其借鉴意义"，载《华东政法学院学报》2006年第4期。

三、积极、消极辩护方式的运用

（一）律师的辩护环境

中国辩护律师在参与诉讼活动的权力和程度上与公、检、法机关办案人员相比较处于弱势地位，这使得中国律师办理刑事案件的积极性和责任心受到了一定程度的负面影响。

（二）消极辩护是律师传统的辩护模式

多年以来，辩护律师自然形成一种消极的辩护心态和方式，辩护律师往往在临近开庭前仅通过阅卷了解犯罪嫌疑人、被告人是否构成犯罪、有无罪轻、从轻、减轻、免除处罚和判处"非监禁刑"的从宽情节，以决定辩护方案。然而，卷宗中的证据是由控方调取和提供的，虽然法律规定控方有义务调取被告人有罪、从严处罚和被告人无罪、从宽处罚的双重证据，但是控方的职责决定了其会重视被告人有罪、从严处罚的证据调取，辩护律师在控方调取的有罪、从严处罚的证据内容中去绞尽脑汁地探求无罪、从宽处罚的内容，甚至是仅仅依靠因控方调取证据的失误而残留下来的有利于被告人的内容，采取"以子之矛、攻子之盾"的方法为犯罪嫌疑人、被告人辩护，在当今实属无奈之举。辩护的作用自然不是十分明显，难以得到犯罪嫌疑人、被告人的理解和信任，难以使更多的犯罪嫌疑人、被告人愿意委托辩护律师进行刑事辩护。所以，强化律师的辩护权，不仅有利于克服律师消极辩护的心态和行为，提高辩护效果，而且有利于抑制司法腐败现象，促进司法公正。

（三）如何调动律师辩护的积极性

要使律师辩护发挥应有的作用，提高辩护律师的积极性：首先，要相信律师队伍能够肩负起"三维护"的历史重任；其次，立法应授予律师充分的辩护权，使辩护律师从相对弱势群体的地位中走出来，平衡控、辩双方在诉讼活动中的权利设置，使控、辩双方真正能够实现互相制约、互相配合，使法律得以正确实施，同时使被告人的合法权益受到应有的保护，减少冤假错案，促进全社会的公平正义。

（四）辩护律师应逐渐向积极的辩护方向上迈进

定罪事实与量刑情节相比较而言，辩护律师从定罪事实的角度采取积极辩护方法和主动调取证据的空间相对较小，从量刑情节的角度采取积极辩护方法和主动调取证据的空间相对较大。在司法实践中，辩护律师用自己调取的证据完全推翻控方的证据体系的现象并不多见，这与法律赋予辩护律师软弱的调查权和《刑法》第 306 条（辩护人、诉讼代理人毁灭证据、伪造证据、妨害作证罪）在辩护律师头上悬置了一把利剑有关。尽管如此，辩护律师还是应敢于讲无罪、罪轻，无愧于法律赋予律师维护委托人合法权益的天职和神圣使命。也正是由于律师界有这样的勇于成为捍卫正义的先驱者，才会有刑事辩护法律的发展与完善；辩护律师从量刑情节的角度采取积极辩护方法和主动调取证据的空间相对较大，这与公、检、法机关对辩护律师采取此种方法不会过于反感和抵制有关。因为辩护律师采取此种方法不至于导致犯罪嫌疑人、被告人无罪，进而不至于引起国家赔偿。同时，判决是否采纳酌定量刑情节是法院的自由裁量权，辩护律师帮助法院扩大了案件自由裁量的幅度。在律师辩护实践中作无罪辩护的不足 10%，作罪轻、从轻、减轻、免除处罚或判处"非监禁刑"的辩护的达到 90% 以上。

1. 辩护律师从定罪事实的角度采取积极辩护的方法：

（1）依法积极调取或依法创造犯罪嫌疑人、被告人无罪、罪轻、从轻、减轻、免除处罚或判处"非监禁刑"的证据，立足于削弱或否定控方证据、推翻控方的证据体系。

（2）积极向犯罪嫌疑人、被告人作无罪、罪轻、从轻、减轻、免除处罚或判处"非监禁刑"的法律咨询；向其解释什么叫疑罪从无？什么叫不得强迫自证其罪？什么叫改变供述？什么叫非法证据排除？什么叫改变证人证言？如何调取证据？调取何种证据才能使犯罪嫌疑人、被告人无罪、罪轻、从轻、减轻、免除处罚以及判处"非监禁刑"？等等。辩护律师在执业活动中尽责任和冒风险是成正比的，但是辩护律师向委托人解析法律规定也是天经地义的。不过，律师一定要用询问笔录和视听资料等证据方式固定法律咨询内容，以此证明律师的法律咨询是符合法律规定的，以此防止误入辩护人、诉讼代理人毁灭证据、伪造证据、妨害作证罪的法律禁区。

（3）积极与公、检、法办案人员协商，要求其依法调取犯罪嫌疑人、被告人无罪、罪轻、从轻、减轻、免除处罚或判处"非监禁刑"的证据。积极与公、检、法办案人员协商，要求依法适用"非监禁刑"。

（4）在法律允许的第一时间内查阅卷宗，做到尽可能提前了解到涉及本案犯罪构成要件的事实。

2. 辩护律师从量刑情节的角度采取积极辩护的方法：

（1）积极调取已经存在的、对被告人应予以从宽处罚的量刑证据，例如犯罪前后的表现、认罪态度、自首、坦白情节、适合采用社区矫正的执行方法等证据。

（2）依法创造对被告人应予以从宽处罚的量刑证据，例如促成向被害人赔偿后达成谅解协议、促成积极退赃、引导犯罪嫌疑人、被告人立功等证据。

（3）要求公、检、法办案人员依法调取对犯罪嫌疑人、被告人应予以从宽处罚的量刑证据，积极向犯罪嫌疑人、被告人及其近亲属作从宽处罚的法律咨询。

（4）在法律允许的第一时间内查阅卷宗，做到尽可能提前了解到本案的量刑情节。

第八节　法律意义的辩护和自然意义的辩护

依据控、辩双方各持己见的观点是否由第三方居间裁判为标准，将辩护分为法律意义上的辩护和自然意义上的辩护。

一、法律意义的辩护概念

法律意义的辩护是指辩护律师针对控方提出的不利于犯罪嫌疑人、被告人的指控，相应地提出否定性意见，由第三方进行居间裁判的诉讼活动。依据《刑事诉讼法》的规定，法庭审理是由控、辩双方提出对抗性意见，由审判人员居间审理并作出裁判，辩护律师在法庭上所作的辩护属于法律意义上的辩护。

二、自然意义的辩护概念

自然意义的辩护是指辩护律师针对控方提出的不利于犯罪嫌疑人、被告人的指控，相应地提出否定性意见，由控方自行决定处理结果的诉讼活动。依据《刑事诉讼法》的规定，辩护律师在侦查阶段向侦查机关提出对抗性意见，由侦查机关自行作出决定；在审查起诉阶段向检察机关提出的对抗性意见，由检察机关自行决定；在逮捕阶段向检察机关提出的反对意见，由检察机关自行决定。这些均属于自然意义的辩护。

三、法律和自然意义的辩护的立法发展方向

1. 自然意义的辩护的弊端

依据《刑事诉讼法》的规定，辩护律师在侦查、审查起诉阶段只能被动地采取自然意义的辩护。侦查机关对自己从事的侦查行为是否得当进行自行裁判，检察机关对自己从事的审查起诉活动是否得当也进行自行裁判，侦查、检察机关既是控诉方，也是裁判方。在此种法律制度设置的框架下，辩护律师提出的辩护主张很难发生实质性的法律效果。正如德国法学家拉德布鲁赫所说的："假如原告本身就是法官，那只有上帝才能充当辩护人。"[1]也就是说，在没有第三方居间裁判的"诉讼活动"中，无论辩护律师的辩护意见是否充分，均不会产生实际效果。因为这种裁判者不可能保持中立地位，这种裁判者与裁判结果有直接的利害关系，不可能乐于倾听、客观公正地对待辩护律师提出的反驳意见。辩护律师提出的辩护意见的力量越强大，说明这种裁判者的过错就越严重，最终辩护律师用提出的辩护意见换取的是裁判者更大的敌意。相反，如果辩护律师服从和配合这种裁判者，则会得到更大的实惠。辩护律师的辩护权在侦查、审查起诉阶段的行使程序缺少科学性，应当在控、辩双方之间介入第三方居间裁判；应当赋予控、辩双方平等的诉讼权利。

自然意义的辩护并不是毫无意义，有利于维护犯罪嫌疑人、被告人的合法权益；有利于辩护律师提前了解案件情况，为法律意义的辩护做准备；有利于减少侦查、审查起诉程序中的错误，只是效果甚微、不会显著。

2. 法律意义的辩护是中国刑事立法的发展方向

辩护律师进行法律意义的辩护是在存有法官居间裁判的情况下为了削弱、否定控方的指控而进行的诉讼活动。在有中立裁判者参与诉讼活动，辩护律师所有的辩护活动就有了最基本的倾听者和审查者，作为控方的侦查、检察官员不具有裁判者的身份，而仅仅是申请人或指控人的诉讼角色，这种基本的诉讼模式才能够有效解决控、辩双方不同的观点，使司法公平、公正。诚然，裁判者能否保持中立性，也会对辩护律师的辩护效果产生很大的影响，但是这至少是司法公平、公正的科学设置。即使裁判者充当"第二公诉人"，也不会明目地张胆地站在控方的立场上，不给辩护律师的辩护机会。所以，

---

〔1〕〔德〕拉德布鲁赫：《法学导论》，米健译，中国大百科全书出版社1997年版。

法律意义上的辩护才是能够产生实质性效果的辩护，应当成为中国刑事辩护制度的发展方向。

第九节　朴实型辩护和取宠型辩护

一、庭审气氛

法庭是调查事实、核实证据、适用法律的地方，法庭应当是严肃有序、气氛平和、发言主动、发挥自如、论理充分的庭审环境。控、辩双方在互相尊重对方的基础上做到冷静、充分地阐述自己的主张，虽各执一词、互不谦让，却不失风度。审判员应当客观公正、不偏不倚地居中裁判，控、辩、审三方都应对法律的正确实施负责，在尊重和保障被告人基本人权的基础上罚当其罪，不受权利和人事关系之左右，这是世界各国追求的理想庭审境界和法治环境。

1996 年修改后的《刑事诉讼法》在中国职权主义的诉讼模式的基础上初步确立了混合型诉讼模式，也可以被称为具有中国特色的控辩对抗式的诉讼模式，扩大了控、辩双方在法庭上各自行使诉讼职能的范围，强调控、辩双方平等对抗，增强了法庭审理的实际效果，标志着控、辩双方开始走向理性抗辩的历史新时代；标志着中国司法审判活动向追求理想的庭审境界迈出了坚定的一步。控、辩、审三方均应明确这个正确的发展方向。

二、朴实型辩护

辩护律师说服法官采纳辩护意见，是自己的终极目标。辩护律师博得喝彩是扎实的理论功底、庭前的充分准备、雄辩的口才、敏锐的反应、儒雅的风格、良好的心理素质的综合体现。辩护律师进行交叉询问时，要言简意赅、有明确的针对性、做到明知故问；辩护律师发表的质证、辩护意见，要做到观点明确、论理充分、法言法语、没有赘述，达到既不知情也不懂法的人也基本能够听明白的标准。辩护律师只有采用这种朴实型的辩护风格才是正确的，这是中国辩护律师走向成熟、中国刑事辩护水平走向成熟的重要标志。

三、取宠型辩护

有的辩护律师会在法庭上慷慨陈词、旁征博引、谈古论今、国内国外地谈论一些与案件事实和法律毫无关系的内容，甚至大话连篇、手舞足蹈、哗众取宠使委托人或旁听席激动振奋。然而，辩护要点和理由空洞无物、逻辑混乱、无说服力。这种哗众取宠型辩护只能起到消极作用，其实质是掩盖内心的自卑、掩盖自己能力的不足、担心不能得到委托人及其他人认可。

在庭审过程中，无论是法官、公诉人、辩护律师都有维护国家法律和法庭尊严的义务，这是法律专业人员应当具备的法律职业素养。法官、公诉人、辩护律师出现点失误在所难免。如果法官、公诉人在庭上出现失误，辩护律师有协助挽救尴尬局面的义务，不应渺视出现失误的法官或公诉人，不可与观众席互动嘲笑出现失误的法官、公诉人，更不能以终于抓到公诉人失误、找到展示自己才能的时机的心态，"痛打落水狗"，以此博得委托人和观众的欢心。这与辩护律师在认定事实、适用法律上据理力争，对公诉人不予谦让的性质不同，前者属于缺少法律人职业素养的表现，后者是法律人执业水平的发挥。

然而，在当今的司法实践中，辩护律师有时会遭遇公诉人和法官的压制，对此，辩护律师应尽量采用"依据法律规定辩护人仅同公诉人进行辩论，不与法官辩论，请法庭注意"，"请法庭提醒公诉人仅就本案的事实和法律发表公诉意见"，"请法庭休庭，给公诉人在庭下控制情绪的时间，情绪稳定后再开庭"，"请法庭责令公诉人道歉"等提示性语言予以还击。如此做法如仍不能阻止法官和公诉人的诋毁行为，则应当申请休庭，并向相关人员的领导和有关部门如实反映。辩护律师做出的自卫行为要有理、有节、有据，既不可过分地反唇相讥、有失律师风度，也不可唯唯诺诺、无所作为，不敢维护律师自身的合法权益。

第十节　独立地位型辩护和服务角色型辩护

一、独立地位型辩护的法律规定

《律师法》第 2 条第 2 款规定："律师应当维护当事人合法权益，维护法律正确实施，维护社会公平和正义。"

《律师法》第 31 条规定："律师担任辩护人的，应当根据事实和法律，提出犯罪嫌疑人、被告人无罪、罪轻或者减轻、免除其刑事责任的材料和意见，维护犯罪嫌疑人、被告人的诉讼权利和其他合法权益。"

《刑事诉讼法》第 37 条规定："辩护人的责任是根据事实和法律，提出犯罪嫌疑人、被告人无罪、罪轻或者减轻、免除其刑事责任的材料和意见，维护犯罪嫌疑人、被告人的诉讼权利和其他合法权益。"

二、独立地位型辩护的概念

独立地位型辩护是指辩护律师在刑事诉讼活动中接受犯罪嫌疑人、被告人委托和法律援助中心的指派，取得了辩护资格和独立的诉讼主体地位，依据事实和法律履行辩护职责，以自己的名义独立提出犯罪嫌疑人、被告人无罪、罪轻、从轻、减轻、免除处罚或判处"非监禁刑"的材料和意见，进行独立辩护，不受犯罪嫌疑人、被告人以及公诉人意思表示的约束，不受人民法院、人民检察院和其他机关、团体或个人的非法干涉。

辩护律师具有独立的诉讼地位体现以下三个方面：

（1）辩护律师行使辩护职能与公诉人行使控诉职能是对立统一的关系，双方诉讼地位是平等、独立的，不受公诉人的非法干涉；

（2）辩护律师根据事实和依据法律为犯罪嫌疑人、被告人辩护，独立发表辩护意见，不受被告人违反法律和违背事实意思表示约束，不受人民法院和其他机关、团体或个人的非法干涉；

参考中华全国律师协会《律师办理刑事案件规范》第 5 条第 3 款的规定："律师在辩护活动中，应当在法律和事实的基础上尊重当事人意见，按照有利于当事人的原则开展工作，不得违背当事人的意愿提出不利于当事人的辩护意见。"这也进一步说明，辩护律师依据事实和法律提出有利于当事人的辩护意见，不受当事人意思表示的束缚。

（3）辩护律师具有其他辩护人不享有的特殊权利，例如调查取证权，无需经人民检察院、人民法院许可的查阅、复制、摘抄案卷权，会见、通信权等。

三、独立辩护权

独立辩护权是指辩护律师在刑事诉讼活动中享有依据事实和法律以自己的名义和意思独立发表辩护意见，不受犯罪嫌疑人、被告人意思表示约束以及不受人民法院、人民检察院和其他机关、团体或个人的非法干涉的权利。辩护律师在刑事诉讼活动中享有的权利为独立辩护权，辩护方式为独立地位型辩护。

（一）独立辩护权的两种对立学说

依据中国法律的规定，辩护律师在刑事诉讼过程中具有独立的诉讼主体地位，享有独立辩护权。然而，法律是否应当设置辩护律师的独立辩护权，在司法实践中存有肯定和否定两种对立学说。

（1）肯定说认为，法律应当设置独立辩护权。辩护律师是懂法律的专业人员，犯罪嫌疑人、被告人往往法律水平不高，如果犯罪嫌疑人、被告人与辩护律师的观点不一致，专业人员的意见往往是正确的，所以按律师辩护的意见进行辩护更有利于犯罪嫌疑人、被告人。同时，辩护律师也必须依据事实和法律提出自己的独立见解，否则律师的辩护意见会因违反事实和法律而不会被法官接受和采纳，反而会给犯罪嫌疑人、被告人造成不利的影响。

（2）否定说认为，法律不应设置律师独立辩护权。律师的辩护权是基于犯罪嫌疑人、被告人的委托而产生，没有委托就没有律师对本案的辩护资格，即使辩护律师是受法律援助机构的指派作为辩护人，因其职责所在，也应最大限度地维护犯罪嫌疑人、被告人的利益。而且犯罪嫌疑人、被告人委托律师辩护是付出金钱代价的，辩护人就应当按委托人的意思、为委托人提供服务。如果律师的辩护意见与犯罪嫌疑人、被告人的意见不一致，犯罪嫌疑人、被告人就有权辞去委托或拒绝辩护，使律师独立辩护权失去存在的意义。"维护法律的正确实施"是国家工作人员的义务，律师是社会法律服务人员，接受犯罪嫌疑人、被告人的委托，提供有偿法律服务，应以提供优质法律服务、达到客户满意为宗旨。辩护律师应按照委托人意思、按照有利于犯罪嫌疑人、被告人的原则履行辩护职责。

诚然，两种学说都各有其道理。既然中国法律已经采用肯定说，规定了独立辩护权制度，我们就应当将研究的方向转移到如何使现有的独立辩护权制度变得更加科学、更加有利于在司法实践中的应用上。

（二）独立辩护权的双重属性

因为辩护律师的辩护权来源于两个方面，所以辩护律师的辩护权也就具有了自然和社会双重属性。

（1）辩护律师的辩护权的来源是由犯罪嫌疑人、被告人的辩护权而派生，犯罪嫌疑人、被告人的辩护权是律师辩护权的源泉。犯罪嫌疑人、被告人的辩护权与上诉权、申诉控告权等均是基于自然人的人权所固有的私权利，是天然权利，属于犯罪嫌疑人、被告人的基本人权范畴。"犯罪嫌疑人、被告人有权自行辩护，犯罪嫌疑人、被告人有权获得辩护"，"犯罪嫌疑人、被告人有辩护权"这是国际社会普遍遵守的行为准则，不是来源于法律的赋予和恩赐。从犯罪嫌疑人、被告人的辩护权具有自然属性角度予以延伸，辩护律师一旦接受犯罪嫌疑人、被告人的委托或者法律援助机构的指派，取得辩护资格，就有维护犯罪嫌疑人、被告人的诉讼权利和其他合法权益的义务，此点属于辩护律师对犯罪嫌疑人、被告人应尽的责任和应承担的义务，这是辩护律师的自然职责，具有自然属性，是辩护律师的"天职"。

（2）辩护律师的辩护权来源于国家法律的赋予，法律赋予辩护律师与其他辩护人相比较更为广泛的辩护权。例如，国家法律赋予辩护律师的会见、阅卷、调查权，属于国家公权力的范畴，具有社会属性，这些并非犯罪嫌疑人、被告人天生就固有的私权利。法律来源于统治阶级的意志，服务于统治阶级的利益。说到底，法律是维护国家和社会秩序的稳定服务的，从辩护律师的辩护权具有社会属性角度予以延伸，辩护律师也负有维护法律正确实施，维护社会公平和正义的义务，此点属于辩护律师为国家和社会应尽的义务，这是辩护律师的"天旨"。

（三）独立辩护权的法律规定具有科学性

既然辩护律师享有的独立辩护权具有私权利和公权力的双重来源、双重属性，相应地辩护律师也就具有了维护私权利和公权力的双重义务。

犯罪嫌疑人、被告人出资购买辩护律师提供的法律服务，购买到的仅仅是辩护律师的无形资产，不包括法律赋予辩护律师的权利。辩护律师的辩护权不具有纯商业性质。基于辩护律师维护双方利益的需要，其应当享有独立辩护权。

辩护律师根据事实和法律，提出犯罪嫌疑人、被告人无罪、罪轻、从轻、减轻、免除处罚或判处"非监禁刑"的材料和意见，维护犯罪嫌疑人、被告人的诉讼权利和其他合法权益，同时要维护法律的正确实施，维护社会的公平和正义。此条法律规定是科学的。法律的设置往往是权利和义务相统一，没有无限制的权利，也没有无权利的义务，我们应当用宽广的、严谨的、辩证的思维去理解和运用律师的独立辩护权。

（四）行使独立辩护权的依据

辩护律师行使辩护权只能根据事实和依据法律，这是事实和法律分别来源于私人行为和国家行为决定的。犯罪事实是犯罪嫌疑人、被告人所实施的危害社会的行为，是私人行为对公权力的侵害；法律是由国家制定和认可的，是公行为对私人行为的约束和限制。犯罪行为就是私人行为与国家行为、私权利与公权力发生碰撞和冲突，辩护律师行使辩护权要兼顾公、私双方利益，事实和法律是划分公、私双方利益的根据和依据，也是促使"天职"与"天旨"对立统一关系的联系纽带。

（五）行使独立辩护权时发生冲突

辩护律师依据事实和法律作出的辩护意见与犯罪嫌疑人、被告人的意见相冲突时，应当给犯罪嫌疑人、被告人做耐心、细致的思想工作，强调为了使辩护起作用，得到法院的认可，实现有效辩护的目的，尽量使委托人得到理解，接受律师的辩护意见。如果辩护律师与委托人就辩护意见不能达成共识，辩护律师就要根据不同情况作出不同处理。

（1）犯罪嫌疑人、被告人认为有罪，辩护律师认为无罪。

如果犯罪嫌疑人、被告人认为有罪，辩护律师认为无罪，辩护律师应当作无罪辩护或者作无罪与从宽处罚并存的辩护。

辩护律师要依据事实和法律慎重选择作无罪辩护，因为作无罪辩护，原则上就要放弃量刑辩护。既然无罪，何谈从宽处罚？一旦法院认定被告人有罪，就会造成从轻、减轻、免除处罚以及判处"非监禁刑"的从宽处罚量刑情节适用的丧失。如果依据事实和法律确属无罪，辩护律师也要敢于作无罪辩护。在此种情况下，犯罪嫌疑人、被告人仍坚持作有罪供述往往是由于存有被认定为认罪态度不好从而被从严处罚的恐惧心理。

虽然法律允许作无罪和从宽处罚并存的辩护，但是此种辩护方式毕竟是自相矛盾的，因为从轻、减轻、免除处罚以及判处"非监禁刑"是建立在犯罪嫌疑人、被告人有罪基础之上的从宽处罚。同时，此种辩护方式存有无罪辩护效果越好、量刑辩护效果就越差，反之亦然的悖论，也会将辩护律师对本案"无罪"的观点没有十足把握的心态暴露给公诉人和法官，所以辩护律师尽量不要采取此种辩护方式。在万不得已必须采取此种辩护方式的情况下，为了克服律师辩护的自相矛盾，可采取分工辩护的方法，辩护律师作无罪辩护，犯罪嫌疑人、被告人作有罪认可和从宽处罚的量刑辩护；如果犯罪嫌疑人、被告人不具有这样的法律素质，辩护律师作无罪和从宽处罚并存的辩护时，首先要引用"未经人民法院生效判决，不得确定被告人有罪"的法律规定，假设被告人有罪，辩护人发表如下量刑意见，以减弱无罪辩护与从宽处罚的量刑辩护的冲突力。

（2）犯罪嫌疑人、被告人认为无罪或罪轻，辩护律师认为有罪或罪重。

如果犯罪嫌疑人、被告人认为无罪或罪轻，辩护律师认为有罪或罪重。辩护律师最好的办法就是辞去委托，不作有罪或罪重辩护。

虽然辩护律师依据事实和法律提出有利于犯罪嫌疑人、被告人的辩护意见不受当事人意思表示的束缚，具有独立的辩护权，但是由于委托人的不理解，很可能会对律师行业造成负面效应。所以，律师行业大多数人认为，遇到此种情况，最好的办法就是辞去委托，辩护律师不要因为需要退法律服务费、出名等原因而强行为其辩护。

四、服务角色型辩护

服务角色型辩护是指在刑事诉讼活动中，辩护律师接受犯罪嫌疑人、被告人委托，为了使犯罪嫌疑人、被告人满意而按照重合同、守信誉、提高服务质量、使委托人的利益最大化的商品交易原则，向委托人提供有偿法律服务，为促使犯罪嫌疑人、被告人达到无罪、罪轻、从轻、减轻、免除处罚或判处"非监禁刑"和维护其诉讼权利和其他权益目的，不惜采用或授意委托人采用篡改事实和违反法律的手段从事辩护活动的辩护方式。

辩护律师通过为犯罪嫌疑人、被告人提供辩护，达到使其无罪、罪轻、从轻、减轻、免除处罚或判处"非监禁刑"的做法，虽然是无可厚非的，也是法律允许的，但是必须尊重事实和法律。如果采用篡改事实和违反法律的手段促使犯罪嫌疑人、被告人利益最大化，使委托人满意，以换取法律服务费的做法，终究会受到法律的制裁。出现这种纯服务角色型律师的原因主要有以下三个方面：

（1）立法原因。中国律师的职业定位随着中国社会改革开放的不断深入而变化，从 1980 年《律师暂行条例》中的"国家的法律工作者"的身份，转变为 1996 年《律师法》中的"社会法律工作者"的身份，进而转变为现行的《律师法》中的"提供法律服务的执业人员"的身份。律师的职业定位决定了律师的职责，如果律师是国家的法律工作者就要承担国家、政府义务，与法官、检察官将没有本质上的区别，最终目标都是打击犯罪、维护国家稳定、维护法律正确实施；如果律师是提供法律服务的执业人员，就应当以服务委托人为己任，将委托人视为上帝，从商业服务角度出发，辩护律师按照"重合同、守诚信"，提高服务质量的原则，为维护委托人的利益不择手段，使委托人的利益最大化。

（2）法律赋予辩护律师的权利有限。与法律赋予公、检、法的权利相比较，无法完全实现控、辩双方的真正平等，有的辩护律师为维护委托人的利益不择手段、丧失原则、充当司法掮客和介入司法腐败。

（3）律师基于生存需要。有的辩护律师执业年限较短，缺少受托案件，正常生活费用难以保障，而且还要缴纳社会养老保险费、税费等，将律师辩护当成纯商业服务模式经营，无力为国家和社会尽此义务，有时也难以避免。

综上所述，法律赋予辩护律师享有独立辩护权，实施独立地位型辩护，立法意图明确，就是要求辩护律师在维护委托人合法权益的同时，维护法律正确实施、维护社会公平和正义。这也是当今时代赋予辩护律师的神圣使命，尽管存在一些立法、司法上的困难，但辩护律师眼前只能尽力克服，期盼改观；辩护律师应当为犯罪嫌疑人、被告人提供优质的法律服务，也必须依据事实和法律。因为辩护律师与犯罪嫌疑人、被告人形成的委托关系，不属于纯商品交易性质，所以纯服务角色型的辩护是不正确的。

第四章

定罪辩护和量刑辩护

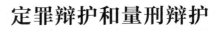

第一节 定罪和量刑程序的模式

基于世界各国庭审模式的不同，定罪、量刑的程序存有三种不同模式：第一种是英美法系国家实行的定罪、量刑程序的绝对独立模式；第二种是大陆法系国家实行的定罪、量刑程序一体化模式；第三种是中国实行的定罪、量刑程序相对独立模式。

一、英美法系国家定罪和量刑程序的绝对独立模式

（一）美国刑事案件的陪审团制度

美国刑事案件陪审团制度是指对可能判处 6 个月以上监禁的疑犯决定是否起诉和对犯罪事实认定的权力由陪审团行使，法官负责主持庭审程序，并在陪审团作出的认定犯罪事实裁决的基础上适用法律的审判制度。中国法学界把美国刑事案件陪审团制度概括为"陪审团负责认定事实，法官负责适用法律"。

《美国宪法》第 5 条和《美国联邦刑事诉讼规则》第 6 条规定，陪审团分为大陪审团和小陪审团，大陪审团由 16 人～23 人组成，小陪审团由 6 人～12 人组成。大陪审团的职责是决定是否起诉，小陪审团的职责是认定定罪事实，联邦法院要求认定疑犯存在定罪事实必须经过小陪审团成员一致通过，少数州要求 9 人以上通过。如果经过对定罪事实的调查和辩论，并经秘密评议后，陪审团对疑犯做出无罪裁决，法官必须接受，并将疑犯当庭释放；如果经过对定罪事实的调查和辩论，并经秘密评议，陪审团作出疑犯有罪裁决，法官再主持对量刑事实的法庭调查和辩论，并在有罪裁决作出后的 10 日～21 日内

作出量刑裁决。疑犯对陪审团认定的定罪事实的裁决不得上诉，除非对法院应当排除的证据而未予以排除的裁定有异议，从而导致影响陪审团作出有罪裁决的错误结果；疑犯可以对法官适用法律的错误提起上诉。

陪审团成员从有选举权的公民中随机调取，美国法律规定，每个成年美国公民都有担任陪审员的义务，但是不满 18 岁、不在本土居住、不通晓英语、听力有缺陷、有前科者没有资格充当陪审员。按照传统习惯，美国还将法官、律师、牙医、教师、消防队员和政府官员等职业者排除在陪审员之外。参与个案的任何一名入选的陪审员除了要经过法官的审查之外，都必须经过辩方的律师团和控方的审查和认可。为了保证陪审员的公正性，控、辩双方均有权对陪审员提出无因回避，不必说明理由，无需经法官裁决。但根据案件严重程度的不同，美国对无因回避的次数进行了限制。《美国联邦刑事诉讼规则》第 24 条规定，被指控死罪的，控、辩双方各有权提出 20 次无因回避；被指控可以判处 1 年以上监禁的，控方有权提出 6 次无因回避，辩方有权提出 10 次无因回避；被指控可以判处 1 年以下监禁或罚金的，控、辩双方各有权提出 3 次无因回避。提出无因回避的次数超过前述规定的，只能提出有因回避，必须说明回避理由，是否允许由法庭决定。[1]

（二）美国刑事案件的量刑程序

英美法系国家的定罪、量刑程序均是采取绝对独立的模式，美国刑事案件的定罪、量刑程序基本与英国相类似。美国量刑程序主要包括以下六个阶段：

（1）量刑调查。由控方总结量刑事实的陈词及量刑建议，出示量刑证据，出示被告人品行和犯罪前一贯表现和前科的证据，控方警察出庭就被告人前科事实予以宣誓作证。

（2）被害人陈述。被害人作因犯罪行为所遭受的身体、情感、心理、精神伤害和经济损失的陈词。

（3）量刑报告。缓刑官作出关于被告人的性格、所处环境等所有掌握的与被告人有关情况的报告；社会工作者作出关于与被告人家庭情况有关的报告；医院作出需要强制医疗的报告；在需要判处社区服务令的情况下，适用于社区服务的报告。

（4）量刑听证。辩护律师发言，提出对控方的量刑事实和证据的意见；

---

〔1〕 引自李玉萍：《程序正义视野中的量刑活动研究》，中国法制出版社 2010 年版。

辩护律师可以传唤证人；辩护律师可以提供证据，辩护律师提供的证据，不需要达到排除合理怀疑的刑事证据的证明标准，只需达到民事案件的证据的证明标准即可；辩护律师提出从轻处罚的量刑辩护意见和理由；对证人、缓刑官等控、辩双方可以进行交叉询问。

（5）控辩双方进行对抗式量刑辩论。

（6）法官作出量刑裁决。

二、大陆法系国家定罪和量刑程序的一体化模式

德国的庭审模式是大陆法系国家庭审模式的典型代表，实行定罪、量刑程序的合二为一模式，即一体化模式。法庭审理程序包括开庭、证据调查、法庭辩论、评议及宣判五个阶段，除检方宣读起诉书后法官要告知被告人有沉默权，可以不接受控方的讯问外，其余的庭审阶段与中国的传统庭审模式基本相同。大陆法系定罪、量刑程序的合二为一模式已基本被世界各国法学界和法律实践领域所批判和抛弃，采取独立量刑程序的呼声和实践日益高涨。2007 年 6 月 1 日韩国颁布的《关于国民参与刑事审判的法律》；2004 年 5 月 28 日日本国会公布的《裁判员参加刑事审判的法律》；1993 年 12 月 12 日俄罗斯颁布的《宪法》均规定了采取独立量刑程序。对定罪、量刑程序进行严格的区分，在扩大控、辩双方参与刑事诉讼程序的程度，使量刑更加透明化、公开化，使刑事案件的处理结果更加合理、公正，使法官的自由裁量权得到有效的限制从而减少司法腐败等方面有积极作用。

三、中国定罪和量刑程序的相对独立模式

（一）中国定罪、量刑程序相对独立模式的历史沿革

中国传统的定罪、量刑程序模式是效仿大陆法系国家的定罪、量刑程序一体化模式。自 2005 年开始对定罪、量刑程序分开审理模式进行探索和试点。2010 年 9 月 13 日最高人民法院、最高人民检察院、公安部、国家安全部、司法部颁布了《关于规范量刑程序若干问题的意见（试行）》、最高人民法院颁布了《人民法院量刑指导意见（试行）》，2010 年 11 月 6 日最高人民法院、最高人民检察院、公安部、国家安全部、司法部颁布了《关于加强协调配合积极推进量刑规范化改革的通知》，均规定量刑程序具有相对独立性，以司法解释的形式确立了定罪、量刑程序的相对独立模式。2012 年 3 月

14 日修正的《刑事诉讼法》吸收了英美法系国家实行的定罪、量刑程序的绝对独立模式的部分做法，以基本法的形式确立了具有中国特色的定罪、量刑程序相对独立模式。2013 年 12 月 23 日最高人民法院颁布了《关于常见犯罪的量刑指导意见》，并于 2014 年 1 月 1 日起在全国法院正式实施量刑规范化。2017 年 3 月 9 日最高人民法院修订了《关于常见犯罪的量刑指导意见》；2017 年 5 月 1 日最高人民法院颁布了《关于常见犯罪的量刑指导意见（二）（试行）》；2018 年 10 月 26 日全国人民代表大会常务委员会修正了《刑事诉讼法》；2020 年 11 月 5 日《最高人民法院、最高人民检察院、公安部、国家安全部、司法部关于规范量刑程序若干问题的意见》颁发；2020 年 12 月 7 日《最高人民法院关于适用〈中华人民共和国刑事诉讼法〉的解释》颁布；2021 年 7 月 1 日《最高人民法院、最高人民检察院关于常见犯罪的量刑指导意见（试行）》颁布。在总结量刑规范化司法经验的基础上，对有中国特色的定罪、量刑程序相对独立模式作出进一步的完善。

自 2005 年以来，中国逐步改变了定罪、量刑合二为一的传统模式，在现有法庭调查、法庭辩论整体构架不变的基础上分成定罪、量刑两个独立阶段，即将法庭调查分为定罪事实调查和量刑事实调查前后两个阶段，将法庭辩论分为定罪辩论和量刑辩论前后两个阶段。同时，根据被告人认罪和不认罪两种情况，对法庭调查、法庭辩论侧重点进行区分；明确规定法庭调查不应遗漏对酌定量刑情节的调查；并规定了公诉人应提出具体明确的量刑建议并说明理由，辩护人应提出具体明确的量刑意见并说明理由，控、辩双方进行量刑辩论的程序。由此，我国逐步形成了具有中国特色的定罪、量刑程序相对独立模式。虽然还尚未达到英美法系国家分成定罪、量刑程序两个独立程序的程度，虽然在个案审理中没有规定必须执行定罪、量刑程序相对独立模式，是否采用仍属于人民法院的自由裁量权，但是它标志着中国刑事案件庭审模式朝着与国际刑事立法接轨的方向迈出了举足轻重的一步。

（二）中国定罪、量刑程序相对独立模式的现行法律条文

1. 《最高人民法院、最高人民检察院、公安部、国家安全部、司法部关于规范量刑程序若干问题的意见》

第 1 条规定："人民法院审理刑事案件，在法庭审理中应当保障量刑程序的相对独立性。人民检察院在审查起诉中应当规范量刑建议。"

第 14 条规定："适用普通程序审理的被告人认罪案件，在确认被告人了

解起诉书指控的犯罪事实和罪名，自愿认罪且知悉认罪的法律后果后，法庭审理主要围绕量刑和其他有争议的问题进行，可以适当简化法庭调查、法庭辩论程序。"

第 15 条规定："对于被告人不认罪或者辩护人做无罪辩护的案件，法庭调查和法庭辩论分别进行。在法庭调查阶段，应当在查明定罪事实的基础上，查明有关量刑事实，被告人及其辩护人可以出示证明被告人无罪或者罪轻的证据，当庭发表质证意见。在法庭辩论阶段，审判人员引导控辩双方先辩论定罪问题。在定罪辩论结束后，审判人员告知控辩双方可以围绕量刑问题进行辩论，发表量刑建议或意见，并说明依据和理由。被告人及其辩护人参加量刑问题的调查的，不影响作无罪辩解或者辩护。"

第 21 条："在法庭辩论中，量刑辩论按照以下顺序进行：（一）公诉人发表量刑建议，或者自诉人及其诉讼代理人发表量刑意见；（二）被害人及其诉讼代理人发表量刑意见；（三）被告人及其辩护人发表量刑意见。"

2.《刑事诉讼法》

第 198 条规定："法庭审理过程中，对与定罪、量刑有关的事实、证据都应当进行调查、辩论。经审判长许可，公诉人、当事人和辩护人、诉讼代理人可以对证据和案件情况发表意见并且可以互相辩论。审判长在宣布辩论终结后，被告人有最后陈述的权利。"

3.《最高人民法院关于适用〈中华人民共和国刑事诉讼法〉的解释》

第 276 条规定："法庭审理过程中，对与量刑有关的事实、证据，应当进行调查。人民法院除应当审查被告人是否具有法定量刑情节外，还应当根据案件情况审查以下影响量刑的情节：（一）案件起因；（二）被害人有无过错及过错程度，是否对矛盾激化负有责任及责任大小；（三）被告人的近亲属是否协助抓获被告人；（四）被告人平时表现，有无悔罪态度；（五）退赃、退赔及赔偿情况；（六）被告人是否取得被害人或者其近亲属谅解；（七）影响量刑的其他情节。"

第 278 条规定："对被告人认罪的案件，在确认被告人了解起诉书指控的犯罪事实和罪名，自愿认罪且知悉认罪的法律后果后，法庭调查可以主要围绕量刑和其他有争议的问题进行。对被告人不认罪或者辩护人作无罪辩护的案件，法庭调查应当在查明定罪事实的基础上，查明有关量刑事实。"

第 280 条规定："合议庭认为案件事实已经调查清楚的，应当由审判长宣布法庭调查结束，开始就定罪、量刑、涉案财物处理的事实、证据、适用法律等问题进行法庭辩论。"

第282条规定："人民检察院可以提出量刑建议并说明理由；建议判处管制、宣告缓刑的，一般应当附有调查评估报告，或者附有委托调查函。当事人及其辩护人、诉讼代理人可以对量刑提出意见并说明理由。"

第283条规定："对被告人认罪的案件，法庭辩论时，应当指引控辩双方主要围绕量刑和其他有争议的问题进行。对被告人不认罪或者辩护人作无罪辩护的案件，法庭辩论时，可以指引控辩双方先辩论定罪问题，后辩论量刑和其他问题。"

第286条规定："法庭辩论过程中，合议庭发现与定罪、量刑有关的新的事实，有必要调查的，审判长可以宣布恢复法庭调查，在对新的事实调查后，继续法庭辩论。"

第二节 犯罪构成

一、犯罪的概念

《刑法》第13条规定了完整的犯罪概念："一切危害国家主权、领土完整和安全，分裂国家、颠覆人民民主专政的政权和推翻社会主义制度，破坏社会秩序和经济秩序，侵犯国有财产或者劳动群众集体所有的财产，侵犯公民私人所有的财产，侵犯公民的人身权利、民主权利和其他权利，以及其他危害社会的行为，依照法律应当受刑罚处罚的，都是犯罪，但是情节显著轻微危害不大的，不认为是犯罪。"这个概念是认定犯罪、划分罪与非罪的基本依据，社会危害性、刑事违法性和应受惩罚性是犯罪的三个基本特征。

二、犯罪构成概念

犯罪构成是决定某一具体行为的社会危害性及其程度而为该行为构成犯罪所必需的一切客观和主观要件的有机统一体。

犯罪概念是犯罪构成的基础，犯罪构成是犯罪概念的具体化；犯罪概念从总体上划清罪与非罪的界限，而犯罪构成则是分清罪与非罪、此罪与彼罪界限的具体标准。

三、犯罪构成要件

中国刑法的犯罪构成要件是指任何犯罪的成立都必须具备犯罪客体、犯罪客观方面、犯罪主体、犯罪主观方面这四个构成要件。

（1）犯罪客体是指刑法所保护而为犯罪所侵犯的社会关系。

（2）犯罪客观方面是指犯罪活动的客观外在表现，包括危害行为、危害结果以及危害行为与危害结果之间的因果关系。有些罪名还将特定的时间、地点或特定方法作为犯罪构成客观方面的要件。

（3）犯罪主体是指达到法定刑事责任年龄、具有刑事责任能力、实施危害行为的自然人。有的罪名还要求具有某种职务和身份的特殊的人，即特殊主体才构成犯罪，有的罪名还特别规定企事业单位、机关、团体为犯罪主体。

（4）犯罪主观方面是指行为人有罪过（包括故意和过失）。有些罪名还要求具有特定的犯罪目的和动机才构成犯罪。

辩护律师在司法实践中不仅要从犯罪的这四个构成要件上衡量犯罪嫌疑人、被告人是否构成犯罪，而且要从犯罪的社会危害性、刑事违法性和应受惩罚性的三个基本特征衡量犯罪嫌疑人、被告人是否构成犯罪。例如，某医生在检查女患者做结石手术后身体恢复状况的过程中，因检查的需要触摸到女患者阴部，即使未经过女患者的同意，也不构成强制猥亵罪，因为正常医疗检查行为不具有刑事违法性，然而仅从犯罪四个构成要件角度就无法否定该医生构成强制猥亵罪。

四、犯罪构成分类

1. 标准的犯罪构成与派生的犯罪构成

标准的犯罪构成又称普通的犯罪构成，是指刑法条文对具有通常社会危害程度的行为所规定的犯罪构成，是处罚的基准形态。标准的犯罪构成事实就是定罪事实。

派生的犯罪构成又称加减的犯罪构成，是指以标准的犯罪构成为基础，因为具有较轻或较重的社会危害程度的情节而从标准的犯罪构成中派生出来的犯罪构成，是在处罚基准形态的基础上加或减刑罚。派生的犯罪构成事实属于引起另一刑种或量刑幅度的量刑情节。

例如，《刑法》第 260 条第 1 款规定："虐待家庭成员，情节恶劣的，处二年以下有期徒刑、拘役或者管制。"其中，"情节恶劣"属于标准的犯罪构成事实即定罪事实，不属于量刑情节。第2款规定："犯前款罪，致使被害人重伤、死亡的，处二年以上七年以下有期徒刑。"其中，"致使被害人重伤、死亡"，属于派生的犯罪构成，属于引起另一刑种或量刑幅度的量刑情节，不属于标准的犯罪构成事实即定罪事实。

例如，《刑法》第236条规定："以暴力、胁迫或者其他手段强奸妇女的，处三年以上十年以下有期徒刑。奸淫不满十四周岁的幼女的，以强奸论，从重处罚"，"以暴力、胁迫或者其他手段强奸妇女的"属于标准的犯罪构成事实即定罪事实，"奸淫不满十四周岁的幼女"属于派生的犯罪构成，属于引起另一刑种或量刑幅度的量刑情节，不属于标准的犯罪构成事实即定罪事实。

2. 基本的犯罪构成与修正的犯罪构成

基本的犯罪构成是指刑法分则条文就某一犯罪的基本形态所规定的犯罪构成。

例如《刑法》第260条规定："虐待家庭成员，情节恶劣的，处二年以下有期徒刑、拘役或者管制。"其中，"情节恶劣"属于定罪事实，不属于量刑情节。第2款规定："犯前款罪，致使被害人重伤、死亡的，处二年以上七年以下有期徒刑。"其中，"致使被害人重伤、死亡"，属于量刑情节，属于引起另一刑种或量刑幅度的量刑情节，不属于定罪事实。但是本条规定的定罪事实和量刑情节均是基本犯罪构成事实。

修正的犯罪构成是指刑法总则条文规定的、对基本的犯罪构成事实进行补足和扩展所形成的犯罪构成。修正的犯罪构成事实虽然不符合刑法分则条文规定的基本的犯罪构成事实，但是依据刑法总则条文的补足和扩展的规定也构成犯罪，比如犯罪未完成形态：预备、未遂、中止；有共同犯罪中的帮助犯、教唆犯等。

辩护律师应掌握标准的犯罪构成与派生的犯罪构成、基本的犯罪构成与修正的犯罪构成这两种分类及区别。因为中国现有刑事立法和司法解释时常使用这两种分类，熟练掌握犯罪构成分类有利于对刑事立法和司法解释的理解和应用，也有利于区分个案定罪事实和量刑事实的范围。

第三节　共同犯罪

一、共同犯罪概念

依据《刑法》第 25 条的规定，共同犯罪是指 2 人以上共同故意犯罪。

二、共同犯罪的种类

1. 按照刑法分则规定的具体罪名是由单人即可完成犯罪构成要件，还是必须由 2 人以上才能完成犯罪构成要件的标准进行划分，将共同犯罪分为任意的共同犯罪和必要的共同犯罪。

（1）任意的共同犯罪是指刑法分则规定的单人即可实施的犯罪，而由 2 人以上共同实施形成的共同犯罪。例如故意杀人罪、抢劫罪等。

（2）必要的共同犯罪是指刑法分则规定的犯罪只能由 2 人以上的行为才能完成的共同犯罪。例如受贿罪、重婚罪等。必要的共同犯罪主要有以下三种：

第一，对向型共同犯罪，是指 2 人以上相互对合行为构成的犯罪。此种犯罪必须有另一方的对合行为才可完成，否则不能成立犯罪。例如，行贿罪与受贿罪即是对向型犯罪。当然，对向型犯罪行为在刑法分则将另一方的行为另定为其他罪名时，不能用共同犯罪的法律规定定罪量刑；也有一方构成犯罪时，另一方可能不构成犯罪，从而不能按共同犯罪的法律规定处理的。例如，甲受贿 3 万元，行贿者为 2 人以上，甲构成受贿罪，行贿人不构成犯罪，因为行贿人的行贿数额未达到数额较大的程度。

第二，聚合型共同犯罪，是指多人实施的针对同一犯罪对象的犯罪行为而构成的共同犯罪。例如，聚众扰乱社会秩序罪、聚众斗殴罪等。

第三，集团性共同犯罪，是指有组织、领导或者参加犯罪集团的人实施的共同犯罪。例如，组织、领导、参加黑社会性质组织罪等。

2. 以共同犯罪故意形成的时间不同为标准进行划分，将共同犯罪分为事前通谋的共同犯罪和事中通谋的共同犯罪。

（1）事前通谋的共同犯罪是指共同行为人着手实施犯罪以前形成共同故意的共同犯罪。

（2）事中通谋的共同犯罪是指共同行为人实施犯罪过程中形成共同故意的共同犯罪。

3. 以共同犯罪人之间有无分工为标准进行划分，将共同犯罪分为简单的共同犯罪和复杂的共同犯罪。

（1）简单的共同犯罪是指 2 人以上共同实施犯罪客观要件的行为的共同犯罪，即共同犯罪人都是实行犯，在西方刑法理论中被称为共同正犯。

（2）复杂的共同犯罪是指共同犯罪人分工实施犯罪客观要件的行为的共同犯罪。

4. 以共同犯罪人之间的紧密程度为标准进行划分，将共同犯罪分为一般的共同犯罪和特殊的共同犯罪。

（1）一般的共同犯罪是指无固定组织的共同犯罪。

（2）特殊的共同犯罪是指有固定组织的共同犯罪，即犯罪集团。《刑法》第 26 条第 2 款规定：“三人以上为共同实施犯罪而组成的较为固定的犯罪组织，是犯罪集团。”

对犯罪集团，刑法分则有规定的即属于必要的共同犯罪，应当依照刑法分则相应的规定处理，刑法分则没有规定的应依照刑法总则的规定处罚，划分首要分子和首要分子以外的主犯、从犯、胁从犯、教唆犯，并予以相应的处罚。

三、共同犯罪的例外

共同犯罪的例外是指虽然共同实施了犯罪行为，但是因不具有共同犯罪合意从而不构成共同犯罪。主要有以下几种情况：

（1）共同过失犯罪，不以共同犯罪论处。《刑法》第 25 条第 2 款规定："二人以上共同过失犯罪，不以共同犯罪论处；应当负刑事责任的，按照他们所犯的罪分别处罚。"

（2）同时犯，不以共同犯罪论处。同时犯是指 2 人以上没有共同犯罪故意而在同一场所实施同一性质的犯罪。例如，甲、乙在同一时间去同一商场实施盗窃行为，因为甲、乙事前、事中均无通谋，所以不能按照共同犯罪处理。

（3）实行犯过限，过限行为不以共同犯罪论处。实行犯过限是指共同犯罪中某些人超出共同犯罪故意的范围而实施的行为或又犯其他罪，超出共同犯罪故意的范围而实施的行为或又犯其他罪，只能由犯罪行为人负责，对其余人不按共同犯罪论处。例如，甲、乙、丙事先通谋去教训一下丁某，但在实施犯罪行为前商定不能将丁某打死，在实施犯罪行为过程中，甲、乙、丙将丁某按倒在地实施拳打脚踢后逃跑，丁某爬起后便追赶，甲、乙跑在前面，因丙跑在后面被丁某抓住，丙持刀捅向丁某胸部，致丁某当场倒地死亡。经法医鉴定，丁某鼻骨骨折构成伤害（轻伤二级），胸部锐器伤导致死亡。甲、乙、丙构成故意伤害罪，因丙超出甲、乙、丙商定的共同犯罪故意"教训"的范围将丁某用刀捅死，构成故意杀人罪，甲、乙不按故意杀人罪共犯论处。

（4）事后通谋的行为，不以共同犯罪论处。例如，窝藏、包庇犯罪人和掩饰隐瞒犯罪所得及收益的行为，事前无通谋的分别按窝藏、包庇罪，掩饰隐瞒犯罪所得、犯罪所得收益罪定罪量刑；事前有通谋的按共同犯罪论处。

（5）中立帮助行为，不以共同犯罪论处。行为人与犯罪行为人事前、事中没有通谋，但是主观上明知犯罪行为人实施犯罪行为，客观上基于销售商品、提供服务等表面上看似没有法益侵害性而实际上对犯罪行为起到了帮助作用的行为，刑法理论界称之为中立帮助行为。

共同犯罪从犯实施的帮助行为与中立帮助行为的本质区别是行为人之间有无通谋。行为人之间事前、事中有通谋，在刑法分则另有规定或有单独罪名的情况下，对帮助犯据此定罪量刑，在刑法分则没有另行规定或单独罪名的情况下，按刑法总则共同犯罪从犯的规定处罚。行为人之间事前、事中没有通谋的中立帮助行为，在刑法分则有单独罪名规定的情况下，对中立帮助行为人据此定罪量刑，在刑法分则没有单独罪名规定的情况下，不能按共同犯罪处理。例如，《刑法》第287条之二规定，明知他人利用信息网络实施犯罪，为其犯罪提供互联网接入、服务器托管、网络存储、通讯传输等技术支持，或者提供广告推广、支付结算等帮助，情节严重的，应以帮助信息网络犯罪活动罪定罪处罚，而不能以《刑法》第287条之一规定的非法利用信息网络罪的共犯论处。再例如，《刑法》第307条之一规定，以捏造的事实提起民事诉讼，妨害司法秩序或者严重侵害他人合法权益的，以虚假诉讼罪定罪量刑，诉讼参与人与他人通谋，代理提起虚假民事诉讼应按虚假诉讼罪共犯论处；诉讼参与人与他人无通谋、没有参与捏造的事实，只是明知是虚假诉讼而代理提起诉讼的不应按虚假诉讼罪共犯论处。

四、共同犯罪的处罚

（一）主犯的刑事责任

依据《刑法》第 26 条的规定，组织、领导犯罪集团进行犯罪活动的首要分子和在犯罪集团中起主要作用的犯罪分子，以及在其他共同犯罪中起主要作用的犯罪分子，是主犯。

对组织、领导犯罪集团的首要分子，按照集团所犯的全部罪行处罚。

对组织、领导犯罪集团的首要分子以外的主犯，应当按照其所参与的或者组织、指挥的全部犯罪处罚。

对必要共同犯罪中犯罪集团的首要分子和聚众犯罪的首要分子，因刑法分则均规定有相应的法定刑，所以应按刑法分则的相应规定的罪名和量刑幅度进行处罚。

（二）从犯的刑事责任

依据《刑法》第 27 条的规定，在共同犯罪中起次要或者辅助作用的，是从犯。从犯包括两种：次要的实行犯和帮助犯。

次要的实行犯是指在共同犯罪中虽然直接实施了犯罪行为，但是所起的作用不大，行为本身没有造成严重危害后果等情形的犯罪分子。

帮助犯是指虽然没有直接实施犯罪行为，但是为实施犯罪创造条件、提供工具等帮助实施行为的犯罪分子。

对于从犯，应当比照主犯的基准刑从轻、减轻处罚或者免除处罚。

（三）胁从犯的刑事责任

依据《刑法》第 28 条的规定，对于被胁迫参加犯罪的，应当按照他的犯罪情节比照主犯的基准刑减轻处罚或者免除处罚。

（四）教唆犯的刑事责任

依据《刑法》第 29 条的规定，教唆他人犯罪的，应当按照他在共同犯罪中所起的作用处罚。教唆不满 18 周岁的人犯罪的，应当从重处罚。

如果被教唆的人没有犯被教唆的罪，对于教唆犯，可以从轻或者减轻处罚。

第四节　定罪辩护

一、定罪事实

定罪事实是指犯罪主体、主观方面、客体、客观方面四个犯罪构成要件的事实。即行为人的危害行为、危害结果、因果关系、刑事责任能力、主观上的故意或过失等，符合刑法具体条文规定的标准的犯罪构成事实。定罪事实就是衡量犯罪嫌疑人、被告人是否构成犯罪、构成此罪和彼罪的事实。

二、中国法庭审理定罪事实的范围

法庭审理定罪事实的范围应当仅指定罪事实，即标准的犯罪构成事实。不应包括派生的犯罪构成事实。派生的犯罪构成事实应当被纳入法庭审理量刑事实的范围。但是，在《刑事诉讼法》将法庭调查和法庭辩论分成定罪、量刑相对独立的两个阶段之时，《刑法》条文并未对此作出相应的修改，所以依据现有的《刑法》规定的内容，有的罪名还难以将定罪事实和量刑事实分开进行法庭调查和法庭辩论，有时甚至会出现定罪事实和量刑事实交叉情况。例如，《刑法》第264条规定："盗窃公私财物，数额较大的，或者多次盗窃、入户盗窃、携带凶器盗窃、扒窃的，处三年以下有期徒刑、拘役或者管制，并处或者单处罚金；数额巨大或者有其他严重情节的，处三年以上十年以下有期徒刑，并处罚金；数额特别巨大或者有其他特别严重情节的，处十年以上有期徒刑或者无期徒刑，并处罚金或者没收财产。"其中，"数额较大的，或者多次盗窃、入户盗窃、携带凶器盗窃、扒窃的"属于定罪事实，即标准的犯罪构成事实。其中，"数额巨大或者有其他严重情节的，数额特别巨大或者有其他特别严重情节的"属于量刑情节，即派生的犯罪构成事实。假如被告人一次盗窃人民币现金20万元，在法庭进行定罪事实调查时一次性调查盗窃20万元，而没必要分出数额较大、巨大、特别巨大一个定罪事实、两个量刑事实分别进行调查。再例如，为了实施杀人行为准备工具的，构成故意杀人罪，为犯罪预备，在法庭进行定罪事实调查时，仅依据《刑法》第232条基本犯罪构成事实的规定不构成故意杀人罪，所以在法庭进行定罪事实调查时还要依据《刑法》第22条修正犯罪构成事实的规定调查被告人是否存有为了实施杀人行为而准备工具的行为，为犯罪预备，从而认定被告人构成故意杀人罪。然而，犯罪预备又属于量刑情节，那么在法庭进行量刑事实调查时就没必要对是否存有犯罪预备进行重复调查。对于有的犯罪，可以将定罪事实和量刑事实分开进行法庭调查和法庭辩论，例如是否存有自首、立功等的量刑情节，就应当与定罪事实分开进行法庭调查和法庭辩论。

综上所述，目前中国法庭审查定罪事实的范围是因罪名的不同而存有差异的。对于能够将定罪事实和量刑事实分开审理的罪名，法庭调查和法庭辩论审理定罪事实的范围为标准的犯罪构成事实，如《刑法》第 222 条规定的虚假广告罪、《刑法》第 223 条规定的串通投标罪等具有单一量刑幅度的罪名；对于难以将定罪事实和量刑事实分开或者存在交叉关系的罪名，法庭调查和法庭辩论审理定罪事实的范围既包括标准的犯罪构成事实和派生的犯罪构成事实，也包括修正的犯罪构成事实，只是将自首、立功、累犯、认罪认罚等能够与定罪事实分开的量刑情节纳入法庭审理量刑事实的范围。

三、定罪辩护的概念

定罪辩护是指辩方针对控方指控犯罪嫌疑人、被告人构成犯罪或重罪而提出的不构成犯罪或轻罪的辩解、反驳、否定的诉讼活动。

审查犯罪构成事实，调取犯罪构成证据，审查犯罪构成证据的调取程序，提出具体、明确的犯罪构成意见及理由，反驳控方提出的对犯罪嫌疑人、被告人不利的犯罪构成意见及理由，说服法官认定被告人无罪、罪轻等工作构成辩护律师作定罪辩护的基本工作内容。

四、审查定罪事实

辩护律师要从犯罪主体、主观方面、客体、客观方面四个犯罪构成要件和社会危害性、刑事违法性、应受惩罚性这三个犯罪的基本特征进行定罪事实的全面审查，衡量犯罪嫌疑人、被告人是否构成犯罪，构成此罪还是彼罪。

（一）审查犯罪主体

辩护律师对犯罪主体进行审查时不能仅限于审查完全刑事责任能力、限制刑事责任能力和无刑事责任能力，还要审查犯罪主体与罪名的符合性。在司法实践中犯罪主体与罪名的符合性容易出现错误，例如将不具有国家工作人员身份的人所构成的职务侵占罪错误地认定成贪污罪；将已满 14 周岁不满

16 周岁的人实施盗窃、诈骗、抢夺，为窝藏赃物、抗拒抓捕或者毁灭罪证而当场使用暴力或暴力相威胁，错误地认定成抢劫罪（因为盗窃、诈骗、抢夺、窝藏赃物、毁灭罪证对已满 14 周岁不满 16 周岁的人来说不构成犯罪，所以也谈不上转化为抢劫罪）。

（二）审查犯罪主观方面

辩护律师在对犯罪主观方面进行审查时不能仅限于审查故意和过失，还要注意审查犯罪目的和动机。

（1）犯罪目的是指犯罪人希望通过实施某种犯罪行为实现某种犯罪结果的心理态度。犯罪目的只存在直接故意犯罪之中，间接故意和过失不存在犯罪目的。犯罪目的是直接故意犯罪构成的主观要件，查清犯罪目的有利于区分罪与非罪、此罪与彼罪的界限。

因为直接故意犯罪都包含犯罪目的的内容，因而刑法分则一般对犯罪目的不作明文规定，但分析是否构成犯罪时犯罪目的仍然为直接故意犯罪构成的主观要件，缺少该犯罪目的该罪名就不能成立。例如，直接故意杀人，有希望他人死亡的目的；盗窃罪、抢劫罪、抢夺罪、敲诈勒索罪、诈骗罪以及某些金融诈骗犯罪，其直接故意的内容包含"非法占有的目的"，具有"非法占有的目的"就具有直接故意，从而成为前述罪名的构成要件。

在刑法分则条文中，有的罪名将特定的犯罪目的规定为犯罪构成的主观要件，缺少该犯罪目的该罪名就不能成立。例如，拐卖妇女、儿童罪必须具有出卖目的；侵犯著作权罪、销售侵权复制品罪、赌博罪必须以营利为目的；走私淫秽物品罪要以牟利或者传播为目的；非法转让、倒卖土地使用权，制作、复制、出版、贩卖、传播淫秽物品牟利罪，高利转贷罪，倒卖文物罪，盗接盗用他人通信线路构成盗窃罪的均要以牟利为目的；集资诈骗罪、贷款诈骗罪、合同诈骗罪要以非法占有为目的；行贿罪、对单位行贿罪、单位行贿罪、对非国家工作人员行贿罪要以为谋取不正当利益为目的。

直接故意犯罪都包含犯罪目的的内容，刑法分则条文中有的罪名将特定的犯罪目的规定为犯罪构成的主观要件，其意义在于这些罪名只有存在特定的犯罪目的才构成本罪，例如制作、复制、出版、贩卖、传播淫秽物品牟利罪，"以牟利为目的"才构成本罪，其他目的和其他犯罪目的都不构成本罪。

（2）犯罪动机是推动行为人追求犯罪目的的原因。有的犯罪动机是犯罪构成的主观要件，有的犯罪动机虽然不是犯罪构成的主观要件，但属于法定或酌定的量刑情节。

在刑法分则条文中，有的罪名将犯罪动机规定为犯罪构成的主观要件，缺少犯罪动机该罪名就不能成立。例如，徇私枉法罪中的徇私、徇情动机；徇私舞弊减刑、假释、暂予监外执行罪，徇私舞弊不移交刑事案件罪，滥用管理公司、证券职权罪，徇私舞弊不征、少征税款罪，徇私舞弊发售发票、抵扣税款、出口退税罪和违法提供出口退税凭证罪，非法批准征收、征用、占用土地罪和非法低价出让国有土地使用权罪，放纵走私罪，商检徇私舞弊罪，动植物检疫徇私舞弊罪，放纵制售伪劣商品犯罪行为罪，招收公务员、学生徇私舞弊罪，徇私舞弊低价折股、出售国有资产罪中的徇私动机，均为犯罪构成的主观要件。

有的犯罪动机虽然不是犯罪构成的主观要件，但属于量刑情节。例如，《刑法》第168条第3款规定："国有公司、企业、事业单位的工作人员，徇私舞弊，犯前两款罪的，依照第一款的规定从重处罚。"（第1款的规定是国有公司、企业、事业单位人员失职罪，国有公司、企业、事业单位人员滥用职权罪），徇私动机属于从重处罚的量刑情节。

（三）审查犯罪客观方面

辩护律师对犯罪客观方面的审查，要在审查危害行为、危害结果、特定的时间、地点、方法的同时，重点审查因果关系和犯罪数额。在司法实践中，这两方面是容易出现错误的地方。

（1）因果关系是指危害行为与危害结果之间必然的、合乎规律的联系。因果关系应具有的五性分别为：必然性（客观性）、直接性（相对性）、序列性（先后顺序性）、规定性、复杂性。

偶然的因果关系是指危害行为本身并不包含产生危害结果的必然性，但在其发展过程中介入其他因素，并由介入因素合乎规律地引起危害结果时，危害行为和危害结果之间就是偶然因果关系。例如，甲胁迫乙欲实施强奸行为，乙慌忙逃跑，甲紧追，在此过程中乙被一辆汽车撞死。在本案中，甲的胁迫、追逐行为与乙的死亡结果之间不具有必然的、直接的因果关系，汽车撞击与乙的死亡行为是必然的、直接的因果关系，甲的胁迫、追逐行为与乙的死亡结果之间是偶然的、间接的因果关系。本案中，甲的行为构成强奸罪（未遂），对于乙的死亡结果应按酌定情节从重处罚，乙的死亡并不是《刑法》第 236 条强奸罪规定的"致使被害人重伤、死亡或者造成其他严重后果"的结果加重犯，本条中规定的"致死"是指因意图强奸而实施的暴力、胁迫或者其他手段导致的结果。在一般情况下，必然的因果关系影响定罪，偶然的因果关系影响量刑，但是，少数情况下偶然的因果关系也会对定罪产生影响，例如甲强迫乙劳动，乙逃跑，甲紧追，突然乙摔倒成重伤，依据《刑法》第 244 条的规定，甲的行为构成强迫劳动罪。

条件因果关系是指行为人的行为只是导致危害结果发生的条件之一。条件与危害结果之间是否具有刑法上的因果关系，分两种情况。其一，危害结果的发生是在条件与被害人的特异体质、自然事实、被害人的行为等因素竞合的情况下才能产生。在此种情况下，《刑法》认定条件与危害结果之间具有因果关系。例如，甲意图杀乙，甲开枪射击乙未中，乙因受枪声惊吓导致心脏病复发而死亡，甲构成杀人罪（既遂），这是因果关系的客观性体现。又如，甲持刀意图伤害乙，使乙脚部致伤，本不致命，因乙患血友病流血不止而死亡，甲的行为构成故意伤害（致死）罪。其二，行为人的行为虽然是危害结果发生的条件之一，但是中途被另一个条件行为独立导致结果，先行为与危害结果之间的因果关系被中断，应认定先行为与危害结果之间不具有刑法上的因果关系，先行为人对后一个危害结果不承担刑事责任。例如，甲持刀追杀乙，乙逃跑，中途遇见乙的仇人丙，丙将乙杀死，甲构成故意杀人罪（未遂），丙构成故意杀人罪（既遂）。

（2）在司法实践中，犯罪数额也是经常出错误的地方。例如，《刑法》第 345 条规定滥伐林木数额较大才能构成滥伐林木罪，依据司法解释，数额较大是指滥伐林木的体积要达到 10 立方米以上 20 立方米以下，辩护律师如果忽视数额较大的范围，就容易出现错误。又如，《刑法》第 204 条规定："以假报出口或者其他欺骗手段，骗取国家出口退税款，数额较大的，处五年以下有期徒刑或者拘役，并处骗取税款一倍以上五倍以下罚金；数额巨大或者有其他严重情节的，处五年以上十年以下有期徒刑，并处骗取税款一倍以上五倍以下罚金；数额特别巨大或者有其他特别严重情节的，处十年以上有期徒刑或者无期徒刑，并处骗取税款一倍以上五倍以下罚金或者没收财产。纳税人缴纳税款后，采取前款规定的欺骗方法，骗取所缴纳的税款的，依照本法第二百零一条的规定定罪（逃税罪）处罚；骗取税款超过所缴纳的税款部分，依照前款的规定（骗取出口退税罪）处罚。"辩护律师如果忽视行为人缴纳的税款多于骗回的税款便不构成骗取出口退税罪的规定，就容易出现错误。所以，辩护律师不仅在办理经济案件中需要财务知识，而且在办理刑事案件中财务知识也是必不可少的，特别是在处理《刑法》分则第三章破坏社会主义市场经济秩序罪的109个罪名及《全国人民代表大会常务委员会关于惩治骗购外汇、逃汇和非法买卖外汇犯罪的决定》中补充规定的一个罪名，即骗购外汇罪时。

五、调取无罪或罪轻的证据

侦查、检察人员由于在刑事诉讼中的职责性质往往仅重视对有罪证据的调取，而忽视对无罪、罪轻证据的调取。特别是犯罪嫌疑人被羁押后，法律要求侦查、检察人员搜集无罪证据然后给予国家赔偿的规定更是荒谬的，能够做到不隐藏无罪证据都是困难的，所以辩护律师在办理刑事案件过程中不要仅仅局限于用阅卷的方法探求无罪、罪轻事实，要以敢于怀疑一切的态度调取无罪、罪轻的证据。

第五节　量刑辩护

一、量刑情节

量刑情节是指定罪事实（即标准的犯罪构成事实）之外的、对犯罪分子量刑时予以考虑的、决定刑罚轻重的犯罪事实。

量刑事实与量刑情节的区别与联系：量刑事实是由若干量刑情节组成的整体，量刑情节是量刑事实的构成因素；量刑情节与量刑事实两者是点与面、滴雨成渊的关系，在刑法理论中通常将量刑情节和量刑事实作为同义语使用。对定罪事实和量刑情节的交叉称谓，只是人们的一种习惯。

1. 以刑法是否有明文规定为标准，可将量刑情节分为法定量刑情节和酌定量刑情节。

（1）法定量刑情节是指刑法明文规定的，在量刑时应当予以考虑的情节。法定量刑情节在刑法总则和分则中均有规定，刑法总则中规定的从重、从轻、减轻、免除处罚的量刑情节均是法定量刑情节。例如，《刑法》第65条规定累犯从重处罚、《刑法》第67条规定自首可以从轻、减轻、免除处罚等。刑法分则中规定的法定量刑情节有两种：一种是引起另一刑种或量刑幅度的量刑情节。例如，刑法分则规定的情节严重、情节特别严重、数额巨大、数额特别巨大，往往会引起另一个严重的刑种或量刑幅度。另一种是未引起另一刑种和量刑幅度，仅引起依据原有刑种和量刑幅度予以从重、从轻、减轻、免除处罚的量刑情节。例如，《刑法》第 236 条规定，奸淫幼女以强奸罪从重处罚；《刑法》第 390 条规定，行贿人在被追诉前主动交代行贿行为的可以从轻或减轻处罚。

（2）酌定量刑情节是指刑法未有明文规定，根据立法精神与刑事政策，由人民法院从审判经验中总结出来的，因其从不同的角度反映着犯罪行为的社会危害性和犯罪人的人身危险性，所以应当在量刑时予以酌情考虑的情节。酌定量刑情节包括从重、从轻情节和经最高人民法院核准的减轻情节，不包括免除处罚情节。

《刑法》第 63 条第 2 款规定："犯罪分子虽然不具有本法规定的减轻处罚情节，但是根据案件的特殊情况，经最高人民法院核准，也可以在法定刑以下判处刑罚。"此条规定虽然属于酌定减轻处罚情节，但是法官无权酌情适用减轻处罚，需要经最高人民法院核准才能适用，这种"破格酌情减轻"在司法实践中的现实意义不大，所以减轻处罚情节也基本上是刑法明文规定的法定量刑情节。

2. 以对量刑所起的作用形式为标准，可将量刑情节分为从严情节和从宽情节。从宽情节是指从轻、减轻、免除处罚以及判处"非监禁刑"的量刑情节；从严情节是指从重处罚和适用从宽处罚情节要从严掌握的量刑情节。

二、中国法庭审查量刑情节的范围

依据《最高人民法院关于适用〈中华人民共和国刑事诉讼法〉的解释》的第 276 条规定："法庭审理过程中，对与量刑有关的事实、证据，应当进行调查。人民法院除应当审查被告人是否具有法定量刑情节外，还应当根据案件情况审查以下影响量刑的情节：（一）案件起因；（二）被害人有无过错及过错程度，是否对矛盾激化负有责任及责任大小；（三）被告人的近亲属是否协助抓获被告人；（四）被告人平时表现，有无悔罪态度；（五）退赃、退赔及赔偿情况；（六）被告人是否取得被害人或者其近亲属谅解；（七）影响量刑的其他情节。"

前述七个种类的量刑情节均属于酌定量刑情节，其中前六类是列举性规定，第七类是概括性规定，以防止列举性种类的以偏概全，并为日后司法解释扩展列举酌定量刑情节种类提供了法律依据。此条规定表现出了酌定量刑情节逐步向法定量刑情节转化的立法趋势。

"影响量刑的其他情节"需要从酌定量刑情节六个要素（犯罪动机、犯罪手段、犯罪对象、危害结果、犯罪事件和地点、犯罪前后表现）中去查找概括。

中国法庭审理量刑情节的范围包括法定量刑情节和酌定量刑情节。这里的法定量刑情节是指未引起另一刑种和量刑幅度，仅引起依据原有刑种和量刑幅度予以从重、从轻、减轻、免除处罚以及判处"非监禁刑"的量刑情节。引起另一刑种和量刑幅度的量刑情节已在定罪阶段审查，量刑情节不再重复审查。

三、量刑辩护的概念

量刑辩护是指，在被告人构成犯罪的基础上，辩方针对控方提出量刑建议，并根据罪名、量刑情节和社会危害性提出具体、明确的从轻、减轻、免除处罚以及判处"非监禁刑"的从宽处罚的量刑意见及理由，反驳控方提出从严处罚的量刑建议及理由的诉讼活动。

审查量刑情节，调取量刑情节证据，依法提出具体、明确的从宽处罚的量刑意见及理由，反驳公诉方提出的对被告人从严处罚量刑建议，说服法官对被告人予以从宽处罚，构成量刑辩护的基本内容。

四、调取从宽处罚的量刑情节

侦查、检察人员基于自身在刑事诉讼中的职责性质，往往仅重视对从重量刑情节的调取，轻视对从轻、减轻、免除处罚以及判处"非监禁刑"的量刑情节的调取。所以，辩护律师在办理刑事案件的过程中不要仅仅局限于用阅卷的方法探求从宽处罚的量刑情节，还要善于调取从宽处罚的量刑情节。

五、创造从宽处罚的量刑情节

创造从宽处罚的量刑情节也是辩护律师不容忽视的职责，是积极、主动、认真负责的执业风格的体现。例如，促使被告人悔罪、积极退赃、与被害人达成谅解或和解协议；到被告人居住的社区矫正机构或者有关社会组织调取

"对所居住社区没有重大不利影响"的《调查评估意见》等。主动地、严谨地创造酌定量刑情节的证据是辩护律师能力的体现。

六、善于运用酌定量刑情节

辩护律师在查阅、调取法定量刑情节的同时，切不可忽视对酌定量刑情节的查阅、调取和要求法庭采用。与《最高人民法院关于适用〈中华人民共和国刑事诉讼法〉的解释》第 276 条规定的 7 种酌定量刑情节比对符合性；从犯罪动机、犯罪手段、犯罪对象、危害结果、犯罪时间和地点以及犯罪前后的表现这六个要素中逐一查找从宽处罚的酌定量刑情节。

第六节　定罪和量刑程序相对独立模式对律师辩护的影响

一、明晰定罪与量刑事实的界限

定罪事实是标准的犯罪构成事实，如果属于无法将定罪事实和量刑事实分开的罪名，也就派生的犯罪构成事实、修正的犯罪构成事实在定罪阶段进行法庭调查和法庭辩论；量刑事实（即量刑情节）是指定罪事实（即标准的犯罪构成事实）之外的、对犯罪分子量刑时予以考虑的、决定刑罚轻重的犯罪事实。换言之，是否构成犯罪（有罪无罪）、构成此罪彼罪（轻罪重罪）的事实是定罪事实，从轻、减轻、免除处罚以及判处"非监禁刑"的法定、酌定量刑情节是量刑事实。部分量刑事实已经在定罪阶段进行了法庭调查和法庭辩论，在量刑阶段就不再重复进行了。

二、重视量刑辩护

从律师辩护实践经验和人民法院刑事判决结果上分析，能够改变罪名和无罪的案件远远少于从轻、减轻、免除处罚以及判处"非监禁刑"的案件。从此方面不难看出，量刑辩护比定罪辩护更具有实际意义，受中国"重定罪、轻量刑"传统思想的影响，司法实践中法官、检察官、辩护律师往往将办案的主要视野落在定性上，对量刑（特别是酌定情节）容易予以忽视。使定罪、量刑在司法实践中得到同等重视是定罪和量刑相对独立模式立法改革的原动力之一。所以，律师辩护应当重视量刑辩护，并在办案实践中逐步提高量刑辩护水平。

三、无罪和从宽处罚并存的辩护合法化

定罪、量刑程序相对独立模式对辩护律师办理刑事案件具有积极意义。在传统的定罪、量刑程序一体化模式下，辩护律师作无罪辩护，就要放弃量刑辩护，一旦法院认定被告人有罪，从轻、减轻、免除处罚以及判处"非监禁刑"的从宽处罚量刑情节就会无法适用；有的辩护律师采取无罪和从宽处罚并存的辩护方式，因当时没有采取此种辩护方式的法律依据，时常会被审判员制止或要求择其一辩护。在定罪、量刑程序相对独立模式下，如果辩护律师拟将作无罪和从宽处罚并存的辩护，应当注意以下问题。

（1）申请法庭采取定罪、量刑程序相对独立的庭审模式。

辩护律师在庭前会议或庭审之前时，应告知法庭拟作无罪辩护，申请法庭采取定罪、量刑程序相对独立的庭审模式。

（2）辩护律师在定罪辩护结束之后，量刑辩护开始之前，请法官明示有罪或无罪。

辩护律师在定罪辩护结束后申请法庭休庭，庭下要求法官对有罪或无罪予以明示后再进行量刑辩护。虽然中国刑事方面的法律没有明确规定量刑辩护应当在确定有罪或无罪后才能进行（刑事案件与民事案件不同，在民事案件的庭审过程中，如果法官认为法律性质发生变化有提醒原告变更诉讼请求的法定义务），但是辩护律师也应当争取在量刑辩护之前说服法官明示有罪或无罪，这是定罪、量刑程序相对独立模式的立法初衷之一，也是推进定罪、量刑程序相对独立模式向绝对独立模式迈进的行为。

（3）法庭采取定罪、量刑程序一体化模式审理案件或在定罪辩护结束之后法官未明示有罪或无罪，辩护律师也可以采用无罪和从宽处罚并存的辩护方式。因为现在已经存有采取此种辩护方式的法律依据，只不过，定罪、量刑程序一体化模式给无罪和从宽处罚并存的辩护方式带来了程序上的不便。

（4）虽然法律允许作无罪和从宽处罚并存的辩护，但是此种辩护方式毕竟是自相矛盾的，因为从轻、减轻、免除处罚以及判处"非监禁刑"是建立在犯罪嫌疑人、被告人有罪基础之上的从宽处罚。同时，此种辩护方式存有无罪辩护效果越好、量刑辩护效果就越差，反之亦然的悖论，也会将辩护律师对本案"无罪"观点没有十足把握的心态暴露给公诉人和法官。为了克服

律师辩护的自相矛盾，可采取分工辩护的方法：辩护律师作无罪辩护，犯罪嫌疑人、被告人做有罪认可和从宽处罚的量刑辩护；如果犯罪嫌疑人、被告人不具有这样的法律素质，辩护律师在作无罪和从宽处罚并存的辩护时，首先要引用"未经人民法院生效判决，不得确定被告人有罪"的法律规定，假设被告人有罪，辩护人发表如下量刑意见，以减弱无罪辩护与从宽处罚量刑辩护的冲突性。

四、法庭调查与辩论阶段的衔接

法庭调查阶段的问话、质证都是为法庭辩论服务的，辩护律师在法庭调查阶段的问话应尽量做到明知故问，以防止出现不利于被告人的答复；辩护律师的每一句问话、每一个质证意见的发出均以否定或削弱控方的《起诉书》《量刑建议》中对被告人不利的观点为目的；均以立论《辩护词》《量刑意见》中对被告人有利的观点为目的。

第五章

量 刑

第一节 量刑总论

一、量刑概念

量刑是指人民法院在确认被告人的行为构成犯罪的基础上，依法对被告人裁量刑罚的诉讼活动。

二、刑罚根据

《刑法》第 61 条规定："对于犯罪分子决定刑罚的时候，应当根据犯罪的事实、犯罪的性质、情节和对于社会的危害程度，依照本法的有关规定判处。"根据此条法律规定，在对犯罪分子定罪并处以刑罚时，必须以犯罪事实、犯罪性质、犯罪情节和对于社会的危害程度四个方面为根据，应将四个方面的根据分别理解为定罪事实、罪名、量刑情节和对于社会的危害程度。

（一）犯罪事实

犯罪事实有广义和狭义之分。广义的犯罪事实是指定罪事实、罪名、量刑情节和对于社会的危害程度四个方面的统一体。狭义的犯罪事实仅指定罪事实，不包括罪名、量刑情节和对于社会的危害程度。对《刑法》第 61 条规定的犯罪事实应作狭义的理解。

（二）犯罪性质

犯罪性质是区分此类犯罪与彼类犯罪、此罪与彼罪的根本属性。狭义的犯罪性质就是指行为人构成何种罪名。就是在确定存有定罪事实的基础上，对罪名的确定，从而进一步确定应当适用的刑法条文和条文中规定的刑种、幅度和范围。

（三）犯罪情节

犯罪事实是由若干犯罪情节组成的整体，犯罪情节是犯罪事实的构成因素；犯罪情节与犯罪事实是点与面的关系，在刑法理论中通常将犯罪情节和犯罪事实作为同义语使用。

犯罪情节也有广义和狭义之分。广义的犯罪情节包括定罪事实和量刑情节。将犯罪情节区分为定罪事实和量刑情节的意义之一，是为了防止已经用于定罪的事实，又在量刑时使用，避免重复评价。狭义的犯罪情节仅指量刑情节。对《刑法》第61条规定的犯罪情节也应作狭义的理解。

犯罪情节分为案前、案中和案后情节。定罪事实一般仅存在于案中情节；量刑情节不仅包括部分案中情节，也包括案前、案后情节。案中量刑情节是指行为人在实施犯罪过程中表现出来的影响量刑的各种情况，如手段是否残忍、情节是否严重等；案前、案后量刑情节是指行为人实施犯罪之前或之后出现的情况，例如前科、累犯、自首、坦白等。将犯罪情节区分为案前情节、案中情节和案后情节的意义之一，是为了帮助辩护律师查找和鉴别哪些是定罪事实，哪些是量刑情节。

（四）犯罪对于社会的危害程度

犯罪对于社会的危害程度（或称犯罪的社会危害性大小）是指行为对刑法所保护的社会关系造成或可能造成损害的程度，也就是指犯罪给国家、社会和人民造成损害或者损害的危险程度。

（1）犯罪的社会危害性是质与量的统一体。情节显著轻微、情节轻微、情节较轻（数额较大）、情节严重（情节恶劣、数额巨大、后果严重）、情节特别严重（情节特别恶劣、数额特别巨大、后果特别严重）的法律后果，要依据刑法规定和犯罪情节进行定量分析，如果属于情节显著轻微危害不大的，就不认为是犯罪；如果属于情节轻微，就认为是犯罪，但可以作出不起诉决定或免予刑事处罚；如果属于情节较轻（数额较大），不仅构成犯罪，而且要依据刑法分则的相应罪名定罪量刑；如果属于情节严重（情节恶劣、数额巨大、后果严重）、情节特别严重（情节特别恶劣、数额特别巨大、后果特别严重）一般会引起更为严重的刑种和量刑幅度。所以社会危害性的大小是区分罪与非罪、轻罪与重罪以及处罚轻重的依据。

（2）犯罪的社会危害性的内容是主、客观要件的统一体。犯罪的四个构成要件的内容，反映犯罪的社会危害性大小；定罪事实、罪名、量刑情节均从不同方面、不同程度上反映犯罪的社会危害性大小，犯罪对于社会的危害程度是犯罪的最本质特征。

（3）犯罪的社会危害性是稳定性与变动性的统一体。国家的政治、经济、文化、治安等形式以及民愤大小等也从客观上对社会危害性有无和大小产生影响，成为衡量行为对于社会的危害程度高低的因素。在一定的时间、空间条件下社会危害性的有无和大小具有稳定性，在不同的时间、空间条件下社会危害性的有无和大小会发生变化。

（五）辩护律师对定罪事实、罪名、量刑情节和对社会的危害程度的运用
　　　程序

辩护律师在办理具体案件过程中，对定罪事实、罪名、量刑情节和对于社会的危害程度的四个方面既要做到综合把握，又要进行分层剖析。首先要结合全案事实、证据材料审查判断定罪事实是否存在，即行为人是否构成犯罪；其次要在此基础上确定罪名以及应当适用的刑法条文和条文中规定的刑种、幅度和范围；再次要查找出定罪情节之外的法定和酌定的量刑情节；最后结合定罪事实、罪名、量刑情节、社会形势、民愤等因素确定行为对于社会的危害性程度。也就是说，辩护律师要在犯罪嫌疑人、被告人是否构成犯罪、触犯什么罪名、有无法定和酌定量刑情节和给国家、社会、人民造成危害或危害的危险程度的基础上决定辩护方案。这是辩护律师解析具体刑事案件的思维脉络。

三、量刑原则

1. 以事实为根据，以法律为准绳原则

《刑法》第 61 条规定："对于犯罪分子决定刑罚的时候，应当根据犯罪的事实、犯罪的性质、情节和对于社会的危害程度，依照本法的有关规定判处"；《最高人民法院、最高人民检察院关于常见犯罪的量刑指导意见（试行）》第 1 条规定："量刑应当以事实为根据，以法律为准绳，根据犯罪的事实、性质、情节和对于社会的危害程度，决定判处的刑罚。"这两项规定中的"犯罪的事实"均为狭义的犯罪事实，即仅指定罪事实。同时，这两项规定均体现了"以事实为根据，以法律为准绳"的量刑原则。"以事实为根据"中的"事实"为广义的犯罪事实，即包括定罪事实、罪名、量刑情节和社会危害程

度四个方面。

2. 罪责相适应原则

量刑既要考虑被告人所犯罪行的轻重，又要考虑被告人应负刑事责任的大小，做到罪责刑相适应，实现惩罚和预防犯罪的目的。

3. 宽严相济原则

量刑应当贯彻宽严相济的刑事政策，做到该宽则宽，当严则严，宽严相济，罚当其罪，确保裁判法律效果和社会效果的统一。

4. 量刑均衡原则

量刑要客观、全面地把握不同时期、不同地区的经济社会发展和治安形势的变化，确保刑法任务的实现；对于同一地区、同一时期案情相似的案件，所判处的刑罚应当基本均衡。

四、量刑方法的种类

量刑方法分为两种：常见犯罪量刑的基本方法和其他犯罪量刑的基本方法。

（1）常见犯罪量刑的基本方法是指《最高人民法院、最高人民检察院关于常见犯罪的量刑指导意见（试行）》规定的 23 种常见罪名判处有期徒刑、拘役的量刑方法，划分为量刑起点、基准刑、宣告刑三个递进式步骤量刑。

《关于常见犯罪的量刑指导意见（试行）》第 5 条第（一）款规定："本指导意见规范上列二十三种犯罪判处有期徒刑的案件。其他判处有期徒刑的案件，可以参照量刑的指导原则、基本方法和常见量刑情节的适用规范量刑。"此条规定有立法瑕疵，因为本指导意见也规范上列 23 种犯罪依法应判处拘役的案件。该指导意见列举的 23 种罪名中的量刑起点包括了拘役，况且依据《刑法》规定作为 23 种罪名之一的危险驾驶罪的刑种仅有拘役，没有有期徒刑，希望立法者于下次立法时加以修改。

（2）其他犯罪量刑的基本方法是指 23 种常见罪名以外的犯罪和 23 种常见罪名应当处有期徒刑、拘役以外刑种的量刑的基本方法。首先，根据基本犯罪构成事实确定相应的法定刑幅度；其次，根据量刑情节调整后，确定宣告刑。23 种常见罪名以外的犯罪判处有期徒刑、拘役的案件，可以参照常见犯罪量刑的基本方法量刑。

五、量刑规范化的历史沿革

从 2005 年开始最高人民法院成立了量刑规范化课题组，对量刑规范化问题进行了实质性的调研，于 2008 年 6 月在东、中、西部指定 4 家中级人民法院、8 家基层人民法院进行试点；在取得经验的基础上，于 2009 年 6 月进行试点的人民法院扩大到 120 家，涵盖各省、自治区、直辖市（港澳台除外）；2010 年 9 月 13 日最高人民法院颁布了《人民法院量刑指导意见（试行）》，并于 2010 年 10 月 1 日起在全国中、基层法院全面试行；2013 年 12 月 23 日最高人民法院颁布了《关于常见犯罪的量刑指导意见》，并于 2014 年 1 月 1 日起在全国法院正式实施量刑规范化；2017 年 3 月 9 日最高人民法院对《关于常见犯罪的量刑指导意见》进行了修订，并于 2017 年 4 月 1 日起实施；2017 年 5 月 1 日最高人民法院颁布了《关于常见犯罪的量刑指导意见（二）（试行）》。2021 年 6 月 16 日最高人民法院、最高人民检察院颁布了《关于常见犯罪的量刑指导意见（试行）》，将原来的《关于常见犯罪的量刑指导意见》与《关于常见犯罪的量刑指导意见（二）（试行）》合二为一，并做了适当的修订。

第二节　量刑情节种类

一、刑法总则中的法定量刑情节

（1）已满 12 周岁不满 18 周岁的人犯罪，应当从轻或者减轻处罚（第 17 条）；

（2）已满 75 周岁的人过失犯罪，应当从轻、减轻处罚，已满 75 周岁的人故意犯罪，可以从轻、减轻处罚（第 17 条之一）；

（3）尚未完全丧失辨认或者控制自己行为能力的精神病人犯罪的，可以从轻、减轻处罚（第 18 条）；

（4）盲人、又聋又哑的人犯罪，可以从轻、减轻或免除处罚（第 19 条）；

（5）防卫过当、避险过当应当减轻或免除处罚（第 20 条、第 21 条）；

（6）预备犯可以比照既遂犯从轻、减轻或免除处罚（第 22 条）；

（7）未遂犯，可以比照既遂犯从轻、减轻处罚（第 23 条）；

（8）犯罪中止没有造成损害结果的，应当免除处罚，造成损害结果的，应当减轻处罚（第 24 条）；

（9）从犯应当从轻、减轻或免除处罚（第 27 条）；

（10）胁从犯应当减轻或免除处罚（第 28 条）；

（11）教唆不满 18 周岁的人犯罪的，应当从重处罚；如果被教唆的人没有犯被教唆的罪（教唆未遂），对于教唆犯，可以从轻、减轻处罚（第 29 条）；

（12）累犯，从重处罚（第 65 条）；

（13）自首的，可以从轻或减轻处罚，犯罪较轻的，可以免除处罚（第 67 条）；

（14）坦白，可以从轻处罚，因坦白而避免特别严重后果发生的，可以减轻处罚（第 67 条）；

（15）立功，可以从轻或减轻处罚，重大立功，可以减轻或者免除处罚（第 68 条）；

（16）在外国已经受过刑罚处罚的，可以免除或者减轻处罚（第 10 条）；

（17）犯罪情节轻微不需要判处刑法的，可以免除刑事处罚（第 37 条）。

二、刑法分则中的法定量刑情节

（1）武装掩护走私的，从重处罚（第 157 条）；

（2）犯对非国家工作人员行贿、对外国公职人员、国际公共组织官员行贿罪，行为人在被追诉前主动交代行贿行为的，可以减轻或者免除处罚（第 164 条）；

（3）行为人徇私舞弊，犯国有公司、企业、事业单位人员失职罪或者国有公司、企业、事业单位人员滥用职权罪的，从重处罚（第 168 条）；

（4）伪造货币并出售或者运输伪造的货币的，从重处罚（第 171 条）；

（5）犯逃税罪，经税务机关依法下达追缴通知后，补缴应纳税款，缴纳滞纳金，已受行政处罚的，不予追究刑事责任；但是，5 年内因逃避缴纳税款受过刑事处罚或者被税务机关给予 2 次以上行政处罚的除外（第 201 条）；

（6）奸淫幼女的，以强奸罪从重处罚（第 236 条）；

（7）国家机关工作人员利用职权犯非法拘禁罪的，从重处罚（第 238 条）；

（8）收买被拐卖的妇女、儿童，对被买儿童没有虐待行为，不阻碍对其进行解救的，可以从轻处罚；按照被买妇女的意愿，不阻碍其返回原居住地的，可以从轻或者减轻处罚（第241条）；

（9）国家机关工作人员犯诬告陷害罪的，从重处罚（第243条）；

（10）司法工作人员滥用权力非法搜查他人身体、住宅，或者非法侵入他人住宅的，从重处罚（第245条）；

（11）司法 工作人员刑讯逼供或者暴力取证致人伤残、死亡的，以故意伤害罪、故意杀人罪从重处罚（第247条）；

（12）犯虐待被监管人员罪，致人伤残、死亡的，从重处罚（第248条）；

（13）邮政工作人员私自开拆或者隐匿、毁弃邮件、电报而从中窃取财物的，以盗窃罪从重处罚（第253条）；

（14）犯拒不支付劳动者劳动报酬罪，尚未造成严重后果，在提起公诉前支付劳动者的劳动报酬，并依法承担相应赔偿责任的，可以减轻或者免除处罚（第276条之一）；

（15）冒充人民警察招摇撞骗的，从重处罚（第279条）；

（16）引诱未成年人参加聚众淫乱活动的，从重处罚（第301条）；

（17）司法工作人员犯妨害作证罪，帮助当事人伪造、毁灭证据罪的，从重处罚（第307条）；

（18）盗伐、滥伐国家级自然保护区内的森林或者其他林木的，从重处罚（第345条）；

（19）利用、教唆未成年人走私、贩卖、运输、制造毒品，或者向未成年人出售毒品的，从重处罚（347条）；

（20）缉毒人员或者其他国家机关工作人员掩护、包庇走私、贩卖、运输、制造毒品的犯罪分子的，从重处罚（第349条）；

（21）非法种植罂粟或者其他毒品原植物，在收获前自动铲除的，可以免除处罚（第351条）；

（22）引诱、教唆、欺骗或者强迫未成年人吸食、注射毒品的，从重处罚（第353条）；

（23）因走私、贩卖、运输、制造、非法持有毒品罪被判过刑，又犯毒品犯罪的，从重处罚（第356条）；

（24）有关单位主要负责人，利用本单位的条件，组织、强迫、引诱、容留、介绍他人卖淫的，从重处罚（第 361 条）；

（25）制作、复制淫秽的电影、录像等音像制品组织播放的，以组织播放淫秽音像制品罪，从重处罚；向不满 18 周岁的未成年人传播淫秽物品的，以传播淫秽物品罪，从重处罚（第 364 条）；

（26）战时犯破坏武器装备、军事设施、军事通信罪或者过失损坏武器装备、军事设施、军事通信罪的，从重处罚（第 369 条）；

（27）对犯贪污罪的，在提起公诉前如实供述自己罪行、真诚悔罪、积极退赃，避免、减少损害结果发生的，可以从轻处罚（第 383 条）；

（28）挪用特定款物，如救灾、抢险、防汛、优抚、扶贫、移民、救济款物归个人使用的，从重处罚（第 384 条）；

（29）犯受贿罪索贿的，从重处罚（第 386 条）；

（30）行贿人在被追诉前主动交代行贿行为的，可以从轻或者减轻处罚（第 390 条）；

（31）介绍贿赂人在被追诉前主动交代介绍贿赂行为的，可以减轻或者免除处罚（第 392 条）；

（32）徇私舞弊犯食品、药品监管渎职罪的，从重处罚（第 408 条之一）。

三、酌定量刑情节六要素

酌定量刑情节的六个要素分别是犯罪动机、犯罪手段、犯罪对象、危害结果、犯罪的时间和地点、犯罪前后的表现。其实，前述六个要素并不是所有具体犯罪的酌定量刑情节，有的是定罪情节；有的是法定量刑情节。例如，《刑法》第 340 条规定："在禁渔区、禁渔期或者使用禁用的工具、方法捕捞水产品，情节严重的"，构成非法捕捞水产品罪。本条中，"禁渔区"是犯罪的地点；"禁渔期"是犯罪的时间；"使用禁用的工具、方法"是犯罪手段，刑法已将此地点、时间、手段和情节严重作为非法捕捞水产品罪的犯罪构成要件，是定罪情节，在定罪中已作出评价，在量刑中就不能将其再作为酌定从重处罚的情节，否则就是重复评价，属于因适用法律不当而导致量刑畸重。

辩护律师在办理个案过程中确定哪些是酌定量刑情节时，要做到结合具体罪名的法律规定，进行具体分析、判断，不仅仅要确定该情节属于六个要素的范围内，而且要确定该情节不属于定罪情节和法定量刑情节。换言之，属于定罪情节和法定量刑情节之外的、与量刑有关的情节才是酌定量刑情节，这也是酌定量刑情节属于刑法未有明文规定的量刑情节的真正含义，与之相对应的是定罪情节和法定量刑情节均属于刑法有明文规定的犯罪情节。

1. 犯罪动机

犯罪动机和犯罪故意、过失、目的同属于犯罪主体的主观要素，犯罪动机是指刺激犯罪人实施犯罪行为以达到犯罪目的的内心冲动或内心起因。例如，直接故意杀人，造成被害人死亡是犯罪目的，内心起因是奸情、报仇属犯罪动机。虽然刑法未将犯罪动机规定为所有犯罪的定罪事实，但是因其反映的是犯罪人的主观恶性不同，可谴责性的程度也会有差别，因此成了量刑时考虑的情节。故意犯罪的动机虽然都是不良的，但也有程度上的差异。例如，奸情杀人比基于义愤杀人的犯罪动机主观恶性更强、罪过程度更深。又如，贪赃枉法比贪赃不枉法的主观恶性、罪过程度更大，因而在量刑时要相应从严掌握。犯罪人的主观恶性、罪过程度分为小、较小、较大、大；不深、较深、极深；不强、较强、极强。

2. 犯罪手段

除少数罪名外，刑法未将犯罪手段作为犯罪的构成要件，不属于定罪情节，对定罪不产生影响，但是因其反映的犯罪人实施的方法和手段的残酷性和野蛮程度不同，犯罪行为的社会危害性大小、罪行的轻重程度、犯罪人的主观恶性程度也存在差别，从而影响量刑。例如，采用残忍、碎尸灭迹、狡诈、隐蔽的方法和手段实施杀人、伤害行为比采用一般的犯罪方法和手段实施杀人、伤害行为所产生的社会危害性更大，犯罪人的主观恶性更深，因而量刑时可科以较重的刑罚。犯罪手段的残酷性和野蛮程度分为一般、残忍、极其残忍。

3. 犯罪对象

在刑法没有将特定对象作为定罪情节和法定量刑情节的情况下，犯罪对象属于酌定量刑情节。犯罪对象的不同，反映着罪行轻重程度的差别，从而影响量刑。例如，盗窃一般公私财物与盗窃特定款物相比较，侵害一般人与侵害老、弱、病、残者相比较，前者的犯罪情节较轻。

4. 危害结果

在刑法没有将危害结果作为犯罪构成要件的定罪情节和法定量刑情节的罪名中，危害结果属于酌定量刑情节。危害结果的轻重反映犯罪情节的轻重，也说明社会危害性程度不同，因而成了量刑时应当考虑的重要情节。例如，同是隐匿、毁弃他人信件，其隐匿、毁弃的信件的多少以及由此造成的后果不同，量刑就应有所不同。又如，强奸多人比强奸一人严重。危害结果包括直接结果和间接结果，前者如因强奸致使被害人怀孕，后者如因强奸致使被害人精神失常。危害结果分为一般（不严重）、严重、特别严重。

5. 犯罪的时间和地点

在刑法没有将犯罪的时间、地点作为犯罪构成要件的定罪情节和法定量刑情节的情况下，犯罪的时间和地点属于酌定量刑情节。犯罪的时间、地点的不同反映犯罪情节的轻重，也能说明社会危害性程度的不同，因而也是影响量刑的情节。例如，在发生严重自然灾害期间，犯罪的社会危害性高于在平时的犯罪。又如，光天化日之下在公共场所实施抢劫行为的社会危害性高于夜间在僻静的地方实施抢劫行为，从而可以判处相应较重的刑罚。

6. 犯罪前后的表现

犯罪人犯罪前的一贯表现，一般不属于定罪情节，但是能够反映犯罪人的人身危险性和再犯可能性的大小，对于量刑也有一定影响。如果犯罪人一贯表现不好，存在前科劣迹，说明行为人的人身危险性和再犯可能性较大，就可以成为酌定从严的量刑情节；如果犯罪人一贯遵纪守法，表现较好，偶尔失足，属于初犯、偶犯，说明行为人的人身危险性和再犯可能性较小，可以从宽处罚。例如，两个盗窃相同数额财物的罪犯，一个平时经常有小偷小摸行为，另一个没有不良表现，对于前者的量刑就应重于后者。

犯罪人犯罪后的表现同样反映着犯罪人的人身危险性和再犯可能性，反映着犯罪人的悔罪表现明显程度，反映着对犯罪人改造的难易程度，因而在量刑时应当以酌定量刑情节考虑。例如，犯罪后积极退赃、主动赔偿，说明悔罪表现明显，说明犯罪人的人身危险性和再犯可能性较低，量刑时可以从宽处罚；犯罪后负隅顽抗、隐匿赃物、要挟被害人、毁灭证据、拒不交代，甚至逃避法律制裁，说明犯罪人的人身危险性和再犯可能性较高，因而在量刑时就可以从严处罚。

综上所述，辩护律师在办理案件时，要将案件事实与《最高人民法院关于适用〈中华人民共和国刑事诉讼法〉的解释》第 276 条规定的 7 种酌定量刑情节比对符合性。并且，要从犯罪动机、犯罪手段、犯罪对象、危害结果、犯罪时间和地点以及犯罪前后的表现这六个要素中逐一查找从宽处罚的酌定量刑情节。

如果辩护律师对犯罪嫌疑人、被告人使用法定量刑情节进行从宽处罚的辩护时，就应采用演绎推理的思维过程。例如，犯罪嫌疑人、被告人是从犯，辩护律师就应以"从犯应当从轻、减轻或免除处罚"的法律规定为大前提，以犯罪嫌疑人、被告人是从犯的法定量刑情节为小前提，推理出对犯罪嫌疑人、被告人进行从轻、减轻或免除处罚。如果辩护律师对犯罪嫌疑人、被告人使用酌定量刑情节进行从宽处罚的辩护，就应采用比较的方法。例如，犯罪嫌疑人、被告人贪赃未枉法，辩护律师就应以与贪赃枉法相比较而言，犯罪嫌疑人、被告人相应的犯罪动机不深、主观恶性较小、罪过程度不强予以辩护。在辩护的实践中，律师对于使用法定量刑情节进行演绎推理予以从宽处罚的辩护方法基本掌握得很娴熟；律师往往会忽视将本案的酌定量刑情节与其他案件较严重的酌定量刑情节相比较的辩护方法，而是直接提出因犯罪嫌疑人、被告人贪赃未枉法，所以其犯罪动机不深、主观恶性较小、罪过程度不强的结论。辩护律师这种忽视比较的做法，是思维不全面、论理不充分的酌定量刑情节辩护，难以说服法庭。所以，辩护律师一定要掌握"酌定量刑情节比较法"这一辩护技巧。

第三节　常见犯罪量刑的基本方法

《最高人民法院、最高人民检察院关于常见犯罪的量刑指导意见（试行）》第2条规定："量刑时，应当以定性分析为主，定量分析为辅，依次确定量刑起点、基准刑和宣告刑。"

一、量刑步骤

（一）量刑起点

"根据基本犯罪构成事实在相应的法定刑幅度内确定量刑起点。"

（1）基本犯罪构成事实是指刑法分则条文就某一犯罪的基本形态所规定的犯罪构成事实。例如，《刑法》第260条规定，"虐待家庭成员，情节恶劣的，处二年以下有期徒刑、拘役或者管制"。其中，"情节恶劣"属于定罪事实，不属于量刑情节。第2款规定，"犯前款罪，致使被害人重伤、死亡的，处二年以上七年以下有期徒刑"。其中，"致使被害人重伤、死亡"属于量刑情节，属于引起另一刑种或量刑幅度的量刑情节，不属于定罪事实。但是，本条规定的定罪事实和量刑情节均是基本犯罪构成事实。

（2）相应的法定刑幅度是指根据犯罪嫌疑人、被告人的犯罪事实和刑法分则条文中规定的定罪事实（标准的犯罪构成事实）与引起另一刑种或量刑幅度的量刑情节比对符合性，以确定符合哪一个量刑幅度。例如，前述的虐待罪，属于情节恶劣的，相应的法定刑幅度为 2 年以下有期徒刑、拘役或者管制；致使被害人重伤、死亡的，相应的法定刑幅度为 2 年以上 7 年以下有期徒刑。

（3）《关于常见犯罪的量刑指导意见（试行）》对 23 种罪名的量刑起点已经作出了明确规定。例如，"故意伤害致一人重伤的，在三年至五年有期徒刑幅度内确定量刑起点"，据此执行便可。

（二）基准刑

"根据其他影响犯罪构成的犯罪数额、犯罪次数、犯罪后果等犯罪事实，在量刑起点的基础上增加刑罚量确定基准刑。"

增加刑罚量是指，根据超出在确定量刑起点时已经考虑的犯罪数额、犯罪次数或者犯罪后果等那部分犯罪事实，增加相应的刑期。量刑起点与增加的刑期之和即为基准刑。例如，"故意伤害致一人重伤的，在三年至五年有期徒刑幅度内确定量刑起点"，犯罪嫌疑人、被告人一次概括的犯罪行为，造成重伤 2 人，因重伤 1 人就符合基本犯罪构成事实，故意重伤多出的另一人的事实，就属于超出基本犯罪构成事实的那部分事实和情节。假设造成多出现一个人重伤增加 3 年刑期，那么量刑起点与 3 年刑期之和，即为基准刑。伤害后果严重、伤残等级、手段较残忍等也是增加刑法量的犯罪事实。

（三）宣告刑

"根据量刑情节调节基准刑，并综合考虑全案情况，依法确定宣告刑。"

二、调节基准刑的方法

1. "具有单个量刑情节的，根据量刑情节的调节比例直接调节基准刑。"

单个量刑情节可被分为单功能量刑情节和多功能量刑情节。

（1）单功能量刑情节是指单个罪名的犯罪案件仅具有一个量刑情节，而且该量刑情节仅具有一种影响量刑的功能。适用刑罚时应根据该量刑情节的调节比例直接对基准刑进行调节。例如，刑法规定累犯应当从重处罚。"对于累犯，综合考虑前后罪的性质、刑罚执行完毕或赦免以后至再犯罪时间的长短以及前后罪罪行轻重等情况，应当增加基准刑的 10%~40%，一般不少于 3

个月。"

（2）多功能量刑情节是单个罪名的犯罪案件虽然仅具有一个量刑情节，但是该量刑情节具有多种影响量刑的功能。适用刑罚时应首先决定适用哪种调整比例，然后根据该种量刑情节的调节比例直接对基准刑进行调节。例如，《刑法》规定"从犯应当从轻、减轻或免除处罚"；《关于常见犯罪的量刑指导意见（试行）》规定"对于从犯，综合考虑其在共同犯罪中的地位、作用等情况，应当予以从宽处罚，减少基准刑的 20%～50%；犯罪较轻的，减少基准刑的 50%以上或者依法免除处罚"。适用刑罚时，根据决定的调节比例调节后如仍在法定量刑幅度以内或选择适用了较轻的刑种即视为从轻处罚；根据决定的调节比例调节后如在法定量刑幅度的下一个量刑幅度以内或选择适用了法定最低刑以下即视为减轻处罚；根据决定的调节比例调节后如不需要判处刑罚，予以免除处罚，即对基准刑先进行调节并确定了宣告刑以后，才能看出是属于从轻、减轻还是免除处罚。即"先调节、后确定功能"的原则。《关于常见犯罪的量刑指导意见（试行）》规定的此种量刑程序与《刑法》规定的先行选择适用从轻、减轻或免除处罚哪一种功能以后再确定宣告刑的量刑程序不同，量刑的思维顺序相反。

2. "具有多个量刑情节的，一般根据各个量刑情节的调节比例，采用同向相加、逆向相减的方法调节基准刑；具有未成年人犯罪、老年人犯罪、限制行为能力的精神病人犯罪、又聋又哑的人或者盲人犯罪，防卫过当、避险过当、犯罪预备、犯罪未遂、犯罪中止，从犯、胁从犯和教唆犯等量刑情节的，先适用该量刑情节对基准刑进行调节，在此基础上，再适用其他量刑情节进行调节。"

（1）多种量刑情节是单个罪名具有两个以上量刑情节，也就是出现量刑情节的竞合现象。同时具有两个以上从宽或从严情节的，称为同向竞合。从宽、从严情节并存的，称为逆向竞合。在出现量刑情节竞合的情况下，采用同向相加、逆向相减的方法确定全部量刑情节的调节比例，再对基准刑进行调节。即"同向相加、逆向相减""一次调节基准刑"的原则。

（2）具有未成年人犯罪、老年人犯罪、限制行为能力的精神病人犯罪、又聋又哑的人或者盲人犯罪、防卫过当、避险过当、犯罪预备、犯罪未遂、犯罪中止，从犯、胁从犯和教唆犯等量刑情节的，应先适用该量刑情节对基准刑进行调节，在此基础上，再适用其他量刑情节进行调节。即"同向相加、逆向相减""两次调节基准刑"原则。前述列明的 13 种量刑情节都是刑法总则规定的特殊的人和从宽处罚的案中量刑情节，同时也不仅仅限于这 13 种量刑情节在对基准刑进行调节时优先适用，立法本意是确立"刑法总则中规定的从宽处罚的案中量刑情节优先适用原则"，以此与前科、累犯、自首、立功、赔偿谅解等案前、案后量刑情节相区别。

3. "被告人犯数罪，同时具有适用于个罪的立功、累犯等量刑情节的，先适用该量刑情节调节个罪的基准刑，确定个罪所应判处的刑罚，再依法实行数罪并罚，决定执行的刑罚。"

从此条规定上分析，一人犯有数罪，应对每一个罪名分别确定量刑起点、基准刑，然后用每一个罪名的相应量刑情节的调节比例对该罪的基准刑进行调节，确定个罪所应判处的刑期，最后按数罪并罚的原则确定宣告刑。即"先个罚、后并罚"的原则。

三、确定宣告刑的方法

（1）"量刑情节对基准刑的调节结果在法定刑幅度内，且罪责刑相适应的，可以直接确定为宣告刑；具有应当减轻处罚情节的，应当依法在法定最低刑以下确定宣告刑"，"有数个量刑幅度的，应当在法定量刑幅度的下一个量刑幅度内确定宣告刑"。

（2）"量刑情节在对基准刑的调节结果在法定最低刑以下，具有法定减轻处罚情节，且罪责刑相适应的，可以直接确定为宣告刑；只有从轻处罚情节的，可以依法确定法定最低刑为宣告刑；但是根据案件的特殊情况，经最高人民法院核准，也可以在法定刑以下判处刑罚。"

体现了"多个从轻情节不能升格为减轻情节、多个减轻情节不能升格为免除处罚情节"的原则。虽然没有法定减轻处罚情节，但是根据案件的特殊情况，在确实需要酌定减轻处罚的情况下，应依据《刑法》第 63 条第 2 款的规定报最高人民法院核准。

（3）"量刑情节对基准刑的调节结果在法定最高刑以上的，可以依法确定法定最高刑为宣告刑。"

此条规定体现了"多个从重情节不能升格为加重情节"的原则。

（4）"综合考虑全案情况，独任审判员或合议庭可以在 20% 的幅度内对调节结果进行调整，确定宣告刑。当调节后的结果仍不符合罪责刑相适应原则的，应当提交审判委员会讨论，依法确定宣告刑。"

独任审判员或合议庭根据案件各种量刑情节的调节比例对基准刑进行调节后得出的调节结果，可以对该调节结果在 20% 的幅度内再次进行整体调整以确定宣告刑。第一次名叫分别调节，第二次名叫调整。经调节和调整仍不符合罪责刑相适应原则的，应提交审判委员会讨论，依法确定宣告刑。

（5）"综合全案犯罪事实和量刑情节，依法应当判处无期徒刑以上刑罚、拘役、管制或者单处附加刑、缓刑、免予刑事处罚的，应当依法适用。"

应当判处无期徒刑以上刑罚、管制或者单处附加刑、缓刑、免予刑事处罚的，虽然无法依据《关于常见犯罪的量刑指导意见（试行）》的规定进行量刑，但是可依据《刑法》的相应规定量刑。

此条规定有立法瑕疵，因判处拘役也要依据《关于常见犯罪的量刑指导意见（试行）》规定进行量刑，笔者希望立法者于下次立法时予以修改。

第四节 常见量刑情节的适用

一、宽严相济和罪责刑相适应原则

"量刑时应当充分考虑各种法定和酌定量刑情节，根据案件的全部犯罪事实以及量刑情节的不同情形，依法确定量刑情节的适用及其调节比例。对黑恶势力犯罪、严重暴力犯罪、毒品犯罪、性侵未成年人犯罪等危害严重的犯罪，在确定从宽的幅度时，应当从严掌握；对犯罪情节较轻的犯罪，应当充分体现从宽。具体确定各个量刑情节的调节比例时，应当综合平衡调节幅度与实际增减刑罚量的关系，确保罪责刑相适应。"

二、量刑情节的调节比例

《关于常见犯罪的量刑指导意见（试行）》规定了以下 18 种常见量刑情节的调节比例。

1. 对于未成年犯罪，综合考虑未成年人对犯罪的认知能力，实施犯罪行为的动机和目的，犯罪时的年龄，是否初犯、偶犯，悔罪表现，个人成长经历和一贯表现等情况，应当予以从宽处理。

（1）已满 12 周岁不满 16 周岁的未成年人犯罪，减少基准刑的 30%~60%；

（2）已满 16 周岁不满 18 周岁的未成年人犯罪，减少基准刑的 10%~50%；

2. 对于年满 75 周岁以上的老年人故意犯罪，综合考虑犯罪的性质、情节、后果等情况，可以减少基准刑的 40% 以下；过失犯罪的，减少基准刑的 20%~50%。

3. 对于又聋又哑的人或者盲人犯罪的，综合考虑犯罪的性质、情节、后果以及聋哑人或者盲人犯罪时的控制能力等情况，可以减少基准刑的 50% 以下；犯罪较轻的，可以减少基准刑的 50% 以上或者依法免除处罚。

4. 对于未遂犯，综合考虑犯罪行为的实行程度、造成损害的大小、犯罪未得逞的原因等情况，可以比照既遂犯减少基准刑的 50% 以下。

5. 对于从犯，综合考虑其在共同犯罪中的地位、作用等情况，应当予以从宽处罚，减少基准刑的 20%~50%；犯罪较轻的，减少基准刑的 50% 以上或者依法免除处罚。

6. 对于自首情节，综合考虑自首的动机、时间、方式、罪行轻重、如实供述罪行的程度以及悔罪表现等情况，可以减少基准刑的 40% 以下；犯罪较轻的，可以减少基准刑的 40% 以上或者依法免除处罚。恶意利用自首规避法律制裁等不足以从宽处罚的除外。

7. 对于坦白情节，综合考虑如实供述罪行的阶段、程度、罪行轻重以及悔罪表现等情况，确定从宽的幅度。

（1）如实供述自己罪行的，可以减少基准刑的 20% 以下；

（2）如实供述司法机关尚未掌握的同种较重罪行的，可以减少基准刑的 10%~30%；

（3）因如实供述自己罪行，避免特别严重后果发生的，可以减少基准刑的 30%~50%。

8. 对于当庭自愿认罪的，根据犯罪的性质、罪行的轻重、认罪程度以及悔罪表现等情况，可以减少基准刑的 10% 以下。依法认定自首、坦白的除外。

9. 对于立功情节，综合考虑立功的大小、次数、内容、来源、效果以及罪行的轻重等情况，确定从宽的幅度。

（1）一般立功，可以减少基准刑的 20% 以下；

（2）重大立功，可以减少基准刑的 20%~50%；犯罪较轻的，减少基准刑的 50% 以上或者依法免除处罚。

10. 对于退赃、退赔的，综合考虑犯罪性质、退赃、退赔行为对损害结果所能弥补的程度，退赃、退赔的数额及主动程度等情况，可以减少基准刑的30%以下。对抢劫等严重危害社会治安犯罪，应当从严掌握。

11. 对于积极赔偿被害人经济损失并取得谅解的，综合考虑犯罪性质、赔偿数额、赔偿能力以及认罪悔罪表现等情况，可以减少基准刑的40%以下；积极赔偿但没有取得谅解的，可以减少基准刑的30%以下；尽管没有赔偿，但取得谅解的，可以减少基准刑的20%以下。对抢劫、强奸等严重危害社会治安犯罪，应当从严掌握。

12. 对于当事人根据《刑事诉讼法》第288条达成刑事和解协议的，综合考虑犯罪性质、赔偿数额、赔礼道歉以及真诚悔罪等情况，可以减少基准刑的50%以下；犯罪较轻的，可以减少基准刑的50%以上或者依法免除处罚。

13. 对于被告人在羁押期间表现好的，可以减少基准刑的10%以下。

14. 对于被告人认罪认罚的，综合考虑犯罪的性质、罪行的轻重、认罪认罚的阶段、程度、价值、悔罪表现等情况，可以减少基准刑的30%以下；具有自首、重大坦白、退赃退赔、赔偿谅解、刑事和解等情节的，可以减少基准刑的60%以下，犯罪较轻的，可以减少基准刑的60%以上或者依法免除处罚。认罪认罚与自首、坦白、当庭自愿认罪、退赃退赔、赔偿谅解、刑事和解、羁押期间表现好等量刑情节不作重复评价。

15. 对于累犯，应当综合考虑前后罪的性质、刑罚执行完毕或者赦免以后至再犯罪时间的长短以及前后罪罪行轻重等情况，增加基准刑的10%~40%，一般不少于3个月。

16. 对于有前科的，综合考虑前科的性质、时间间隔长短、次数、处罚轻重等情况，可以增加基准刑的10%以下。前科犯罪为过失犯罪和未成年人犯罪的除外。

17. 对于犯罪对象为未成年人、老年人、残疾人、孕妇等弱势人员的，综合考虑犯罪的性质、犯罪的严重程度等情况，可以增加基准刑的20%以下。

18. 对于在重大自然灾害，预防、控制突发传染病疫情等灾害期间故意犯罪的，根据案件的具体情况，可以增加基准刑的20%以下。

第五节 常见犯罪的量刑

一、交通肇事罪

（一）量刑起点及基准刑

1. 构成交通肇事罪的，根据下列不同情形在相应的幅度内确定量刑起点：

（1）致人重伤、死亡或者使公私财产遭受重大损失的，在2年以下有期徒刑、拘役幅度内确定量刑起点。

（2）交通运输肇事后逃逸或者有其他特别恶劣情节的，在3年以上5年以下有期徒刑幅度内确定量刑起点。

（3）因逃逸致一人死亡的，在7年以上10年以下有期徒刑幅度内确定量刑起点。

2. 在量刑起点的基础上，根据事故责任、致人重伤、死亡的人数或者财产损失的数额以及逃逸等其他影响犯罪构成的犯罪事实增加刑罚量，确定基准刑。

3. 构成交通肇事罪的，综合考虑事故责任、危害后果、赔偿谅解等犯罪事实、量刑情节，以及被告人的主观恶性、人身危险性、认罪悔罪表现等因素，决定缓刑的适用。

（二）刑法规定

《刑法》第133条规定："违反交通运输管理法规，因而发生重大事故，致人重伤、死亡或者使公私财产遭受重大损失的，处三年以下有期徒刑或者拘役；交通运输肇事后逃逸或者有其他特别恶劣情节的，处三年以上七年以下有期徒刑；因逃逸致人死亡的，处七年以上有期徒刑。"

（三）依据《关于常见犯罪的量刑指导意见（试行）》规定的量刑的基本方法对交通肇事罪予以量刑的案例

案情：甲某驾驶机动车在十字路口抢红灯，将行人乙某当场撞死、将行人丙某撞成轻伤，交通事故发生后，甲某害怕被判刑而逃跑。数月后，被公安机关抓获归案，经交通事故责任认定，甲某负事故的全部责任，甲某赔偿了乙某、丙某的全部损失，并分别得到了乙某继承人和丙某的谅解。

本案的定罪事实为：甲某的行为不仅侵害了正常的交通管理秩序，而且侵犯了他人的人身和财产安全（客体），违章驾驶车辆，造成乙某死亡和丙某轻伤的后果，负事故的全部责任（客观方面），甲某具有完全刑事责任能力（主体），甲某有过于自信过失（主观方面），符合交通肇事罪的标准犯罪构成。依据《刑法》第133条的规定本应在3年以下有期徒刑或者拘役的法定刑幅度内量刑。但是因其"肇事后逃逸"（引起另一种量刑幅度的量刑事实，也属于基本犯罪构成事实），所以相应的法定量刑幅度为3年以上7年以下有期徒刑；假如确定的量刑起点为4年；因在此次交通事故中甲某同时造成丙某轻伤后果，假如增加刑罚量2个月，本案的基准刑为4年2个月；因甲某积极赔偿被害人损失，并得到乙某继承人和丙某的谅解（量刑情节），假如酌定减少基准刑的20%，那么调节基准刑以后刑期为3年4个月；合议庭认为因处刑过轻，不符合罪刑相适应原则，故决定将刑期向上调整20%，本案调整基准刑以后的刑期为4年；合议庭仍认为因处刑过轻，不符合罪刑相适应原则，故提交审判委员会讨论，审判委员会讨论认为需要增加6个月刑期，被告人甲某的宣告刑为4年6个月，一审被告人甲某被判处有期徒刑4年6个月。

二、危险驾驶罪

（一）量刑起点及基准刑

（1）构成危险驾驶罪的，依法在1个月至6个月拘役幅度内确定宣告刑。

（2）构成危险驾驶罪的，根据危险驾驶行为、实际损害后果等犯罪情节，综合考虑被告人缴纳罚金的能力，决定罚金数额。

（3）构成危险驾驶罪的，综合考虑危险驾驶行为、危害后果等犯罪事实、量刑情节，以及被告人主观恶性、人身危险性、认罪悔罪表现等因素，决定缓刑的适用。

（二）刑法规定

《刑法》第133条之一规定，在道路上驾驶机动车，有下列情形之一的，处拘役，并处罚金：

（1）追逐竞驶，情节恶劣的；

（2）醉酒驾驶机动车的；

（3）从事校车业务或者旅客运输，严重超过额定乘员载客，或者严重超过规定时速行驶的；

（4）违反危险化学品安全管理规定运输危险化学品，危及公共安全的。

机动车所有人、管理人对前款第3项、第4项行为负有直接责任的，依照前款的规定处罚。

有前两款行为，同时构成其他犯罪的，依照处罚较重的规定定罪处罚。

三、非法吸收公众存款罪

（一）量刑起点及基准刑

1. 构成非法吸收公众存款罪的，根据下列不同情形在相应的幅度内确定量刑起点：

（1）犯罪情节一般的，在1年以下有期徒刑、拘役幅度内确定量刑起点。

（2）达到数额巨大起点或者有其他严重情节的，在3年以上4年以下有期徒刑幅度内确定量刑起点。

（3）达到数额特别巨大起点或者有其他特别严重情节的，在10年以上12年以下有期徒刑幅度内确定量刑起点。

2. 在量刑起点的基础上，根据犯罪构成的犯罪事实增加刑罚量，确定基准刑。

3. 对于在提起公诉前积极退账退赔，减少损害结果发生的，可以减少基准刑的40%以下；犯罪较轻的，可以减少基准刑的40%以上或者依法免除处罚。

4. 构成非法吸收公众存款罪的，根据非法吸收公众存款数额、存款人人数、给存款人造成的直接经济损失数额等犯罪情节，综合考虑被告人缴纳罚金的能力，决定罚金数额。

5. 构成非法吸收公众存款罪的，综合考虑非法吸收存款数额、存款人人数、给存款人造成的直接经济损失数额、清退资金数额等犯罪事实、量刑情节，以及被告人主观恶性、人身危险性、认罪悔罪表现等因素，决定缓刑的适用。

（二）刑法规定

《刑法》第176条规定："非法吸收公众存款或者变相吸收公众存款，扰乱金融秩序的，处三年以下有期徒刑或者拘役，并处或者单处罚金；数额巨大或者有其他严重情节的，处三年以上十年以下有期徒刑，并处罚金；数额特别巨大或者有其他特别严重情节的，处十年以上有期徒刑，并处罚金。单位犯前款罪的，对单位判处罚金，并对其直接负责的主管人员和其他直接责任人员，依照前款的规定处罚。有前两款行为，在提起公诉前积极退赃退赔，减少损害结果发生的，可以从轻或者减轻处罚。"

四、集资诈骗罪

（一）量刑起点及基准刑

1. 构成集资诈骗罪的，根据下列情形在相应的幅度内确定量刑起点：

（1）达到数额较大起点的，在 3 年以上 4 年以下有期徒刑幅度内确定量刑起点。

（2）达到数额巨大起点或者有其他严重情节的，在 7 年以上 9 年以下有期徒刑幅度内确定量刑起点。依法应当判处无期徒刑的除外。

2. 在量刑起点的基础上，根据集资诈骗数额等其他影响犯罪构成的犯罪事实增加刑罚量，确定基准刑。

3. 构成集资诈骗罪的，根据犯罪数额、危害后果等犯罪情节，综合考虑被告人缴纳罚金的能力，决定罚金数额。

4. 构成集资诈骗罪的，综合考虑犯罪数额、诈骗对象、危害后果、退赃退赔等犯罪事实、量刑情节，以及被告人主观恶性、人身危险性、认罪悔罪表现等因素，决定缓刑的适用。

（二）刑法规定

《刑法》第 192 条规定："以非法占有为目的，使用诈骗方法非法集资，数额较大的，处三年以上七年以下有期徒刑，并处罚金；数额巨大或者有其他严重情节的，处七年以上有期徒刑或者无期徒刑，并处罚金或者没收财产。单位犯前款罪的，对单位判处罚金，并对其直接负责的主管人员和其他直接责任人员，依照前款的规定处罚。"

五、信用卡诈骗罪

（一）量刑起点及基准刑

1. 构成信用卡诈骗罪的，根据下列情形在相应的幅度内确定量刑起点：

（1）达到数额较大起点的，在 2 年以下有期徒刑、拘役幅度内确定量刑起点。

（2）达到数额巨大起点或者有其他严重情节的，在 5 年以上 6 年以下有期徒刑幅度内确定量刑起点。

（3）达到数额特别巨大起点或者有其他特别严重情节的，在 10 年以上 12

年以下有期徒刑幅度内确定量刑起点。依法应当判处无期徒刑的除外。

2. 在量刑起点的基础上，根据信用卡诈骗数额等其他影响犯罪构成的犯罪事实增加刑罚量，确定基准刑。

3. 构成信用卡诈骗罪的，根据诈骗手段、犯罪数额、危害后果等犯罪情节，综合考虑被告人缴纳罚金的能力，决定罚金数额。

4. 构成信用卡诈骗罪的，综合考虑诈骗手段、犯罪数额、危害后果、退赃退赔等犯罪事实、量刑情节，以及被告人主观恶性、人身危险性、认罪悔罪表现等因素，决定缓刑的适用。

（二）刑法规定

《刑法》第196条规定："有下列情形之一，进行信用卡诈骗活动，数额较大的，处五年以下有期徒刑或者拘役，并处二万元以上二十万元以下罚金；数额巨大或者有其他严重情节的，处五年以上十年以下有期徒刑，并处五万元以上五十万元以下罚金；数额特别巨大或者有其他特别严重情节的，处十年以上有期徒刑或者无期徒刑，并处五万元以上五十万元以下罚金或者没收财产：（一）使用伪造的信用卡，或者使用以虚假的身份证明骗领的信用卡的；（二）使用作废的信用卡的；（三）冒用他人信用卡的；（四）恶意透支的。前款所称恶意透支，是指持卡人以非法占有为目的，超过规定限额或者规定期限透支，并且经发卡银行催收后仍不归还的行为。盗窃信用卡并使用的，依照本法第二百六十四条的规定定罪处罚。"

六、合同诈骗罪

（一）量刑起点及基准刑

1. 构成合同诈骗罪的，根据下列情形在相应的幅度内确定量刑起点：

（1）达到数额较大起点的，在1年以下有期徒刑、拘役幅度内确定量刑起点。

（2）达到数额巨大起点或者有其他严重情节的，在3年以上4年以下有期徒刑幅度内确定量刑起点。

（3）达到数额特别巨大起点或者有其他特别严重情节的，在10年以上12年以下有期徒刑幅度内确定量刑起点。依法应当判处无期徒刑的除外。

2. 在量刑起点的基础上，根据合同诈骗数额等其他影响犯罪构成的犯罪事实增加刑罚量，确定基准刑。

3. 构成合同诈骗罪的，根据诈骗手段、犯罪数额、损失数额、危害后果等犯罪情节，综合考虑被告人缴纳罚金的能力，决定罚金数额。

4. 构成合同诈骗罪的，综合考虑诈骗手段、犯罪数额、危害后果、退赃退赔等犯罪事实、量刑情节，以及被告人主观恶性、人身危险性、认罪悔罪表现等因素，决定缓刑的适用。

（二）刑法规定

《刑法》第224条规定："有下列情形之一，以非法占有为目的，在签订、履行合同过程中，骗取对方当事人财物，数额较大的，处三年以下有期徒刑或者拘役，并处或者单处罚金；数额巨大或者有其他严重情节的，处三年以上十年以下有期徒刑，并处罚金；数额特别巨大或者有其他特别严重情节的，处十年以上有期徒刑或者无期徒刑，并处罚金或者没收财产：（一）以虚构的单位或者冒用他人名义签订合同的；（二）以伪造、变造、作废的票据或者其他虚假的产权证明作担保的；（三）没有实际履行能力，以先履行小额合同或者部分履行合同的方法，诱骗对方当事人继续签订和履行合同的；（四）收受对方当事人给付的货物、货款、预付款或者担保财产后逃匿的；（五）以其他方法骗取对方当事人财物的。"

七、故意伤害罪

（一）量刑起点及基准刑

1. 构成故意伤害罪的，根据下列不同情形在相应的幅度内确定量刑起点：

（1）故意伤害致1人轻伤的，在2年以下有期徒刑、拘役幅度内确定量刑起点。

（2）故意伤害致1人重伤的，在3年以上5年以下有期徒刑幅度内确定量刑起点。

（3）以特别残忍手段故意伤害致1人重伤，造成六级严重残疾的，在10年以上13年以下有期徒刑幅度内确定量刑起点。依法应当判处无期徒刑以上刑罚的除外。

2. 在量刑起点的基础上，根据伤害后果、伤残等级、手段残忍程度等其他影响犯罪构成的犯罪事实增加刑罚量，确定基准刑。

故意伤害致人轻伤的，伤残程度可在确定量刑起点时考虑，或者作为调节基准刑的量刑情节。

3. 构成故意伤害罪的，综合考虑故意伤害的起因、手段、危害后果、赔偿谅解等犯罪事实、量刑情节，以及被告人的主观恶性、人身危险性、认罪悔罪表现等因素，决定缓刑的适用。

（二）刑法规定

《刑法》第 234 条规定："故意伤害他人身体的，处三年以下有期徒刑、拘役或者管制。犯前款罪，致人重伤的，处三年以上十年以下有期徒刑；致人死亡或者以特别残忍手段致人重伤造成严重残疾的，处十年以上有期徒刑、无期徒刑或者死刑。本法另有规定的，依照规定。"

八、强奸罪

（一）量刑起点及基准刑

1. 构成强奸罪的，根据下列情形在相应的幅度内确定量刑起点：

（1）强奸妇女 1 人的，在 3 年以上 6 年以下有期徒刑幅度内确定量刑起点。奸淫幼女 1 人的，在 4 年以上 7 年以下有期徒刑幅度内确定量刑起点。

（2）有下列情形之一的，在 10 年以上 13 年以下有期徒刑幅度内确定量刑起点：强奸妇女、奸淫幼女情节恶劣的；强奸妇女、奸淫幼女 3 人的；在公共场所当众强奸妇女、奸淫幼女的；2 人以上轮奸妇女的；奸淫不满 10 周岁的幼女或者造成幼女伤害的；强奸致被害人重伤或者造成其他严重后果的。依法应当判处无期徒刑以上刑罚的除外。

2. 在量刑起点的基础上，根据强奸妇女、奸淫幼女情节恶劣程度、强奸人数、致人伤害后果等其他影响犯罪构成的犯罪事实增加刑罚量，确定基准刑。

强奸多人多次的，以强奸人数作为增加刑罚量的事实，强奸次数作为调节基准刑的量刑情节。

3. 构成强奸罪的，综合考虑强奸的手段、危害后果等犯罪事实、量刑情节，以及被告人的主观恶性、人身危险性、认罪悔罪表现等因素，从严把握缓刑的适用。

（二）刑法规定

《刑法》第 236 条规定："以暴力、胁迫或者其他手段强奸妇女的，处三年以上十年以下有期徒刑。奸淫不满十四周岁的幼女的，以强奸论，从重处罚。强奸妇女、奸淫幼女，有下列情形之一的，处十年以上有期徒刑、无期徒刑或者死刑：（一）强奸妇女、奸淫幼女情节恶劣的；（二）强奸妇女、奸淫幼女多人的；（三）在公共场所当众强奸妇女、奸淫幼女的；（四）二人以上轮奸的；（五）奸淫不满十周岁的幼女或者造成幼女伤害的；（六）致使被害人重伤、死亡或者造成其他严重后果的。"

九、非法拘禁罪

（一）量刑起点及基准刑

1. 构成非法拘禁罪的，根据下列情形在相应的幅度内确定量刑起点：

（1）犯罪情节一般的，在 1 年以下有期徒刑、拘役幅度内确定量刑起点。

（2）致一人重伤的，在 3 年以上 5 年以下有期徒刑幅度内确定量刑起点。

（3）致一人死亡的，在 10 年以上 13 年以下有期徒刑幅度内确定量刑起点。

2. 在量刑起点的基础上，根据非法拘禁人数、拘禁时间、致人伤亡后果等其他影响犯罪构成的犯罪事实增加刑罚量，确定基准刑。

非法拘禁多人多次的，以非法拘禁人数作为增加刑罚量的事实，非法拘禁次数作为调节基准刑的量刑情节。

3. 有下列情节之一的，增加基准刑的 10%～20%：

（1）具有殴打、侮辱情节的；

（2）国家机关工作人员利用职权非法扣押、拘禁他人的。

4. 构成非法拘禁罪的，综合考虑非法拘禁的起因、时间、危害后果等犯罪事实、量刑情节，以及被告人的主观恶性、人身危险性、认罪悔罪表现等因素，决定缓刑的适用。

（二）刑法规定

《刑法》第 238 条规定："非法拘禁他人或者以其他方法非法剥夺他人人身自由的，处三年以下有期徒刑、拘役、管制或者剥夺政治权利。具有殴打、侮辱情节的，从重处罚。犯前款罪，致人重伤的，处三年以上十年以下有期徒刑；致人死亡的，处十年以上有期徒刑。使用暴力致人伤残、死亡的，依照本法第二百三十四条、第二百三十二条的规定定罪处罚。为索取债务非法扣押、拘禁他人的，依照前两款的规定处罚。国家机关工作人员利用职权犯前三款罪的，依照前三款的规定从重处罚。"

十、抢劫罪

（一）量刑起点及基准刑

1. 构成抢劫罪的，根据下列情形在相应的幅度内确定量刑起点：

（1）抢劫一次的，在 3 年以上 6 年以下有期徒刑幅度内确定量刑起点。

（2）有下列情形之一的，在 10 年以上 13 年以下有期徒刑幅度内确定量刑起点：入户抢劫的；在公共交通工具上抢劫的；抢劫银行或者其他金融机构的；抢劫 3 次或者抢劫数额达到数额巨大起点的；抢劫致一人重伤的；冒充军警人员抢劫的；持枪抢劫的；抢劫军用物资或者抢险、救灾、救济物资的。依法应当判处无期徒刑以上刑罚的除外。

2. 在量刑起点的基础上，根据抢劫情节的严重程度、抢劫次数、数额、致人伤害后果等其他影响犯罪构成的犯罪事实增加刑罚量，确定基准刑。

3. 构成抢劫罪的，根据抢劫的数额、次数、手段、危害后果等犯罪情节，综合考虑被告人缴纳罚金的能力，决定罚金数额。

4. 构成抢劫罪的，综合考虑抢劫的起因、手段、危害后果等犯罪事实、量刑情节，以及被告人主观恶性、人身危险性、认罪悔罪表现等因素，从严把握缓刑的适用。

（二）刑法规定

《刑法》第 263 条规定："以暴力、胁迫或者其他方法抢劫公私财物的，处三年以上十年以下有期徒刑，并处罚金；有下列情形之一的，处十年以上有期徒刑、无期徒刑或者死刑，并处罚金或者没收财产：（一）入户抢劫的；（二）在公共交通工具上抢劫的；（三）抢劫银行或者其他金融机构的；（四）多次抢劫或者抢劫数额巨大的；（五）抢劫致人重伤、死亡的；（六）冒充军警人员抢劫的；（七）持枪抢劫的；（八）抢劫军用物资或者抢险、救灾、救济物资的。"

《刑法》第 269 条规定："犯盗窃、诈骗、抢夺罪，为窝藏赃物、抗拒抓捕或者毁灭罪证而当场使用暴力或者以暴力相威胁的，依照本法第二百六十三条的规定定罪处罚。"

十一、盗窃罪

（一）量刑起点及基准刑

1. 构成盗窃罪的，根据下列情形在相应的幅度内确定量刑起点：

（1）达到数额较大起点的，2 年内 3 次盗窃的，入户盗窃的，携带凶器盗窃的，或者扒窃的，在 1 年以下有期徒刑、拘役幅度内确定量刑起点。

（2）达到数额巨大起点或者有其他严重情节的，在 3 年以上 4 年以下有期徒刑幅度内确定量刑起点。

（3）达到数额特别巨大起点或者有其他特别严重情节的，在 10 年以上 12 年以下有期徒刑幅度内确定量刑起点。依法应当判处无期徒刑的除外。

2. 在量刑起点的基础上，根据盗窃数额、次数、手段等其他影响犯罪构成的犯罪事实增加刑罚量，确定基准刑。

多次盗窃，数额达到较大以上的，以盗窃数额确定量刑起点，盗窃次数可以作为调节基准刑的量刑情节；数额未达到较大的，以盗窃次数确定量刑起点，超过 3 次的次数作为增加刑罚量的事实。

3. 构成盗窃罪的，根据盗窃的数额、次数、手段、危害后果等犯罪情节，综合考虑被告人缴纳罚金的能力，在 1000 元以上盗窃数额 2 倍以下决定罚金数额；没有盗窃数额或者盗窃数额无法计算的，在 1000 元以上 100 000 元以下判处罚金。

4. 构成盗窃罪的，综合考虑盗窃的起因、数额、次数、手段、退赃退赔等犯罪事实、量刑情节，以及被告人的主观恶性、人身危险性、认罪悔罪表现等因素，决定缓刑的适用。

（二）刑法规定

《刑法》第 264 条规定："盗窃公私财物，数额较大的，或者多次盗窃、入户盗窃、携带凶器盗窃、扒窃的，处三年以下有期徒刑、拘役或者管制，并处或者单处罚金；数额巨大或者有其他严重情节的，处三年以上十年以下有期徒刑，并处罚金；数额特别巨大或者有其他特别严重情节的，处十年以上有期徒刑或者无期徒刑，并处罚金或者没收财产。"

《刑法》第 265 条规定："以牟利为目的，盗接他人通信线路、复制他人电信码号或者明知是盗接、复制的电信设备、设施而使用的，依照本法第二百六十四条的规定定罪处罚。"

十二、诈骗罪

（一）量刑起点及基准刑

1. 构成诈骗罪的，根据下列情形在相应的幅度内确定量刑起点：

（1）达到数额较大起点的，在1年以下有期徒刑、拘役幅度内确定量刑起点。

（2）达到数额巨大起点或者有其他严重情节的，在3年以上4年以下有期徒刑幅度内确定量刑起点。

（3）达到数额特别巨大起点或者有其他特别严重情节的，在10年以上12年以下有期徒刑幅度内确定量刑起点。依法应当判处无期徒刑的除外。

2. 在量刑起点的基础上，根据诈骗数额等其他影响犯罪构成的犯罪事实增加刑罚量，确定基准刑。

3. 构成诈骗罪的，根据诈骗的数额、手段、危害后果等犯罪情节，综合考虑被告人缴纳罚金的能力，决定罚金数额。

4. 构成诈骗罪的，综合考虑诈骗的起因、手段、数额、危害后果、退赃退赔等犯罪事实、量刑情节，以及被告人的主观恶性、人身危险性、认罪悔罪表现等因素，决定缓刑的适用。对实施电信网络诈骗的，从严把握缓刑的适用。

（二）刑法规定

《刑法》第266条规定："诈骗公私财物，数额较大的，处三年以下有期徒刑、拘役或者管制，并处或者单处罚金；数额巨大或者有其他严重情节的，处三年以上十年以下有期徒刑，并处罚金；数额特别巨大或者有其他特别严重情节的，处十年以上有期徒刑或者无期徒刑，并处罚金或者没收财产。本法另有规定的，依照规定。"

十三、抢夺罪

（一）量刑起点及基准刑

1. 构成抢夺罪的，根据下列情形在相应的幅度内确定量刑起点：

（1）达到数额较大起点或者2年内3次抢夺的，在1年以下有期徒刑、拘役幅度内确定量刑起点。

（2）达到数额巨大起点或者有其他严重情节的，在3年以上5年以下有期徒刑幅度内确定量刑起点。

（3）达到数额特别巨大起点或者有其他特别严重情节的，在10年以上12年以下有期徒刑幅度内确定量刑起点。依法应当判处无期徒刑的除外。

2. 在量刑起点的基础上，根据抢夺数额、次数等其他影响犯罪构成的犯罪事实增加刑罚量，确定基准刑。

多次抢夺，数额达到较大以上的，以抢夺数额确定量刑起点，抢夺次数可作为调节基准刑的量刑情节；数额未达到较大的，以抢夺次数确定量刑起点，超过3次的次数作为增加刑罚量的事实。

3. 构成抢夺罪的，根据抢夺的数额、次数、手段、危害后果等犯罪情节，综合考虑被告人缴纳罚金的能力，决定罚金数额。

4. 构成抢夺罪的，综合考虑抢夺的起因、数额、手段、次数、危害后果、退赃退赔等犯罪事实、量刑情节，以及被告人的主观恶性、人身危险性、认罪悔罪表现等因素，决定缓刑的适用。

（二）刑法规定

《刑法》第267条规定："抢夺公私财物，数额较大的，或者多次抢夺的，处三年以下有期徒刑、拘役或者管制，并处或者单处罚金；数额巨大或者有其他严重情节的，处三年以上十年以下有期徒刑，并处罚金；数额特别巨大或者有其他特别严重情节的，处十年以上有期徒刑或者无期徒刑，并处罚金或者没收财产。携带凶器抢夺的，依照本法第二百六十三条的规定定罪处罚。"

十四、职务侵占罪

（一）量刑起点及基准刑

1. 构成职务侵占罪的，根据下列情形在相应的幅度内确定量刑起点：

（1）达到数额较大起点的，在1年以下有期徒刑、拘役幅度内确定量刑起点。

（2）达到数额巨大起点的，在3年以上4年以下有期徒刑幅度内确定量刑起点。

（3）达到数额特别巨大起点的，在10年以上11年以下有期徒刑幅度内确定量刑起点。依法应当判处无期徒刑的除外。

2. 在量刑起点的基础上，根据职务侵占数额等其他影响犯罪构成的犯罪事实增加刑罚量，确定基准刑。

3. 构成职务侵占罪的，根据职务侵占的数额、危害后果等犯罪情节，综合考虑被告人缴纳罚金的能力，决定罚金数额。

4. 构成职务侵占罪的，综合考虑职务侵占的数额、手段、危害后果、退赃退赔等犯罪事实、量刑情节，以及被告人的主观恶性、人身危险性、认罪悔罪表现等因素，决定缓刑的适用。

（二）刑法规定

《刑法》第 271 条规定："公司、企业或者其他单位的工作人员，利用职务上的便利，将本单位财物非法占为己有，数额较大的，处三年以下有期徒刑或者拘役，并处罚金；数额巨大的，处三年以上十年以下有期徒刑，并处罚金；数额特别巨大的，处十年以上有期徒刑或者无期徒刑，并处罚金。国有公司、企业或者其他国有单位中从事公务的人员和国有公司、企业或者其他国有单位委派到非国有公司、企业以及其他单位从事公务的人员有前款行为的，依照本法第三百八十二条、第三百八十三条的规定定罪处罚。"

《刑法》第 183 条规定："保险公司的工作人员利用职务上的便利，故意编造未曾发生的保险事故进行虚假理赔，骗取保险金归自己所有的，依照本法第二百七十一条的规定定罪处罚。国有保险公司工作人员和国有保险公司委派到非国有保险公司从事公务的人员有前款行为的，依照本法第三百八十二条、第三百八十三条的规定定罪处罚。"

十五、敲诈勒索罪

（一）量刑起点及基准刑

1. 构成敲诈勒索罪的，根据下列情形在相应的幅度内确定量刑起点：

（1）达到数额较大起点的，或者 2 年内 3 次敲诈勒索的，在 1 年以下有期徒刑、拘役幅度内确定量刑起点。

（2）达到数额巨大起点或者有其他严重情节的，在 3 年以上 5 年以下有期徒刑幅度内确定量刑起点。

（3）达到数额特别巨大起点或者有其他特别严重情节的，在 10 年以上 12 年以下有期徒刑幅度内确定量刑起点。

2. 在量刑起点的基础上，根据敲诈勒索数额、次数、犯罪情节严重程度等其他影响犯罪构成的犯罪事实增加刑罚量，确定基准刑。

多次敲诈勒索，数额达到较大以上的，以敲诈勒索数额确定量刑起点，敲诈勒索次数可作为调节基准刑的量刑情节；数额未达到较大的，以敲诈勒索次数确定量刑起点，超过 3 次的次数作为增加刑罚量的事实。

3. 构成敲诈勒索罪的，根据敲诈勒索的数额、手段、次数、危害后果等犯罪情节，综合考虑被告人缴纳罚金的能力，在 2000 元以上敲诈勒索数额的 2 倍以下决定罚金数额；被告人没有获得财物的，在 2000 元以上 100 000 元以下判处罚金。

4. 构成敲诈勒索罪的，综合考虑敲诈勒索的手段、数额、次数、危害后果、退赃退赔等犯罪事实、量刑情节，以及被告人的主观恶性、人身危险性、认罪悔罪表现等因素决定缓刑的适用。

（二）刑法规定

《刑法》第 274 条规定："敲诈勒索公私财物，数额较大或者多次敲诈勒索的，处三年以下有期徒刑、拘役或者管制，并处或者单处罚金；数额巨大或者有其他严重情节的，处三年以上十年以下有期徒刑，并处罚金；数额特别巨大或者有其他特别严重情节的，处十年以上有期徒刑，并处罚金。"

十六、妨害公务罪

（一）量刑起点及基准刑

1. 构成妨害公务罪的，在 2 年以下有期徒刑、拘役幅度内确定量刑起点。

2. 在量刑起点的基础上，根据妨害公务造成的后果、犯罪情节严重程度等其他影响犯罪构成的犯罪事实增加刑罚量，确定基准刑。

3. 构成妨害公务罪的，依法单处罚金的，根据妨害公务的手段、危害后果、造成的人身伤害以及财物毁损情况等犯罪情节，综合考虑被告人缴纳罚金的能力，决定罚金数额。

4. 构成妨碍公务罪的，综合考虑妨害公务的手段、造成的人身伤害、财物的毁损及社会影响等犯罪事实、量刑情节，以及被告人主观恶性、人身危险性、认罪悔罪表现等因素，决定缓刑的适用。

（二）刑法规定

《刑法》第 277 条规定："以暴力、威胁方法阻碍国家机关工作人员依法执行职务的，处三年以下有期徒刑、拘役、管制或者罚金。以暴力、威胁方法阻碍全国人民代表大会和地方各级人民代表大会代表依法执行代表职务的，依照前款的规定处罚。在自然灾害和突发事件中，以暴力、威胁方法阻碍红十字会工作人员依法履行职责的，依照第一款的规定处罚。故意阻碍国家安全机关、公安机关依法执行国家安全工作任务，未使用暴力、威胁方法，造成严重后果的，依照第一款的规定处罚。暴力袭击正在依法执行职务的人民警察的，处三年以下有期徒刑、拘役、管制；使用枪支、管制刀具，或者以驾驶机动车撞击等手段，严重危及人身安全的，处三年以上七年以下有期徒刑。"

十七、聚众斗殴罪

（一）量刑起点及基准刑

1. 构成聚众斗殴罪的，根据下列情形在相应的幅度内确定量刑起点：

（1）犯罪情节一般的，在2年以下有期徒刑、拘役幅度内确定量刑起点。

（2）有下列情形之一的，在3年以上5年以下有期徒刑幅度内确定量刑起点：聚众斗殴3次的；聚众斗殴人数多，规模大，社会影响恶劣的；在公共场所或者交通要道聚众斗殴，造成社会秩序严重混乱的；持械聚众斗殴的。

2. 在量刑起点的基础上，根据聚众斗殴人数、次数、手段严重程度等其他影响犯罪构成的犯罪事实增加刑罚量，确定基准刑。

3. 构成聚众斗殴罪的，综合考虑聚众斗殴的手段、危害后果等犯罪事实、量刑情节，以及被告人的主观恶性、人身危险性、认罪悔罪表现等因素，决定缓刑的适用。

（二）刑法规定

《刑法》第292条规定："聚众斗殴的，对首要分子和其他积极参加的，处三年以下有期徒刑、拘役或者管制；有下列情形之一的，对首要分子和其他积极参加的，处三年以上十年以下有期徒刑：（一）多次聚众斗殴的；（二）聚众斗殴人数多，规模大，社会影响恶劣的；（三）在公共场所或者交通要道聚众斗殴，造成社会秩序严重混乱的；（四）持械聚众斗殴的。聚众斗殴，致人重伤、死亡的，依照本法第二百三十四条、第二百三十二条的规定定罪处罚。"

十八、寻衅滋事罪

（一）量刑起点及基准刑

1. 构成寻衅滋事罪的，根据下列情形在相应的幅度内确定量刑起点：

（1）寻衅滋事1次的，在3年以下有期徒刑、拘役幅度内确定量刑起点。

（2）纠集他人3次寻衅滋事（每次都构成犯罪），严重破坏社会秩序的，在5年以上7年以下有期徒刑幅度内确定量刑起点。

2. 在量刑起点的基础上，根据寻衅滋事次数、伤害后果、强拿硬要他人财物或任意损毁、占用公私财物数额等其他影响犯罪构成的犯罪事实增加刑罚量，确定基准刑。

3. 构成寻衅滋事罪，判处5年以上10年以下有期徒刑，并处罚金的，根据寻衅滋事的次数、危害后果、对社会秩序的破坏程度等犯罪情节，综合考虑被告人缴纳罚金的能力，决定罚金数额。

4. 构成寻衅滋事罪的，综合考虑寻衅滋事的具体行为、危害后果、对社会秩序的破坏程度等犯罪事实、量刑情节，以及被告人的主观恶性、人身危险性、认罪悔罪表现等因素，决定缓刑的适用。

（二）刑法规定

《刑法》第293条规定："有下列寻衅滋事行为之一，破坏社会秩序的，处五年以下有期徒刑、拘役或者管制：（一）随意殴打他人，情节恶劣的；（二）追逐、拦截、辱骂、恐吓他人，情节恶劣的；（三）强拿硬要或者任意损毁、占用公私财物，情节严重的；（四）在公共场所起哄闹事，造成公共场所秩序严重混乱的。纠集他人多次实施前款行为，严重破坏社会秩序的，处五年以上十年以下有期徒刑，可以并处罚金。"

十九、掩饰、隐瞒犯罪所得、犯罪所得收益罪

（一）量刑起点及基准刑

1. 构成掩饰、隐瞒犯罪所得、犯罪所得收益罪的，根据下列情形在相应的幅度内确定量刑起点：

（1）犯罪情节一般的，在1年以下有期徒刑、拘役幅度内确定量刑起点。

（2）情节严重的，在3年以上4年以下有期徒刑幅度内确定量刑起点。

2. 在量刑起点的基础上，根据犯罪数额等其他影响犯罪构成的犯罪事实增加刑罚量，确定基准刑。

3. 构成掩饰、隐瞒犯罪所得、犯罪所得收益罪的，根据掩饰、隐瞒犯罪所得及其收益的数额、犯罪对象、危害后果等犯罪情节，综合考虑被告人缴纳罚金的能力，决定罚金数额。

4. 构成掩饰、隐瞒犯罪所得、犯罪所得收益罪的，综合考虑掩饰、隐瞒犯罪所得及其收益的数额、危害后果、上游犯罪的危害程度等犯罪事实、量刑情节，以及被告人主观恶性、人身危险性、认罪悔罪表现等因素，决定缓刑的适用。

（二）刑法规定

《刑法》第 312 条规定："明知是犯罪所得及其产生的收益而予以窝藏、转移、收购、代为销售或者以其他方法掩饰、隐瞒的，处三年以下有期徒刑、拘役或者管制，并处或者单处罚金；情节严重的，处三年以上七年以下有期徒刑，并处罚金。单位犯前款罪的，对单位判处罚金，并对其直接负责的主管人员和其他直接责任人员，依照前款的规定处罚。"

二十、走私、贩卖、运输、制造毒品罪

（一）量刑起点及基准刑

1. 构成走私、贩卖、运输、制造毒品罪的，根据下列情形在相应的幅度内确定量刑起点：

（1）走私、贩卖、运输、制造鸦片 1000 克，海洛因、甲基苯丙胺 50 克或者其他毒品数量达到数量大起点的，量刑起点为 15 年有期徒刑。依法应当判处无期徒刑以上刑罚的除外。

（2）走私、贩卖、运输、制造鸦片 200 克，海洛因、甲基苯丙胺 10 克或者其他毒品数量达到数量较大起点的，在 7 年以上 8 年以下有期徒刑幅度内确定量刑起点。

（3）走私、贩卖、运输、制造鸦片不满 200 克，海洛因、甲基苯丙胺不满 10 克或者其他少量毒品的，可以在 3 年以下有期徒刑、拘役幅度内确定量刑起点；情节严重的，在 3 年以上 4 年以下有期徒刑幅度内确定量刑起点。

2. 在量刑起点的基础上，根据毒品犯罪次数、人次、毒品数量等其他影响犯罪构成的犯罪事实增加刑罚量，确定基准刑。

3. 有下列情节之一的，增加基准刑的 10%~30%：

（1）利用、教唆未成年人走私、贩卖、运输、制造毒品的；

（2）向未成年人出售毒品的；

（3）毒品再犯。

4. 有下列情节之一的，可以减少基准刑的 30% 以下：

（1）受雇运输毒品的；

（2）毒品含量明显偏低的；

（3）存在数量引诱情形的。

5. 构成走私、贩卖、运输、制造毒品罪的，根据走私、贩卖、运输、制造毒品的种类、数量、危害后果等犯罪情节，综合考虑被告人缴纳罚金的能力，决定罚金数额。

6. 构成走私、贩卖、运输、制造毒品罪的，综合考虑走私、贩卖、运输、制造毒品的种类、数量、危害后果等犯罪事实、量刑情节，以及被告人的主观恶性、人身危险性、认罪悔罪表现等因素，从严把握缓刑的适用。

（二）刑法规定

《刑法》第 347 条规定："走私、贩卖、运输、制造毒品，无论数量多少，都应当追究刑事责任，予以刑事处罚。走私、贩卖、运输、制造毒品，有下列情形之一的，处十五年有期徒刑、无期徒刑或者死刑，并处没收财产：（一）走私、贩卖、运输、制造鸦片一千克以上、海洛因或者甲基苯丙胺五十克以上或者其他毒品数量大的；（二）走私、贩卖、运输、制造毒品集团的首要分子；（三）武装掩护走私、贩卖、运输、制造毒品的；（四）以暴力抗拒检查、拘留、逮捕，情节严重的；（五）参与有组织的国际贩毒活动的。走私、贩卖、运输、制造鸦片二百克以上不满一千克、海洛因或者甲基苯丙胺十克以上不满五十克或者其他毒品数量较大的，处七年以上有期徒刑，并处罚金。走私、贩卖、运输、制造鸦片不满二百克、海洛因或者甲基苯丙胺不满十克或者其他少量毒品的，处三年以下有期徒刑、拘役或者管制，并处罚金；情节严重的，处三年以上七年以下有期徒刑，并处罚金。单位犯第二款、第三款、第四款罪的，对单位判处罚金，并对其直接负责的主管人员和其他直接责任人员，依照各该款的规定处罚。利用、教唆未成年人走私、贩卖、运输、制造毒品，或者向未成年人出售毒品的，从重处罚。对多次走私、贩卖、运输、制造毒品，未经处理的，毒品数量累计计算。"

二十一、非法持有毒品罪

（一）量刑起点及基准刑

1. 构成非法持有毒品罪的，根据下列情形在相应的幅度内确定量刑起点：

（1）非法持有鸦片 1000 克以上、海洛因或者甲基苯丙胺 50 克以上或者其他毒品数量大的，在 7 年以上 9 年以下有期徒刑幅度内确定量刑起点。依法应当判处无期徒刑的除外。

（2）非法持有毒品情节严重的，在 3 年以上 4 年以下有期徒刑幅度内确定量刑起点。

（3）非法持有鸦片 200 克、海洛因或者甲基苯丙胺 10 克或者其他毒品数量较大的，在 1 年以下有期徒刑、拘役幅度内确定量刑起点。

2. 在量刑起点的基础上，根据毒品数量等其他影响犯罪构成的犯罪事实增加刑罚量，确定基准刑。

3. 构成非法持有毒品罪的，根据非法持有毒品的种类、数量等犯罪情节，综合考虑被告人缴纳罚金的能力，决定罚金数额。

4. 构成非法持有毒品罪的，综合考虑非法持有毒品的种类、数量等犯罪事实、量刑情节，以及被告人主观恶性、人身危险性、认罪悔罪表现等因素，从严把握缓刑的适用。

（二）刑法规定

《刑法》第 348 条规定："非法持有鸦片一千克以上、海洛因或者甲基苯丙胺五十克以上或者其他毒品数量大的，处七年以上有期徒刑或者无期徒刑，并处罚金；非法持有鸦片二百克以上不满一千克、海洛因或者甲基苯丙胺十克以上不满五十克或者其他毒品数量较大的，处三年以下有期徒刑、拘役或者管制，并处罚金；情节严重的，处三年以上七年以下有期徒刑，并处罚金。"

二十二、容留他人吸毒罪

（一）量刑起点及基准刑

1. 构成容留他人吸毒罪的，在 1 年以下有期徒刑、拘役幅度内确定量刑起点。

2. 在量刑起点的基础上，根据容留他人吸毒的人数、次数等其他影响犯罪构成的犯罪事实增加刑罚量，确定基准刑。

3. 构成容留他人吸毒罪的，根据容留他人吸毒的人数、次数、违法所得数额、危害后果等犯罪情节，综合考虑被告人缴纳罚金的能力，决定罚金数额。

4. 构成容留他人吸毒罪的，综合考虑容留他人吸毒的人数、次数、危害后果等犯罪事实、量刑情节，以及被告人主观恶性、人身危险性、认罪悔罪表现等因素，决定缓刑的适用。

（二）刑法规定

《刑法》第 354 条规定："容留他人吸食、注射毒品的，处三年以下有期徒刑、拘役或者管制，并处罚金。"

二十三、引诱、容留、介绍卖淫罪

（一）量刑起点及基准刑

1. 构成引诱、容留、介绍卖淫罪的，根据下列情形在相应的幅度内确定量刑起点：

（1）情节一般的，在 2 年以下有期徒刑、拘役幅度内确定量刑起点。

（2）情节严重的，在 5 年以上 7 年以下有期徒刑幅度内确定量刑起点。

2. 在量刑起点基础上，根据引诱、容留、介绍卖淫的人数等其他影响犯罪构成的犯罪事实增加刑罚量，确定基准刑。

3. 旅馆业、饮食服务业、文化娱乐业、出租汽车业等单位的主要负责人，利用本单位的条件，引诱、容留、介绍他人卖淫的，增加基准刑的 10%~20%。

4. 构成引诱、容留、介绍卖淫罪的，根据引诱、容留、介绍卖淫的人数、次数、违法所得数额、危害后果等犯罪情节，综合考虑被告人缴纳罚金的能力，决定罚金数额。

5. 构成引诱、容留、介绍卖淫罪的，综合考虑引诱、容留、介绍卖淫的人数、次数、危害后果等犯罪事实、量刑情节，以及被告人主观恶性、人身危险性、认罪悔罪表现等因素，决定缓刑的适用。

（二）刑法规定

《刑法》第 359 条规定："引诱、容留、介绍他人卖淫的，处五年以下有期徒刑、拘役或者管制，并处罚金；情节严重的，处五年以上有期徒刑，并处罚金。引诱不满十四周岁的幼女卖淫的，处五年以上有期徒刑，并处罚金。"

第六章

刑事代理种类

第一节　刑事代理种类概论

一、划分刑事代理种类的法律规定

《律师法》第 28 条第 1 款第 3 项规定，律师可以接受自诉案件自诉人、公诉案件被害人或者其近亲属的委托，担任代理人，参加诉讼。

《刑事诉讼法》第 46 条第 1 款规定："公诉案件的被害人及其法定代理人或者近亲属，附带民事诉讼的当事人及其法定代理人，自案件移送审查起诉之日起，有权委托诉讼代理人。自诉案件的自诉人及其法定代理人，附带民事诉讼的当事人及其法定代理人，有权随时委托诉讼代理人。"

二、刑事代理传统种类

刑事代理传统包括两个种类：一是对自诉案件中自诉人的代理，称为自诉代理；二是对附带民事诉讼中原告人和被告人的代理，称为附带民事代理。

三、刑事代理实践种类

刑事代理实践包括两个种类：一是对公诉案件被害人刑事部分的代理，称为控诉代理；二是对刑事案件举报、控告、申诉人的代理。

第二节　控诉代理

一、控诉代理的概念

律师的控诉代理是指律师接受公诉案件的被害人、已死亡的被害人的近亲属、无行为能力或限制行为能力被害人的法定代理人的委托，担任公诉案件刑事部分的诉讼代理人，同公诉人具有平等的诉讼地位，第二公诉人的地位，共同行使控诉职能的活动。

二、接受委托时间

律师接受公诉案件的被害人及其法定代理人或者近亲属的委托，担任公诉案件刑事部分的诉讼代理人。律师事务所自案件移送审查起诉之日起才可收案，并办理委托代理律师手续。

律师接受公诉案件的被害人及其法定代理人或者近亲属的委托，可以同时担任刑事部分、民事部分的代理人，委托合同和委托书的代理权限中应注明刑事部分的代理和民事部分的代理两部分，对民事部分的代理权限应注明一般代理或特别授权代理的内容。

三、控诉代理律师的权利和义务

控诉代理律师应当与辩护律师享有基本相同的权利和义务，但辩护律师与被告人基于信任关系以及维护被告人合法权益的特殊权利，如会见、通信权，控诉代理律师不应当享有。依据中国法律的规定，控诉代理律师应享有下列权利和义务：

1. 向被害人提供法律咨询和其他法律帮助的义务。

律师接受委托后，应当尽到向被害人提供法律咨询和其他法律帮助的义务，及时与承办法院取得联系、提交委托手续。

2. 有查阅、摘抄、复制案卷材料权利，同时负有保密义务。

3. 有调取、收集或申请调取、收集犯罪嫌疑人、被告人有罪、从重处罚案件材料的权利和义务。

4. 有向人民检察院和人民法院提出犯罪嫌疑人、被告人有罪、从重处罚代理意见的权利和义务。

5. 人民检察院作出不起诉的决定,被害人不服的,自收到决定书后 7 日内,代理律师有向上一级人民检察院代理提出申诉的义务;被害人对人民检察院维持不起诉决定不服的,代理律师有提醒被害人向人民法院提起自诉的义务;代理律师有义务提醒被害人可不经申诉,直接向人民法院提起自诉的义务。

6. 公诉案件的被害人的代理律师在开庭前 3 日内,有收到出庭通知书和要求法院更改开庭日期的权利。

公诉案件被害人的代理律师收到出庭通知距开庭时间不满 3 日的,可以要求人民法院更改开庭日期;在法定期间内收到出庭通知的,应当按时出庭;如因正当理由不能出庭,可以要求人民法院更改开庭日期。

人民法院已决定开庭而不通知被害人及其代理律师出庭的,代理律师可以要求人民法院依法通知,保证被害人及其代理律师出庭参加庭审的权利。

7. 如果案件涉及被害人的隐私,代理律师有要求人民法院不公开审理的权利和义务。

代理律师可以在开庭前向人民法院了解案件是否公开审理。如果案件涉及被害人隐私、商业秘密,应当要求人民法院不公开审理。

8. 有协助被害人申请回避的义务。

代理律师应当告知被害人有权对合议庭组成人员、书记员、公诉人、鉴定人和翻译人员申请回避,并协助被害人行使权利。

9. 在法庭审理过程中,代理律师应当依法指导、协助或代理被害人行使以下诉讼权利:

(1) 申请召集、参加庭前会议;

(2) 陈述案件事实;

(3) 出示、宣读有关证据;

(4) 请求法庭通知未到庭证人、鉴定人和勘验检查笔录制作人出庭作证;

(5) 经审判长许可,向被告人、证人、鉴定人、勘验检查笔录制作人发问;

(6) 对被告人及其辩护律师向被害人提出的威胁性、诱导性、有损人格或与本案无关的发问提出异议;

(7) 对各项证据发表质证意见;

（8）发表辩论意见；

（9）申请通知新的证人到庭、调取新的证据、申请重新鉴定或者勘验；

（10）申请法庭通知有专门知识的人出庭，就鉴定人作出的鉴定意见提出意见；

（11）必要时，请求法庭延期审理；

（12）申请人民法院对以非法方法收集的证据依法予以排除等。

10. 在法庭审理过程中，代理律师可以与被告人及其辩护律师展开辩论。代理律师意见与公诉人意见不一致的，代理律师应当从维护被害人的合法权益出发，独立发表代理意见。

11. 代理律师认为被害人或代理律师的诉讼权利受到侵犯的，可以依据《刑事诉讼法》的相关规定，向人民检察院提出申诉或者控告。

12. 代理律师应当告知当事人核对庭审笔录，补充遗漏或修改差错，确认无误后签名。

代理律师应当就当庭出示、宣读的证据及时与法庭办理交接手续；及时阅读庭审笔录，认为记录有遗漏或差错的，可以请求补充或者改正，确认无误后应当签名。

13. 人民法院宣告判决后，代理律师应当及时收取判决书。

被害人及其法定代理人不服一审判决的，代理律师可以协助或代理其在收到判决书后5日内请求人民检察院抗诉。

14. 公诉案件进入二审程序后，律师的代理工作参照一审相关规定进行。

15. 对已经发生法律效力的刑事判决和裁定，代理律师可代理被害人向人民法院或人民检察院提出申诉，要求人民法院重新审判，也可代为提请人民检察院抗诉。

第三节　自诉代理

一、自诉代理的概念

自诉案件的律师代理是指律师接受自诉案件的自诉人及法定代理人的委托，参加诉讼，代为行使控诉职能的活动。

二、接受委托时间

律师可以接受自诉人及其法定代理人的委托，担任其诉讼代理人。接受委托前，律师应当审查案件是否符合法定自诉案件范围和立案条件。

律师接受自诉案件的自诉人及其法定代理人的委托担任刑事部分的诉讼代理与担任民事部分的代理可以同时接受委托，委托合同和委托书的代理权限中应注明刑事部分的代理和民事部分，对民事部分的代理权限应注明一般代理或特别授权代理的内容。

委托合同及委托书代理刑事部分的授权，要写明代为行使控诉职能，是否有权撤回刑事部分自诉，是否有权就刑事部分与对方当事人进行和解和接受法庭调解。但是，需要注意的是，告诉才处理的案件和被害人有证据证明的轻微刑事案件才可注明是否有撤回自诉和接受调解的授权；被害人有证据证明对被告人侵犯自己人身财产权利的行为应当依法追究刑事责任，而公安机关和人民检察院不予追究刑事责任的案件，应依法不允许调解和撤诉，所以委托合同及委托书不应有刑事部分撤回自诉和接受调解的授权内容。

委托合同及委托书代理民事部分的授权内容与民事案件授权内容同样分为一般代理或特别授权代理两部分。

三、自诉案件的律师代理的工作

1. 代理律师应当帮助自诉人分析案情，确定被告人和管辖法院，调查、了解有关事实和证据，代写刑事自诉状。自诉状应当包括以下内容：

（1）自诉人和被告人的姓名、年龄、民族、籍贯、出生地、文化程度、职业、工作单位、住址等自然情况；

（2）被告人的犯罪事实，包括时间、地点、手段、危害后果等；

（3）被告人行为所触犯的罪名；

（4）具体的诉讼请求；

（5）致送人民法院的名称和具状时间；

（6）证人的姓名、住址；

（7）证据的名称、件数、来源等。

被告人是 2 人以上的，应当按被告人的人数提供自诉状的副本。

2. 自诉人同时要求民事赔偿的，代理律师可协助其制作刑事附带民事起诉状，写明被告人犯罪行为所造成的损害，具体的赔偿请求及计算依据。

3. 律师代理提起自诉时，应当准备下列材料和文件：

（1）自诉人身份证明文件；

（2）刑事自诉状；

（3）证据材料及目录；

（4）委托书；

（5）律师事务所证明；

（6）律师执业证书等。

同时提起刑事附带民事诉讼的，应当提交刑事附带民事起诉状。

4. 人民法院对自诉案件进行审查后，要求自诉人补充证据或撤回自诉的，代理律师应当协助自诉人作好补充证据工作或与自诉人协商是否撤回自诉。

对于有共同侵害人，但自诉人只对部分侵害人起诉的，以及有共同被害人，只有部分自诉人提起诉讼的，应当向自诉人提供法律咨询、解释法律规定，告知法律风险及后果。

5. 对于人民法院作出的不予受理或者驳回起诉的裁定不服的，协助自诉人提起上诉。

6. 人民法院决定开庭前，代理律师应当作好开庭前准备工作。对于无法取得的证据，可以申请人民法院依法调查取证。

7. 刑事自诉案件，被告人提起反诉的，代理律师可以接受反诉被告人的委托，同时担任其辩护律师。

8. 代理律师应当向自诉人告知有关自诉案件开庭的法律规定，避免因自诉人拒不到庭或擅自中途退庭而导致人民法院按自动撤诉处理。自诉人不到庭的，代理律师仍应按时出庭履行职责。

9. 自诉案件开庭审理时，代理律师应当协助自诉人充分行使控诉职能，运用证据证明自诉人的指控成立。

10. 自诉案件依法可以适用简易程序的，代理律师可以代理自诉人要求人民法院适用简易程序。自诉案件依法不应当适用简易程序的，代理律师可以代理自诉人对于法院适用简易程序的决定提出异议。

11. 自诉案件法庭辩论结束后，代理律师可以根据委托人授权参加法庭调解。

12. 代理律师应协助自诉人在法院宣告判决前决定是否与被告人和解或者

撤回自诉。

13. 代理律师办理二审自诉案件，参照一审相关规定进行。

第四节 附带民事诉讼代理

一、附带民事诉讼代理的概念

附带民事诉讼代理是指律师接受公诉案件的被害人及其法定代理人或者近亲属、附带民事诉讼的当事人及其法定代理人的委托，在刑事诉讼过程中，代理委托人行使附带民事诉讼权利和义务的活动。

二、附带民事诉讼法律规定

《刑事诉讼法》第 101 条规定："被害人由于被告人的犯罪行为而遭受物质损失的，在刑事诉讼过程中，有权提起附带民事诉讼。被害人死亡或者丧失行为能力的，被害人的法定代理人、近亲属有权提起附带民事诉讼。如果是国家财产、集体财产遭受损失的，人民检察院在提起公诉的时候，可以提起附带民事诉讼。"

《最高人民法院关于适用〈中华人民共和国刑事诉讼法〉的解释》第 175 条规定："被害人因人身权利受到犯罪侵犯或者财物被犯罪分子毁坏而遭受物质损失的，有权在刑事诉讼过程中提起附带民事诉讼；被害人死亡或者丧失行为能力的，其法定代理人、近亲属有权提起附带民事诉讼。因受到犯罪侵犯，提起附带民事诉讼或者单独提起民事诉讼要求赔偿精神损失的，人民法院一般不予受理。"

《最高人民法院关于适用〈中华人民共和国刑事诉讼法〉的解释》第 185 条规定："侦查、审查起诉期间，有权提起附带民事诉讼的人提出赔偿要求，经公安机关、人民检察院调解，当事人双方已经达成协议并全部履行，被害人或者其法定代理人、近亲属又提起附带民事诉讼的，人民法院不予受理，但有证据证明调解违反自愿、合法原则的除外。"

《最高人民法院关于适用〈中华人民共和国刑事诉讼法〉的解释》第 192 条规定："对附带民事诉讼作出判决，应当根据犯罪行为造成的物质损失，结合案件具体情况，确定被告人应当赔偿的数额。犯罪行为造成被害人人身损害的，应当赔偿医疗费、护理费、交通费等为治疗和康复支付的合理费用，以及因误工减少的收入。造成被害人残疾的，还应当赔偿残疾生活辅助器具费等费用；造成被害人死亡的，还应当赔偿丧葬费等费用。驾驶机动车致人伤亡或者造成公私财产重大损失，构成犯罪的，依照《中华人民共和国道路交通安全法》第七十六条的规定确定赔偿责任。附带民事诉讼当事人就民事赔偿问题达成调解、和解协议的，赔偿范围、数额不受第二款、第三款规定的限制。"

《道路交通安全法》第76条规定："机动车发生交通事故造成人身伤亡、财产损失的，由保险公司在机动车第三者责任强制保险责任限额范围内予以赔偿；不足的部分，按照下列规定承担赔偿责任：（一）机动车之间发生交通事故的，由有过错的一方承担赔偿责任；双方都有过错的，按照各自过错的比例分担责任。（二）机动车与非机动车驾驶人、行人之间发生交通事故，非机动车驾驶人、行人没有过错的，由机动车一方承担赔偿责任；有证据证明非机动车驾驶人、行人有过错的，根据过错程度适当减轻机动车一方的赔偿责任；机动车一方没有过错的，承担不超过百分之十的赔偿责任。交通事故的损失是由非机动车驾驶人、行人故意碰撞机动车造成的，机动车一方不承担赔偿责任。"

三、附带民事诉讼损失的赔偿范围

1. 附带民事诉讼损失的赔偿范围包括人身损害和财物毁坏的损失两个方面的内容

（1）附带民事诉讼人身损害损失的赔偿范围。附带民事诉讼人身损害损失的赔偿范围是指被害人因人身权利受到犯罪侵犯而遭受的物质损失。

犯罪行为造成被害人人身损害的，应当赔偿医疗费、护理费、交通费等为治疗和康复而支付的合理费用，以及因误工减少的收入。造成被害人残疾的，还应当赔偿残疾生活辅助具费等费用；造成被害人死亡的，还应当赔偿丧葬费等费用。但是，被害人及其近亲属的残疾赔偿金、死亡赔偿金以及被抚养人生活费不在附带民事诉讼赔偿范围内。精神损害抚慰金一般不在附带民事诉讼赔偿范围内，特殊情况是否赔偿由人民法院自由裁量。

（2）附带民事诉讼财物毁坏损失的赔偿范围。附带民事诉讼财物毁坏损失的赔偿范围是指被害人财物被犯罪分子毁坏而遭受的物质损失，包括已经遭受的实际损失和必然遭受的损失，但是不包括可得利益。

已经遭受的损失是指犯罪分子作案时破坏的门窗、车辆、物品等积极损失。

必然遭受的损失是指被害人将来必然遭受的物质利益损失，例如被毁坏将要丰收的农作物等消极损失。

（3）驾驶机动车发生交通事故造成人身伤亡、财产损失，构成犯罪的，应当由保险公司在机动车第三者责任强制保险责任限额范围内予以赔偿的损失，不受前述人身损害和财物毁坏损失的赔偿范围的限制，即保险公司应当在机动车第三者责任强制保险责任限额范围内赔偿被害人及其近亲属精神损害抚慰金、残疾赔偿金、死亡赔偿金、被抚养人生活费以及可得利益等损失；由保险公司在机动车第三者责任强制保险责任限额范围内赔偿后的不足部分，由过错方赔偿也不受前述人身损害和财物毁坏损失的赔偿范围的限制。

2. 附带民事诉讼损失的赔偿范围不包括以下内容

（1）被告人非法占有、处置被害人的财产，应当采取追缴或者责令退赔措施；

（2）国家工作人员在行使职权时，侵犯他人人身、财产权利构成犯罪，造成人身或财物损失的，被害人及其近亲属应当申请国家赔偿；

（3）侦查、审查起诉期间，提起附带民事诉讼赔偿要求，经公安机关、人民检察院调解，当事人双方已经达成协议并全部履行，被害人或者其法定代理人、近亲属又提起附带民事诉讼的，人民法院不予受理，但有证据证明调解违反自愿、合法原则的除外。

四、附带民事诉讼的原告人

附带民事诉讼的原告人包括：

（1）因为犯罪行为而遭受人身损害和财物毁坏的物质损失的公民。因为犯罪行为而遭受物质损失的公民为未成年人、精神病人及其他无行为能力或限制行为能力人，附带民事诉讼原告人仍为被害人本人，不过其诉讼权利和义务由其法定代理人或监护人行使。

（2）因为犯罪行为而遭受人身损害和财物毁坏的物质损失的公民死亡，该公民的近亲属。

（3）被犯罪分子侵害而遭受财物毁坏的物质损失的公司、企事业单位、机关、团体。

（4）如果是国家和集体财产遭受损失，且遭受财物毁坏的物质损失的单位没有提起附带民事诉讼，人民检察院可以作为原告人提起附带民事诉讼。

五、附带民事诉讼的被告人

附带民事诉讼的被告人包括：

（1）刑事被告人；被告人为未成年人、精神病人或其他无行为能力或限制行为能力人，附带民事诉讼被告人仍为刑事被告人本人，其本人有财产的，用其本人财产赔偿，不足部分由监护人适当赔偿，但单位作为监护人的除外。

共同犯罪案件，同案犯在逃的，不应被列为附带民事诉讼被告人。逃跑的同案犯到案后，被害人或者其法定代理人、近亲属可以对其提起附带民事诉讼，但已经从其他共同犯罪人处获得足额赔偿的除外。

（2）未被追究刑事责任的其他共同致害人；

（3）共同犯罪案件中，审结前已死亡的被告人的遗产继承人；

（4）死刑罪犯的遗产继承人；

（5）其他对被害人的物质损失依法应当承担民事赔偿责任的单位和个人。

六、刑民交叉的处理

1. 因犯罪行为而遭受人身损害和财物毁坏的物质损失的公民及遭受财物毁坏的物质损失的单位，在未提起刑事附带民事诉讼的情况下，可以另行提起民事诉讼，但是赔偿范围及数额仍然依据刑事附带民事诉讼的规定执行。

如果是国家和集体财产遭受损失，遭受财物毁坏的物质损失的单位没有提起附带民事诉讼的，可以另行提起民事诉讼，但是赔偿范围及数额仍然依据刑事附带民事诉讼的规定执行；在被害单位没有提起刑事附带民事诉讼和另行提起民事诉讼，人民检察院也没有提起刑事附带民事诉讼的情况下，人民检察院可以作为原告人另行提起民事诉讼，但是赔偿范围及数额仍然依据刑事附带民事诉讼的规定执行。

2. 因犯罪行为而遭受物质损失的单位及个人，在不符合提起刑事附带民事诉讼范围的情况下，应当先由办案机关按刑事诉讼程序追缴，对追缴不能或追缴不足的部分物质损失另行提起民事诉讼。现行法律有多项此类规定，例如：

（1）《最高人民法院关于在审理经济纠纷案件中涉及经济犯罪嫌疑若干问题的规定》（2020 年 12 月 23 日修订）第 3 条规定："单位直接负责的主管人员和其他直接责任人员，以该单位的名义对外签订经济合同，将取得的财物部分或全部占为己有构成犯罪的，除依法追究行为人的刑事责任外，该单位对行为人因签订、履行该经济合同造成的后果，依法应当承担民事责任。"

此类案件应当先由办案机关按刑事诉讼程序追缴，对追缴不能或追缴不足的部分物质损失，由受损失的单位另行提起民事诉讼。

（2）《民法典》（2021 年 1 月 1 日起施行）第 148 条、第 149 条规定，一方以欺诈手段，使对方在违背真实意思的情况下实施的民事法律行为，受欺诈方有权请求人民法院或者仲裁机构予以撤销。第三人实施欺诈行为，使一方在违背真实意思的情况下实施的民事法律行为，对方知道或者应当知道该欺诈行为的，受欺诈方有权请求人民法院或者仲裁机构予以撤销。

此类案件如果受欺诈方未向人民法院或者仲裁机构请求撤销合同，合同仍然有效，受欺诈方可以依据合同提起民事诉讼要求欺诈方承担民事责任。同时，欺诈方构成诈骗、合同诈骗等犯罪的，应当依法追究刑事责任。

七、附带民事诉讼原告人代理律师的工作

1. 律师可以接受符合法定条件的刑事附带民事诉讼原告人的委托，在一审、二审程序中，担任刑事附带民事诉讼的诉讼代理人参与附带民事部分的审判活动。在办理委托手续时应当明确代理权限。

2. 律师接受委托时，应当审查下列可以作为附带民事诉讼审理的事项是否存在：

（1）作为刑事附带民事诉讼前提的刑事诉讼是否存在。

（2）刑事附带民事诉讼的被告人是否符合法定条件。

（3）被害人的物质损失是否与被告人的行为存在因果关系。

（4）刑事附带民事诉讼提起的时间是否在刑事案件立案之后第一审判决宣告之前。

依据法律规定，原告人提起附带民事诉讼的时间是在刑事案件立案之后第一审判决宣告之前；附带民事诉讼的当事人及其法定代理人，自案件移送审查起诉之日起才有权委托诉讼代理人。这势必会造成在侦查阶段提起附带

民事诉讼的当事人失去代理律师的帮助，然而提起附带民事诉讼又需要法律专业知识，所以建议立法加以完善。立法完善以前的司法经验表明：律师均是以法律咨询、代书方式在侦查阶段为提起附带民事诉讼的当事人提供法律帮助。

（5）是否符合法定的刑事附带民事诉讼的范围。

3. 律师接受委托后，应当代理委托人撰写附带民事起诉状，内容包括：

（1）刑事附带民事诉讼原告人、被告人的基本情况；

（2）具体诉讼请求；

（3）事实和理由；

（4）致送人民法院的名称和具状时间；

（5）相关的证据材料等。

4. 对人民法院决定不予立案的刑事附带民事诉讼，可以建议委托人另行提起民事诉讼，要求办案机关追缴或采取其他救济措施。

5. 代理律师根据案件情况，可以自行或协助委托人依法收集证据，展开调查，申请鉴定。

6. 在提起刑事附带民事诉讼时，代理律师可以建议或协助委托人申请人民法院对被告人的财产采取查封、扣押或冻结等保全措施。

7. 律师担任刑事附带民事诉讼当事人的诉讼代理人，应当告知委托人可能导致按自动撤诉处理的下列法定事项：

（1）刑事附带民事诉讼原告人经人民法院两次传唤无正当理由拒不到庭的；

（2）刑事附带民事诉讼原告人未经法庭许可中途退庭的。

8. 代理律师在庭审过程中可以根据案件情况从事下列工作：

（1）经委托人授权可以对本案合议庭组成人员、书记员、公诉人、鉴定人和翻译人员提出回避申请；

（2）陈述案件事实；

（3）出示、宣读本方证据；

（4）申请法庭通知本方证人出庭作证；

（5）经审判长许可对被告人、证人、鉴定人发问；

（6）对刑事附带民事诉讼被告方的证据提出质证意见；

（7）对刑事附带民事诉讼被告方的不当发问提出异议；

（8）发表代理意见；

（9）经委托人授权，可以与被告方和解等。

9. 委托人参加诉讼的，代理律师应当指导委托人参加调解，准备调解方案。

10. 原告人对于一审判决、裁定中刑事附带民事诉讼部分不服的，代理律师应当根据委托协助其提起上诉。

八、附带民事诉讼被告人代理律师的工作

（1）律师可以接受刑事附带民事诉讼的被告人及其法定代理人或者近亲属的委托，在审查起诉、一审、二审程序中担任诉讼代理人。在办理委托手续时应当明确代理权限。

刑事附带民事诉讼被告人是法人或其他组织的，代理律师除向法庭出示律师执业证书，提交律师事务所证明、委托书外，还需提交法定代表人身份证明等单位负责人身份证明、营业执照等证明单位存续的文书复印件。

（2）刑事诉讼被告人的辩护律师可以接受委托，同时担任刑事附带民事诉讼被告人的诉讼代理人，但应当另行办理委托手续。

（3）代理律师根据案件情况，可以进行调查取证、申请鉴定；应当撰写答辩状，参加庭审，举证质证，进行辩论，发表代理意见；经被告人同意，提出反诉以及与对方和解。

（4）刑事附带民事诉讼被告人对于一审判决刑事附带民事诉讼部分不服的，代理律师根据委托可以协助其提起上诉。

第七章

辩护思维

第一节　法律思维

一、思维

思维是主体对客体的能动反映，是人通过大脑对事物的现象、本质、规律性以及事物产生、发展、灭亡过程的认识。

按照不同的标准，可将思维划分为若干种类，形象思维与逻辑思维；正向思维与逆向思维；聚合思维与发散思维；单向思维与多向思维；框架思维与应然思维；静态思维与动态思维；点状思维、线性思维、平面思维、立体思维和四维思维；一元思维、二元思维和多元思维；惯性思维与创造性思维等。思维能力的强弱是指人的多元化思维的综合运用能力程度的高低。

不同的人有着不同的思维方式，同一个人也因认识对象的不同而采取不同的思维方式，不同的行业对思维方式也有不同的要求。根据思维对象的不同，也可将思维划分为政治、经济、法律、伦理道德等多元化的思维种类。

二、法律思维

法律思维有广义和狭义之分。广义的法律思维是指人们运用法律视野，从法律角度来感观、分析、判断、推理事物的现象、本质、规律性以及事物产生、发展、灭亡过程的思维方式；狭义的法律思维仅指法律职业者从事法律事务的思维，是法律职业共同体特有的思维。

根据法律职业主体的不同，可将法律思维分为立法者的思维、适用法律者的思维；适用法律者的思维又可被分为检察官、法官、律师等法律职业共同体成员的思维。

纵观各国法律思维探究者大多将法官、检察官、律师的执业思维方式确立为法律思维最典型的思维模式。由于法官、检察官、律师的天职不同，法官需要持中立态度，检察官、律师需要持偏袒一方的态度，所以法官、检察官、律师的法律思维既有共性，又有差异性，有时是各有侧重。仅就单向思维、多向思维和正向思维、逆向思维而言，法官职业的被动、保守、中立性的特点决定了法官更侧重运用单向思维、正向思维方式对事实、证据、法律依据的确定及应用乃至推理过程确定一个单一的方向，不允许多方向和反方向的认定；检察官代表国家对犯罪嫌疑人提起公诉，主旨是单方向、正向指控犯罪嫌疑人构成犯罪，比法官运用单向思维、正向思维方式更具有积极性和坚定性；律师针对对方当事人的反面观点，苦尽心思地、多种方向挑剔瑕疵、破绽，从正、反两个方面阐述理由，以博得法官的认可，最大限度地赢得本方的胜诉，职业的定位决定了律师更侧重于运用多向、逆向思维。

律师在日常生活和办理案件中所使用的思维方式是不同的；在办理案件全过程中的每一个阶段所使用的思维方式也是不同的；即使在同一个阶段使用的思维模式也各具有特点。律师将自己的法律理论应用到办案实践中的媒介是律师的思维和行为，思维指导行为，行为完善思维。所以，律师在执业过程中掌握正确的思维模式是学会办案和提高办案水平所必不可缺的。

第二节　形象思维和逻辑思维

一、形象思维和逻辑思维的概念

形象思维和逻辑思维为思维的两种基本形式：

形象思维是人们运用感观、知觉、表象的方式对事物的现象、外表的片面、直接认识及大脑的再现，是感性认识，是人的右脑思维、本能思维、与生俱来的思维形式，是认识的低级阶段。

逻辑思维是人们运用分析、判断、推理的方式对事物本质及其规律性的全面、间接的认识，是理性认识，是人的左脑思维，是认识的高级阶段。

二、形象思维和逻辑思维的关系

人们在认识事物的过程中，往往是形象思维和逻辑思维交替使用，是形象思维和逻辑思维的对立统一体。掌握不同类别的科学，要偏向于不同的思维方式，学文科的应偏向于运用形象思维，学理工科的应偏向于运用逻辑思维。不同的行业有着不同的思维要求，有的行业重在使用人的形象思维，比如演艺、书法、绘画师往往需要右脑发达才能创造出跌宕起伏、情节曲折、感人肺腑的经典作品，作品必须具备直观性、情感性、形象性、艺术性、敏感性、想象力、创造力才能吸引更多的观众；有的行业重在使用人的逻辑思维，比如工程、机械师必须分析、判断、推理每一个零部件的内在结构和承受力、零部件之间的关联性和整台机械的原理，才能设计出正常运转的、高品质的机械；还有的行业要求人的形象思维和逻辑思维同等重要，比如播音员不仅要运用形象思维的方式对编辑的稿件进行准确、生动和形象的语言表达，而且也要运用逻辑思维方式对编辑的稿件进行分析、判断，推理出主要内容、因果关系和事实发展过程。

三、形象思维和逻辑思维的综合运用

法律咨询、整理证据、归纳法条、确定办案方案是律师办理案件的四个阶段，在每个办理案件的阶段，律师都要交替使用形象思维和逻辑思维，只是使用的侧重点不同。类比"庖丁解牛"时，哪个部位需用尖刀、哪个部位需用砍刀、哪个部位需用剪刀、哪个部位需同时运用尖刀和砍刀是同样的道理。

运用形象思维方式认识事物既具有及时定位、定性、整合和反映的优势；也有过于草率、过于片面、准确率较低和深度不足的劣势。运用逻辑思维方式认识事物既具有全面、深入、准确的优势，也有过于迟缓、容易贻误战机的劣势。思维方式运用得不正确容易导致劣势现象的发生。运用形象思维和逻辑思维分析同一个问题导致的结果往往是不同的，例如，树上有 10 只鸟，猎人开枪打死 1 只，树上还有几只鸟呢？如果我们用形象思维方式去感观，答案应该是树上没有鸟了。如果我们用逻辑思维方式经过分析、判断、推理去认识，答案不是唯一的，因为题目中并没有排除树上的鸟有几只是关在笼子里的；没有排除树上的鸟有几只是又聋又瞎的；没有排除被打死的鸟挂在树上；没有排除打鸟的猎枪带有消声器等种种可能存在的情况。所以，分析判断不同的问题适用相应的思维，得出的结论才可能是正确的。在刑事辩护中，辩护律师运用逻辑思维排除"一切合理怀疑"是十分重要的。下文将就律师在办理案件过程中如何实现形象思维和逻辑思维的综合运用进行描述。

1. 法律咨询的思维方式

律师在咨询阶段采取的是以运用形象思维方式为主、逻辑思维方式为辅的原则，同时要注意两者的综合运用。这是由法律咨询的时间相对较短，无法全面、深入分析事实、证据和法律依据的特点决定的。律师在咨询阶段对案件事实及证据的初步认识、大脑再现法条的思维工具主要是形象思维方式，初步法律结果的推理过程运用的是逻辑思维方式。律师在大脑没有再现法条之前，仅凭对案件事实及证据的感觉、表象和以往的经验就给案件定论的方法是单独运用形象思维方式，由于缺少运用逻辑思维方式的推理过程，加之中国又不是判例法国家，所以容易导致错误；律师大脑再现法条的过程，仍然属于使用的是形象思维的表象方式，因为并没有运用逻辑思维方式慎重分析、审查判断证据，也没有推敲法条的准确含义、法条之间的关联性和完整体系，所以律师在咨询阶段给案件所作的结论仅是初步结论，不可过于自信，需要待全面审查判断证据、全面归纳整理法条，然后用演绎推理推导出案件结果后，调整咨询阶段的初步结论，最后确定办案方案。这种思维和工作过程就是办案流程。

2. 整理证据、归纳法条、确定办案方案的思维方式

律师在整理证据、归纳法条、确定办案方案阶段采取的是以运用逻辑思维方式为主、形象思维方式为辅的原则，同时也要注意两者的综合运用。

在整理证据阶段，律师对证据的审查判断，证据的分组、排序，确定证明对象，证据锁链的形成主要是用逻辑思维方式来完成的，要求证据全面、对象准确、锁链环环相扣。针对若干证据材料，哪些是与本案有关联的，哪些是主证据，需要运用形象思维方式抓主要矛盾。

在归纳法条阶段，律师确定、归纳法条的范围，对若干相同层级法条不同内容的摘录和排序，推理不同法条层级的相同内容主要是用逻辑思维方式来完成的。在若干相同层级和不同层级的法律规定中，哪个是对本案针对性较强、层级较高的法条是运用形象思维方式鉴别的。

在确定辩护方案阶段，律师也要注意逻辑思维方式和形象思维方式的综合运用，运用逻辑思维方式完成若干推理过程及归纳法律结果，运用形象思维方式摘选哪个是决定本案发展方向的主要推理过程及结果。

3. 庭审阶段的思维方式

律师在庭审阶段，采取的是形象思维、逻辑思维方式同等重要的原则。律师在庭审阶段对何时质证、何时发表反驳和辩护意见、出现新的情况、审判员的审理方向、需要申请休庭等现象要及时做出反应，属于形象思维方式的范畴。

庭审时对事实、证据、法律依据及分析、判断、推理的全过程内容的认识属于逻辑思维方式的范畴，并在此基础上运用形象思维方式达到使用语言准确、清楚、生动、简洁的效果。

4. 开发案源的思维方式

律师在开发案源过程中，应运用形象思维方式寻找和选择成功率较高的开发案源方法，及时发现、敢担风险、敢于尝试。如果运用逻辑思维方式寻找开源方法，会造成胆怯、停滞不前和贻误战机。

律师开发案源方案详细内容的制定和具体实施过程又往往需要运用逻辑思维方式。律师对若干案件信息的综合掌握、对客观环境的观察、对市场信息的搜集等敏感性和创造性的产生往往需要运用形象思维方式。

5. 律师思维的敏锐性

律师思维的敏锐性是形象思维与逻辑思维相结合的典型思维方式。"敏"字的意思是及时性，为形象思维方式的特征；"锐"字的意思是深入，为逻辑思维方式的特征。要求律师具有敏锐性的思维就是要求律师抓住有利时机和有利时间作出及时、深入的定位、定性、整合和反映。有些案件败诉就败在时间上、败在律师贻误战机上。"慢性子、声音低等于高素质"是谬误，"慢性子、声音低"只能说明对客观现象反映速度迟缓、工作效率低、说话胆怯或虚伪。思维敏锐、工作高质量、高效率、善于表达巧言妙语才是高素质人才。

律师在办理案件诸阶段思维的敏锐力都是十分重要的。律师在咨询阶段，需要思维敏锐，如有迟钝，会造成委托人对律师能力确信度的下降；在阅卷及审查判断证据、归纳法条阶段，需要思维敏锐地抓主要矛盾、瞬间切中要害，提高准确度及工作效率；特别是在庭审阶段，针对对方当事人提交证据的质证意见、代理意见、法官审理案件倾向性要及时、准确定性并作出相应的反应。客观事物是瞬息万变的，有时律师在庭审前无法完全预见案件情况将会发生何种变化，庭审时不可避免地出现了始料未及的新事实、新情况，此时要求律师思维必须敏锐、机智、及时、准确地调整自己的办案方案，并采取针对性的应变措施，使其适应客观情况的发展变化，采取"以动制动""魔高一尺、道高一丈"、以前瞻方法牵动庭审方向，切不可"以静制动"和机械地被带动。

律师思维的敏锐性一方面是强调律师的随机应变能力，另一方面是强调律师思维要有广度、深度、精准度，是两种思维方式的对立统一，实质是及时发现问题和正确解决问题。

6. 律师宽广、严谨的法律思维

律师在办理个案过程中要具有宽广、严谨的思维，切不能颠倒顺序，同时要克服自己的惯性思维，利用他人的惯性思维。律师思维的宽广度、严谨度属于律师运用逻辑思维方式的能力，惯性思维属于律师形象思维中表象、印象、经验的一种方式。律师办理个案，首先要看案件有多少事实点、证据点、法律点，律师在案件整体平面结构总计有多少点未见全面之前，切不可择一点延伸地分析，这不仅容易造成大脑混乱，而且容易出现以偏概全的错误。同时，律师的司法经验固然是宝贵的，但是案件之间会有差别，哪怕是微不足道的，律师思维上在没有逐个排除个案特殊性之前，不可比照类案生搬硬套地、机械地认识、办理个案。同时，律师在使用宽广、严谨的逻辑思维办理个案过程中，要将持续的耐力和坚韧的毅力相结合，以零星的时间、草率的行为、肤浅的思维从事律师职业终会被淘汰。

第三节　正向思维和逆向思维

一、正向思维和逆向思维的概念

正向思维是指人们采用常规的、习惯性的思维方式来观察、分析、判断、推理事物发展变化的方向、顺序、路线、表象和本质的认识过程，是按照时间先后顺序、按事实发展过程的先后顺序、按因果关系的先后顺序等去认识事物，是一般的、常规的思维方式。

逆向思维是指人们采用反方向的思维方式来观察、分析、判断、推理事物的发展变化方向、顺序、路线、表象和本质的认识过程，是按照时间逆转、穿越时空、先结果后原因的思维方式去认识事物，是倒顺序、倒思想、倒推理、反过来想一想的思维方式。

二、正向思维和逆向思维的关系

人们认识事物的全过程，是由正、反思维共同构成的，两者互相关联，是辩证的对立统一。人人都存有正、反思维，逆向思维有时被人们不自觉地运用，不过人们往往惯常于运用正向思维，而忽视对逆向思维的运用，甚至不掌握正向思维和逆向思维的综合运用方法。人们运用正向思维去观察、分析、判断、推理事物产生、发展、变化、灭亡的先后顺序和因果关系的过程，虽然这个时间上的正顺序已成为人们的思维定式，但是这种思维定式称不上是成熟思维的全过程。成熟的思维还要学会运用逆向思维去观察、分析、判断、推理导致灭亡总结果的原因是否具有充分、必要性；对因果关系的锁链中的每一个结果的原因是否具有充分、必要性，经过循环往复地运用正、反思维地认识事物，才是正确认识事物产生、发展、变化、灭亡的成熟思维的全过程。

三、正向思维和逆向思维的综合运用

律师在办理个案过程中首先要采用正向思维方式，按照咨询、阅卷、审查判断证据、归纳法条、确定辩护方案的先后顺序观察、分析、判断、推理出案件总结果、证据的同一证明对象、若干法条的同一内容等结果；然后要采用逆向思维方式，观察、分析、判断、推理导致结果的原因是否具有充分、必要性，判断证据是否充分、法律依据是否正确、是否存在对本方不利的事实和证据、对方有无反诉可能等等。有时律师从对方的角度去分析、判断案件情况，可能对案件事实、证据、法条和案件结果的整体把握得更全面、更彻底。证据的证明对象往往是多样化的，即使是单项证据，有时也存有多个证明对象，在对方当事人出示的对本方不利的证据中，有时能够找出对本方有利的内容。法学属于社会科学，社会科学的结论有时不是唯一的，是随着人们对社会科学的不同理解和适用而产生不同的结论，社会科学的此种特点是与自然科学只能得出唯一结论的特点相比较的重要区别之一。当律师运用正向思维方式推导出不同的案件结果时，首先选择出对本方最有利的结果，然后运用逆向思维方式调整证据和法条，使其更适应唯一的最有利结果的需要。

律师在办理个案过程中利用逆向思维的方式时有发生。例如：借据注明的还款日期已超过诉讼时效，律师要反向思索寻找诉讼时效中止、中断的证据；人民检察院在《起诉书》中认定犯罪性质为贪污罪，律师要反向思索犯罪主体是否属于国家工作人员；人民检察院在《起诉书》中认定犯罪性质为故意杀人罪，律师要反向思索主、客观要件是否有缺陷，是否为故意伤害、过失致人死亡；律师在判断一审法院判决是否存在瑕疵时，往往是先看判决结果，后看事实、证据的采信和认定情况；等等。

第四节　聚合思维和发散思维

一、聚合思维和发散思维的概念

聚合思维是在现有资料和已知信息的基础上，通过观察、分析、判断、推理认识事物的思维方式，是一般人普遍的思维顺序，是求同不求异的思维。培养人的聚合思维就是培养人对现有知识、经验掌握的广度和深度，就是培养人的基础知识、基本工作水平，力求达到熟练并逐渐掌握技巧的程度，是对一般人才的培养模式。

发散思维是指突破现有资料和已知信息的束缚，从不同方向、不同角度、可能得到的资料、可能了解到的信息出发，通过观察、分析、判断、推理认识事物的思维方式，是特殊人的特殊思维顺序，是探索新事物、新理论、新方法、新观点的思维形式，是求异的思维。培养人的发散思维就是培养人的创造能力，对已经具有基础知识、基本工作水平并且已经达到熟能生巧的程度以后的人进行巧能升华的培养，是对高端人才的培养模式。

二、聚合思维和发散思维的关系

聚合思维是发散思维的基础，是发散思维的必经阶段，发散思维是在聚合思维基础上的升华，是聚合思维的高级形式，两者是互相联系、前后互相衔接、互相作用的辩证统一关系。有时，人在基础知识和经验尚不成熟的情况下会浮现出超过常人的正确观点，这并不意味着此人具有成熟的发散思维，而属于跳跃性思维，极具偶然性和不稳定性。知识和信息是思维的源泉，聚合思维来源于现有知识和已知信息，发散思维来源于将要或可能知晓的知识和信息，将要或可能知晓的知识和信息就是人设想、将要、可能创造的新知识、新信息。

三、聚合思维和发散思维的综合运用

律师在执业过程中要掌握聚合思维和发散思维的前后衔接。

学习的过程是培养人聚合思维的过程，而且是聚合思维知识的一部分，是律师办案实践的基本水平的磨练过程，也是培养人聚合思维的过程，是聚合思维的另一部分，所以法学理论水平再高，也需要在办案实践中点滴地积累办案经验。法学理论水平高只是在办案实践中有利于办案水平的积累和逐渐提高，在基本的办案技巧尚未熟练的情况下，不得自我拔苗助长，夯实办案基本功是每一位发展型律师的必经历程。

律师在办理个案过程中，首先要使用聚合思维方式走完案件的每一个程序，直到案件结束。如果得到理想的案件结果，律师的思维不必要发散，争取在稳中求胜；如果得到不理想的案件结果，律师可以采用发散思维方式创造事实及证据，也可以采用发散思维方式超越本案事实、证据、法条的局限性探求能够解决案件的其他方法。客观事物是普遍联系的，虽然律师依据现有法律规定只能将案件结果与本案事实、证据、法条联系在一起（案件结果与其他现象相联系是不提倡的），但是案件结果与其他现象客观上存有普遍、必然联系，例如案件结果与不同的人对法条、证据的不同理解和不同的适用方法就存有重要联系，而且案件结果与其他现象存有的普遍联系不仅仅是这一点。同时，生效法律文书确定案件结果之后，案件结果便成了新的原因，还会导致新的结果。律师的发散思维能力不足的现象时有发生，律师平时在研讨办案方案时，有的律师思路过窄、思路肤浅甚至没有思路，一方面是由于法律知识和办案基本经验的聚合不足，难以将同一法律关系所包含的要素和不同法律关系相互之间所包含的法理融会贯通；另一方面是由于不能发散地跳出传统的办案方法，另辟蹊径。

第五节　单向思维和多向思维

一、单向思维和多向思维的概念

单向思维是指人们探求发生结果的原因只有一个或该原因只能导致唯一的结果的思维方式，是简单的、单一的、一因一果的思维方式。单向思维的思维半径狭窄，是单线路地、一对一地观察、分析、判断、推理事物的因果关系。单向思维要求人们按照一个思维定式去分析、解决问题。

多向思维是指人们根据因果关系的多样性和复杂性探求一个结果的发生是由多个原因造成的、一个原因导致若干结果或多个原因导致多个结果的思维方式，是复杂的、多角度的、多因多果的思维方式。多向思维不受点、线、面的限制，不局限于一种模式，能够从多个角度、多个方面观察、分析、判断、推理事物的因果关系。多向思维要求人们运用开阔视野、海纳百川的思维方式去分析、解决问题。

二、单向思维和多向思维的关系

单向思维是多向思维的基础，多向思维是单向思维的集合。按客观事物普遍联系的观点，人们在观察、分析、判断、推理事物的规律性时，惯常采用多向思维方式，以苛求认识事物的全面性、客观性，在此基础上有时也需要采用单向思维方式，找出某一事物区别于其他事物的突出特点。单向思维方式既有容易使人产生坚定性、持之以恒做事的优势，也有容易使人产生固执己见、一意孤行、"一根筋"的劣势；多向思维方式既有使人分析问题具有全面性、客观性，从而减少错误发生的优势，也有使人产生立场不坚定、犹豫不决、贻误战机、苛求完美的劣势。人们提高单向思维与多向思维的正确、有机、综合运用能力对生活和工作均有实际意义。人遇见坎坷时，为了缓解压力应运用多向思维方式换个角度去思考问题，唤起"山重水复疑无路，柳暗花明又一村""海到尽头天做岸，山登绝顶我为峰"的英雄气概，以增强抗寒意志。

三、单向思维和多向思维的综合运用

律师在咨询阶段，要用多向思维方式听取与案件有关的全部事实，同时也要听取虽然与案件无关，但是与案件比较贴近的边缘性事实。

律师在收集证据阶段，要用多向思维方式分析拟调取的证据、将要发生的证据，争取收集尽可能多的证据；律师审查判断证据时，要综合分析出同一证明对象共有多少证据，同一证据共有多少证明对象，本案共有多少证明对象。

律师在归纳法条阶段，也要用多向思维方式最大限度地搜集本案的法律依据，要综合分析出可作为本案法律依据的法律、司法解释共有多少。

律师在确定辩护方案阶段，也要用多向思维方式最大限度地推理本案的法律结果，然后选择对本方最有利的辩护方案。律师要尽可能做到穷尽原因、穷尽结果、穷尽办案方法。

虽然多向思维是律师办理案件的主要思维、常用思维，但是单向思维在律师办案过程中仍有积极意义，若干单项思维构成一个多向思维的整体。有时，本案仅有一项证据，该证据仅有一个证明对象；即使一案有多项证据，也存有多项证据仅有一个证明对象的现象，要逐一审查判断；在本案的多项证据中鉴别主证据；在本案需要适用的法条中鉴别主要法条；个案推理过程既是综合推理过程，也是由若干单个推理过程构成的；在办案方案和办案方法确定后，本案往往只能筛选出一结果、一方法，此时需要律师增强成功信念，孤注一掷地、"一根筋"地坚决实现自己的办案方案。总之，律师在司法实践中必须掌握单向思维与多向思维的有机结合。

第六节　框架思维和应然思维

一、框架思维和应然思维的概念

框架思维是指人们依据事物现实存在的状态，认识事物的思维方式，是以现实、实际的状态为基础的思维方式，即实然思维。

应然思维是指人们依据事物自身属性、本质及规律性应当达到的状态，认识事物的思维方式是以应该、应当的状态为基础的思维方式。

二、框架思维和应然思维的关系

框架无处不在，比如法律框架、道德框架、伦理框架、证据框架、管理框架、建筑框架、内嵌框架、思维框架等，"没规矩即无方圆"，框架来源于人们改造世界的客观实践，人们又在改造世界的客观实践中认识世界，形成经验，上升为理论，理论又需要在人们认识世界和改造世界中逐渐得到检验、完善和发展。诚然，框架能指导实践，框架思维有助于人们认识世界和改造世界，但是框架、框架思维要随着时间和空间的变化而变化，受人们认识事物的局限性限制，往往不能完全揭示、不能揭示甚至错误揭示事物自身属性、本质及规律性应当达到的状态，实然受应然的挑战、实然思维受应然思维的挑战成为不可避免，从而使事物自身属性、本质及规律性从现实状态逐步发展到应当状态。黑格尔哲学强调"任何存在的事物都有其存在的原因"，其正确含义是没有无因之果，也没有无果之因，有人将此误解为"存在的就是正确的"，并进行错误延伸"存在的框架"，"实然"是正确的，以此来蒙蔽人们，左右人们的思维，进而逃避人们运用应然的改造和批判。

第七节　静态思维和动态思维

一、静态思维和动态思维的概念

静态思维是指人们依据事物运动过程中的相对静止的观点，认识事物的思维方式，是人习惯性、常规性的思维方式。

动态思维是指人们依据事物普遍联系、发展、变化的相对运动的观点，认识事物的思维方式，是人的变动性、协调性、前瞻性、超越性的思维方式，是指要求人们的思维随着客观事物的发展变化而变化，同时还要求发挥人的主观能动作用，对客观事物进行指引和调整，使客观事物向最优化的目标、最优化的方向发展变化。

二、静态思维和动态思维的关系

静态思维是空间思维，动态思维是空间和时间的综合思维，静态思维是动态思维中某一时间点的思维，动态思维是各个时间点的静态思维的连续思维。动态思维与客观事物之间是互相包容、互相作用、互相促进的关系，是求奇、求异思维。

三、静态思维和动态思维的综合运用

律师在办理案件全过程中要时刻观察、分析案件事实、证据、法律、客观环境、历史因素、现实因素、后果因素、人为因素可能给案件发展方向带来的影响，同时要实时发挥律师的智慧和行为左右案件向最优化的方向发展。有时，在开庭审理时，案件的事实还在不断运动和发展变化过程中。例如，贷款利息还在不断增长，对被害人的人身伤害后果可能会比侦查阶段变得更加严重等。律师不可不关心案件事实、证据、法律、客观环境、历史、现实、后果、人为因素可能给案件发展方向带来的影响，而只求自己认真地从事了全部办案程序、委托人在卷宗中找不到自己的工作瑕疵、胜败诉与自己无关的程序意义上的工作完美，不求办案实体意义上的效果。这不仅是律师对委托人严重不负责任的做法，也是律师对自己的无形资产严重不负责任的做法。

第八节　点状思维、线性思维、平面思维、立体思维和四维思维

一、点状思维、线性思维、平面思维、立体思维和四维思维的概念

什么是点状思维、线性思维、平面思维、立体思维、四维思维？从物理学角度说，点状思维是指人们的思维呈一点型；线性思维是指人们的思维呈一条直线型，即一维思维；平面思维是指人们的思维呈有长和宽的一个平面型，即二维思维；立体思维是指人们的思维呈有长、宽和高的一个立体型，即三维思维；线性思维、平面思维、立体思维都属于人们的空间思维方式。四维思维是指人们的空间与时间相结合的思维方式。

二、点状思维、线性思维、平面思维、立体思维和四维思维的关系

从哲学角度说，点状思维、线性思维、平面思维分别是指人只认识客观复杂事物的一个点、一个发展过程、一个方面；立体思维指人能够从多角度、多方面、多层次、多结构认识客观复杂事物的思维方式；点状思维、线性思维、平面思维、立体思维都是人们依据事物运动过程中的相对静止的观点，

认识事物的思维方式，均属静态的思维模式；四维思维指人不仅能够从多角度、多方面、多层次、多结构的空间思维方式认识客观事物，而且也能够从历史的、现在的和将来的时间思维方式认识客观事物，是动态的思维方式。

三、点状思维、线性思维、平面思维、立体思维和四维思维的综合运用

律师办理案件的思维顺序，律师在咨询阶段应按照点状、线性、平面、立体、四维的思维顺序听取案件事实、观察证据、再现法条，初步判断案件方向。

律师在整理证据、归纳法条、确定办案方案中的每一个阶段，应按照四维、立体、平面、线性、点状的思维顺序开展工作。也就是说，应首先运用四维思维按照事实发展的先后顺序将每一个阶段的案件材料分成若干立体版块；将立体版块一层一层地剖开形成若干平面，在平面中寻找线条，在线条中寻找每一个证据点、法律点和每一个法律结果，一点一点地深入观察、分析、判断、推理；按照点状、线性、平面、立体、四维的思维顺序筛选、归纳、概括证据链条、法律链条和综合法律结果，也就是按照此思维倒序从案件结果推理验证证据、法条的正确、充分、必要性，以待调整、完善。律师办理案件的思维过程有时要经过多次往复循环。

第九节　一元思维、二元思维和多元思维

一、一元思维、二元思维和多元思维的概念

依据主观对客观具有的多种因素的反映数量，可将思维分为一元思维、二元思维和多元思维。

一元思维是指人对事物的认识固定在单一观点、单一对象、单一本质、单一客体上。它将人的思维禁锢在服从单一的人、单一的群体、单一的信仰和崇拜上，具有主观性与片面性。

二元思维是指人对事物的认识固定在相互对立、相互冲突、除此即彼的两种因素上，它将人的思维局限在相互矛盾和斗争中，是一种生与死、黑与白的对抗思维方式，是否定中间势力、浑浊颜色乃至浑浊程度不同的因素存在的思维方式。例如，"农夫和蛇，东郭先生和狼，凡是敌人拥护的我们就要

反对，凡是敌人反对的我们就要拥护"的故事和学说，都告诉正义的人们对待邪恶势力不要姑息迁就，要"一棒子打死"，否则会反遭其害的道理，均属于典型的二元思维范例。

多元思维是指人对事物的认识存有多种因素，不仅存有对抗性因素，而且也存有中间因素、中间偏上、中间偏下及偏上、偏下程度不同的因素；多元思维的涵义还要求人们综合运用多种类思维方式去认识事物存有的诸多因素。

二、一元思维、二元思维和多元思维的关系

一元思维是人类思维发展的起始阶段的简单思维形式；二元思维是人类思维发展到一定阶段的对抗性、过渡性思维形式；多元思维是人类根据事物发展变化及所处不同阶段的多样性、共融性和互补性，认识事物具有多种因素的高级阶段。人类思维从一元思维到多元思维的发展过程，也是人类社会从盲目信仰到过渡性冲突进而发展到理性和谐共存状态的成熟型发展过程。同时，多元思维的诞生并不否定一元思维、二元思维的存在和运用，只不过是要求人们根据认识对象和场合的不同采取相应的思维方式，以达到对事物认识的结果具有客观性。

三、一元思维、二元思维和多元思维的综合运用

"事实是否清楚、证据是否确实充分、适用法律是否正确"是立法者二元思维导致的结果，忽视了相对清楚、相对确实充分、相对正确以及相对程度不同的客观现象存在，在司法实践中导致将相对清楚、相对充分、相对正确以及相对程度不同的客观存在，要么归于清楚、充分、正确，要么归于不清楚、不充分、不正确，如何界定取决于不同司法人员的不同认识。这使得同一案件因不同法官、不同法院审理而出现不同法律结果不可避免。

律师在办理个案过程中应负责任地争取清楚、充分、正确，同时也要清醒地认识到相对清楚、相对充分、相对正确的客观存在，并非完美与不完美的二元结构，以此避免盲目追求完美；以此避免因不完美而产生的、不必要的担惊受怕和不必要的劳动；以此避免丧失对案件相对理想结果追求的信心。律师在办理个案中只要正确、综合运用了各种类思维，并将思维的内容行为化，达到广不可比、深不可测、灵活多变、高度缜密的程度，即使案件结果

不尽理想，也将不再存有遗憾。

"疑罪从无"是有罪证据达不到"确实、充分"的标准而认定为无罪，是办案人员运用多元化思维将个案事实及证据划分为充分、不充分和难以确定是否充分三种情况，法律将难以确定是否充分的情况推定为不充分，是法律将客观上存有的多元思维规定为按二元思维处理的体现，即多元思维的二元化。

第十节 惯性思维和创造性思维

一、惯性思维和创造性思维的概念

惯性思维是指人们运用经验、规律来认识客观事物的本质及其内部联系的定型的思维方式。

创造性思维是指人们运用思维在揭露客观事物的本质及其内部联系的基础上而产生的开拓新领域、新成果的思维方式。

二、创造性思维是多元化思维的典型模式

创造性思维是与惯性思维相比较而言的，是以感觉、知觉、表象、分析、判断、推理综合运用能力为基础的高级思维方式；是以求异、灵活、跨越、新颖、独创、整体为特点的多元化思维的一种典型模式。

创造性思维的整体思维过程是以逻辑、发散、多向、应然、动态、四维思维的综合运用为基础，以形象思维作出的奇想、遐思为开端，并在逻辑、发散、多向、应然、动态、四维思维的综合运用过程中得到验证、发展和升华，经过多次循环往复以达到不断开拓新领域、新成果的思维方式。

创造性思维是人类社会不断向前发展的法宝和源泉之一，人类社会每个阶段质的飞跃总会以先进者或称所谓的"反叛者"在政治、经济、法律等多元化领域创造出的新理论、新方法、新形势、新结构作指引。正是先驱者巨大的精神和躯体奉献，唤起了人们对传统思想、传统伦理道德、传统秩序、传统方法、传统框架、旧的经济基础、旧的上层建筑进行改造的强烈意识，通过人们不断地进行创造性的伟大实践，迎来政治、经济、法律等领域更适应客观物质世界发展的崭新面貌。在人类社会每个量化的发展阶段和每一个

量化的发展领域之中，由创造性思维导致创新成果的不断涌现已成为人类社会发展的必然。在律师行业发展和律师办理个案的进程中，律师要敢于突破现有的法律、证据框架，探求符合客观事物的本质及规律性的新思维、新方法、新理论，肩负起中华民族政治、经济、法律制度的发展与完善的历史使命。

第十一节　法律推理

一、推理

推理又称推论、推测，是指根据已知的命题推导出另一个命题的思维过程。

推理由三个要素组成，即前提、结论和推理关系。

前提是指推理赖以进行的、作为推导出某个未知命题的根据的那些已知的命题。

结论是指根据前提推导出来的命题。

推理关系是指前提与结论之间的推导关系。也就是前提与结论之间的逻辑关系。因为其反映了前提与结论之间的连接方式，所以也称推理结构形式或推理形式。

二、推理的类型

推理可按不同标准划分不同类型，根据推理由前提到结论的推导进程思维方向的不同，推理可被分为演绎推理、归纳推理和类比推理。

（1）演绎推理是指由一般性前提推导出特殊结论的推理。也就是从某类事物具有的一般性特征，推导出该类事物中某一特殊对象的结论的推理。演绎推理思维进程的方向是由"一般"推知"特殊（个别）"。

演绎推理由大前提、小前提和结论三个命题构成：

大前提是指一般性的命题；

小前提是指需要认识的特殊性问题；

结论是指两个前提连接而推导出的命题。

（2）归纳推理是指由若干个特殊性的前提推导出一个一般性结论的推理。

归纳推理思维进程的方向是由"特殊（个别）"推知"一般"。

根据归纳的前提是否为某类事物的全部对象，可以将归纳推理分为完全归纳推理和不完全归纳推理。

完全归纳推理就是根据某类事物的全部对象都具有的某种属性，推出该类事物的一般性结论的推理。

不完全归纳推理就是根据某类事物的部分对象都具有的某种属性，推出该类事物都具有此种属性的一般性结论的推理。

（3）类比推理是指由某个（某类）对象与另一个（另一类）对象的许多属性相同或相似，推知某个（某类）对象与另一个（另一类）对象的另外属性也相同或相似的推理。类比推理思维进程的方向是由"特殊（个别）"推知"特殊（个别）"，即"由此及彼"的推理活动。

三、法律推理

法律推理又称司法推理，是指办案人员在法律适用过程中运用证据确认案件事实，并运用案件事实和相应的法律规定而推导出裁判结论的推理。

1. 办案人员在有多项证据证明同一证明对象时，需要运用归纳推理。归纳推理的模式表示为：

（1）证人证明犯罪嫌疑人在犯罪现场

犯罪现场有犯罪嫌疑人的脚印

犯罪现场有犯罪嫌疑人的头发

犯罪现场留有犯罪嫌疑人的指纹

…　…　　　　　　　等证据

_____

所以，犯罪嫌疑人在犯罪现场

（2）犯罪嫌疑人供述本公司收取的回扣

本公司收取回扣的票据

本公司收取回扣的收据

…　…　　　　　　　等证据

_____

所以，犯罪嫌疑人本人未占有此笔回扣

2. 办案人员在根据案件事实、依据法律规定、确定裁判结果时，要运用演绎推理的模式，是以法律规定为大前提，以案件事实为小前提，推导出裁判结果为结论。演绎推理的模式表示为：

法律规定　（大前提）

案件事实　（小前提）

_____　（推　导）

裁判结果　（结　论）

3. 归纳推理和演绎推理的综合运用

《最高人民法院关于统一法律适用加强类案检索的指导意见（试行）》第 4 条规定："类案检索范围一般包括：（一）最高人民法院发布的指导性案例；（二）最高人民法院发布的典型案例及裁判生效的案件；（三）本省（自治区、直辖市）高级人民法院发布的参考性案例及裁判生效的案件；（四）上一级人民法院及本院裁判生效的案件。除指导性案例以外，优先检索近三年的案例或者案件；已经在前一顺位中检索到类案的，可以不再进行检索。"

此条司法解释说明，下级人民法院审理待决案件要与上级人民法院已审结果的案件相比对，与已决案件的基本事实、争议焦点、法律适用问题等方面具有相似性的待决案件从案件处理的方向、裁量的幅度、案件的结果等基本相适应，体现了"同案同判"的原则。并按最高人民法院发布的指导性案例、最高人民法院、本省（自治区、直辖市）高级人民法院、上一级人民法院、本院案例及裁判生效案件的顺序自上而下地检索和比对。而且，除最高人民法院指导性案例绝对优先比对以外，还要优先检索近 3 年的案例及裁判生效的案件。在司法实践中，办案人员在检索出类案以后，待决案件要与检索出的若干类案相比对，就要综合运用归纳推理和演绎推理。

（1）归纳推理的模式表示为：

张三犯非法占用农用地罪判处有期徒刑 3 年

李四犯非法占用农用地罪判处有期徒刑 3 年 6 个月

麻五犯非法占用农用地罪判处有期徒刑 4 年

其他在基本事实、争议焦点、法律适用问题等方面具有相似性的已决案件

_____

所以，在基本事实、争议焦点、法律适用问题等方面具有相似性的已决案件刑期在 3 年以上 4 年以下。

（2）演绎推理的模式表示为：

在基本事实、争议焦点、法律适用问题等方面具有相似性的已决案件
（非法占用农用地罪）刑期在 3 年以上 4 年以下　　　　　　　　（大前提）

待决犯木头六犯非法占用农用地罪，在基本事实、争议焦点、法律适用
问题等方面与已决案件具有相似性　　　　　　　　　　　　　　（小前提）

　　　　　　　　　　　　　　　　　　　　　　　　　　　　　（推　导）

所以，木头六犯非法占用农用地罪判处有期徒刑 3 年 3 个月　　（结　论）

　　综上所述，律师思维与推理是律师将法学理论与办案实践相结合的重要
"工具"，律师思维与推理在办案实践中的具体运用的娴熟程度决定着律师办
案技能的高低，惯性思维无法完全正确认识案件的多样性和复杂性，律师思
维的多元化不仅是律师执业的客观需求，也是我们探求不断发展变化的客观
世界的本质和规律性的高级思维模式。本章阐述的律师思维与推理，不仅是
刑事辩护律师应当掌握和娴熟运用的，而且是办理民事、行政等其他部门种
类的案件的代理律师也必须学会的。在刑事辩护的司法实践中，辩护律师思
维狭窄、不多元、不善于利用推理的现象比较普遍，需要结合刑事刑辩思维
的理论学习与具体办案实践不断克服、锻炼、培养和提高。

第八章

刑事法律的范围

第一节　辩护的基础

一、夯实刑事辩护基础

辩护律师的辩护水平是在逐步学习刑事法律基本理论、法律及司法解释、律师解析刑事案件程序和在刑事辩护司法实践中不断总结辩护经验而逐步提高的，是滴水成渊的过程，一定不能急躁，要夯实刑事辩护的基础。辩护律师要注意以下具体提升辩护水平的过程。

1. 刑事基本理论教科书

辩护律师要全面学习刑事法律基本理论，随着法律的变化而不断更换刑事法律基本理论的教科书，在办理具体刑事案件中备用。刑事法律基本理论不过关，就会导致对刑事法律理解得不透彻，辩护水平就难以提高。

2. 刑事法律及其司法解释全书

要全面学习刑事法律及其司法解释，在脑海里形成刑事法律及其司法解释整体结构。不断更新刑事法律及其司法解释全书，有的辩护律师没有刑事法律及其司法解释全书，学习刑事法律及其司法解释不全面，而是在办理具体案件时仅依靠在网上检索法条的办法，这种做法往往会因为检索法条不全面而造成办案方法的缺失，甚至适用法律错误。

辩护律师可以借助《刑法及司法解释全书》《刑法分解实用全书》《刑事诉讼法及司法解释全书》（法律出版社出版，每年进行更新）全面学习刑事法律及其司法解释。

3. 辩护律师解析刑事案件的程序

辩护律师要学习并熟练掌握律师解析刑事案件程序，律师解析刑事案件程序是律师在刑事辩护实践中总结出来的，是律师办案实践应用的工具，是刑事法律与刑事辩护司法实践的桥梁，是辩护律师将刑事法律基本理论及法律条文应用于刑事辩护司法实践必须学习并熟练掌握的知识，如果律师不能掌握律师解析刑事案件程序，就很难做好刑事辩护工作，甚至可以说是不完全懂得如何进行刑事辩护。

4. 刑事辩护司法实践

辩护律师在掌握刑事法律基本理论、刑事法律及相应的司法解释、解析刑事案件程序的基础上从事刑事辩护司法实践。寻求一位有理想、有诚信、有技能、有纪律、严管厚爱的老律师带领从事刑事辩护司法实践，并从中逐步提高刑事辩护水平是一条比较成功的经验。

辩护律师刑事法律基本理论、刑事法律及相应的司法解释、解析刑事案件程序是刻苦钻研出来的；法庭上法律言词的精湛、朴实高雅的风格、庭审气氛的气场、被告人求救的眼神、博得同仁们的共鸣等丰富的庭审经验是在实践中磨练出来的。如果心理素质不好，就要多做庭审演练，庭审中出现点纰漏并不可怕，可怕的是心理支柱的坍塌，影响后期庭审效果，赢得也不一定光彩，所以输得也要潇洒；如果文笔不好，就要一遍一遍地推敲，或依靠团队精神群策群力；如果表达能力不好，就要在公共场合多讲话；如果临场的应变能力不敏锐，就要在庭前作充分准备。正可谓，历经磨难、淬火成钢。

综上所述，提高辩护律师的辩护水平的总体方法可以概括为四句话：基本理论要扎实、法律条文要全面、解析刑事案件程序要娴熟、辩护实践要磨练。辩护律师往往忽视按照这四个顺序来提升刑事辩护水平，有的是忽视对法律条文的全面学习；有的是忽视对律师解析刑事案件程序的熟练掌握，急于进入刑事辩护司法实践，如果这样做，就很难夯实刑事辩护的基本功，也会造成在刑事辩护司法实践中出现案件质量瑕疵，刑事辩护水平的增长度会受到极大限制。

二、掌握刑事法律方法

辩护律师对刑法总则条文不仅要全面掌握，而且要在司法实践中运用得得心应手；在全面学习刑法分则的基础上，重点掌握常用罪名条文。司法实践中的常用罪名大约有 50 个左右，例如交通肇事罪，非法制造、买卖、运输、邮寄、储存枪支、弹药、爆炸物罪，非法吸收公众存款罪，集资诈骗罪，杀人罪，故意伤害罪，强奸罪，非法拘禁罪，抢劫罪，盗窃罪，诈骗罪，合同诈骗罪，抢夺罪，职务侵占罪，敲诈勒索罪，妨害公务罪，聚众斗殴罪，寻衅滋事罪，掩饰、隐瞒犯罪所得、犯罪所得收益罪，走私、贩卖、运输、制造毒品罪，贪污罪，受贿罪等等常用罪名，对常用罪名既要熟练掌握犯罪构成和量刑规则的基本原理，又要熟练掌握司法解释对该罪名的规定。辩护律师在办理个案过程中，是以罪名为单位全面归纳涉案罪名的法律条文，所以辩护律师也要养成以罪名为单位学习刑事法律条文的习惯。

　　辩护律师在全面学习刑事程序法的基础上，重点掌握强制措施、证据、一审普通程序的法律规定，这是刑事程序法的核心环节，是辩护律师办理刑事案件的基础。

第二节　罪名规定

　　自 1997 年《刑法》修订以后，经过十一次《刑法修正案》对刑法进行了修改；全国人民代表大会常务委员会又作出了四个决定，分别是《关于惩治骗购外汇、逃汇和非法买卖外汇犯罪的决定》《关于取缔邪教组织、防范和惩治邪教活动的决定》《关于维护互联网安全的决定》《关于加强网络信息保护的决定》。截止于 2021 年 3 月 1 日《刑法修正案（十一）》生效，《刑法》总则共五章，分则共十章，共 452 个条文。

　　依据《最高人民法院关于执行〈中华人民共和国刑法〉确定罪名的规定》（1997 年 12 月 16 日起施行）、《最高人民检察院关于适用刑法分则规定的犯罪的罪名的意见》（1997 年 12 月 25 日施行）、《最高人民法院、最高人民检察院关于执行〈中华人民共和国刑法〉确定罪名的补充规定》（2002 年 3 月 26 日施行）、《最高人民法院、最高人民检察院关于执行〈中华人民共和国刑法〉确定罪名的补充规定（二）》（2003 年 8 月 21 日施行）、《最高人民法院、最高人民检察院关于执行〈中华人民共和国刑法〉确定罪名的补充规定（三）》（2007 年 11 月 6 日施行）、《最高人民法院、最高人民检察院关于执行〈中华人民共和国刑法〉确定罪名的补充规定（四）》（2009 年 10 月

16 日施行）、《最高人民法院、最高人民检察院关于执行〈中华人民共和国刑法〉确定罪名的补充规定（五）》（2011 年 5 月 1 日施行）、《最高人民法院、最高人民检察院关于执行〈中华人民共和国刑法〉确定罪名的补充规定（六）》（2015 年 11 月 1 日施行）、《最高人民法院、最高人民检察院关于执行〈中华人民共和国刑法〉确定罪名的补充规定（七）》（2021 年 3 月 1 日施行）之规定，中国刑法罪名总数为 483 个，其中含有死刑的罪名为 46 个。

一、条文中具体罪名

第一章　危害国家安全罪（12 个罪名）		
1	背叛国家罪	《刑法》第 102 条
2	分裂国家罪	《刑法》第 103 条第 1 款
3	煽动分裂国家罪	《刑法》第 103 条第 2 款
4	武装叛乱、暴乱罪	《刑法》第 104 条
5	颠覆国家政权罪	《刑法》第 105 条第 1 款
6	煽动颠覆国家政权罪	《刑法》第 105 条第 2 款
7	资助危害国家安全犯罪活动罪	《刑法》第 107 条
8	投敌叛变罪	《刑法》第 108 条
9	叛逃罪	《刑法》第 109 条
10	间谍罪	《刑法》第 110 条
11	为境外窃取、刺探、收买、非法提供国家秘密、情报罪	《刑法》第 111 条
12	资敌罪	《刑法》第 112 条
第二章　危害公共安全罪（54 个罪名）		
13	放火罪	《刑法》第 114 条、第 115 条第 1 款
14	决水罪	同上
15	爆炸罪	同上
16	投放危险物质罪	同上

第二章　危害公共安全罪（54 个罪名）		
17	以危险方法危害公共安全罪	同上
18	失火罪	《刑法》第 115 条第 2 款
19	过失决水罪	同上
20	过失爆炸罪	同上
21	过失投放危险物质罪	同上
22	过失以危险方法危害公共安全罪	同上
23	破坏交通工具罪	《刑法》第 116 条、第 119 条第 1 款
24	破坏交通设施罪	《刑法》第 117 条、第 119 条第 1 款
25	破坏电力设备罪	《刑法》第 118 条、第 119 条第 1 款
26	破坏易燃易爆设备罪	同上
27	过失损坏交通工具罪	第 119 条第 2 款
28	过失损坏交通设施罪	同上
29	过失损坏电力设备罪	同上
30	过失损坏易燃易爆设备罪	同上
31	组织、领导、参加恐怖组织罪	《刑法》第 120 条
32	帮助恐怖活动罪	《刑法》第 120 条之一
33	准备实施恐怖活动罪	《刑法》第 120 条之二
34	宣扬恐怖主义、极端主义、煽动实施恐怖活动罪	《刑法》第 120 条之三
35	利用极端主义破坏法律实施罪	《刑法》第 120 条之四
36	强制穿戴宣扬恐怖主义、极端主义服饰、标志罪	《刑法》第 120 条之五
37	非法持有宣扬恐怖主义、极端主义物品罪	《刑法》第 120 条之六
38	劫持航空器罪	《刑法》第 121 条
39	劫持船只、汽车罪	《刑法》第 122 条
40	暴力危及飞行安全罪	《刑法》第 123 条

续表

第二章　危害公共安全罪（54 个罪名）		
41	破坏广播电视设施、公用电信设施罪	《刑法》第 124 条第 1 款
42	过失损坏广播电视设施、公用电信设施罪	《刑法》第 124 条第 2 款
43	非法制造、买卖、运输、邮寄、储存枪支、弹药、爆炸物罪	《刑法》第 125 条第 1 款
44	非法制造、买卖、运输、储存危险物质罪	《刑法》第 125 条第 2 款
45	违规制造、销售枪支罪	《刑法》第 126 条
46	盗窃、抢夺枪支、弹药、爆炸物、危险物质罪	《刑法》第 127 条
47	抢劫枪支、弹药、爆炸物、危险物质罪	《刑法》第 127 条第 2 款
48	非法持有、私藏枪支、弹药罪	《刑法》第 128 条第 1 款
49	非法出租、出借枪支罪	《刑法》第 128 条第 2 款、第 3 款
50	丢失枪支不报罪	《刑法》第 129 条
51	非法携带枪支、弹药、管制刀具、危险物品危及公共安全罪	《刑法》第 130 条
52	重大飞行事故罪	《刑法》第 131 条
53	铁路运营安全事故罪	《刑法》第 132 条
54	交通肇事罪	《刑法》第 133 条
55	危险驾驶罪	《刑法》第 133 条之一
56	妨害安全驾驶罪	《刑法》第 133 条之二
57	重大责任事故罪	《刑法》第 134 条第 1 款
58	强令、组织他人违章冒险作业罪	《刑法》第 134 条第 2 款
59	危险作业罪	《刑法》第 134 条之一
60	重大劳动安全事故罪	《刑法》第 135 条
61	大型群众性活动重大安全事故罪	《刑法》第 135 条之一
62	危险物品肇事罪	《刑法》第 136 条
63	工程重大安全事故罪	《刑法》第 137 条

续表

	第二章　危害公共安全罪（54个罪名）	
64	教育设施重大安全事故罪	《刑法》第138条
65	消防责任事故罪	《刑法》第139条
66	不报、谎报安全事故罪	《刑法》第139条之一
	第三章 破坏社会主义市场经济秩序罪（110个罪名）	
	第一节 生产、销售伪劣商品罪（10个罪名）	
67	生产、销售伪劣产品罪	《刑法》第140条
68	生产、销售、提供假药罪	《刑法》第141条
69	生产、销售、提供劣药罪	《刑法》第142条
70	妨害药品管理罪	《刑法》第142条之一
71	生产、销售不符合安全标准的食品罪	《刑法》第143条
72	生产、销售有毒、有害食品罪	《刑法》第144条
73	生产、销售不符合标准的医用器材罪	《刑法》第145条
74	生产、销售不符合安全标准的产品罪	《刑法》第146条
75	生产、销售伪劣农药、兽药、化肥、种子罪	《刑法》第147条
76	生产、销售不符合卫生标准的化妆品罪	《刑法》第148条
	第二节 走私罪（10个罪名）	
77	走私武器、弹药罪	《刑法》第151条第1款
	第三章　破坏社会主义市场经济秩序罪（110个罪名）	
78	走私核材料罪	同上
79	走私假币罪	同上
80	走私文物罪	《刑法》第151条第2款
81	走私贵重金属罪	同上
82	走私珍贵动物、珍贵动物制品罪	同上
83	走私国家禁止进出口的货物、物品罪	《刑法》第151条第3款
84	走私淫秽物品罪	《刑法》第152条
85	走私普通货物、物品罪	《刑法》第153条

第三章　破坏社会主义市场经济秩序罪（110个罪名）		
86	走私废物罪	《刑法》第152条第3款
第三节 妨害对公司、企业的管理秩序罪（17个罪名）		
87	虚报注册资本罪	《刑法》第158条
88	虚假出资、抽逃出资罪	《刑法》第159条
89	欺诈发行证券罪	《刑法》第160条
90	违规披露、不披露重要信息罪	《刑法》第161条
91	妨害清算罪	《刑法》第162条
92	虚假破产罪	《刑法》第162条之二
93	隐匿、故意销毁会计凭证、会计帐簿、财务会计报告罪	《刑法》第162条之一
94	非国家工作人员受贿罪	《刑法》第163条
95	对非国家工作人员行贿罪	《刑法》第164条
96	对外国公职人员、国际公共组织官员行贿罪	《刑法》第164条第2款
97	非法经营同类营业罪	《刑法》第165条
98	为亲友非法牟利罪	《刑法》第166条
99	签订、履行合同失职被骗罪	《刑法》第167条
100	国有公司、企业、事业单位人员失职罪	《刑法》第168条
101	国有公司、企业、事业单位人员滥用职权罪	同上
102	徇私舞弊低价折股、出售国有资产罪	《刑法》第169条
103	背信损害上市公司利益罪	《刑法》第169条之一
第四节 破坏金融管理秩序罪（30个罪名）		
104	伪造货币罪	《刑法》第170条
105	出售、购买、运输假币罪	《刑法》第171条第1款
106	金融工作人员购买假币、以假币换取货币罪	《刑法》第171条第2款
107	持有、使用假币罪	《刑法》第172条

续表

第三章 破坏社会主义市场经济秩序罪（110个罪名）		
108	变造货币罪	《刑法》第 173 条
109	擅自设立金融机构罪	《刑法》第 174 条第 1 款
110	伪造、变造、转让金融机构经营许可证、批准文件罪	《刑法》第 174 条第 2 款
111	高利转贷罪	《刑法》第 175 条
112	骗取贷款、票据承兑、金融票证罪	《刑法》第 175 条之一
113	非法吸收公众存款罪	《刑法》第 176 条
114	伪造、变造金融票证罪	《刑法》第 177 条
115	妨害信用卡管理罪	《刑法》第 177 条之一第 1 款
116	窃取、收买、非法提供信用卡信息罪	《刑法》第 177 条之一第 2 款
117	伪造、变造国家有价证券罪	《刑法》第 178 条第 1 款
118	伪造、变造股票、公司、企业债券罪	《刑法》第 178 条第 2 款
119	擅自发行股票、公司、企业债券罪	《刑法》第 179 条
120	内幕交易、泄露内幕信息罪	《刑法》第 180 条
121	利用未公开信息交易罪	《刑法》第 180 条第 4 款
122	编造并传播证券、期货交易虚假信息罪	《刑法》第 181 条第 1 款
123	诱骗投资者买卖证券、期货合约罪	《刑法》第 181 条第 2 款
124	操纵证券、期货市场罪	《刑法》第 182 条
125	背信运用受托财产罪	《刑法》第 185 条之一第 1 款
126	违法运用资金罪	《刑法》第 185 条之一第 2 款
127	违法发放贷款罪	《刑法》第 186 条第 1 款
128	吸收客户资金不入账罪	《刑法》第 187 条
129	违规出具金融票证罪	《刑法》第 188 条
130	对违法票据承兑、付款、保证罪	《刑法》第 189 条
131	骗购外汇罪	《全国人大常委会关于惩治骗购外汇、逃汇和非法买卖外汇犯罪的决定》第 1 条

续表

第三章 破坏社会主义市场经济秩序罪（110个罪名）		
132	逃汇罪	《刑法》第190条
133	洗钱罪	《刑法》第191条
第五节 金融诈骗罪（8个罪名）		
134	集资诈骗罪	《刑法》第192条
135	贷款诈骗罪	《刑法》第193条
136	票据诈骗罪	《刑法》第194条第1款
137	金融凭证诈骗罪	《刑法》第194条第2款
138	信用证诈骗罪	《刑法》第195条
139	信用卡诈骗罪	《刑法》第196条
140	有价证券诈骗罪	《刑法》第197条
141	保险诈骗罪	《刑法》第198条
第六节 危害税收征管罪（14个罪名）		
142	逃税罪	《刑法》第201条
143	抗税罪	《刑法》第202条
144	逃避追缴欠税罪	《刑法》第203条
145	骗取出口退税罪	《刑法》第204条第1款
146	虚开增值税专用发票、用于骗取出口退税、抵扣税款发票罪	《刑法》第205条
147	虚开发票罪	《刑法》第205条之一
148	伪造、出售伪造的增值税专用发票罪	《刑法》第206条
149	非法出售增值税专用发票罪	《刑法》第207条
150	非法购买增值税专用发票、购买伪造的增值税专用发票罪	《刑法》第208条第1款
151	非法制造、出售非法制造的用于骗取出口退税、抵扣税款发票罪	《刑法》第209条第1款
152	非法制造、出售非法制造的发票罪	《刑法》第209条第2款
153	非法出售用于骗取出口退税、抵扣税款发票罪	《刑法》第209条第3款

续表

第三章　破坏社会主义市场经济秩序罪（110个罪名）		
154	非法出售发票罪	《刑法》第209条第4款
155	持有伪造的发票罪	《刑法》第210条之一
第七节 侵犯知识产权罪（8个罪名）		
156	假冒注册商标罪	《刑法》第213条
157	销售假冒注册商标的商品罪	《刑法》第214条
158	非法制造、销售非法制造的注册商标标识罪	《刑法》第215条
159	假冒专利罪	《刑法》第216条
160	侵犯著作权罪	《刑法》第217条
161	销售侵权复制品罪	《刑法》第218条
162	侵犯商业秘密罪	《刑法》第219条
163	为境外窃取、刺探、收买、非法提供商业秘密罪	《刑法》第219条之一
第八节 扰乱市场秩序罪（13个罪名）		
164	损害商业信誉、商品声誉罪	《刑法》第221条
165	虚假广告罪	《刑法》第222条
166	串通投标罪	《刑法》第223条
167	合同诈骗罪	《刑法》第224条
168	组织、领导传销活动罪	《刑法》第224条之一
169	非法经营罪	《刑法》第225条
170	强迫交易罪	《刑法》第226条
171	伪造、倒卖伪造的有价票证罪	《刑法》第227条第1款
172	倒卖车票、船票罪	《刑法》第227条第2款
173	非法转让、倒卖土地使用权罪	《刑法》第228条
174	提供虚假证明文件罪	《刑法》第229条第1款、第2款

续表

第三章　破坏社会主义市场经济秩序罪（110 个罪名）		
175	出具证明文件重大失实罪	《刑法》第 229 条第 3 款
176	逃避商检罪	《刑法》第 230 条
第四章　侵犯公民人身权利、民主权利罪（43 个罪名）		
177	故意杀人罪	《刑法》第 232 条
178	过失致人死亡罪	《刑法》第 233 条
179	故意伤害罪	《刑法》第 234 条
180	组织出卖人体器官罪	《刑法》第 234 条之一第 1 款
181	过失致人重伤罪	《刑法》第 235 条
182	强奸罪	《刑法》第 236 条
183	负有照护职责人员性侵罪	《刑法》第 236 条之一
184	强制猥亵、侮辱罪	《刑法》第 237 条第 1 款
185	猥亵儿童罪	《刑法》第 237 条第 3 款
186	非法拘禁罪	《刑法》第 238 条
187	绑架罪	《刑法》第 239 条
188	拐卖妇女、儿童罪	《刑法》第 240 条
189	收买被拐卖的妇女、儿童罪	《刑法》第 241 条第 1 款
190	聚众阻碍解救被收买的妇女、儿童罪	《刑法》第 242 条第 2 款
191	诬告陷害罪	《刑法》第 243 条
192	强迫劳动罪	《刑法》第 244 条
193	雇用童工从事危重劳动罪	《刑法》第 244 条之一
194	非法搜查罪	《刑法》第 245 条
195	非法侵入住宅罪	《刑法》第 245 条
196	侮辱罪	《刑法》第 246 条
197	诽谤罪	《刑法》第 246 条
198	刑讯逼供罪	《刑法》第 247 条
199	暴力取证罪	《刑法》第 247 条

续表

	第四章　侵犯公民人身权利、民主权利罪（43 个罪名）	
200	虐待被监管人罪	《刑法》第 248 条
201	煽动民族仇恨、民族歧视罪	《刑法》第 249 条
202	出版歧视、侮辱少数民族作品罪	《刑法》第 250 条
203	非法剥夺公民宗教信仰自由罪	《刑法》第 251 条
204	侵犯少数民族风俗习惯罪	《刑法》第 251 条
205	侵犯通信自由罪	《刑法》第 252 条
206	私自开拆、隐匿、毁弃邮件、电报罪	《刑法》第 253 条第 1 款
207	侵犯公民个人信息罪	《刑法》第 253 条之一
208	报复陷害罪	《刑法》第 254 条
209	打击报复会计、统计人员罪	《刑法》第 255 条
210	破坏选举罪	《刑法》第 256 条
211	暴力干涉婚姻自由罪	《刑法》第 257 条
212	重婚罪	《刑法》第 258 条
213	破坏军婚罪	《刑法》第 259 条第 1 款
214	虐待罪	《刑法》第 260 条
215	虐待被监护、看护人罪	《刑法》第 260 条之一
216	遗弃罪	《刑法》第 261 条
217	拐骗儿童罪	《刑法》第 262 条
218	组织残疾人、儿童乞讨罪	《刑法》第 262 条之一
219	组织未成年人进行违反治安管理活动罪	《刑法》第 262 条之二
	第五章　侵犯财产罪（13 个罪名）	
220	抢劫罪	《刑法》第 263 条
221	盗窃罪	《刑法》第 264 条
222	诈骗罪	《刑法》第 266 条
223	抢夺罪	《刑法》第 267 条第 1 款
224	聚众哄抢罪	《刑法》第 268 条

第五章 侵犯财产罪 (13个罪名)		
225	侵占罪	《刑法》第270条
226	职务侵占罪	《刑法》第271条第1款
227	挪用资金罪	《刑法》第272条第1款
228	挪用特定款物罪	《刑法》第273条
229	敲诈勒索罪	《刑法》第274条
230	故意毁坏财物罪	《刑法》第275条
231	破坏生产经营罪	《刑法》第276条
232	拒不支付劳动报酬罪	《刑法》第276条之一
第六章 妨害社会管理秩序罪 (146个罪名)		
第一节 扰乱公共秩序罪 (56个罪名)		
233	妨害公务罪	《刑法》第277条第1款至第4款
234	袭警罪	《刑法》第277条第5款
235	煽动暴力抗拒法律实施罪	《刑法》第278条
236	招摇撞骗罪	《刑法》第279条
237	伪造、变造、买卖国家机关公文、证件、印章罪	《刑法》第280条第1款
238	盗窃、抢夺、毁灭国家机关公文、证件、印章罪	《刑法》第280条第1款
239	伪造公司、企业、事业单位、人民团体印章罪	《刑法》第280条第2款
240	伪造、变造、买卖身份证件罪	《刑法》第280条第3款
241	使用虚假身份证件、盗用身份证件罪	《刑法》第280条之一
242	冒名顶替罪	《刑法》第280条之二
243	非法生产、买卖警用装备罪	《刑法》第281条
244	非法获取国家秘密罪	《刑法》第282条第1款
245	非法持有国家绝密、机密文件、资料、物品罪	《刑法》第282条第2款

续表

第六章　妨害社会管理秩序罪（146 个罪名）	
246	非法生产、销售专用间谍器材、窃听、窃照专用器材罪	《刑法》第 283 条
247	非法使用窃听、窃照专用器材罪	《刑法》第 284 条
248	组织考试作弊罪	《刑法》第 284 条之一第 1 款、第 2 款
249	非法出售、提供试题、答案罪	《刑法》第 284 条之一第 3 款
250	代替考试罪	《刑法》第 284 条之一第 4 款
251	非法侵入计算机信息系统罪	《刑法》第 285 条
252	非法获取计算机信息系统数据、非法控制计算机信息系统罪	《刑法》第 285 条第 2 款
253	提供侵入、非法控制计算机信息系统程序、工具罪	《刑法》第 285 条第 3 款
254	破坏计算机信息系统罪	《刑法》第 286 条
255	拒不履行信息网络安全管理义务罪	《刑法》第 286 条之一
256	非法利用信息网络罪	《刑法》第 287 条之一
257	帮助信息网络犯罪活动罪	《刑法》第 287 条之二
258	扰乱无线电通讯管理秩序罪	《刑法》第 288 条
259	聚众扰乱社会秩序罪	《刑法》第 290 条第 1 款
260	聚众冲击国家机关罪	《刑法》第 290 条第 2 款
261	扰乱国家机关工作秩序罪	《刑法》第 290 条第 3 款
262	组织、资助非法聚集罪	《刑法》第 290 条第 4 款
263	聚众扰乱公共场所秩序、交通秩序罪	《刑法》第 291 条
264	投放虚假危险物质罪	《刑法》第 291 条之一
265	编造、故意传播虚假恐怖信息罪	《刑法》第 291 条之一
266	编造、故意传播虚假信息罪	《刑法》第 291 条之一第 2 款
267	高空抛物罪	《刑法》第 291 条之二
268	聚众斗殴罪	《刑法》第 292 条第 1 款
269	寻衅滋事罪	《刑法》第 293 条

续表

第六章　妨害社会管理秩序罪（146 个罪名）		
270	催收非法债务罪	《刑法》第 293 条之一
271	组织、领导、参加黑社会性质组织罪	《刑法》第 294 条第 1 款
272	入境发展黑社会组织罪	《刑法》第 294 条第 2 款
273	包庇、纵容黑社会性质组织罪	《刑法》第 294 条第 4 款
274	传授犯罪方法罪	《刑法》第 295 条
275	非法集会、游行、示威罪	《刑法》第 296 条
276	非法携带武器、管制刀具、爆炸物参加集会、游行、示威罪	《刑法》第 297 条
277	破坏集会、游行、示威罪	《刑法》第 298 条
278	侮辱国旗、国徽、国歌罪	《刑法》第 299 条
279	侵害英雄烈士名誉、荣誉罪	《刑法》第 299 条之一
280	组织、利用会道门、邪教组织、利用迷信破坏法律实施罪	《刑法》第 300 条第 1 款
281	组织、利用会道门、邪教组织、利用迷信致人重伤、死亡罪	《刑法》第 300 条第 2 款
282	聚众淫乱罪	《刑法》第 301 条第 1 款
283	引诱未成年人聚众淫乱罪	《刑法》第 301 条第 2 款
284	盗窃、侮辱、故意毁坏尸体、尸骨、骨灰罪	《刑法》第 302 条
285	赌博罪	《刑法》第 303 条
286	开设赌场罪	《刑法》第 303 条第 2 款
287	组织参与国（境）外赌博罪	《刑法》第 303 条第 3 款
288	故意延误投递邮件罪	《刑法》第 304 条
第二节　妨害司法罪（20 个罪名）		
289	伪证罪	《刑法》第 305 条
290	辩护人、诉讼代理人毁灭证据、伪造证据、妨害作证罪	《刑法》第 306 条
291	妨害作证罪	《刑法》第 307 条第 1 款
292	帮助毁灭、伪造证据罪	《刑法》第 307 条第 2 款

第六章　妨害社会管理秩序罪（146 个罪名）		
293	虚假诉讼罪	《刑法》第 307 条之一
294	打击报复证人罪	《刑法》第 308 条
295	泄露不应公开的案件信息罪	《刑法》第 308 条之一第 1 款
296	披露、报道不应公开的案件信息罪	《刑法》第 308 条之一第 3 款
297	扰乱法庭秩序罪	《刑法》第 309 条
298	窝藏、包庇罪	《刑法》第 310 条
299	拒绝提供间谍犯罪、恐怖主义犯罪、极端主义犯罪证据罪	《刑法》第 311 条
300	掩饰、隐瞒犯罪所得、犯罪所得收益罪	《刑法》第 312 条
301	拒不执行判决、裁定罪	《刑法》第 313 条
302	非法处置查封、扣押、冻结的财产罪	《刑法》第 314 条
303	破坏监管秩序罪	《刑法》第 315 条
304	脱逃罪	《刑法》第 316 条第 1 款
305	劫夺被押解人员罪	《刑法》第 316 条第 2 款
306	组织越狱罪	《刑法》第 317 条第 1 款
307	暴动越狱罪	《刑法》第 317 条第 2 款
308	聚众持械劫狱罪	《刑法》第 317 条第 2 款
第三节 妨害国（边）境管理罪（8 个罪名）		
309	组织他人偷越国（边）境罪	《刑法》第 318 条
310	骗取出境证件罪	《刑法》第 319 条
311	提供伪造、变造的出入境证件罪	《刑法》第 320 条
312	出售出入境证件罪	《刑法》第 320 条
313	运送他人偷越国（边）境罪	《刑法》第 321 条
314	偷越国（边）境罪	《刑法》第 322 条
315	破坏界碑、界桩罪	《刑法》第 323 条
316	破坏永久性测量标志罪	《刑法》第 323 条

续表

第六章 妨害社会管理秩序罪（146 个罪名）		
第四节 妨害文物管理罪（10 个罪名）		
317	故意损毁文物罪	《刑法》第 324 条第 1 款
318	故意损毁名胜古迹罪	《刑法》第 324 条第 2 款
319	过失损毁文物罪	《刑法》第 324 条第 3 款
320	非法向外国人出售、赠送珍贵文物罪	《刑法》第 325 条
321	倒卖文物罪	《刑法》第 326 条
322	非法出售、私赠文物藏品罪	《刑法》第 327 条
323	盗掘古文化遗址、古墓葬罪	《刑法》第 328 条第 1 款
324	盗掘古人类化石、古脊椎动物化石罪	《刑法》第 328 条第 2 款
325	抢夺、窃取国有档案罪	《刑法》第 329 条第 1 款
326	擅自出卖、转让国有档案罪	《刑法》第 329 条第 2 款
第五节 危害公共卫生罪（13 个罪名）		
327	妨害传染病防治罪	《刑法》第 330 条
328	传染病菌种、毒种扩散罪	《刑法》第 331 条
329	妨害国境卫生检疫罪	《刑法》第 332 条
330	非法组织卖血罪	《刑法》第 333 条第 1 款
331	强迫卖血罪	《刑法》第 333 条第 1 款
332	非法采集、供应血液、制作、供应血液制品罪	《刑法》第 334 条第 1 款
333	采集、供应血液、制作、供应血液制品事故罪	《刑法》第 334 条第 2 款
334	非法采集人类遗传资源、走私人类遗传资源材料罪	《刑法》第 334 条之一
335	医疗事故罪	《刑法》第 335 条
336	非法行医罪	《刑法》第 336 条第 1 款
337	非法进行节育手术罪	《刑法》第 336 条第 2 款
338	非法植入基因编辑、克隆胚胎罪	《刑法》第 336 条之一

第六章　妨害社会管理秩序罪（146 个罪名）		
339	妨害动植物防疫、检疫罪	《刑法》第 337 条第 1 款
第六节 破坏环境资源保护罪（16 个罪名）		
340	污染环境罪	《刑法》第 338 条
341	非法处置进口的固体废物罪	《刑法》第 339 条第 1 款
342	擅自进口固体废物罪	《刑法》第 339 条第 2 款
343	非法捕捞水产品罪	《刑法》第 340 条
344	危害珍贵、濒危野生动物罪	《刑法》第 341 条第 1 款
345	非法狩猎罪	《刑法》第 341 条第 2 款
346	非法猎捕、收购、运输、出售陆生野生动物罪	《刑法》第 341 条第 3 款
347	非法占用农用地罪	《刑法》第 342 条
348	破坏自然保护地罪	《刑法》第 342 条之一
349	非法采矿罪	《刑法》第 343 条第 1 款
350	破坏性采矿罪	《刑法》第 343 条第 2 款
351	危害国家重点保护植物罪	《刑法》第 344 条
352	非法引进、释放、丢弃外来入侵物种罪	《刑法》第 344 条之一
353	盗伐林木罪	《刑法》第 345 条第 1 款
354	滥伐林木罪	《刑法》第 345 条第 2 款
355	非法收购、运输盗伐、滥伐的林木罪	《刑法》第 345 条第 3 款
第七节 走私、贩卖、运输、制造毒品罪（12 个罪名）		
356	走私、贩卖、运输、制造毒品罪	《刑法》第 347 条
357	非法持有毒品罪	《刑法》第 348 条
358	包庇毒品犯罪分子罪	《刑法》第 349 条第 1 款、第 2 款
359	窝藏、转移、隐瞒毒品、毒赃罪	《刑法》第 349 条第 1 款
360	非法生产、买卖、运输制毒物品、走私制毒物品罪	《刑法》第 350 条
361	非法种植毒品原植物罪	《刑法》第 351 条

续表

第六章　妨害社会管理秩序罪（146 个罪名）		
362	非法买卖、运输、携带、持有毒品原植物种子、幼苗罪	《刑法》第 352 条
363	引诱、教唆、欺骗他人吸毒罪	《刑法》第 353 条第 1 款
364	强迫他人吸毒罪	《刑法》第 353 条第 2 款
365	容留他人吸毒罪	《刑法》第 354 条
366	非法提供麻醉药品、精神药品罪	《刑法》第 355 条
367	妨害兴奋剂管理罪	《刑法》第 355 条之一
第八节　组织、强迫、引诱、容留、介绍卖淫罪（6 个罪名）		
368	组织卖淫罪	《刑法》第 358 条第 1 款
369	强迫卖淫罪	《刑法》第 358 条第 1 款
370	协助组织卖淫罪	《刑法》第 358 条第 3 款
371	引诱、容留、介绍卖淫罪	《刑法》第 359 条第 1 款
372	引诱幼女卖淫罪	《刑法》第 359 条第 2 款
373	传播性病罪	《刑法》第 360 条第 1 款
第九节　制作、贩卖、传播淫秽物品罪（5 个罪名）		
374	制作、复制、出版、贩卖、传播淫秽物品牟利罪	《刑法》第 363 条第 1 款
375	为他人提供书号出版淫秽书刊罪	《刑法》第 363 条第 2 款
376	传播淫秽物品罪	《刑法》第 364 条第 1 款
377	组织播放淫秽音像制品罪	《刑法》第 364 条第 2 款
378	组织淫秽表演罪	《刑法》第 365 条
第七章　危害国防利益罪（23 个罪名）		
379	阻碍军人执行职务罪	《刑法》第 368 条第 1 款
380	阻碍军事行动罪	《刑法》第 368 条第 2 款
381	破坏武器装备、军事设施、军事通信罪	《刑法》第 369 条
382	过失损坏武器装备、军事设施、军事通信罪	《刑法》第 369 条第 2 款
383	故意提供不合格武器装备、军事设施罪	《刑法》第 370 条第 1 款

续表

第七章 危害国防利益罪（23 个罪名）		
384	过失提供不合格武器装备、军事设施罪	《刑法》第 370 条第 2 款
385	聚众冲击军事禁区罪	《刑法》第 371 条第 1 款
386	聚众扰乱军事管理区秩序罪	《刑法》第 371 条第 2 款
387	冒充军人招摇撞骗罪	《刑法》第 372 条
388	煽动军人逃离部队罪	《刑法》第 373 条
389	雇用逃离部队军人罪	《刑法》第 373 条
390	接送不合格兵员罪	《刑法》第 374 条
391	伪造、变造、买卖武装部队公文、证件、印章罪	《刑法》第 375 条第 1 款
392	盗窃、抢夺武装部队公文、证件、印章罪	《刑法》第 375 条第 1 款
393	非法生产、买卖武装部队制式服装罪	《刑法》第 375 条第 2 款
394	伪造、盗窃、买卖、非法提供、非法使用武装部队专用标志罪	《刑法》第 375 条第 3 款
395	战时拒绝、逃避征召、军事训练罪	《刑法》第 376 条第 1 款
396	战时拒绝、逃避服役罪	《刑法》第 376 条第 2 款
397	战时故意提供虚假敌情罪	《刑法》第 377 条
398	战时造谣扰乱军心罪	《刑法》第 378 条
399	战时窝藏逃离部队军人罪	《刑法》第 379 条
400	战时拒绝、故意延误军事订货罪	《刑法》第 380 条
401	战时拒绝军事征收、征用罪	《刑法》第 381 条
第八章 贪污贿赂罪（14 个罪名）		
402	贪污罪	《刑法》第 382 条
403	挪用公款罪	《刑法》第 384 条
404	受贿罪	《刑法》第 385 条
405	单位受贿罪	《刑法》第 387 条
406	利用影响力受贿罪	《刑法》第 388 条之一
407	行贿罪	《刑法》第 389 条

续表

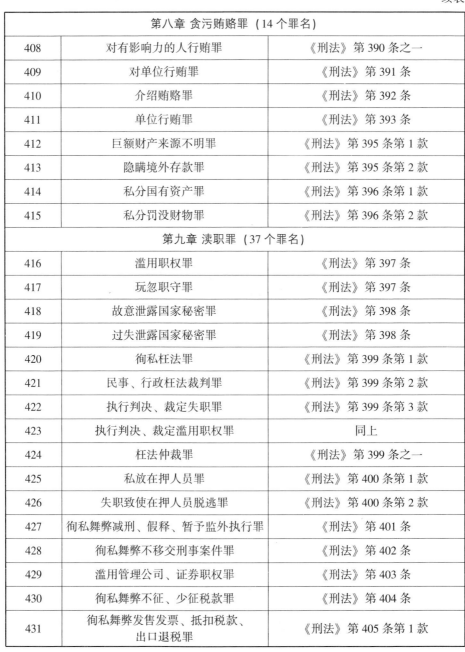

第八章 贪污贿赂罪（14个罪名）		
408	对有影响力的人行贿罪	《刑法》第390条之一
409	对单位行贿罪	《刑法》第391条
410	介绍贿赂罪	《刑法》第392条
411	单位行贿罪	《刑法》第393条
412	巨额财产来源不明罪	《刑法》第395条第1款
413	隐瞒境外存款罪	《刑法》第395条第2款
414	私分国有资产罪	《刑法》第396条第1款
415	私分罚没财物罪	《刑法》第396条第2款
第九章 渎职罪（37个罪名）		
416	滥用职权罪	《刑法》第397条
417	玩忽职守罪	《刑法》第397条
418	故意泄露国家秘密罪	《刑法》第398条
419	过失泄露国家秘密罪	《刑法》第398条
420	徇私枉法罪	《刑法》第399条第1款
421	民事、行政枉法裁判罪	《刑法》第399条第2款
422	执行判决、裁定失职罪	《刑法》第399条第3款
423	执行判决、裁定滥用职权罪	同上
424	枉法仲裁罪	《刑法》第399条之一
425	私放在押人员罪	《刑法》第400条第1款
426	失职致使在押人员脱逃罪	《刑法》第400条第2款
427	徇私舞弊减刑、假释、暂予监外执行罪	《刑法》第401条
428	徇私舞弊不移交刑事案件罪	《刑法》第402条
429	滥用管理公司、证券职权罪	《刑法》第403条
430	徇私舞弊不征、少征税款罪	《刑法》第404条
431	徇私舞弊发售发票、抵扣税款、出口退税罪	《刑法》第405条第1款

	第九章 渎职罪（37 个罪名）	
432	违法提供出口退税凭证罪	《刑法》第 405 条第 2 款
433	国家机关工作人员签订、 履行合同失职被骗罪	《刑法》第 406 条
434	违法发放林木采伐许可证罪	《刑法》第 407 条
435	环境监管失职罪	《刑法》第 408 条
436	食品、药品监管渎职罪	《刑法》第 408 条之一
437	传染病防治失职罪	《刑法》第 409 条
438	非法批准征收、征用、占用土地罪	《刑法》第 410 条
439	非法低价出让国有土地使用权罪	《刑法》第 410 条
440	放纵走私罪	《刑法》第 411 条
441	商检徇私舞弊罪	《刑法》第 412 条第 1 款
442	商检失职罪	《刑法》第 412 条第 2 款
443	动植物检疫徇私舞弊罪	《刑法》第 413 条第 1 款
444	动植物检疫失职罪	《刑法》第 413 条第 2 款
445	放纵制售伪劣商品犯罪行为罪	《刑法》第 414 条
446	办理偷越国（边）境人员出入境证件罪	《刑法》第 415 条
447	放行偷越国（边）境人员罪	《刑法》第 415 条
448	不解救被拐卖、绑架妇女、儿童罪	《刑法》第 416 条第 1 款
449	阻碍解救被拐卖、绑架妇女、儿童罪	《刑法》第 416 条第 2 款
450	帮助犯罪分子逃避处罚罪	《刑法》第 417 条
451	招收公务员、学生徇私舞弊罪	《刑法》第 418 条
452	失职造成珍贵文物损毁、流失罪	《刑法》第 419 条
	第十章 军人违反职责罪（31 个罪名）	
453	战时违抗命令罪	《刑法》第 421 条
454	隐瞒、谎报军情罪	《刑法》第 422 条
455	拒传、假传军令罪	《刑法》第 422 条

续表

第十章 军人违反职责罪（31 个罪名）		
456	投降罪	《刑法》第 423 条
457	战时临阵脱逃罪	《刑法》第 424 条
458	擅离、玩忽军事职守罪	《刑法》第 425 条
459	阻碍执行军事职务罪	《刑法》第 426 条
460	指使部属违反职责罪	《刑法》第 427 条
461	违令作战消极罪	《刑法》第 428 条
462	拒不救援友邻部队罪	《刑法》第 429 条
463	军人叛逃罪	《刑法》第 430 条
464	非法获取军事秘密罪	《刑法》第 431 条第 1 款
465	为境外窃取、刺探、收买、非法提供军事秘密罪	《刑法》第 431 条第 2 款
466	故意泄露军事秘密罪	《刑法》第 432 条
467	过失泄露军事秘密罪	《刑法》第 432 条
468	战时造谣惑众罪	《刑法》第 433 条
469	战时自伤罪	《刑法》第 434 条
470	逃离部队罪	《刑法》第 435 条
471	武器装备肇事罪	《刑法》第 436 条
472	擅自改变武器装备编配用途罪	《刑法》第 437 条
473	盗窃、抢夺武器装备、军用物资罪	《刑法》第 438 条
474	非法出卖、转让武器装备罪	《刑法》第 439 条
475	遗弃武器装备罪	《刑法》第 440 条
476	遗失武器装备罪	《刑法》第 441 条
477	擅自出卖、转让军队房地产罪	《刑法》第 442 条
478	虐待部属罪	《刑法》第 443 条
479	遗弃伤病军人罪	《刑法》第 444 条
480	战时拒不救治伤病军人罪	《刑法》第 445 条

续表

第十章　军人违反职责罪（31个罪名）		
481	战时残害居民、掠夺居民财物罪	《刑法》第446条
482	私放俘虏罪	《刑法》第447条
483	虐待俘虏罪	《刑法》第448条

二、有死刑的罪名

第一章　危害国家安全罪（7个罪名）		
1	背叛国家罪	《刑法》第102条
2	煽动分裂国家罪	《刑法》第103条第2款
3	武装叛乱、暴乱罪	《刑法》第104条
4	投敌叛变罪	《刑法》第108条
5	间谍罪	《刑法》第110条
6	为境外窃取、刺探、收买、非法提供国家秘密、情报罪	《刑法》第111条
7	资敌罪	《刑法》第112条
第二章　危害公共安全罪（14个罪名）		
8	放火罪	《刑法》第114条、第115条第1款
9	决水罪	同上
10	爆炸罪	同上
11	投放危险物质罪	同上
12	以危险方法危害公共安全罪	同上
13	破坏交通工具罪	《刑法》第116条、第119条第1款
14	破坏交通设施罪	《刑法》第117条、第119条第1款
15	破坏电力设备罪	《刑法》第118条、第119条第1款
16	破坏易燃易爆设备罪	同上
17	劫持航空器罪	《刑法》第121条
18	非法制造、买卖、运输、邮寄、储存枪支、弹药、爆炸物罪	《刑法》第125条第1款

续表

	第二章 危害公共安全罪（14 个罪名）	
19	非法制造、买卖、运输、储存危险物质罪	《刑法》第 125 条第 2 款
20	盗窃、抢夺枪支、弹药、爆炸物、危险物质罪	《刑法》第 127 条
21	抢劫枪支、弹药、爆炸物、危险物质罪	《刑法》第 127 条第 2 款
	第三章 破坏社会主义市场经济秩序罪（2 个罪名）	
22	生产、销售、提供假药罪	《刑法》第 141 条
23	生产、销售有毒、有害食品罪	《刑法》第 144 条
	第四章 侵犯公民人身权利、民主权利罪（5 个罪名）	
24	故意杀人罪	《刑法》第 232 条
25	故意伤害罪	《刑法》第 234 条
26	强奸罪	《刑法》第 236 条
27	绑架罪	《刑法》第 239 条
28	拐卖妇女、儿童罪	《刑法》第 240 条
	第五章 侵犯财产罪（1 个罪名）	
29	抢劫罪	《刑法》第 263 条
	第六章 妨害社会管理秩序罪（3 个罪名）	
30	暴动越狱罪	《刑法》第 317 条第 2 款
31	聚众持械劫狱罪	《刑法》第 317 条第 2 款
32	走私、贩卖、运输、制造毒品罪	《刑法》第 347 条
	第七章 危害国防利益罪（2 个罪名）	
33	破坏武器装备、军事设施、军事通信罪	《刑法》第 369 条
34	故意提供不合格武器装备、军事设施罪	《刑法》第 370 条第 1 款
	第八章 贪污贿赂罪（2 个罪名）	
35	贪污罪	《刑法》第 383 条
36	受贿罪	《刑法》第 385 条

第十章 军人违反职责罪（10 个罪名）		
37	战时违抗命令罪	《刑法》第 421 条
38	隐瞒、谎报军情罪	《刑法》第 422 条
39	拒传、假传军令罪	《刑法》第 422 条
40	投降罪	《刑法》第 423 条
41	战时临阵脱逃罪	《刑法》第 424 条
42	军人叛逃罪	《刑法》第 430 条
43	为境外窃取、刺探、收买、非法提供军事秘密罪	《刑法》第 431 条第 2 款
44	盗窃、抢夺武器装备、军用物资罪	《刑法》第 438 条
45	非法出卖、转让武器装备罪	《刑法》第 439 条
46	战时残害居民、掠夺居民财物罪	《刑法》第 446 条

第三节　刑法及司法解释的范围

一、刑法综合

1.《中华人民共和国刑法》　　　　　　　　　　（2020 年 12 月 26 日）

2.《全国人大常务委员会关于惩治骗购外汇、逃汇和非法买卖外汇犯罪的决定》　　　　　　　　　　　　　　　　　（1998 年 12 月 29 日）

3.《中华人民共和国刑法（修正案）》　　　　　（1999 年 12 月 25 日）

4.《中华人民共和国刑法（修正案二）》　　　　　（2001 年 8 月 31 日）

5.《中华人民共和国刑法（修正案三）》　　　　（2001 年 12 月 29 日）

6.《中华人民共和国刑法（修正案四）》　　　　（2002 年 12 月 28 日）

7.《中华人民共和国刑法（修正案五）》　　　　　（2005 年 2 月 28 日）

8.《中华人民共和国刑法（修正案六）》　　　　　（2006 年 6 月 29 日）

9.《中华人民共和国刑法（修正案七）》　　　　　（2009 年 2 月 28 日）

10.《全国人大常务委员会关于修改部分法律的决定》（2009 年 8 月 27 日）

11.《中华人民共和国刑法（修正案八）》　　　　　（2011 年 2 月 25 日）

12.《中华人民共和国刑法（修正案九）》　　　（2015 年 8 月 29 日）

13.《中华人民共和国刑法（修正案十）》　　　（2017 年 11 月 4 日）

14.《中华人民共和国刑法（修正案十一）》　（2020 年 12 月 26 日）

15.《全国人民代表大会常务委员会关于取缔邪教组织、防范和惩治邪教活动的决定》　　　　　　　　　　　　　　　（1999 年 10 月 30 日）

16.《全国人民代表大会常务委员会关于维护互联网安全的决定》

（2009 年 8 月 27 日）

17.《全国人民代表大会常务委员会关于加强网络信息保护的决定》

（2012 年 12 月 28 日）

18.《最高人民法院关于在裁判文书中如何表述修正前后刑法条文的批复》

（2012 年 5 月 15 日）

19.《最高人民法院关于准确理解和适用刑法中"国家规定"的有关问题的通知》　　　　　　　　　　　　　　　　　　（2011 年 4 月 8 日）

二、刑法的适用范围

1.《最高人民法院关于适用刑法时间效力规定若干问题的解释》

（1997 年 9 月 25 日）

2.《最高人民检察院关于检察工作中具体适用修订〈刑法〉第十二条若干问题的通知》　　　　　　　　　　　　　　　（1997 年 10 月 6 日）

3.《最高人民法院关于适用〈刑法〉第十二条几个问题的解释》

（1997 年 12 月 31 日）

4.《最高人民检察院关于对跨越修订刑法施行日期的继续犯罪、连续犯罪以及其他同种数罪应如何具体适用刑法问题的批复》　（1998 年 12 月 2 日）

5.《最高人民法院、最高人民检察院关于适用刑事司法解释时间效力问题的规定》　　　　　　　　　　　　　　　　（2001 年 12 月 7 日）

6.《最高人民法院关于〈中华人民共和国刑法修正案（八）〉时间效力问题的解释》　　　　　　　　　　　　　　　　（2011 年 4 月 25 日）

7.《最高人民法院关于〈中华人民共和国刑法修正案（九）〉时间效力问题的解释》　　　　　　　　　　　　　　　　（2015 年 10 月 29 日）

8.《最高人民检察院关于〈全国人民代表大会常务委员会关于《中华人民

共和国刑法》第九十三条第二款的解释〉的时间效力的批复》

（2000 年 6 月 29 日）

9.《最高人民检察院关于办理核准追诉案件若干问题的规定》

（2012 年 10 月 9 日）

三、犯罪

（一）刑事责任

1.《最高人民法院关于审理未成年人刑事案件具体应用法律若干问题的解释》

（2006 年 1 月 11 日）

2.《最高人民检察院关于对涉嫌盗窃的不满十六周岁未成年人采取刑事拘留强制措施是否违法问题的批复》

（2011 年 1 月 25 日）

3.《人民检察院办理未成年人刑事案件的规定》　（2013 年 12 月 27 日）

4.《最高人民检察院关于已满十四周岁不满十六周岁的人承担刑事责任范围问题的复函》

（2002 年 8 月 9 日）

5.《最高人民检察院法律政策研究室关于相对刑事责任年龄的人承担刑事责任范围有关问题的答复》

（2003 年 4 月 18 日）

6.《最高人民法院、最高人民检察院、公安部关于依法适用正当防卫制度的指导意见》

（2020 年 8 月 28 日）

（二）共同犯罪

《最高人民法院关于审理贪污、职务侵占案件如何认定共同犯罪几个问题的解释》

（2000 年 6 月 30 日）

（三）单位犯罪

1.《全国人民代表大会常务委员会关于〈中华人民共和国刑法〉第三十条的解释》

（2014 年 4 月 24 日）

2.《最高人民法院关于在审理经济纠纷案件中涉及经济犯罪嫌疑若干问题的规定》

（1998 年 4 月 21 日）

3.《最高人民法院关于审理单位犯罪案件具体应用法律有关问题的解释》

（1999 年 6 月 25 日）

4.《最高人民法院关于审理单位犯罪案件对其直接负责的主管人员和其他直接责任人员是否区分主犯、从犯问题的批复》

（2000 年 9 月 30 日）

5.《最高人民检察院关于涉嫌犯罪单位被撤销、注销、吊销营业执照或

· 217 ·

者宣告破产的应如何进行追诉问题的批复》 （2002 年 7 月 9 日）

6.《最高人民法院研究室关于外国公司、企业、事业单位在我国领域内犯罪如何适用法律问题的答复》 （2003 年 10 月 15 日）

7.《公安部关于村民委员会可否构成单位犯罪主体问题的批复》

（2007 年 3 月 1 日）

8.《最高人民法院、最高人民检察院、公安部、司法部关于办理"套路贷"刑事案件若干问题的意见》 （2019 年 2 月 28 日）

四、刑罚

（一）主刑

1.《最高人民法院关于统一行使死刑案件核准权有关问题的决定》

（2006 年 12 月 28 日）

2.《最高人民法院关于对怀孕妇女在羁押期间自然流产审判时是否可以适用死刑问题的批复》 （1998 年 8 月 7 日）

3.《最高人民法院关于刑事裁判文书中刑期起止日期如何表述问题的批复》 （2000 年 2 月 29 日）

4.《最高人民法院关于死刑缓期执行限制减刑案件审理程序若干问题的规定》 （2011 年 4 月 25 日）

5.《最高人民法院、最高人民检察院、公安部、司法部关于对判处管制、宣告缓刑的犯罪分子适用禁止令有关问题的规定》 （2011 年 4 月 28 日）

（二）附加刑

1.《最高人民法院关于对故意伤害、盗窃等严重破坏社会秩序的犯罪分子能否附加剥夺政治权利问题的批复》 （1997 年 12 月 31 日）

2.《最高人民法院关于适用财产刑若干问题的规定》 （2000 年 12 月 13 日）

五、刑罚的具体运用

（一）量刑

1.《最高人民法院关于贯彻宽严相济刑事政策的若干意见》

（2010 年 2 月 8 日）

2.《最高人民法院关于在审判执行工作中切实规范自由裁量权行使保障法律统一适用的指导意见》 （2012 年 2 月 28 日）

3.《最高人民法院、最高人民检察院关于常见犯罪的量刑指导意见（试行）》　　　　　　　　　　　　　　　　　　　（2021 年 6 月 16 日）

4.《最高人民法院关于常见犯罪的量刑指导意见（二）（试行）》

（2017 年 5 月 1 日）

5.《最高人民法院关于严格执行有关走私案件涉案财物处理规定的通知》

（2006 年 4 月 30 日）

6.《最高人民法院研究室关于如何理解"在法定刑以下判处刑罚"问题的答复》　　　　　　　　　　　　　　　　　　（2012 年 5 月 30 日）

7.《最高人民法院关于适用《刑法》第六十四条有关问题的批复》

（2013 年 10 月 21 日）

（二）累犯

《最高人民检察院关于认定累犯如何确定刑罚执行完毕以后"五年以内"起始日期的批复》　　　　　　　　　　　　（2018 年 12 月 28 日）

（三）自首和立功

1.《最高人民法院关于处理自首和立功具体应用法律若干问题的解释》

（1998 年 4 月 17 日）

2.《最高人民法院关于被告人对行为性质的辩解是否影响自首成立问题的批复》　　　　　　　　　　　　　　　　　（2004 年 3 月 26 日）

3.《最高人民法院、最高人民检察院关于办理职务犯罪案件认定自首、立功等量刑情节若干问题的意见》　　　　　　（2009 年 3 月 12 日）

4.《最高人民法院关于处理自首和立功若干具体问题的意见》

（2010 年 12 月 22 日）

5.《最高人民法院研究室关于罪犯在刑罚执行期间的发明创造能否按照重大立功表现作为对其漏罪审判时的量刑情节问题的答复。》

（2011 年 6 月 14 日）

6.《最高人民法院、最高人民检察院、公安部、司法部关于跨省异地执行刑法的黑恶势力罪犯坦白检举构成自首立功若干问题的意见》

（2019 年 10 月 21 日）

（四）数罪并罚

1.《最高人民法院关于在执行附加刑剥夺政治权利期间犯新罪应如何处理的批复》　　　　　　　　　　　　　　　　（2009 年 5 月 25 日）

2.《最高人民法院关于罪犯因漏罪、新罪数罪并罚时原减刑裁定应如何处理的意见》 （2012 年 1 月 18 日）

（五）缓刑

1.《最高人民法院关于撤销缓刑时罪犯在宣告缓刑前羁押的时间能否折抵刑期问题的批复》 （2002 年 4 月 10 日）

2.《最高人民检察院法律政策研究室关于对数罪并罚决定执行刑期为三年以下有期徒刑的犯罪分子能否适用缓刑问题的复函》 （1998 年 9 月 17 日）

3.《最高人民法院、最高人民检察院、公安部、司法部关于对判处管制、宣告缓刑的犯罪分子适用禁止令有关问题的规定（试行）》

（2011 年 4 月 28 日）

4.《最高人民法院、最高人民检察院关于办理职务犯罪案件严格适用缓刑、免予刑事处罚若干问题的意见》 （2012 年 8 月 8 日）

5.《最高人民法院、最高人民检察院关于缓刑犯在考验期满后五年内再犯应当判处有期徒刑以上刑罚之罪应否认定为累犯问题的批复》

（2020 年 1 月 17 日）

（六）减刑和假释

1.《最高人民法院关于减刑、假释案件审理程序的规定》

（2014 年 4 月 23 日）

2.《最高人民法院关于办理减刑、假释案件具体应用法律的规定》

（2016 年 11 月 14 日）

3.《最高人民法院关于办理减刑、假释案件具体应用法律的补充规定》

（2019 年 4 月 24 日）

4.《人民检察院办理减刑、假释案件规定》 （2014 年 8 月 1 日）

5.《监狱提请减刑假释工作程序规定》 （2014 年 10 月 11 日）

6.《最高人民法院研究室关于假释时间效力法律适用问题的答复》

（2011 年 7 月 15 日）

7.《最高人民法院关于罪犯因漏罪、新罪数罪并罚时原减刑裁定应如何处理的意见》 （2012 年 1 月 18 日）

六、罪名规定与立案标准

1.《最高人民法院关于执行〈中华人民共和国刑法〉确定罪名的规定》

（1997 年 12 月 11 日）

2.《最高人民检察院关于适用刑法分则规定的犯罪的罪名的意见》

（2015 年 10 月 30 日）

3.《最高人民法院、最高人民检察院关于执行〈中华人民共和国刑法〉确定罪名的补充规定》　　　　　　　　　　　（2002 年 3 月 15 日）

4.《最高人民法院、最高人民检察院关于执行〈中华人民共和国刑法〉确定罪名的补充规定（二）》　　　　　　　（2003 年 8 月 15 日）

5.《最高人民法院、最高人民检察院关于执行〈中华人民共和国刑法〉确定罪名的补充规定（三）》　　　　　　（2007 年 10 月 25 日）

6.《最高人民法院、最高人民检察院关于执行〈中华人民共和国刑法〉确定罪名的补充规定（四）》　　　　　　（2009 年 10 月 14 日）

7.《最高人民法院、最高人民检察院关于执行〈中华人民共和国刑法〉确定罪名的补充规定（五）》　　　　　　（2011 年 4 月 27 日）

8.《最高人民法院、最高人民检察院关于执行〈中华人民共和国刑法〉确定罪名的补充规定（六）》　　　　　　（2015 年 10 月 30 日）

9.《最高人民法院、最高人民检察院关于执行〈中华人民共和国刑法〉确定罪名的补充规定（七）》　　　　　　（2021 年 2 月 26 日）

10.《最高人民检察院关于人民检察院直接受理立案侦查案件立案标准的规定（试行）》　　　　　　　　　　　（1999 年 9 月 9 日）

11.《最高人民检察院关于渎职侵权犯罪案件立案标准的规定》

（2006 年 7 月 26 日）

12.《人民检察院直接受理立案侦查的渎职侵权重特大案件标准（试行）》

（2001 年 8 月 24 日）

13.《最高人民检察院、公安部关于公安机关管辖的刑事案件立案追诉标准的规定（一）》　　　　　　　　　　　（2008 年 6 月 25 日）

14.《最高人民检察院、公安部关于公安机关管辖的刑事案件立案追诉标准的规定（一）的补充规定》　　　　　（2017 年 4 月 27 日）

15.《最高人民检察院、公安部关于公安机关管辖的刑事案件立案追诉标准的规定（二）》　　　　　　　　　　（2020 年 9 月 7 日）

16.《最高人民检察院、公安部关于公安机关管辖的刑事案件立案追诉标准的规定（二）的补充规定》　　　　　（2011 年 11 月 14 日）

17.《最高人民检察院、公安部关于公安机关管辖的刑事案件立案追诉标

准的规定（三）》 　　　　　　　　　　　　　　　（2012 年 5 月 16 日）

18.《公安部关于妨害国（边）境管理犯罪案件立案标准及有关问题的通知》 　　　　　　　　　　　　　　　　　（2000 年 3 月 31 日）

19.《狱内刑事案件立案标准》 　　　　　　　（2001 年 3 月 9 日）

20.《军人违反职责罪案件立案标准的规定》 　（2013 年 2 月 26 日）

七、危害国家安全罪

1.《中华人民共和国国家情报法》 　　　　　（2018 年 4 月 27 日）

2.《最高人民法院关于审理为境外窃取、刺探、收买、非法提供国家秘密、情报案件具体应用法律若干问题的解释》 　　（2001 年 1 月 17 日）

八、危害公共安全罪

（一）破坏特定对象的犯罪

1.《最高人民法院关于审理破坏公用电信设施刑事案件具体应用法律若干问题的解释》 　　　　　　　　　　　　（2004 年 12 月 30 日）

2.《最高人民法院、最高人民检察院关于办理盗窃油气、破坏油气设备等刑事案件具体应用法律若干问题的解释》 　（2007 年 1 月 15 日）

3.《最高人民法院关于审理破坏电力设备刑事案件具体应用法律若干问题的解释》 　　　　　　　　　　　　　（2007 年 8 月 15 日）

4.《最高人民法院关于审理破坏广播电视设施等刑事案件具体应用法律若干问题的解释》 　　　　　　　　　　　（2011 年 6 月 7 日）

5.《最高人民法院、最高人民检察院、公安部关于办理盗窃油气、破坏油气设备等刑事案件适用法律若干问题的意见》 （2018 年 9 月 28 日）

6.《最高人民法院、最高人民检察院、公安部关于依法惩治妨害公共交通工具安全驾驶违法犯罪行为的指导意见》 　（2019 年 1 月 8 日）

7.《最高人民法院关于依法妥善审理高空抛物、坠物案件的意见》

（2019 年 10 月 21 日）

8.《最高人民法院、最高人民检察院、公安部、司法部关于依法惩治妨害新型冠状病毒感染肺炎疫情防控违法犯罪的意见》 　（2020 年 2 月 6 日）

9.《最高人民法院、最高人民检察院、公安部关于办理涉窨井盖相关刑事案件的指导意见》 　　　　　　　　　　（2020 年 3 月 16 日）

（二）实施暴力、恐怖活动的犯罪

1.《中华人民共和国反恐怖主义法》 （2018 年 4 月 27 日）

2.《最高人民法院、最高人民检察院、公安部、司法部关于办理恐怖活动和极端主义犯罪案件适用法律若干问题的意见》 （2018 年 3 月 16 日）

（三）违反危险物管理的犯罪

1.《最高人民检察院关于将公务用枪用作借债质押的行为如何适用法律问题的批复》 （1998 年 11 月 3 日）

2.《最高人民法院、最高人民检察院关于办理非法制造、买卖、运输、储存毒鼠强等禁用剧毒化学品刑事案件具体应用法律若干问题的解释》

（2003 年 9 月 4 日）

3.《最高人民法院关于审理非法制造、买卖、运输枪支、弹药、爆炸物等刑事案件具体应用法律若干问题的解释》 （2009 年 11 月 16 日）

4.《最高人民法院、最高人民检察院关于涉以压缩气体为动力的枪支、气枪铅弹刑事案件定罪量刑问题的批复》 （2018 年 3 月 8 日）

（四）重大责任事故的犯罪

1.《最高人民法院关于审理交通肇事刑事案件具体应用法律若干问题的解释》 （2000 年 11 月 15 日）

2.《最高人民法院关于醉酒驾车犯罪法律适用问题的意见》

（2009 年 9 月 11 日）

3.《最高人民法院、最高人民检察院、公安部关于办理醉酒驾驶机动车刑事案件适用法律若干问题的意见》 （2013 年 12 月 18 日）

4.《最高人民法院、最高人民检察院关于办理危害生产安全刑事案件适用法律若干问题的解释》 （2015 年 12 月 14 日）

5.《最高人民法院关于进一步加强危害生产安全刑事案件审判工作的意见》 （2011 年 12 月 30 日）

6.《最高人民法院、最高人民检察院关于办理渎职刑事案件适用法律若干问题的解释（一）》 （2012 年 12 月 7 日）

九、破坏社会主义市场经济秩序罪

（一）生产、销售伪劣商品罪

1.《最高人民法院、最高人民检察院关于办理生产、销售伪劣商品刑事

案件具体应用法律若干问题的解释》 　　　　　　　　（2001 年 4 月 9 日）

2.《最高人民法院、最高人民检察院关于办理非法生产、销售、使用禁止在饲料和动物饮用水中使用的药品等刑事案件具体应用法律若干问题的解释》 　　　　　　　　　　　　　　　　　　　　（2002 年 8 月 16 日）

3.《最高人民法院、最高人民检察院关于办理非法生产、销售烟草专卖品等刑事案件具体应用法律若干问题的解释》 　　　　（2010 年 3 月 2 日）

4.《最高人民法院、最高人民检察院关于办理危害食品安全刑事案件适用法律若干问题的解释》 　　　　　　　　　　　（2013 年 5 月 2 日）

5.《最高人民法院、最高人民检察院关于办理危害药品安全刑事案件适用法律若干问题的解释》 　　　　　　　　　（2014 年 11 月 3 日）

6.《最高人民法院关于审理生产、销售伪劣商品刑事案件有关鉴定问题的通知》 　　　　　　　　　　　　　　　　（2001 年 5 月 21 日）

7.《最高人民法院、最高人民检察院、公安部、国家烟草专卖局关于办理假冒伪劣烟草制品等刑事案件适用法律问题座谈会纪要》

（2003 年 12 月 23 日）

8.《最高人民法院、最高人民检察院、公安部关于依法严惩"地沟油"犯罪活动的通知》 　　　　　　　　　　　　　（2012 年 1 月 9 日）

9.《最高人民检察院法律政策研究室对〈关于具有药品经营资质的企业通过非法渠道从私人手中购进药品后销售的如何适用法律问题的请示〉的答复》 　　　　　　　　　　　　　　　　（2015 年 10 月 26 日）

（二）走私罪

1.《最高人民检察院关于擅自销售进料加工保税货物的行为法律适用问题的解释》 　　　　　　　　　　　　　　（2000 年 10 月 16 日）

2.《最高人民法院、最高人民检察院关于办理走私刑事案件适用法律若干问题的解释》 　　　　　　　　　　　　（2014 年 8 月 12 日）

3.《最高人民法院关于审理走私、非法经营、非法使用兴奋剂刑事案件适用法律若干问题的解释》 　　　　　　　（2019 年 11 月 18 日）

4.《最高人民法院、最高人民检察院、海关总署关于办理走私刑事案件适用法律若干问题的意见》 　　　　　　　（2002 年 7 月 8 日）

5.《最高人民法院关于严格执行有关走私案件涉案财物处理规定的通知》

（2006 年 4 月 30 日）

6.《最高人民法院关于审理走私犯罪案件适用法律有关问题的通知》

（2011 年 4 月 26 日）

（三）妨害对公司、企业的管理秩序罪

1.《全国人民代表大会常务委员会关于〈中华人民共和国刑法〉第一百五十八条、第一百五十九条的解释》　　　　　　　　（2014 年 4 月 24 日）

2.《全国人民代表大会常务委员会法制工作委员会关于对"隐匿、销毁会计凭证、会计账簿、财务会计报告构成犯罪的主体范围"问题的答复意见》

（2002 年 1 月 14 日）

3.《最高人民法院关于如何认定国有控股、参股股份有限公司中的国有公司、企业人员的解释》　　　　　　　　　　　　　（2005 年 8 月 1 日）

4.《最高人民检察院法律政策研究室关于中国农业发展银行及其分支机构的工作人员法律适用问题的答复》　　　　　　　　（2002 年 9 月 23 日）

5.《最高人民法院、最高人民检察院关于办理国家出资企业中职务犯罪案件具体应用法律若干问题的意见》　　　　　　　（2010 年 11 月 26 日）

6.《最高人民检察院、公安部关于严格依法办理虚报注册资本和虚假出资抽逃出资刑事案件的通知》　　　　　　　　　　（2014 年 5 月 20 日）

（四）破坏金融管理秩序罪

1.《全国人民代表大会常务委员会关于惩治骗购外汇、逃汇和非法买卖外汇犯罪的决定》　　　　　　　　　　　　　　（1998 年 12 月 29 日）

2.《全国人民代表大会常务委员会关于〈中华人民共和国刑法〉有关信用卡规定的解释》　　　　　　　　　　　　　　（2004 年 12 月 29 日）

3.《最高人民法院关于审理骗购外汇、非法买卖外汇刑事案件具体应用法律若干问题的解释》　　　　　　　　　　　（1998 年 8 月 28 日）

4.《最高人民法院关于审理伪造货币等案件具体应用法律若干问题的解释》

（2000 年 9 月 8 日）

5.《最高人民法院关于审理伪造货币等案件具体应用法律若干问题的解释（二）》　　　　　　　　　　　　　　　　　（2010 年 10 月 20 日）

6.《最高人民法院关于审理洗钱等刑事案件具体应用法律若干问题的解释》

（2009 年 11 月 4 日）

7.《最高人民法院、最高人民检察院关于办理妨害信用卡管理刑事案件具体应用法律若干问题的解释》　　　　　　　（2018 年 11 月 28 日）

8.《最高人民法院关于审理非法集资刑事案件具体应用法律若干问题的解释》

（2010 年 12 月 13 日）

9.《最高人民法院、最高人民检察院关于办理内幕交易、泄露内幕信息刑事案件具体应用法律若干问题的解释》（2012 年 3 月 29 日）

10.《最高人民法院、最高人民检察院关于办理操纵证券、期货市场刑事案件适用法律若干问题的解释》（2019 年 6 月 27 日）

11.《最高人民法院、最高人民检察院关于办理利用未公开信息交易刑事案件适用法律若干问题的解释》（2019 年 6 月 27 日）

12.《最高人民法院、最高人民检察院关于办理非法从事资金支付结算业务、非法买卖外汇刑事案件适用法律若干问题的解释》（2019 年 1 月 31 日）

13.《最高人民法院、最高人民检察院、公安部、司法部关于办理非法放贷刑事若干问题的意见》（2019 年 7 月 23 日）

14.《最高人民法院、最高人民检察院、公安部办理骗汇、逃汇犯罪案件联席会议纪要》（1999 年 6 月 7 日）

15.《全国法院审理金融犯罪案件工作座谈会纪要》（2001 年 1 月 21 日）

16.《最高人民法院、最高人民检察院、公安部、中国证券监督管理委员会关于整治非法证券活动有关问题的通知》（2008 年 1 月 2 日）

17.《最高人民法院关于非法集资刑事案件性质认定问题的通知》

（2011 年 8 月 18 日）

18.《最高人民法院、最高人民检察院、公安部关于办理非法集资刑事案件适用法律若干问题的意见》（2014 年 3 月 25 日）

19.《最高人民法院研究室关于信用卡犯罪法律适用若干问题的复函》

（2010 年 7 月 5 日）

20.《最高人民法院、最高人民检察院、公安部关于办理非法集资刑事案件若干问题的意见》（2019 年 1 月 30 日）

（五）金融诈骗罪

1.《全国人民代表大会常务委员会关于〈中华人民共和国刑法〉有关信用卡规定的解释》（2004 年 12 月 29 日）

2.《最高人民检察院关于拾得他人信用卡并在自动柜员机（ATM 机）上使用的行为如何定性问题的批复》（2008 年 4 月 18 日）

3.《最高人民法院、最高人民检察院关于办理妨害信用卡管理刑事案件

具体应用法律若干问题的解释》　　　　　　　　（2018 年 11 月 28 日）

4.《最高人民法院关于审理非法集资刑事案件具体应用法律若干问题的解释》

（2010 年 12 月 13 日）

5.《最高人民法院、最高人民检察院、公安部关于办理非法集资刑事案件若干问题的意见》　　　　　　　　　　　　　　（2019 年 1 月 30 日）

6.《最高人民检察院法律政策研究室关于保险诈骗未遂能否按犯罪处理问题的答复》　　　　　　　　　　　　　　　　（1998 年 11 月 27 日）

7.《全国法院审理金融犯罪案件工作座谈会纪要》　（2001 年 1 月 21 日）

8.《最高人民法院关于非法集资刑事案件性质认定问题的通知》

（2011 年 8 月 18 日）

9.《最高人民法院、最高人民检察院、公安部关于办理非法集资刑事案件适用法律若干问题的意见》　　　　　　　　　　（2014 年 3 月 25 日）

（六）危害税收征管罪

1.《全国人民代表大会常务委员会关于惩治虚开、伪造和非法出售增值税专用发票犯罪的决定》　　　　　　　　　　　（1995 年 10 月 30 日）

2.《全国人民代表大会常务委员会关于〈中华人民共和国刑法〉有关出口退税、抵扣税款的其他发票规定的解释》　　　（2005 年 12 月 29 日）

3.《最高人民法院关于审理骗取出口退税刑事案件具体应用法律若干问题的解释》　　　　　　　　　　　　　　　　　　（2002 年 9 月 17 日）

4.《最高人民法院关于审理偷税抗税刑事案件具体应用法律若干问题的解释》

（2002 年 11 月 5 日）

5.《公安部关于如何理解〈刑法〉第二百零一条规定的"应纳税额"问题的批复》　　　　　　　　　　　　　　　　　　（1999 年 11 月 23 日）

6.《最高人民法院关于对〈审计署关于咨询虚开增值税专用发票罪问题的函〉的复函》　　　　　　　　　　　　　　　（2001 年 10 月 17 日）

7.《最高人民检察院法律政策研究室关于税务机关工作人员通过企业以"高开低征"的方法代开增值税专用发票的行为如何适用法律问题的答复》

（2004 年 3 月 17 日）

8.《最高人民法院关于虚开增值税专用发票定罪量刑标准有关问题的通知》

（2018 年 8 月 22 日）

（七）侵犯知识产权罪

1.《最高人民法院关于审理非法出版物刑事案件具体应用法律若干问题的解释》 （1998 年 12 月 17 日）

2.《最高人民法院、最高人民检察院关于办理侵犯知识产权刑事案件具体应用法律若干问题的解释》 （2004 年 12 月 8 日）

3.《最高人民法院、最高人民检察院关于办理侵犯知识产权刑事案件具体应用法律若干问题的解释（二）》 （2007 年 4 月 5 日）

4.《最高人民法院、最高人民检察院关于办理侵犯知识产权刑事案件具体应用法律若干问题的解释（三）》 （2020 年 9 月 12 日）

5.《最高人民法院、最高人民检察院关于办理侵犯著作权刑事案件中涉及录音录像制品有关问题的批复》 （2005 年 10 月 13 日）

6.《最高人民法院、最高人民检察院、公安部关于办理侵犯知识产权刑事案件适用法律若干问题》 （2011 年 1 月 10 日）

7.《公安部关于对侵犯著作权案件中尚未印制完成的侵权复制品如何计算非法经营数额问题的批复》 （2003 年 6 月 20 日）

（八）扰乱市场秩序罪

1.《全国人民代表大会常务委员会关于〈中华人民共和国刑法〉第二百二十八条、第三百四十二条、第四百一十条的解释》 （2009 年 8 月 27 日）

2.《最高人民法院关于审理骗购外汇、非法买卖外汇刑事案件具体应用法律若干问题的解释》 （1998 年 8 月 28 日）

3.《最高人民法院关于审理倒卖车票刑事案件有关问题的解释》

（1999 年 9 月 6 日）

4.《最高人民法院关于审理扰乱电信市场管理秩序案件具体应用法律若干问题的解释》 （2000 年 5 月 12 日）

5.《最高人民法院关于对变造、倒卖变造邮票行为如何适用法律问题的解释》

（2000 年 12 月 5 日）

6.《最高人民检察院关于非法经营国际或港澳台地区电信业务行为法律适用问题的批复》 （2002 年 2 月 6 日）

7.《最高人民法院、最高人民检察院关于办理非法生产、销售、使用禁止在饲料和动物饮用水中使用的药品等刑事案件具体应用法律若干问题的解释》

（2002 年 8 月 16 日）

8.《最高人民检察院关于公证员出具公证书有重大失实行为如何适用法律问题的批复》　　　　　　　　　　　　　　　（2009 年 1 月 7 日）

9.《最高人民法院、最高人民检察院关于办理非法生产、销售烟草专卖品等刑事案件具体应用法律若干问题的解释》　　　（2010 年 3 月 2 日）

10.《最高人民检察院关于强迫借贷行为适用法律问题的批复》

（2014 年 4 月 17 日）

11.《最高人民检察院关于地质工程勘测院和其他履行勘测职责的单位及其工作人员能否成为〈刑法〉第二百二十九条规定的有关犯罪主体的批复》

（2015 年 10 月 27 日）

12.《最高人民法院、最高人民检察院关于办理药品、医疗器械注册申请材料造假刑事案件适用法律若干问题的解释》　　　（2017 年 8 月 14 日）

13.《最高人民法院、最高人民检察院关于办理非法从事资金支付结算业务、非法买卖外汇刑事案件适用法律若干问题的解释》　　（2019 年 1 月 31 日）

14.《最高人民法院关于审理走私、非法经营、非法使用兴奋剂刑事案件适用法律若干问题的解释》　　　　　　　　　（2019 年 11 月 18 日）

15.《最高人民法院、最高人民检察院、公安部办理非法经营国际电信业务犯罪案件联席会议纪要》　　　　　　　　　（2003 年 4 月 22 日）

16.《最高人民法院、最高人民检察院、公安部关于办理组织领导传销活动刑事案件适用法律若干问题的意见》　　　　（2013 年 11 月 14 日）

17.《最高人民法院、最高人民检察院、公安部、国家安全部关于依法办理非法生产销售使用"伪基站"设备案件的意见》　　（2014 年 3 月 14 日）

18.《最高人民检察院法律政策研究室关于非法经营行为界定有关问题的复函》　　　　　　　　　　　　　　　　　（2002 年 10 月 25 日）

19.《最高人民检察院法律政策研究室关于非法制作、出售、使用 IC 电话卡行为如何适用法律问题的答复》　　　　　　　（2003 年 4 月 2 日）

20.《最高人民法院、最高人民检察院、公安部、司法部关于办理"套路贷"刑事案件若干问题的意见》　　　　　　　（2019 年 2 月 28 日）

十、侵犯公民人身权利、民主权利罪

1.《最高人民法院关于审理拐卖妇女案件适用法律有关问题的解释》

（2000 年 1 月 3 日）

2. 《最高人民法院关于对为索取法律不予保护的债务非法拘禁他人的行为如何定罪问题的解释》 　　　　　　　　　　　　　（2000 年 7 月 13 日）

3. 《最高人民法院、最高人民检察院关于办理利用信息网络实施诽谤等刑事案件适用法律若干问题的解释》 　　　　（2013 年 9 月 6 日）

4. 《最高人民检察院关于强制隔离戒毒所工作人员能否成为虐待被监管人罪主体问题的批复》 　　　　　　　　　　（2015 年 2 月 15 日）

5. 《最高人民法院关于审理拐卖妇女儿童犯罪案件具体应用法律若干问题的解释》 　　　　　　　　　　　　　　（2016 年 12 月 21 日）

6. 《最高人民法院、最高人民检察院关于办理侵犯公民个人信息刑事案件适用法律若干问题的解释》 　　　　　（2017 年 5 月 8 日）

7. 《最高人民检察院法律政策研究室关于以出卖为目的的倒卖外国妇女的行为是否构成拐卖妇女罪的答复》 　　　（1998 年 12 月 24 日）

8. 《最高人民法院关于对在绑架过程中以暴力、胁迫等手段当场劫取被害人财物的行为如何适用法律问题的答复》 　（2001 年 11 月 8 日）

9. 《全国法院维护农村稳定刑事审判工作座谈会纪要》

（1999 年 10 月 27 日）

10. 《公安部关于打击拐卖妇女儿童犯罪适用法律和政策有关问题的意见》

（2000 年 3 月 24 日）

11. 《最高人民法院、最高人民检察院、公安部、司法部关于依法惩治拐卖妇女儿童犯罪的意见》 　　　　　　　（2010 年 3 月 15 日）

12. 《最高人民法院、最高人民检察院、公安部、司法部关于依法惩治性侵害未成年人犯罪的意见》 　　　　　　（2013 年 10 月 23 日）

13. 《最高人民法院、最高人民检察院、公安部、司法部、国家卫生和计划生育委员会关于依法惩处涉医违法犯罪维护正常医疗秩序的意见 》

（2014 年 4 月 22 日）

14. 《最高人民法院、最高人民检察院、公安部、司法部关于依法办理家庭暴力犯罪案件的意见》 　　　　　　　　（2015 年 3 月 2 日）

15. 《最高人民法院、最高人民检察院、公安部关于依法惩处侵害公民个人信息犯罪活动的通知》 　　　　　　　　（2013 年 4 月 23 日）

十一、侵犯财产罪

（一）抢劫、抢夺罪

1. 《最高人民法院关于审理抢劫案件具体应用法律若干问题的解释》

（2000 年 11 月 22 日）

2. 《最高人民法院关于抢劫过程中故意杀人案件如何定罪问题的批复》

（2001 年 5 月 23 日）

3. 《最高人民法院、最高人民检察院关于办理抢夺刑事案件适用法律若干问题的解释》　　　　　　　　　　　　　　　　　（2013 年 11 月 11 日）

4. 《最高人民法院关于审理抢劫、抢夺刑事案件适用法律若干问题的意见》

（2005 年 6 月 8 日）

5. 《最高人民法院研究室关于〈最高人民法院、最高人民检察院关于办理与盗窃、抢劫、诈骗、抢夺机动车相关刑事案件具体应用法律若干问题的解释〉有关规定如何适用问题的答复》　　　　　（2014 年 7 月 29 日）

6. 《最高人民法院关于审理抢劫刑事案件适用法律若干问题的指导意见》

（2016 年 1 月 6 日）

7. 《最高人民法院、最高人民检察院、公安部关于依法办理"碰瓷"违法犯罪案件的指导意见》　　　　　　　　　　　　　　（2020 年 9 月 22 日）

（二）盗窃、诈骗、敲诈勒索罪

1. 《最高人民检察院关于单位有关人员组织实施盗窃行为如何适用法律问题的批复》　　　　　　　　　　　　　　　　　　（2002 年 8 月 9 日）

2. 《最高人民法院、最高人民检察院关于办理盗窃刑事案件适用法律若干问题的解释》　　　　　　　　　　　　　　　　　（2013 年 4 月 2 日）

3. 《全国人民代表大会常务委员会关于〈中华人民共和国刑法〉第二百六十六条的解释》　　　　　　　　　　　　　　　　（2014 年 4 月 24 日）

4. 《最高人民法院、最高人民检察院关于办理诈骗刑事案件具体应用法律若干问题的解释》　　　　　　　　　　　　　　　（2011 年 3 月 1 日）

5. 《最高人民法院、最高人民检察院关于办理敲诈勒索刑事案件适用法律若干问题的解释》　　　　　　　　　　　　　　　（2013 年 4 月 23 日）

6. 《最高人民法院、最高人民检察院、公安部关于办理电信网络诈骗等刑事案件适用法律若干问题的意见》　　　　　　　（2016 年 12 月 19 日）

7.《最高人民法院、最高人民检察院、公安部关于办理电信网络诈骗等刑事案件适用法律若干问题的意见（二）》 （2021 年 6 月 17 日）

8.《最高人民法院、最高人民检察院、公安部关于依法办理"碰瓷"违法犯罪案件的指导意见》 （2020 年 9 月 22 日）

（三）职务侵占、挪用资金罪

1.《最高人民法院关于村民小组组长利用职务便利非法占有公共财物行为如何定性问题的批复》 （1996 年 6 月 25 日）

2.《最高人民法院关于对受委托管理、经营国有财产人员挪用国有资金行为如何定罪问题的批复》 （2000 年 2 月 16 日）

3.《最高人民法院关于审理贪污、职务侵占案件如何认定共同犯罪几个问题的解释》 （2000 年 6 月 30 日）

4.《最高人民法院关于如何理解〈刑法〉第二百七十二条规定的"挪用本单位资金归个人使用或者借贷给他人"问题的批复》 （2000 年 7 月 20 日）

5.《最高人民法院关于在国有资本控股、参股的股份有限公司中从事管理工作的人员利用职务便利非法占有本公司财物如何定罪问题的批复》

（2001 年 5 月 23 日）

6.《最高人民检察院关于挪用失业保险基金和下岗职工基本生活保障资金的行为适用法律问题的批复》 （2003 年 1 月 28 日）

7.《最高人民检察院关于挪用尚未注册成立公司资金的行为适用法律问题的批复》 （2000 年 10 月 9 日）

8.《公安部关于村民小组组长以本组资金为他人担保贷款如何定性处理问题的批复》 （2001 年 4 月 26 日）

9.《最高人民法院研究室关于挪用民族贸易和民族用品生产贷款利息补贴行为如何定性问题的复函》 （2003 年 2 月 24 日）

10.《最高人民法院研究室关于挪用退休职工社会养老金行为如何适用法律问题的复函》 （2004 年 7 月 9 日）

（四）拒不支付劳动报酬罪

《最高人民法院关于审理拒不支付劳动报酬刑事案件适用法律若干问题的解释》 （2013 年 1 月 16 日）

十二、妨害社会管理秩序罪

（一）扰乱公共秩序罪

1.《中华人民共和国反有组织犯罪法》 （2021 年 12 月 24 日）

2.《全国人民代表大会常务委员会关于〈中华人民共和国刑法〉第二百九十四条第一款的解释》 （2002 年 4 月 28 日）

3.《最高人民法院关于审理黑社会性质组织犯罪的案件具体应用法律若干问题的解释》 （2000 年 12 月 5 日）

4.《最高人民法院、最高人民检察院关于办理伪造、贩卖伪造的高等院校学历、学位证明刑事案件如何适用法律问题的解释》 （2001 年 7 月 3 日）

5.《最高人民法院、最高人民检察院关于办理赌博刑事案件具体应用法律若干问题的解释》 （2005 年 5 月 11 日）

6.《最高人民法院、最高人民检察院关于办理与盗窃、抢劫、诈骗、抢夺机动车相关刑事案件具体应用法律若干问题的解释》 （2007 年 5 月 9 日）

7.《最高人民法院、最高人民检察院关于办理危害计算机信息系统安全刑事案件应用法律若干问题的解释》 （2011 年 8 月 1 日）

8.《最高人民法院、最高人民检察院关于办理寻衅滋事刑事案件适用法律若干问题的解释》 （2013 年 7 月 15 日）

9.《最高人民法院关于审理编造、故意传播虚假恐怖信息刑事案件适用法律若干问题的解释》 （2013 年 9 月 18 日）

10.《最高人民法院、最高人民检察院关于办理组织、利用邪教组织破坏法律实施等刑事案件适用法律若干问题的解释》 （2017 年 1 月 25 日）

11.《最高人民法院、最高人民检察院关于办理扰乱无线电通讯管理秩序等刑事案件适用法律若干问题的解释》 （2017 年 6 月 27 日）

12.《最高人民法院、最高人民检察院关于办理组织考试作弊等刑事案件适用法律若干问题的解释》 （2019 年 9 月 2 日）

13.《最高人民法院、最高人民检察院关于办理非法利用信息网络、帮助信息网络犯罪活动等刑事案件适用法律若干问题的解释》

（2019 年 10 月 21 日）

14.《最高人民检察院关于以暴力威胁方法阻碍事业编制人员依法执行行政执法职务是否可对侵害人以妨害公务罪论处的批复》 （2000 年 4 月 24 日）

15.《最高人民法院、最高人民检察院、公安部、国家工商行政管理局关于依法查处盗窃、抢劫机动车案件的规定》　　　　　（1998 年 5 月 8 日）

16.《公安部关于对破坏未联网的微型计算机信息系统是否适用《刑法》第 286 条的请示的批复》　　　　　　　　　（1998 年 11 月 25 日）

17.《最高人民检察院法律政策研究室关于买卖伪造的国家机关证件行为是否构成犯罪问题的答复》　　　　　　　　（1999 年 6 月 21 日）

18.《公安部关于盗窃空白因私护照有关问题的批复》

（2000 年 5 月 16 日）

19.《公安部关于对伪造学生证及贩卖、使用伪造学生证的行为如何处理问题的批复》　　　　　　　　　　　　　（2002 年 6 月 26 日）

20.《最高人民检察院法律政策研究室关于买卖尚未加盖印章的空白〈边境证〉行为如何适用法律问题的答复》　　　（2002 年 9 月 25 日）

21.《最高人民检察院法律政策研究室关于伪造、变造、买卖政府设立的临时性机构的公文、证件、印章行为如何适用法律问题的答复》

（2003 年 6 月 3 日）

22.《最高人民法院研究室关于对行为人通过伪造国家机关公文、证件担任国家工作人员职务并利用职务上的便利侵占本单位财物、收受贿赂、挪用本单位资金等行为如何适用法律问题的答复》　　（2004 年 3 月 20 日）

23.《最高人民法院研究室关于对参加聚众斗殴受重伤或者死亡的人及其家属提出的民事赔偿请求能否予以支持问题的答复》　　（2004 年 11 月 11 日）

24.《最高人民法院、最高人民检察院、公安部办理黑社会性质组织犯罪案件座谈会纪要》　　　　　　　　　　　（2009 年 12 月 15 日）

25.《全国部分法院审理黑社会性质组织犯罪案件工作座谈会纪要》

（2015 年 10 月 13 日）

26.《最高人民法院、最高人民检察院、公安部关于办理网络赌博犯罪案件适用法律若干问题的意见》　　　　　　　（2010 年 8 月 31 日）

27.《最高人民法院、最高人民检察院、公安部关于办理利用赌博机开设赌场案件适用法律若干问题的意见》　　　　（2014 年 3 月 26 日）

28.《最高人民法院、最高人民检察院、公安部、司法部关于办理恐怖活动和极端主义犯罪案件适用法律若干问题的意见》　（2018 年 3 月 16 日）

29.《最高人民法院、最高人民检察院、公安部、司法部关于办理恶势力

刑事案件若干问题的意见》 （2019 年 2 月 28 日）

30.《最高人民法院、最高人民检察院、公安部、司法部关于办理实施"软暴力"的刑事案件若干问题的意见》 （2019 年 4 月 9 日）

31.《最高人民法院、最高人民检察院、公安部、司法部关于办理黑恶势力刑事案件中财产处置若干问题的意见》 （2019 年 4 月 9 日）

31.《最高人民法院、最高人民检察院、公安部、司法部关于办理利用信息网络实施黑恶势力犯罪刑事案件若干问题的意见》 （2019 年 7 月 23 日）

（二）妨害司法罪

1.《全国人民代表大会常务委员会关于〈中华人民共和国刑法〉第三百一十三条的解释》 （2002 年 8 月 29 日）

2.《全国人民代表大会常务委员会关于〈中华人民共和国刑法〉第三百四十一条、第三百一十二条的解释》 （2014 年 4 月 24 日）

3.《最高人民法院、最高人民检察院关于办理与盗窃、抢劫、诈骗、抢夺机动车相关刑事案件具体应用法律若干问题的解释》 （2007 年 5 月 9 日）

4.《最高人民法院、最高人民检察院关于办理虚假诉讼刑事案件适用法律若干问题的解释》 （2018 年 9 月 26 日）

5.《最高人民法院关于审理拒不执行判决、裁定刑事案件适用法律若干问题的解释》 （2020 年 12 月 29 日）

6.《最高人民法院关于审理掩饰、隐瞒犯罪所得、犯罪所得收益刑事案件适用法律若干问题的解释》 （2021 年 4 月 13 日）

7.《最高人民法院、最高人民检察院关于办理窝藏、包庇刑事案件适用法律若干问题的解释》 （2021 年 8 月 9 日）

8.《最高人民法院、最高人民检察院、公安部、国家工商行政管理局关于依法查处盗窃、抢劫机动车案件的规定》 （1998 年 5 月 8 日）

9.《最高人民法院研究室关于拒不执行人民法院调解书的行为是否构成拒不执行判决、裁定罪的答复》 （2000 年 12 月 14 日）

10.《最高人民检察院法律政策研究室关于通过伪造证据骗取法院民事裁判占有他人财物的行为如何适用法律问题的答复》 （2002 年 10 月 24 日）

11.《最高人民法院、最高人民检察院、公安部关于依法严肃查处拒不执行判决、裁定和暴力抗拒法院执行犯罪行为有关问题的通知》

（2007 年 8 月 30 日）

（三）妨害国（边）境罪

1.《最高人民法院、最高人民检察院关于办理妨害国（边）境管理刑事案件应用法律若干问题的解释》 （2012年12月12日）

2.《公安部关于妨害国（边）境管理犯罪案件立案标准及有关问题的通知》 （2000年3月31日）

（四）妨害文物管理罪

1.《全国人民代表大会常务委员会关于〈中华人民共和国刑法〉有关文物的规定适用于具有科学价值的古脊椎动物化石、古人类化石的解释》 （2005年12月29日）

2.《最高人民法院、最高人民检察院关于办理妨害文物管理等刑事案件适用法律若干问题的解释》 （2015年12月30日）

（五）危害公共卫生罪

1.《最高人民法院、最高人民检察院关于办理妨害预防、控制突发传染病疫情等灾害的刑事案件具体应用法律若干问题的解释》 （2003年5月14日）

2.《最高人民法院关于审理非法行医刑事案件具体应用法律若干问题的解释》 （2016年12月16日）

3.《最高人民法院、最高人民检察院关于办理非法采供血液等刑事案件具体应用法律若干问题的解释》 （2008年9月22日）

4.《最高人民法院、最高人民检察院、公安部、司法部、海关总署关于进一步加强国境卫生检疫工作 依法惩治妨害国境卫生检疫违法犯罪的意见》 （2020年3月13日）

（六）破坏环境资源保护罪

1.《全国人民代表大会常务委员会关于〈中华人民共和国刑法〉第二百二十八条、第三百四十二条、第四百一十条的解释》 （2009年8月27日）

2.《全国人民代表大会常务委员会关于〈中华人民共和国刑法〉第三百四十一条、第三百一十一条的解释》 （2014年4月24日）

3.《最高人民法院关于审理破坏土地资源刑事案件具体应用法律若干问题的解释》 （2000年6月19日）

4.《最高人民法院关于审理破坏森林资源刑事案件具体应用法律若干问题的解释》 （2000年11月22日）

5. 《最高人民法院关于审理破坏野生动物资源刑事案件具体应用法律若干问题的解释》 　　　　　　　　　　　　　　　　（2000 年 11 月 27 日）

6. 《最高人民法院关于审理破坏林地资源刑事案件具体应用法律若干问题的解释》 　　　　　　　　　　　　　　　　（2005 年 12 月 26 日）

7. 《最高人民法院关于审理破坏草原资源刑事案件应用法律若干问题的解释》 　　　　　　　　　　　　　　　　　　（2012 年 11 月 2 日）

8. 《最高人民法院关于审理发生在我国管辖海域相关案件若干问题的规定（一）》 　　　　　　　　　　　　　　　　　（2016 年 8 月 1 日）

9. 《最高人民法院关于审理发生在我国管辖海域相关案件若干问题的规定（二）》 　　　　　　　　　　　　　　　　　（2016 年 8 月 1 日）

10. 《最高人民法院、最高人民检察院关于办理非法采矿、破坏性采矿刑事案件适用法律若干问题的解释》 　　　　　　（2016 年 11 月 28 日）

11. 《最高人民法院、最高人民检察院关于办理环境污染刑事案件适用法律若干问题的解释》 　　　　　　　　　　　（2016 年 12 月 23 日）

12. 《最高人民法院、最高人民检察院关于适用〈中华人民共和国刑法〉第三百四十四条有关问题的批复》 　　　　　　（2020 年 3 月 19 日）

13. 《最高人民法院关于在林木采伐许可证规定的地点以外采伐本单位或者本人所有的森林或者其他林木的行为如何适用法律问题的批复》

　　　　　　　　　　　　　　　　　　　（2004 年 3 月 26 日）

14. 《最高人民法院、最高人民检察院、国家林业局、公安部、海关总署关于破坏野生动物资源刑事案件中涉及的 CITES 附录 I 和附录 II 所列陆生野生动物制品价值核定问题的通知》 　　　　　　　　　　（2012 年 9 月 17 日）

15. 《最高人民法院、最高人民检察院、公安部、司法部、生态环境部关于办理环境污染刑事案件有关问题座谈会纪要》 　　　　（2019 年 2 月 20 日）

（七）走私、贩卖、运输、制造毒品罪

1. 《最高人民法院关于审理毒品犯罪案件适用法律若干问题的解释》

　　　　　　　　　　　　　　　　　　　（2016 年 4 月 6 日）

2. 《最高人民检察院关于〈非药用类麻醉药品和精神药品管制品种增补目录〉能否作为认定毒品依据的批复》 　　　　　（2019 年 4 月 29 日）

3. 《全国部分法院审理毒品犯罪案件工作座谈会纪要》

　　　　　　　　　　　　　　　　　　　（2008 年 12 月 1 日）

4. 《全国法院毒品犯罪审判工作座谈会纪要》　　　　（2015 年 5 月 18 日）

5. 《最高人民法院、最高人民检察院、公安部办理毒品犯罪案件适用法律若干问题的意见》　　　　　　　　　　　　　　（2007 年 12 月 18 日）

6. 《最高人民法院、最高人民检察院、公安部关于办理制毒物品犯罪案件适用法律若干问题的意见》　　　　　　　　　　（2009 年 6 月 23 日）

7. 《最高人民法院、最高人民检察院、公安部关于办理走私、非法买卖麻黄碱类复方制剂等刑事案件适用法律若干问题的意见》

（2012 年 6 月 18 日）

8. 《最高人民法院、最高人民检察院、公安部、农业部、食品药品监管总局关于进一步加强麻黄草管理严厉打击非法买卖麻黄草等违法犯罪活动的通知》　　　　　　　　　　　　　　　　（2013 年 5 月 21 日）

9. 《最高人民法院、最高人民检察院、公安部关于办理邻氯苯基环戊酮等三种制毒物品犯罪案件定罪量刑数量标准的通知》　　（2014 年 9 月 5 日）

10. 《最高人民法院、最高人民检察院、公安部关于规范毒品名称表述若干问题的意见》　　　　　　　　　　　　　　　（2014 年 8 月 20 日）

11. 《国家禁毒委员会关于规范非药用类麻醉药品和精神药品及制毒物品违法犯罪的通告》　　　　　　　　　　　　　　（2019 年 8 月 1 日）

12. 《最高人民检察院法律政策研究室关于安定注射液是否属于〈刑法〉第三百五十五条规定的精神药品问题的答复》　　　（2002 年 10 月 24 日）

13. 《公安部关于在成品药中非法添加阿普唑仑和曲马多进行销售能否认定为制造贩卖毒品有关问题的批复》　　　　　　（2009 年 3 月 19 日）

14. 《最高人民法院研究室关于被告人对不同种毒品实施同一犯罪行为是否按比例折算成一种毒品予以累加后量刑的答复》（2009 年 8 月 17 日）

15. 《最高人民法院研究室关于贩卖、运输经过取汁的罂粟壳废渣是否构成贩卖、运输毒品罪的答复》　　　　　　　　　（2010 年 9 月 27 日）

（八）组织、强迫、引诱、容留、介绍卖淫罪

1. 《最高人民法院、最高人民检察院关于办理组织、强迫、引诱、容留、介绍卖淫刑事案件适用法律若干问题的解释》　　（2017 年 7 月 21 日）

2. 《公安部关于以钱财为媒介尚未发生性行为或发生性行为尚未给付钱财如何定性问题的批复》　　　　　　　　　　　（2003 年 9 月 24 日）

（九）制作、贩卖、传播淫秽物品罪

1.《最高人民法院、最高人民检察院关于办理利用互联网、移动通讯终端、声讯台制作、复制、出版、贩卖、传播淫秽电子信息刑事案件具体应用法律若干问题的解释》 　　　　　　　　　　　　　　（2004 年 9 月 3 日）

2.《最高人民法院、最高人民检察院关于办理利用互联网、移动通讯终端、声讯台制作、复制、出版、贩卖、传播淫秽电子信息刑事案件具体应用法律若干问题的解释（二）》 　　　　　　　　　　（2010 年 2 月 2 日）

3.《最高人民法院、最高人民检察院关于利用网络云盘制作、复制、贩卖、传播淫秽电子信息牟利行为定罪量刑问题的批复》（2017 年 11 月 22 日）

4.《公安部关于携带、藏匿淫秽 VCD 是否属于传播淫秽物品问题的批复》 　　　　　　　　　　　　　　　　　　（1998 年 11 月 9 日）

十三、危害国防利益罪

1.《最高人民法院关于审理危害军事通信刑事案件具体应用法律若干问题的解释》 　　　　　　　　　　　　　　　　（2007 年 6 月 26 日）

2.《最高人民法院、最高人民检察院关于办理妨害武装部队制式服装、车辆号牌管理秩序等刑事案件具体应用法律若干问题的解释》

（2011 年 7 月 20 日）

十四、贪污贿赂罪

（一）贪污、挪用公款罪

1.《全国人民代表大会常务委员会关于〈中华人民共和国刑法〉第九十三条第二款的解释》 　　　　　　　　　　　（2009 年 8 月 27 日）

2.《全国人民代表大会常务委员会关于〈中华人民共和国刑法〉第三百八十四条第一款的解释》 　　　　　　　　　（2002 年 4 月 28 日）

3.《最高人民检察院关于挪用国库券如何定性问题的批复》

（1997 年 10 月 13 日）

4.《最高人民法院关于审理挪用公款案件具体应用法律若干问题的解释》

（1998 年 4 月 29 日）

5.《最高人民检察院关于国家工作人员挪用非特定公物能否定罪的请示的批复》 　　　　　　　　　　　　　　　（2000 年 3 月 15 日）

6.《最高人民法院关于审理贪污、职务侵占案件如何认定共同犯罪几个问题的解释》　　　　　　　　　　　　　　　（2000 年 6 月 30 日）

7.《最高人民检察院关于挪用失业保险基金和下岗职工基本生活保障资金的行为适用法律问题的批复》　　　　　　　　（2003 年 1 月 28 日）

8.《最高人民法院关于挪用公款犯罪如何计算追诉期限问题的批复》

（2003 年 9 月 22 日）

9.《最高人民法院、最高人民检察院关于办理贪污贿赂刑事案件适用法律若干问题的解释》　　　　　　　　　　　　　（2016 年 4 月 18 日）

10.《最高人民检察院关于贪污养老、医疗等社会保险基金能否适用《最高人民法院、最高人民检察院关于办理贪污贿赂刑事案件适用法律若干问题的解释》第一条第二款第一项规定的批复》　　（2017 年 7 月 26 日）

11.《全国法院审理经济犯罪案件工作座谈会纪要》

（2003 年 11 月 13 日）

12.《最高人民法院、最高人民检察院关于办理国家出资企业中职务犯罪案件具体应用法律若干问题的意见》　　　　　（2010 年 11 月 26 日）

（二）行贿、受贿罪

1.《全国人民代表大会常务委员会关于〈中华人民共和国刑法〉第九十三条第二款的解释》　　　　　　　　　　　　　（2009 年 8 月 27 日）

2.《最高人民法院关于国家工作人员利用职务上的便利为他人谋取利益离退休后收受财物行为如何处理问题的批复》　　（2000 年 7 月 13 日）

3.《最高人民法院、最高人民检察院关于办理行贿刑事案件具体应用法律若干问题的解释》　　　　　　　　　　　　　（2012 年 12 月 26 日）

4.《最高人民法院、最高人民检察院关于在办理受贿犯罪大要案的同时要严肃查处严重行贿犯罪分子的通知》　　　　　（1999 年 3 月 4 日）

5.《全国法院审理经济犯罪案件工作座谈会纪要》（2003 年 11 月 13 日）

6.《最高人民检察院法律政策研究室关于集体性质的乡镇卫生院院长利用职务之便收受他人财物的行为如何适用法律问题的答复》

（2003 年 4 月 2 日）

7.《最高人民检察院法律政策研究室关于国有单位的内设机构能否构成单位受贿罪主体问题的答复》　　　　　　　　　（2006 年 9 月 12 日）

8.《最高人民法院、最高人民检察院关于办理受贿刑事案件适用法律若

干问题的意见》　　　　　　　　　　　　　　（2007 年 7 月 8 日）

9.《最高人民法院、最高人民检察院关于办理商业贿赂刑事案件适用法律若干问题的意见》　　　　　　　　　　　（2008 年 11 月 20 日）

10.《最高人民法院、最高人民检察院关于办理国家出资企业中职务犯罪案件具体应用法律若干问题的意见》　　　　（2010 年 11 月 26 日）

十五、渎职罪

1.《全国人民代表大会常务委员会关于〈中华人民共和国刑法〉第九章渎职罪主体适用问题的解释》　　　　　　　（2002 年 12 月 28 日）

2.《全国人民代表大会常务委员会关于〈中华人民共和国刑法〉第二百二十八条、第三百四十二条、第四百一十条的解释》　（2009 年 8 月 27 日）

3.《最高人民法院、最高人民检察院关于办理渎职刑事案件适用法律若干问题的解释（一）》　　　　　　　　　　（2012 年 12 月 7 日）

4.《最高人民检察院关于工人等非监管机关在编监管人员私放在押人员行为和失职致使在押人员脱逃行为适用法律问题的解释》（2001 年 3 月 2 日）

5.《最高人民检察院关于企业事业单位的公安机构在机构改革过程中其工作人员能否构成渎职侵权犯罪主体问题的批复》　　（2002 年 4 月 29 日）

6.《最高人民检察院关于对林业主管部门工作人员在发放林木采伐许可证之外滥用职权玩忽职守致使森林遭受严重破坏的行为适用法律问题的批复》
　　　　　　　　　　　　　　　　　　　　（2007 年 5 月 16 日）

7.《最高人民检察院关于镇财政所所长是否适用国家机关工作人员的批复》
　　　　　　　　　　　　　　　　　　　　（2000 年 5 月 4 日）

8.《最高人民检察院关于合同制民警能否成为玩忽职守罪主体问题的批复》
　　　　　　　　　　　　　　　　　　　　（2000 年 10 月 9 日）

9.《最高人民检察院关于属工人编制的乡（镇）工商所所长能否依照《刑法》第 397 条的规定追究刑事责任问题的批复》　（2000 年 10 月 31 日）

10.《最高人民检察院法律政策研究室关于买卖尚未加盖印章的空白《边境证》行为如何适用法律问题的答复》　　　（2002 年 9 月 25 日）

11.《最高人民检察院法律政策研究室关于对海事局工作人员如何适用法律问题的答复》　　　　　　　　　　　　（2003 年 1 月 13 日）

12.《最高人民检察院法律政策研究室关于非司法工作人员是否可以构成

徇私枉法罪共犯问题的答复》 （2003 年 4 月 16 日）

13.《最高人民法院研究室关于对滥用职权致使公共财产、国家和人民利益遭受重大损失如何认定问题的答复》 （2004 年 11 月 22 日）

14.《最高人民法院研究室关于违反经行政法规授权制定的规范一般纳税人资格的文件应否认定为"违反法律、行政法规的规定"问题的答复》

（2012 年 5 月 3 日）

15.《最高人民检察院关于渎职侵权犯罪案件立案标准的规定》

（2006 年 7 月 26 日）

16.《人民检察院直接受理立案侦查的渎职侵权重特大案件标准（试行）》

（2001 年 8 月 24 日）

十六、军人违反职责罪

1.《最高人民法院、最高人民检察院关于对军人非战时逃离部队的行为能否定罪处罚问题的批复》 （2000 年 12 月 5 日）

2.《军人违反职责罪案件立案标准的规定》 （2013 年 2 月 26 日）

第四节　刑事诉讼法及司法解释的范围

一、刑事诉讼法综合

1.《中华人民共和国刑事诉讼法》 （2018 年 10 月 26 日）

2.《中华人民共和国监察法》 （2018 年 3 月 20 日）

3.《最高人民法院、最高人民检察院、公安部、国家安全部、司法部、全国人大常委会法制工作委员会关于实施刑事诉讼法若干问题的规定》

（2012 年 12 月 26 日）

4.《最高人民法院关于适用〈中华人民共和国刑事诉讼法〉的解释》

（2021 年 1 月 26 日）

5.《人民检察院刑事诉讼规则》 （2019 年 12 月 30 日）

6.《公安机关办理刑事案件程序规定》 （2020 年 7 月 20 日）

7.《公安机关办理刑事复议复核案件程序规定》 （2014 年 9 月 13 日）

8.《公安机关办理伤害案件规定》 （2005 年 12 月 27 日）

9. 《人民检察院办理网络犯罪案件规定》　　　　（2021 年 1 月 22 日）

10. 《最高人民检察院、公安部关于公安机关办理经济犯罪案件的若干规定》　　　　　　　　　　　　　　　　　（2017 年 11 月 24 日）

11. 《最高人民法院、最高人民检察院、公安部、国家安全部、司法部关于对司法工作人员在诉讼活动中的渎职行为加强法律监督的若干规定（试行）》　　　　　　　　　　　　　　　　　（2010 年 7 月 26 日）

12. 《最高人民法院、最高人民检察院、公安部、司法部关于进一步严格依法办案确保办理死刑案件质量的意见》　　　　（2007 年 3 月 9 日）

13. 《最高人民检察院关于进一步加强对诉讼活动法律监督工作的意见》　　　　　　　　　　　　　　　　　　（2009 年 12 月 29 日）

14. 《最高人民法院、最高人民检察院、公安部、中国证监会关于办理证券期货违法犯罪案件工作若干问题的意见》　　（2011 年 4 月 27 日）

15. 《最高人民检察院关于切实履行检察职能防止和纠正冤假错案的若干意见》　　　　　　　　　　　　　　　　　（2013 年 9 月 9 日）

16. 《最高人民法院关于建立健全防范刑事冤假错案工作机制的意见》　　　　　　　　　　　　　　　　　　（2013 年 10 月 9 日）

17. 《最高人民检察院、公安部关于规范刑事案件"另案处理"适用的指导意见》　　　　　　　　　　　　　　　（2014 年 3 月 6 日）

18. 《最高人民法院、最高人民检察院、公安部关于办理网络犯罪案件适用刑事诉讼程序若干问题的意见》　　　　　（2014 年 5 月 4 日）

19. 《最高人民检察院、中国残疾人联合会关于在检察工作中切实维护残疾人合法权益的意见》　　　　　（2015 年 11 月 30 日）

20. 《人民法院、保密行政管理部门办理侵犯国家秘密案件若干问题的规定》　　　　　　　　　　　　　　　　　（2020 年 3 月 11 日）

21. 《人民检察院、保密行政管理部门查办泄密案件若干问题的规定》　　　　　　　　　　　　　　　　　　（2020 年 3 月 12 日）

22. 《最高人民法院、最高人民检察院、公安部、国家安全部、司法部关于推进以审判为中心的刑事诉讼制度改革的意见》　（2016 年 7 月 20 日）

23. 《最高人民法院关于全面推进以审判为中心的刑事诉讼制度改革的实施意见》　　　　　　　　　　　　　（2017 年 2 月 17 日）

24. 《最高人民法院、最高人民检察院、公安部、国家安全部、司法部关

于适用认罪认罚从宽制度的指导意见》 （2019 年 10 月 11 日）

25.《人民检察院办理认罪认罚案件监督管理办法》 （2020 年 5 月 11 日）

26.《国家监察委员会、最高人民法院、最高人民检察院、公安部、司法部关于在扫黑除恶专项斗争中分工负责、互相配合、互相制约严惩公职人员涉黑涉恶违法犯罪问题的通知》 （2019 年 10 月 20 日）

二、管辖

1.《全国人民代表大会常务委员会关于对中华人民共和国缔结或者参加的国际条约所规定的罪行行使刑事管辖权的决定》 （1987 年 6 月 23 日）

2.《最高人民检察院关于对服刑罪犯暂予监外执行期间在异地又犯罪应由何地检察院受理审查起诉问题的批复》 （1998 年 11 月 26 日）

3.《最高人民检察院关于新疆生产建设兵团各级人民检察院案件管辖权的规定》 （2001 年 6 月 21 日）

4.《最高人民法院关于新疆生产建设兵团人民法院案件管辖权问题的若干规定》 （2005 年 5 月 24 日）

5.《最高人民法院关于铁路运输法院案件管辖范围的若干规定》

（2012 年 7 月 17 日）

6.《最高人民法院、最高人民检察院、中国海警局关于海上刑事案件管辖等有关问题的通知》 （2020 年 2 月 20 日）

7.《公安机关办理危害税收征管刑事案件管辖若干问题的规定》

（2004 年 2 月 19 日）

8.《办理军队和地方互涉刑事案件规定》 （2009 年 5 月 1 日）

9.《人民检察院直接受理立案侦查职务犯罪案件管辖规定》

（2013 年 1 月 8 日）

10.《公安部、最高人民法院、最高人民检察院、国家安全部、工业和信息化部、中国人民银行、中国银行业监督管理委员会关于办理流动性团伙性跨区域性犯罪案件有关问题的意见》 （2011 年 5 月 1 日）

11.《中国人民解放军总政治部保卫部、中国人民解放军军事法院、中国人民解放军军事检察院关于〈中华人民共和国刑法〉第十章所列刑事案件管辖范围的通知》 （1998 年 8 月 12 日）

12.《最高人民检察院关于走私犯罪侦查机关提请批准逮捕和移送审查起

诉的案件由分、州、市级人民检察院受理的通知》　　　（1999 年 2 月 3 日）

13.《最高人民法院、最高人民检察院、公安部关于旅客列车上发生的刑事案件管辖问题的通知》　　　　　　　　　　　（2001 年 8 月 23 日）

14.《最高人民法院、最高人民检察院、公安部关于办理海上发生的违法犯罪案件有关问题的通知》　　　　　　　　　　（2007 年 9 月 17 日）

15.《最高人民法院、最高人民检察院、公安部关于公安部证券犯罪侦查局直属分局办理经济犯罪案件适用刑事诉讼程序若干问题的通知》

（2009 年 11 月 4 日）

16.《最高人民法院、最高人民检察院、公安部关于信用卡诈骗犯罪管辖有关问题的通知》　　　　　　　　　　　　　（2011 年 8 月 8 日）

17.《最高人民法院、最高人民检察院、司法部关于对燕城监狱在押罪犯狱内又犯罪案件起诉及审判管辖工作的通知》　（2011 年 11 月 25 日）

18.《最高人民法院、最高人民检察院关于贯彻执行〈关于办理证券期货违法犯罪案件工作若干问题的意见〉有关问题的通知》（2012 年 3 月 14 日）

19.《公安部关于受害人居住地公安机关可否对诈骗犯罪案件立案侦查问题的批复》　　　　　　　　　　　　　　　（2000 年 10 月 16 日）

三、辩护与代理

（一）律师执业

1.《最高人民检察院办公厅关于辩护人复制案件材料收费暂行办法》

（1997 年 1 月 8 日）

2.《最高人民法院、司法部关于规范法官和律师相互关系维护司法公正的若干规定》　　　　　　　　　　　　　　　（2004 年 3 月 19 日）

3.《律师会见监狱在押罪犯规定》　　　　　　　（2017 年 11 月 27 日）

4.《最高人民法院、司法部关于充分保障律师依法履行辩护职责确保死刑案件办理质量的若干规定》　　　　　　　　（2008 年 5 月 21 日）

5.《最高人民检察院关于依法保障律师执业权利的规定》

（2014 年 12 月 23 日）

6.《最高人民法院、最高人民检察院、公安部、国家安全部、司法部关于依法保障律师执业权利的规定》　　　　　　（2015 年 9 月 16 日）

7.《最高人民法院、司法部关于依法保障律师诉讼权利和规范律师参与

庭审活动的通知》　　　　　　　　　　　　　　（2018 年 4 月 21 日）

8. 《最高人民法院关于依法切实保障律师诉讼权利的规定》

（2015 年 12 月 29 日）

9. 《最高人民法院、司法部关于扩大刑事案件律师辩护全覆盖试点范围的通知》　　　　　　　　　　　　　　（2018 年 12 月 27 日）

（二）法律援助、司法救助

1. 《中华人民共和国法律援助法》　　　　　　　（2021 年 8 月 20 日）

2. 《律师和基层法律服务工作者开展法律援助工作暂行管理办法》

（2004 年 9 月 8 日）

3. 《办理法律援助案件程序规定》　　　　　　　（2012 年 4 月 9 日）

4. 《最高人民法院、最高人民检察院、公安部、司法部关于刑事诉讼法律援助工作的规定》　　　　　　　　　　（2013 年 2 月 4 日）

5. 中共中央政法委员会、财政部、最高人民法院、最高人民检察院、公安部、司法部关于建立完善国家司法救助制度的意见（试行）》

（2014 年 1 月 17 日）

6. 《最高人民法院关于加强和规范人民法院国家司法救助工作的意见》

（2016 年 7 月 1 日）

7. 《人民检察院国家司法救助工作细则（试行）》　（2016 年 8 月 16 日）

8. 《最高人民检察院关于全面加强未成年人国家司法救助工作的意见》

（2018 年 2 月 27 日）

9. 《最高人民法院、最高人民检察院、公安部、司法部关于依法严惩利用未成年人实施黑恶势力犯罪的意见》　（2020 年 3 月 23 日）

10. 《人民法院国家司法救助案件办理程序规定（试行）》

（2019 年 1 月 4 日）

11. 《最高人民法院司法救助委员会工作规则（试行）》

（2019 年 1 月 4 日）

12. 《人民法院国家司法救助文书样式（试行）》　（2019 年 1 月 4 日）

13. 《最高人民检察院、国务院扶贫开发领导小组办公室关于检察机关国家司法救助工作支持脱贫攻坚的实施意见》（2019 年 2 月 25 日）

四、证据

（一）司法鉴定

1.《全国人民代表大会常务委员会关于司法鉴定管理问题的决定》

（2015 年 4 月 24 日）

2.《最高人民法院关于人民法院对外委托司法鉴定管理规定》

（2002 年 3 月 27 日）

3.《人民法院司法鉴定工作暂行规定》 （2001 年 11 月 16 日）

4.《人民检察院鉴定规则（试行）》 （2006 年 11 月 30 日）

（二）证据

1.《中华人民共和国电子签名法》 （2019 年 4 月 23 日）

2.《最高人民法院、最高人民检察院、公安部、国家安全部、司法部关于办理死刑案件审查判断证据若干问题的规定》 （2010 年 6 月 13 日）

3.《最高人民法院、最高人民检察院、公安部、国家安全部、司法部关于办理刑事案件排除非法证据若干问题的规定》 （2010 年 6 月 13 日）

4.《最高人民检察院关于适用〈关于办理死刑案件审查判断证据若干问题的规定〉和〈关于办理刑事案件排除非法证据若干问题的规定〉的指导意见》 （2010 年 12 月 30 日）

5.《最高人民法院、最高人民检察院、公安部关于办理刑事案件收集提取和审查判断电子数据若干问题的规定》 （2016 年 9 月 9 日）

6.《最高人民法院、最高人民检察院、公安部、国家安全部、司法部关于办理刑事案件严格排除非法证据若干问题的规定》 （2017 年 6 月 20 日）

7.《人民法院办理刑事案件排除非法证据规程（试行）》

（2017 年 11 月 27 日）

8.《人民检察院公诉人出庭举证质证工作指引》 （2018 年 7 月 3 日）

9.《最高人民检察院关于在审查逮捕和审查起诉工作中加强证据审查的若干意见》 （2006 年 7 月 3 日）

10.《最高人民检察院关于 CPS 多道心理测试鉴定结论能否作为诉讼证据使用问题的批复》 （1999 年 9 月 10 日）

11.《最高人民检察院关于"骨龄鉴定"能否作为确定刑事责任年龄证据使用的批复》 （2000 年 2 月 21 日）

五、强制措施

（一）强制措施综合

1. 《最高人民检察院、公安部关于适用刑事强制措施有关问题的规定》

（2000 年 8 月 28 日）

2. 《最高人民法院、最高人民检察院、公安部、国家安全部关于机关事业单位工作人员被采取刑事强制措施和受刑事处罚实行向所在单位告知制度的通知》

（2015 年 11 月 6 日）

3. 《最高人民法院关于人民法院对原审被告人宣告无罪后人民检察院抗诉的案件由谁决定对原审被告人采取强制措施并通知其出庭等问题的复函》

（2001 年 1 月 2 日）

4. 《最高人民检察院关于对由军队保卫部门军事检察院立案的地方人员可否采取强制措施问题的批复》 （1993 年 6 月 19 日）

（二）拘留、逮捕

1. 《全国人民代表大会常务委员会关于〈中华人民共和国刑事诉讼法〉第七十九条第三款的解释》 （2014 年 4 月 24 日）

2. 《最高人民检察院、公安部关于依法适用逮捕措施有关问题的规定》

（2001 年 8 月 6 日）

3. 《最高人民检察院、公安部关于逮捕社会危险性条件若干问题的规定（试行）》 （2015 年 10 月 9 日）

4. 《最高人民检察院关于加强毒品犯罪批捕起诉工作的通知》

（1997 年 6 月 10 日）

（三）取保候审、监视居住

1. 《最高人民法院、最高人民检察院、公安部、国家安全部关于取保候审若干问题的规定》 （1999 年 8 月 4 日）

2. 《公安部关于监视居住期满后能否对犯罪嫌疑人采取取保候审强制措施问题的批复》 （2000 年 12 月 12 日）

3. 《公安部关于如何没收逃跑犯罪嫌疑人保证金问题的批复》

（2001 年 12 月 26 日）

4. 《公安部关于人民检察院不起诉人民法院终止审理或者判决无罪的案

件公安机关已采取的取保候审是否合法及应否退还已没收的保证金问题的答复》

(2003 年 12 月 31 日)

5.《人民检察院对指定居所监视居住实行监督的规定》

(2015 年 12 月 17 日)

（四）羁押

1. 公安机关适用刑事羁押期限规定》　　　　　　　(2006 年 1 月 27 日)

2.《人民检察院刑事执行检察部门预防和纠正超期羁押和久押不决案件工作规定（试行）》　　　　　　　　　　　　　　(2015 年 6 月 1 日)

3.《人民检察院办理羁押必要性审查案件规定（试行）》

(2016 年 1 月 22 日)

4.《人民检察院办理延长侦查羁押期限案件的规定》　(2016 年 7 月 1 日)

5.《人民检察院羁押听证办法》　　　　　　　　　(2021 年 8 月 17 日)

6.《最高人民检察院关于清理和纠正检察机关直接受理侦查案件超期羁押犯罪嫌疑人问题的通知》　　　　　　　　　　　　(1998 年 6 月 5 日)

7.《最高人民检察院、最高人民法院、公安部关于严格执行刑事诉讼法关于对犯罪嫌疑人、被告人羁押期限的规定坚决纠正超期羁押问题的通知》

(1998 年 10 月 19 日)

8.《最高人民法院、最高人民检察院、公安部关于羁押犯罪嫌疑人、被告人实行换押制度的通知》　　　　　　　　　　　(1999 年 10 月 27 日)

9.《最高人民法院、最高人民检察院、公安部关于严格执行刑事诉讼法切实纠防超期羁押的通知》　　　　　　　　　　　(2003 年 11 月 12 日)

10.《最高人民检察院关于在检察工作中防止和纠正超期羁押的若干规定》

(2003 年 11 月 24 日)

11.《最高人民法院关于推行十项制度切实防止产生新的超期羁押的通知》

(2003 年 11 月 30 日)

六、立案

1.《最高人民法院关于人民法院登记立案若干问题的规定》

(2015 年 4 月 15 日)

2.《最高人民检察院关于"人民检察院发出〈通知立案书〉时，应当将有关证明应该立案的材料移送公安机关"问题的批复》　(1998 年 5 月 12 日)

3.《行政执法机关移送涉嫌犯罪案件的规定》 （2020 年 8 月 7 日）

4.《人民检察院办理行政执法机关移送涉嫌犯罪案件的规定》

（2001 年 12 月 3 日）

5.《公安机关受理行政执法机关移送涉嫌犯罪案件规定》

（2016 年 6 月 6 日）

6.《人民检察院立案监督工作问题解答》 （2000 年 1 月 13 日）

7.《最高人民检察院、公安部关于刑事立案监督有关问题的规定（试行）》 （2010 年 7 月 26 日）

8.《人民检察院举报工作规定》 （2014 年 9 月 30 日）

9.《人民检察院受理控告申诉依法导入法律程序实施办法》

（2014 年 11 月 7 日）

10.《环境保护行政执法与刑事司法衔接工作办法》 （2017 年 1 月 25 日）

11.《安全生产行政执法与刑事司法衔接工作办法》 （2019 年 4 月 16 日）

12.《最高人民法院、最高人民检察院关于人民检察院提起刑事附带民事公益诉讼应否履行诉前公告程序问题的批复》 （2019 年 11 月 25 日）

13.《最高人民检察院、全国整顿和规范市场经济秩序领导小组办公室、公安部、监察部关于在行政执法中及时移送涉嫌犯罪案件的意见》

（2006 年 1 月 26 日）

14.《国土资源部、最高人民检察院、公安部关于国土资源行政主管部门移送涉嫌国土资源犯罪案件的若干意见》 （2008 年 9 月 8 日）

15.《最高人民法院关于拒不执行判决、裁定罪自诉案件受理工作有关问题的通知》 （2018 年 5 月 30 日）

七、侦查

（一）侦查措施、侦查协作

1.《最高人民检察院关于对报请批准逮捕的案件可否侦查问题的批复》

（1998 年 5 月 12 日）

2.《最高人民检察院关于人民检察院侦查协作的暂行规定》

（2000 年 10 月 12 日）

3.《最高人民检察院关于完善抗诉工作与职务犯罪侦查工作内部监督制约机制的规定》 （2009 年 9 月 11 日）

4.《人民检察院讯问职务犯罪嫌疑人实行全程同步录音录像技术工作流程（试行）》　　　　　　　　　　　　　　（2006 年 12 月 4 日）

5.《人民检察院讯问职务犯罪嫌疑人实行全程同步录音录像系统建设规范（试行）》　　　　　　　　　　　　　　（2006 年 12 月 4 日）

6.《人民检察院讯问职务犯罪嫌疑人实行全程同步录音录像的规定》

　　　　　　　　　　　　　　　　　　　（2014 年 5 月 26 日）

7.《人民检察院侦查监督、公诉部门介入职务犯罪案件侦查工作的规定》

　　　　　　　　　　　　　　　　　　　（2015 年 8 月 14 日）

8.《公安机关刑事案件现场勘验检查规则》　　（2015 年 10 月 22 日）

9.《办理毒品犯罪案件毒品提取、扣押、称量、取样和送检程序若干问题的规定》　　　　　　　　　　　　　　　　（2016 年 5 月 24 日）

10.《最高人民检察院、公安部关于加强和规范补充侦查工作的指导意见》

　　　　　　　　　　　　　　　　　　　（2020 年 3 月 27 日）

11.《最高人民法院、最高人民检察院、公安部关于办理非法生产光盘案件有关问题的通知》　　　　　　　　　　　　（1997 年 3 月 28 日）

12.《最高人民法院、最高人民检察院、公安部、司法部、海关总署关于走私犯罪侦查机关办理走私犯罪案件适用刑事诉讼程序若干问题的通知》

　　　　　　　　　　　　　　　　　　　（1998 年 12 月 3 日）

13.《最高人民法院、最高人民检察院、公安部、中国证券监督管理委员会关于查询、冻结、扣划证券和证券交易结算资金有关问题的通知》

　　　　　　　　　　　　　　　　　　　（2008 年 1 月 10 日）

14.《最高人民法院、最高人民检察院、公安部、中国证券监督管理委员会关于办理证券期货违法犯罪案件工作若干问题的意见 》

　　　　　　　　　　　　　　　　　　　（2011 年 4 月 27 日）

15.《公安部关于我国公民在国外犯罪经外国审判后回国如何依法处理问题的批复》　　　　　　　　　　　　　　　　（1996 年 6 月 6 日）

16.《公安部关于如何处理无法查清身份的外国籍犯罪嫌疑人问题的批复》

　　　　　　　　　　　　　　　　　　　（1999 年 1 月 11 日）

17.《公安部关于正确执行〈公安机关办理刑事案件程序规定〉第一百九十九条的批复》　　　　　　　　　　　　　（2008 年 10 月 22 日）

（二）涉案财物处理

1.《中共中央办公厅、国务院办公厅关于进一步规范刑事诉讼涉案财物处置工作的意见》　　　　　　　　　　　　　　（2015 年 1 月 24 日）

2.《公安机关办理刑事案件适用查封、冻结措施有关规定》

（2013 年 9 月 1 日）

3.《人民检察院刑事诉讼涉案财物管理规定》　　（2015 年 3 月 6 日）

4.《最高人民法院、最高人民检察院、公安部关于刑事案件涉扶贫领域财物依法快速返还的若干规定》　　　　　　　　（2020 年 7 月 24 日）

5.《国家计划委员会、最高人民法院、最高人民检察院、公安部关于扣押、追缴、没收物品估价管理办法》　　　　　　（1997 年 4 月 22 日）

八、提起公诉

1.《最高人民法院关于审理挪用公款案件具体应用法律若干问题的解释》

（1998 年 4 月 29 日）

2.《最高人民检察院关于涉嫌犯罪单位被撤销、注销、吊销营业执照或者宣告破产的应如何进行追诉问题的批复》　　　（2002 年 7 月 9 日）

3.《最高人民检察院关于审查起诉期间犯罪嫌疑人脱逃或者患有严重疾病的应当如何处理的批复》　　　　　　　　（2013 年 12 月 27 日）

4.《最高人民检察院关于下级人民检察院对上级人民检察院不批准不起诉等决定能否提请复议的批复》　　　　　（2015 年 12 月 15 日）

5.《最高人民检察院关于人民检察院立案侦查的案件改变定性后可否直接提起公诉问题的批复》　　　　　　　　（2006 年 12 月 22 日）

6.《人民检察院起诉案件公开审查规则（试行）》　（2001 年 3 月 5 日）

7.《人民检察院办理起诉案件质量标准（试行）》　（2007 年 6 月 19 日）

8.《人民检察院办理不起诉案件质量标准（试行）》

（2007 年 6 月 19 日）

9.《人民检察院开展量刑建议工作的指导意见（试行）》

（2010 年 2 月 23 日）

10.《最高人民检察院关于办理核准追诉案件若干问题的规定》

（2012 年 10 月 9 日）

11.《最高人民检察院关于对危害国家安全案件批捕起诉和实行备案制度

等有关事项的通知》 （1998 年 1 月 12 日）

12.《最高人民检察院法律政策研究室关于对同案犯罪嫌疑人在逃对解除强制措施的在案犯罪嫌疑人如何适用〈人民检察院刑事诉讼规则〉有关问题的答复》 （2002 年 5 月 29 日）

九、审判组织

1.《中华人民共和国人民陪审员法》 （2018 年 4 月 27 日）

2.《最高人民法院关于适用〈中华人民共和国人民陪审员法〉若干问题的解释》 （2019 年 4 月 27 日）

3.《最高人民法院、司法部关于〈中华人民共和国人民陪审员法〉实施中若干问题的答复》 （2020 年 8 月 11 日）

4.《最高人民法院关于人民法院合议庭工作的若干规定》 （2002 年 8 月 12 日）

5.《最高人民法院关于进一步加强合议庭职责的若干规定》 （2010 年 1 月 11 日）

6.《最高人民法院关于审判人员在诉讼活动中执行回避制度若干问题的规定》 （2011 年 6 月 10 日）

7.《最高人民法院关于巡回法庭审理案件若干问题的规定》 （2016 年 12 月 27 日）

8.《最高人民法院关于人民法庭若干问题的规定》 （1999 年 7 月 15 日）

9.《最高人民法院关于人民陪审员管理办法（试行）》 （2005 年 1 月 6 日）

10.《最高人民法院、司法部人民陪审员培训、考核、奖惩工作办法》 （2019 年 4 月 24 日）

11.《最高人民法院关于完善院长、副院长、庭长、副庭长参加合议庭审理案件制度的若干意见》 （2007 年 3 月 30 日）

12.《最高人民法院关于改革和完善人民法院审判委员会制度的实施意见》 （2010 年 1 月 11 日）

13.《最高人民法院、最高人民检察院关于人民检察院检察长列席人民法院审判委员会会议的实施意见》 （2010 年 1 月 12 日）

14. 《最高人民法院关于规范上下级人民法院审判业务关系的若干意见》

（2010 年 12 月 28 日）

15. 《最高人民法院关于对配偶子女从事律师职业的法院领导干部和审判执行人员实行任职回避的规定（试行）》 （2020 年 4 月 17 日）

16. 《最高人民法院关于完善人民法院司法责任制的若干意见》

（2015 年 9 月 21 日）

17. 《最高人民法院、最高人民检察院、公安部、国家安全部、司法部关于进一步规范司法人员与当事人、律师、特殊关系人、中介组织接触交往行为的若干规定》 （2015 年 9 月 22 日）

18. 《最高人民法院关于加强各级人民法院院庭长办理案件工作的意见（试行）》 （2017 年 4 月 10 日）

19. 《最高人民法院关于落实司法责任制完善审判监督管理机制的意见（试行）》 （2017 年 4 月 12 日）

20. 《最高人民检察院关于指派、聘请有专门知识的人参与办案若干问题的规定（试行）》 （2018 年 4 月 3 日）

十、第一审、二审程序

1. 《最高人民法院关于死刑缓期执行限制减刑案件审理程序若干问题的规定》

（2011 年 4 月 25 日）

2. 《最高人民法院关于刑事裁判文书中刑期起止日期如何表述问题的批复》

（2000 年 2 月 29 日）

3. 《最高人民法院关于刑事案件终审判决和裁定何时发生法律效力问题的批复》 （2004 年 7 月 26 日）

4. 《最高人民法院关于对被判处死刑的被告人未提出上诉、共同犯罪的部分被告人或者附带民事诉讼原告人提出上诉的案件应适用何种程序审理的批复》 （2010 年 3 月 17 日）

5. 《最高人民法院、最高人民检察院关于对死刑判决提出上诉的被告人在上诉期满后宣判前提出撤回上诉人民法院是否准许的批复》

（2010 年 8 月 6 日）

6. 《最高人民法院关于在裁判文书中如何表述修正前后刑法条文的批复》

（2012 年 5 月 15 日）

7.《最高人民法院关于适用刑事诉讼法第二百二十五条第二款有关问题的批复》　　　　　　　　　　　　　　　　　　（2016 年 6 月 23 日）

8.《人民法院办理刑事案件庭前会议规程（试行）》

（2017 年 11 月 27 日）

9.《人民法院办理刑事案件第一审普通程序法庭调查规程（试行）》

（2017 年 11 月 27 日）

10.《最高人民法院、最高人民检察院、公安部、国家安全部、司法部关于规范量刑程序若干问题的意见》　　　　　　（2020 年 11 月 5 日）

11.《最高人民法院研究室关于对刑罚已执行完毕，由于发现新的证据，又因同一事实被以新的罪名重新起诉的案件，应适用何种程序进行审理等问题的答复》　　　　　　　　　　　　　　　　（2002 年 7 月 31 日）

12.《中华人民共和国人民法院法庭规则》　　（2016 年 4 月 13 日）

13.《最高人民法院关于严格执行案件审理期限制度的若干规定》

（2008 年 12 月 16 日）

14. 最高人民法院关于裁判文书引用法律、法规等规范性法律文件的规定》

（2009 年 10 月 26 日）

15.《最高人民法院关于人民法院在互联网公布裁判文书的规定》

（2016 年 8 月 29 日）

16.《最高人民法院关于人民法院庭审录音录像的若干规定》

（2017 年 2 月 22 日）

17.《最高人民法院关于严格执行公开审判制度的若干规定》

（1999 年 3 月 8 日）

18.《最高人民法院办公厅关于进一步加强法庭审判秩序管理的通知》

（2009 年 10 月 27 日）

19.《最高人民法院关于加强和规范人大代表、政协委员旁听案件庭审工作的若干意见》　　　　　　　　　　　　　　（2011 年 11 月 4 日）

20.《最高人民法院关于在审判执行工作中切实规范自由裁量权行使保障法律统一适用的指导意见》　　　　　　　　　（2012 年 2 月 28 日）

21.《人民检察院办理死刑第二审案件和复核监督工作指引（试行）》

（2018 年 3 月 31 日）

十一、死刑复核程序

1. 《最高人民法院关于统一行使死刑案件核准权有关问题的决定》

(2006 年 12 月 28 日)

2. 《最高人民法院关于死刑复核及执行程序中保障当事人合法权益的若干规定》 (2019 年 8 月 8 日)

3. 《最高人民法院关于办理死刑复核案件听取辩护律师意见的办法》

(2014 年 12 月 29 日)

4. 《最高人民法院关于报送复核被告人在死缓考验期内故意犯罪应当执行死刑案件时应当一并报送原审判处和核准被告人死缓案卷的通知》

(2004 年 6 月 15 日)

5. 《人民检察院办理死刑第二审案件和复核监督工作指引（试行）》

(2018 年 3 月 31 日)

十二、审判监督程序

(一) 申诉、抗诉

1. 《最高人民法院关于审理人民检察院按照审判监督程序提出的刑事抗诉案件若干问题的规定》 (2011 年 10 月 14 日)

2. 《最高人民检察院关于新疆生产建设兵团人民检察院对新疆维吾尔自治区高级人民法院生产建设兵团分院审理的案件实施法律监督有关问题的批复》

(2006 年 6 月 14 日)

3. 《人民检察院刑事抗诉工作指引》 (2018 年 2 月 14 日)

4. 《刑事抗诉案件出庭规则（试行）》 (2001 年 3 月 5 日)

5. 《人民检察院控告、申诉首办责任制实施办法（试行）》

(2003 年 7 月 11 日)

6. 《最高人民检察院关于加强对职务犯罪案件第一审判决法律监督的若干规定（试行）》 (2010 年 11 月 16 日)

7. 《人民检察院刑事申诉案件公开审查程序规定》 (2012 年 1 月 11 日)

8. 《最高人民检察院关于办理不服人民法院生效刑事裁判申诉案件若干问题的规定》 (2012 年 1 月 19 日)

9. 《最高人民检察院关于刑事抗诉工作的若干意见》 (2001 年 3 月 2 日)

10.《最高人民检察院关于加强和改进刑事抗诉工作的意见》

（2014 年 11 月 26 日）

11.《最高人民检察院关于加强刑事案件复查工作的通知》

（1998 年 6 月 26 日）

12.《最高人民检察院关于实行"人民检察院控告申诉工作首办责任制"的通知》　　　　　　　　　　　　　　（2001 年 12 月 24 日）

13.《最高人民检察院关于调整服刑人员刑事申诉案件管辖的通知》

（2003 年 4 月 11 日）

14.《最高人民检察院关于进一步做好服刑人员申诉办理工作的通知》

（2003 年 8 月 20 日）

15.《最高人民法院关于开展审判监督工作若干问题的通知》

（2004 年 5 月 18 日）

16.《最高人民检察院关于办理服刑人员刑事申诉案件有关问题的通知》

（2007 年 9 月 5 日）

17.《最高人民检察院公诉厅关于调整刑事审判监督程序抗诉案件办案期限的通知》　　　　　　　　　　　　　（2011 年 3 月 15 日）

18.《最高人民法院研究室关于上级人民检察院向同级人民法院撤回抗诉后又决定支持抗诉的效力问题的答复》　　（2009 年 12 月 23 日）

（二）法院再审

1.《最高人民法院关于刑事再审案件开庭审理程序的具体规定（试行）》

（2001 年 12 月 26 日）

2.《最高人民法院关于办理不服本院生效裁判案件的若干规定》

（2001 年 10 月 29 日）

3.《最高人民法院关于规范人民法院再审立案的若干意见（试行）》

（2002 年 9 月 10 日）

4.《最高人民法院关于刑事再审工作几个具体程序问题的意见》

（2003 年 10 月 15 日）

十三、执行

（一）监所执行

1.《全国人民代表大会常务委员会关于《中华人民共和国刑事诉讼法》

第二百五十四条第五款、第二百五十七条第二款的解释》

(2014 年 4 月 24 日)

2. 《中华人民共和国监狱法》　　　　　　(2012 年 10 月 26 日)

3. 《人民检察院监狱检察办法》　　　　　(2008 年 3 月 28 日)

4. 《监狱罪犯死亡处理规定》　　　　　　(2015 年 3 月 18 日)

5. 《中华人民共和国看守所条例》　　　　(1990 年 3 月 17 日)

6. 《看守所留所执行刑罚罪犯管理办法》　(2013 年 10 月 23 日)

7. 《人民检察院看守所检察办法》　　　　(2008 年 3 月 23 日)

8. 《看守所在押人员死亡处理规定》　　　(2011 年 12 月 29 日)

9. 《最高人民法院、最高人民检察院、公安部、司法部关于监狱办理刑事案件有关问题的规定》　　　　　　　　　(2014 年 8 月 11 日)

10. 《最高人民检察院关于监所检察工作若干问题的规定》

(2001 年 9 月 3 日)

11. 《最高人民检察院关于加强和改进监所检察工作的决定》

(2007 年 3 月 6 日)

12. 《最高人民检察院、公安部关于人民检察院对看守所实施法律监督若干问题的意见》　　　　　　　　　　　(2010 年 10 月 19 日)

13. 《公安部关于对被判处拘役的罪犯在执行期间回家问题的批复》

(2001 年 1 月 31 日)

(二) 监外执行、减刑假释

1. 《最高人民法院关于减刑、假释案件审理程序的规定》

(2014 年 4 月 23 日)

2. 《最高人民法院关于办理减刑、假释案件具体应用法律的规定》

(2016 年 11 月 14 日)

3. 《最高人民法院关于办理减刑、假释案件具体应用法律的补充规定》

(2019 年 4 月 24 日)

4. 《监狱提请减刑假释工作程序规定》　　(2014 年 10 月 11 日)

5. 《人民检察院办理减刑、假释案件规定》(2014 年 8 月 1 日)

6. 《人民检察院监外执行检察办法》　　　(2008 年 3 月 23 日)

7. 《暂予监外执行规定》　　　　　　　　(2014 年 10 月 24 日)

8. 《监狱暂予监外执行程序规定》　　　　(2016 年 8 月 22 日)

9.《最高人民检察院关于对职务犯罪罪犯减刑、假释、暂予监外执行案件实行备案审查的规定》　　　　　　　　　　　（2014 年 6 月 23 日）

10.《最高人民检察院关于加强对监外执行罪犯脱管、漏管检察监督的意见》　　　　　　　　　　　　　　　　　　　（2007 年 8 月 3 日）

11.《中央社会治安综合治理委员会办公室、最高人民法院、最高人民检察院、公安部、司法部关于加强和规范监外执行工作的意见》

（2009 年 6 月 25 日）

12.《最高人民法院、最高人民检察院、公安部、司法部关于加强减刑、假释案件实质化审理的意见》　　　　　　　　（2021 年 12 月 1 日）

（三）社区矫正

1.《中华人民共和国社区矫正法》　　　　　　（2019 年 12 月 28 日）

2.《中华人民共和国社区矫正法实施办法》　　　（2020 年 6 月 18 日）

3.《最高人民法院、最高人民检察院、公安部、司法部关于对判处管制、宣告缓刑的犯罪分子适用禁止令有关问题的规定（试行）》

（2011 年 4 月 28 日）

4.《最高人民法院、最高人民检察院、公安部、司法部关于全面推进社区矫正工作的意见》　　　　　　　　　　　　（2014 年 8 月 28 日）

5.《最高人民法院、最高人民检察院、公安部、司法部关于进一步加强社区矫正工作衔接配合管理的意见》　　　　　（2016 年 8 月 30 日）

6.《最高人民法院、最高人民检察院、公安部、司法部关于对因犯罪在大陆受审的台湾居民依法适用缓刑实行社区矫正有关问题的意见》

（2016 年 7 月 26 日）

（四）财产刑、死刑执行

1.《最高人民法院关于刑事裁判涉财产部分执行的若干规定》

（2014 年 10 月 30 日）

2.《人民检察院临场监督执行死刑工作规则（试行）》

（2007 年 1 月 19 日）

（五）其他

1.《最高人民法院关于人民法院办理接收在台湾地区服刑的大陆居民回大陆服刑案件的规定》　　　　　　　　　　　（2016 年 4 月 27 日）

2. 《最高人民检察院关于全面加强和规范刑事执行检察工作的决定》

(2015 年 12 月 4 日)

3. 《最高人民法院关于罪犯因漏罪、新罪数罪并罚时原减刑裁定应如何处理的意见》 (2012 年 1 月 18 日)

十四、特别程序

1. 《全国人民代表大会常务委员会关于〈中华人民共和国刑事诉讼法〉第二百七十一条第二款的解释》 (2014 年 4 月 24 日)

2. 《最高人民法院、最高人民检察院关于适用犯罪嫌疑人、被告人逃匿、死亡案件违法所得没收程序若干问题的规定》 (2017 年 1 月 4 日)

3. 《最高人民检察院关于对涉嫌盗窃的不满十六周岁未成年人采取刑事拘留强制措施是否违法问题的批复》 (2011 年 1 月 25 日)

4. 《最高人民检察院关于进一步加强未成年人刑事检察工作的决定》

(2012 年 10 月 29 日)

5. 《人民检察院办理未成年人刑事案件的规定》 (2013 年 12 月 27 日)

6. 《最高人民法院关于进一步加强少年法庭工作的意见》

(2010 年 7 月 23 日)

7. 《中央综治委预防青少年违法犯罪工作领导小组、最高人民法院、最高人民检察院、公安部、司法部、共青团中央关于进一步建立和完善办理未成年人刑事案件配套工作体系的若干意见》 (2010 年 8 月 28 日)

8. 《最高人民法院、最高人民检察院、公安部、民政部关于依法处理监护人侵害未成年人权益行为若干问题的意见》 (2014 年 12 月 18 日)

9. 《最高人民法院、国家监察委员会、教育部、公安部、民政部、司法部、国家卫生健康委员会、中国共产主义青年团中央委员会、中华全国妇女联合会关于建立侵害未成年人案件强制报告制度的意见（试行）》

(2020 年 5 月 7 日)

10. 《最高人民检察院关于办理当事人达成和解的轻微刑事案件的若干意见》 (2011 年 1 月 29 日)

11. 《人民检察院强制医疗执行检察办法（试行）》 (2016 年 6 月 2 日)

12. 《人民检察院强制医疗决定程序监督工作规定》 (2018 年 2 月 1 日)

十五、刑事司法协助

1. 《中华人民共和国国际刑事司法协助法》　　　（2018 年 10 月 26 日）
2. 《中华人民共和国引渡法》　　　　　　　　　（2000 年 12 月 28 日）
3. 《最高人民法院关于人民法院办理海峡两岸送达文书和调查取证司法互助案件的规定》　　　　　　　　　　　　　　（2011 年 6 月 14 日）
4. 《最高人民检察院关于检察机关办理司法协助案件有关问题的通知》
（1997 年 4 月 23 日）
5. 《最高人民法院关于进一步规范人民法院涉港澳台调查取证工作的通知》
（2011 年 8 月 7 日）

十六、刑事司法赔偿

1. 《中华人民共和国国家赔偿法》　　　　　　　（2012 年 10 月 26 日）
2. 《最高人民法院关于人民法院执行〈中华人民共和国国家赔偿法〉几个问题的解释》　　　　　　　　　　　　　　　（1996 年 5 月 6 日）
3. 《最高人民法院关于适用〈中华人民共和国国家赔偿法〉若干问题的解释（一）》　　　　　　　　　　　　　　　（2011 年 2 月 28 日）
4. 《最高人民法院、最高人民检察院关于办理刑事赔偿案件适用法律若干问题的解释》　　　　　　　　　　　　　　（2015 年 12 月 28 日）
5. 《最高人民法院关于审理国家赔偿案件确定精神损害赔偿责任适用法律若干问题的解释》　　　　　　　　　　　　（2021 年 3 月 24 日）
6. 《人民检察院国家赔偿工作规定》　　　　　　（2010 年 11 月 22 日）
7. 《公安机关办理国家赔偿案件程序规定》　　　（2018 年 9 月 1 日）
8. 《最高人民法院关于人民法院赔偿委员会审理国家赔偿案件程序的规定》
（2011 年 3 月 17 日）
9. 《最高人民法院关于人民法院办理自赔案件程序的规定》
（2013 年 7 月 26 日）
10. 《最高人民法院关于国家赔偿案件立案工作的规定》
（2012 年 1 月 13 日）
11. 《最高人民法院关于人民法院赔偿委员会适用质证程序审理国家赔偿案件的规定》　　　　　　　　　　　　　　（2013 年 12 月 19 日）

12.《最高人民法院关于国家赔偿监督程序若干问题的规定》

（2017 年 4 月 20 日）

13.《最高人民法院关于国家赔偿案件案由的规定》（2012 年 1 月 13 日）

14.《最高人民法院关于国家赔偿案件立案、案由有关问题的通知》

（2012 年 1 月 13 日）

15.《最高人民检察院关于适用修改后《中华人民共和国国家赔偿法》若干问题的意见》

（2011 年 4 月 25 日）

16.《最高人民法院办公厅关于在文书中如何引用修正前、后国家赔偿法名称的通知》

（2011 年 2 月 25 日）

17.《最高人民法院关于人民法院赔偿委员会审理国家赔偿案件适用精神损害赔偿若干问题的意见》

（2014 年 7 月 29 日）

18.《最高人民法院关于进一步加强刑事冤错案件国家赔偿工作的意见》

（2015 年 1 月 12 日）

19.《最高人民法院关于《中华人民共和国国家赔偿法》溯及力和人民法院赔偿委员会受案范围问题的批复》

（1995 年 1 月 29 日）

20.《最高人民法院行政审判庭关于犯罪嫌疑人、被告人或者罪犯在看守所羁押期间，被同仓人致残而引起的国家赔偿如何处理问题的答复》

（2006 年 12 月 7 日）

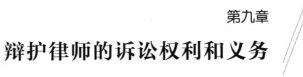

第九章

辩护律师的诉讼权利和义务

第一节　辩护律师的诉讼权利

一、人身保障权、庭审言论豁免权

（一）人身保障权、庭审言论豁免权的法律规定

《律师法》第36条规定："律师担任诉讼代理人或者辩护人的，其辩论或者辩护的权利依法受到保障。"

《律师法》第37条规定："律师在执业活动中的人身权利不受侵犯。律师在法庭上发表的代理、辩护意见不受法律追究。但是，发表危害国家安全、恶意诽谤他人、严重扰乱法庭秩序的言论除外。律师在参与诉讼活动中涉嫌犯罪的，侦查机关应当及时通知其所在的律师事务所或者所属的律师协会；被依法拘留、逮捕的，侦查机关应当依照刑事诉讼法的规定通知该律师的家属。"

（二）辩护律师的庭审言辞

1. 用合法的言辞或方式维护自己权益

辩护律师在执业活动中的人身权利不受侵犯。辩护律师在法庭上发表的举证、质证、辩护等意见受法律保护，不得追究其诽谤或包庇等刑、民事法律责任，但是危害国家安全、恶意诽谤他人、严重扰乱法庭秩序的三类言论除外。

庭审时即使公诉人及其他诉讼参与人言论失当，甚至有过激行为，辩护律师也不得用诽谤或扰乱法庭秩序的言辞或方式回应对方，而应当使用合法的言辞或方法维护自己权益，树立辩护律师的高素质职业形象。同时，辩护律师在自己的合法权益受到侵犯时，要勇于提出申诉、控告，提出申诉、控告或向有关部门反映问题要依法定程序进行，并且要做到有理、有节、有据。

2. 要使用精炼的法言法语

辩护律师在法庭上发表的举证、质证、辩护意见要使用法律用语；庭前应当制作举证、质证提纲和辩护意见，以便在庭审发言时做到全面、精准、精炼。辩护律师办理刑事案件要有充分的准备、精湛的水平、敏锐的思维、精炼的言语，既有利于维护被告人的合法权益，也有利于提高司法审判的质量和效率。

3. 要充分发表意见

在司法实践中，辩护律师在法庭上发表举证、质证、辩护意见有时会受到时间和内容不能冗长的限制，此种限制是不应当出现的，法庭应当允许律师依据事实和法律充分发表自己的观点及理由。律师在遇到法庭的此种限制时，应当有策略地、礼貌地回应法庭，同时仍要依法充分发表自己的观点及理由，以保证法庭的庄严和严肃。

二、会见、通信权

(一) 会见、通信权的法律规定

《刑事诉讼法》第 39 条规定："辩护律师可以同在押的犯罪嫌疑人、被告人会见和通信。其他辩护人经人民法院、人民检察院许可，也可以同在押的犯罪嫌疑人、被告人会见和通信。辩护律师持律师执业证书、律师事务所证明和委托书或者法律援助公函要求会见在押的犯罪嫌疑人、被告人的，看守所应当及时安排会见，至迟不得超过四十八小时。危害国家安全犯罪、恐怖活动犯罪案件，在侦查期间辩护律师会见在押的犯罪嫌疑人，应当经侦查机关许可。上述案件，侦查机关应当事先通知看守所。辩护律师会见在押的犯罪嫌疑人、被告人，可以了解案件有关情况，提供法律咨询等；自案件移送审查起诉之日起，可以向犯罪嫌疑人、被告人核实有关证据。辩护律师会见犯罪嫌疑人、被告人时不被监听。辩护律师同被监视居住的犯罪嫌疑人、被告人会见、通信，适用第一款、第三款、第四款的规定。"

《律师法》第 33 条规定："律师担任辩护人的，有权持律师执业证书、律师事务所证明和委托书或者法律援助公函，依照刑事诉讼法的规定会见在押或者被监视居住的犯罪嫌疑人、被告人。辩护律师会见犯罪嫌疑人、被告人时不被监听。"

《公安机关办理刑事案件程序规定》第 52 条规定："对危害国家安全犯罪案件、恐怖活动犯罪案件，办案部门应当在将犯罪嫌疑人送看守所羁押时书面通知看守所；犯罪嫌疑人被监视居住的，应当在送交执行时书面通知执行机关。辩护律师在侦查期间要求会见前款规定案件的在押或者被监视居住的犯罪嫌疑人，应当向办案部门提出申请。对辩护律师提出的会见申请，办案部门应当在收到申请后三日以内，报经县级以上公安机关负责人批准，作出许可或者不许可的决定，书面通知辩护律师，并及时通知看守所或者执行监视居住的部门。除有碍侦查或者可能泄露国家秘密的情形外，应当作出许可的决定。公安机关不许可会见的，应当说明理由。有碍侦查或者可能泄露国家秘密的情形消失后，公安机关应当许可会见。有下列情形之一的，属于本条规定的'有碍侦查'：（一）可能毁灭、伪造证据，干扰证人作证或者串供的；（二）可能引起犯罪嫌疑人自残、自杀或者逃跑的；（三）可能引起同案犯逃避、妨碍侦查的；（四）犯罪嫌疑人的家属与犯罪有牵连的。"

《公安机关办理刑事案件程序规定》第 54 条规定："辩护律师会见在押或者被监视居住的犯罪嫌疑人需要聘请翻译人员的，应当向办案部门提出申请。办案部门应当在收到申请后三日以内，报经县级以上公安机关负责人批准，作出许可或者不许可的决定，书面通知辩护律师。对于具有本规定第三十二条所列情形之一的，作出不予许可的决定，并通知其更换；不具有相关情形的，应当许可。翻译人员参与会见的，看守所或者监视居住执行机关应当查验公安机关的许可决定文书。"

《公安机关办理刑事案件程序规定》第 55 条规定："辩护律师会见在押或者被监视居住的犯罪嫌疑人时，看守所或者监视居住执行机关应当采取必要的管理措施，保障会见顺利进行，并告知其遵守会见的有关规定。辩护律师会见犯罪嫌疑人时，公安机关不得监听，不得派员在场。辩护律师会见在押或者被监视居住的犯罪嫌疑人时，违反法律规定或者会见规定的，看守所或者监视居住执行机关应当制止。对于严重违反规定或者不听劝阻的，可以决定停止本次会见，并及时通报其所在的律师事务所、所属的律师协会以及司法行政机关。"

（二）会见、通信权的法律释义

1. 在押或者被监视居住的犯罪嫌疑人、被告人包括正在服刑的罪犯。

2. 看守所应作广义的理解，包括监狱等部门。

3. 看守所安排辩护律师会见，至迟不得超过 48 小时，是以收到律师事务所证明或者法律援助公函之时起至见到在押的犯罪嫌疑人、被告人之时止。

4. 危害国家安全犯罪、恐怖活动犯罪案件是分别由国家安全、公安机关侦查的案件，辩护律师在侦查阶段会见在押此两类案件的犯罪嫌疑人，需要经侦查机关许可。

5. 危害国家安全犯罪、恐怖活动犯罪案件中有碍侦查或者可能泄露国家秘密的情形，辩护律师会见需经许可。

"有碍侦查"的情形是指下列四种情形之一：

（1）可能毁灭、伪造证据，干扰证人作证或者串供的；

（2）可能引起犯罪嫌疑人自残、自杀或者逃跑的；

（3）可能引起同案犯逃避、妨碍侦查的；

（4）犯罪嫌疑人的家属与犯罪有牵连的。

国家秘密包括绝密、机密、秘密三级，泄露会使国家安全和利益遭受特别严重、严重、一般损害。

6. 需要翻译人员参与会见的，属于公安机关侦查的案件，应经公安机关许可。

7. 辩护律师与犯罪嫌疑人、被告人通信，看管人员应及时转交，不得扣押。

（三）辩护律师会见、通信权的行使

参考中华全国律师协会《律师办理刑事案件规范》第 18 条至第 31 条规定，辩护律师行使会见、通信权时应注意的问题：

1. 辩护律师会见在押犯罪嫌疑人、被告人，应当向看守所出示律师执业证书、委托书和律师事务所证明或者法律援助公函。

辩护律师可以会见被监视居住和取保候审的犯罪嫌疑人、被告人。

律师助理随同辩护律师参加会见的，应当出示律师事务所证明和律师执业证书或申请律师执业人员实习证。

2. 辩护律师办理危害国家安全犯罪、恐怖活动犯罪案件，犯罪嫌疑人在押或者被监视居住的，在侦查阶段会见时应当向侦查机关提出申请，必要时应当采用书面形式申请。侦查机关不许可会见的，辩护律师可以要求其出具书面决定，并说明理由。

3. 辩护律师会见犯罪嫌疑人、被告人需要翻译人员协助的，可以携经办案机关许可的翻译人员参加会见。翻译人员应当持办案机关许可决定文书和本人身份证明，随同辩护律师参加会见。

4. 辩护律师会见犯罪嫌疑人、被告人时，应当事先准备会见提纲，认真听取犯罪嫌疑人、被告人的陈述和辩解，发现、核实案件事实和证据材料中的矛盾和疑点。

5. 辩护律师会见犯罪嫌疑人、被告人时应当重点向其了解下列情况：

（1）犯罪嫌疑人、被告人的个人信息等基本情况；

（2）犯罪嫌疑人、被告人是否实施或参与所涉嫌的犯罪；

（3）犯罪嫌疑人、被告人对侦查机关侦查的事实和罪名是否有异议，对起诉意见书、起诉书认定其涉嫌或指控的事实和罪名是否有异议；

（4）犯罪嫌疑人、被告人无罪、罪轻的辩解；

（5）犯罪嫌疑人、被告人有无自首、立功、退赃、赔偿等从轻、减轻或免予处罚的量刑情节；

（6）犯罪嫌疑人、被告人有无犯罪预备、犯罪中止、犯罪未遂等犯罪形态；

（7）立案、管辖是否符合法律规定；

（8）采取强制措施的法律手续是否完备、程序是否合法；

（9）是否存在刑讯逼供等非法取证的情况，以及其他侵犯人身权利和诉讼权利的情况；

（10）犯罪嫌疑人、被告人及其亲属的财物被查封、扣押、冻结的情况；

（11）侦查机关收集的供述和辩解与律师会见时的陈述是否一致，有无反复以及出现反复的原因；

（12）其他需要了解的与案件有关的情况。

6. 辩护律师会见时应当向犯罪嫌疑人、被告人介绍刑事诉讼程序；告知其在刑事诉讼程序中的权利、义务；告知犯罪嫌疑人、被告人权利行使方式及放弃权利和违反法定义务可能产生的后果。

7. 辩护律师会见时应当与犯罪嫌疑人、被告人就相应阶段的辩护方案、辩护意见进行沟通。

8. 自案件移送审查起诉之日起，辩护律师可以向犯罪嫌疑人、被告人核实有关证据。

辩护律师向犯罪嫌疑人、被告人核实有关证据时，需要注意的是不能把案卷的材料交给犯罪嫌疑人、被告人查阅，只能针对案卷中的证据与犯罪嫌疑人、被告人核实。很显然，此种核实证据的方式是有难度的，既要达到不能透露案卷材料，还要将案卷材料中的证据与犯罪嫌疑人、被告人进行核实。辩护律师在刑事辩护程序的此环节中"泄露秘密"与"办案艺术"之间只是咫尺之距，也难怪辩护律师在此环节中出现涉嫌犯罪的概率比其他环节偏高。

目前，中国《刑事诉讼法》规定自案件移送审查起诉之日起，案卷材料向辩护律师开示，没有规定向犯罪嫌疑人、被告人开示的时间，犯罪嫌疑人、被告人只能在庭审时才能了解到案卷材料中的内容。此种规定不利于犯罪嫌疑人、被告人的自行辩护，特别是在侦查、审查起诉阶段乃至开庭审理前，犯罪嫌疑人、被告人在不了解案卷材料的情况下，自行辩护的效果会受到很大影响，希望在今后的立法中加以修订。

9. 辩护律师会见在押犯罪嫌疑人、被告人应当遵守看守所依法作出的有关规定。未经允许，不得直接向犯罪嫌疑人、被告人传递药品、财物、食物等物品，不得将通信工具提供给犯罪嫌疑人、被告人使用，不得携犯罪嫌疑人、被告人亲友会见。

辩护律师可以接受犯罪嫌疑人、被告人提交的与辩护有关的书面材料，也可以向犯罪嫌疑人、被告人提供与辩护有关的文件与材料，但是案卷中的材料除外。

10. 辩护律师会见结束后应当及时告知看守所的监管人员或执行监视居住的监管人员。

11. 辩护律师会见犯罪嫌疑人、被告人制作会见笔录的，应当交其签字确认。

12. 辩护律师可以根据案件情况，合理确定会见犯罪嫌疑人、被告人的时间、次数。

13. 辩护律师可以根据办理案件需要与在押犯罪嫌疑人、被告人通信。辩护律师与犯罪嫌疑人、被告人通信应当注明律师身份、通信地址。

辩护律师与在押犯罪嫌疑人、被告人通信时，应当保留信函副本及犯罪嫌疑人、被告人的来信原件并附卷备查。

14. 辩护律师同被监视居住的犯罪嫌疑人、被告人会见、通信，适用前述有关规定。

三、阅卷权

（一）阅卷权的法律规定

《律师法》第 34 条规定："律师担任辩护人的，自人民检察院对案件审查起诉之日起，有权查阅、摘抄、复制本案的案卷材料。"

《刑事诉讼法》第 40 条规定："辩护律师自人民检察院对案件审查起诉之日起，可以查阅、摘抄、复制本案的案卷材料。其他辩护人经人民法院、人民检察院许可，也可以查阅、摘抄、复制上述材料。"

《最高人民法院关于适用〈中华人民共和国刑事诉讼法〉的解释》第 53 条规定："辩护律师可以查阅、摘抄、复制案卷材料。其他辩护人经人民法院许可，也可以查阅、摘抄、复制案卷材料。合议庭、审判委员会的讨论记录以及其他依法不公开的材料不得查阅、摘抄、复制。辩护人查阅、摘抄、复制案卷材料的，人民法院应当提供方便，并保证必要的时间。值班律师查阅案卷材料的，适用前两款规定。复制案卷材料可以采用复印、拍照、扫描、电子数据拷贝等方式。"

《最高人民法院关于适用〈中华人民共和国刑事诉讼法〉的解释》第 54 条规定："对作为证据材料向人民法院移送的讯问录音录像，辩护律师申请查阅的，人民法院应当准许。"

《人民检察院刑事诉讼规则》第 47 条规定："自人民检察院对案件审查起诉之日起，应当允许辩护律师查阅、摘抄、复制本案的案卷材料。案卷材料包括案件的诉讼文书和证据材料。人民检察院直接受理侦查案件移送起诉，审查起诉案件退回补充侦查、改变管辖、提起公诉的，应当及时告知辩护律师。"

（二）阅卷权的法律释义

1. 辩护律师自人民检察院对案件审查起诉之日起，可以查阅、摘抄、复制本案的案卷材料。

2. 辩护人查阅、摘抄、复制案卷材料的，人民检察院、人民法院应当提供方便，提供阅卷场所，并保证必要的时间；辩护律师到人民检察院阅卷由案件管理部门统一接待。

3. 《最高人民法院关于适用〈中华人民共和国刑事诉讼法〉的解释》第 54 条规定，辩护律师对讯问录音录像可以查阅，而对是否可以复制则没有作出规定，但是依据《律师法》和《刑事诉讼法》对律师阅卷权的相应规定，能够推测出辩护律师对讯问录音录像有权复制，因为讯问录音录像也属于案卷材料。可是，在司法实践中，讯问时的录音录像时常仅允许辩护律师查阅，不允许复制。

（三）辩护律师阅卷权的行使

参考中华全国律师协会《律师办理刑事案件规范》第 32 条至第 37 条之规定，辩护律师行使阅卷权时应注意的问题：

1. 自案件移送审查起诉之日起，辩护律师、代理律师应当及时与人民检察院、人民法院联系，办理查阅、摘抄、复制案卷材料等事宜。

辩护律师在审查起诉阶段阅卷的目的是全面审查案件事实和证据，为提出起诉、不起诉、退回补充侦查或调查、作出撤销案件决定等的辩护意见做准备；为变更强制措施作准备。在审判阶段阅卷的目的是全面审查案件事实和证据，为辩护律师提出无罪、罪轻、从轻、减轻、免除处罚或判处"非监禁刑"等的庭上辩护意见做准备。

2. 辩护律师应当认真研读全部案卷材料，阅卷时应当重点了解以下事项：

（1）犯罪嫌疑人、被告人的个人信息等基本情况；

（2）犯罪嫌疑人、被告人被认定涉嫌或被指控犯罪的时间、地点、动机、目的、手段、后果及其他可能影响定罪量刑的法定、酌定情节等；

（3）犯罪嫌疑人、被告人无罪、罪轻的事实和材料；

（4）证人、鉴定人、勘验检查笔录制作人的身份、资质或资格等相关情况；

（5）被害人的个人信息等基本情况；

（6）侦查、审查起诉期间的法律手续和诉讼文书是否合法、齐备；

（7）鉴定材料的来源、鉴定意见及理由、鉴定机构是否具有鉴定资格等；

（8）同案犯罪嫌疑人、被告人的有关情况；

（9）证据的真实性、合法性和关联性，证据之间的矛盾与疑点；

（10）证据能否证明起诉意见书、起诉书所认定涉嫌或指控的犯罪事实；

（11）是否存在非法取证的情况；

（12）未成年人刑事案件，在被讯问时法定代理人或合适成年人是否在场；

（13）涉案财物查封、扣押、冻结和移送的情况；

（14）其他与案件有关的情况。

3. 复制案卷材料可以采用复印、拍照、扫描、电子数据拷贝等方式。摘抄、复制时应当保证其准确性、完整性，并保证卷码、页码清楚。

建议辩护律师除合议庭、审判委员会的讨论记录以及其他依法不公开的材料之外的案卷材料全部复制，并建议对主要证据、瑕疵证据另行多备份一份，以便在以后确定办案方案、庭审质证、提出辩护意见等阶段中使用。

4. 对于以下案卷材料，辩护律师、代理律师应当及时查阅、复制：

（1）侦查机关、检察机关补充侦查的证据材料；

（2）人民检察院、人民法院根据犯罪嫌疑人、被告人、辩护律师的申请向侦查机关、公诉机关调取在侦查、审查起诉期间已收集的有关犯罪嫌疑人、被告人无罪、罪轻的证据材料；

（3）人民法院根据被告人、辩护律师的申请调取的检察机关未移送的证据材料以及有关被告人自首、坦白、立功等量刑情节的材料。

因为补充侦查的原因，往往是案卷的现有证据难以达到"确实、充分"的证明标准或是数量的大小、情节轻重的关键问题，如果不及时查阅、复制，辩护律师很难开展下一步工作。同时，补充侦查的证据往往是难以调取的证据，即使调取了证据，也往往是瑕疵证据或证明力较弱，如果不及时查阅、复制，辩护律师不仅很难开展下一步工作，而且往往容易错过最佳辩护时机。

5. 律师参与刑事诉讼获取的案卷材料，不得向犯罪嫌疑人、被告人的亲友以及其他单位和个人提供，不得擅自向媒体或社会公众披露。

辩护律师查阅、摘抄、复制的案卷材料属于国家秘密的，应当经过人民检察院、人民法院同意并遵守国家保密规定。律师不得违反规定，披露、散布案件重要信息和案卷材料，或者将其用于本案辩护、代理以外的其他用途。

四、调取证据权

（一）调取证据权的法律规定

《律师法》第35条规定："受委托的律师根据案情的需要，可以申请人民检察院、人民法院收集、调取证据或者申请人民法院通知证人出庭作证。律师自行调查取证的，凭律师执业证书和律师事务所证明，可以向有关单位或者个人调查与承办法律事务有关的情况。"

《刑事诉讼法》第41条规定："辩护人认为在侦查、审查起诉期间公安机关、人民检察院收集的证明犯罪嫌疑人、被告人无罪或者罪轻的证据材料未提交的，有权申请人民检察院、人民法院调取。"

《刑事诉讼法》第 43 条规定："辩护律师经证人或者其他有关单位和个人同意，可以向他们收集与本案有关的材料，也可以申请人民检察院、人民法院收集、调取证据，或者申请人民法院通知证人出庭作证。辩护律师经人民检察院或者人民法院许可，并且经被害人或者其近亲属、被害人提供的证人同意，可以向他们收集与本案有关的材料。"

《最高人民法院关于适用〈中华人民共和国刑事诉讼法〉的解释》第 58 条规定："辩护律师申请向被害人及其近亲属、被害人提供的证人收集与本案有关的材料，人民法院认为确有必要的，应当签发准许调查书。"

《最高人民法院关于适用〈中华人民共和国刑事诉讼法〉的解释》第 59 条规定："辩护律师向证人或者有关单位、个人收集、调取与本案有关的证据材料，因证人或者有关单位、个人不同意，申请人民法院收集、调取，或者申请通知证人出庭作证，人民法院认为确有必要的，应当同意。"

《最高人民法院关于适用〈中华人民共和国刑事诉讼法〉的解释》第 60 条规定："辩护律师直接申请人民法院向证人或者有关单位、个人收集、调取证据材料，人民法院认为确有必要，且不宜或者不能由辩护律师收集、调取的，应当同意。人民法院向有关单位收集、调取的书面证据材料，必须由提供人签名，并加盖单位印章；向个人收集、调取的书面证据材料，必须由提供人签名。人民法院对有关单位、个人提供的证据材料，应当出具收据，写明证据材料的名称、收到的时间、件数、页数以及是否为原件等，由书记员、法官助理或者审判人员签名。收集、调取证据材料后，应当及时通知辩护律师查阅、摘抄、复制，并告知人民检察院。"

《最高人民法院关于适用〈中华人民共和国刑事诉讼法〉的解释》第 61 条规定："本解释第五十八条至第六十条规定的申请，应当以书面形式提出，并说明理由，写明需要收集、调取证据材料的内容或者需要调查问题的提纲。对辩护律师的申请，人民法院应当在五日以内作出是否准许、同意的决定，并通知申请人；决定不准许、不同意的，应当说明理由。"

《人民检察院刑事诉讼规则》第 50 条规定："案件提请批准逮捕或者移送起诉后，辩护人认为公安机关在侦查期间收集的证明犯罪嫌疑人无罪或者罪轻的证据材料未提交，申请人民检察院向公安机关调取的，人民检察院负责捕诉的部门应当及时审查。经审查，认为辩护人申请调取的证据已收集并且与案件事实有联系的，应当予以调取；认为辩护人申请调取的证据未收集或者与案件事实没有联系的，应当决定不予调取并向辩护人说明理由。公安机关移送相关证据材料的，人民检察院应当在三日以内告知辩护人。人民检察院办理直接受理侦查的案件，适用前款规定。"

《人民检察院刑事诉讼规则》第 51 条规定："在人民检察院侦查、审查逮捕、审查起诉过程中，辩护人收集的有关犯罪嫌疑人不在犯罪现场、未达到刑事责任年龄、属于依法不负刑事责任的精神病人的证据，告知人民检察院的，人民检察院应当及时进行审查。"

《人民检察院刑事诉讼规则》第 52 条规定："案件移送起诉后，辩护律师依据刑事诉讼法第四十三条第一款的规定申请人民检察院收集、调取证据的，人民检察院负责捕诉的部门应当及时审查。经审查，认为需要收集、调取证据的，应当决定收集、调取并制作笔录附卷；决定不予收集、调取的，应当书面说明理由。人民检察院根据辩护律师的申请收集、调取证据时，辩护律师可以在场。"

《人民检察院刑事诉讼规则》第 53 条规定："辩护律师申请人民检察院许可其向被害人或者其近亲属、被害人提供的证人收集与本案有关材料的，人民检察院负责捕诉的部门应当及时进行审查。人民检察院应当在五日以内作出是否许可的决定，通知辩护律师；不予许可的，应当书面说明理由。"

（二）调取证据权的法律释义

1. 在侦查阶段，辩护律师除"犯罪嫌疑人不在犯罪现场、未达到刑事责任年龄、属于依法不负刑事责任的精神病人"的三项特殊证据之外，没有调取证据权。

2. 在审查起诉、审判阶段，辩护律师有权自行调取证据，但需经被调查的单位和个人同意；辩护律师向被害人或其近亲属、被害人提供的证人调取证据，还需要人民检察院或人民法院同意；辩护律师申请向被害人或其近亲属、被害人提供的证人收集与本案有关的材料，人民法院认为确有必要的，应当签发《准许调查书》。

3. 辩护律师认为在侦查、审查起诉期间公安机关、人民检察院收集的证明犯罪嫌疑人、被告人无罪或者罪轻的证据材料未提交的，有权申请人民检察院、人民法院调取。

4. 辩护律师申请人民检察院收集、调取证据，人民检察院负责捕诉的部门应当及时审查，认为需要收集、调取证据的，应当决定收集、调取并制作笔录附卷；决定不予收集、调取或不许可调取，应当通知辩护律师，并说明理由。

5. 辩护律师申请人民检察院、人民法院调取证据，应采取书面形式提出，并说明理由，写明需要收集、调取证据材料的内容或者需要调查问题的提纲。

6. 人民法院根据辩护律师的申请收集、调取证据材料后，应当及时通知辩护律师查阅、摘抄、复制，并告知人民检察院。

(三) 辩护律师调取证据权的行使

参考中华全国律师协会《律师办理刑事案件规范》第 38 条至第 50 条之规定，辩护律师行使调取证据权时应注意的问题：

1. 辩护律师经证人或者其他有关单位和个人同意，可以向他们收集与案件有关的证据材料；被调查人不同意的，可以申请人民检察院、人民法院收集、调取相关证据，或者申请人民法院通知该证人出庭作证。

辩护律师经人民检察院或者人民法院许可，并且经被害人或者其近亲属、被害人提供的证人同意，可以向他们收集与案件有关的证据材料。

辩护律师收集与案件有关的证据时，应当有经被调查的证人或者有关单位和个人同意的证明材料，如在调查笔录中明确记载同意、视听资料中被调查的证人或者有关单位和个人明示同意等。

辩护律师应当以合法的方法收集与案件有关的证据，此点要求与控方收集证据的要求相同，同样不能使用非法方法获取证据，辩护律师对自行收集与案件有关证据的方法的合法性，负有举证责任。

2. 辩护律师根据案件需要向已经在侦查机关、检察机关做过证的证人了解案件情况、调查取证、核实证据，一般应当通过申请人民法院通知该证人到庭，以当庭接受询问的方式进行。证人不能出庭作证的，辩护律师直接向证人调查取证时，应当严格依法进行，并可以对取证过程进行录音或录像，也可以调取证人自书证言。

3. 辩护律师调查、收集与案件有关的证据材料，应当持律师事务所证明，出示律师执业证书，一般由 2 人进行。

4. 辩护律师调查、收集证据材料时，为保证证据材料的真实性，可以根据案情需要邀请与案件无关的人员在场见证。

5. 辩护律师对证人进行调查，应当制作调查笔录。调查笔录应当载明调查人、被调查人、记录人的姓名，调查的时间、地点，被调查人的身份信息，证人如实作证的要求，作伪证或隐匿罪证应当负法律责任的说明以及被调查事项等。

6. 辩护律师制作调查笔录，应当客观、准确地记录调查内容，并经被调查人核对。被调查人如有修改、补充，应当由其在修改处签字、盖章或者捺指印确认。调查笔录经被调查人核对后，应当由其在笔录上逐页签名并在末页签署记录无误的意见。

7. 辩护律师制作调查笔录不得误导、引诱证人。不得事先书写笔录内容；不得先行向证人宣读犯罪嫌疑人、被告人或其他证人的笔录；不得替证人代书证言；不得擅自更改、添加笔录内容；向不同的证人调查取证时应当分别进行；调查取证时犯罪嫌疑人、被告人的亲友不得在场。

8. 辩护律师收集物证、书证和视听资料时，应当尽可能提取原件；无法提取原件的，可以复制、拍照或者录像，并记录原件存放地点和持有人的信息。

9. 辩护律师可以申请人民检察院、人民法院收集、调取与案件有关的电子证据。

辩护律师可以采取复制、打印、截屏、拍照或者录像等方式收集、固定电子邮件、电子数据交换、网上聊天记录、博客、微博客、微信、手机短信、电子签名、域名等电子数据，并记录复制、打印、截屏、拍照、录像的时间、地点、原始储存介质存放地点、电子数据来源、持有人等信息，必要时可以委托公证机构对上述过程进行公证。

对于存在于存储介质中的电子数据，应当尽可能收集原始存储介质。对于存在于网络空间中的电子数据，可以通过有权方提取或通过公证形式予以固定。

10. 辩护律师在调查、收集证据材料时，可以录音、录像。

辩护律师认为在侦查、审查起诉期间公安机关、人民检察院收集的证明犯罪嫌疑人、被告人无罪或者罪轻的证据材料未提交的，应当以书面形式申请人民检察院、人民法院调取。

11. 人民检察院、人民法院根据申请收集、调取证据时，辩护律师可以在场。

辩护律师就收集的有关犯罪嫌疑人、被告人不在犯罪现场、未达到刑事责任年龄、属于依法不负刑事责任的精神病人的证据，应当及时告知办案机关。辩护律师可以要求收取证据的办案机关出具回执。

（四）律师的调查权亟待立法完善

1. 律师的调查权具有社会属性和公权力的特征。

律师的权利分别来源于私权利与公权力两个方面。一方面是来源于当事人的基本人权，基于当事人自然出生的事实而产生，是当事人所固有的权利，具有自然属性，属于当事人的私权利，并非法律的恩赐，当事人将私权利委托律师代理行使。例如，律师代理当事人行使的起诉、上诉、申诉、控告以及被指控后的辩护等权利。另一方面来源于国家法律所赋予的国家公权力，具有社会属性，是基于律师的执业需求和法定义务而赋予的权力，并非当事人出生就自然具有。例如，律师享有的会见、阅卷、调查权等。一个国家律师权利的大小反映了该国家对人权的保护程度。"律师仅是私权利的代言人"的观点是错误的，律师在行政诉讼中代理行政机关一方行使权利和义务显然不是私权利的代言人。

2. 法律对律师调查权的规定相互冲突、互相矛盾。

《律师法》第 35 条第 2 款规定："律师自行调查取证的，凭律师执业证书和律师事务所证明，可以向有关单位或者个人调查与承办法律事务有关的情况。"

《刑事诉讼法》第 43 条规定："辩护律师经证人或者其他有关单位和个人同意，可以向他们收集与本案有关的材料，也可以申请人民检察院、人民法院收集、调取证据，或者申请人民法院通知证人出庭作证。辩护律师经人民检察院或者人民法院许可，并且经被害人或者其近亲属、被害人提供的证人同意，可以向他们收集与本案有关的材料。"

《民事诉讼法》第 64 条规定："代理诉讼的律师和其他诉讼代理人有权调查收集证据，可以查阅本案有关材料。查阅本案有关材料的范围和办法由最高人民法院规定。"

《行政诉讼法》第 32 条规定："代理诉讼的律师，有权按照规定查阅、复制本案有关材料，有权向有关组织和公民调查，收集与本案有关的证据。对涉及国家秘密、商业秘密和个人隐私的材料，应当依照法律规定保密。当事人和其他诉讼代理人有权按照规定查阅、复制本案庭审材料，但涉及国家秘密、商业秘密和个人隐私的内容除外。"

依据前述规定，律师仅在刑事案件的辩护与代理过程中行使调查权需要被调查者同意，与律师法的相应规定互相矛盾，而且与律师在代理民事、行政案件中行使调查权就不需要被调查者同意的规定不统一。

3. 律师调查权的立法倒退。

1982年1月1日实施的《律师暂行条例》第7条规定，律师参加诉讼活动有权向有关单位、个人调查。有关单位、个人有责任给予支持。

此条规定表明：作为律师的被调查者的有关单位、个人有出证义务。与现行的《律师法》对律师调查权的规定相比较，《律师法》规定的律师调查权不仅没有被强化，反而走向了历史的倒退。因为《律师法》没有规定作为律师的被调查者的有关单位、个人有出证义务。

4. 赋予律师充分的调查权是履行国际义务。

1990年8月联合国第八届预防犯罪和罪犯待遇大会通过的《关于律师作用的基本原则》第21条规定："主管当局有义务确保律师能有充分的时间查阅当局所拥有或管理的有关资料、档案和文件，以便使律师能向其委托人提供有效的法律协助，应该迟早在适当时机提供这种查阅的机会。"这条规定不仅明确了律师的阅卷权，也明确了律师的调查取证权。

5. 赋予律师充分的调查权的必要性。

（1）律师的阅卷、会见、调查权是律师的最基本权利。此三权是律师执业的基础，可以说是律师的本源权利。如果律师的这三种权利有任何一项不能得到充分保障，谈保障律师其他诉讼权利的效果便是苍白无力的。

（2）赋予律师充分的调查权是《律师法》赋予律师权利和义务相统一的原则的体现。

律师不仅有维护委托人合法权益的义务，也有维护法律的正确实施和维护社会的公平正义的义务，所以赋予律师充分的调查权也是维护法律的正确实施和社会的公平正义这个"公义务"不可缺少的权利。

（3）律师享有充分的调查权，是实现"公正司法"和"审判中心主义"的基础。

证据是案件的生命，证据要求具有真实性、合法性和关联性，调查权如果不能落到实处，律师就难以收集证据，收集不到证据就不能掌握案件事实，现有证据的真实性也将难以用实际调查的方式核对。在刑事司法实践中，辩护律师基本上是只能依据控方调取的证据，进行主观上的审查判断，除能够向犯罪嫌疑人、被告人核对证据外，其余在庭前难以采用实际调查的方式核对证据，会造成案件证据的确实、充分性相应降低，这也是难以避免冤假错案发生的原因之一。

目前，从全国的各个法院审判力量整体上看，审判力量不足，审判员难以做到庭外搜集案件的证据，同时中国民事诉讼法规定"谁主张、谁举证"，这就会造成审判员无暇调取证据，律师调取证据不能，对证据的真实性、合法性、关联性只能进行主观判断，准确率相应较低，产生冤假错案率相应会高，不利于公正司法。

（4）赋予律师充分的调查权有利于提高诉讼效率。

赋予律师充分的调查权，可以避免因案件无法查清而多次开庭；可以避免因审判员无暇调取证据而使案件的审限无限期拖延；可以避免法院累积的未审结案件呈现逐年上升趋势，提高审判效率，有利于体现审理案件的及时性、准确性。

（5）赋予律师充分的调查权也是实现法治国家、法治政府、法治社会所必需的，是全面推进依法治国的需要，也是挫伤腐败的一种手段。

6. 两大法系对律师调查权均以国家的强制力保障实施。

英美法系将律师对证据的收集权作为一项重要的权利加以规定，并以国家强制力保障其实现。例如，美国规定：对不配合律师调查取证的证人，律师可向法院申请发出《强制调查令》，法院对拒不执行《强制调查令》的证人可采取制裁措施，美国律师调查取证涉及的证人、检察官、法官和其他调查人员均应予以配合。大陆法系国家也有对律师的调查权采用国家强制力予以保障的规定。

7. 建议将各部法律规定的律师调查权按以下内容进行一致性的修正。

"律师有权向证人或者有关单位或者个人调查与承办法律事务有关的情况，证人或者有关单位或者个人应当给予配合、协助。对拒不接受律师调查的证人或者有关单位或者个人，律师可以向人民法院申请《强制调查令》，对拒不执行人民法院《强制调查令》的证人或者有关单位或者个人，人民法院应采取责令履行义务、罚款或拘留措施。司法机关拒不接受律师调查的，应当予以书面答复，律师可以向被调查的司法机关的上一级机关申请复议或向人民检察院提起申诉。"

五、侦查阶段的辩护权

（一）侦查阶段辩护权的法律规定

《刑事诉讼法》第38条规定："辩护律师在侦查期间可以为犯罪嫌疑人提供法律帮助；代理申诉、控告；申请变更强制措施；向侦查机关了解犯罪嫌疑人涉嫌的罪名和案件有关情况，提出意见。"

《刑事诉讼法》第161条规定："在案件侦查终结前，辩护律师提出要求的，侦查机关应当听取辩护律师的意见，并记录在案。辩护律师提出书面意见的，应当附卷。"

《公安机关办理刑事案件程序规定》第58条规定："案件侦查终结前，辩护律师提出要求的，公安机关应当听取辩护律师的意见，根据情况进行核实，并记录在案。辩护律师提出书面意见的，应当附卷。对辩护律师收集的犯罪嫌疑人不在犯罪现场、未达到刑事责任年龄、属于依法不负刑事责任的精神病人的证据，公安机关应当进行核实并将有关情况记录在案，有关证据应当附卷。"

（二）辩护律师在侦查阶段的辩护权的行使

辩护律师在侦查阶段行使辩护权的范围包括：

（1）为犯罪嫌疑人提供法律咨询及其他法律帮助。

（2）代理申诉、控告。

（3）申请变更、解除强制措施。

（4）向侦查机关了解犯罪嫌疑人涉嫌的罪名和案件有关情况。

辩护律师在侦查期间可以向侦查机关了解犯罪嫌疑人涉嫌的罪名及当时已查明的该罪的主要事实，犯罪嫌疑人被采取、变更、解除强制措施的情况，侦查机关延长侦查羁押期限等情况。

（5）提出辩护意见。

在案件侦查终结前，辩护律师提出要求的，侦查机关应当听取辩护律师的意见，并记录在案。辩护律师提出书面意见的，应当附卷；辩护律师如果未提出要求，侦查机关就没有此项义务。

辩护律师在侦查阶段行使辩护权的具体工作将在本书第十三章第四节侦查辩护中阐述。

六、审查逮捕阶段的辩护权

(一) 审查逮捕阶段辩护权的法律规定

《刑事诉讼法》第88条规定："人民检察院审查批准逮捕,可以讯问犯罪嫌疑人;有下列情形之一的,应当讯问犯罪嫌疑人:(一) 对是否符合逮捕条件有疑问的;(二) 犯罪嫌疑人要求向检察人员当面陈述的;(三) 侦查活动可能有重大违法行为的。人民检察院审查批准逮捕,可以询问证人等诉讼参与人,听取辩护律师的意见;辩护律师提出要求的,应当听取辩护律师的意见。"

《刑事诉讼法》第280条规定："对未成年犯罪嫌疑人、被告人应当严格限制适用逮捕措施。人民检察院审查批准逮捕和人民法院决定逮捕,应当讯问未成年犯罪嫌疑人、被告人,听取辩护律师的意见。对被拘留、逮捕和执行刑罚的未成年人与成年人应当分别关押、分别管理、分别教育。"

《人民检察院刑事诉讼规则》第54条规定："在人民检察院侦查、审查逮捕、审查起诉过程中,辩护人要求听取其意见的,办案部门应当及时安排。辩护人提出书面意见的,办案部门应当接收并登记。听取辩护人意见应当制作笔录或者记录在案,辩护人提出的书面意见应当附卷。辩护人提交案件相关材料的,办案部门应当将辩护人提交材料的目的、来源及内容等情况记录在案,一并附卷。"

(二) 辩护律师在审查逮捕阶段辩护权的行使

(1) 人民检察院审查批准逮捕未成年犯罪嫌疑人,应当主动听取律师的辩护意见;审查批准逮捕成年犯罪嫌疑人,辩护律师提出要求的,应当听取律师的辩护意见。

(2) 审查犯罪嫌疑人是否符合逮捕条件,对不符合应当逮捕条件或逮捕不必要的,辩护律师应当及时提出《不予逮捕意见书》或《不予批准逮捕意见书》;犯罪嫌疑人已经被逮捕的,应当及时提出《羁押必要性审查申请书》。

七、审查起诉阶段的辩护权

(一) 审查起诉阶段辩护权的主要法律规定

《刑事诉讼法》第173条规定："人民检察院审查案件,应当讯问犯罪嫌疑人,听取辩护人或者值班律师、被害人及其诉讼代理人的意见,并记录在案。辩护人或者值班律师、被害人及其诉讼代理人提出书面意见的，应当附卷。犯罪嫌疑人认罪认罚的，人民检察院应当告知其享有的诉讼权利和认罪认罚的法律规定，听取犯罪嫌疑人、辩护人或者值班律师、被害人及其诉讼代理人对下列事项的意见，并记录在案：（一）涉嫌的犯罪事实、罪名及适用的法律规定；（二）从轻、减轻或者免除处罚等从宽处罚的建议；（三）认罪认罚后案件审理适用的程序；（四）其他需要听取意见的事项。人民检察院依照前两款规定听取值班律师意见的，应当提前为值班律师了解案件有关情况提供必要的便利。"

（二）辩护律师在审查起诉阶段辩护权的行使

（1）听取辩护律师、值班律师、被害人及其诉讼代理人的意见，是人民检察院在审查起诉阶段必须从事的工作，而且应当主动听取，否则视为违反法定程序。

（2）提出辩护意见。

辩护律师在审查起诉阶段行使辩护权的具体工作将在本书第十五章第六节 审查起诉辩护中阐述。

八、审判阶段的辩护权

（一）审判阶段辩护权的主要法律规定

《刑事诉讼法》第58条第2款规定："当事人及其辩护人、诉讼代理人有权申请人民法院对以非法方法收集的证据依法予以排除。申请排除以非法方法收集的证据的，应当提供相关线索或者材料。"

《刑事诉讼法》第187条规定："人民法院决定开庭审判后，应当确定合议庭的组成人员，将人民检察院的起诉书副本至迟在开庭十日以前送达被告人及其辩护人。在开庭以前，审判人员可以召集公诉人、当事人和辩护人、诉讼代理人，对回避、出庭证人名单、非法证据排除等与审判相关的问题，了解情况，听取意见。人民法院确定开庭日期后，应当将开庭的时间、地点通知人民检察院，传唤当事人，通知辩护人、诉讼代理人、证人、鉴定人和翻译人员，传票和通知书至迟在开庭三日以前送达。公开审判的案件，应当在开庭三日以前先期公布案由、被告人姓名、开庭时间和地点。上述活动情形应当写入笔录，由审判人员和书记员签名。"

《刑事诉讼法》第191条规定："公诉人在法庭上宣读起诉书后，被告人、被害人可以就起诉书指控的犯罪进行陈述，公诉人可以讯问被告人。被害人、附带民事诉讼的原告人和辩护人、诉讼代理人，经审判长许可，可以向被告人发问。审判人员可以讯问被告人。"

《刑事诉讼法》第 194 条规定："证人作证，审判人员应当告知他要如实地提供证言和有意作伪证或者隐匿罪证要负的法律责任。公诉人、当事人和辩护人、诉讼代理人经审判长许可，可以对证人、鉴定人发问。审判长认为发问的内容与案件无关的时候，应当制止。审判人员可以询问证人、鉴定人。"

《刑事诉讼法》第 195 条规定："公诉人、辩护人应当向法庭出示物证，让当事人辨认，对未到庭的证人的证言笔录、鉴定人的鉴定意见、勘验笔录和其他作为证据的文书，应当当庭宣读。审判人员应当听取公诉人、当事人和辩护人、诉讼代理人的意见。"

《刑事诉讼法》第 197 条规定："法庭审理过程中，当事人和辩护人、诉讼代理人有权申请通知新的证人到庭，调取新的物证，申请重新鉴定或者勘验。公诉人、当事人和辩护人、诉讼代理人可以申请法庭通知有专门知识的人出庭，就鉴定人作出的鉴定意见提出意见。法庭对于上述申请，应当作出是否同意的决定。第二款规定的有专门知识的人出庭，适用鉴定人的有关规定。"

《刑事诉讼法》第 198 条规定："法庭审理过程中，对与定罪、量刑有关的事实、证据都应当进行调查、辩论。经审判长许可，公诉人、当事人和辩护人、诉讼代理人可以对证据和案件情况发表意见并且可以互相辩论。审判长在宣布辩论终结后，被告人有最后陈述的权利。"

《刑事诉讼法》第 227 条第 1 款规定："被告人、自诉人和他们的法定代理人，不服地方各级人民法院第一审的判决、裁定，有权用书状或者口头向上一级人民法院上诉。被告人的辩护人和近亲属，经被告人同意，可以提出上诉。"

《刑事诉讼法》第 251 条规定："最高人民法院复核死刑案件，应当讯问被告人，辩护律师提出要求的，应当听取辩护律师的意见。在复核死刑案件过程中，最高人民检察院可以向最高人民法院提出意见。最高人民法院应当将死刑复核结果通报最高人民检察院。"

《最高人民法院关于适用〈中华人民共和国刑事诉讼法〉的解释》第 129

条规定："开庭审理前，当事人及其辩护人、诉讼代理人申请人民法院排除非法证据的，人民法院应当在开庭前及时将申请书或者申请笔录及相关线索、材料的复制件送交人民检察院。"

《最高人民法院关于适用〈中华人民共和国刑事诉讼法〉的解释》第 130 条规定："开庭审理前，人民法院可以召开庭前会议，就非法证据排除等问题了解情况，听取意见。在庭前会议中，人民检察院可以通过出示有关证据材料等方式，对证据收集的合法性加以说明。必要时，可以通知调查人员、侦查人员或者其他人员参加庭前会议，说明情况。"

《最高人民法院关于适用〈中华人民共和国刑事诉讼法〉的解释》第 434 条规定："死刑复核期间，辩护律师要求当面反映意见的，最高人民法院有关合议庭应当在办公场所听取其意见，并制作笔录；辩护律师提出书面意见的，应当附卷。"

（二）辩护律师在审判阶段辩护权的行使

辩护律师在审判阶段行使辩护权的范围包括：

（1）获得法院的出庭通知书；

（2）向人民法院提出排除非法证据的申请；

（3）参加庭前会议，发表意见；

（4）经审判长许可，可以向被告人、证人、鉴定人发问；

（5）申请法庭通知有专门知识的人出庭，就鉴定人作出的鉴定意见提出意见；

（6）申请通知新的证人到庭，调取新的物证，重新鉴定或者勘验；

（7）出示证据，发表质证意见；

（8）对案件事实、适用法律以及法定程序发表辩论意见；

（9）经被告人同意，提出上诉权；

（10）对最高人民法院复核死刑案件发表辩护意见。

辩护律师在审判阶段行使辩护权的具体工作将在本书以后相应的审判程序中阐述。

九、申请回避、复议权

《刑事诉讼法》第 32 条第 2 款规定："辩护人、诉讼代理人可以依照本章的规定要求回避、申请复议。"

辩护人有权申请审判人员、检察人员、侦查人员、书记员、翻译人员和鉴定人回避，并有权对驳回回避的决定申请复议。

十、申诉、控告权

《刑事诉讼法》第 14 条规定："人民法院、人民检察院和公安机关应当保障犯罪嫌疑人、被告人和其他诉讼参与人依法享有的辩护权和其他诉讼权利。诉讼参与人对于审判人员、检察人员和侦查人员侵犯公民诉讼权利和人身侮辱的行为，有权提出控告。"

《刑事诉讼法》第 49 条规定："辩护人、诉讼代理人认为公安机关、人民检察院、人民法院及其工作人员阻碍其依法行使诉讼权利的，有权向同级或者上一级人民检察院申诉或者控告。人民检察院对申诉或者控告应当及时进行审查，情况属实的，通知有关机关予以纠正。"

前述法条规定了权利被侵犯或行使权利遭受阻碍的司法救济措施。辩护律师对办案机关侵犯公民诉讼权利和人身侮辱的行为或辩护权受到办案机关阻碍，有权向同级或者上一级人民检察院申诉或者控告。

十一、提出上诉权

《刑事诉讼法》第 227 条第 1 款规定："被告人、自诉人和他们的法定代理人，不服地方各级人民法院第一审的判决、裁定，有权用书状或者口头向上一级人民法院上诉。被告人的辩护人和近亲属，经被告人同意，可以提出上诉。"

辩护律师在征得被告人同意后，可以对第一审判决、裁定提出上诉。

十二、取得法律文书权

《刑事诉讼法》第 187 条第 1 款规定："人民法院决定开庭审判后，应当确定合议庭的组成人员，将人民检察院的起诉书副本至迟在开庭十日以前送达被告人及其辩护人。"

《刑事诉讼法》第 202 条第 2 款规定："当庭宣告判决的，应当在五日以内将判决书送达当事人和提起公诉的人民检察院；定期宣告判决的，应当在宣告后立即将判决书送达当事人和提起公诉的人民检察院。判决书应当同时送达辩护人、诉讼代理人。"

辩护律师有权得到与其行使辩护权有关的法律文书，如人民检察院的起诉书副本，人民法院的判决书、裁定书副本等。

十三、作证豁免权

《刑事诉讼法》第 48 条规定："辩护律师对在执业活动中知悉的委托人的有关情况和信息，有权予以保密。但是，辩护律师在执业活动中知悉委托人或者其他人，准备或者正在实施危害国家安全、公共安全以及严重危害他人人身安全的犯罪的，应当及时告知司法机关。"

辩护律师对在执业活动中知悉的委托人的有关情况和信息，有保密权，包括有权拒绝司法机关提出证明委托人有违法犯罪行为的要求，称为作证豁免权或拒绝作证权。但是，辩护律师对于准备或者正在实施危害国家安全、公共安全以及严重危害他人人身安全的犯罪，应当承担及时告知司法机关的义务，所以中国关于辩护律师作证豁免权的规定是有条件和范围限制的。

第二节　辩护律师的诉讼义务

一、维护犯罪嫌疑人、被告人合法权益

（一）维护犯罪嫌疑人、被告人合法权益的法律规定

《律师法》第 2 条规定："本法所称律师，是指依法取得律师执业证书，接受委托或者指定，为当事人提供法律服务的执业人员。律师应当维护当事人合法权益，维护法律正确实施，维护社会公平和正义。"

《律师法》第 31 条规定："律师担任辩护人的，应当根据事实和法律，提出犯罪嫌疑人、被告人无罪、罪轻或者减轻、免除其刑事责任的材料和意见，维护犯罪嫌疑人、被告人的诉讼权利和其他合法权益。"

《刑事诉讼法》第 37 条规定："辩护人的责任是根据事实和法律，提出犯罪嫌疑人、被告人无罪、罪轻或者减轻、免除其刑事责任的材料和意见，维护犯罪嫌疑人、被告人的诉讼权利和其他合法权益。"

（二）维护犯罪嫌疑人、被告人合法权益的法律释义

（1）《刑事诉讼法》第 37 条和《律师法》第 31 条法律对辩护律师的义务和责任的规定是一致的，辩护律师有提出犯罪嫌疑人、被告人无罪、罪轻、

从轻、减轻、免除处罚或判处"非监禁刑"的材料和意见，维护犯罪嫌疑人、被告人的诉讼权利和其他合法权益的义务和责任。

（2）辩护律师维护当事人合法权益的义务，时常被称为是辩护律师的"天职"；辩护律师维护法律正确实施，维护社会公平和正义的义务，时常被称为是辩护律师的"天旨"。"天职"和"天旨"共同构成辩护律师的义务和责任。

二、不得无故拒绝辩护

《律师法》第 32 条第 2 款规定："律师接受委托后，无正当理由的，不得拒绝辩护或者代理。但是，委托事项违法、委托人利用律师提供的服务从事违法活动或者委托人故意隐瞒与案件有关的重要事实的，律师有权拒绝辩护或者代理。"

辩护律师在接受委托或被指定担任辩护人后，有义务为犯罪嫌疑人、被告人进行辩护，并应当负责到底，无正当理由的，不得拒绝辩护。但是，委托事项违法、委托人利用律师提供的服务从事违法活动或者委托人故意隐瞒与案件有关的重要事实的，律师有权拒绝辩护。

三、承担法律援助义务

（一）承担法律援助义务的法律规定

《律师法》第 42 条规定："律师、律师事务所应当按照国家规定履行法律援助义务，为受援人提供符合标准的法律服务，维护受援人的合法权益。"

《刑事诉讼法》第 35 条规定："犯罪嫌疑人、被告人因经济困难或者其他原因没有委托辩护人的，本人及其近亲属可以向法律援助机构提出申请。对符合法律援助条件的，法律援助机构应当指派律师为其提供辩护。犯罪嫌疑人、被告人是盲、聋、哑人，或者是尚未完全丧失辨认或者控制自己行为能力的精神病人，没有委托辩护人的，人民法院、人民检察院和公安机关应当通知法律援助机构指派律师为其提供辩护。犯罪嫌疑人、被告人可能被判处无期徒刑、死刑，没有委托辩护人的，人民法院、人民检察院和公安机关应当通知法律援助机构指派律师为其提供辩护。"

《刑事诉讼法》第 278 条规定："未成年犯罪嫌疑人、被告人没有委托辩护人的，人民法院、人民检察院、公安机关应当通知法律援助机构指派律师为其提供辩护。"

《刑事诉讼法》第304条第2款规定："人民法院审理强制医疗案件，应当通知被申请人或者被告人的法定代理人到场。被申请人或者被告人没有委托诉讼代理人的，人民法院应当通知法律援助机构指派律师为其提供法律帮助。"

（二）辩护律师承担法律援助义务的法律释义

辩护律师经法律援助机构指派，不得拒绝承担法律援助义务，并且要为受援人提供符合标准的法律服务。对此，笔者已经在本书第二章第三节法律援助中予以阐述，故此不再赘述。

四、不得实施妨害司法活动的行为

《刑事诉讼法》第44条规定："辩护人或者其他任何人，不得帮助犯罪嫌疑人、被告人隐匿、毁灭、伪造证据或者串供，不得威胁、引诱证人作伪证以及进行其他干扰司法机关诉讼活动的行为；违反前款规定的，应当依法追究法律责任，辩护人涉嫌犯罪的，应当由办理辩护人所承办案件的侦查机关以外的侦查机关办理。辩护人是律师的，应当及时通知其所在的律师事务所或者所属的律师协会。"

《刑法》第306条规定："在刑事诉讼中，辩护人、诉讼代理人毁灭、伪造证据，帮助当事人毁灭、伪造证据，威胁、引诱证人违背事实改变证言或者作伪证的，处三年以下有期徒刑或者拘役；情节严重的，处三年以上七年以下有期徒刑。辩护人、诉讼代理人提供、出示、引用的证人证言或者其他证据失实，不是有意伪造的，不属于伪造证据。"

《律师法》第37条第3款规定："律师在参与诉讼活动中涉嫌犯罪的，侦查机关应当及时通知其所在的律师事务所或者所属的律师协会；被依法拘留、逮捕的，侦查机关应当依照刑事诉讼法的规定通知该律师的家属。"

五、不得违反律师法规定的禁止行为

《律师法》第40条规定："律师在执业活动中不得有下列行为：（一）私自接受委托、收取费用，接受委托人的财物或者其他利益；（二）利用提供法律服务的便利牟取当事人争议的权益；（三）接受对方当事人的财物或者其他利益，与对方当事人或者第三人恶意串通，侵害委托人的权益；（四）违反规

定会见法官、检察官、仲裁员以及其他有关工作人员；（五）向法官、检察官、仲裁员以及其他有关工作人员行贿，介绍贿赂或者指使、诱导当事人行贿，或者以其他不正当方式影响法官、检察官、仲裁员以及其他有关工作人员依法办理案件；（六）故意提供虚假证据或者威胁、利诱他人提供虚假证据，妨碍对方当事人合法取得证据；（七）煽动、教唆当事人采取扰乱公共秩序、危害公共安全等非法手段解决争议；（八）扰乱法庭、仲裁庭秩序，干扰诉讼、仲裁活动的正常进行。"

八项禁止行为是律师从事各项法律服务均不得实施的行为，当然包括刑事辩护。

六、特殊证据及时开示义务

《刑事诉讼法》第 42 条规定："辩护人收集的有关犯罪嫌疑人不在犯罪现场、未达到刑事责任年龄、属于依法不负刑事责任的精神病人的证据，应当及时告知公安机关、人民检察院。"

辩护人收集的有关犯罪嫌疑人不在犯罪现场、未达到刑事责任年龄、属于不负刑事责任的精神病人三项特殊证据，应当及时告知办案机关。

七、保守秘密义务

《律师法》第 38 条规定："律师应当保守在执业活动中知悉的国家秘密、商业秘密，不得泄露当事人的隐私。律师对在执业活动中知悉的委托人和其他人不愿泄露的有关情况和信息，应当予以保密。但是，委托人或者其他人准备或者正在实施危害国家安全、公共安全以及严重危害他人人身安全的犯罪事实和信息除外。"

《最高人民法院关于适用〈中华人民共和国刑事诉讼法〉的解释》第 67 条规定："辩护律师向人民法院告知其委托人或者其他人准备实施、正在实施危害国家安全、公共安全以及严重危害他人人身安全犯罪的，人民法院应当记录在案，立即转告主管机关依法处理，并为反映有关情况的辩护律师保密。"

《人民检察院刑事诉讼规则》第 59 条规定："辩护律师告知人民检察院其委托人或者其他人员准备实施、正在实施危害国家安全、公共安全以及严重危及他人人身安全犯罪的，人民检察院应当接受并立即移送有关机关依法处理。人民检察院应当为反映有关情况的辩护律师保密。"

辩护律师对秘密持有者负有保密义务，对秘密持有者之外的人和单位来说，辩护律师拥有保密权利。

八、遵守诉讼纪律义务

辩护律师有遵守诉讼纪律义务。如按出庭通知中告知的开庭时间、地点准时出席法庭进行辩护；在法庭上服从审判长的指挥；会见在押犯罪嫌疑人、被告人时遵守看管场所的规定等。

第十章

证　据

第一节　证据种类和分类

一、证据的种类

1. 物证

物证是以外部特征、物质属性、存在状况等证明待证事实。例如，杀人凶器，犯罪现场留下的毛发、指纹、体液等。

2. 书证

书证是指以文字、图画等表达的思想内容来证明待证事实。例如，合同、账单、护照等。

3. 证人证言

证人证言是指当事人以外的人对就其所了解的案件情况的陈述。

依据《刑事诉讼法》第 62 条的规定，证人需具备三个条件：感知案件事实的能力、辨别是非的能力、正确表达的能力。生理上、精神上有缺陷或者年幼，并且不能辨别是非、不能正确表达的人，不能作为证人；处于明显醉酒、中毒或者麻醉等状态不能正常表达的人所叙述的证言也不能被当作证据使用。

4. 被害人陈述

被害人陈述是指被害人就其受犯罪行为侵害的事实的陈述。被害人陈述一般包括三个方面内容：一是对案件事实的陈述；二是对案件事实的分析判断；三是对本案的请求。其中，具有证据价值的只有对案件事实的陈述。

5. 犯罪嫌疑人、被告人供述和辩解

犯罪嫌疑人、被告人供述和辩解是指犯罪嫌疑人、被告人对犯罪事实承认或否定的陈述。包括供述、辩解和攀供。攀供是指犯罪嫌疑人、被告人揭发检举他人的犯罪事实的陈述。

6. 鉴定意见

鉴定意见是指办案机关就案件中的专门性问题指派或聘请具有专门知识的人进行鉴定后作出的判断性意见。

鉴定意见分为三个种类:法医病理、临床、精神病等法医鉴定;文书、痕迹等物证鉴定;录音录像、图片等视听资料鉴定。

7. 勘验、检查、辨认、侦查实验等笔录

勘验、检查笔录是指办案人员对犯罪有关的物品、场所、人身、尸体等进行的勘验、检查的记载。

辨认笔录是指在办案人员主持下由被害人、证人、犯罪嫌疑人、被告人对案件有关的物品、尸体、场所及犯罪嫌疑人进行识别所做的记录。

侦查实验笔录是指为了确定案件有关的事实在某种特定条件下能否发生而按照原来的条件将该事实加以重演所做的笔录。

8. 视听资料、电子数据

视听资料是指载有能够证明有关案件事实的内容的录音带、录像带、电影胶片、电子计算机的磁盘等,由其所载的音像、活动影像和图像,以及电子计算机所存储的资料等证据材料。

电子数据是指案件发生过程中形成的,以数字化形式存储、处理、传输的,能够证明案件事实的数据。电子数据包括电子邮件、电子数据交换、网上聊天记录、博客、微博客、手机短信、电子签名、域名等。这个定义意味着以数字化形式记载的证人证言、犯罪嫌疑人、被告人供述和辩解以及被害人陈述等言词证据均被排除在了电子数据之外,即使是以数字化形式存储的言词证据,也属于相应的证人证言,犯罪嫌疑人、被告人供述和辩解以及被害人陈述。

二、证据的分类

1. 原始证据与传来证据

原始证据是指直接来源于案件事实的证据。例如,现场目击者的出庭证言、致人死亡的凶器、书证的原件等。

传来证据是指间接来源于案件事实,即经过复制、转述原始证据而派生出来的证据。

原始证据比传来证据可靠，信息传递中间环节越多，传来证据越不可靠。

在刑事诉讼中传来证据一般作为发现原始证据的线索，能够审查鉴别原始证据的可靠程度。仅有传来证据不应轻易认定犯罪嫌疑人、被告人有罪，来源不明的材料不能被作为传来证据使用。知道案件情况的证人在法庭之外所做的证人证言笔录、书面证言（包括办案机关调取的）都属于传来证据，所以目击证人出庭作证是将传来证据变为原始证据的手段，可以增加证人证言的可靠性。

2. 言词证据与实物证据

言词证据是指证人证言，被害人陈述，犯罪嫌疑人、被告人供述和辩解以及鉴定意见，即以言词作为表现形式的证据。鉴定意见虽然是书面形式，实质上却是鉴定人就鉴定的专门问题所表达的个人意见，符合言词证据的特征。

实物证据是指以物品的性质、外部形态以及其内容证明案件事实的证据。物证、书证、勘验、检查笔录均属实物证据，视听资料、电子数据属于实物证据还是言词证据应当具体分析。

辩护律师在审查言词证据真实性时，要注意言词证据会受到人的道德素质、感知能力、判断能力、记忆能力、表达能力和外界环境的影响，有可能部分或全部失去真实性。言词证据可信度比实物证据低。

3. 直接证据与间接证据

直接证据是指能够单独证明案件主要事实的证据。

间接证据是指单个证据不能证明案件主要事实，而需要与其他证据相结合才能证明案件主要事实的证据。

犯罪嫌疑人、被告人是否构成犯罪，犯罪行为是否系犯罪嫌疑人所为，对犯罪嫌疑人从重处罚情节的认定属于案件主要事实，应当用直接证据予以证明。

间接证据只有符合《最高人民法院关于适用〈中华人民共和国刑事诉讼法〉的解释》第140条规定，才能被作为证明案件主要事实的依据："没有直接证据，但间接证据同时符合下列条件的，可以认定被告人有罪：（一）证据已经查证属实；（二）证据之间相互印证，不存在无法排除的矛盾和无法解释的疑问；（三）全案证据形成完整的证据链；（四）根据证据认定案件事实足以排除合理怀疑，结论具有唯一性；（五）运用证据进行的推理符合逻辑和经验。"

第二节　证据属性

如果将证据属性分为两个方面，证据属性包括证据能力和证据的证明力。如果将证据属性分为三个方面，证据属性包括真实性、合法性、关联性。现分别论述如下：

一、证据双重属性

1. 证据能力

证据能力是指一个证据能够作为定案依据的法律资格。证据的合法性基本相当于证据能力。

2. 证据的证明力

证据的证明力是指一个证据能够证明案件事实的能力，即证明强度。证据的证明力，应当从证据与待证事实的关联程度、证据之间的联系等方面进行审查判断。证据的真实性、关联性基本相当于证据的证明力。

单项证据具有证据能力，不一定具有证明力；单项证据不具有证据能力，一定不具有证明力，因为不具有证明能力根本不能被作为定案依据，所以辩护律师在用"双性"审查证据时，首先应当审核证据能力，在单项证据具有证据能力的前提下，再审核是否具有证明力以及证明力的强弱。

二、证据三性

1. 证据真实性

证据的真实性是指证据载体、证据信息以及证据信息与待证事实之间的联系应当是真实的。

《刑事诉讼法》第50条规定，可以用于证明案件事实的材料，都是证据；证据必须经过查证属实，才能作为定案的根据。这说明作为证明案件事实的材料均为证据，收集的证据有真假之分，所以需要对证据进行审查判断，审查判断证据的目的之一是审查证据的真实性，只有经查证属实的证据才能作为定案依据。

一项证据要具有证明力的前提是其必须是真实的，需要排除虚假和伪造的可能性。证据是由载体和所包含的证据信息两部分构成，证据的真实性要求这两个部分必须都是真实的。例如，杀人现场留下的一把刀，刀的外形、尺寸、形状是它的载体，刀上留下的血迹、指纹以及刀口与伤口是否相吻合等证据信息，真实性要求这把刀是真实的、客观存在的、不是伪造的，这些证据信息也必须是真实的，如果其一是虚假的就不符合证据的真实性要求。再例如，证人证言笔录所包含的证据信息是否是证人耳闻目睹的；证人与犯罪嫌疑人、被告人是否有利害关系；案发当时的自然条件以及证人的记忆、表述能力等。

2. 证据合法性

证据合法性是指证据的来源、表现形式、收集的主体、程序、方法和手段符合法律规定，同时证据的审查程序也必须符合法律规定。因为合法的证据是有效的证据，所以证据的合法性也被称为证据的有效性。非法证据本应是无效的证据，不应成为定罪量刑的依据。但是各国法律发展程度、司法工作人员素质和社会稳定程度不同等影响决定了非法证据因非法程度和方法的不同而选择采用或排除。

3. 证据关联性

证据关联性是指证据的证明信息与待证事实（证明对象）之间存在的内在联系性。

一项证据即使是真实的，如果其证据信息与待证事实没有关系，也不能被作为证据使用。也就是说，因为该证据与待证事实不具有关联性，所以也就不具有证明力。犯罪事实总是在一定时间、空间下发生，并与人和物等外界客观环境相联系，那么犯罪行为就必然留下相应的印象、踪迹和物品等。例如，一个人实施犯罪，然而在现场中留下两个不同人的指纹，这就需要通过对证据的审查判断哪枚指纹是犯罪嫌疑人留下的指纹，只有犯罪嫌疑人留下的指纹才是与犯罪事实有关联性的。

证据关联性是与相应的证明对象相联系的。例如，一个人犯罪前的表现属于品格证据，不能作为定罪证据，但是属于酌定量刑情节，在量刑时应当予以考虑，这就要求辩护人在审查判断证据时，一定要看出该证据的证明对象；在庭审时一定要注意倾听公诉人拟定的证明对象；调取证据和提交证据时，一定要有明确的证明对象。

证据关联性的大小和强弱决定着该证据证明力大小。例如，证明犯罪主要事实的目击证人、犯罪嫌疑人、被告人口供、被害人陈述和记载犯罪行为过程的视听资料等对定罪事实的证明力较强；犯罪动机、前科劣迹等对定罪事实的证明力相应较弱。辩护律师在审查证据能够证明相应的证明对象时，要判断关联性和证明力的大小，如果完全否定证据的证明力有困难，就采用削弱证据证明力的方法，否定和削弱证明力就是否定和削弱证据的关联性。

综上所述，只有证据具有合法性，才具有证据能力，才具有证明案件事实的资格；在确定证据具有证明能力后，再进一步审查证据的真实性、关联性，只有证据与待证事实之间具有关联性，证据才具有证明力，从证据与待证事实之间的关联性程度推定证明力的大小和强弱。

三、证据客观性的误区

证据客观性是指证据载体、证据信息以及证据信息与待证事实之间的联系必须是客观存在、不以人的意志为转移的事实。它是与证据主观性相对应的概念。

证据真实性是指证据载体、证据信息以及证据信息与待证事实之间的联系应当是真实的。它是与证据虚假性相对应的概念。

中国 1979 年《刑事诉讼法》和 1996 年《刑事诉讼法》明确规定："证明案件真实情况的一切事实，都是证据。"也就是说，证据是客观存在的事实，所以中国证据法学理论一直把客观性作为证据的三大基本属性之一。众所周知，既然事实作为一种客观存在，其本身就不存在虚假的问题，其真实性就不以人们的主观判断为转移。然而，《刑事诉讼法》同时还规定，"证据必须经过查证属实，才能作为定案根据"，这又说明作为定案依据的证据，必须经过庭审查证属实。也就是说，要经过司法工作人员及诉讼参与人从主观上进行的审查判断。这就是《刑事诉讼法》的悖论。所以，2012 年《刑事诉讼法（修正案）》将此修改为："可以用于证明案件事实的材料，都是证据。"也就是说，证据是材料，不再强调证据是事实。

案件事实包括三个方面：一是客观事实，即实际上发生的案件事实，是不以人的意志为转移的客观存在；二是证据事实，即诉讼中由证据所表明或构建的案件事实，是控、辩双方各自运用本案证据构建的案件事实，也就是说有控诉事实与辩护事实之分，两者具有差异性；三是法律事实，即生效判决认定的案件事实，其与客观事实并不一定完全吻合。

中国证据法学理论难以割舍的客观性情结，实际上是对真实性的一种曲解和误认。真实是与虚假相对应的概念。是否具有真实性需要结合人们的主观判断，而并不是不以人们意志为转移的客观性。在司法实践中，法律事实往往难以完全再现客观事实，即使是被害人陈述，也会因为被害人受到惊吓或记忆力等原因而难以再现完整的案件客观事实，所以要求证据必须具有客观性也是不切合实际的。事实上，中国许多学者在讨论证据的客观性时或多或少地也是在论述证据的真实性。如一些学者强调："客观性是指证据所反映的内容必须是客观存在的事实"，这里"证据所反映的内容必须是客观存在的事实"实质上仍然是一个判断，指的是证据的真实性。

通过前述分析，可以得出结论：证据在表现形式上无疑具有客观性，但证据内容是主观认识的反映，不存在所谓客观性判断问题，只能以真实性来衡量。2012 年《刑事诉讼法（修正案）》以后不再存有证据客观性的说法，只能称为证据的真实性。

第三节　证明对象

一、证明对象概念

证明对象是指办案人员在刑事诉讼过程中应当运用证据证明的犯罪嫌疑人、被告人定罪、量刑的实体法和程序法事实。

定罪、量刑的实体法和程序法事实是由若干证明对象构成的。在办案过程中，确定证明对象的范围是十分重要的，不得过宽或过窄，如果过宽使与案件无关的事实也加以证明，势必会造成司法资源的浪费；如果范围过窄就会遗漏需要证明的犯罪事实，造成不能全面了解案件情况，从而导致冤假错案。

将全案证据的证明对象连接在一起，就是全案的定罪、量刑事实。

二、证明对象的实体法事实范围

依据《最高人民法院关于适用〈中华人民共和国刑事诉讼法〉的解释》第 72 条及《公安机关办理刑事案件程序规定》第 69 条的规定，应当运用证据证明的实体法事实范围包括：

（1）被告人、被害人的身份；

（2）被指控的犯罪是否存在；

（3）被指控的犯罪是否为被告人所实施；

（4）被告人有无刑事责任能力，有无罪过，实施犯罪的动机、目的；

（5）实施犯罪的时间、地点、手段、后果以及案件起因等；

（6）是否系共同犯罪或者犯罪事实存在关联，以及被告人在共同犯罪中的地位、作用；

（7）被告人有无从重、从轻、减轻、免除处罚情节；

（8）涉案财物处理的事实；

（9）有关附带民事诉讼的事实；

（10）不追究刑事责任的事实；

（11）其他实体法事实。

三、证明对象的程序法事实范围

（1）管辖事实；

（2）回避事实；

（3）影响诉讼期限的事实；

（4）影响采取强制措施的事实；

（5）违反法定程序的事实；

（6）影响执行的事实；

（7）其他程序法事实。

四、免证事实

免证事实是指不需要证明的事实，《人民检察院刑事诉讼规则》第 401 条规定："在法庭审理中，下列事实不必提出证据进行证明：（一）为一般人共同知晓的常识性事实；（二）人民法院生效裁判所确认的并且未依审判监督程序重新审理的事实；（三）法律、法规的内容以及适用等属于审判人员履行职务所应当知晓的事实；（四）在法庭审理中不存在异议的程序事实；（五）法律规定的推定事实；（六）自然规律或者定律。"

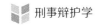

第四节　证明责任

一、公诉案件举证责任

依据《刑事诉讼法》第 51 条的规定，公诉案件中被告人有罪的举证责任由人民检察院承担。同时，人民检察院也有证明犯罪嫌疑人、被告人无罪、罪轻、从轻、减轻、免除刑事责任的举证责任。

侦查机关也有证明犯罪嫌疑人、被告人构成犯罪、无罪、罪轻、从轻、减轻、免除刑事责任的举证责任。

二、自诉案件举证责任

依据《刑事诉讼法》第 51 条的规定，自诉案件中被告人有罪的举证责任由自诉人承担。

三、举证责任的例外

犯罪嫌疑人、被告人在公诉、自诉案件中都不承担举证责任，即不承担有罪、无罪、罪轻、从轻、减轻、免除刑事责任的举证责任，仅具有举证权利。中国刑事法律也存有控方承担举证责任例外的情形。例如，《刑法》第395 条规定：“国家工作人员的财产、支出明显超过合法收入，差额巨大的，可以责令该国家工作人员说明来源，不能说明来源的，差额部分以非法所得论，处五年以下有期徒刑或者拘役；差额特别巨大的，处五年以上十年以下有期徒刑。财产的差额部分予以追缴。”被告人对巨额财产有证明合法来源的举证责任，如举证不能，就承担构成巨额财产来源不明罪的法律后果。

第五节　证明标准

一、证明标准的概念

证明标准是指在刑事诉讼中运用证据认定犯罪嫌疑人、被告人有罪或从重处罚的案件事实所要达到的法定程度或标准。

有罪裁判的证明标准，英美法系国家为"排除合理怀疑"，大陆法系国家为"内心确信"，都是主观证明标准。

二、不同诉讼阶段的证明标准

依据中国刑事诉讼法的有关规定，不同的诉讼阶段确立了不同的证明标准，在立案阶段证明标准是"有犯罪事实需要追究刑事责任"；在批捕阶段证明标准是"对有证据证明有犯罪事实，可能判处徒刑以上刑罚的犯罪嫌疑人、被告人，采取取保候审、监视居住等方法，尚不足以防止发生社会危险性，而有逮捕必要的，应当依法逮捕"；在移送审查起诉、审查起诉、审判阶段认定犯罪嫌疑人、被告人有罪和从重处罚的证明标准是"犯罪事实清楚，证据确实、充分"。

"犯罪事实清楚，证据确实、充分"是主、客观要件相结合的证明标准。所谓的事实清楚是指办案人员对定罪量刑的事实和情节已经查清或认识清楚，这是主观证明标准；证据确实是指每个证据都是真实的，证明信息与案件事实具有关联性，也就是说证据具有证明力；证据充分是指定罪量刑的事实都有证据加以证明，而且有足够数量的证据认定案件事实，证据确实、充分是客观的证明标准。

依据《刑事诉讼法》第 55 条的规定，"证据确实、充分"应当同时符合下列三个条件：

（1）"定罪量刑的事实都有证据证明"，指的是证据的充分性；

（2）"据以定案的证据均经法定程序查证属实"，指的是证据要依法定程序确认真实性和关联性、合法性，也就是说证据能力和证明力最终是依法定程序确定的。法定程序一般指的是庭审程序，但也有例外。例如，依据《最高人民法院关于适用〈中华人民共和国刑事诉讼法〉的解释》第 120 条的规定，采取技术调查、侦查措施收集的证据材料，如果经过庭审质证可能危及有关人员的人身安全或者可能产生其他严重后果，必要时，审判员可以于庭外对证据进行核实。

（3）"综合全案证据，对所认定事实已排除合理怀疑"。

第一，"排除合理怀疑"最早确立于 1770 年"美国波士顿大屠杀案"的审判（The Boston Massacre Trials）和 1784 年"英国理查德·科比特（Richard Corbett）纵火案"中，起初是英美法系国家的刑事证明标准。何为"非合理性怀疑"在美国没有明确的规定，司法实践中存有不同认识："一种观点认为每个陪审员必须95%以上相信被告人有罪；另一种观点认为如果没有其他对证据的解释是合理的，就视为起诉方已完成了被告人有罪的举证责任。"[1]

第二，在中国"合理性怀疑"也没有明确的法律规定。

《最高人民法院关于适用〈中华人民共和国刑事诉讼法〉的解释》第140条规定："没有直接证据，但间接证据同时符合下列条件的，可以认定被告人有罪：（一）证据已经查证属实；（二）证据之间相互印证，不存在无法排除的矛盾和无法解释的疑问；（三）全案证据形成完整的证据链；（四）根据证据认定案件事实足以排除合理怀疑，结论具有唯一性；（五）运用证据进行的推理符合逻辑和经验。"

《人民检察院刑事诉讼规则》第368条规定："具有下列情形之一，不能确定犯罪嫌疑人构成犯罪和需要追究刑事责任的，属于证据不足，不符合起诉条件：（一）犯罪构成要件事实缺乏必要的证据予以证明的；（二）据以定罪的证据存在疑问，无法查证属实的；（三）据以定罪的证据之间、证据与案件事实之间的矛盾不能合理排除的；（四）根据证据得出的结论具有其他可能性，不能排除合理怀疑的；（五）根据证据认定案件事实不符合逻辑和经验法则，得出的结论明显不符合常理的。"

在中国"合理性怀疑"也没有明确的法律规定。参照《最高人民法院关于适用〈中华人民共和国刑事诉讼法〉的解释》第140条、《人民检察院刑事诉讼规则》第368条的规定可以推定出综合全案证据"合理性怀疑"是指具有下列三个条件之一：

（1）证据之间、证据与案件事实之间存有矛盾；

（2）根据证据得出的结论不具有确定性、唯一性；

（3）证据认定案件事实不符合逻辑和经验法则，得出的结论明显不符合常理。

三、同一诉讼阶段多层次的证明标准

虽然《刑事诉讼法》规定在移送审查起诉、审查起诉、审判阶段认定犯

---

〔1〕［美］爱伦·豪切斯泰勒：《美国刑事法院诉讼程序》，陈卫东、徐美君译，中国人民公安大学出版社2002年版。

罪嫌疑人、被告人有罪和从重处罚的证明标准是"犯罪事实清楚，证据确实、充分"，但是并不是说案件事实的每一个证明对象都必须达到这个证明标准，应当根据证明对象的不同而采取不同的证明标准，已初步形成多层次的刑事证明标准体系。

1. 有罪和从重处罚适用"证据确实、充分"的证明标准

《最高人民法院关于适用〈中华人民共和国刑事诉讼法〉的解释》第72条规定："应当运用证据证明的案件事实包括：（一）被告人、被害人的身份；（二）被指控的犯罪是否存在；（三）被指控的犯罪是否为被告人所实施；（四）被告人有无刑事责任能力，有无罪过，实施犯罪的动机、目的；（五）实施犯罪的时间、地点、手段、后果以及案件起因等；（六）是否系共同犯罪或者犯罪事实存在关联，以及被告人在犯罪中的地位、作用；（七）被告人有无从重、从轻、减轻、免除处罚情节；（八）有关涉案财物处理的事实；（九）有关附带民事诉讼的事实；（十）有关管辖、回避、延期审理等的程序事实；（十一）与定罪量刑有关的其他事实。认定被告人有罪和对被告人从重处罚，适用证据确实、充分的证明标准。"

依据《最高人民法院关于适用〈中华人民共和国刑事诉讼法〉的解释》第72条应当运用证据证明的11项定罪量刑事实，仅将被告人有罪事实和从重处罚情节规定为应当适用"证据确实、充分"的证明标准。被告人、被害人的身份；实施犯罪的动机；被告人有无从轻、减轻、免除处罚情节；有关附带民事诉讼、涉案财物处理的事实等不要求达到"证据确实、充分"的证明标准。

2. 对部分犯罪事实允许推定

推定是指根据法律和已证事实认定另一个事实的存在，除非被指控者提出反证予以推翻，其实质上是推定事实与客观事实一致的高度可能性。推定事实已被国际公约和中国法律认可。例如，联合国《打击跨国有组织犯罪公约》第5条第2款规定："本条第1款所指的明知、故意、目标、目的或约定可以从客观实际情况推定。"《刑法》第395条规定国家工作人员巨额财产来源不明的，推定为非法所得；第282条第2款规定持有属于国家绝密、机密的文件、资料或者其他物品，拒不说明来源与用途的，推定为非法持有；最高人民法院《全国部分法院审理毒品犯罪案件工作座谈会纪要》（2008年12月1日）第10条规定了对走私、贩卖、运输、非法持有毒品行为人主观故意

中的"明知"推定。

3. 程序事实的证明标准

针对管辖、回避、延期审理等的程序事实的证明标准，中国法律并没有明确规定，就程序事实与实体事实的证明标准而言，程序事实的证明标准的要求较低。除在非法证据排除程序中检察机关证明收集证据不存有非法方法的证明标准之外，不要求必须达到"证据确实、充分"的证明标准。

第六节　证据审查判断

一、证据的审查判断概念

证据的审查判断是指办案人员对证据进行分析、研究、鉴别后，确定其证据能力和证据的证明力的诉讼活动。它包括对单项证据的审查判断、不同证据种类和分类的审查判断、全案证据的审查判断。证据是案件的生命，审查判断证据能力是体现办案人员办案水平的重要标志。

二、单项证据的审查判断

单项证据的审查判断就是对单项证据的真实性、关联性、合法性进行审查判断，这就是通常所说的对证据的"三性"审查判断或是对证据能力和证据的证明力的"双性"审查判断。

证据的真实性应当从证据形成的时间、地点、条件等因素入手进行审查。例如，证人是否与犯罪嫌疑人、被告人有亲属关系或其他利害关系；证言的内容是否是耳闻目睹；证人的记忆力、表述能力；犯罪嫌疑人被送交看守所羁押以后，侦查人员是否是在看守所内进行的讯问等因素是否对证据的真实性产生影响。对单项证据的真实性的审查判断，有时需要借助全案证据加以鉴别。

证据的关联性应当根据具体情况从证据与待证事实（证明对象）的关联程度、证据之间的联系等方面进行审查判断。例如，犯罪现场某人的指纹只能证明该人到过现场，如果没有其他证据佐证，就不能证明该人实施了犯罪。中国法律明确规定证据与案件事实要具有关联性。例如，《刑事诉讼法》第50条第1款规定："可以用于证明案件事实的材料，都是证据。"第120条第

1款规定："侦查人员在讯问犯罪嫌疑人的时候，应当首先讯问犯罪嫌疑人是否有犯罪行为，让他陈述有罪的情节或者无罪的辩解，然后向他提出问题。犯罪嫌疑人对侦查人员的提问，应当如实回答。但是对与本案无关的问题，有拒绝回答的权利。"

证据的合法性应当从证据的来源、表现形式、收集的主体、程序、方法和手段等方面进行审查判断。如果证据不合法，要视违法行为的严重程度，依法确定是否排除。例如，犯罪嫌疑人、被告人的供述和辩解，是在办案人员采用体罚方法取得的，要视体罚方法的严重程度和犯罪嫌疑人的感受程度依法综合判断是否予以排除。

三、不同证据种类的审查判断

（一）物证、书证的审查判断

《最高人民法院关于适用〈中华人民共和国刑事诉讼法〉的解释》第82条至第86条是对物证、书证的审查与认定的规定。

1. 对物证、书证应当按以下内容进行审查与认定

（1）物证、书证是否为原物、原件，是否经过辨认、鉴定；物证的照片、录像、复制品或者书证的副本、复制件是否与原物、原件相符，是否由2人以上制作，有无制作人关于制作过程以及原物、原件存放于何处的文字说明和签名。

据以定案的物证应当是原物。原物不便搬运、不易保存，依法应当由有关部门保管、处理，或者依法应当返还的，可以拍摄、制作足以反映原物外形和特征的照片、录像、复制品。物证的照片、录像、复制品，不能反映原物的外形和特征的，应认定为不具有真实性，不得作为定案的根据。物证的照片、录像、复制品，经与原物核对无误、经鉴定或者以其他方式确认为真实的，可以作为定案的根据。

据以定案的书证应当是原件。取得原件确有困难的，可以使用副本、复制件。书证有更改或者更改迹象不能作出合理解释，或者书证的副本、复制件不能反映原件及其内容的，应认定为不具有真实性，不得作为定案的根据。书证的副本、复制件，经与原件核对无误、经鉴定或者以其他方式确认为真实的，可以作为定案的根据。

（2）物证、书证的收集程序、方式是否符合法律、有关规定；经勘验、

检查、搜查提取、扣押的物证、书证，是否附有相关笔录、清单，笔录、清单是否经侦查人员、物品持有人、见证人签名，没有物品持有人签名的，是否注明原因；物品的名称、特征、数量、质量等是否注明清楚。

在勘验、检查、搜查过程中提取、扣押的物证、书证，未附笔录或者清单，不能证明物证、书证来源的，没有补正，也没有作出合理解释的，因不具有合法性，所以不得作为定案的根据。

物证、书证的收集程序、方式有疑问，没有补正，也没有作出合理解释的，因不具有合法性，所以不得作为定案的根据。

（3）物证、书证在收集、保管、鉴定过程中是否受损或者改变。

（4）物证、书证与案件事实有无关联；对现场遗留与犯罪有关的具备鉴定条件的血迹、体液、毛发、指纹足迹、字迹等生物样本、痕迹、物品，是否已做 DNA 鉴定、指纹鉴定等，并与被告人或者被害人的相应生物检材、生物特征、物品等比对。

对与案件事实可能有关联的血迹、体液、毛发、人体组织、指纹、足迹、字迹等生物样本、痕迹和物品，应当提取而没有提取，应当鉴定而没有鉴定，应当移送鉴定意见而没有移送，导致案件事实存疑的，人民法院应当通知人民检察院依法补充收集、调取、移送证据。人民检察院没有补充收集、调取、移送证据，因不能确定该证据与案件事实有关联性，所以不得作为定案的根据。

（5）与案件事实关联的物证、书证是否全面收集。

2. 瑕疵物证、书证的补正或者作出合理解释

物证、书证的收集程序、方式有下列瑕疵，经补正或者作出合理解释的，可以采用：

（1）勘验、检查、搜查、提取笔录或者扣押清单上没有调查人员或者侦查人员、物品持有人、见证人签名，或者对物品的名称、特征、数量、质量等注明不详的；

（2）物证的照片、录像、复制品，书证的副本、复制件未注明与原件核对无异，无复制时间，或者无被收集、调取人签名的；

（3）物证的照片、录像、复制品，书证的副本、复制件没有制作人关于制作过程和原物、原件存放地点的说明，或者说明中无签名的；

（4）有其他瑕疵的。

（二）证人证言、被害人陈述的审查判断

《最高人民法院关于适用〈中华人民共和国刑事诉讼法〉的解释》第 87 条至第 92 条是对证人证言、被害人陈述的审查与认定的规定。

1. 对证人证言应当着重审查以下内容：

（1）证言的内容是否为证人直接感知；

（2）证人作证时的年龄，认知、记忆和表达能力，生理和精神状态是否影响作证；

（3）证人与案件当事人、案件处理结果有无利害关系；

（4）询问证人是否个别进行；

（5）询问笔录的制作、修改是否符合法律、有关规定，是否注明询问的起止时间和地点，首次询问时是否告知证人有关作证的权利义务和法律责任，证人对询问笔录是否核对确认；

（6）询问未成年证人时，是否通知其法定代理人或者其他成年亲属到场，未成年人所在学校、单位、居住地基层组织、保护组织的代表是否到场；

（7）有无以暴力、威胁等非法方法收集证人证言的情形；

（8）证言之间以及与其他证据之间能否相互印证，有无矛盾；存在矛盾的，能否得到合理解释。

2. 对证人证言的认定

（1）处于明显醉酒、中毒或者麻醉等状态，不能正常感知或者正确表达的证人所提供的证言，不得作为证据使用。

（2）证人的猜测性、评论性、推断性的证言，不得作为证据使用，但根据一般生活经验判断符合事实的除外。

（3）证人证言具有下列情形之一的，不得作为定案的根据：

第一，询问证人没有个别进行的；

第二，书面证言没有经证人核对确认的；

第三，询问聋、哑人，应当提供通晓聋、哑手势的人员而未提供的；

第四，询问不通晓当地通用语言、文字的证人，应当提供翻译人员而未提供的。

（4）证人证言的收集程序、方式有下列瑕疵，经补正或者作出合理解释的，可以采用；不能补正或者作出合理解释的，不得作为定案的根据：

第一，询问笔录没有填写询问人、记录人、法定代理人姓名以及询问的起止时间、地点的；

第二，询问地点不符合规定的；

第三，询问笔录没有记录告知证人有关作证的权利义务和法律责任的；

第四，询问笔录反映出在同一时段，同一询问人员询问不同证人的；

第五，询问未成年人，其法定代理人或者合适成年人不在场的。

（5）证人当庭作出的证言，经控辩双方质证、法庭查证属实的，应当作为定案的根据。

证人当庭作出的证言与其庭前证言矛盾，证人能够作出合理解释，并有相关证据印证的，应当采信其庭审证言；不能作出合理解释，而其庭前证言有其他证据印证的，可以采信其庭前证言。

经人民法院通知，证人没有正当理由拒绝出庭或者出庭后拒绝作证，法庭对其证言的真实性无法确认的，该证人证言不得作为定案的根据。

3. 对被害人陈述的审查与认定，参照对证人证言审查与认定的有关规定

（三）被告人供述和辩解的审查判断

《最高人民法院关于适用〈中华人民共和国刑事诉讼法〉的解释》第93条至第96条是对被告人供述和辩解的审查与认定的规定。

1. 对被告人供述和辩解应当着重审查以下内容

（1）讯问的时间、地点，讯问人的身份、人数以及讯问方式等是否符合法律、有关规定；

（2）讯问笔录的制作、修改是否符合法律、有关规定，是否注明讯问的具体起止时间和地点，首次讯问时是否告知被告人相关权利和法律规定，被告人是否核对确认；

（3）讯问未成年被告人时，是否通知其法定代理人或者其他成年亲属到场，未成年人所在学校、单位、居住地基层组织、保护组织的代表是否到场；

（4）讯问女性未成年被告人时，是否有女性工作人员在场；

（5）有无以刑讯逼供等非法方法收集被告人供述的情形；

（6）被告人的供述是否前后一致，有无反复以及出现反复的原因；

（7）被告人的供述和辩解是否全部随案移送；

（8）被告人的辩解内容是否符合案情和常理，有无矛盾；

（9）被告人的供述和辩解与同案被告人的供述和辩解以及其他证据能否相互印证，有无矛盾；存在矛盾的，能否得到合理解释。

必要时，可以结合现场执法音视频记录、讯问录音录像、被告人进出看守所的健康检查记录、笔录等，对被告人的供述和辩解进行审查。

2. 对被告人供述和辩解的认定

（1）被告人供述具有下列情形之一的，不得作为定案的根据：

第一，讯问笔录没有经被告人核对确认的；

第二，讯问聋、哑人，应当提供通晓聋、哑手势的人员而未提供的；

第三，讯问不通晓当地通用语言、文字的被告人，应当提供翻译人员而未提供的；

第四，讯问未成年人，其法定代理人或者其他成年亲属不在场，未成年人所在学校、单位、居住地基层组织、保护组织的代表也不在场。

（2）讯问笔录有下列瑕疵，经补正或者作出合理解释的，可以采用；不能补正或者作出合理解释的，不得作为定案的根据：

第一，讯问笔录填写的讯问时间、讯问人、记录人、法定代理人等有误或者存在矛盾的；

第二，讯问人没有签名的；

第三，首次讯问笔录没有记录告知被讯问人相关权利和法律规定的。

（3）审查被告人供述和辩解，应当结合控辩双方提供的所有证据以及被告人的全部供述和辩解进行。

被告人庭审中翻供，但不能合理说明翻供原因或者其辩解与全案证据矛盾，而其庭前供述与其他证据相互印证的，可以采信其庭前供述。

被告人庭前供述和辩解存在反复，但庭审中供认，且与其他证据相互印证的，可以采信其庭审供述；被告人庭前供述和辩解存在反复，庭审中不供认，且无其他证据与庭前供述印证的，不得采信其庭前供述。

（四）鉴定意见的审查判断

《最高人民法院关于适用〈中华人民共和国刑事诉讼法〉的解释》第97条至第101条是对鉴定意见的审查与认定的规定。

1. 对鉴定意见应当着重审查以下内容：

（1）鉴定机构和鉴定人是否具有法定资质；

（2）鉴定人是否存在应当回避的情形；

（3）检材的来源、取得、保管、送检是否符合法律、有关规定，与相关提取笔录、扣押物品清单等记载的内容是否相符，检材是否可靠；

（4）鉴定意见的形式要件是否完备，是否注明提起鉴定的事由、鉴定委托人、鉴定机构、鉴定要求、鉴定过程、鉴定方法、鉴定日期等相关内容，是否由鉴定机构盖章并由鉴定人签名；

（5）鉴定程序是否符合法律、有关规定；

（6）鉴定的过程和方法是否符合相关专业的规范要求；

（7）鉴定意见是否明确；

（8）鉴定意见与案件事实有无关联；

（9）鉴定意见与勘验、检查笔录及相关照片等其他证据是否矛盾；存在矛盾的，能否得到合理解释；

（10）鉴定意见是否依法及时告知相关人员，当事人对鉴定意见有无异议。

2. 对鉴定意见的认定

（1）鉴定意见具有下列情形之一的，不得作为定案的根据：

第一，鉴定机构不具备法定资质，或者鉴定事项超出该鉴定机构业务范围、技术条件的；

第二，鉴定人不具备法定资质，不具有相关专业技术或者职称，或者违反回避规定的；

第三，送检材料、样本来源不明，或者因污染而不具备鉴定条件的；

第四，鉴定对象与送检材料、样本不一致的；

第五，鉴定程序违反规定的；

第六，鉴定过程和方法不符合相关专业的规范要求的；

第七，鉴定文书缺少签名、盖章的；

第八，鉴定意见与案件事实没有关联的；

第九，违反有关规定的其他情形。

（2）经人民法院通知，鉴定人拒不出庭作证的，鉴定意见不得作为定案的根据。

鉴定人由于不能抗拒的原因或者有其他正当理由无法出庭的，人民法院可以根据情况决定延期审理或者重新鉴定。

鉴定人无正当理由拒不出庭作证的，人民法院应当通报司法行政机关或者有关部门。

（3）因无鉴定机构，或者法律、司法解释的规定，指派、聘请有专门知识的人就案件的专门性问题出具的报告，可以作为证据使用。

对有关报告的审查与认定，参照对鉴定意见的审查与认定的有关规定。

经人民法院通知，出具报告的人拒不出庭作证的，有关报告不得作为定案的根据。

（4）有关部门对事故进行调查形成的报告，在刑事诉讼中可以作为证据使用；报告中涉及专门性问题的意见，经法庭查证属实，且调查程序符合法律、有关规定的，可以作为定案的根据。

（五）勘察、检验、辨认、侦查实验等笔录的审查判断

《最高人民法院关于适用〈中华人民共和国刑事诉讼法〉的解释》第 102 条至第 107 条是对勘察、检验、辨认、侦查实验等笔录的审查与认定的规定。

1. 对勘验、检查笔录应当着重审查以下内容：

（1）勘验、检查是否依法进行，笔录的制作是否符合法律、有关规定，勘验、检查人员和见证人是否签名或者盖章；

（2）勘验、检查笔录是否记录了提起勘验、检查的事由，勘验、检查的时间、地点，在场人员、现场方位、周围环境等，现场的物品、人身、尸体等的位置、特征等情况，以及勘验、检查的过程；文字记录与实物或者绘图、照片、录像是否相符；现场、物品、痕迹等是否伪造、有无破坏；人身特征、伤害情况、生理状态有无伪装或者变化等；

（3）补充进行勘验、检查的，是否说明了再次勘验、检查的原由，前后勘验、检查的情况是否矛盾。

2. 对勘验、检查笔录的认定

（1）勘验、检查笔录存在明显不符合法律、有关规定的情形，不能作出合理解释的，不得作为定案的根据。

（2）对辨认笔录应当着重审查辨认的过程、方法，以及辨认笔录的制作是否符合有关规定。

（3）辨认笔录具有下列情形之一的，不得作为定案的根据：

第一，辨认不是在调查人员、侦查人员的主持下进行的；

第二，辨认前使辨认人见到辨认对象的；

第三，辨认活动没有个别进行的；

第四，辨认对象没有混杂在具有类似特征的其他对象中，或者供辨认的对象数量不符合规定的；

第五，辨认中给辨认人明显暗示或者明显有指认嫌疑的；

第六，违反有关规定、不能确定辨认笔录真实性的其他情形。

3. 对侦查实验笔录的审查与认定

对侦查实验笔录应当着重审查实验的过程、方法，以及笔录的制作是否符合有关规定。

侦查实验的条件与事件发生时的条件有明显差异，或者存在影响实验结论科学性的其他情形的，侦查实验笔录不得作为定案的根据。

（六）视听资料的审查判断

《最高人民法院关于适用〈中华人民共和国刑事诉讼法〉的解释》第108条、第109条、第115条是对视听资料的审查与认定的规定。

1. 对视听资料应当着重审查以下内容：

（1）是否附有提取过程的说明，来源是否合法；

（2）是否为原件，有无复制及复制份数；是复制件的，是否附有无法调取原件的原因、复制件制作过程和原件存放地点的说明，制作人、原视听资料持有人是否签名；

（3）制作过程中是否存在威胁、引诱当事人等违反法律、有关规定的情形；

（4）是否写明制作人、持有人的身份，制作的时间、地点、条件和方法；

（5）内容和制作过程是否真实，有无剪辑、增加、删改等情形；

（6）内容与案件事实有无关联。

对视听资料，还应当审查是否移送文字抄清材料以及对绰号、暗语、俗语、方言等不易理解内容的说明。未移送的，必要时可以要求人民检察院移送。对视听资料有疑问的，应当进行鉴定。

2. 对视听资料的认定

视听资料具有下列情形之一的，不得作为定案的根据：

（1）系篡改、伪造或者无法确定真伪的；

（2）制作、取得的时间、地点、方式等有疑问，不能作出合理解释的。

（七）电子数据的审查判断

《最高人民法院关于适用〈中华人民共和国刑事诉讼法〉的解释》第110条至第115条是对电子数据的审查与认定的规定。

1. 对电子数据审查

（1）对电子数据的真实性，应着重审查以下内容：

第一，是否移送原始存储介质；在原始存储介质无法封存、不便移动时，有无说明原因，并注明收集、提取过程及原始存储介质的存放地点或者电子数据的来源等情况；

第二，是否具有数字签名、数字证书等特殊标识；

第三，收集、提取的过程是否可以重现；

第四，如有增加、删除、修改等情形，是否附有说明；

第五，完整性是否可以保证。

（2）对电子数据的完整性，应着重审查以下内容：

第一，审查原始存储介质的扣押、封存状态；

第二，审查电子数据的收集、提取过程，查看录像；

第三，比对电子数据完整性校验值；

第四，与备份的电子数据进行比较；

第五，审查冻结后的访问操作日志；

第六，其他方法。

（3）对电子数据的合法性，应着重审查以下内容：

第一，收集、提取电子数据是否由2名以上调查人员、侦查人员进行，取证方法是否符合相关技术标准；

第二，收集、提取电子数据，是否附有笔录、清单，并经调查人员、侦查人员、电子数据持有人、提供人、见证人签名或者盖章；没有签名或者盖章的，是否注明原因；对电子数据的类别、文件格式等是否注明清楚；

第三，是否依照有关规定由符合条件的人员担任见证人，是否对相关活动进行录像；

第四，采用技术调查、侦查措施收集、提取电子数据的，是否依法经过严格的批准手续；

第五，进行电子数据检查的，检查程序是否符合有关规定。

对电子数据，还应当审查是否移送文字抄清材料以及对绰号、暗语、俗语、方言等不易理解内容的说明。未移送的，必要时，可以要求人民检察院移送。

2. 对电子数据的认定

（1）电子数据的收集、提取程序有下列瑕疵，经补正或者作出合理解释的，可以采用；不能补正或者作出合理解释的，不得作为定案的根据：

第一，未以封存状态移送的；

第二，笔录或者清单上没有调查人员或者侦查人员、电子数据持有人、提供人、见证人签名或者盖章的；

第三，对电子数据的名称、类别、格式等注明不清的；

第四，有其他瑕疵的。

（2）电子数据具有下列情形之一的，不得作为定案的根据：

第一，系篡改、伪造或者无法确定真伪的；

第二，有增加、删除、修改等情形，影响电子数据真实性的；

第三，其他无法保证电子数据真实性的情形。

四、技术调查、侦查证据的审查判断

《最高人民法院关于适用〈中华人民共和国刑事诉讼法〉的解释》第116条至第122条是对技术调查、侦查证据的审查与认定的规定。

（一）技术调查、侦查证据应当随案移送

（1）依法采取技术调查、侦查措施收集的材料在刑事诉讼中可以作为证据使用。采取技术调查、侦查措施收集的材料，作为证据使用的，应当随案移送。

（2）移送技术调查、侦查证据材料的，应当附采取技术调查、侦查措施的法律文书、技术调查、侦查证据材料清单和有关说明材料。

移送采用技术调查、侦查措施收集的视听资料、电子数据的，应当制作新的存储介质，并附制作说明，写明原始证据材料、原始存储介质的存放地点等信息，由制作人签名，并加盖单位印章。

（3）人民法院认为应当移送的技术调查、侦查证据材料未随案移送的，应当通知人民检察院在指定时间内移送。人民检察院未移送的，人民法院应当根据在案证据对案件事实作出认定。

（二）对技术调查、侦查证据的审查判断

对采取技术调查、侦查措施收集的证据材料，除根据相关证据材料所属的证据种类的相应规定进行审查外，还应当着重审查以下内容：

（1）技术调查、侦查措施所针对的案件是否符合法律规定；

（2）技术调查措施是否经过严格的批准手续，按照规定交有关机关执行，

技术侦查措施是否在刑事立案后，经过严格的批准手续；

（3）采取技术调查、侦查措施的种类、适用对象和期限是否按照批准决定载明的内容执行；

（4）采取技术调查、侦查措施收集的证据材料与其他证据是否矛盾，存在矛盾的，能否得到合理解释。

（三）对技术调查、侦查证据的查证方法

采取技术调查、侦查措施收集的证据材料，应当经过当庭出示、辨认、质证等法庭调查程序查证。

当庭调查技术调查、侦查证据材料可能危及有关人员的人身安全，或者可能产生其他严重后果的，法庭应当采取不暴露有关人员身份和技术调查、侦查措施使用的技术设备、技术方法等保护措施。必要时，审判人员可以在庭外对证据进行核实。

五、不同证据的分类审查判断

对言词证据的审查判断，要注意着重审查有无影响真实性的因素，例如犯罪动机、外界压力、记忆力等因素。

对实物证据的审查判断，要注意着重审查有无伪造、变造或者受环境的影响而发生减少、变形、毁坏、灭失等情况。

原始证据的证明力不是固定不变的，要注意着重审查判断原始的物品、痕迹是否由于时间的久远而变形或毁损，被害人或证人是否故意做虚假陈述等。

传来证据注意着重审查判断证据来源、与原始证据是否一致、原始证据客观上是否不能调取或调取确有困难。

六、全案证据的审查判断

综合全案证据进行审查判断时，要注意以下八个方面：

（1）审查单项证据前后内容是否一致。例如，犯罪嫌疑人口供前后是否一致。

（2）审查证据与证据之间是否一致、是否存有矛盾。例如，同案犯口供是否一致，物证、书证与被害人陈述之间有无矛盾等。

（3）具有内在联系、共同指向同一证明对象的证据之间，不存在无法排除的矛盾和无法解释的疑问。

（4）孤证不能定罪。依据《中华人民共和国刑事诉讼法》第55条第1款的规定，只有被告人供述，没有其他证据的，不能认定被告人有罪和处以刑罚。

（5）间接证据不能单独作为认定案件主要事实的依据，除非多个间接证据构成一个完整的、互不矛盾的、结论唯一的、排除合理怀疑的证明体系。

（6）要注意审查对合犯（基于双方的对向行为构成的犯罪）的言词证据是否一致。例如，行贿人与受贿人的陈述经常出现不一致的情况，受贿人经常时供时翻，如果案件没有其他证据佐证，就不能轻易认定受贿罪成立。

（7）案件的有罪事实和从重处罚情节要达到"证据确实、充分"的证明标准。

"证据确实、充分"是指同时具备三个条件：定罪量刑的事实都有证据证明；据以定案的证据均经法定程序查证属实；综合全案证据，对所认定事实已排除合理怀疑。

"合理性怀疑"是指具有三个条件之一：证据之间、证据与案件事实之间存有矛盾；根据证据得出的结论不具有确定性、唯一性；证据认定案件事实不符合逻辑和经验法则，得出的结论明显不符合常理。

（8）对于证据不足的案件，应当按疑罪从无原则处理。在审查起诉阶段，应当作出不起诉的决定，在审判阶段，应当作出无罪判决。

第七节　非法证据排除规则

一、非法证据排除规则的历史沿革

非法证据排除规则是指在刑事诉讼中，采用非法方法取得证据不得作为认定被告人有罪的根据，应当予以排除。非法证据排除规则是六大证据规则之一。关联性规则、补强证据规则、传闻证据规则、最佳证据规则、意见证据规则属于调整证据的证明力规则；非法证据排除规则属于调整证据能力规则。

（一）美国非法证据排除规则的历史沿革

（1）1914年"威克斯诉美利坚合众国案"的判决确立了非法证据排除规

则，这是人类历史上非法证据排除规则的开端。最初只适用于联邦最高法院，并不适用于联邦地方法院。

威克斯是美国密苏里州堪萨斯城的一家快递公司的雇员。1911 年警察在没有搜查证的情况下从威克斯的住所提走了一些文件和赌博物品，并以此作为证据指控威克斯涉嫌非法输送赌博物品罪。威克斯以警方非法搜查为由诉美利坚合众国，要求返还这些文件和物品，并反对以此作为证据使用。威克斯的抗辩理由被联邦地方法院驳回。威克斯提起上诉，最终联邦最高法院撤销了联邦地方法院的判决，将该案发回重审。联邦最高法院在裁决中宣布，在判决中不得采用运用非法搜查方法取得的证据。大法官威廉·德（William Day）的法庭意见是："如果能够以这种方式扣押私人文件和物品，并将其作为指控被告人有罪的证据的话，那么，美国联邦宪法第四修正案规定的公民不受非法搜查和扣押的权利就形同虚设。"

（2）在 1961 年"马普诉俄亥俄州案"中，联邦最高法院明确宣示非法证据排除规则也适用于联邦地方法院，使非法证据排除规则在美国各州得以普遍适用。

1957 年 5 月 23 日，警察怀疑马普太太家窝藏一个爆炸案的嫌疑犯，3 位克里夫兰市的警察敲马普太太家门，并要求进屋搜查，因为警察没有搜查证，马普太太拒绝警察入门。警察破门而入，马普太太要求出示搜查证，一名警察从口袋里掏出一张纸谎称是搜查证，马普太太抢过那张纸，警察又夺回，双方往复几次后警察铐住了她，然后警察对她家进行了全面搜查。警察没有找到逃犯，但在她家地下室搜到了淫秽物品，马普太太因此而被捕，并被指控涉嫌窝藏淫秽物品罪。当时因为俄亥俄州还尚未采用非法证据排除规则，马普太太一审被判有罪。马普太太对判决不服，便提起上诉，俄亥俄州最高法院驳回了她的上诉。马普太太最终上诉到联邦最高法院，联邦最高法院撤销了俄亥俄州最高法院的判决。

（3）20 世纪 80 年代以来，受不断高涨的犯罪浪潮冲击，在充分总结经验的基础上，美国联邦最高法院对非法证据排除规则设置了几项例外。"最终或者必然发现的例外"[1]是指即使不发生侦查人员违法取证的行为，证明被追诉人有罪的证据最终或者必然是会被发现的，则不适用非法证据排除规则；

---

[1]　参见陈光中主编：《刑事诉讼法》（第 5 版），北京大学出版社 2013 年版，第 188 页。

"善意的例外"是指侦查人员是基于善意地执行公务，而不是故意违法收集取得的证据，不适用非法证据排除规则；"在国外取得的证据之例外"是指在美国领域外非法取得的证据，除非取证时有美国侦查人员积极参与，原则上在美国的法院审理过程中不予排除。至此，美国非法证据排除规则趋于成熟，也使得非法证据排除规则得以完善。

（二）非法证据排除规则成为国际社会的普遍准则

自20世纪80年代前后，非法证据排除规则被世界大多数国家效仿。例如1984年英国《警察与刑事证据法》，1978年日本《宪法》及《刑事诉讼法》，意大利、德国、俄罗斯的《刑事诉讼法》等国家立法均规定了非法证据排除规则。不仅如此，该规则也得到了国际公约的承认。1984年联合国通过的《禁止酷刑和其他残忍、不人道或有辱人格的待遇或处罚公约》第15条规定："每一缔约国应确保在任何诉讼程序中，不得援引任何业经确定系以酷刑取得的口供为证据，但这类口供可用作被控施用酷刑者刑求逼供的证据。"

（三）中国非法证据排除规则的历史沿革

1. 非法证据排除规则的雏形

1996年《刑事诉讼法》第43条规定："审判人员、检察人员、侦查人员必须依照法定程序，收集能够证实犯罪嫌疑人、被告人有罪或无罪、犯罪情节轻重的各种证据。严禁刑讯逼供和以威胁、引诱、欺骗以及其他非法方法收集证据。……"只规定了"严禁"，但没有明确排除。

2. 非法证据排除规则的确立

1998年《最高人民法院关于执行〈中华人民共和国刑事诉讼法〉若干问题的解释》第61条规定："严禁以非法方法收集证据。凡经查证属实属于采用刑讯逼供或者威胁、引诱、欺骗等非法方法取得的证人证言、被害人陈述、被告人供述不得作为定案的根据。"1999年《人民检察院刑事诉讼法规则》第265条第1款规定："严禁以非法方法收集证据。以刑讯逼供或者威胁、引诱、欺骗等方法收集的犯罪嫌疑人供述、被害人陈述、证人证言，不能作为指控犯罪的根据"。"两高"的司法解释是中国非法言词证据排除规则的雏形。

2010年《最高人民法院、最高人民检察院、公安部、国家安全部、司法部关于办理刑事案件排除非法证据若干问题的规定》和《关于办理死刑案件审查判断证据若干问题的规定》确立了非法言词证据坚决排除，书证、物证有条件排除的较为完善的非法证据排除规则。

2012 年 3 月 14 日《刑事诉讼法（修正案）》以法典的形式正式确立了非法证据排除规则。

3. 非法证据排除规则的发展

2017 年 6 月 20 日《最高人民法院、最高人民检察院、公安部、国家安全部、司法部关于办理刑事案件严格排除非法证据若干问题的规定》、2018 年 1 月 1 日施行的《最高人民法院人民法院办理刑事案件排除非法证据规程（试行）》又进一步以司法解释的形式对非法证据排除规则适用范围、程序作出了具体规定，使其更具有操作性和实用性。

2018 年 10 月 26 日《刑事诉讼法（修正案）》沿用了非法证据排除规则。

2020 年 12 月 7 日《最高人民法院关于适用〈中华人民共和国刑事诉讼法〉的解释》以司法解释的形式对非法证据排除规则再次予以完善。

二、非法证据排除规则的法律条文

（一）《刑事诉讼法》

第五十二条 审判人员、检察人员、侦查人员必须依照法定程序，收集能够证实犯罪嫌疑人、被告人有罪或者无罪、犯罪情节轻重的各种证据。严禁刑讯逼供和以威胁、引诱、欺骗以及其他非法方法收集证据，不得强迫任何人证实自己有罪。必须保证一切与案件有关或者了解案情的公民，有客观地充分地提供证据的条件，除特殊情况外，可以吸收他们协助调查。

第五十六条 采用刑讯逼供等非法方法收集的犯罪嫌疑人、被告人供述和采用暴力、威胁等非法方法收集的证人证言、被害人陈述，应当予以排除。收集物证、书证不符合法定程序，可能严重影响司法公正的，应当予以补正或者作出合理解释；不能补正或者作出合理解释的，对该证据应当予以排除。

在侦查、审查起诉、审判时发现有应当排除的证据的，应当依法予以排除，不得作为起诉意见、起诉决定和判决的依据。

第五十七条 人民检察院接到报案、控告、举报或者发现侦查人员以非法方法收集证据的，应当进行调查核实。对于确有以非法方法收集证据情形的，应当提出纠正意见；构成犯罪的，依法追究刑事责任。

第五十八条 法庭审理过程中，审判人员认为可能存在本法第五十六条规定的以非法方法收集证据情形的，应当对证据收集的合法性进行法庭调查。

当事人及其辩护人、诉讼代理人有权申请人民法院对以非法方法收集的证据依法予以排除。申请排除以非法方法收集的证据的，应当提供相关线索或者材料。

第五十九条 在对证据收集的合法性进行法庭调查的过程中，人民检察院应当对证据收集的合法性加以证明。

现有证据材料不能证明证据收集的合法性的，人民检察院可以提请人民法院通知有关侦查人员或者其他人员出庭说明情况；人民法院可以通知有关侦查人员或者其他人员出庭说明情况。有关侦查人员或者其他人员也可以要求出庭说明情况。经人民法院通知，有关人员应当出庭。

第六十条 对于经过法庭审理，确认或者不能排除存在本法第五十六条规定的以非法方法收集证据情形的，对有关证据应当予以排除。

（二）《最高人民法院关于适用〈中华人民共和国刑事诉讼法〉的解释》

第一百二十三条 采用下列非法方法收集的被告人供述，应当予以排除：

（一）采用殴打、违法使用戒具等暴力方法或者变相肉刑的恶劣手段，使被告人遭受难以忍受的痛苦而违背意愿作出的供述；

（二）采用以暴力或者严重损害本人及其近亲属合法权益等相威胁的方法，使被告人遭受难以忍受的痛苦而违背意愿作出的供述；

（三）采用非法拘禁等非法限制人身自由的方法收集的被告人供述。

第一百二十四条 采用刑讯逼供方法使被告人作出供述，之后被告人受该刑讯逼供行为影响而作出的与该供述相同的重复性供述，应当一并排除，但下列情形除外：

（一）调查、侦查期间，监察机关、侦查机关根据控告、举报或者自己发现等，确认或者不能排除以非法方法收集证据而更换调查、侦查人员，其他调查、侦查人员再次讯问时告知有关权利和认罪的法律后果，被告人自愿供述的；

（二）审查逮捕、审查起诉和审判期间，检察人员、审判人员讯问时告知诉讼权利和认罪的法律后果，被告人自愿供述的。

第一百二十五条 采用暴力、威胁以及非法限制人身自由等非法方法收集的证人证言、被害人陈述，应当予以排除。

第一百二十六条 收集物证、书证不符合法定程序，可能严重影响司法公正的，应当予以补正或者作出合理解释；不能补正或者作出合理解释的，对该证据应当予以排除。

认定"可能严重影响司法公正",应当综合考虑收集证据违反法定程序以及所造成后果的严重程度等情况。

第一百二十七条 当事人及其辩护人、诉讼代理人申请人民法院排除以非法方法收集的证据的,应当提供涉嫌非法取证的人员、时间、地点、方式、内容等相关线索或者材料。

(三)《人民检察院刑事诉讼规则》

第六十六条 对采用刑讯逼供等非法方法收集的犯罪嫌疑人供述和采用暴力、威胁等非法方法收集的证人证言、被害人陈述,应当依法排除,不得作为移送审查逮捕、批准或者决定逮捕、移送起诉以及提起公诉的依据。

第六十七条 对采用下列方法收集的犯罪嫌疑人供述,应当予以排除:

(一)采用殴打、违法使用戒具等暴力方法或者变相肉刑的恶劣手段,使犯罪嫌疑人遭受难以忍受的痛苦而违背意愿作出的供述;

(二)采用以暴力或者严重损害本人及其近亲属合法权益等进行威胁的方法,使犯罪嫌疑人遭受难以忍受的痛苦而违背意愿作出的供述;

(三)采用非法拘禁等非法限制人身自由的方法收集的供述。

第六十八条 对采用刑讯逼供方法使犯罪嫌疑人作出供述,之后犯罪嫌疑人受该刑讯逼供行为影响而作出的与该供述相同的重复性供述,应当一并排除,但下列情形除外:

(一)侦查期间,根据控告、举报或者自己发现等,公安机关确认或者不能排除以非法方法收集证据而更换侦查人员,其他侦查人员再次讯问时告知诉讼权利和认罪认罚的法律规定,犯罪嫌疑人自愿供述的;

(二)审查逮捕、审查起诉期间,检察人员讯问时告知诉讼权利和认罪认罚的法律规定,犯罪嫌疑人自愿供述的。

第六十九条 采用暴力、威胁以及非法限制人身自由等非法方法收集的证人证言、被害人陈述,应当予以排除。

第七十条 收集物证、书证不符合法定程序,可能严重影响司法公正的,人民检察院应当及时要求公安机关补正或者作出书面解释;不能补正或者无法作出合理解释的,对该证据应当予以排除。

对公安机关的补正或者解释,人民检察院应当予以审查。经补正或者作出合理解释的,可以作为批准或者决定逮捕、提起公诉的依据。

第七十一条　对重大案件，人民检察院驻看守所检察人员在侦查终结前应当对讯问合法性进行核查并全程同步录音、录像，核查情况应当及时通知本院负责捕诉的部门。

负责捕诉的部门认为确有刑讯逼供等非法取证情形的，应当要求公安机关依法排除非法证据，不得作为提请批准逮捕、移送起诉的依据。

第七十二条　人民检察院发现侦查人员以非法方法收集证据的，应当及时进行调查核实。

当事人及其辩护人或者值班律师、诉讼代理人报案、控告、举报侦查人员采用刑讯逼供等非法方法收集证据，并提供涉嫌非法取证的人员、时间、地点、方式和内容等材料或者线索的，人民检察院应当受理并进行审查。根据现有材料无法证明证据收集合法性的，应当及时进行调查核实。

上一级人民检察院接到对侦查人员采用刑讯逼供等非法方法收集证据的报案、控告、举报，可以直接进行调查核实，也可以交由下级人民检察院调查核实。交由下级人民检察院调查核实的，下级人民检察院应当及时将调查结果报告上一级人民检察院。

人民检察院决定调查核实的，应当及时通知公安机关。

第七十三条　人民检察院经审查认定存在非法取证行为的，对该证据应当予以排除，其他证据不能证明犯罪嫌疑人实施犯罪行为的，应当不批准或者决定逮捕。已经移送起诉的，可以依法将案件退回监察机关补充调查或者退回公安机关补充侦查，或者作出不起诉决定。被排除的非法证据应当随案移送，并写明为依法排除的非法证据。

对于侦查人员的非法取证行为，尚未构成犯罪的，应当依法向其所在机关提出纠正意见。对于需要补正或者作出合理解释的，应当提出明确要求。

对于非法取证行为涉嫌犯罪需要追究刑事责任的，应当依法立案侦查。

第七十四条　人民检察院认为可能存在以刑讯逼供等非法方法收集证据情形的，可以书面要求监察机关或者公安机关对证据收集的合法性作出说明。说明应当加盖单位公章，并由调查人员或者侦查人员签名。

第七十五条　对于公安机关立案侦查的案件，存在下列情形之一的，人民检察院在审查逮捕、审查起诉和审判阶段，可以调取公安机关讯问犯罪嫌疑人的录音、录像，对证据收集的合法性以及犯罪嫌疑人、被告人供述的真实性进行审查：

（一）认为讯问活动可能存在刑讯逼供等非法取证行为的；

（二）犯罪嫌疑人、被告人或者辩护人提出犯罪嫌疑人、被告人供述系非法取得，并提供相关线索或者材料的；

（三）犯罪嫌疑人、被告人提出讯问活动违反法定程序或者翻供，并提供相关线索或者材料的；

（四）犯罪嫌疑人、被告人或者辩护人提出讯问笔录内容不真实，并提供相关线索或者材料的；

（五）案情重大、疑难、复杂的。

人民检察院调取公安机关讯问犯罪嫌疑人的录音、录像，公安机关未提供，人民检察院经审查认为不能排除有刑讯逼供等非法取证行为的，相关供述不得作为批准逮捕、提起公诉的依据。

人民检察院直接受理侦查的案件，负责侦查的部门移送审查逮捕、移送起诉时，应当将讯问录音、录像连同案卷材料一并移送审查。

第七十六条 对于提起公诉的案件，被告人及其辩护人提出审前供述系非法取得，并提供相关线索或者材料的，人民检察院可以将讯问录音、录像连同案卷材料一并移送人民法院。

第七十七条 在法庭审理过程中，被告人或者辩护人对讯问活动合法性提出异议，公诉人可以要求被告人及其辩护人提供相关线索或者材料。必要时，公诉人可以提请法庭当庭播放相关时段的讯问录音、录像，对有关异议或者事实进行质证。

需要播放的讯问录音、录像中涉及国家秘密、商业秘密、个人隐私或者含有其他不宜公开内容的，公诉人应当建议在法庭组成人员、公诉人、侦查人员、被告人及其辩护人范围内播放。因涉及国家秘密、商业秘密、个人隐私或者其他犯罪线索等内容，人民检察院对讯问录音、录像的相关内容进行技术处理的，公诉人应当向法庭作出说明。

第七十八条 人民检察院认为第一审人民法院有关证据收集合法性的审查、调查结论导致第一审判决、裁定错误的，可以依照刑事诉讼法第二百二十八条的规定向人民法院提出抗诉。"

（四）《最高人民检察院关于渎职侵权犯罪案件立案标准的规定》

"刑讯逼供罪是指司法工作人员对犯罪嫌疑人、被告人使用肉刑或者变相肉刑逼取口供的行为。涉嫌下列情形之一的，应予立案：

（一）以殴打、捆绑、违法使用械具等恶劣手段逼取口供的；

（二）以较长时间冻、饿、晒、烤等手段逼取口供，严重损害犯罪嫌疑人、被告人身体健康的；

（三）刑讯逼供造成犯罪嫌疑人、被告人轻伤、重伤、死亡的；

（四）刑讯逼供，情节严重，导致犯罪嫌疑人、被告人自杀、自残造成重伤、死亡，或者精神失常的；

（五）刑讯逼供，造成错案的；

（六）刑讯逼供三人次以上的；

（七）纵容、授意、指使、强迫他人刑讯逼供，具有上述情形之一的；

（八）其他刑讯逼供应予追究刑事责任的情形。

暴力取证罪是指司法工作人员以暴力逼取证人证言的行为。涉嫌下列情形之一的，应予立案：

（一）以殴打、捆绑、违法使用械具等恶劣手段逼取证人证言的；

（二）暴力取证造成证人轻伤、重伤、死亡的；

（三）暴力取证，情节严重，导致证人自杀、自残造成重伤、死亡，或者精神失常的；

（四）暴力取证，造成错案的；

（五）暴力取证三人次以上的；

（六）纵容、授意、指使、强迫他人暴力取证，具有上述情形之一的；

（七）其他暴力取证应予追究刑事责任的情形。

三、适用非法证据排除规则的证据范围

依据法律的规定，中国适用非法证据排除规则的证据范围，包括非法言词证据和非法实物证据。

非法言词证据是指非法方法收集的犯罪嫌疑人、被告人供述和证人证言、被害人陈述。

非法实物证据是指不符合法定程序收集的物证、书证。

这里需要说明的是非法言词证据、非法实物证据并非无条件的强制排除或绝对的排除，应属于相对排除。也就是说，是否排除还要取决于是否达到法定的非法程度和造成法定的相应后果。结合法律及司法解释的规定，对非法证据的排除还是有其特定条件的，下文将分别予以阐述。

在侦查、审查起诉、审判时发现有应当排除的证据的，应当依法予以排除，不得作为起诉意见、起诉决定和判决的依据。

四、非法言词证据排除规则

（一）排除非法方法收集的犯罪嫌疑人、被告人供述的条件

1. 采取了法定的非法方法。这里的"非法方法"是指下列三种方法之一：

（1）采用殴打、违法使用戒具等暴力方法或者变相肉刑的恶劣手段；

（2）采用以暴力或者严重损害本人及其近亲属合法权益等相威胁的方法；

（3）采用非法拘禁等非法限制人身自由的方法。

依据《最高人民检察院关于渎职侵权犯罪案件立案标准的规定》第二部分的规定，暴力是指殴打、捆绑、违法使用械具等恶劣手段和纵容、授意、指使、强迫他人采取暴力手段以及较长时间冻、饿、晒、烤等肉刑或者变相肉刑。刑讯逼供是指司法工作人员对犯罪嫌疑人、被告人使用肉刑或者变相肉刑逼取口供的行为。

2. 达到了犯罪嫌疑人、被告人的身体和心理的承受极限。是指非法方法必须使犯罪嫌疑人、被告人达到了难以忍受的痛苦程度，从而作出违背意愿的供述。

综上所述，排除非法方法收集的犯罪嫌疑人、被告人供述的条件分为两种情况：第一情况是，采用暴力、威胁两种非法方法收集供述，必须使犯罪嫌疑人、被告人达到了难以忍受的痛苦程度，从而作出违背意愿的供述，才能予以排除，即非法方法、达到承受极限同时具备的供述，才能予以排除；第二种情况是，采用非法限制人身自由的方法收集的供述，即可排除，不需要考虑犯罪嫌疑人、被告人的承受状态。

（二）排除非法方法收集的证人证言、被害人陈述的条件

采用暴力、威胁以及非法限制人身自由等方法收集证人证言、被害人陈述，即应予以排除，不需要考虑证人、被害人的承受状态。

（三）排除非法言词证据还需要注意以下五个方面

1. 非法言词证据不能作为追究犯罪嫌疑人、被告人的刑事责任的依据，不能作为追究证人伪证罪的依据，也不能作为追究被害人诬告陷害罪的依据，但可以作为证明侦查机关实施了刑讯逼供、暴力取证等非法行为的依据。

2. 讯问、询问过程中的言词证据的其他瑕疵不属于非法言词证据，不予排除。例如笔录制作不完善、缺少询问人签名等。

3. 依据《刑事诉讼法》第52条的规定，采用暴力、威胁两种非法方法收集供述，即可排除，而不需要考虑犯罪嫌疑人、被告人达到承受极限。但是，"两高"的司法解释对此作出了延伸性的规定，将犯罪嫌疑人、被告人达到承受极限作为排除非法供述的条件之一，所以在司法实践中，收集犯罪嫌疑人、被告人口供只有非法方法和达到承受极限同时具备才能予以排除。

4. 依据《刑事诉讼法》第52条的规定，采取引诱、欺骗以及其他非法方法收集犯罪嫌疑人、被告人的供述，收集证人证言、被害人陈述，属于"严禁"行为，但并没有明确排除，司法实践中也不予排除。

5. 重复性犯罪嫌疑人、被告人供述的排除问题。重复性言词证据是指将非法言词证据排除后，第二次在未采用非法方法的情况下，形成内容相同的言词证据。

《最高人民法院关于适用〈中华人民共和国刑事诉讼法〉的解释》第124条仅对采用刑讯逼供非法方法收集犯罪嫌疑人、被告人重复性供述作出附条件排除的规定。法律对采用其他非法方法收集犯罪嫌疑人、被告人重复性供述和重复性证人证言、被害人陈述尚未作出排除的规定，有待于以后法律和司法解释加以完善。

五、非法实物证据排除规则

依据《刑事诉讼法》第56条的规定，收集实物证据不符合法定程序，应当附条件地排除，是自由裁量性的排除，有人称之为相对的排除规则。排除非法物证、书证必须同时具备三个条件：

（1）收集物证、书证不符合法定程序。

（2）可能严重影响司法公正。"司法公正"既包括实体公正，也包括程序公正；"可能严重影响司法公正"，应当综合考虑收集证据违反法定程序以及所造成后果的严重程度等情况。

（3）不能作出补正或合理解释。

证据的补正、补强和补充的区别：证据的补正是指因取证程序上的"非法"，从而导致证据的瑕疵，需要进行补救；证据的补强是指在运用某些证明力薄弱的证据认定案件事实时，法律规定必须有其他证据补强其证明力，例如被告人的亲属作出的有利于被告人的证言，证明力较弱，法律规定需要调取其他证据补强其证明力；证据的补充是指案件中的某些待证事实没有证据证明，针对全案证据而言，需要补充收集证据。

合理解释应指对收集证据程序的瑕疵作出符合常理及逻辑的解释。

六、非法证据排除的启动

依据《刑事诉讼法》第56条、第58条的规定，非法证据排除的启动有两种模式：

1. 办案机关主动排除。

在刑事诉讼活动中，侦查、批捕、审查起诉、审判机关在自己分管的阶段内，应当主动排除非法证据，不得作为批准逮捕书、起诉意见书、起诉书、判决书的依据。

2. 当事人及其辩护人、诉讼代理人申请排除。

当事人及其辩护人、诉讼代理人可以在刑事诉讼各阶段申请办案机关排除非法证据，但必须提供非法取证人员、时间、地点、方式、内容等相关线索或材料。辩护律师需要提供非法证据排除的材料不充分时，可以自行调查，也可以申请人民检察院、人民法院调取。例如，公安机关、人民检察院等机关收集但未提交的讯问录音录像、体检记录，在看守所的提讯登记、犯罪嫌疑人的体检表或身体检查的影像等。

"线索"是指内容具体、指向明确的涉嫌非法取证的人员、时间、地点、方式等；"材料"是指能够反映非法取证的伤情照片、体检记录、医院病历、讯问笔录、讯问录音录像或者同监室人员的证言等。

七、收集证据合法性的证明责任和证明方式

《刑事诉讼法》第59条，《最高人民法院关于适用〈中华人民共和国刑事诉讼法〉的解释》第135条、第136条对收集证据合法性的证明责任和证明方式作出了明确规定。

（一）收集证据合法性的证明责任

在法院启动对证据收集合法性的法庭程序后，检察机关应当对证据收集的合法性进行证明。收集证据合法性的证明责任由检察机关承担。

（二）收集证据合法性的证明方式

1. 公诉人首先用卷宗中现有的证据材料对收集证据的合法性加以证明。法庭决定对证据收集的合法性进行调查的，由公诉人通过宣读调查、侦查讯问笔录；出示提讯登记、体检记录、对讯问合法性的核查材料等证据材料；有针对性地播放讯问录音录像。

讯问录音录像涉及国家秘密、商业秘密、个人隐私或者其他不宜公开内容的，法庭可以决定对讯问录音录像不公开播放、质证。

侦查人员讯问犯罪嫌疑人的录音录像的证明对象是程序事实的合法性，与作为证据使用的视听资料不同，视听资料的证明对象既可以是实体事实，也可以是程序事实。

《刑事诉讼法》第 123 条，《公安机关办理刑事案件程序规定》第 208 条对讯问过程的录音录像的条件和要求作出了规定：

（1）对于可能判处无期徒刑、死刑的案件或者其他重大犯罪案件，侦查人员应当对讯问犯罪嫌疑人的过程进行录音或者录像；其他案件，侦查人员讯问犯罪嫌疑人的时候，可以对讯问过程进行录音或者录像。

"其他重大犯罪案件"，是指致人重伤、死亡的严重危害公共安全犯罪、严重侵犯公民人身权利犯罪，以及黑社会性质组织犯罪、严重毒品犯罪等重大故意犯罪案件。

（2）讯问过程的录音录像要保持连续性和完整性。侦查人员对犯罪嫌疑人讯问过程的录音或者录像，应当对每一次讯问全程不间断进行，保持完整性。不得选择性地录制，不得剪接、删改。

2. 卷宗中的现有证据材料不能证明收集证据的合法性的，才能启用由调查人员、侦查人员或者其他人员出庭说明情况等方式，证明收集证据的合法性。

公诉人提交的取证过程合法的说明材料，应当经有关调查人员、侦查人员签名，并加盖单位印章。未经签名或者盖章的，不得作为证据使用。上述说明材料不能单独作为证明取证过程合法的根据。

八、收集证据合法性的证明标准

《刑事诉讼法》第 60 条规定："对于经过法庭审理，确认或者不能排除存在本法第五十六条规定的以非法方法收集证据情形的，对有关证据应当予以排除。"

据此规定，检察机关不仅要承担收集证据合法性的举证责任，而且要证明不存有非法方法的一切可能性，否则就将被视为有非法方法，采取的是推定非法的原则。收集证据不存有非法方法的证明标准也为"确实、充分"。

九、非法方法收集证据的法律监督

《刑事诉讼法》第 57 条规定："人民检察院接到报案、控告、举报或者发现侦查人员以非法方法收集证据的，应当进行调查核实。对于确有以非法方法收集证据情形的，应当提出纠正意见；构成犯罪的，依法追究刑事责任。"

据此规定，人民检察院是侦查机关及其人员以非法方法收集证据的法律监督机关，有权对采用非法方法收集证据的行为进行调查核实，并有权提出纠正意见。辩护律师发现侦查机关有非法方法收集证据的行为，除应当向侦查机关提出纠正建议外，还可以向人民检察院提出申请，要求侦查机关予以纠正，人民检察院应当受理并进行审查。根据现有材料无法证明证据收集合法性的，应当及时进行调查核实。

十、非法证据排除的一审程序

《最高人民法院关于适用〈中华人民共和国刑事诉讼法〉的解释》第 128 条至第 137 条对当事人及其辩护人、诉讼代理人申请人民法院排除非法证据的一审程序作出了规定：

（1）当事人及其辩护人、诉讼代理人申请人民法院排除非法证据的，应当在开庭审理前提出，但庭审期间才发现相关线索或者材料的除外。

（2）开庭审理前，当事人及其辩护人、诉讼代理人申请人民法院排除非法证据的，人民法院应当在开庭前及时将申请书或者申请笔录及相关线索、材料的复制件送交人民检察院。

（3）开庭审理前，人民法院可以召开庭前会议，就非法证据排除等问题了解情况，听取意见。

在庭前会议中，人民检察院可以通过出示有关证据材料等方式，对证据收集的合法性加以说明。必要时，可以通知调查人员、侦查人员或者其他人员参加庭前会议，说明情况。

（4）在庭前会议中，人民检察院可以撤回有关证据。撤回的证据，没有新的理由，不得在庭审中出示。

当事人及其辩护人、诉讼代理人可以撤回排除非法证据的申请。撤回申请后，没有新的线索或者材料，不得再次对有关证据提出排除申请。

（5）当事人及其辩护人、诉讼代理人在开庭审理前未申请排除非法证据，在庭审过程中提出申请的，应当说明理由。人民法院经审查，对证据收集的合法性有疑问的，应当进行调查；没有疑问的，驳回申请。

驳回排除非法证据的申请后，当事人及其辩护人、诉讼代理人没有新的线索或者材料，以相同理由再次提出申请的，人民法院不再审查。

（6）控辩双方在庭前会议中对证据收集是否合法未达成一致意见，人民法院对证据收集的合法性有疑问的，应当在庭审中进行调查；对证据收集的合法性没有疑问，且无新的线索或者材料表明可能存在非法取证的，可以决定不再进行调查并说明理由。

（7）庭审期间，法庭决定对证据收集的合法性进行调查的，应当先行当庭调查。但为防止庭审过分迟延，也可以在法庭调查结束前调查。

（8）公诉人对收集证据的合法性予以举证证明。

（9）控辩双方申请法庭通知调查人员、侦查人员或者其他人员出庭说明情况，法庭认为有必要的，应当通知有关人员出庭。根据案件情况，法庭可以依职权通知调查人员、侦查人员或者其他人员出庭说明情况。调查人员、侦查人员或者其他人员出庭的，应当向法庭说明证据收集过程，并就相关情况接受控辩双方和法庭的询问。

（10）法庭对证据收集的合法性进行调查后，确认或者不能排除存在《刑事诉讼法》第 56 条规定的以非法方法收集证据情形的，对有关证据应当排除。

十一、非法证据排除的二审程序

《最高人民法院关于适用〈中华人民共和国刑事诉讼法〉的解释》第 138 条规定：具有下列情形之一的，第二审人民法院应当对证据收集的合法性进行审查，并根据刑事诉讼法和司法解释的有关规定作出处理：

（1）第一审人民法院对当事人及其辩护人、诉讼代理人排除非法证据的申请没有审查，且以该证据作为定案根据的；

（2）人民检察院或者被告人、自诉人及其法定代理人不服第一审人民法院作出的有关证据收集合法性的调查结论，提出抗诉、上诉的；

（3）当事人及其辩护人、诉讼代理人在第一审结束后才发现相关线索或者材料，申请人民法院排除非法证据的。

十二、不得强迫自证其罪与如实供述义务

1. "不得强迫自证其罪"与"有如实供述的义务"相矛盾

《刑事诉讼法》第52条规定，"不得强迫任何人证实自己有罪"，通常将此条规定称为"不得强迫自证其罪。"其含义对取证人员来说，目的是规范收集证据的合法性；对犯罪嫌疑人、被告人来说，供述或不供述是自由的，既然是自由的，那么供述就可以从宽处罚，沉默或不如实供述也属于法定的正常状态，也不可以从严处罚。

《刑事诉讼法》第120条规定："……犯罪嫌疑人对侦查人员的提问，应当如实回答……侦查人员在讯问犯罪嫌疑人的时候，应当告知犯罪嫌疑人享有的权利，如实供述自己罪行可以从宽处理和认罪认罚的法律规定。"通常将此条规定称为"有如实供述的义务"。其含义对取证人员来说，可以要求犯罪嫌疑人、被告人说实话，如果说假话，不仅对查清事实没有帮助，而且会造成在侦查阶段司法资源的浪费；对犯罪嫌疑人、被告人来说，既然有如实供述的义务，那么沉默或不如实供述不属于法定正常状态，就可以从严处罚，如实供述就可以从宽处罚。

很显然，"不得强迫自证其罪"与"有如实供述的义务"两条法律规定是有冲突的，多年的司法实践的做法是如实供述、可以从宽，不如实供述、可以从严。

2. 沉默权

"不得强迫自证其罪"与"有如实供述的义务"相矛盾，对于这一点，法学专家和学者几乎能够达成共识。刑事诉讼法修正时，有提案认为"主张删除如实供述义务"，如果真的删除"如实供述义务"，那就成了如实供述可以从宽，不如实供述也不可以从严，沉默法律也是认可的，虽然"主张删除如实供述义务"还没有得到立法的确认，但是最终会取消"如实供述义务"的立法趋向已经非常明显。中国立法取消"如实供述义务"之时，也是建立沉默权制度之日。

3. 在场权

中国刑事诉讼立法从过去的辩护律师会见犯罪嫌疑人由侦查机关在场监督，发展到现在的互不监督，再发展到将来的辩护律师在场监督侦查人员，也是中国刑事诉讼立法发展的必然趋势。中国立法确立在场权制度之时，也是非法证据排除规则真正能够落到实处之日。

十三、行政执法证据的使用

《刑事诉讼法》第 54 条第 2 款规定："行政机关在行政执法和查办案件过程中收集的物证、书证、视听资料、电子数据等证据材料，在刑事诉讼中可以作为证据使用。"

《最高人民法院关于适用〈中华人民共和国刑事诉讼法〉的解释》第 75 条规定："行政机关在行政执法和查办案件过程中收集的物证、书证、视听资料、电子数据等证据材料，经法庭查证属实，且收集程序符合有关法律、行政法规规定的，可以作为定案的根据。根据法律、行政法规规定行使国家行政管理职权的组织，在行政执法和查办案件过程中收集的证据材料，视为行政机关收集的证据材料。"

《人民检察院刑事诉讼规则》第 64 条规定："行政机关在行政执法和查办案件过程中收集的物证、书证、视听资料、电子数据等证据材料，经人民检察院审查符合法定要求的，可以作为证据使用。行政机关在行政执法和查办案件过程中收集的鉴定意见、勘验、检查笔录，经人民检察院审查符合法定要求的，可以作为证据使用。"

据前述法律规定，行政证据在刑事诉讼程序中可以直接作为证据，但必须同时符合下列三个条件，才可以作为定案的根据：

（1）行政证据的调证主体必须是行政机关或法律、行政法规规定行使国家行政管理职权的组织；

（2）行政证据必须是在行政执法和查办案件过程中收集的；

（3）收集行政证据的程序必须符合法律、行政法规的规定。

从证据种类上分析，行政证据是物证、书证、视听资料、电子数据、鉴定意见、勘验、检查笔录的情况下，在刑事诉讼程序中可以直接作为证据，同时符合前述三个条件的，可以作为定案的根据，已经由立法予以确认。行政证据是证人证言、被害人陈述、犯罪嫌疑人供述或辩解的言词证据情况下，是否需经侦查机关、人民检察院重新收集转化为刑事证据后再使用，是时常争议的问题，2018 年修正的《刑事诉讼法》、2021 年施行的《最高人民法院关于适用〈中华人民共和国刑事诉讼法〉的解释》以及 2019 年施行的《人民检察院刑事诉讼规则》对此均未作出明确规定，这说明在行政证据是证人证言、被害人陈述、犯罪嫌疑人供述或辩解的言词证据情况下，是在刑事诉讼程序中可以直接作为证据使用，还是转化为刑事证据后再使用，由侦查机关、人民检察院根据个案具体情况灵活掌握。

十四、监察机关证据的使用

《最高人民法院关于适用〈中华人民共和国刑事诉讼法〉的解释》第 76 条规定："监察机关依法收集的证据材料，在刑事诉讼中可以作为证据使用。对前款规定证据的审查判断，适用刑事审判关于证据的要求和标准。"

《人民检察院刑事诉讼规则》第 65 条规定："监察机关依照法律规定收集的物证、书证、证人证言、被调查人供述和辩解、视听资料、电子数据等证据材料，在刑事诉讼中可以作为证据使用。"

据前述法律规定，监察机关依法收集的证据材料，在刑事诉讼程序中可以直接作为证据。

第八节 传闻证据规则

一、传闻证据规则的含义

传闻证据是指证人、被害人等在法庭之外以言词方式所做的陈述，包括口头陈述、书面陈述。

传闻证据规则要求陈述者必须在法庭上陈述，接受控辩双方交叉询问，才可作为证据使用。侦查机关庭外调取言词证据也必须经过陈述者的当庭陈述，才可作为证据使用，否则该言词证据将不被法庭采纳。这是传闻证据规则的基本含义，即传闻证据排除法则。这是英美证据法最重要的证据规则之一。

二、传闻证据规则的规定

中国刑事诉讼法也确立了传闻证据规则。但是，法庭对庭前证言不予采信设置了严格的条件。例如,《刑事诉讼法》第 192 条规定:"公诉人、当事人或者辩护人、诉讼代理人对证人证言有异议,且该证人证言对案件定罪量刑有重大影响,人民法院认为证人有必要出庭作证的,证人应当出庭作证。人民警察就其执行职务时目击的犯罪情况作为证人出庭作证,适用前款规定。公诉人、当事人或者辩护人、诉讼代理人对鉴定意见有异议,人民法院认为鉴定人有必要出庭的,鉴定人应当出庭作证。经人民法院通知,鉴定人拒不出庭作证的,鉴定意见不得作为定案的根据。"

《刑事诉讼法》第 193 条规定:"经人民法院通知,证人没有正当理由不出庭作证的,人民法院可以强制其到庭,但是被告人的配偶、父母、子女除外。证人没有正当理由拒绝出庭或者出庭后拒绝作证的,予以训诫,情节严重的,经院长批准,处以十日以下的拘留。被处罚人对拘留决定不服的,可以向上一级人民法院申请复议。复议期间不停止执行。"

《最高人民法院关于适用〈中华人民共和国刑事诉讼法〉的解释》第 91 条规定:"证人当庭作出的证言,经控辩双方质证、法庭查证属实的,应当作为定案的根据。证人当庭作出的证言与其庭前证言矛盾,证人能够作出合理解释,并有相关证据印证的,应当采信其庭审证言;不能作出合理解释,而其庭前证言有相关证据印证的,可以采信其庭前证言。经人民法院通知,证人没有正当理由拒绝出庭或者出庭后拒绝作证,法庭对其证言的真实性无法确认的,该证人证言不得作为定案的根据。"

第九节　最佳证据规则

一、最佳证据规则的含义

最佳证据规则的含义是指如果以书证证明案件事实,就必须提供原始书证,除非存有法定例外情形,否则该书证将不被法庭采信。这是英美证据法中最传统的证据规则。

二、最佳证据规则的规定

中国《刑事诉讼法》对最佳证据规则没有作出明确规定,最高人民法院司法解释的相关规定体现了最佳证据规则的一些精神。例如,《最高人民法院关于适用〈中华人民共和国刑事诉讼法〉的解释》第 82 条第 1 款第 1 项规定："对物证、书证应当着重审查以下内容：物证、书证是否为原物、原件，是否经过辨认、鉴定；物证的照片、录像、复制品或者书证的副本、复制件是否与原物、原件相符，是否由二人以上制作，有无制作人关于制作过程以及原物、原件存放于何处的文字说明和签名。"

《最高人民法院关于适用〈中华人民共和国刑事诉讼法〉的解释》第 84 条规定："据以定案的书证应当是原件。取得原件确有困难的，可以使用副本、复制件。对书证的更改或者更改迹象不能作出合理解释，或者书证的副本、复制件不能反映原件及其内容的，不得作为定案的根据。书证的副本、复制件，经与原件核对无误、经鉴定为真实或者以其他方式确认为真实的，可以作为定案的根据。"

第十节　意见证据规则

一、意见证据规则的含义

意见证据规则的含义是指证人只能就其自身感知的事实提供证言，证人猜测、评论、推断性语言不得作为证据使用。意见证据规则有利于审查判断证人证言。

二、意见证据规则的规定

中国《刑事诉讼法》并没有明确规定意见证据规则，但是《最高人民法院关于适用〈中华人民共和国刑事诉讼法〉的解释》第 88 条第 2 款的规定体现了该规则的精神"证人的猜测性、评论性、推断性的证言，不得作为证据使用，但根据一般生活经验判断符合事实的除外"。

第十一节　补强证据规则

一、补强证据规则的含义

补强证据规则的含义是指在运用某些证明力薄弱的证据认定案件事实时，

法律规定必须有其他证据补强其证明力，这是补强证据规则的含义。

二、补强证据规则的规定

《刑事诉讼法》第 55 条第 1 款规定："……只有被告人供述，没有其他证据的，不能认定被告人有罪和处以刑罚；……"

《最高人民法院关于适用〈中华人民共和国刑事诉讼法〉的解释》第 96 条规定："审查被告人供述和辩解，应当结合控辩双方提供的所有证据以及被告人的全部供述和辩解进行。被告人庭审中翻供，但不能合理说明翻供原因或者其辩解与全案证据矛盾，而其庭前供述与其他证据相互印证的，可以采信其庭前供述。被告人庭前供述和辩解存在反复，但庭审中供认，且与其他证据相互印证的，可以采信其庭审供述；被告人庭前供述和辩解存在反复，庭审中不供认，且无其他证据与庭前供述印证的，不得采信其庭前供述。"

《最高人民法院关于适用〈中华人民共和国刑事诉讼法〉的解释》第 143 条规定："下列证据应当慎重使用，有其他证据印证的，可以采信：（一）生理上、精神上有缺陷，对案件事实的认知和表达存在一定困难，但尚未丧失正确认知、表达能力的被害人、证人和被告人所作的陈述、证言和供述；（二）与被告人有亲属关系或者其他密切关系的证人所作的有利被告人的证言，或者与被告人有利害冲突的证人所作的不利于被告人的证言。"

第十一章

强制措施

第一节　强制措施概述

一、强制措施的概念

强制措施是指公安机关、人民检察院和人民法院为了保证刑事诉讼的顺利进行，依法对犯罪嫌疑人、被告人的人身自由进行限制或者剥夺的强制方法。

刑事诉讼强制措施种类包括拘传、取保候审、监视居住、拘留、逮捕。

二、强制措施的适用原则

强制措施的适用原则也是审查适用具体强制措施是否得当的原则，辩护律师应依据以下原则审查采取的强制措施是否合法、必要、适当。

1. 合法性原则

强制措施的适用应当严格遵循法律规定的条件、程序、批准权限、适用对象和期限。要在已查明的案件事实和证据的基础上，依据法律规定确定对犯罪嫌疑人、被告人采取具体强制措施的种类。

2. 必要性原则

强制措施适用的目的在于保证刑事诉讼的顺利进行，也只有为了保证刑事诉讼的顺利进行才有必要采取强制措施，不能将强制措施作为处罚的手段予以适用。

犯罪嫌疑人、被告人社会危害性越大，采取强制措施的必要性就越大；犯罪嫌疑人、被告人逃避侦查、起诉和审判或者妨害刑事诉讼的行为可能性越大，采取强制措施的必要性就越大。

3. 适当性原则

也称比例性原则，即适用何种强制措施要与犯罪嫌疑人、被告人人身危险性程度和犯罪轻重程度相适应；也要考虑犯罪嫌疑人、被告人是否怀孕等身体状况采取具体强制措施；还要考虑犯罪嫌疑人、被告人是否会发生畏罪自杀等意外事件。

4. 变更性原则

强制措施要随着诉讼活动的进展和案情的变化进行及时地变更或解除，合法性、必要性、适当性是变更成何种强制措施的依据。

第二节　拘　传

一、拘传的法律规定

（一）《刑事诉讼法》

第一百一十九条　对不需要逮捕、拘留的犯罪嫌疑人，可以传唤到犯罪嫌疑人所在市、县内的指定地点或者到他的住处进行讯问，但是应当出示人民检察院或者公安机关的证明文件。对在现场发现的犯罪嫌疑人，经出示工作证件，可以口头传唤，但应当在讯问笔录中注明。

传唤、拘传持续的时间不得超过十二小时；案情特别重大、复杂，需要采取拘留、逮捕措施的，传唤、拘传持续的时间不得超过二十四小时。

不得以连续传唤、拘传的形式变相拘禁犯罪嫌疑人。传唤、拘传犯罪嫌疑人，应当保证犯罪嫌疑人的饮食和必要的休息时间。

（二）《最高人民法院关于适用〈中华人民共和国刑事诉讼法〉的解释》

第一百四十八条　对经依法传唤拒不到庭的被告人，或者根据案件情况有必要拘传的被告人，可以拘传。

拘传被告人，应当由院长签发拘传票，由司法警察执行，执行人员不得少于二人。

拘传被告人，应当出示拘传票。对抗拒拘传的被告人，可以使用戒具。

第一百四十九条　拘传被告人，持续的时间不得超过十二小时；案情特别重大、复杂，需要采取逮捕措施的，持续的时间不得超过二十四小时。不得以连续拘传的形式变相拘禁被告人。应当保证被拘传人的饮食和必要的休息时间。

（三）《人民检察院刑事诉讼规则》

第八十一条　人民检察院根据案件情况，对犯罪嫌疑人可以拘传。

第八十二条　拘传时，应当向被拘传的犯罪嫌疑人出示拘传证。对抗拒拘传的，可以使用戒具，强制到案。

执行拘传的人员不得少于二人。

第八十三条　拘传的时间从犯罪嫌疑人到案时开始计算。犯罪嫌疑人到案后，应当责令其在拘传证上填写到案时间，签名或者盖章，并捺指印，然后立即讯问。拘传结束后，应当责令犯罪嫌疑人在拘传证上填写拘传结束时间。犯罪嫌疑人拒绝填写的，应当在拘传证上注明。

一次拘传持续的时间不得超过十二小时；案情特别重大、复杂，需要采取拘留、逮捕措施的，拘传持续的时间不得超过二十四小时。两次拘传间隔的时间一般不得少于十二小时，不得以连续拘传的方式变相拘禁犯罪嫌疑人。

拘传犯罪嫌疑人，应当保证犯罪嫌疑人的饮食和必要的休息时间。

第八十四条　人民检察院拘传犯罪嫌疑人，应当在犯罪嫌疑人所在市、县内的地点进行。

犯罪嫌疑人工作单位与居住地不在同一市、县的，拘传应当在犯罪嫌疑人工作单位所在的市、县内进行；特殊情况下，也可以在犯罪嫌疑人居住地所在的市、县内进行。

第八十五条　需要对被拘传的犯罪嫌疑人变更强制措施的，应当在拘传期限内办理变更手续。

在拘传期间决定不采取其他强制措施的，拘传期限届满，应当结束拘传。

（四）《公安机关办理刑事案件程序规定》

第七十八条　公安机关根据案件情况对需要拘传的犯罪嫌疑人，或者经过传唤没有正当理由不到案的犯罪嫌疑人，可以拘传到其所在市、县公安机关执法办案场所进行讯问。

需要拘传的，应当填写呈请拘传报告书，并附有关材料，报县级以上公安机关负责人批准。

第七十九条　公安机关拘传犯罪嫌疑人应当出示拘传证，并责令其在拘传证上签名、捺指印。

犯罪嫌疑人到案后，应当责令其在拘传证上填写到案时间；拘传结束后，应当由其在拘传证上填写拘传结束时间。犯罪嫌疑人拒绝填写的，侦查人员应当在拘传证上注明。

第八十条 拘传持续的时间不得超过十二小时；案情特别重大、复杂，需要采取拘留、逮捕措施的，经县级以上公安机关负责人批准，拘传持续的时间不得超过二十四小时。不得以连续拘传的形式变相拘禁犯罪嫌疑人。

拘传期限届满，未作出采取其他强制措施决定的，应当立即结束拘传。

二、拘传程序

据前述法律规定，拘传犯罪嫌疑人、被告人的程序如下：

（1）拘传对象是经依法传唤拒不到案的犯罪嫌疑人、被告人，或者根据案件情况需要拘传的犯罪嫌疑人、被告人。

（2）公安机关、人民法院对被拘传人采取拘传措施，需经公安局局长、法院院长、检察长或者经其授权的检察官批准和签发《拘传证》《拘传票》。

（3）拘传应当在被拘传人所在的市、县内进行。

（4）拘传时，应向被拘传人出示《拘传证》《拘传票》，对抗拒拘传的应当依法使用约束性警械；遇有暴力性对抗或者暴力犯罪行为，可以依法使用制服性警械或者武器，强制被拘传人到案。

（5）被拘传人应当在《拘传证》《拘传票》上签名、捺指印，并注明到案时间和结束时间。

（6）讯问结束后，如果被拘传人符合采取拘留、逮捕等其他强制措施条件的，应当依法采取；不需要采取其他强制措施的，应予放回。

辩护律师在阅卷时，应当注意审阅在拘传中的第一次讯问笔录是否有告知犯罪嫌疑人有权委托辩护人的记载，以考察侦查机关讯问行为的合法性。

（7）拘传持续的时间不得超过 12 小时；案情特别重大、复杂，需要采取拘留、逮捕措施的，传唤、拘传持续的时间不得超过 24 小时；不得以连续传唤、拘传的形式变相拘禁犯罪嫌疑人、被告人，两次拘传间隔的时间一般不少于 12 小时。

如果对犯罪嫌疑人的拘传持续时间超过法定的 12 小时、24 小时或者两次拘传的间隔期不足 12 小时，办案机关就属于违反法定程序；如果犯罪嫌疑人被拘传的持续时间超过 12 小时未超过 24 小时，而犯罪嫌疑人最终未被采取其他强制措施，辩护律师就可以对办案机关采取拘传措施的合法性提出质疑。

（8）拘传犯罪嫌疑人，应当保证犯罪嫌疑人的饮食和必要的休息时间。

辩护律师可以向犯罪嫌疑人了解在拘传期间的待遇情况，为质疑拘传的合法性做准备。

第三节　取保候审

一、取保候审的法律规定

《刑事诉讼法》第 66 条至第 73 条、第 79 条，《最高人民法院关于适用〈中华人民共和国刑事诉讼法〉的解释》第 150 条至第 159 条、第 162 条、第 163 条，《人民检察院刑事诉讼规则》第 86 条至第 106 条，《公安机关办理刑事案件程序规定》第 81 条至第 108 条均是关于取保候审的规定。

二、取保候审的条件

依据《刑事诉讼法》第 67 条第 1 款的规定："人民法院、人民检察院和公安机关对有下列情形之一的犯罪嫌疑人、被告人，可以取保候审：（一）可能判处管制、拘役或者独立适用附加刑的；（二）可能判处有期徒刑以上刑罚，采取取保候审不致发生社会危险性的；（三）患有严重疾病、生活不能自理，怀孕或者正在哺乳自己婴儿的妇女，采取取保候审不致发生社会危险性的；（四）羁押期限届满，案件尚未办结，需要采取取保候审的。"

三、取保候审的决定与执行

取保候审由公安局局长、院长、检察长或者经其授权的检察官批准后，制作《取保候审决定书》《取保候审通知书》，由公安机关执行。

案件移送至人民法院后，需要继续取保候审的，也可以由合议庭或者独任审判员决定。

四、取保候审申请书

辩护律师有权为犯罪嫌疑人、被告人申请取保候审，一般应以书面形式提出，标题为为××涉嫌××罪一案《取保候审申请书》；第一段落为犯罪嫌疑

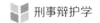

人、被告人自然状况、采取强制措施的种类和时间、羁押地点、采取强制措施的办案机关；第二段落为提出明确的取保候审请求；第三段落为：从取保候审条件角度阐明取保候审的事实及理由、保证方式等；结尾为此致、××办案机关、申请人××、××律师事务所律师、年月日。

五、保证方式

依据《刑事诉讼法》第68条的规定，取保候审的保证方式原则上可任意选择采取保证人或保证金的方式，但犯罪嫌疑人、被告人具有下列三种情形之一的，一般采取保证人方式：

（1）无力交纳保证金；

（2）未成年人或者已年满75周岁的人；

（3）其他不宜收取保证金的情况。

对不宜收取保证金的犯罪嫌疑人、被告人，可以责令其提出1名~2名保证人。

六、保证金

依据《刑事诉讼法》第72条的规定，取保候审的决定机关应当综合考虑保证诉讼活动正常进行的需要，被取保候审人的社会危险性，案件的性质、情节，可能判处刑罚的轻重，被取保候审人的经济状况等情况，确定保证金的数额。

成年犯罪嫌疑人应交纳的保证金数额在1000元以上，未成年犯罪嫌疑人应交纳的保证金数额在500元以上。

提供保证金的人应当将保证金存入执行机关指定银行的专门账户。

《刑事诉讼法》第73条规定："犯罪嫌疑人、被告人在取保候审期间未违反本法第七十一条规定的，取保候审结束的时候，凭解除取保候审的通知或者有关法律文书到银行领取退还的保证金。"

七、保证人的条件

依据《刑事诉讼法》第69条的规定，保证人必须同时符合下列四个条件：

（1）与本案无牵连；

（2）有能力履行保证义务；

（3）享有政治权利，人身自由未受到限制；

（4）有固定的住处和收入。

辩护律师不宜为犯罪嫌疑人、被告人担任保证人。

八、保证人的义务及未履行义务的法律后果

（一）应履行的义务

依据《刑事诉讼法》第70条的规定，保证人应当履行以下义务：

（1）监督被保证人遵守《刑事诉讼法》第71条的规定；

（2）发现被保证人可能发生或者已经发生违反《刑事诉讼法》第71条规定的行为的，应当及时向执行机关报告。

（二）不履行的后果

被保证人有违反《刑事诉讼法》第71条规定的行为，保证人未履行保证义务的，对保证人处以罚款（1000元以上20 000元以下），构成犯罪的，依法追究刑事责任。

根据案件事实和法律规定，认为已经构成犯罪的被保证人在取保候审期间逃匿的，如果系保证人协助被告人逃匿，或者保证人明知被保证人藏匿地点但拒绝向司法机关提供，对保证人应当依法追究刑事责任。

九、被取保候审人应遵守的规定及未遵守的法律后果

（一）应遵守的一般规定

《刑事诉讼法》第71条第1款规定，被取保候审的犯罪嫌疑人、被告人应当遵守以下规定：

（1）未经执行机关批准不得离开所居住的市、县；

（2）住址、工作单位和联系方式发生变动的，在24小时以内向执行机关报告；

（3）在传讯的时候及时到案；

（4）不得以任何形式干扰证人作证；

（5）不得毁灭、伪造证据或者串供。

（二）应遵守的特殊规定

人民法院、人民检察院和公安机关可以根据案件情况，责令被取保候审

的犯罪嫌疑人、被告人遵守以下一项或者多项规定：

（1）不得进入特定的场所；

（2）不得与特定的人员会见或者通信；

（3）不得从事特定的活动；

（4）将护照等出入境证件、驾驶证件交执行机关保存。

（三）未遵守的后果

被取保候审的犯罪嫌疑人、被告人违反前两款规定，已交纳保证金的，没收部分或者全部保证金，并且区别情形，责令犯罪嫌疑人、被告人具结悔过、重新交纳保证金、提出保证人，或者监视居住、予以逮捕。对违反取保候审规定，需要予以逮捕的，可以对犯罪嫌疑人、被告人先行拘留。被取保候审的人有下列情形之一的，符合逮捕条件：

（1）故意实施新的犯罪；

（2）企图自杀、逃跑；

（3）实施毁灭、伪造证据，串供或者干扰证人作证，足以影响侦查、审查起诉、审判工作正常进行；

（4）对被害人、证人、鉴定人、举报人、控告人及其他人员实施打击报复；

（5）未经批准，擅自离开所居住的市、县，造成严重后果，或者两次未经批准，擅自离开所居住的市、县；

（6）经传讯不到案，造成严重后果，或者经两次传讯不到案；

（7）住址、工作单位和联系方式发生变动，未在24小时以内向公安机关报告，造成严重后果；或者导致无法传唤，影响审判活动无法进行的；

（8）违反规定进入特定场所、与特定人员会见或者通信、从事特定活动，严重妨碍诉讼程序正常进行。

十、案件移送需重新作出取保候审的决定

依据《人民检察院刑事诉讼规则》第103条，《最高人民法院关于适用〈中华人民共和国刑事诉讼法〉的解释》第162条规定，案件移送审查起诉和审判后，如果需要继续采取取保候审强制措施，就要重新作出决定。

（1）公安机关决定对犯罪嫌疑人取保候审，案件移送人民检察院审查起诉后，对于需要继续取保候审的，人民检察院应当依法重新作出取保候审决定，并对犯罪嫌疑人办理取保候审手续。取保候审的期限应当重新计算并告知犯罪嫌疑人。对继续采取保证金方式取保候审的，被取保候审人没有违反《刑事诉讼法》第 71 条应遵守的规定的，不变更保证金数额，不再重新收取保证金。

（2）人民检察院、公安机关已经对犯罪嫌疑人取保候审，案件起诉至人民法院后，需要继续取保候审或者变更强制措施的，人民法院应当在 7 日以内作出决定，并通知人民检察院、公安机关。决定继续取保候审，应当重新办理手续，期限重新计算；继续使用保证金保证的，不再收取保证金。

十一、取保候审期限

依据《刑事诉讼法》第 79 条规定，取保候审最长期限不超过 12 个月，是指公、检、法三机关可以分别使用 12 个月。

第四节　监视居住

一、监视居住的法律规定

《刑事诉讼法》第 74 条至第 79 条，《最高人民法院关于适用〈中华人民共和国刑事诉讼法〉的解释》第 165 条、第 166 条，《人民检察院刑事诉讼规则》第 107 条至第 120 条，《公安机关办理刑事案件程序规定》第 109 条至第 123 条均是关于监视居住的规定。

二、监视居住的适用范围

《刑事诉讼法》第 74 条规定，人民法院、人民检察院和公安机关对符合逮捕条件，有下列情形之一的犯罪嫌疑人、被告人，可以监视居住：

（1）患有严重疾病、生活不能自理的；

（2）怀孕或者正在哺乳自己婴儿的妇女；

（3）系生活不能自理的人的唯一扶养人；

（4）因为案件的特殊情况或者办理案件的需要，采取监视居住措施更为适宜的；

（5）羁押期限届满，案件尚未办结，需要采取监视居住措施的。

对符合取保候审条件，但犯罪嫌疑人、被告人不能提出保证人，也不交纳保证金的，可以监视居住。

扶养包括父母、祖父母、外祖父母对子女、孙子女、外孙子女的抚养和子女、孙子女、外孙子女对父母、祖父母、外祖父母的赡养以及配偶、兄弟姐妹之间的扶养。

三、监视居住的场所

《刑事诉讼法》第75条第1款规定："监视居住应当在犯罪嫌疑人、被告人的住处执行；无固定住处的，可以在指定的居所执行。对于涉嫌危害国家安全犯罪、恐怖活动犯罪，在住处执行可能有碍侦查的，经上一级公安机关批准，也可以在指定的居所执行。但是，不得在羁押场所、专门的办案场所或者办公场所执行。"

1. 有下列情形之一的，属于有碍侦查：

（1）可能毁灭、伪造证据，干扰证人作证或者串供的；

（2）可能引起犯罪嫌疑人自残、自杀或者逃跑的；

（3）可能引起同案犯逃避、妨碍侦查的；

（4）犯罪嫌疑人、被告人在住处执行监视居住有人身危险的；

（5）犯罪嫌疑人、被告人的家属或者所在单位的人员与犯罪有牵连的。

2. 固定住处是指被监视居住人在办案机关所在的市、县内生活的合法住处。

3. 指定的居所是指公安机关根据案件情况，在办案机关所在的市、县内为被监视居住人指定的生活居所。指定的居所应当同时符合下列条件：

（1）具备正常的生活、休息条件；

（2）便于监视、管理；

（3）保证安全。

四、监视居住的决定与执行

监视居住由公安局局长、院长、检察长或者经其授权的检察官批准后，制作《监视居住决定书》《监视居住通知书》，由公安机关执行。

案件移送至人民法院后，需要继续监视居住的，也可以由合议庭或者独任审判员决定。

《刑事诉讼法》第 78 条规定，执行机关对被监视居住的犯罪嫌疑人、被告人，可以采取电子监控、不定期检查等监视方法对其遵守监视居住规定的情况进行监督；在侦查期间，可以对被监视居住的犯罪嫌疑人的电话、传真、信函、邮件、网络等通信进行监控。

五、监视居住的通知

指定居所监视居住的，除无法通知的以外，应当制作《监视居住通知书》，在执行监视居住后 24 小时以内，由决定机关通知被监视居住人的家属。

1. 有下列情形之一的，属于"无法通知"：

（1）不讲真实姓名、住址、身份不明的；

（2）没有家属的；

（3）与其家属无法取得联系的；

（4）因自然灾害等不可抗力导致无法通知的。

2. 无法通知的情形消失以后，应当立即通知被监视居住人的家属。

3. 无法通知家属的，应当在监视居住通知书中注明原因。

六、被监视居住人应遵守的规定及未遵守的法律后果

（一）应遵守的规定

《刑事诉讼法》第 77 条规定，被监视居住的犯罪嫌疑人、被告人应当遵守以下规定：

（1）未经执行机关批准不得离开执行监视居住的处所；

（2）未经执行机关批准不得会见他人或者通信；

（3）在传讯的时候及时到案；

（4）不得以任何形式干扰证人作证；

（5）不得毁灭、伪造证据或者串供；

（6）将护照等出入境证件、身份证件、驾驶证件交执行机关保存。

（二）未遵守的后果

被监视居住的犯罪嫌疑人、被告人违反前款规定，应当区分情形责令被监视居住人具结悔过或者给予治安管理处罚；情节严重的，可以予以逮捕；需要予以逮捕的，可以对犯罪嫌疑人、被告人先行拘留。

情节严重是指：

（1）故意实施新的犯罪行为的；

（2）企图自杀、逃跑，逃避侦查、审查起诉的；

（3）实施毁灭、伪造证据或者串供、干扰证人作证行为，足以影响侦查、审查起诉、审判工作正常进行的；

（4）对被害人、证人、举报人、控告人及其他人员实施打击报复的；

（5）未经批准，擅自离开执行监视居住的处所，造成严重后果，或者两次未经批准，擅自离开执行监视居住的处所的；

（6）未经批准，擅自会见他人或者通信，造成严重后果，或者两次未经批准，擅自会见他人或者通信的；

（7）经传讯不到案，造成严重后果，或者经两次传讯不到案的。

七、案件移送需重新作出监视居住的决定

（1）公安机关决定对犯罪嫌疑人监视居住，案件移送人民检察院审查起诉后，对于需要继续监视居住的，人民检察院应当依法重新作出监视居住决定，并对犯罪嫌疑人办理监视居住手续。监视居住的期限应当重新计算并告知犯罪嫌疑人。

（2）人民检察院、公安机关已经对犯罪嫌疑人监视居住，案件起诉至人民法院后，需要继续监视居住或者变更强制措施的，人民法院应当在 7 日以内作出决定，并通知人民检察院、公安机关。决定继续监视居住，应当重新办理手续，期限重新计算。

八、监视居住期限

《刑事诉讼法》第 79 条规定，监视居住最长期限为 6 个月，是指公、检、法三机关可以分别使用 6 个月。

九、监视居住期间折抵刑期

《刑事诉讼法》第 76 条规定："指定居所监视居住的期限应当折抵刑期。被判处管制的，监视居住一日折抵刑期一日；被判处拘役、有期徒刑的，监视居住二日折抵刑期一日。"

十、监视居住是对羁押的替代性措施

监视居住是拘留、逮捕的替代性措施。监视居住与取保候审相比较，适用条件更宽广，不要求犯罪嫌疑人不致发生社会危害性，辩护律师对犯罪嫌疑人、被告人申请取保候审未成功，可以另行申请监视居住。《监视居住申请书》参照取保候审申请书的内容和格式撰写。

辩护律师认为监视居住决定存有违法情形，或者发现监视居住执行机关及其执行人员存有违法情形，可以直接向执行机关提出纠正意见，也可以申诉、控告的方式向人民检察院提出法律监督。

第五节　拘　留

一、拘留的法律规定

《刑事诉讼法》第 82 条至第 86 条、第 91 条、第 92 条、第 165 条至第 167 条、第 170 条，《人民检察院刑事诉讼规则》第 121 条至第 127 条，《公安机关办理刑事案件程序规定》第 124 条至第 132 条均是关于拘留的规定。

二、拘留条件

1. 公安机关拘留犯罪嫌疑人条件

公安机关对同时具备两个条件的犯罪嫌疑人，可以先行拘留。第一，刑事拘留的对象是现行犯或者重大嫌疑分子；

第二，具有下列紧急情形之一：

（1）正在预备犯罪、实行犯罪或者在犯罪后即时被发觉的；

（2）被害人或者在场亲眼看见的人指认他犯罪的；

（3）在身边或者住处发现有犯罪证据的；

（4）犯罪后企图自杀、逃跑或者在逃的；

（5）有毁灭、伪造证据或者串供可能的；

（6）不讲真实姓名、住址，身份不明的；

（7）有流窜作案、多次作案、结伙作案重大嫌疑的。

2. 人民检察院拘留犯罪嫌疑人条件

（1）人民检察院直接立案侦查的案件具有下列情形之一的犯罪嫌疑人，可以决定拘留：

第一，犯罪后企图自杀、逃跑或者在逃的；

第二，犯罪嫌疑人有毁灭、伪造证据或者串供可能的。

（2）人民检察院对于监察机关移送起诉的已采取留置措施的案件，应当对犯罪嫌疑人先行拘留，留置措施自动解除。

3. 过渡性的拘留条件

过渡性的拘留是指对犯罪嫌疑人依法应当逮捕，在逮捕措施采取之前先行采取拘留措施予以过渡。过渡性的拘留不受拘留对象是现行犯或重大嫌疑分子以及紧急情形的限制。

公安机关、人民检察院对犯罪嫌疑人有下列两种情形之一的，可以先行采取拘留措施：

（1）被取保候审、监视居住犯罪嫌疑人违反规定，需要予以逮捕的，可以先行拘留；

（2）对符合逮捕条件的犯罪嫌疑人，可以先行拘留。

三、拘留决定

（1）公安机关决定拘留的，由局长批准。

（2）人民检察院决定拘留的，由检察长或者经其授权的检察官决定。

四、拘留程序与通知

1.《刑事诉讼法》第 85 条、第 86 条、第 166 条规定，公安机关、人民检察院将犯罪嫌疑人拘留后，应当立即将被拘留人送看守所羁押，至迟不得超过 24 小时。并且，应当在拘留后的 24 小时以内进行讯问，在发现不应当拘留的时候，必须立即释放，发给释放证明，不得采取取保候审、监视居住等替代性措施。除无法通知或者涉嫌危害国家安全犯罪、恐怖活动犯罪通知可能有碍侦查的情形以外，应当在拘留后 24 小时以内，通知被拘留人的家属。有碍侦查的情形消失以后，应当立即通知被拘留人的家属。

律师在参与诉讼活动中因涉嫌犯罪被拘留，还应当通知其所在的律师事务所和所属的律师协会。

拘留后 24 小时，对公安机关来说是完成送往看守所羁押、讯问、通知家属行为法定的"三个同步时限"；对辩护律师来说，是维护犯罪嫌疑人合法权益的真空期，犯罪嫌疑人合法权益容易受到侵害，容易导致侦查活动违法，辩护律师要注意在此时间内讯问笔录的真实性、合法性。

2. 有下列情形之一的，属于有碍侦查：

（1）可能毁灭、伪造证据，干扰证人作证或者串供的；

（2）可能引起同案犯逃避、妨碍侦查的；

（3）犯罪嫌疑人的家属与犯罪有牵连的。

五、拘留期限

《刑事诉讼法》第 91 条、第 167 条、第 170 条第 2 款是对拘留期限的规定。

1. 公安机关拘留期限

公安机关对被拘留的人，认为需要逮捕的，应当在拘留后的 3 日以内，提请人民检察院审查批准。在特殊情况下，提请审查批准的时间可以延长 1 日至 4 日。对于流窜作案、多次作案、结伙作案的重大嫌疑分子，提请审查批准的时间可以延长至 30 日。

"流窜作案"是指跨市、县管辖范围连续作案，或者在居住地作案后逃跑到外市、县继续作案；"多次作案"是指 3 次以上作案；"结伙作案"是指 2 人以上共同作案。

2. 人民检察院直接受理的案件拘留时限

人民检察院对直接受理的案件中被拘留的人，认为需要逮捕的，应当在 14 日以内作出决定。在特殊情况下，决定逮捕的时间可以延长 1 日至 3 日。

3. 人民检察院对监察机关移送起诉的案件拘留时限

对于监察机关移送起诉的已采取留置措施的案件，人民检察院应当对犯罪嫌疑人先行拘留，留置措施自动解除。人民检察院应当在拘留后的 10 日以内作出是否逮捕、取保候审或者监视居住的决定。在特殊情况下，决定的时间可以延长 1 日至 4 日。

4. 辩护律师对拘留期限的审查

辩护律师对公安机关采取最长拘留期限的案件，应当注意审查是否存有流窜、多次、结伙作案的情况，如果属于违法超过拘留期限，应当及时要求公安机关纠正或申请人民检察院进行法律监督。

第六节　逮　捕

一、逮捕的法律规定

《刑事诉讼法》第 81 条、第 87 条至第 95 条，《最高人民法院关于适用〈中华人民共和国刑事诉讼法〉的解释》第 166 条至第 174 条，《人民检察院刑事诉讼规则》第 128 条至第 141 条、第 280 条至第 304 条、第 573 条至第582 条，《公安机关办理刑事案件程序规定》第 13 条至第 147 条，均是关于逮捕的规定。

《刑事诉讼法》第 81 条规定，对有证据证明有犯罪事实，可能判处徒刑以上刑罚的犯罪嫌疑人、被告人，采取取保候审尚不足以防止发生下列社会危险性的，应当予以逮捕：

(1) 可能实施新的犯罪的；

(2) 有危害国家安全、公共安全或者社会秩序的现实危险的；

(3) 可能毁灭、伪造证据，干扰证人作证或者串供的；

(4) 可能对被害人、举报人、控告人实施打击报复的；

(5) 企图自杀或者逃跑的。

批准或者决定逮捕，应当将犯罪嫌疑人、被告人涉嫌犯罪的性质、情节，认罪认罚等情况，作为是否可能发生社会危险性的考虑因素。

对有证据证明有犯罪事实，可能判处 10 年有期徒刑以上刑罚的，或者有证据证明有犯罪事实，可能判处徒刑以上刑罚，曾经故意犯罪或者身份不明的，应当予以逮捕。

被取保候审、监视居住的犯罪嫌疑人、被告人违反取保候审、监视居住规定，情节严重的，可以予以逮捕。

二、应当逮捕条件

依据《刑事诉讼法》第 81 条第 1 款的规定，逮捕要同时具备三个条件：

第一，证据条件（或称为逮捕的证明标准），是"对有证据证明有犯罪事实"；

第二，罪责条件，是"可能判处徒刑以上刑罚的犯罪嫌疑人、被告人"；

第三，社会危险性条件，是"采取取保候审尚不足以防止发生社会危险性的"。

1.《公安机关办理刑事案件程序规定》第134条规定，"有证据证明有犯罪事实"是指同时具备下列情形：

（1）有证据证明发生了犯罪事实；

（2）有证据证明该犯罪事实是犯罪嫌疑人实施的；

（3）证明犯罪嫌疑人实施犯罪行为的证据已经查证属实的。

2. 人民检察院办理审查逮捕案件，应当全面把握逮捕的三个条件，对有证据证明有犯罪事实、可能判处徒刑以上刑罚的犯罪嫌疑人，除《刑事诉讼法》第81条第3、4款规定的情形外，应当严格审查是否存有社会危险性条件。公安机关侦查刑事案件，应当收集、固定犯罪嫌疑人是否具有社会危险性的证据。社会危险性是指存有下列五类状态之一：

（1）《人民检察院刑事诉讼规则》第129条规定，"可能实施新的犯罪的"，是指具有下列情形之一：

第一，案发前或者案发后正在策划、组织或者预备实施新的犯罪的；

第二，扬言实施新的犯罪的；

第三，多次作案、连续作案、流窜作案的；

第四，1年内曾因故意实施同类违法行为受到行政处罚的；

第五，以犯罪所得为主要生活来源的；

第六，有吸毒、赌博等恶习的；

第七，其他可能实施新的犯罪的情形。

（2）《人民检察院刑事诉讼规则》第130条规定，"有危害国家安全、公共安全或者社会秩序的现实危险的"，是指具有下列情形之一：

第一，案发前或者案发后正在积极策划、组织或者预备实施危害国家安全、公共安全或者社会秩序的重大违法犯罪行为的；

第二，曾因危害国家安全、公共安全或者社会秩序受到刑事处罚或者行政处罚的；

第三，在危害国家安全、黑恶势力、恐怖活动、毒品犯罪中起组织、策划、指挥作用或者积极参加的；

第四，其他有危害国家安全、公共安全或者社会秩序的现实危险的情形。

（3）《人民检察院刑事诉讼规则》第 131 条规定，"可能毁灭、伪造证据，干扰证人作证或者串供的"，是指具有下列情形之一：

第一，曾经或者企图毁灭、伪造、隐匿、转移证据的；

第二，曾经或者企图威逼、恐吓、利诱、收买证人，干扰证人作证的；

第三，有同案犯罪嫌疑人或者与其在事实上存在密切关联犯罪的犯罪嫌疑人在逃，重要证据尚未收集到位的；

第四，其他可能毁灭、伪造证据，干扰证人作证或者串供的情形。

（4）《人民检察院刑事诉讼规则》第 132 条规定，"可能对被害人、举报人、控告人实施打击报复的"，是指具有下列情形之一：

第一，扬言或者准备、策划对被害人、举报人、控告人实施打击报复的；

第二，曾经对被害人、举报人、控告人实施打击、要挟、迫害等行为的；

第三，采取其他方式滋扰被害人、举报人、控告人的正常生活、工作的；

第四，其他可能对被害人、举报人、控告人实施打击报复的情形。

（5）《人民检察院刑事诉讼规则》第 133 条规定，"企图自杀或者逃跑的"，是指具有下列情形之一：

第一，着手准备自杀、自残或者逃跑的；

第二，曾经自杀、自残或者逃跑的；

第三，有自杀、自残或者逃跑的意思表示的；

第四，曾经以暴力、威胁手段抗拒抓捕的；

第五，其他企图自杀或者逃跑的情形。

《刑事诉讼法》第 81 条第 3 款规定，也包括了应当逮捕条件的证据条件、罪责条件，同时不需要另行考察社会危险性条件，因为可能判处 10 年有期徒刑以上为重大犯罪、曾经故意犯罪、身份不明本身均说明采取取保候审尚不足以防止发生社会危险性。

依据《刑事诉讼法》第 81 条第 4 款的规定，被取保候审、监视居住的犯罪嫌疑人、被告人违反取保候审、监视居住规定，情节严重的，可以予以逮捕。这种情形也不需要另行考察社会危险性，因为采取取保候审、监视居住的强制措施被实践证明已经失败，严重违反取保候审、监视居住规定的行为不仅证明具有社会危险性，而且有的行为已经具备了危害社会的现实性。

《最高人民法院关于适用〈中华人民共和国刑事诉讼法〉的解释》第 164 条、第 165 条，《人民检察院刑事诉讼规则》第 101 条、第 137 条对违反取保候审、监视居住规定的犯罪嫌疑人、被告人列举了"应当"或"可以"逮捕的具体情形。

三、可以逮捕条件

《人民检察院刑事诉讼规则》第 140 条规定，犯罪嫌疑人涉嫌的罪行较轻，且没有其他重大犯罪嫌疑，具有以下情形之一的，可以作出不批准逮捕或者不予逮捕的决定：

（1）属于预备犯、中止犯，或者防卫过当、避险过当的；

（2）主观恶性较小的初犯，共同犯罪中的从犯、胁从犯，犯罪后自首、有立功表现或者积极退赃、赔偿损失、确有悔罪表现的；

（3）过失犯罪的犯罪嫌疑人，犯罪后有悔罪表现，有效控制损失或者积极赔偿损失的；

（4）犯罪嫌疑人与被害人双方根据刑事诉讼法的有关规定达成和解协议，经审查，认为和解系自愿、合法且已经履行或者提供担保的；

（5）犯罪嫌疑人认罪认罚的；

（6）犯罪嫌疑人系已满 14 周岁未满 18 周岁的未成年人或者在校学生，本人有悔罪表现，其家庭、学校或者所在社区、居民委员会、村民委员会具备监护、帮教条件的；

（7）年满 75 周岁以上的老年人。

四、禁止逮捕条件

《人民检察院刑事诉讼规则》第 139 条规定，对具有下列情形之一的犯罪嫌疑人，人民检察院应当作出不批准逮捕或者不予逮捕的决定：

1. 不符合逮捕条件的；

2. 具有下列情形之一的：

（1）情节显著轻微、危害不大，不认为是犯罪的；

（2）犯罪已过追诉时效期限的；

（3）经特赦令免除刑罚的；

（4）依照刑法告诉才处理的犯罪，没有告诉或者撤回告诉的；

（5）犯罪嫌疑人、被告人死亡的；

（6）其他法律规定免予追究刑事责任的。

五、人民检察院批准逮捕程序

（一）提请逮捕

依据《刑事诉讼法》第87条的规定："公安机关要求逮捕犯罪嫌疑人的时候，应当写出提请批准逮捕书，连同案卷材料、证据，一并移送同级人民检察院审查批准。必要的时候，人民检察院可以派人参加公安机关对于重大案件的讨论。"

犯罪嫌疑人自愿认罪认罚的，应当记录在案，并在《提请批准逮捕书》中写明有关情况。

（二）审查逮捕

1. 审查社会危险性条件

《人民检察院刑事诉讼规则》第134条、第135条规定，人民检察院办理审查逮捕案件，应当全面把握逮捕条件，对有证据证明有犯罪事实、可能判处徒刑以上刑罚的犯罪嫌疑人，除具有《刑事诉讼法》第81条第3款、第4款规定的情形外，应当严格审查是否具备社会危险性条件。

人民检察院审查认定犯罪嫌疑人是否具有社会危险性，应当以公安机关移送的社会危险性相关证据为依据，并结合案件具体情况综合认定。必要时，可以通过讯问犯罪嫌疑人、询问证人等诉讼参与人、听取辩护律师意见等方式，核实相关证据。依据在案证据不能认定犯罪嫌疑人符合逮捕社会危险性条件的，人民检察院可以要求公安机关补充相关证据，公安机关没有补充移送的，应当作出不批准逮捕的决定。

2. 讯问犯罪嫌疑人

《刑事诉讼法》第88条、《人民检察院刑事诉讼规则》第280条规定，人民检察院审查批准逮捕，可以讯问犯罪嫌疑人；有下列情形之一的，应当讯问犯罪嫌疑人：

（1）对是否符合逮捕条件有疑问的；

（2）犯罪嫌疑人要求向检察人员当面陈述的；

（3）侦查活动可能有重大违法行为的；

（4）案情重大、疑难、复杂的；

（5）犯罪嫌疑人认罪认罚的；

（6）犯罪嫌疑人系未成年人的；

（7）犯罪嫌疑人是盲、聋、哑人或者是尚未完全丧失辨认或者控制自己行为能力的精神病人的。

讯问未被拘留的犯罪嫌疑人，讯问前应当听取公安机关的意见。

办理审查逮捕案件，对被拘留的犯罪嫌疑人不予讯问的，应当送达听取犯罪嫌疑人意见书，由犯罪嫌疑人填写后及时收回审查并附卷。经审查认为应当讯问犯罪嫌疑人的，应当及时讯问。

3. 询问诉讼参与人

人民检察院审查批准逮捕，可以询问证人等诉讼参与人。

4. 听取辩护律师的意见

人民检察院审查批准逮捕，可以听取辩护律师的意见；辩护律师提出要求的，应当听取辩护律师的意见。

在审查批捕阶段，辩护律师应及时提出对犯罪嫌疑人是否应予逮捕的意见。不同意逮捕的，一般以书面形式提出，标题为文书标题为××涉嫌××罪一案《不批准逮捕意见书》或《不予逮捕意见书》；第一段落为犯罪嫌疑人自然状况、采取强制措施的种类和时间、羁押地点、采取强制措施的办案机关；第二段落为提出明确的不同意逮捕的请求；第三段落为从逮捕条件即合法性、必要性、适当性的角度阐明事实及理由；结尾为此致、××人民检察院、申请人××、××律师事务所律师、年月日。

（三）批捕或不批捕的法律后果

《刑事诉讼法》第90条、第91条，《人民检察院刑事诉讼规则》第282条规定，人民检察院对于公安机关提请批准逮捕的案件进行审查后，犯罪嫌疑人已经被拘留的，人民检察院应当在收到提请批准逮捕书后7日以内作出是否批准逮捕的决定；未被拘留的，应当在收到提请批准逮捕书后15日以内作出是否批准逮捕的决定，重大、复杂案件，不得超过20日。对于批捕的决定，公安机关应当立即执行，并且将执行情况通知人民检察院；对于不批准逮捕的，公安机关应当在接到通知后立即释放，对于需要继续侦查或补充侦查，并且符合取保候审、监视居住条件的，依法取保候审或者监视居住。

公安机关继续侦查或补充侦查完毕，认为符合逮捕条件的，应当重新提请批准逮捕。

（四）批捕决定

《刑事诉讼法》第89条规定："人民检察院审查批捕犯罪嫌疑人由检察长

决定，重大案件应当提交检察委员会讨论决定。"

（五）不批捕的异议

《刑事诉讼法》第 92 条规定："公安机关对人民检察院不批准逮捕的决定，认为有错误的时候，可以要求复议，但是必须将被拘留的人立即释放。如果意见不被接受，可以向上一级人民检察院提请复核。上级人民检察院应当立即复核，作出是否变更的决定，通知下级人民检察院和公安机关执行。"

六、人民检察院决定逮捕程序

《刑事诉讼法》第 167 条是人民检察院对直接受理的案件决定逮捕程序的原则性规定："人民检察院对直接受理的案件中被拘留的人，认为需要逮捕的，应当在十四日以内作出决定。在特殊情况下，决定逮捕的时间可以延长一至三日。对不需要逮捕的，应当立即释放；对需要继续侦查，并且符合取保候审、监视居住条件的，依法取保候审或者监视居住。"

《人民检察院刑事诉讼规则》对人民检察院直接受理的案件决定逮捕程序又作出了具体的规定：

（一）移送审查逮捕

《人民检察院刑事诉讼规则》第 296 条规定，人民检察院办理直接受理侦查的案件，需要逮捕犯罪嫌疑人的，由负责侦查的部门制作《逮捕犯罪嫌疑人意见书》，连同案卷材料、讯问犯罪嫌疑人录音、录像一并移送本院负责捕诉的部门审查。犯罪嫌疑人已被拘留的，负责侦查的部门应当在拘留后 7 日以内将案件移送本院负责捕诉的部门审查。

（二）是否逮捕决定

《刑事诉讼法》第 167 条、《人民检察院刑事诉讼规则》第 297 条规定，人民检察院对本院负责侦查的部门移送审查逮捕的案件，犯罪嫌疑人已被拘留的，负责捕诉的部门应当在收到《逮捕犯罪嫌疑人意见书》后 7 日以内，报请检察长决定是否逮捕，在特殊情况下，决定逮捕的时间可以延长 1 日至 3 日；犯罪嫌疑人未被拘留的，负责捕诉的部门应当在收到《逮捕犯罪嫌疑人意见书》后 15 日以内，报请检察长决定是否逮捕，重大、复杂案件，不得超过 20 日。

（三）决定逮捕的法律后果

《人民检察院刑事诉讼规则》第 298 条规定，对犯罪嫌疑人决定逮捕的，负责捕诉的部门应当将逮捕决定书连同案卷材料、讯问犯罪嫌疑人录音、录像移交负责侦查的部门，并可以对收集证据、适用法律提出意见。由负责侦查的部门通知公安机关执行，必要时可以协助执行。

（四）决定不予逮捕的法律后果

《人民检察院刑事诉讼规则》第 299 条规定，对犯罪嫌疑人决定不予逮捕的，负责捕诉的部门应当将不予逮捕的决定连同案卷材料、讯问犯罪嫌疑人录音、录像移交负责侦查的部门，并说明理由。需要补充侦查的，应当制作补充侦查提纲。犯罪嫌疑人已被拘留的，负责侦查的部门应当通知公安机关立即释放。

（五）未移送审查逮捕的救济措施

《人民检察院刑事诉讼规则》第 300 条规定，对应当逮捕而本院负责侦查的部门未移送审查逮捕的犯罪嫌疑人，负责捕诉的部门应当向负责侦查的部门提出移送审查逮捕犯罪嫌疑人的建议。建议不被采纳的，应当报请检察长决定。

七、人民检察院对监察机关移送审查起诉案件决定逮捕程序

（1）《人民检察院刑事诉讼规则》第 142 条、第 143 条规定，对于监察机关移送起诉的已采取留置措施的案件，人民检察院应当对犯罪嫌疑人先行拘留，留置措施自动解除。人民检察院应当在拘留后的 10 日以内作出是否逮捕、取保候审或者监视居住的决定。在特殊情况下，决定的时间可以延长 1 日至 4 日。

人民检察院决定采取强制措施的期间不计入审查起诉期限。

（2）《人民检察院刑事诉讼规则》第 146 条规定，对于监察机关移送起诉的未采取留置措施的案件，人民检察院应当根据案件事实和依据法定逮捕条件决定是否采取逮捕措施。

八、人民法院决定逮捕程序

《刑事诉讼法》第 81 条，《最高人民法院关于适用〈中华人民共和国刑事诉讼法〉的解释》第 147 条、第 163 条至第 174 条、第 332 条对人民法院决定逮捕的程序进行了规定。人民法院决定逮捕被告人有两种情况：

（1）对于直接受理的自诉案件，认为需要逮捕被告人时，由办案人员提

交院长决定。

（2）对于检察机关提起公诉的案件，未予逮捕的被告人，人民法院认为符合逮捕条件的，可以由院长决定逮捕。

九、逮捕后的处理

《刑事诉讼法》第93条规定："公安机关逮捕人的时候，必须出示逮捕证。逮捕后，应当立即将被逮捕人送看守所羁押。除无法通知的以外，应当在逮捕后二十四小时以内，通知被逮捕人的家属。"

《刑事诉讼法》第94条规定："人民法院、人民检察院对于各自决定逮捕的人，公安机关对于经人民检察院批准逮捕的人，都必须在逮捕后的二十四小时以内进行讯问。在发现不应当逮捕的时候，必须立即释放，发给释放证明。"

据前述法律规定，逮捕后应当立即将犯罪嫌疑人送看守所羁押；除无法通知外，应当在逮捕后24小时内通知犯罪嫌疑人家属；逮捕后24小时内必须进行讯问。辩护律师在审查案件程序卷时，要注意审查是否有违反"一立即、两个二十四小时同步时限"的法定程序行为，同时要注意在此时间内讯问笔录的真实性、合法性。

十、羁押必要性审查程序

（一）羁押必要性审查的概念

《刑事诉讼法》第95条："犯罪嫌疑人、被告人被逮捕后，人民检察院仍应当对羁押的必要性进行审查。对不需要继续羁押的，应当建议予以释放或者变更强制措施。有关机关应当在十日以内将处理情况通知人民检察院。"

据此规定，羁押必要性审查是指人民检察院依法对被逮捕的犯罪嫌疑人、被告人有无继续羁押的必要性进行审查，对不需要继续羁押的，建议办案机关予以释放或者变更强制措施的监督活动。人民检察院对犯罪嫌疑人逮捕后的必要性审查是对是否符合逮捕条件的再审查，包括当时就不符合、当时符合但不必要、当时符合必要现在不符合或不必要，人民检察院应当建议办案机关释放犯罪嫌疑人或者变更强制措施。

（二）羁押必要性审查的程序

1. 启动方式

《人民检察院刑事诉讼规则》第573条、第574条规定，羁押必要性审查有三种启动方式：

（1）依职权审查。人民检察院在办案过程中可以依职权主动进行羁押必要性审查。

（2）申请审查。犯罪嫌疑人、被告人及其法定代理人、近亲属或者辩护人可以申请人民检察院进行羁押必要性审查。申请时应当说明不需要继续羁押的理由，有相关证据或者其他材料的应当提供。《羁押必要性审查申请书》参照《不批准逮捕意见书》的内容和格式撰写。

（3）建议审查。看守所根据在押人员身体状况，可以建议人民检察院进行羁押必要性审查。

2. 审查主体

《人民检察院刑事诉讼规则》第575条、第576条规定，人民检察院负责捕诉的部门是羁押必要性审查的主体。

（1）人民检察院负责捕诉的部门依法对侦查和审判阶段的羁押必要性进行审查。经审查认为不需要继续羁押的，应当建议公安机关或者人民法院释放犯罪嫌疑人、被告人或者变更强制措施。审查起诉阶段，负责捕诉的部门经审查认为不需要继续羁押的，应当直接释放犯罪嫌疑人或者变更强制措施。负责刑事执行检察的部门收到有关材料或者发现不需要继续羁押的，应当及时将有关材料和意见移送负责捕诉的部门。

（2）办案机关对应的同级人民检察院负责控告申诉检察的部门或者负责案件管理的部门收到羁押必要性审查申请后，应当在当日移送本院负责捕诉的部门。其他人民检察院收到羁押必要性审查申请的，应当告知申请人向办案机关对应的同级人民检察院提出申请，或者在2日以内将申请材料移送办案机关对应的同级人民检察院，并告知申请人。

3. 审查方式

《人民检察院刑事诉讼规则》第577条规定，人民检察院可以采取以下方式进行羁押必要性审查：

（1）审查犯罪嫌疑人、被告人不需要继续羁押的理由和证明材料；

（2）听取犯罪嫌疑人、被告人及其法定代理人、辩护人的意见；

（3）听取被害人及其法定代理人、诉讼代理人的意见，了解是否达成和解协议；

（4）听取办案机关的意见；

（5）调查核实犯罪嫌疑人、被告人的身体健康状况；

（6）需要采取的其他方式。

必要时，可以依照有关规定进行公开审查。

4. 审查内容

《人民检察院刑事诉讼规则》第578条至第580条对羁押必要性审查的内容作出了具体规定。

（1）人民检察院应当根据犯罪嫌疑人、被告人涉嫌的犯罪事实、主观恶性、悔罪表现、身体状况、案件进展情况、可能判处的刑罚和有无再危害社会的危险等因素，综合评估有无必要继续羁押犯罪嫌疑人、被告人。

（2）人民检察院发现犯罪嫌疑人、被告人具有下列情形之一的，应当向办案机关提出释放或者变更强制措施的建议：

第一，案件证据发生重大变化，没有证据证明有犯罪事实或者犯罪行为系犯罪嫌疑人、被告人所为的；

第二，案件事实或者情节发生变化，犯罪嫌疑人、被告人可能被判处拘役、管制、独立适用附加刑、免予刑事处罚或者判决无罪的；

第三，继续羁押犯罪嫌疑人、被告人，羁押期限将超过依法可能判处的刑期的；

第四，案件事实基本查清，证据已经收集固定，符合取保候审或者监视居住条件的。

（3）人民检察院发现犯罪嫌疑人、被告人具有下列情形之一，且具有悔罪表现，不予羁押不致发生社会危险性的，可以向办案机关提出释放或者变更强制措施的建议：

第一，预备犯或者中止犯；

第二，共同犯罪中的从犯或者胁从犯；

第三，过失犯罪的；

第四，防卫过当或者避险过当的；

第五，主观恶性较小的初犯；

第六，系未成年人或者已满75周岁的人；

第七，与被害方依法自愿达成和解协议，且已经履行或者提供担保的；

第八，认罪认罚的；

第九，患有严重疾病、生活不能自理的；

第十，怀孕或者正在哺乳自己婴儿的妇女；

第十一，系生活不能自理的人的唯一扶养人；

第十二，可能被判处 1 年以下有期徒刑或者宣告缓刑的；

第十三，其他不需要继续羁押的情形。

5. 对执行释放或者变更强制措施建议书的法律监督

《人民检察院刑事诉讼规则》第 581 条规定，人民检察院向办案机关发出释放或者变更强制措施建议书的，应当说明不需要继续羁押犯罪嫌疑人、被告人的理由和法律依据，并要求办案机关在 10 日以内回复处理情况。人民检察院应当跟踪办案机关对释放或者变更强制措施建议的处理情况。办案机关未在 10 日以内回复处理情况的，应当提出纠正意见。

6. 书面告知结果

《人民检察院刑事诉讼规则》第 582 条规定，对于依申请审查的案件，人民检察院办结后，应当将提出建议的情况和公安机关、人民法院的处理情况，或者有继续羁押必要的审查意见和理由及时书面告知申请人。

十一、对外国人、无国籍人逮捕的审批程序

外国人、无国籍人涉嫌危害国家安全犯罪的案件或者涉及国与国之间政治、外交关系的案件以及在适用法律上确有疑难的案件，需要逮捕犯罪嫌疑人的，由基层或者设区的市人民检察院审查并提出意见，呈报最高人民检察院审查。最高人民检察院经征求外交部意见后，决定批准逮捕。经审查认为不需要逮捕的，作出不批准逮捕的决定。

外国人、无国籍人涉嫌危害国家安全罪以外的犯罪案件，由批准逮捕的人民检察院作出批准逮捕决定后 48 小时内报上一级人民检察院备案，并向同级政府外事部门通报。

十二、特殊案件的犯罪嫌疑人的批捕备案制度

人民检察院审查逮捕危害国家安全的案件，在批准逮捕后，应当报上一级人民检察院备案。

十三、《不批准逮捕意见书》示例

案件事实：2019 年 7 月郑×为法定代表人的×× (天津) 有限公司与烟台×

×股份有限公司签订《管理咨询项目合同》，××（天津）有限公司为烟台××股份有限公司股权上市提供服务，双方在履行合同期间发生经济纠纷，双方就服务费具体数额产生争议。郑×采取揭露"内幕信息"发微信的要挟手段向烟台××股份有限公司、杭州××保险股份有限公司、××实业（集团）有限公司生物化学制药厂、新泰市××福利生物原料加工厂负责人索要欠款，但微信中并未写明索要欠款具体数额。烟台××股份有限公司与杭州××保险股份有限公司、××实业（集团）有限公司生物化学制药厂、新泰市××福利生物原料加工厂存有业务关系。除××实业（集团）有限公司生物化学制药厂郭×通过银行转账划给尚欠郑×人民币10万元咨询费以外，其余三公司均未给付郑×款项，2020年5月烟台××股份有限公司向烟台市××公安局报案。2020年6月28日烟台市××公安局以郑×涉嫌敲诈勒索罪予以刑事拘留，并于2020年7月26日向烟台市××人民检察院提请批准逮捕。

天津××律师事务所接受犯罪嫌疑人郑×的委托，指派王×律师作为郑×涉嫌敲诈勒索罪一案的辩护人，王×律师在审查逮捕阶段，向烟台市××人民检察院提交如下《不批准逮捕意见书》。

郑×涉嫌敲诈勒索罪一案的
不批准逮捕意见书

检察员、助理检察员：

犯罪嫌疑人郑×因涉嫌敲诈勒索罪，已于2020年6月28日被烟台市××公安局予以刑事拘留，现羁押于烟台市××看守所，2020年7月26日烟台市××公安局向贵院提请批准逮捕。

天津××律师事务所接受犯罪嫌疑人郑×的委托，指派王×律师作为郑×涉嫌敲诈勒索罪一案侦查阶段的辩护人，辩护人通过向犯罪嫌疑人郑×和烟台市××公安局侦查人员了解本案情况后认为：因郑×不构成敲诈勒索罪，不符合逮捕条件，故请贵院对犯罪嫌疑人郑×作出不批准逮捕的决定，理由如下：

第一，构成敲诈勒索罪法定的主、客观要件。

敲诈勒索罪主观要件是指：行为人出于故意，并且以非法占有为目的；

敲诈勒索罪客观要件是指：行为人对被害人使用威胁或要挟的方法，强行索要公私财物的行为，并且达到数额较大或者多次敲诈勒索。敲诈勒索公私财物价值三千元以上为数额较大；二年内实施敲诈勒索行为三次以上为"多次敲诈勒索"。

第二，犯罪嫌疑人郑×实施的前三次行为，主观上不具有非法占有目的。

1. 从犯罪嫌疑人郑×给烟台××股份有限公司孙×发的短信内容上看，郑×实施了以披露烟台××股份有限公司内幕信息相要挟的行为，其目的是向烟台××股份有限公司索要欠款，因其主观上不具有非法占有目的，所以不属于敲诈勒索。

2019年7月，犯罪嫌疑人郑×为法定代表人的××（天津）有限公司与烟台××股份有限公司签订《管理咨询项目合同》，双方在履行合同期间发生经济纠纷，应属平等主体之间的民事关系。犯罪嫌疑人郑×采取要挟手段向烟台××股份有限公司索要欠款，属于采取索要欠款的方法不当。烟台××股份有限公司是否欠款需要等待人民法院或仲裁委员会裁判后确定。如果裁判确认烟台××股份有限公司欠款，郑×实施要挟的行为就不具有非法占有目的；如果裁判确认烟台××股份有限公司不欠款，郑×误认为烟台××股份有限公司欠款而采取要挟的手段索款，其目的仍然是索要欠款，主观上仍不具有非法占有目的，所以不属于敲诈勒索。目前两公司对经济纠纷正在协调和解过程中，如果协调不成，近日犯罪嫌疑人郑×为法定代表人的××（天津）有限公司会向北京仲裁委员会申请仲裁。

2. 犯罪嫌疑人郑×向杭州××保险股份有限公司宣×发的短信内容上看，郑×实施了以披露杭州××保险股份有限公司内幕信息相要挟的行为，其目的是向杭州××保险股份有限公司索要欠款，因其不具有非法占有目的，所以也不属于敲诈勒索。

犯罪嫌疑人郑×为法定代表人的××（天津）有限公司与杭州××保险股份有限公司存有合同关系，杭州××保险股份有限公司欠犯罪嫌疑人郑×为法定代表人的××（天津）有限公司款人民币3 000 000.00元。犯罪嫌疑人郑×采取要挟手段向杭州××保险股份有限公司索要欠款，属于采取索要欠款的方法不当，因其不具有非法占有目的，所以也不属于敲诈勒索性质。即使杭州××保险股份有限公司认为不欠款，犯罪嫌疑人郑×误认为杭州××保险股份有限公司欠款而采取要挟的手段索款，其目的仍然是索要欠款，主观上仍不具有非法占有目的，所以仍不属于敲诈勒索。目前两公司对经济纠纷正在协调和解过程中，如果协调不成，近日犯罪嫌疑人郑×为法定代表人的××（天津）有限公司会申请仲裁或提起诉讼。

3. 犯罪嫌疑人郑×向××实业（集团）有限公司生物化学制药厂郭×发的短信内容上看，以要挟手段索要咨询费，郭×也给犯罪嫌疑人郑×划款人民币 10 万元，此款是郭×向郑×支付的肝素钠的市场行情和出口行情的咨询费，属于采取索要欠款的方法不当，主观上不具有非法占有目的，客观上不属于敲诈勒索的行为。

第三，犯罪嫌疑人郑×实施的第四次行为，虽然主观上具有非法占有目的，但是无法确定郑×敲诈勒索的数额或意图敲诈勒索的数额。

犯罪嫌疑人郑×向新泰市××福利生物原料加工厂负责人段×发的短信内容上看，以揭发新泰市××福利生物原料加工厂虚开发票相要挟，向新泰市××福利生物原料加工厂索要两年内虚开发票的非法所得，虽然主观上确实具有以非法占有的目的。但是没有证据证明新泰市××福利生物原料加工厂是否具有虚开发票的行为，也就无法确定郑×意图敲诈勒索的数额。

第四，应当逮捕的法定条件。

1. 依据《中华人民共和国刑事诉讼法》第 81 条规定应当逮捕需要同时具备三个条件：

（1）证据条件（或称逮捕的证明标准），是有证据证明有犯罪事实；

（2）罪责条件，是可能判处徒刑以上刑罚的犯罪嫌疑人、被告人；

（3）社会危险性条件，是采取取保候审尚不足以防止发生社会危险性的。

2. 有证据证明有犯罪事实是指同时具备下列情形：

（1）有证据证明发生了犯罪事实；

（2）有证据证明该犯罪事实是犯罪嫌疑人实施的；

（3）证明犯罪嫌疑人实施犯罪行为的证据已经查证属实的。

3. 社会危险性是指下列五种情形之一：

（1）可能实施新的犯罪的；

（2）有危害国家安全、公共安全或者社会秩序的现实危险的；

（3）可能毁灭、伪造证据，干扰证人作证或者串供的；

（4）可能对被害人、举报人、控告人实施打击报复的；

（5）企图自杀或者逃跑的。

综上所述，烟台市××公安局认为：犯罪嫌疑人郑×实施四次敲诈勒索行为，涉嫌敲诈勒索罪。辩护人认为：犯罪嫌疑人郑×所实施的四次要挟行为，其中前三次不具有非法占有为目的，第四次虽然主观上具有非法占有目的，但是无法确定郑×敲诈勒索的数额或意图敲诈勒索的数额。依据《刑法》第274 条规定因犯罪嫌疑人郑×的行为不符合敲诈勒索罪构成要件；同时根据本案现有证据情况，没有证据证明有犯罪事实发生，依据《刑事诉讼法》第 81 条规定不符合逮捕条件，请贵院依法对犯罪嫌疑人郑×作出不批准逮捕的决定。

此致

烟台市××人民检察院

辩护人：王×　天津××律师事务所律师

2020 年×月×日

第七节　对人大代表采取强制措施的审批程序

一、公安机关对人大代表采取强制措施的审批程序

《公安机关办理刑事案件程序规定》第 164 条至第 166 条规定了公安机关对人大代表采取强制措施的程序。

（1）公安机关依法对县级以上各级人民代表大会代表拘传、取保候审、监视居住、拘留或者提请批准逮捕的，应当书面报请该代表所属的人民代表大会主席团或者常务委员会许可。

（2）公安机关对现行犯拘留的时候，发现其是县级以上人民代表大会代表的，应当立即向其所属的人民代表大会主席团或者常务委员会报告。

公安机关在依法执行拘传、取保候审、监视居住、拘留或者逮捕中，发现被执行人是县级以上人民代表大会代表的，应当暂缓执行，并报告决定或者批准机关。如果在执行后发现被执行人是县级以上人民代表大会代表的，应当立即解除，并报告决定或者批准机关。

（3）公安机关依法对乡、民族乡、镇的人民代表大会代表拘传、取保候审、监视居住、拘留或者执行逮捕的，应当在执行后立即报告其所属的人民代表大会。

二、人民检察院对人大代表采取强制措施的审批程序

（1）《人民检察院刑事诉讼规则》第 148 条规定，人民检察院对担任县级以上各级人民代表大会代表的犯罪嫌疑人决定采取拘传、取保候审、监视居住、拘留、逮捕强制措施的，应当报请该代表所属的人民代表大会主席团或者常务委员会许可。

人民检察院对担任本级人民代表大会代表的犯罪嫌疑人决定采取强制措施的，应当报请本级人民代表大会主席团或者常务委员会许可。

对担任上级人民代表大会代表的犯罪嫌疑人决定采取强制措施的，应当层报该代表所属的人民代表大会同级的人民检察院报请许可。

对担任下级人民代表大会代表的犯罪嫌疑人决定采取强制措施的，可以直接报请该代表所属的人民代表大会主席团或者常务委员会许可，也可以委托该代表所属的人民代表大会同级的人民检察院报请许可。

对担任两级以上的人民代表大会代表的犯罪嫌疑人决定采取强制措施的，分别依照本条第 2、3、4 款的规定报请许可。

对担任办案单位所在省、市、县（区）以外的其他地区人民代表大会代表的犯罪嫌疑人决定采取强制措施的，应当委托该代表所属的人民代表大会同级的人民检察院报请许可；担任两级以上人民代表大会代表的，应当分别委托该代表所属的人民代表大会同级的人民检察院报请许可。

对于公安机关提请人民检察院批准逮捕的案件，犯罪嫌疑人担任人民代表大会代表的，报请许可手续由公安机关负责办理。担任县级以上人民代表大会代表的犯罪嫌疑人，经报请该代表所属人民代表大会主席团或者常务委员会许可后被刑事拘留的，适用逮捕措施时不需要再次报请许可。

（2）《人民检察院刑事诉讼规则》第 149 条规定："担任县级以上人民代表大会代表的犯罪嫌疑人因现行犯被人民检察院拘留的，人民检察院应当立即向该代表所属的人民代表大会主席团或者常务委员会报告。报告的程序参照本规则第一百四十八条报请许可的程序规定。对担任乡、民族乡、镇的人民代表大会代表的犯罪嫌疑人决定采取强制措施的，由县级人民检察院向乡、民族乡、镇的人民代表大会报告。"

第八节 解除、变更强制措施的程序

一、强制措施与羁押

拘传是强制犯罪嫌疑人、被告人的到案措施；取保候审是不符合羁押的法定条件的对抗性措施；监视居住是符合羁押法定条件的替代性措施；拘留是羁押的过渡性措施；逮捕是羁押的必要性措施。

《刑事诉讼法》第 96 条至第 99 条对犯罪嫌疑人、被告人撤销、解除强制措施作出了原则性的规定。

二、公安机关解除、变更强制措施的程序

《公安机关办理刑事案件程序规定》第 158 条至第 161 条对公安机关解除、变更强制措施的程序作出了具体的规定。

1. 公安机关依职权撤销或者变更强制措施

公安机关发现对犯罪嫌疑人采取强制措施不当的，应当及时撤销或者变更。犯罪嫌疑人在押的，应当及时释放。公安机关释放被逮捕的人或者变更逮捕措施的，应当通知批准逮捕的人民检察院。

2. 人民检察院建议撤销或者变更强制措施

犯罪嫌疑人被逮捕后，人民检察院经审查认为不需要继续羁押，建议予以释放或者变更强制措施的，公安机关应当予以调查核实。认为不需要继续羁押的，应当予以释放或者变更强制措施；认为需要继续羁押的，应当说明理由。

公安机关应当在 10 日以内将处理情况通知人民检察院。

3. 申请解除或者变更强制措施

（1）犯罪嫌疑人及其法定代理人、近亲属或者辩护人有权申请变更强制措施。公安机关应当在收到申请后 3 日以内作出决定；不同意变更强制措施的，应当告知申请人，并说明理由。

（2）公安机关对被采取强制措施法定期限届满的犯罪嫌疑人，应当予以释放，解除取保候审、监视居住或者依法变更强制措施。

犯罪嫌疑人及其法定代理人、近亲属或者辩护人对于公安机关采取强制

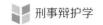

措施法定期限届满的，有权要求公安机关解除强制措施。公安机关应当进行审查，对于情况属实的，应当立即解除或者变更强制措施。

对于犯罪嫌疑人、被告人羁押期限即将届满的，看守所应当立即通知办案机关。

三、人民检察院解除、变更强制措施的程序

《人民检察院刑事诉讼规则》第150条至第153条对人民检察院解除、变更强制措施的程序作出了具体的规定。

1. 人民检察院依职权撤销或者变更强制措施

人民检察院如果发现对犯罪嫌疑人采取强制措施不当的，应当及时撤销或者变更。

2. 申请解除、变更强制措施

（1）犯罪嫌疑人及其法定代理人、近亲属或者辩护人认为人民检察院采取强制措施法定期限届满，要求解除、变更强制措施或者释放犯罪嫌疑人的，人民检察院应当在收到申请后3日以内作出决定。经审查，认为法定期限届满的，应当决定解除、变更强制措施或者释放犯罪嫌疑人，并通知公安机关执行；认为法定期限未满的，书面答复申请人。

（2）犯罪嫌疑人及其法定代理人、近亲属或者辩护人向人民检察院提出变更强制措施申请的，人民检察院应当在收到申请后3日以内作出决定。经审查，同意变更强制措施的，应当在作出决定的同时通知公安机关执行；不同意变更强制措施的，应当书面告知申请人，并说明不同意的理由。犯罪嫌疑人及其法定代理人、近亲属或者辩护人提出变更强制措施申请的，应当说明理由，有证据和其他材料的，应当附上相关材料。

3. 对机关事业单位人员采取或者解除强制措施的告知义务

人民检察院决定对涉嫌犯罪的机关事业单位工作人员取保候审、监视居住、拘留、逮捕的，应当在采取或者解除强制措施后5日以内告知其所在单位；决定撤销案件或者不起诉的，应当在作出决定后10日以内告知其所在单位。

四、人民法院解除、变更强制措施的程序

《最高人民法院关于适用〈中华人民共和国刑事诉讼法〉的解释》第169

条至第 174 条对人民法院解除、变更强制措施的程序作出了具体的规定。

（一）人民法院依职权释放或变更强制措施

1. 被逮捕的被告人具有下列情形之一的，人民法院可以变更强制措施：

（1）患有严重疾病、生活不能自理的；

（2）怀孕或者正在哺乳自己婴儿的；

（3）系生活不能自理的人的唯一扶养人。

2. 被逮捕的被告人具有下列情形之一的，人民法院应当立即释放；必要时，可以依法变更强制措施：

（1）第一审人民法院判决被告人无罪、不负刑事责任或者免予刑事处罚的；

（2）第一审人民法院判处管制、宣告缓刑、单独适用附加刑，判决尚未发生法律效力的；

（3）被告人被羁押的时间已到第一审人民法院对其判处的刑期期限的；

（4）案件不能在法律规定的期限内审结的。

人民法院决定释放被告人的，应当立即将释放通知书送交公安机关执行。

（二）人民检察院建议释放或者变更强制措施

对人民法院决定逮捕的被告人，人民检察院建议释放或者变更强制措施的，人民法院应当在收到建议后 10 日以内将处理情况通知人民检察院。

（三）申请变更、解除强制措施

被告人及其法定代理人、近亲属或者辩护人申请变更、解除强制措施的，应当说明理由。人民法院收到申请后，应当在 3 日以内作出决定。同意变更、解除强制措施的，应当依照法律规定处理；不同意的，应当告知申请人，并说明理由。

五、申请解除、变更强制措施申请书

犯罪嫌疑人、被告人及其法定代理人、近亲属或者辩护人向办案机关申请解除、变更强制措施的，最好采取书面形式，文书标题为××涉嫌××罪一案《解除强制措施申请书》或《变更强制措施申请书》；第一段落为犯罪嫌疑人、被告人自然状况、采取强制措施的种类和时间、羁押地点、采取强制措施的办案机关；第二段落为提出明确的解除、变更强制措施的请求；第三段落为阐明解除、变更强制措施的理由，如有证据和其他资料的，应当附后；结尾为此致、××办案机关、申请人××、××律师事务所律师、年月日。

第十二章

立　案

第一节　立案概述

一、立案的概念

立案是指司法机关接受报案、控告、举报、自首、自诉等材料，按照各自的管辖范围进行审查，认为有犯罪事实发生并需要追究刑事责任时，决定按刑事案件程序处理的一种诉讼活动。立案是一个独立的刑事诉讼阶段，它与侦查、审查起诉、审判和执行四个诉讼阶段相并列，它是刑事诉讼程序开始的标志。

二、立案的法律规定

《刑事诉讼法》第 109 条至第 113 条是对立案的规定。

《刑事诉讼法》第 109 条规定："公安机关或者人民检察院发现犯罪事实或者犯罪嫌疑人，应当按照管辖范围，立案侦查。"

《刑事诉讼法》第 110 条规定："任何单位和个人发现有犯罪事实或者犯罪嫌疑人，有权利也有义务向公安机关、人民检察院或者人民法院报案或者举报。被害人对侵犯其人身、财产权利的犯罪事实或者犯罪嫌疑人，有权向公安机关、人民检察院或者人民法院报案或者控告。公安机关、人民检察院或者人民法院对于报案、控告、举报，都应当接受。对于不属于自己管辖的，应当移送主管机关处理，并且通知报案人、控告人、举报人；对于不属于自己管辖而又必须采取紧急措施的，应当先采取紧急措施，然后移送主管机关。犯罪人向公安机关、人民检察院或者人民法院自首的，适用第三款规定。"

《刑事诉讼法》第 111 条规定："报案、控告、举报可以用书面或者口头提出。接受口头报案、控告、举报的工作人员，应当写成笔录，经宣读无误后，由报案人、控告人、举报人签名或者盖章。接受控告、举报的工作人员，应当向控告人、举报人说明诬告应负的法律责任。但是，只要不是捏造事实，伪造证据，即使控告、举报的事实有出入，甚至是错告的，也要和诬告严格加以区别。公安机关、人民检察院或者人民法院应当保障报案人、控告人、举报人及其近亲属的安全。报案人、控告人、举报人如果不愿公开自己的姓名和报案、控告、举报的行为，应当为他保守秘密。"

《刑事诉讼法》第 112 条规定："人民法院、人民检察院或者公安机关对于报案、控告、举报和自首的材料，应当按照管辖范围，迅速进行审查，认为有犯罪事实需要追究刑事责任的时候，应当立案；认为没有犯罪事实，或者犯罪事实显著轻微，不需要追究刑事责任的时候，不予立案，并且将不立案的原因通知控告人。控告人如果不服，可以申请复议。"

《刑事诉讼法》第 113 条规定："人民检察院认为公安机关对应当立案侦查的案件而不立案侦查的，或者被害人认为公安机关对应当立案侦查的案件而不立案侦查，向人民检察院提出的，人民检察院应当要求公安机关说明不立案的理由。人民检察院认为公安机关不立案理由不能成立的，应当通知公安机关立案，公安机关接到通知后应当立案。"

三、立案条件

依据前述法律规定，刑事诉讼立案条件要求同时具备以下三个方面：

1. 有犯罪事实

有犯罪事实是指有犯罪事实发生，并且该犯罪事实有一定的证据证明。

（1）有犯罪事实发生是指有触犯《刑法》的社会危害行为的发生，而不要求在立案审查阶段查清全部犯罪事实。

（2）犯罪事实有一定的证据证明是指现有证据能够证明《刑法》规定的犯罪构成事实已经发生，而且经立案阶段审查属实，而不要求掌握案件的全部证据。

2. 需要追究刑事责任

需要追究刑事责任是指依据实体法和程序法的规定应当追究行为人的刑事责任。如果符合《刑事诉讼法》第 16 条不追究刑事责任的六种情形之一的，就不符合立案条件。

3. 符合管辖的规定

符合管辖的规定是指依据《刑事诉讼法》第 109 条、第 110 条的规定，由公、检、法在各自职权的范围内，进行立案管辖。

"有犯罪事实，需要追究刑事责任"是立案的实质条件，也是刑事案件在立案阶段的证明标准；符合管辖的规定是立案的程序条件，实质及程序条件共同构成立案条件。

四、律师在立案阶段的工作

立案阶段是与侦查、审查起诉、审判和执行并行的独立刑事诉讼阶段，依据《刑事诉讼法》的规定，公诉案件犯罪嫌疑人、被告人在第一次讯问或采取强制措施之日起，有权委托辩护律师；公诉案件附带民事诉讼的当事人自案件移送审查起诉之日起，有权委托诉讼代理律师；自诉案件的当事人有权随时委托辩护律师或代理律师，这说明我国法律没有规定律师在公诉案件的立案阶段可以从事哪些法律服务。在司法实践中，律师接受委托以提供法律咨询或代书的方式提供非诉讼法律服务，其工作范围如下：①向报案人、控告人、举报人、自首人提供本案是否构成犯罪、立案条件及立案程序等法律咨询；②代理撰写报案、控告、举报、自首等法律文书；③代为整理有犯罪事实发生的证据材料；④代理撰写《不予立案决定复议申请书》；⑤代理撰写《不予立案决定检察监督申请书》；⑥以及在公诉案件的立案阶段可以从事的其他法律服务。

律师在办案实践中，也应当对案件是属于民事，还是刑事的案件性质进行区分，如果发现属于刑事案件的性质，则不能按民事案件的程序予以处理。

第二节　公安机关立案程序

公安机关立案程序包括受案、审查、决定三个阶段。《公安机关办理刑事案件程序规定》第 169 条至第 185 条是对公安机关立案程序的规定。

一、受案

1. 应立即接受，不得推诿和拒绝

公安机关对于公民扭送、报案、控告、举报或者犯罪嫌疑人自动投案的，都应当立即接受，问明情况，并制作笔录，经核对无误后，由扭送人、报案人、控告人、举报人、投案人签名、捺指印。必要时，应当对接受过程录音录像。

2. 制作证据材料清单及登记

公安机关对扭送人、报案人、控告人、举报人、投案人提供的有关证据材料等应当登记，制作接受证据材料清单，由扭送人、报案人、控告人、举报人、投案人签名，并妥善保管。必要时，应当拍照或者录音录像。

3. 制作受案登记表和受案回执

公安机关接受案件时，应当制作受案登记表和受案回执，并将受案回执交扭送人、报案人、控告人、举报人。扭送人、报案人、控告人、举报人无法取得联系或者拒绝接受回执的，应当在回执中注明。

4. 示明诬告的法律责任

公安机关接受控告、举报的工作人员，应当向控告人、举报人说明诬告应负的法律责任。但是，只要不是捏造事实、伪造证据，即使控告、举报的事实有出入，甚至是错告的，也要和诬告严格加以区别。

5. 保障安全及保密

公安机关应当保障扭送人、报案人、控告人、举报人及其近亲属的安全。

扭送人、报案人、控告人、举报人如果不愿意公开自己的身份，应当为其保守秘密，并在材料中注明。

二、审查

1. 审查和调查

对接受的案件，或者发现的犯罪线索，公安机关应当迅速进行审查。发现案件事实或者线索不明的，必要时，经办案部门负责人批准，可以进行调查核实。

立案阶段使用强制措施和侦查措施的限制：在调查核实过程中，公安机关可以依照有关法律和规定采取询问、查询、勘验、鉴定和调取证据材料等不限制被调查对象人身、财产权利的措施。但是，不得对被调查对象采取强制措施，不得查封、扣押、冻结被调查对象的财产，不得采取技术侦查措施。

2. 移送管辖

（1）经过审查，认为有犯罪事实，但不属于自己管辖的案件，应当立即报经县级以上公安机关负责人批准，制作《移送案件通知书》，在 24 小时以内移送有管辖权的机关处理，并告知扭送人、报案人、控告人、举报人。对于不属于自己管辖而又必须采取紧急措施的，应当先采取紧急措施，然后办理手续，移送主管机关。

（2）对不属于公安机关职责范围的事项，在接报案时能够当场判断的，应当立即口头告知扭送人、报案人、控告人、举报人向其他主管机关报案。

公安机关认为行政执法机关移送的案件不属于公安机关职责范围的，应当书面通知移送案件的行政执法机关向其他主管机关移送案件，并说明理由。

（3）对于重复报案、案件正在办理或者已经办结的，应当向扭送人、报案人、控告人、举报人作出解释，不再登记，但有新的事实或者证据的除外。

（4）案件变更管辖或者移送其他公安机关并案侦查时，与案件有关的法律文书、证据、财物及其孳息等应当随案移交。

移交时，由接收人、移交人当面查点清楚，并在交接单据上共同签名。

3. 告知直接起诉

经过审查，对告诉才处理的案件，公安机关应当告知当事人向人民法院起诉。

对被害人有证据证明的轻微刑事案件，公安机关应当告知被害人可以向人民法院起诉；被害人要求公安机关处理的，公安机关应当依法受理。

人民法院审理自诉案件，依法调取公安机关已经收集的案件材料和有关证据的，公安机关应当及时移交。

4. 移送有关部门处理

经过审查，对于不够刑事处罚需要给予行政处理的，依法予以处理或者移送有关部门。

三、决定

1. 立案决定

（1）公安机关接受案件后，经审查，认为有犯罪事实需要追究刑事责任，且属于自己管辖的，经县级以上公安机关负责人批准，予以立案；认为没有犯罪事实，或者犯罪事实显著轻微不需要追究刑事责任，或者具有其他依法不追究刑事责任情形的，经县级以上公安机关负责人批准，不予立案。

对有控告人的案件，决定不予立案的，公安机关应当制作《不予立案通知书》，并在 3 日以内送达控告人。

决定不予立案后又发现新的事实或者证据，或者发现原认定事实错误，需要追究刑事责任的，应当及时立案处理。

（2）对行政执法机关移送的案件，公安机关应当自接受案件之日起 3 日以内进行审查，认为有犯罪事实，需要追究刑事责任，依法决定立案的，应当书面通知移送案件的行政执法机关；认为没有犯罪事实，或者犯罪事实显著轻微，不需要追究刑事责任，依法不予立案的，应当说明理由，并将《不予立案通知书》送达移送案件的行政执法机关，相应退回案件材料。

公安机关认为行政执法机关移送的案件材料不全的，应当在接受案件后24 小时以内通知移送案件的行政执法机关在 3 日以内补正，但不得以材料不全为由不接受移送案件。

2. 不予立案决定的复议与复核

（1）控告人对不予立案决定不服的，可以在收到不予立案通知书后 7 日以内向作出决定的公安机关申请复议；公安机关应当在收到复议申请后 30 日以内作出决定，并将决定书送达控告人。

控告人对不予立案的复议决定不服的，可以在收到复议决定书后 7 日以内向上一级公安机关申请复核；上一级公安机关应当在收到复核申请后 30 日以内作出决定。对上级公安机关撤销不予立案决定的，下级公安机关应当执行。

案情重大、复杂的，公安机关可以延长复议、复核时限，但是延长时限不得超过 30 日，并书面告知申请人。

（2）移送案件的行政执法机关对不予立案决定不服的，可以在收到不予立案通知书后 3 日以内向作出决定的公安机关申请复议；公安机关应当在收到行政执法机关的复议申请后 3 日以内作出决定，并书面通知移送案件的行政执法机关。

3. 立案的法律监督

（1）对人民检察院要求说明不立案理由的案件，公安机关应当在收到通知书后 7 日以内，对不立案的情况、依据和理由作出书面说明，回复人民检察院。公安机关作出立案决定的，应当将立案决定书复印件送达人民检察院。

人民检察院通知公安机关立案的，公安机关应当在收到通知书后 15 日以内立案，并将立案决定书复印件送达人民检察院。

（2）人民检察院认为公安机关不应当立案而立案，提出纠正意见的，公安机关应当进行调查核实，并将有关情况回复人民检察院。

第三节　人民检察院立案程序

人民检察院立案程序包括受理、审查、决定三个阶段。《人民检察院刑事诉讼规则》第 166 条至第 175 条是对人民检察院立案程序的规定。

一、受理

人民检察院直接受理侦查案件的线索，由负责侦查的部门统一受理、登记和管理。负责控告申诉检察的部门接受的控告、举报，或者本院其他办案部门发现的案件线索，属于人民检察院直接受理侦查案件线索的，应当在 7 日以内移送负责侦查的部门。

二、审查

（1）人民检察院负责侦查的部门对案件线索进行审查后，认为属于本院管辖，需要进一步调查核实的，应当报检察长决定。

（2）对于人民检察院直接受理侦查案件的线索，上级人民检察院在必要时，可以直接调查核实或者组织、指挥、参与下级人民检察院的调查核实，可以将下级人民检察院管辖的案件线索指定辖区内其他人民检察院调查核实，也可以将本院管辖的案件线索交由下级人民检察院调查核实；下级人民检察院认为案件线索重大、复杂，需要由上级人民检察院调查核实的，可以提请移送上级人民检察院调查核实。

（3）调查核实一般不得接触被调查对象。必须接触被调查对象的，应当经检察长批准。

（4）立案阶段使用强制措施和侦查措施的限制：在调查核实过程中，可以采取询问、查询、勘验、检查、鉴定、调取证据材料等不限制被调查对象人身、财产权利的措施。不得对被调查对象采取强制措施，不得查封、扣押、冻结被调查对象的财产，不得采取技术侦查措施。

（5）负责侦查的部门调查核实后，应当制作审查报告。

调查核实终结后，相关材料应当立卷归档。立案进入侦查程序的，对于作为诉讼证据以外的其他材料应当归入侦查内卷。

三、决定

1. 立案决定

人民检察院对于直接受理的案件，经审查认为有犯罪事实需要追究刑事责任的，应当制作立案报告书，经检察长批准后予以立案。

符合立案条件，但犯罪嫌疑人尚未确定的，可以依据已查明的犯罪事实作出立案决定。

2. 不予立案决定

人民检察院对具有下列情形之一的，报请检察长决定不予立案：

（1）具有《刑事诉讼法》第 16 条规定情形之一的；

（2）认为没有犯罪事实的；

（3）事实或者证据尚不符合立案条件的。

《刑事诉讼法》第 16 条规定："有下列情形之一的，不追究刑事责任，已经追究的，应当撤销案件，或者不起诉，或者终止审理，或者宣告无罪：（一）情节显著轻微、危害不大，不认为是犯罪的；（二）犯罪已过追诉时效期限的；（三）经特赦令免除刑罚的；（四）依照刑法告诉才处理的犯罪，没有告诉或者撤回告诉的；（五）犯罪嫌疑人、被告人死亡的；（六）其他法律规定免予追究刑事责任的。"

3. 送达《不立案通知书》

（1）人民检察院对于其他机关或者本院其他办案部门移送的案件线索，决定不予立案的，负责侦查的部门应当制作不立案通知书，写明案由和案件来源、决定不立案的原因和法律依据，自作出不立案决定之日起 10 日以内送达移送案件线索的机关或者部门。

（2）人民检察院对于控告和实名举报，决定不予立案的，应当制作不立案通知书，写明案由和案件来源、决定不立案的原因和法律依据，由负责侦查的部门在 15 日以内送达控告人、举报人，同时告知本院负责控告申诉检察的部门。

4. 不立案的复议

控告人如果不服，可以在收到不立案通知书后 10 日以内向上一级人民检察院申请复议。不立案的复议，由上一级人民检察院负责侦查的部门审查办理。

5. 移送有关主管机关处理

人民检察院认为被控告人、被举报人的行为未构成犯罪，决定不予立案，但需要追究其党纪、政纪、违法责任的，应当移送有管辖权的主管机关处理。

6. 错告、诬告的处理

错告对被控告人、被举报人造成不良影响的，人民检察院应当自作出不立案决定之日起 1 个月以内向其所在单位或者有关部门通报调查核实的结论，澄清事实。

属于诬告陷害的，应当移送有关机关处理。

7. 立案通报

人民检察院决定对人民代表大会代表立案，应当依法定程序向该代表所属的人民代表大会主席团或者常务委员会进行通报。

第十三章

侦　查

第一节　侦查措施

侦查措施是指公安、人民检察院以及其他有侦查权的机关在侦查案件过程中，依法采取的侦查行为和方法。辩护律师应当全面了解侦查机关采用侦查措施的合法性，为非法证据排除、代为申诉控告及辩护做准备。下文将就侦查机关采取的十种侦查措施的法定程序分别予以阐述。

一、讯问犯罪嫌疑人

《刑事诉讼法》第 118 条至第 123 条，《人民检察院刑事诉讼规则》第 182 条至第 190 条，《公安机关办理刑事案件程序规定》第 198 条至第 209 条是侦查机关传唤、讯问犯罪嫌疑人的法律规定。

（1）讯问犯罪嫌疑人，侦查人员不得少于 2 人。讯问同案犯罪嫌疑人应当个别进行。

（2）讯问犯罪嫌疑人地点。①讯问犯罪嫌疑人，除下列情形以外，应当在公安机关、人民检察院执法办案场所进行：在紧急情况下在现场进行讯问的；对有严重伤病或者残疾、行动不便的，以及正在怀孕的犯罪嫌疑人，在其住处或者就诊的医疗机构进行讯问的；对于正在被执行行政拘留、强制隔离戒毒的人员以及正在监狱服刑的罪犯，可以在其执行场所进行讯问。②对不需要逮捕、拘留的犯罪嫌疑人，可以传唤到犯罪嫌疑人所在市、县内的指定地点或者到他的住处进行讯问，但是应当出示人民检察院或者公安机关的证明文件。③犯罪嫌疑人被看守所羁押以后，侦查人员只能在看守所内进行讯问。

（3）传唤不得超过 12 个小时，案件特别重大、复杂，需要采取拘留、逮捕措施的，传唤持续时间不得超过 24 个小时。

不得以连续传唤的方式变相拘禁犯罪嫌疑人，传唤犯罪嫌疑人应当保障其饮食及必要的休息时间。

传唤与拘传的区别：传唤属于侦查措施，拘传属于强制措施；传唤可以采取口头或书面形式，拘传只能采取书面形式并经公安机关负责人、人民法院院长、人民检察院检察长或其授权的检察官批准；传唤一般针对的是不需要拘留、逮捕的犯罪嫌疑人，拘传一般针对的是需要拘留、逮捕的犯罪嫌疑人。

（4）侦查人员在讯问犯罪嫌疑人时，应当首先讯问是否有犯罪行为，让其陈述有罪情节或无罪辩解，然后才可向其提问。

（5）犯罪嫌疑人对侦查人员提出的问题，应当如实回答，没有沉默权，但是对与本案无关的问题，有拒绝回答的权利。

（6）侦查人员应当告知犯罪嫌疑人享有的诉讼权利，如实供述自己的罪行可以从宽处理和认罪认罚的法律规定。

（7）讯问聋、哑的犯罪嫌疑人，应当有通晓聋、哑手势的人参加，并在讯问笔录上注明聋、哑情况及通晓聋、哑手势的人的姓名、工作单位和职业。

讯问不通晓当地语言文字的犯罪嫌疑人，应当配备翻译人员，并在讯问笔录上注明翻译人员的姓名、工作单位和职业。

（8）讯问笔录应当交犯罪嫌疑人核对，对于没有阅读能力的，应当向他宣读。如果记载有遗漏或者差错，犯罪嫌疑人可以提出补充或者改正。犯罪嫌疑人承认笔录没有错误后，应当签名或盖章、捺指印。侦查人员也应当在笔录上签名。犯罪嫌疑人请求自行书写供述的，应当准许。必要的时候，侦查人员也可以要求犯罪嫌疑人亲笔书写供词。

（9）侦查人员在讯问犯罪嫌疑人的时候，可以对讯问过程进行录音录像；对于可能判处无期徒刑、死刑的案件或者其他重大犯罪案件以及人民检察院直接受理侦查的案件，应当对讯问过程进行录音、录像。

讯问过程的录音、录像，应当在每次讯问中全程不间断地进行，保持完整性，不得剪切、删改。

（10）侦查人员讯问犯罪嫌疑人时，严禁刑讯逼供和以威胁、引诱、欺骗以及其他非法的方法获取供述。不得强迫犯罪嫌疑人证实自己有罪。

二、询问证人、被害人

《刑事诉讼法》第 124 条至第 127 条，《人民检察院刑事诉讼规则》第 191 条至第 195 条，《公安机关办理刑事案件程序规定》第 210 条至第 212 条是侦查机关询问证人、被害人的法律规定。

（1）询问证人、被害人应当个别进行。

（2）询问证人、被害人，应当告知他应如实地提供证据、证言和有意作伪证或者隐匿罪证要负的法律责任。

（3）侦查人员不得向证人、被害人泄露案情。

（4）询问聋、哑的证人、被害人，应当有通晓聋、哑手势的人参加，并在询问笔录上注明聋、哑情况及通晓聋、哑手势的人的姓名、工作单位和职业。

询问不通晓当地语言文字的证人、被害人，应当配备翻译人员，并在询问笔录上注明翻译人员的姓名、工作单位和职业。

（5）询问笔录应当交证人、被害人核对，对于没有阅读能力的，应当向他宣读。如果记载有遗漏或者差错，证人、被害人可以提出补充或者改正。证人、被害人承认笔录没有错误后，应当签名或盖章、捺指印。侦查人员也应当在笔录上签名。证人、被害人请求自行书写证言或陈述的，应当准许。必要的时候，侦查人员也可以要求证人、被害人亲笔书写证言或陈述。

（6）严禁采用暴力、威胁等非法方法询问证人、被害人。

三、勘验、检查

（一）勘验、检查

勘验、检查是指侦查人员对犯罪有关的场所、物品、人身、尸体进行勘查、检验或检查，以便于发现和收集犯罪行为所遗留的痕迹和物品的侦查活动。勘验、检查分为现场勘查、物品检验、人身检查、尸体检验、侦查实验五种。

《刑事诉讼法》第 128 条至第 135 条，《人民检察院刑事诉讼规则》第 196 条至第 201 条，《公安机关办理刑事案件程序规定》第 213 条至第 221 条是对勘验、检查的法律规定。

（1）勘验、检查由侦查人员进行，必要时可以指派或聘请具有专门知识的人参加。

（2）侦查人员进行勘验、检查必须持侦查机关的证明文件。

（3）侦查人员应当邀请 2 名与案件没有利害关系的人作为见证人在场。

（4）人民检察院对公安机关的勘验、检查，认为需要复验、复查时，可以要求公安机关复验、复查，并且可以派检察人员参加。

（5）应当制作勘验、检查笔录，由参加勘验、检查的人和见证人签名或盖章。

（二）现场勘查

现场勘查是指侦查人员对实施犯罪的地点及遗留有犯罪痕迹和物品的场所进行勘查的一种侦查活动。现场勘查的法律要求：

（1）任何单位和个人都有义务保护犯罪现场，并立即通知公安机关派员勘验，发案地派出所、巡警等公安部门应当保护犯罪现场和证据。

（2）对案件现场进行勘查的侦查人员不得少于 2 人。勘查现场时，应当要求与案件无关的公民作为见证人。

（3）勘查现场应当拍摄现场照片、绘制现场图，制作笔录，由参加勘验的人和见证人签名。勘查重大案件的现场应当录像。

（三）物品检验

物品检验是指对物品和痕迹进行检查和验证，确定与案件关联性的一种侦查活动。物品检验的法律要求：

（1）查验物品和痕迹上的特征，如物品及痕迹的大小、形状、尺寸、颜色、体积、性质等。

（2）确定物品及痕迹与案件事实有无联系以及联系程度。

（3）必要时可指派或聘请具有专门知识的人进行鉴定。

（4）应当制作检验物品笔录，由侦查人员、参加检验的人和见证人在笔录上签名或盖章。

（四）人身检查

人身检查是指为了确定被害人、犯罪嫌疑人的特征、伤情或生理状态，对其人身进行检查并提取、采集肖像、指纹等人体生物识别信息，采集血液、尿液、精液、毛发等生物样本的一种侦查活动。人身检查的法律要求：

（1）人身检查由侦查人员进行，可以指派、聘请法医或医师进行。

（2）犯罪嫌疑人如果拒绝检查，侦查人员认为必要的时候，可以强制检查。

（3）被害人死亡的，应当通过被害人近亲属辨认、提起生物样本鉴定等方式确定被害人身份。

（4）检查妇女的身体，应当由女工作人员或医师进行。

（5）应当制作人身检查笔录，由侦查人员、检查人员、被检查人和见证人在笔录上签名。被检查人拒绝签名的，侦查人员应当在笔录中注明。

（6）人身检查不得采用损害被检查人生命、健康或者贬低其名誉、人格的方法。在人身检查过程中知悉的被检查人的个人隐私，侦查人员应当予以保密。

（五）尸体检验

尸体检验是指在侦查人员的支持下，由法医或医生对非正常死亡者的尸体进行检验或解剖，以确定死亡原因、时间及致死的工具、手段和方法的一种侦查活动。尸体检验分为尸表检验和尸体解剖两种。

（1）尸表检验是指对尸体的表面进行检验。如对尸体的姿态、位置、身长、皮肤、伤口的位置等外表特征进行检验。

（2）尸体解剖是指对尸体的内部器官进行检验。尸体解剖的法律要求：①对于死因不明的尸体，公安机关、人民检察院有权决定解剖，并且通知死者家属到场，让其在解剖尸体通知书上签名，死者家属无正当理由拒不到场或拒绝签名的，侦查人员应当在解剖尸体通知书上注明，对于身份不明的尸体，无法通知死者家属的，也应当在笔录中注明；②解剖尸体应按照卫生部《解剖尸体规则》进行；③对已查明死因，没有继续保存必要的尸体，应当通知家属处理，对于无法通知或者通知后家属拒绝领回的，经县级以上公安机关负责人批准，可以及时处理。

（3）侦查机关进行尸体检验应当制作笔录，由侦查人员、法医、医生和死者家属及见证人签名，并注明时间。

（六）侦查实验

侦查实验是指为了确定与案件有关的事实，在某种条件下能否发生及发生过程，而将该事实予以重演或实验的一种侦查活动。侦查实验是审查证人证言、被害人陈述、犯罪嫌疑人的供述和辩解是否真实的一种方法，为认定案件事实提供可靠依据。侦查实验的法律要求：

（1）侦查实验应当经县级以上公安机关负责人、人民检察院检察长及其授权的检察官批准，并由侦查人员进行。

（2）侦查实验可以聘请具有专门知识的人参加，也可以要求犯罪嫌疑人、被害人、证人参加，应当邀请见证人在场，公安机关进行侦查实验人民检察院可以派员参加。

（3）侦查实验，禁止一切足以造成危险、侮辱人格或者有伤风化的行为。

（4）进行侦查实验，应当全程录音录像，并制作侦查实验笔录，由参加实验的人签名。

四、搜查

搜查是指侦查人员对犯罪嫌疑人以及可能隐藏罪犯或犯罪证据的人的身体、物品、住处、工作地点等有关的地方进行搜索检查的一种侦查活动。

《刑事诉讼法》第 136 条至第 140 条，《人民检察院刑事诉讼规则》第 202 条至第 207 条，《公安机关办理刑事案件程序规定》第 222 条至第 226 条是对搜查的法律规定。

（1）搜查须经县级以上公安机关负责人、人民检察院检察长或其授权的检察官批准签发搜查证，搜查时应向被搜查人出示搜查证；在执行拘留、逮捕的时候，遇有下列紧急情况之一的，不用搜查证也可以进行搜查：①可能随身携带凶器的；②可能隐藏爆炸、剧毒等危险物品的；③可能隐匿、毁弃、转移犯罪证据的；④可能隐匿其他犯罪嫌疑人的；⑤其他突然发生的紧急情况。

搜查结束后，搜查人员应当在 24 小时以内补办有关手续。

（2）执行搜查的侦查人员不少于 2 人。

（3）进行搜查时，应当有被搜查人或者他的家属、邻居或者其他见证人在场。

（4）公安机关、人民检察院可以要求有关单位和个人交出可以证明犯罪嫌疑人有罪或者无罪的物证、书证、视听资料等证据。遇到阻碍搜查的，侦查人员可以强制搜查。

（5）搜查妇女的身体，应当由女工作人员进行。

（6）搜查的情况应当制作笔录，由侦查人员和被搜查人或者他的家属、邻居或者其他见证人签名；如果被搜查人拒绝签名，或者被搜查人在逃，他的家属拒绝签名或者不在场的，侦查人员应当在笔录中注明。

五、查封、扣押

查封、扣押是指侦查机关依法封存、扣留和提存可用以证明犯罪嫌疑人有罪或无罪的各种财物（物证）、文件、邮件、电报（书证）和视听资料、电子数据的一种侦查活动。

《刑事诉讼法》第 141 条至第 143 条，《人民检察院刑事诉讼规则》第 208 条至第 211 条，《公安机关办理刑事案件程序规定》第 227 条至第 236 条是对查封、扣押的法律规定。

（1）公安机关扣押财物、文件应当经公安机关办案部门负责人批准，制作扣押决定书；在现场勘查或者搜查中需要扣押财物、文件的，由现场指挥人员决定；但扣押财物、文件价值较高或者可能严重影响正常生产经营的，应当经县级以上公安机关负责人批准，制作扣押决定书。

在侦查过程中需要查封土地、房屋等不动产，或者船舶、航空器以及其他不宜移动的大型机器、设备等特定动产的，应当经县级以上公安机关负责人批准并制作查封决定书。

（2）人民检察院查封、扣押财物、文件由检察长或其授权的检察官批准。

（3）执行查封、扣押的侦查人员不得少于 2 人，并出示查封、扣押决定书。

（4）调取物证应当调取原物。原物不便搬运、保存，或者依法应当返还被害人，或者因保密工作需要不能调取原物的，可以将原物封存，并拍照、录像。对原物拍照或者录像应当足以反映原物的外形、内容。

调取书证、视听资料应当调取原件。取得原件确有困难或者因保密需要不能调取原件的，可以调取副本或者复制件。

调取书证、视听资料的副本、复制件和物证的照片、录像的，应当书面记明不能调取原件、原物的原因，制作过程和原件、原物存放地点，并由制作人员和原书证、视听资料、物证持有人签名或者盖章。

（5）对犯罪嫌疑人使用违法所得与合法收入共同购置的不可分割的财产，可以先行查封、扣押、冻结。对无法分割退还的财产，应当在结案后予以拍卖、变卖，对不属于违法所得的部分予以退还。

（6）查封、扣押的情况应当制作笔录，由侦查人员、持有人和见证人签名。对于无法确定持有人或者持有人拒绝签名的，侦查人员应当在笔录中注明。

（7）对查封、扣押的财物和文件，应当会同在场见证人和被查封、扣押财物、文件的持有人查点清楚，当场开列查封、扣押清单一式3份，写明财物或者文件的名称、编号、数量、特征及其来源等，由侦查人员、持有人和见证人签名，一份交给持有人，一份交给公安机关保管人员，一份附卷备查。

对于财物、文件的持有人无法确定，以及持有人不在现场或者拒绝签名的，侦查人员应当在清单中注明。

依法扣押文物、金银、珠宝、名贵字画等贵重财物的，应当拍照或者录像，并及时鉴定、估价。

（8）对作为犯罪证据但不便提取或者没有必要提取的财物、文件，经登记、拍照或者录像、估价后，可以交财物、文件持有人保管或者封存，并且开具登记保存清单一式2份，由侦查人员、持有人和见证人签名，一份交给财物、文件持有人，另一份连同照片或者录像资料附卷备查。财物、文件持有人应当妥善保管，不得转移、变卖、毁损。

（9）扣押犯罪嫌疑人的邮件、电子邮件、电报，应当经县级以上公安机关负责人、人民检察院检察长或其授权的检察官批准，制作扣押邮件、电报通知书，通知邮电部门或者网络服务单位检交扣押。

不需要继续扣押的时候，应当经县级以上公安机关负责人、人民检察院检察长或其授权的检察官批准，制作解除扣押邮件、电报通知书，立即通知邮电部门或者网络服务单位。

（10）对查封、扣押的财物、文件、邮件、电子邮件、电报，经查明确实与案件无关的，应当在3日以内解除查封、扣押，退还原主或者原邮电部门、网络服务单位；原主不明确的，应当采取公告方式告知原主认领。在通知原主或者公告后6个月以内，无人认领的，按照无主财物处理，登记后上缴国库。

（11）有关犯罪事实查证属实后，对于有证据证明权属明确且无争议的被害人合法财产及其孳息，且返还不损害其他被害人或者利害关系人的利益，不影响案件正常办理的，应当在登记、拍照或者录音录像和估价后，报经县级以上公安机关负责人、人民检察院检察长或其授权的检察官批准，开具发还清单返还，并在案卷材料中注明返还的理由，将原物照片、发还清单和被害人的领取手续存卷备查。

领取人应当是涉案财物的合法权利人或者其委托的人；委托他人领取的，应当出具委托书。侦查人员或者公安机关其他工作人员不得代为领取。

查找不到被害人，或者通知被害人后，无人领取的，应当将有关财产及其孳息随案移送。

（12）对查封、扣押的财物及其孳息、文件，应当妥善保管，以供核查。任何单位和个人不得违规使用、调换、损毁或者自行处理。

（13）在侦查期间，对于易损毁、灭失、腐烂、变质而不宜长期保存，或者难以保管的物品，经县级以上公安机关主要负责人、人民检察院检察长或其授权的检察官批准，可以在拍照或者录音录像后委托有关部门变卖、拍卖，变卖、拍卖的价款暂予保存，待诉讼终结后一并处理。

对于违禁品，应当依照国家有关规定处理；需要作为证据使用的，应当在诉讼终结后处理。

六、查询、冻结

查询、冻结是指侦查机关依法向金融机构、证券公司、邮电部门或企业查询、冻结犯罪嫌疑人的存款、汇款、债券、股票、基金份额等财产的一种侦查活动。

《刑事诉讼法》第 144 条至第 145 条，《人民检察院刑事诉讼规则》第212 条至第 217 条，《公安机关办理刑事案件程序规定》第 237 条至第 247 条是对查询、冻结的法律规定。

（1）公安机关、人民检察院根据侦查犯罪的需要，可以依照规定查询、冻结犯罪嫌疑人的存款、汇款、证券交易结算资金、期货保证金等资金，债券、股票、基金份额和其他证券，以及股权、保单权益和其他投资权益等财产，并可以要求有关单位和个人配合。

对于前述规定的财产，不得划转、转账或者以其他方式变相扣押。

（2）公安机关向金融机构等单位查询犯罪嫌疑人的存款、汇款、证券交易结算资金、期货保证金等资金，债券、股票、基金份额和其他证券，以及股权、保单权益和其他投资权益等财产，应当经县级以上公安机关负责人批准，制作协助查询财产通知书，通知金融机构等单位办理。

公安机关需要冻结犯罪嫌疑人财产的，应当经县级以上公安机关负责人批准，制作协助冻结财产通知书，明确冻结财产的账户名称、账户号码、冻结数额、冻结期限、冻结范围以及是否及于孳息等事项，通知金融机构等单位协助办理。

冻结股权、保单权益的，应当经设区的市一级以上公安机关负责人批准。

冻结上市公司股权的，应当经省级以上公安机关负责人批准。

（3）人民检察院需要冻结犯罪嫌疑人财产的，由检察长或其授权的检察官批准。

（4）需要延长冻结期限的，应当按照原批准权限和程序，在冻结期限届满前办理继续冻结手续。逾期不办理继续冻结手续的，视为自动解除冻结。

（5）不需要继续冻结犯罪嫌疑人财产时，应当经原批准冻结的公安机关负责人、人民检察院检察长或其授权的检察官批准，制作协助解除冻结财产通知书，通知金融机构等单位办理。

（6）犯罪嫌疑人的财产已被冻结的，不得重复冻结，但可以轮候冻结。

（7）冻结存款、汇款、证券交易结算资金、期货保证金等财产的期限为6个月。每次续冻期限最长不得超过6个月。对于重大、复杂案件，冻结存款、汇款、证券交易结算资金、期货保证金等财产的期限可以为1年。每次续冻期限最长不得超过1年。

冻结债券、股票、基金份额等证券的期限为2年。每次续冻期限最长不得超过2年。

冻结股权、保单权益或者投资权益的期限为6个月。每次续冻期限最长不得超过6个月。

（8）对冻结的债券、股票、基金份额等财产，应当告知当事人或者其法定代理人、委托代理人有权申请出售。

权利人书面申请出售被冻结的债券、股票、基金份额等财产，不损害国家利益、被害人、其他权利人利益，不影响诉讼正常进行的，以及冻结的汇票、本票、支票的有效期即将届满的，经县级以上公安机关负责人、人民检察院检察长或其授权的检察官批准，可以依法出售或者变现，所得价款应当继续冻结在其对应的银行账户中；没有对应的银行账户的，所得价款由公安机关、人民检察院在银行指定专门账户保管，并及时告知当事人或者其近亲属。

（9）对冻结的财产，经查明确实与案件无关的，应当在3日以内通知金融机构等单位解除冻结，并通知被冻结财产的所有人。

七、鉴定

鉴定是指侦查机关指派或聘请具有鉴定资格的人就案件专门性问题进行鉴别判断，并作出鉴定意见的一种侦查活动。专门性问题包括法医问题、司法精神病问题、毒品问题、刑事技术问题等。

《刑事诉讼法》第146条至第149条、第192条第3款，《人民检察院刑事诉讼规则》第218条至第222条，《公安机关办理刑事案件程序规定》第248条至第257条是对鉴定的法律规定。

（1）为了查明案情，需要解决案件中某些专门性问题的时候，应当指派、聘请有专门知识的人进行鉴定。

公安机关需要聘请有专门知识的人进行鉴定，应当经县级以上公安机关负责人批准后，制作《鉴定聘请书》。

（2）公安机关、人民检察院应当为鉴定人进行鉴定提供必要的条件，及时向鉴定人送交有关检材和对比样本等原始材料，介绍与鉴定有关的情况，并且明确提出要求鉴定解决的问题。

禁止暗示或者强迫鉴定人作出某种鉴定意见。

（3）侦查人员应当做好检材的保管和送检工作，并注明检材送检环节的责任人，确保检材在流转环节中的同一性和不被污染。

（4）鉴定人应当按照鉴定规则，运用科学方法独立进行鉴定。鉴定后，应当出具鉴定意见，并在鉴定意见书上签名，同时附上鉴定机构和鉴定人的资质证明或者其他证明文件。

多人参加鉴定，鉴定人有不同意见的，应当注明。

（5）对鉴定意见，侦查人员应当进行审查。

对经审查作为证据使用的鉴定意见，公安机关、人民检察院应当及时告知犯罪嫌疑人、被害人；被害人死亡或者没有诉讼能力的，应当告知其法定代理人、近亲属或者诉讼代理人。

（6）犯罪嫌疑人、被害人或者被害人的法定代理人、近亲属、诉讼代理人对鉴定意见有异议提出申请，以及办案部门或者侦查人员对鉴定意见有疑义的，可以将鉴定意见送交其他有专门知识的人员提出补充鉴定或者重新鉴定意见。必要时，询问鉴定人并制作笔录附卷。

（7）公安机关经审查，发现有下列情形之一的，经县级以上公安机关负责人批准，应当补充鉴定：①鉴定内容有明显遗漏的；②发现新的有鉴定意义的证物的；③对鉴定证物有新的鉴定要求的；④鉴定意见不完整，委托事项无法确定的；⑤其他需要补充鉴定的情形。

经审查，不符合上述情形的，经县级以上公安机关负责人批准，作出不准予补充鉴定的决定，并在作出决定后 3 日以内书面通知申请人。

（8）公安机关经审查，发现有下列情形之一的，经县级以上公安机关负责人批准，应当重新鉴定：①鉴定程序违法或者违反相关专业技术要求的；②鉴定机构、鉴定人不具备鉴定资质和条件的；③鉴定人故意作虚假鉴定或者违反回避规定的；④鉴定意见依据明显不足的；⑤检材虚假或者被损坏的；⑥其他应当重新鉴定的情形。

重新鉴定，应当另行指派或者聘请鉴定人。

经审查，不符合上述情形的，经县级以上公安机关负责人批准，作出不准予重新鉴定的决定，并在作出决定后 3 日以内书面通知申请人。

（9）公诉人、当事人或者辩护人、诉讼代理人对鉴定意见有异议，经人民法院依法通知的，鉴定人应当出庭作证。

鉴定人故意作虚假鉴定的，应当依法追究其法律责任。

（10）对犯罪嫌疑人作精神病鉴定的时间不计入办案期限，其他鉴定时间都应当计入办案期限。

八、辨认

辨认是指在侦查人员的主持下，由犯罪嫌疑人、被害人、证人对与犯罪有关的物品、文件、尸体、场所或者被害人、证人对犯罪嫌疑人进行指认或确认的一种侦查活动。

《人民检察院刑事诉讼规则》第 223 条至第 226 条，《公安机关办理刑事案件程序规定》第 258 条至第 262 条是对辨认的法律规定。

（1）辨认应当在侦查人员的主持下进行。主持辨认的侦查人员不得少于2 人。几名辨认人对同一辨认对象进行辨认时，应当由辨认人个别进行。

（2）辨认时，应当将辨认对象混杂在特征相类似的其他对象中，不得在辨认前向辨认人展示辨认对象及其影像资料，不得给辨认人任何暗示。

辨认犯罪嫌疑人时，被辨认的人数不得少于 7 人；对犯罪嫌疑人照片进行辨认的，不得少于 10 人的照片。

辨认物品时，混杂的同类物品不得少于 5 件；对物品的照片进行辨认的，公安机关规定不得少于 10 个同类物品照片，人民检察院规定不得少于 5 个同类物品照片。

对场所、尸体等特定辨认对象进行辨认，或者辨认人能够准确描述物品独有特征的，陪衬物不受数量的限制。

（3）对犯罪嫌疑人的辨认，辨认人不愿意公开进行时，可以在不暴露辨认人的情况下进行，并应当为其保守秘密。

（4）对辨认经过和结果，应当制作辨认笔录，由侦查人员、辨认人、见证人签名。必要时，应当对辨认过程进行录音录像。

九、特殊侦查措施

特殊侦查措施是指对于特殊案件的侦查，采取有别于普通案件侦查的特殊措施。特殊侦查措施有三种：技术侦查、秘密侦查和控制下交付。

《刑事诉讼法》第 150 条至第 154 条，《人民检察院刑事诉讼规则》第 227 条至第 231 条，《公安机关办理刑事案件程序规定》第 263 条至第 273 条是对特殊侦查措施的法律规定。

1. 技术侦查

技术侦查是指侦查机关根据侦查犯罪的需要，运用技术设备收集证据或查获犯罪嫌疑人的一种特殊侦查措施。

（1）技术侦查的主体是公安机关、人民检察院以及依法有调查、侦查权的其他机关。

技术侦查措施由设区的市一级以上公安机关负责技术侦查的部门实施。人民检察院决定采取技术侦查措施，按照规定交设区的市一级以上公安机关或有关机关执行。技术侦查措施包括记录监控、行踪监控、通信监控、场所监控等措施。

（2）采取技术侦查措施的时间，应当在立案以后。

（3）技术侦查的适用对象是犯罪嫌疑人、被告人以及与犯罪活动直接关联的人员。

（4）采取技术侦查措施的批准机关，公安机关采取技术侦查措施应当经设区的市一级以上公安机关负责人批准，并制作《采取技术侦查措施决定书》；对于人民检察院采取技术侦查措施的批准机关，我国未作规定。

（5）公安机关可以采取技术侦查措施的范围：①危害国家安全犯罪、恐怖活动犯罪、黑社会性质的组织犯罪、重大毒品犯罪案件；②故意杀人、故意伤害致人重伤或者死亡、强奸、抢劫、绑架、放火、爆炸、投放危险物质等严重暴力犯罪案件；③集团性、系列性、跨区域性重大犯罪案件；④利用电信、计算机网络、寄递渠道等实施的重大犯罪案件，以及针对计算机网络实施的重大犯罪案件；⑤其他严重危害社会的犯罪案件，依法可能判处 7 年以上有期徒刑的。

此外，公安机关追捕被通缉或者批准、决定逮捕的在逃的犯罪嫌疑人、被告人，可以采取追捕所必需的技术侦查措施。

（6）人民检察院可以采取技术侦查措施的范围。

人民检察院办理利用职权实施的严重侵犯公民人身权利的重大犯罪案件，根据侦查犯罪的需要，经过严格的审批手续，可以采取技术侦查措施。重大犯罪案件包括有重大社会影响的、造成严重后果的或者情节特别严重的非法拘禁、非法搜查、刑讯逼供、暴力取证、虐待被监管人、报复陷害等案件。

人民检察院办理利用职权实施的严重侵犯公民人身权利的重大犯罪案件以外的其他案件，需要追捕被通缉或者批准、决定逮捕的在逃的犯罪嫌疑人、被告人，经过批准，可以采取追捕所必需的技术侦查措施。

（7）《采取技术侦查措施决定书》的有效期限。

《采取技术侦查措施决定书》自签发之日起 3 个月以内有效。对于不需要继续采取技术侦查措施的，应当及时解除；对于复杂、疑难案件，期限届满仍有必要继续采取技术侦查措施的，经过批准，有效期可以延长，每次延长不得超过 3 个月。

（8）采取技术侦查措施，必须严格按照批准的措施种类、适用对象和期限执行。

侦查人员对采取技术侦查措施过程中知悉的国家秘密、商业秘密和个人隐私，应当保密；对采取技术侦查措施获取的与案件无关的材料，必须及时销毁。

采取技术侦查措施获取的材料，只能用于对犯罪的侦查、起诉和审判，不得用于其他用途。

公安机关依法采取技术侦查措施，有关单位和个人应当配合，并对有关情况予以保密。

2. 秘密侦查

秘密侦查是指侦查机关根据侦查案件的需要，经公安机关负责人决定，指派人员以隐匿身份进行侦查活动的一种特殊侦查措施。包括卧底侦查、化妆侦查和诱惑侦查等方法。

卧底侦查是指侦查人员隐匿真实身份，进入犯罪组织当中，暗中收集犯罪证据的一种秘密侦查措施。

化妆侦查是指侦查人员乔装进行侦查，隐藏真实身份以获取犯罪证据的一种秘密侦查措施。

诱惑侦查又称诱饵侦查、侦查陷阱，是指侦查人员为存有犯罪意图的人设下圈套诱使犯罪嫌疑人实施犯罪行为，然后将其抓获的一种秘密侦查措施。

采取秘密侦查措施的法律要求：

（1）采取秘密侦查措施只能基于查明案情的需要，不得用于其他目的。

（2）在没有其他侦查措施可以实现侦查目的的情况下，才能采取秘密侦查措施。

（3）公安机关采取秘密侦查措施须经县级以上公安机关负责人决定，可以由侦查人员或者公安机关指定的其他人员实施。

（4）采取秘密侦查措施时，不得使用促使他人产生犯罪意图的方法诱使他人犯罪；不得采用可能危害公共安全或者发生重大人身危险的方法。

3. 控制下交付

控制下交付是指侦查机关发现有关给付毒品等违禁品或财物的犯罪线索，秘密监控犯罪嫌疑人按预谋的地点和方式将毒品等违禁品或财物交付接货人，从而使侦查机关发现犯罪或将所有犯罪嫌疑人全部抓获的一种特殊侦查措施。控制下交付的法律要求：

（1）控制下交付只能由公安机关采取，其他侦查机关需要采取控制下交付措施的应当商请公安机关采取。

（2）公安机关采取控制下交付措施，应当经县级以上公安机关负责人决定。

（3）控制下交付只适用于给付毒品等违禁品或者财物的犯罪案件。

采取控制特殊侦查措施收集的证据材料，如果使用该证据可能危及有关人员的人身安全，或者可能产生其他严重后果的，应当采取不暴露有关人员身份、技术方法等保护措施，必要时可以由审判人员在庭外对证据进行核实。

《最高人民法院关于适用〈中华人民共和国刑事诉讼法〉的解释》第117条规定："使用采取技术调查、侦查措施收集的证据材料可能危及有关人员的人身安全，或者可能产生其他严重后果的，可以采取下列保护措施：（一）使用化名等代替调查、侦查人员及有关人员的个人信息；（二）不具体写明技术调查、侦查措施使用的技术设备和技术方法；（三）其他必要的保护措施。"

十、通缉、边控、悬赏通告

《刑事诉讼法》第155条，《最高人民法院关于适用〈中华人民共和国刑事诉讼法〉的解释》第487条，《人民检察院刑事诉讼规则》第232条至第236条，《公安机关办理刑事案件程序规定》第274条至第282条是对通缉、边控、悬赏通告的法律规定。

（一）通缉

通缉是指应当逮捕的犯罪嫌疑人如果在逃，公安机关可以发布通缉令，采取有效措施，将在逃的犯罪嫌疑人追捕归案的一种侦查措施。

（1）通缉的对象包括：已被逮捕而在逃的犯罪嫌疑人；在采取取保候审、监视居住期间逃跑的犯罪嫌疑人；已被拘留而在逃的重大犯罪嫌疑人；越狱逃跑的罪犯以及其他应当逮捕而在逃的犯罪嫌疑人。

（2）公安机关需要通缉在逃的犯罪嫌疑人，应经县级以上公安机关负责人批准；超出自己管辖的地区，应当报请有权决定的上级公安机关发布。

人民检察院办理直接受理侦查的案件，需要通缉在逃的犯罪嫌疑人，应经检察长或其授权的检察官批准。需要在本辖区外通缉犯罪嫌疑人的，由有决定权的上级人民检察院决定。人民检察院应当将《通缉通知书》送达公安机关，由公安机关发布通缉令。

（3）通缉令是公安机关根据本机关和其他侦查机关的通缉决定，向社会和本系统发布的缉拿应当逮捕而在逃的犯罪嫌疑人的书面命令。

通缉令中应当尽可能写明被通缉人的姓名、别名、曾用名、绰号、性别、年龄、民族、籍贯、出生地、户籍所在地、居住地、职业、身份证号码、衣着和体貌特征、口音、行为习惯，并附被通缉人近期照片，可以附指纹及其他物证的照片。除了必须保密的事项以外，应当写明发案的时间、地点和简要案情。

（4）县级以上公安机关在自己管辖的地区内，可以直接发布通缉令；超出自己管辖的地区，应当报请有权决定的上级公安机关发布。通缉令的发送范围，由签发通缉令的公安机关负责人决定。

（5）通缉令发出后，如果发现新的重要情况可以补发通报。通报必须注明原通缉令的编号和日期。

（6）公安机关接到通缉令后，应当及时布置查缉。抓获犯罪嫌疑人后，报经县级以上公安机关负责人批准，凭通缉令或者相关法律文书羁押，并通知通缉令发布机关进行核实，办理交接手续。

（二）边控

（1）公安机关需要对犯罪嫌疑人在口岸采取边控措施的，应当按照有关规定制作《边控对象通知书》，经县级以上公安机关负责人审核后，层报省级公安机关批准，办理全国范围内的边控措施。需要限制犯罪嫌疑人人身自由的，应当附有关法律文书。

在紧急情况下，需要采取边控措施的，县级以上公安机关可以出具公函，先向当地边防检查机关交控，但应当在 7 日以内按照规定程序办理全国范围内的边控措施。

（2）人民检察院需要在边境口岸采取边控措施的，应当制作《边控对象通知书》，商请公安机关办理边控手续。

应当逮捕的犯罪嫌疑人潜逃出境的，可以按照有关规定层报最高人民检察院商请国际刑警组织中国国家中心局，请求有关方面协助，或者通过其他法律规定的途径进行追捕。

（3）人民法院需要对外国人和中国公民在口岸采取边控措施的，受理案件的人民法院应当按照规定制作《边控对象通知书》，并附有关法律文书，层报高级人民法院办理交控手续。

在紧急情况下，需要采取临时边控措施的，受理案件的人民法院可以先向有关口岸所在地出入境边防检查机关交控，但应当在 7 日以内按照规定层报高级人民法院办理手续。

（三）悬赏通告

为发现重大犯罪线索，追缴涉案财物、证据，查获犯罪嫌疑人，必要时，经县级以上公安机关负责人批准，可以发布悬赏通告。

悬赏通告应当写明悬赏对象的基本情况和赏金的具体数额。

（四）通缉、边控、悬赏通告的发布与撤销

（1）通缉令、悬赏通告应当广泛张贴，并可以通过广播、电视、报刊、计算机网络等方式发布。

（2）经核实，犯罪嫌疑人已经自动投案、被击毙或者被抓获，以及发现有其他不需要采取通缉、边控、悬赏通告的情形的，发布机关应当在原通缉、通知、通告范围内，撤销通缉令、边控通知、悬赏通告。

第二节　侦查终结

《刑事诉讼法》第 156 条至第 163 条，《人民检察院刑事诉讼规则》第 237 条至第 254 条、第 309 条至第 319 条，《公安机关办理刑事案件程序规定》第 148 条至第 152 条、第 283 条至第 294 条是对侦查终结的法律规定。

一、公安机关侦查终结的案件

公安机关侦查终结的案件，具备起诉条件的应当移送人民检察院审查起诉；发现不应对犯罪嫌疑人追究刑事责任的，应当撤销案件或终止侦查。

（一）公安机关移送审查起诉

1. 公安机关移送审查起诉的条件

公安机关侦查终结的案件，应同时具备以下五个条件，才能移送审查起诉，即移送审查起诉的条件：

（1）案件事实清楚。

犯罪嫌疑人、犯罪的时间、地点、动机、目的、手段、结果以及其他犯罪情节均已查清，没有漏罪和遗漏其他应当追究刑事责任的人。

（2）证据确实、充分。

定罪量刑事实都有证据证明；据以定案的证据均经法定程序查证属实；综合全案证据对所认定事实已经排除合理怀疑。定罪事实及从重处罚的量刑情节要达到"证据确实、充分"的证明标准。

（3）犯罪性质和罪名认定正确。

依据事实和法律，足以对犯罪嫌疑人的犯罪性质和罪名作出正确的认定。

（4）法律手续完备。

强制措施和侦查措施的法律手续完备，证据符合法定要求。

（5）依法应当追究刑事责任。

2. 制作《结案报告》

公安机关侦查终结的案件，侦查人员应当制作结案报告。结案报告应当包括以下内容：

（1）犯罪嫌疑人的基本情况。

（2）是否采取了强制措施及其理由。

（3）案件的事实和证据。

（4）法律依据和处理意见。

3. 制作《随案移送清单》

公安机关对查封、扣押的犯罪嫌疑人的财物及其孳息、文件或者冻结的财产，作为证据使用的，应当随案移送，并制作《随案移送清单》一式2份，一份留存，一份交人民检察院。

对于实物不宜移送的，应当将其清单、照片或者其他证明文件随案移送。待人民法院作出生效判决后，按照人民法院送达的生效判决书、裁定书依法作出处理，并向人民法院送交回执。人民法院在判决、裁定中未对涉案财物作出处理的，应当征求人民法院意见，并根据人民法院的决定依法作出处理。

4. 制作《起诉意见书》

公安机关对于符合移送审查起诉条件的案件，应当制作《起诉意见书》。

（1）共同犯罪案件的起诉意见书，应当写明每个犯罪嫌疑人在共同犯罪中的地位、作用、具体罪责和认罪态度，并分别提出处理意见。

（2）犯罪嫌疑人自愿认罪的，应当记录在案，随案移送，并在起诉意见书中写明有关情况；认为案件符合速裁程序适用条件的，可以向人民检察院提出适用速裁程序的建议。

（3）被害人提出附带民事诉讼的，应当记录在案；移送审查起诉时，应当在起诉意见书末页注明。

5. 移送案件

（1）公安机关对于符合移送审查起诉条件的案件，经县级以上公安机关负责人批准后，将《起诉意见书》连同案卷材料、证据、《随案移送清单》以及辩护意见一并移送同级人民检察院审查决定。

（2）公安机关对于犯罪嫌疑人在境外，需要及时进行审判的严重危害国家安全犯罪、恐怖活动犯罪案件，应当在侦查终结后层报公安部批准，移送同级人民检察院审查起诉。

在审查起诉或者缺席审理过程中，犯罪嫌疑人、被告人向公安机关自动投案或者被公安机关抓获的，应当立即通知人民检察院、人民法院。

6. 告知义务

公安机关移送审查起诉案件的同时，应将案件移送情况告知犯罪嫌疑人及其辩护律师。

（二）公安机关撤销案件或终止侦查

1. 公安机关撤销案件条件

公安机关经过侦查，没有犯罪事实或具有《刑事诉讼法》第16条下列规定之一的，应当作出撤销案件的决定：

（1）情节显著轻微、危害不大，不认为是犯罪的。

（2）犯罪已过追诉时效期限的。

（3）经特赦令免除刑罚的。

（4）依照刑法告诉才处理的犯罪，没有告诉或者撤回告诉的。

（5）犯罪嫌疑人死亡的。

（6）其他依法不追究刑事责任的。

此外，《刑事诉讼法》第182条规定，犯罪嫌疑人自愿如实供述涉嫌犯罪的事实，有重大立功或者案件涉及国家重大利益的，经最高人民检察院核准，公安机关可以撤销案件。

2. 公安机关终止侦查条件

公安机关对于经过侦查，发现有犯罪事实需要追究刑事责任，但不是被立案侦查的犯罪嫌疑人实施的，或者共同犯罪案件中部分犯罪嫌疑人不够刑事处罚的，应当对有关犯罪嫌疑人终止侦查，并对该案件继续侦查。

3. 制作《撤销案件决定书》或《终止侦查报告书》

公安机关需要撤销案件或者对犯罪嫌疑人终止侦查的，办案部门应当制作《撤销案件决定书》或《终止侦查报告书》，报县级以上公安机关负责人批准。

犯罪嫌疑人自愿如实供述涉嫌犯罪的事实，有重大立功或者案件涉及国家重大利益，需要撤销案件的，应当层报公安部，由公安部商请最高人民检察院核准后撤销案件。报请撤销案件的公安机关应当同时将相关情况通报同级人民检察院。

4. 解除强制措施

公安机关决定撤销案件或者对犯罪嫌疑人终止侦查时，原犯罪嫌疑人在押的，应当立即释放，发给释放证明书。原犯罪嫌疑人被逮捕的，应当通知原批准逮捕的人民检察院。对原犯罪嫌疑人采取其他强制措施的，应当立即解除强制措施；需要行政处理的，依法予以处理或者移交有关部门。

5. 解除查封、扣押、冻结措施

公安机关撤销案件的，应对查封、扣押的财物及其孳息、文件，或者冻结的财产，除按照法律和有关规定另行处理的以外，应当解除查封、扣押、冻结，并及时返还或者通知当事人。

6. 告知义务

公安机关作出撤销案件决定后，应当在 3 日以内告知原犯罪嫌疑人、被害人或者其近亲属、法定代理人以及案件移送机关。

公安机关作出终止侦查决定后，应当在 3 日以内告知原犯罪嫌疑人。

二、人民检察院侦查终结的案件

《刑事诉讼法》第 168 条规定："人民检察院侦查终结的案件，应当作出提起公诉、不起诉或者撤销案件的决定。"此条中的"提起公诉"是指人民检察院侦查部门将案件侦查终结后，先向本院捕诉部门移送审查起诉，经捕诉部门审查符合起诉条件的，再向人民法院提起公诉。为了保障办案质量，人民检察院在本院部门之间设置了内部制约机制。

（一）人民检察院移送审查起诉的条件和程序

人民检察院侦查终结，认为"犯罪事实清楚，证据确实、充分"依法应当追究刑事责任的案件，人民检察院侦查部门应当制作《侦查终结报告》《起诉意见书》，经检察长批准后，将《起诉意见书》和查封、扣押、冻结的犯罪嫌疑人的财物及其孳息、文件清单以及对查封、扣押、冻结的涉案款物的处理意见和其他案件材料，一并移送人民检察院捕诉部门审查。

犯罪嫌疑人自愿认罪的，应当记录在案，随案移送，并在《起诉意见书》中写明有关情况。

国家或者集体财产遭受损失，在提出提起公诉意见的同时，可以提出提起附带民事诉讼的意见。

案件侦查终结移送起诉时，人民检察院应当同时将案件移送情况告知犯罪嫌疑人及其辩护律师。

（二）人民检察院移送不起诉的条件和程序

人民检察院侦查终结，认为"犯罪情节轻微，依法不需要判处刑罚或者免除刑罚"的案件，人民检察院侦查部门应当制作《侦查终结报告》《不起诉意见书》，经检察长批准后，将《不起诉意见书》和查封、扣押、冻结的犯罪嫌疑人的财物及其孳息、文件清单以及对查封、扣押、冻结的涉案款物的处理意见等案件材料，一并移送人民检察院捕诉部门审查。

（三）人民检察院撤销案件的条件和程序

1. 人民检察院在侦查过程中或者侦查终结后，发现具有下列情形之一的，侦查部门应当制作《拟撤销案件意见书》，报请检察长决定：

（1）具备《刑事诉讼法》第16条规定情形之一的。

（2）没有犯罪事实的，或者依照刑法规定不负刑事责任或者不是犯罪的。

（3）虽有犯罪事实，但不是犯罪嫌疑人所为的。

对于共同犯罪的案件，如有符合前述规定情形的犯罪嫌疑人，应当撤销对该犯罪嫌疑人的立案。

2. 人民检察院决定撤销案件的，侦查部门应当将《撤销案件意见书》连同本案全部案卷材料，在法定期限届满7日前报上一级人民检察院审查；重大、复杂案件在法定期限届满10日前报上一级人民检察院审查。

对于共同犯罪案件，应当将处理同案犯罪嫌疑人的有关法律文书以及案件事实、证据材料复印件等，一并报送上一级人民检察院。

3. 上一级人民检察院侦查部门应当对案件事实、证据和适用法律进行全面审查，必要时可以讯问犯罪嫌疑人。

上一级人民检察院侦查部门经审查后，应当提出是否同意撤销案件的意见，报请检察长决定。

人民检察院决定撤销案件的，应当告知控告人、举报人，听取其意见并记明笔录。

上一级人民检察院审查下级人民检察院报送的拟撤销案件，应当于收到案件后7日以内批复；重大、复杂案件，应当于收到案件后10日以内批复下级人民检察院。情况紧急或者因其他特殊原因不能按时送达的，可以先行通知下级人民检察院执行。

4. 上一级人民检察院同意撤销案件的，下级人民检察院应当作出撤销案件决定，并制作《撤销案件决定书》。上一级人民检察院不同意撤销案件的，下级人民检察院应当执行上一级人民检察院的决定。

报请上一级人民检察院审查期间，犯罪嫌疑人羁押期限届满的，应当依法释放犯罪嫌疑人或者变更强制措施。

5. 撤销案件的决定，应当分别送达犯罪嫌疑人所在单位和犯罪嫌疑人。犯罪嫌疑人死亡的，应当送达犯罪嫌疑人原所在单位。如果犯罪嫌疑人在押，应当制作决定释放通知书，通知公安机关依法释放。

6. 人民检察院作出撤销案件决定的，应当在 30 日以内报经检察长批准，对犯罪嫌疑人的违法所得作出处理。情况特殊的，可以延长 30 日。

7. 人民检察院撤销案件时，对犯罪嫌疑人的违法所得及其他涉案财产应当区分不同情形，作出相应的处理：①因犯罪嫌疑人死亡而撤销案件，依照《刑法》规定应当追缴其违法所得及其他涉案财产的，按照犯罪嫌疑人、被告人逃匿、死亡案件违法所得的没收程序的规定办理。①因其他原因撤销案件，对于查封、扣押、冻结的犯罪嫌疑人违法所得及其他涉案财产需要没收的，应当提出检察意见，移送有关主管机关处理。③对于冻结的犯罪嫌疑人存款、汇款、债券、股票、基金份额等财产需要返还被害人的，可以通知金融机构、邮政部门返还被害人；对于查封、扣押的犯罪嫌疑人的违法所得及其他涉案财产需要返还被害人的，直接决定返还被害人。

人民检察院申请人民法院裁定处理犯罪嫌疑人涉案财产的，应当向人民法院移送有关案卷材料。

8. 人民检察院撤销案件时，对查封、扣押、冻结的犯罪嫌疑人的涉案财产需要返还犯罪嫌疑人的，应当解除查封、扣押或者书面通知有关金融机构解除冻结，返还犯罪嫌疑人或者其合法继承人。

9. 查封、扣押、冻结的款物，除依法应当返还被害人或者经查明确实与案件无关的以外，不得在诉讼程序终结之前处理。法律和有关规定另有规定的除外。

10. 处理查封、扣押、冻结的涉案款物，应由检察长决定。

11. 人民检察院直接受理侦查的共同犯罪案件，同案犯罪嫌疑人在逃，但在案犯罪嫌疑人犯罪事实清楚，证据确实、充分的，对在案犯罪嫌疑人应当分别移送起诉或者移送不起诉。

由于同案犯罪嫌疑人在逃，在案犯罪嫌疑人的犯罪事实无法查清的，对在案犯罪嫌疑人应当根据案件的不同情况分别报请延长侦查羁押期限、变更强制措施或者解除强制措施。

12. 人民检察院直接受理侦查的案件，对犯罪嫌疑人没有采取取保候审、监视居住、拘留或者逮捕措施的，负责侦查的部门应当在立案后 2 年以内提出移送起诉、移送不起诉或者撤销案件的意见；对犯罪嫌疑人采取取保候审、监视居住、拘留或者逮捕措施的，负责侦查的部门应当在解除或者撤销强制措施后 1 年以内提出移送起诉、移送不起诉或者撤销案件的意见。

13. 人民检察院直接受理侦查的案件，撤销案件以后，又发现新的事实或者证据，认为有犯罪事实需要追究刑事责任的，可以重新立案侦查。

三、侦查期限

（1）犯罪嫌疑人被逮捕后的侦查羁押期限不得超过 2 个月。案情复杂、期限届满不能终结的案件，可以经上一级人民检察院批准延长 1 个月。

对于交通十分不便的边远地区的重大复杂案件；重大的犯罪集团案件；流窜作案的重大复杂案件；犯罪涉及面广，取证困难的重大复杂案件，在前述规定的期限届满不能侦查终结的，经省、自治区、直辖市人民检察院批准或者决定，可以延长 2 个月。

对犯罪嫌疑人可能判处 10 年有期徒刑以上刑罚，经省、自治区、直辖市人民检察院批准或者决定延长的期限届满，仍不能侦查终结的，经省、自治区、直辖市人民检察院批准或者决定，可以再延长 2 个月。

（2）因为特殊原因，在较长时间内不宜交付审判的特别重大复杂的案件，由最高人民检察院报请全国人民代表大会常务委员会批准延期审理。

（3）在侦查期间，发现犯罪嫌疑人另有重要罪行的，自发现之日起重新计算侦查羁押期限。

（4）犯罪嫌疑人不讲真实姓名、住址，身份不明的，应当对其身份进行调查，侦查羁押期限自查清其身份之日起计算，但是不得停止对其犯罪行为的侦查取证。对于犯罪事实清楚，证据确实、充分，确实无法查明其身份的，也可以按其自报的姓名起诉、审判。

第三节　补充侦查、调查

《刑事诉讼法》第 90 条、第 170 条、第 175 条、第 198 条、第 205 条，《最高人民法院关于适用〈中华人民共和国刑事诉讼法〉的解释》第 274 条、第 277 条，《人民检察院刑事诉讼规则》第 342 条至第 350 条、第 422 条，《公安机关办理刑事案件程序规定》第 295 条至第 297 条是对补充侦查、调查的法律规定。

一、补充侦查、调查的概念

补充侦查、调查是指公安机关、监察机关、人民检察院依照法定程序，在原有侦查、调查活动的基础上，就案件的事实、证据再次进行侦查、调查的诉讼活动。

二、不同诉讼阶段的补充侦查、调查

（一）审查逮捕阶段的补充侦查

《刑事诉讼法》第 90 条规定："人民检察院对于公安机关提请批准逮捕的案件进行审查后，应当根据情况分别作出批准逮捕或者不批准逮捕的决定。对于批准逮捕的决定，公安机关应当立即执行，并且将执行情况及时通知人民检察院。对于不批准逮捕的，人民检察院应当说明理由，需要补充侦查的，应当同时通知公安机关。"

依据前述规定，在审查逮捕阶段需要补充侦查的案件，人民检察院应当将《不批准逮捕决定书》《补充侦查通知书》及《补充侦查提纲》同时送达公安机关。

（二）审查起诉阶段的补充侦查、调查

（1）《刑事诉讼法》第 175 条规定："人民检察院审查案件，可以要求公安机关提供法庭审判所必需的证据材料；认为可能存在本法第五十六条规定的以非法方法收集证据情形的，可以要求其对证据收集的合法性作出说明。人民检察院审查案件，对于需要补充侦查的，可以退回公安机关补充侦查，也可以自行侦查。对于补充侦查的案件，应当在一个月以内补充侦查完毕。补充侦查以二次为限。补充侦查完毕移送人民检察院后，人民检察院重新计

算审查起诉期限。对于二次补充侦查的案件，人民检察院仍然认为证据不足，不符合起诉条件的，应当作出不起诉的决定。"

（2）《刑事诉讼法》第 170 条第 1 款规定："人民检察院对于监察机关移送起诉的案件，依照本法和监察法的有关规定进行审查。人民检察院经审查，认为需要补充核实的，应当退回监察机关补充调查，必要时可以自行补充侦查。"

（3）《人民检察院刑事诉讼规则》第 346 条规定："退回监察机关补充调查、退回公安机关补充侦查的案件，均应当在一个月以内补充调查、补充侦查完毕。补充调查、补充侦查以二次为限。补充调查、补充侦查完毕移送起诉后，人民检察院重新计算审查起诉期限。人民检察院负责捕诉的部门退回本院负责侦查的部门补充侦查的期限、次数按照本条第一款至第三款的规定执行。"

依据前述规定，在审查起诉阶段需要补充侦查或调查的案件，补充侦查或调查的期限均为 1 个月；在审查起诉阶段人民检察院退回公安机关补充侦查、退回监察机关补充调查或退回本院负责侦查的部门补充侦查的次数均不得超过 2 次；经过 2 次补充侦查或调查的案件，仍然证据不足，不符合起诉条件的，人民检察院应当作出不起诉的决定。

人民检察院在审查起诉阶段决定自行补充侦查的案件，应当在审查起诉期间内自行补充侦查完毕。

（三）审判阶段的补充侦查

（1）《刑事诉讼法》第 204 条规定："在法庭审判过程中，遇有下列情形之一，影响审判进行的，可以延期审理：（一）需要通知新的证人到庭，调取新的物证，重新鉴定或者勘验的；（二）检察人员发现提起公诉的案件需要补充侦查，提出建议的；（三）由于申请回避而不能进行审判的。"

《刑事诉讼法》第 205 条规定："依照本法第二百零四条第二项的规定延期审理的案件，人民检察院应当在一个月以内补充侦查完毕。"

（2）《最高人民法院关于适用〈中华人民共和国刑事诉讼法〉的解释》第 274 条规定："审判期间，公诉人发现案件需要补充侦查，建议延期审理的，合议庭可以同意，但建议延期审理不得超过两次。人民检察院将补充收集的证据移送人民法院的，人民法院应当通知辩护人、诉讼代理人查阅、摘抄、复制。补充侦查期限届满后，人民检察院未将补充的证据材料移送人民法院的，人民法院可以根据在案证据作出判决、裁定。"

（3）《最高人民法院关于适用〈中华人民共和国刑事诉讼法〉的解释》第 277 条规定："审判期间，合议庭发现被告人可能有自首、坦白、立功等法定量刑情节，而人民检察院移送的案卷中没有相关证据材料的，应当通知人民检察院在指定时间内移送。审判期间，被告人提出新的立功线索的，人民法院可以建议人民检察院补充侦查。"

依据前述规定，在审判阶段需要补充侦查的案件，以人民检察院提出建议，人民法院决定是否同意为原则；只有在被告人提出新的立功线索的情况下，才由人民法院提出建议，人民检察院决定是否同意补充侦查。

审判阶段补充侦查期限为 1 个月，退回人民检察院补充侦查的次数不得超过 2 次，补充侦查期限届满后，人民检察院未将补充的证据材料移送人民法院的，人民法院可以根据在案证据作出判决、裁定。

三、补充侦查、调查的方式

人民检察院补充侦查、调查有两种方式：其一是退回补充侦查、调查；其二是自行补充侦查。

（一）退回补充侦查、调查

退回补充侦查、调查是指人民检察院将案件退回公安机关进行补充侦查、退回监察机关补充调查或退回本院负责侦查的部门补充侦查。人民检察院退回公安机关补充侦查的案件必须是公安机关立案侦查的案件；人民检察院退回补充调查的案件必须是监察机关立案调查的案件；人民检察院退回本院负责侦查的部门补充侦查的案件必须是人民检察院直接受理侦查的案件，人民检察院不能将直接受理侦查的案件退回公安机关补充侦查或监察机关补充调查。

1. 退回公安机关补充侦查

《人民检察院刑事诉讼规则》第 342 条规定，人民检察院认为犯罪事实不清、证据不足或者存在遗漏罪行、遗漏同案犯罪嫌疑人等情形需要补充侦查的，应当制作补充侦查提纲，连同案卷材料一并退回公安机关补充侦查。

《公安机关办理刑事案件程序规定》第 296 条规定："对人民检察院退回补充侦查的案件，根据不同情况，报县级以上公安机关负责人批准，分别作如下处理：（一）原认定犯罪事实不清或者证据不够充分的，应当在查清事实、补充证据后，制作补充侦查报告书，移送人民检察院审查；对确实无法查明的事项或者无法补充的证据，应当书面向人民检察院说明情况；（二）在补充侦查过程中，发现新的同案犯或者新的罪行，需要追究刑事责任的，应当重新制作起诉意见书，移送人民检察院审查；（三）发现原认定的犯罪事实有重大变化，不应当追究刑事责任的，应当撤销案件或者对犯罪嫌疑人终止侦查，并将有关情况通知退查的人民检察院；（四）原认定犯罪事实清楚，证据确实、充分，人民检察院退回补充侦查不当的，应当说明理由，移送人民检察院审查。"

2. 退回监察机关补充调查

《人民检察院刑事诉讼规则》第 343 条规定："人民检察院对于监察机关移送起诉的案件，认为需要补充调查的，应当退回监察机关补充调查。必要时，可以自行补充侦查。需要退回补充调查的案件，人民检察院应当出具补充调查决定书、补充调查提纲，写明补充调查的事项、理由、调查方向、需补充收集的证据及其证明作用等，连同案卷材料一并送交监察机关。人民检察院决定退回补充调查的案件，犯罪嫌疑人已被采取强制措施的，应当将退回补充调查情况书面通知强制措施执行机关。监察机关需要讯问的，人民检察院应当予以配合。"

3. 退回本院侦查部门补充侦查

《人民检察院刑事诉讼规则》第 345 条规定："人民检察院负责捕诉的部门对本院负责侦查的部门移送起诉的案件进行审查后，认为犯罪事实不清、证据不足或者存在遗漏罪行、遗漏同案犯罪嫌疑人等情形需要补充侦查的，应当制作补充侦查提纲，连同案卷材料一并退回负责侦查的部门补充侦查。必要时，也可以自行侦查，可以要求负责侦查的部门予以协助。"

（二）自行补充侦查

自行补充侦查是指人民检察院自行对案件进行补充侦查。人民检察院自行补充侦查的案件，既可以是原来由公安机关立案侦查和监察机关立案调查的案件，也可以是人民检察院直接受理侦查的案件。

（1）在审查起诉阶段，需要补充侦查的案件，人民检察院既可以退回公安机关补充侦查或监察机关补充调查，也可以由人民检察院自行侦查。

《人民检察院刑事诉讼规则》第 422 条规定，在审判阶段，需要补充侦查、调查的案件，只能由人民检察院自行补充侦查，而不能退回公安机关补充侦查或监察机关补充调查，但是可以要求公安机关或监察机关进行协助；

也可以要求公安机关或监察机关补充提供证据。

（2）《人民检察院刑事诉讼规则》第 344 条规定："对于监察机关移送起诉的案件，具有下列情形之一的，人民检察院可以自行补充侦查：（一）证人证言、犯罪嫌疑人供述和辩解、被害人陈述的内容主要情节一致，个别情节不一致的；（二）物证、书证等证据材料需要补充鉴定的；（三）其他由人民检察院查证更为便利、更有效率、更有利于查清案件事实的情形。自行补充侦查完毕后，应当将相关证据材料入卷，同时抄送监察机关。人民检察院自行补充侦查的，可以商请监察机关提供协助。"

第四节　侦查辩护

侦查辩护是指辩护律师在侦查阶段，为了使犯罪嫌疑人无罪、罪轻、从轻、减轻、免除处罚或者判处"非监禁刑"而从事的诉讼活动，是辩护律师在侦查阶段行使辩护权利和履行辩护义务的具体体现，是辩护律师在侦查阶段应当从事的辩护工作的范围。

辩护律师在侦查阶段的权利和义务，除按照本书第九章"辩护律师的诉讼权利和义务"的概括性规定执行外，须注意在侦查阶段的具体权利和义务的规定。依据法律、参考中华全国律师协会《律师办理刑事案件规范》第 60 条至第 69 条的规定，辩护律师在侦查阶段具体的辩护工作如下。

一、委托的及时告知义务

《刑事诉讼法》第 34 条第 4 款规定："辩护人接受犯罪嫌疑人、被告人委托后，应当及时告知办理案件的机关。"

辩护律师接受委托后，应将委托手续及时递交到办案机关，做到先递交手续，后从事会见、调查等其他辩护行为，以免与办案机关发生误会。

二、侦查阶段的会见

会见犯罪嫌疑人是辩护律师在侦查阶段必须从事的辩护工作。虽然会见能对犯罪嫌疑人及其家属起到一种安慰作用，表明辩护律师在侦查阶段从事了辩护行为，但是这不是辩护律师会见的目的，辩护律师在侦查阶段会见犯罪嫌疑人的目的是了解案件事实和证据、了解办案机关诉讼活动是否合法，为辩护做准备。了解案件事实是辩护律师在侦查阶段的核心目的。辩护律师在侦查阶段会见犯罪嫌疑人时，需要做以下十项具体工作：

（一）提供法律咨询

（1）告知犯罪嫌疑人基本诉讼权利，主要包括以下内容：①犯罪嫌疑人有不被强迫证实自己有罪的权利；②犯罪嫌疑人有对办案机关侵权行为、程序违法提出申诉和控告的权利；③犯罪嫌疑人有申请侦查人员回避的权利；④犯罪嫌疑人有知悉鉴定意见和提出异议的权利；⑤犯罪嫌疑人有对刑事案件管辖提出异议的权利；⑥有刑事和解的权利。

（2）为犯罪嫌疑人提供强制措施的法律咨询，主要包括以下内容：①强制措施的种类；②强制措施的条件、适用程序的法律规定；③强制措施期限的法律规定；④申请变更强制措施的权利及条件。

（3）为犯罪嫌疑人提供侦查机关讯问的法律咨询，主要包括以下内容：①犯罪嫌疑人对侦查人员的讯问有如实回答的义务，对与本案无关的问题有拒绝回答的权利；②犯罪嫌疑人对侦查人员制作的讯问笔录有核对、补充、更正的权利以及在确认笔录没有错误后应当签名的义务；③犯罪嫌疑人有要求自行书写供述和辩解的权利；④犯罪嫌疑人有如实供述犯罪事实可以获得从宽处罚的权利。

（4）为犯罪嫌疑人提供关于犯罪构成与证据的法律咨询，主要包括以下内容：①《刑法》及相关司法解释关于犯罪嫌疑人所涉嫌罪名的相关规定；②《刑法》及相关司法解释关于从重、从轻、减轻以及免予处罚的相关规定；③关于刑事案件的举证责任的相关规定；④关于证据的含义、种类及收集、使用的相关规定；⑤关于非法证据排除的相关规定。

（二）了解犯罪嫌疑人财物状况

（1）犯罪嫌疑人的财物名称、数量和存放地点。

（2）犯罪嫌疑人的财物是否被查封、扣押、冻结。

（3）赃款、赃物去向。

（4）有无合法财物被非法扣押和有无被侵犯财产权的情形等。

辩护律师了解犯罪嫌疑人财物状况的目的是为代为申诉、控告做准备；为赔偿被害人损失，达成和解协议做准备；为辩护时提出财物的合法处理方式做准备。

（三）向犯罪嫌疑人了解犯罪事实

辩护律师在侦查阶段会见犯罪嫌疑人，首先应排除犯罪嫌疑人如实向辩护律师陈述犯罪事实的思想顾虑，应向犯罪嫌疑人了解全部犯罪事实，包括定罪事实和量刑情节。犯罪嫌疑人是犯罪过程的亲历实施者，可以说不存在比犯罪嫌疑人更了解犯罪的实施过程的人。辩护律师将针对犯罪嫌疑人如实陈述的犯罪事实制作询问笔录，必要时可以录音录像。辩护律师可按如下顺序向犯罪嫌疑人了解案件的有关情况：

（1）犯罪嫌疑人的自然状况，是否实施和参与了所涉嫌的犯罪；

（2）了解犯罪嫌疑人已作出供述或辩解的内容，多次供述是否一致；

（3）涉嫌的罪名是一罪还是数罪，是否为共同犯罪；

（4）罪性及严重程度；

（5）有无从宽、从严处罚的量刑情节；

（6）能否与被害人达成和解协议或取得谅解；

（7）是否可能涉及附带民事诉讼；

（8）是否能够调取从宽证据；

（9）其他与案件有关的情况。

（四）侦查人员有无非法方法收集言词证据的行为

如果侦查人员存有暴力、威胁、变相肉刑以及限制人身自由非法收集供述的行为，辩护律师应当向侦查机关或侦查机关的上级机关提出纠正意见；或者依法申请同级人民检察院或上一级人民检察院行使监督权。同时为申诉、控告和非法证据排除做准备。

（五）了解采取侦查措施情况

辩护律师应向犯罪嫌疑人了解其知道的采取侦查措施的情况，判断侦查行为、侦查程序是否合法；初步判断侦查机关调取的证据是否具有真实性、合法性和关联性。

（六）了解采取强制措施情况

辩护律师应向犯罪嫌疑人了解拘传、拘留、取保候审、监视居住、逮捕强制措施的采取情况，判断采取强制措施程序是否合法；有无连续拘传、变相拘禁的情况；有无限制饮食、休息、体罚等情况。如果存在，辩护律师应当向侦查机关或侦查机关的上级机关提出纠正意见；或者依法向同级人民检察院或上一级人民检察院提出控告。

辩护律师向犯罪嫌疑人了解拘传、取保候审、监视居住、拘留、逮捕强制措施的采取情况，也能够为辩护律师审核犯罪嫌疑人是否符合拘留、逮捕条件提供参考，为申请解除、变更强制措施做准备。

（七）了解调取证据的线索

辩护律师询问犯罪嫌疑人是否能够提供对其有利的证据或证据线索。为辩护律师自行调取证据和申请人民检察院、人民法院调取证据做准备。

（八）了解侦查机关讯问犯罪嫌疑人的地点

1. 侦查机关讯问犯罪嫌疑人地点的法律规定

《刑事诉讼法》第85条第2款规定："拘留后，应当立即将被拘留人送看守所羁押，至迟不得超过二十四小时。……"

《刑事诉讼法》第93条第2款规定："逮捕后，应当立即将被逮捕人送看守所羁押。"

《刑事诉讼法》第118条第2款规定："犯罪嫌疑人被送交看守所羁押以后，侦查人员对其进行讯问，应当在看守所内进行。"

《人民检察院刑事诉讼规则》第186条规定："犯罪嫌疑人被送交看守所羁押后，检察人员对其进行讯问，应当填写提讯、提解证，在看守所讯问室进行。因辨认、鉴定、侦查实验或者追缴犯罪有关财物的需要，经检察长批准，可以提押犯罪嫌疑人出所，并应当由两名以上司法警察押解。不得以讯问为目的将犯罪嫌疑人提押出所进行讯问。"

2. 辩护律师审查侦查机关讯问犯罪嫌疑人地点应注意的主要问题

侦查机关将犯罪嫌疑人拘留后24小时以内对其进行的讯问笔录，可以在看守所外进行，拘留后24小时以外对犯罪嫌疑人的讯问笔录只能在看守所内进行；对于被逮捕的犯罪嫌疑人的讯问笔录只能在看守所内进行，否则侦查机关的讯问均属于违反法定程序。

如果侦查人员将犯罪嫌疑人提出看守所讯问，就可能发生采取非法方法录取口供。辩护律师发现侦查人员用非法方法收集口供的，应当作出询问笔录，为提出纠正意见、控告和非法证据排除做准备。

（九）了解侦查人员在讯问犯罪嫌疑人时是否全程录音录像

《刑事诉讼法》第123条规定："侦查人员在讯问犯罪嫌疑人的时候，可以对讯问过程进行录音或者录像；对于可能判处无期徒刑、死刑的案件或者其他重大犯罪案件，应当对讯问过程进行录音或者录像。录音或者录像应当全程进行，保持完整性。"

《公安机关办理刑事案件程序规定》第 208 条规定："讯问犯罪嫌疑人，在文字记录的同时，可以对讯问过程进行录音录像。对于可能判处无期徒刑、死刑的案件或者其他重大犯罪案件，应当对讯问过程进行录音录像。前款规定的'可能判处无期徒刑、死刑的案件'，是指应当适用的法定刑或者量刑档次包含无期徒刑、死刑的案件。'其他重大犯罪案件'，是指致人重伤、死亡的严重危害公共安全犯罪、严重侵犯公民人身权利犯罪，以及黑社会性质组织犯罪、严重毒品犯罪等重大故意犯罪案件。对讯问过程录音录像的，应当对每一次讯问全程不间断进行，保持完整性。不得选择性地录制，不得剪接、删改。"

《人民检察院刑事诉讼规则》第 190 条规定："人民检察院办理直接受理侦查的案件，应当在每次讯问犯罪嫌疑人时，对讯问过程实行全程录音、录像，并在讯问笔录中注明。"

辩护律师应了解侦查人员在讯问犯罪嫌疑人时是否全程录音录像，录音录像的连续性、完整性以及录音录像与询问笔录的一致性，为非法证据排除做准备。

（十）需要向犯罪嫌疑人了解与案件有关的其他情况

三、向侦查机关了解罪名和案件有关情况

（一）辩护律师向侦查机关了解犯罪嫌疑人涉嫌的罪名和案件有关情况的法律规定

《刑事诉讼法》第 38 条规定："辩护律师在侦查期间可以为犯罪嫌疑人提供法律帮助；代理申诉、控告；申请变更强制措施；向侦查机关了解犯罪嫌疑人涉嫌的罪名和案件有关情况，提出意见。"

（二）辩护律师向侦查机关了解案件有关情况的范围

侦查期间，辩护律师自犯罪嫌疑人被第一次讯问或者采取强制措施之日起，可以向侦查机关了解案件情况的范围包括：犯罪嫌疑人涉嫌的罪名、已查明的主要事实、犯罪嫌疑人被采取、变更、解除强制措施、延长侦查羁押期限等情况，也包括侦查机关的侦查行为、侦查措施、检察机关的批捕程序等诉讼活动的事实。

辩护律师应当将向侦查机关了解案件有关情况的记录与向犯罪嫌疑人了

解案件有关情况的询问笔录相互比对，为提出辩护意见、变更、解除强制措施意见、办案机关诉讼活动违法意见、非法证据排除意见等做准备。

四、特殊证据及时开示义务

（一）"三项特殊证据"的调取权和及时开示义务的法律规定

《刑事诉讼法》第42条规定："辩护人收集的有关犯罪嫌疑人不在犯罪现场、未达到刑事责任年龄、属于依法不负刑事责任的精神病人的证据，应当及时告知公安机关、人民检察院。"

《公安机关办理刑事案件程序规定》第58条第2款规定："对辩护律师收集的犯罪嫌疑人不在犯罪现场、未达到刑事责任年龄、属于依法不负刑事责任的精神病人的证据，公安机关应当进行核实并将有关情况记录在案，有关证据应当附卷。"

（二）在侦查阶段，辩护律师有"三项特殊证据"的调取权利和及时开示义务

在侦查阶段，辩护律师有调取犯罪嫌疑人不在犯罪现场、未达到刑事责任年龄、属于依法不负刑事责任的精神病人这"三项特殊证据"的权利；也有在调取后及时递交公安机关、人民检察院的义务。

辩护律师发现"三项特殊证据"应及时向办案机关提出无罪或不予追究刑事责任的辩护意见，并同时要求办案机关解除羁押措施、释放犯罪嫌疑人，如果需要做司法鉴定，应及时要求办案机关委托鉴定部门。

（三）在侦查阶段，辩护律师没有对除"三项特殊证据"之外的其他证据的调查权

《律师法》第35条规定："受委托的律师根据案情的需要，可以申请人民检察院、人民法院收集、调取证据或者申请人民法院通知证人出庭作证。律师自行调查取证的，凭律师执业证书和律师事务所证明，可以向有关单位或者个人调查与承办法律事务有关的情况。"

《刑事诉讼法》第43条规定："辩护律师经证人或者其他有关单位和个人同意，可以向他们收集与本案有关的材料，也可以申请人民检察院、人民法院收集、调取证据，或者申请人民法院通知证人出庭作证。辩护律师经人民检察院或者人民法院许可，并且经被害人或者其近亲属、被害人提供的证人同意，可以向他们收集与本案有关的材料。"

在侦查阶段，辩护律师没有对除"三项特殊证据"之外的其他证据的调查权的原因分析如下：

（1）依据1996年《刑事诉讼法》的规定，在侦查阶段律师不享有调查权，因为在侦查阶段受托律师是"向犯罪嫌疑人提供法律帮助"的身份，不是辩护律师的身份，所以在此阶段当然不享有调查权，在司法实践中也是这样做的。

（2）依据2012年、2018年修正的《刑事诉讼法》的规定，因为在侦查阶段受托律师是辩护律师的身份，所以依法应当享有在侦查阶段的调查权，但是《刑事诉讼法》及司法解释都没有明确规定辩护律师在侦查阶段是否享有调查权。

（3）辩护律师在侦查阶段是否享有调查权，法学界有两种不同理解：其一是既然律师在侦查阶段是辩护律师身份，辩护律师就享有辩护权，因为调查权是辩护权的一部分，所以辩护律师在侦查阶段当然享有调查权，不需要法律另作条文规定；其二是辩护律师在侦查阶段享有的权利始终是在立法、修法时从小至大逐步扩展的，既然没有规定辩护律师在侦查阶段享有调查权，那么也就不享有，况且《刑事诉讼法》仍然规定辩护律师向被害人一方调取证据应经人民检察院或者人民法院许可，没有规定经公安机关许可，就是因为此阶段辩护律师没有调查权。笔者持第二种观点。持第一种观点的人逻辑思维非常好，一语道破2012年、2018年修正的《刑事诉讼法》将在侦查阶段提供法律帮助的律师改称为辩护律师，虽然辩护律师在侦查阶段的权利略有增加，但是辩护权没有发生实质性变化，只是起到了《刑事诉讼法》对辩护律师在侦查阶段享有调查权的立法导向作用。

综上所述，在侦查阶段，辩护律师调取除了"特殊三项证据"之外的其他证据是不允许的，至少需要等待法律和司法解释有明确规定许可之时。

五、申请回避、复议

（一）申请回避、复议的法律规定

《刑事诉讼法》第29条规定："审判人员、检察人员、侦查人员有下列情形之一的，应当自行回避，当事人及其法定代理人也有权要求他们回避：（一）是本案的当事人或者是当事人的近亲属的；（二）本人或者他的近亲属和本案有利害关系的；（三）担任过本案的证人、鉴定人、辩护人、诉讼代理人的；（四）与本案当事人有其他关系，可能影响公正处理案件的。"

《刑事诉讼法》第 30 条规定："审判人员、检察人员、侦查人员不得接受当事人及其委托的人的请客送礼，不得违反规定会见当事人及其委托的人。审判人员、检察人员、侦查人员违反前款规定的，应当依法追究法律责任。当事人及其法定代理人有权要求他们回避。"

《刑事诉讼法》第 31 条规定："审判人员、检察人员、侦查人员的回避，应当分别由院长、检察长、公安机关负责人决定；院长的回避，由本院审判委员会决定；检察长和公安机关负责人的回避，由同级人民检察院检察委员会决定。对侦查人员的回避作出决定前，侦查人员不能停止对案件的侦查。对驳回申请回避的决定，当事人及其法定代理人可以申请复议一次。"

《刑事诉讼法》第 32 条规定："本章关于回避的规定适用于书记员、翻译人员和鉴定人。辩护人、诉讼代理人可以依照本章的规定要求回避、申请复议。"

（二）"三员三长、三长两会制"的回避、复议制度

（1）"三员三长、三长两会制"的回避、复议制度是指审判人员、检察人员、侦查人员的回避，应当分别由院长、检察长、公安机关负责人决定；院长的回避，由本院审判委员会决定；检察长和公安机关负责人的回避，由同级人民检察院检察委员会决定；当事人及其法定代理人、辩护人可以申请复议一次。回避的规定适用于书记员、翻译人员和鉴定人。

（2）在刑事司法实践中，辩护律师在审判阶段对审判人员、书记员、翻译人员、鉴定人以及公诉人提出回避时有发生，然而辩护律师在侦查阶段对侦查人员提出回避申请或在审查起诉阶段对检察人员提出回避申请的很少见，认为即使提出回避，也不会起任何作用，这种想法是错误的。辩护律师要增强在侦查阶段对侦查人员、在审查起诉阶段对检察人员提出回避申请的意识，辩护律师有纠正侦查程序和审查起诉程序不合法的义务，侦查程序和审查起诉程序不合法，就很可能导致事实错误和非法证据的出现。

六、申请解除、变更强制措施

《刑事诉讼法》第 66 条至第 100 条，《最高人民法院关于适用〈中华人民共和国刑事诉讼法〉的解释》第 147 条至第 174 条，《人民检察院刑事诉讼规则》第 81 条至第 155 条，《公安机关办理刑事案件程序规定》第 78 条至第

168 条均为强制措施的规定。中华全国律师协会发布的《律师办理刑事案件规范》第 51 条至第 59 条是对辩护律师申请解除、变更强制措施的规定。

（1）辩护律师对被羁押的犯罪嫌疑人、被告人符合下列取保候审的条件，应当为其申请取保候审：①可能判处管制、拘役或者独立适用附加刑的；②可能判处有期徒刑以上刑罚，采取取保候审措施不致发生社会危险性的；③犯罪嫌疑人、被告人患有严重疾病、生活不能自理，采取取保候审措施不致发生社会危险性的；④犯罪嫌疑人、被告人正在怀孕或者哺乳自己的婴儿，采取取保候审措施不致发生社会危险性；⑤羁押期限届满，案件尚未办结，需要采取取保候审措施的。

（2）犯罪嫌疑人、被告人符合逮捕条件，但具备下列情形之一，辩护律师可以为其申请监视居住：①患有严重疾病、生活不能自理的；②怀孕或者正在哺乳自己婴儿的妇女；③系生活不能自理的人的唯一抚养人；④因为案件的特殊情况或者办理案件的需要，采取监视居住措施更为适宜的；⑤羁押期限届满，案件尚未办结，需要采取监视居住措施的。

（3）犯罪嫌疑人、被告人符合取保候审条件，但不能提出保证人也不交纳保证金的，辩护律师可以为其申请监视居住。

（4）犯罪嫌疑人、被告人被羁押的案件，办案机关在《刑事诉讼法》规定的羁押期限内未能办结的，辩护律师可以要求释放犯罪嫌疑人、被告人，或者要求变更强制措施。

对被采取取保候审、监视居住措施的犯罪嫌疑人、被告人，办案机关在《刑事诉讼法》规定的强制措施期限内未能办结的，辩护律师可以要求解除强制措施。

（5）犯罪嫌疑人因涉嫌危害国家安全犯罪、恐怖活动犯罪在侦查期间被指定居所监视居住的，在有碍侦查的情形消失后，辩护律师可以为其申请在居所监视居住或者取保候审。

（6）犯罪嫌疑人、被告人及其法定代理人、近亲属要求辩护律师申请变更、解除强制措施或释放犯罪嫌疑人、被告人，辩护律师认为符合条件的，可以自行申请，也可以协助其向办案机关申请。

（7）辩护律师向办案机关书面申请解除、变更强制措施或者释放犯罪嫌疑人、被告人的，一般要撰写解除、变更强制措施申请书。解除、变更强制措施申请书内容及格式见本书第十一章"强制措施"第八节"解除、变更强制措施的程序"五"申请解除、变更强制措施申请书"。

辩护律师不宜为犯罪嫌疑人、被告人担任保证人。

（8）辩护律师申请解除、变更强制措施或释放犯罪嫌疑人、被告人的，可以要求办案机关在 3 日内作出同意或者不同意的答复。对于不同意的，辩护律师可以要求其说明不同意的理由。

（9）犯罪嫌疑人被逮捕后，辩护律师可以向检察机关提出羁押必要性审查的意见。在侦查期间，认罪认罚的犯罪嫌疑人被羁押的，辩护人应当以"采取非羁押性强制措施足以防止发生社会危险性"为理由，为犯罪嫌疑人申请取保候审或监视居住。

七、建议侦查机关调取对犯罪嫌疑人有利证据

《刑事诉讼法》第 43 条规定："辩护律师经证人或者其他有关单位和个人同意，可以向他们收集与本案有关的材料，也可以申请人民检察院、人民法院收集、调取证据，或者申请人民法院通知证人出庭作证。辩护律师经人民检察院或者人民法院许可，并且经被害人或者其近亲属、被害人提供的证人同意，可以向他们收集与本案有关的材料。"

《刑事诉讼法》第 52 条规定："审判人员、检察人员、侦查人员必须依照法定程序，收集能够证实犯罪嫌疑人、被告人有罪或者无罪、犯罪情节轻重的各种证据。严禁刑讯逼供和以威胁、引诱、欺骗以及其他非法方法收集证据，不得强迫任何人证实自己有罪。必须保证一切与案件有关或者了解案情的公民，有客观地充分地提供证据的条件，除特殊情况外，可以吸收他们协助调查。"

辩护律师可以申请人民检察院、人民法院收集能够证实犯罪嫌疑人无罪、罪轻、从轻、减轻、免除处罚或者判处"非监禁刑"的证据。虽然《刑事诉讼法》没有规定辩护律师有向公安、国家安全等侦查机关申请调取证据的权利，但是侦查人员依法有义务调取无罪、罪轻、从轻、减轻、免除处罚或者判处"非监禁刑"的证据，所以辩护律师可以建议公安机关、国家安全机关等侦查机关调取此类证据。

辩护律师申请或建议办案机关调证，要采取书面形式，书写《调查取证申请书》或《调查取证建议书》，申请书或建议书中要写出具体明确的调证请求和理由，注明需要调取证据的名称、放置地点、持有人、与案件事实的关

联性等内容，如果证据有灭失的危险，还要写明紧迫性，督促办案机关调取。

八、提出管辖建议

虽然《刑事诉讼法》没有明确规定辩护律师有提出管辖异议的权利，但是辩护律师可以根据犯罪地或居住地提出属地管辖权建议，也可以提出级别管辖建议，还可以提出案件应当由国家安全机关、公安机关、检察机关哪一家侦查机关立案侦查或是否应当由人民法院直接受理的建议。有时，刑事案件由不同的机关管辖，会产生有差别的结果，辩护律师依据法律规定提出对犯罪嫌疑人有利的管辖建议，也是实现有效辩护的重要手段。

九、提出侦查阶段的辩护意见

（一）提出侦查阶段辩护意见的法律规定

《刑事诉讼法》第161条规定："在案件侦查终结前，辩护律师提出要求的，侦查机关应当听取辩护律师的意见，并记录在案。辩护律师提出书面意见的，应当附卷。"

《人民检察院刑事诉讼规则》第239条规定："在案件侦查过程中，犯罪嫌疑人委托辩护律师的，检察人员可以听取辩护律师的意见。辩护律师要求当面提出意见的，检察人员应当听取意见，并制作笔录附卷。辩护律师提出书面意见的，应当附卷。侦查终结前，犯罪嫌疑人提出无罪或者罪轻的辩解，辩护律师提出犯罪嫌疑人无罪或者依法不应当追究刑事责任意见的，人民检察院应当依法予以核实。案件侦查终结移送起诉时，人民检察院应当同时将案件移送情况告知犯罪嫌疑人及其辩护律师。"

《公安机关办理刑事案件程序规定》第58条第1款规定："案件侦查终结前，辩护律师提出要求的，公安机关应当听取辩护律师的意见，根据情况进行核实，并记录在案。辩护律师提出书面意见的，应当附卷。"

据前述规定，辩护律师在案件侦查终结前有发表辩护意见权，辩护律师未提出明确要求的，视为放弃权利；辩护律师提出要求的，侦查机关有听取口头辩护意见、核实辩护意见并记录在案的义务，有将书面辩护意见附卷和随案移送的义务。

（二）侦查阶段辩护意见的内容

辩护律师在案件侦查期间，向侦查机关就案件实体和程序问题提出辩护意见的，可以口头或书面的方式提出。虽然辩护律师在此阶段没有阅卷权，但是也要在向犯罪嫌疑人、侦查机关了解案件事实的基础上提出辩护意见。建议辩护律师采取书面形式提出辩护意见。辩护律师在侦查阶段提出辩护意见的思路：

（1）首先要抉择是作有罪辩护，还是无罪辩护。

（2）作无罪辩护的情况下，要充分论述无罪的事实、理由和法律依据，并向侦查机关提出撤销案件或终止侦查、解除强制措施的辩护意见。

（3）作有罪辩护的情况下，如果是人民检察院自行侦查终结的案件，首先就要判断是否属于"犯罪情节轻微，依据刑法规定不需要判处刑罚或者免除刑罚的案件"，如果属于，就符合不起诉的法定条件，辩护律师应向人民检察院提出不起诉的辩护意见。

（4）作有罪辩护的情况下，如果是人民检察院之外的侦查机关侦查终结的案件，辩护律师就要对拟将移送审查起诉的案件，在已经了解的定罪事实和量刑情节、实体事实和程序事实的基础上，向侦查机关提出相应全面的、有利于犯罪嫌疑人的辩护意见。既包括定罪事实和量刑情节的单项证据是否具有真实、合法、关联性，全案事实是否达到"确实、充分"的证明标准等实体事实上对犯罪嫌疑人有利的意见，也包括侦查措施、强制措施的非法或不当、没有管辖权、排除非法证据、罪轻、从轻、减轻、免除的证据应予以调取等程序事实上对犯罪嫌疑人有利的意见。

总而言之，辩护律师能够在侦查终结前解决的问题，一定不要推到审查起诉或审判阶段再处理，以减少后续两阶段的压力，即使犯罪嫌疑人在侦查阶段被无罪释放，导致后续两阶段无需再委托辩护，辩护律师也应这样去做，以维护律师职业声誉，不要以牺牲犯罪嫌疑人的人身自由为代价换取经济利益。

十、申诉、控告

（一）申诉、控告的法律规定

《刑事诉讼法》第 14 条第 2 款："诉讼参与人对于审判人员、检察人员和侦查人员侵犯公民诉讼权利和人身侮辱的行为，有权提出控告。"

《刑事诉讼法》第 117 条规定："当事人和辩护人、诉讼代理人、利害关系人对于司法机关及其工作人员有下列行为之一的，有权向该机关申诉或者控告：（一）采取强制措施法定期限届满，不予以释放、解除或者变更的；（二）应当退还取保候审保证金不退还的；（三）对与案件无关的财物采取查封、扣押、冻结措施的；（四）应当解除查封、扣押、冻结不解除的；（五）贪污、挪用、私分、调换、违反规定使用查封、扣押、冻结的财物的。受理申诉或者控告的机关应当及时处理。对处理不服的，可以向同级人民检察院申诉；人民检察院直接受理的案件，可以向上一级人民检察院申诉。人民检察院对申诉应当及时进行审查，情况属实的，通知有关机关予以纠正。"

《人民检察院刑事诉讼规则》第57条规定："辩护人、诉讼代理人认为公安机关、人民检察院、人民法院及其工作人员具有下列阻碍其依法行使诉讼权利行为之一，向同级或者上一级人民检察院申诉或者控告的，人民检察院负责控告申诉检察的部门应当接受并依法办理，其他办案部门应当予以配合：（一）违反规定，对辩护人、诉讼代理人提出的回避要求不予受理或者对不予回避决定不服的复议申请不予受理的；（二）未依法告知犯罪嫌疑人、被告人有权委托辩护人的；（三）未转达在押或者被监视居住的犯罪嫌疑人、被告人委托辩护人的要求或者未转交其申请法律援助材料的；（四）应当通知而不通知法律援助机构为符合条件的犯罪嫌疑人、被告人或者被申请强制医疗的人指派律师提供辩护或者法律援助的；（五）在规定时间内不受理、不答复辩护人提出的变更强制措施申请或者解除强制措施要求的；（六）未依法告知辩护律师犯罪嫌疑人涉嫌的罪名和案件有关情况的；（七）违法限制辩护律师同在押、被监视居住的犯罪嫌疑人、被告人会见和通信的；（八）违法不允许辩护律师查阅、摘抄、复制本案的案卷材料的；（九）违法限制辩护律师收集、核实有关证据材料的；（十）没有正当理由不同意辩护律师收集、调取证据或者通知证人出庭作证的申请，或者不答复、不说明理由的；（十一）未依法提交证明犯罪嫌疑人、被告人无罪或者罪轻的证据材料的；（十二）未依法听取辩护人、诉讼代理人意见的；（十三）未依法将开庭的时间、地点及时通知辩护人、诉讼代理人的；（十四）未依法向辩护人、诉讼代理人及时送达本案的法律文书或者及时告知案件移送情况的；（十五）阻碍辩护人、诉讼代理人在法庭审理过程中依法行使诉讼权利的；（十六）其他阻碍辩护人、诉讼代理人依法行使诉讼权利的。对于直接向上一级人民检察院申诉或者控告的，上一级人民检察院可以交下级人民检察院办理，也可以直接办理。辩护人、诉讼代理人认为看守所及其工作人员有阻碍其依法行使诉讼权利的行为，向人民检察院申诉或者控告的，由负责刑事执行检察的部门接受并依法办理；其他办案部门收到申诉或者控告的，应当及时移送负责刑事执行检察的部门。"

《人民检察院刑事诉讼规则》第58条规定："辩护人、诉讼代理人认为其依法行使诉讼权利受到阻碍向人民检察院申诉或者控告的，人民检察院应当及时受理并调查核实，在十日以内办结并书面答复。情况属实的，通知有关机关或者本院有关部门、下级人民检察院予以纠正。"

《人民检察院刑事诉讼规则》第567条规定："人民检察院应当对侦查活动中是否存在以下违法行为进行监督：（一）采用刑讯逼供以及其他非法方法收集犯罪嫌疑人供述的；（二）讯问犯罪嫌疑人依法应当录音或者录像而没有录音或者录像，或者未在法定羁押场所讯问犯罪嫌疑人的；（三）采用暴力、威胁以及非法限制人身自由等非法方法收集证人证言、被害人陈述，或者以暴力、威胁等方法阻止证人作证或者指使他人作伪证的；（四）伪造、隐匿、销毁、调换、私自涂改证据，或者帮助当事人毁灭、伪造证据的；（五）违反刑事诉讼法关于决定、执行、变更、撤销强制措施的规定，或者强制措施法定期限届满，不予释放、解除或者变更的；（六）应当退还取保候审保证金不退还的；（七）违反刑事诉讼法关于讯问、询问、勘验、检查、搜查、鉴定、采取技术侦查措施等规定的；（八）对与案件无关的财物采取查封、扣押、冻结措施，或者应当解除查封、扣押、冻结而不解除的；（九）贪污、挪用、私分、调换、违反规定使用查封、扣押、冻结的财物及其孳息的；（十）不应当撤案而撤案的；（十一）侦查人员应当回避而不回避的；（十二）依法应当告知犯罪嫌疑人诉讼权利而不告知，影响犯罪嫌疑人行使诉讼权利的；（十三）对犯罪嫌疑人拘留、逮捕、指定居所监视居住后依法应当通知家属而未通知的；（十四）阻碍当事人、辩护人、诉讼代理人、值班律师依法行使诉讼权利的；（十五）应当对证据收集的合法性出具说明或者提供证明材料而不出具、不提供的；（十六）侦查活动中的其他违反法律规定的行为。"

《人民检察院刑事诉讼规则》第555条规定："当事人和辩护人、诉讼代理人、利害关系人对于办案机关及其工作人员有刑事诉讼法第一百一十七条规定的行为，向该机关申诉或者控告，对该机关作出的处理不服或者该机关未在规定时间内作出答复，而向人民检察院申诉的，办案机关的同级人民检察院应当受理。人民检察院直接受理侦查的案件，当事人和辩护人、诉讼代理人、利害关系人对办理案件的人民检察院的处理不服的，可以向上一级人民检察院申诉，上一级人民检察院应当受理。未向办案机关申诉或者控告，或者办案机关在规定时间内尚未作出处理决定，直接向人民检察院申诉的，人民检察院应当告知其向办案机关申诉或者控告。人民检察院在审查逮捕、审查起诉中发现有刑事诉讼法第一百一十七规定的违法情形的，可以直接监督纠正。当事人和辩护人、诉讼代理人、利害关系人对刑事诉讼法第一百一十七条规定情形之外的违法行为提出申诉或者控告的，人民检察院应当受理，并及时审查，依法处理。"

《公安机关办理刑事案件程序规定》第196条规定："当事人和辩护人、诉讼代理人、利害关系人对于公安机关及其侦查人员有下列行为之一的，有权向该机关申诉或者控告：（一）采取强制措施法定期限届满，不予以释放、解除或者变更的；（二）应当退还取保候审保证金不退还的；（三）对与案件无关的财物采取查封、扣押、冻结措施的；（四）应当解除查封、扣押、冻结不解除的；（五）贪污、挪用、私分、调换、违反规定使用查封、扣押、冻结的财物的。受理申诉或者控告的公安机关应当及时进行调查核实，并在收到申诉、控告之日起三十日以内作出处理决定，书面回复申诉人、控告人。发现公安机关及其侦查人员有上述行为之一的，应当立即纠正。"

（二）辩护律师提出申诉、控告的程序

（1）辩护律师发现司法机关及其工作人员采取的强制措施法定期限届满，不予以释放、解除、变更或者有《刑事诉讼法》第117条规定的四种侵犯财产权的行为之一，首先应向行为机关提出申诉或者控告，对行为机关处理不服或者该机关未在规定时间内作出答复的，可以向同级人民检察院申诉；如果是人民检察院直接受理的案件，应首先向作出行为的人民检察院提出申诉或者控告，对行为机关处理不服的，可以向上一级人民检察院申诉，实行"先自行更正后法律监督"程序。

（2）辩护律师发现《人民检察院刑事诉讼规则》第57条规定的16种阻碍行使诉讼权利的行为，可以向同级或者上一级人民检察院提出申诉或者控告，实行"直接法律监督"程序。

辩护律师发现看守所及其工作人员阻碍行使诉讼权利的行为，向人民检察院提出申诉或者控告，由负责刑事执行检察的部门接受并依法办理，实行"直接法律监督"程序。

（3）辩护律师发现司法机关及其工作人员有《刑事诉讼法》第 117 条、《人民检察院刑事诉讼规则》第 57 条规定之外的违法行为向人民检察院提出申诉或者控告的，人民检察院应当受理，并及时审查，依法处理，也是实行"直接法律监督"程序。

第十四章

监察机关的调查

第一节 监察机关概述

一、监察委员会的性质及任务

（1）中华人民共和国国家监察委员会是最高监察机关。

（2）各级监察委员会是行使国家监察职能的专责机关，依照《监察法》对所有行使公权力的公职人员进行监察，调查职务违法和职务犯罪，开展廉政建设和反腐败工作，维护宪法和法律的尊严。

（3）监察委员会依照法律规定独立行使监察权，不受行政机关、社会团体和个人的干涉。

（4）监察机关办理职务违法和职务犯罪案件，应当与审判机关、检察机关、执法部门互相配合、互相制约。

（5）监察机关在工作中需要协助的，有关机关和单位应当根据监察机关的要求依法予以协助。

二、监察机关调查的性质

（1）监察机关对涉嫌贪污贿赂、滥用职权、玩忽职守、权力寻租、利益输送、徇私舞弊以及浪费国家资财等职务犯罪进行调查。

（2）监察机关对涉嫌职务犯罪的，将调查结果移送人民检察院依法审查、提起公诉；向监察对象所在单位提出监察建议。

2018 年 3 月 20 日，第十三届全国人民代表大会第一次会议通过《监察法》，赋予监察机关调查权。调查权行使不仅针对职务犯罪，而且针对职务违法，从此角度分析，调查权的行使范围比侦查权的行使范围要广泛。当调查权针对职务犯罪的时候，具有侦查权的属性，调查权行使过程中收集的证据材料可在刑事诉讼中直接使用，将调查结果移送至人民检察院依法审查起诉。

第二节　监察机关的调查措施

监察机关具有调取证据权及保密义务。监察机关行使监督、调查职权，有权依法向有关单位和个人了解情况，收集、调取证据。有关单位和个人应当如实提供。任何单位和个人不得伪造、隐匿或者毁灭证据。监察机关及其工作人员对监督、调查过程中知悉的国家秘密、商业秘密、个人隐私，应当保密。

监察机关对涉嫌职务犯罪的案件可以采取讯问、询问、查询、冻结、查封、扣押、勘验、检查、留置等调查措施，调查措施的种类、法定程序、证据形式等与刑事侦查措施基本相同。

一、讯问犯罪嫌疑人

监察机关对涉嫌贪污贿赂、失职渎职等职务犯罪的被调查人，可以进行讯问，要求其如实供述涉嫌犯罪的情况。

二、询问证人

在调查过程中，监察机关可以询问证人等人员。

三、留置

留置是监察机关在调查职务犯罪过程中，对被调查人所采取的限制其人身自由的强制措施。

（一）留置条件

依据《监察法》第 22 条的规定，采取留置措施应当同时具备以下三个条件：

（1）被调查人涉嫌贪污贿赂、失职渎职等严重职务违法或者职务犯罪。

（2）监察机关已经掌握其部分违法犯罪事实及证据，仍有重要问题需要进一步调查。

（3）被调查人具有下列情形之一的，经监察机关依法审批，可以将其留置在特定场所：①涉及案情重大、复杂的；②可能逃跑、自杀的；③可能串供或者伪造、隐匿、毁灭证据的；④可能有其他妨碍调查行为的。

对涉嫌行贿犯罪或者共同职务犯罪的涉案人员，监察机关也可以依法采取留置措施。

（二）留置决定权

监察机关对犯罪嫌疑人采取留置措施，由监察机关领导人员集体研究决定。设区的市以下监察机关采取留置措施，应当报上一级监察机关批准；省级监察机关采取留置措施，应当报国家监察委员会备案。

（三）留置期限

留置时间不得超过 3 个月，特殊情况可以延长一次，延长的时间也不得超过 3 个月。省级以下监察机关需要延长留置时间的，应当报上一级监察机关批准。

（四）留置场所

留置场所的设置、管理和监督依照国家有关规定执行。

（五）留置通知

对被调查人采取留置措施后，应当在 24 小时以内，通知被留置人员所在单位和家属，但有可能毁灭、伪造证据，干扰证人作证或者串供等有碍调查的除外。有碍调查的情形消失后，应当立即通知被留置人员所在单位和家属。

（六）解除留置

监察机关发现采取留置措施不当的，应当及时解除。

（七）留置期间折抵

被留置人员涉嫌犯罪移送司法机关后，被依法判处管制、拘役和有期徒刑的，留置 1 日折抵管制 2 日，折抵拘役、有期徒刑 1 日。

四、查询、冻结

监察机关调查涉嫌贪污贿赂、失职渎职等严重职务违法或者职务犯罪，根据工作需要，可以依照规定查询、冻结涉案单位和个人的存款、汇款、债券、股票、基金份额等财产。有关单位和个人应当配合。

监察机关冻结的财产经查明与案件无关的，应当在查明后 3 日内解除冻结，予以退还。

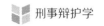

五、查封、扣押

监察机关在调查过程中，可以调取、查封、扣押用以证明被调查人涉嫌违法犯罪的财物、文件和电子数据等信息。采取调取、查封、扣押措施，应当收集原物原件，会同持有人或者保管人、见证人，当面逐一拍照、登记、编号，开列清单，由在场人员当场核对、签名，并将清单副本交财物、文件的持有人或者保管人。

对调取、查封、扣押的财物、文件，监察机关应当设立专用账户、专门场所，确定专门人员妥善保管，严格履行交接、调取手续，定期对账核实，不得毁损或者用于其他目的。对价值不明物品应当及时鉴定，专门封存保管。

监察机关查封、扣押的财物、文件经查明与案件无关的，应当在查明后 3 日内解除查封、扣押，予以退还。

六、搜查

监察机关可以对涉嫌职务犯罪的被调查人以及可能隐藏被调查人或者犯罪证据的人的身体、物品、住处和其他有关地方进行搜查。在搜查时，应当出示搜查证，并有被搜查人或者其家属等见证人在场。

搜查女性身体，应当由女性工作人员进行。

监察机关进行搜查时，可以根据工作需要提请公安机关配合。公安机关应当依法予以协助。

七、勘验、检查

监察机关在调查过程中，可以直接或者指派、聘请具有专门知识、资格的人员在调查人员主持下进行勘验、检查。勘验、检查情况应当制作笔录，由参加勘验、检查的人员和见证人签名或者盖章。

八、鉴定

监察机关在调查过程中，对于案件中的专门性问题，可以指派、聘请有专门知识的人进行鉴定。鉴定人进行鉴定后，应当出具鉴定意见，并且签名。

九、技术调查措施

监察机关调查涉嫌重大贪污贿赂等职务犯罪，根据需要，经过严格的批准手续，可以采取技术调查措施，按照规定交有关机关执行。

批准决定应当明确采取技术调查措施的种类和适用对象，自签发之日起 3 个月以内有效；对于复杂、疑难案件，期限届满仍有必要继续采取技术调查措施的，经过批准，有效期可以延长，每次不得超过 3 个月。对于不需要继续采取技术调查措施的，应当及时解除。

十、通缉

依法应当留置的被调查人如果在逃，监察机关可以决定在本行政区域内通缉，由公安机关发布通缉令，追捕归案。通缉范围超出本行政区域的，应当报请有权决定的上级监察机关决定。

十一、边控

监察机关为防止被调查人及相关人员逃匿境外，经省级以上监察机关批准，可以对被调查人及相关人员采取限制出境措施，由公安机关依法执行。对于不需要继续采取限制出境措施的，应当及时解除。

第三节　监察机关的证据规则

一、监察机关调取证据的使用规则

监察机关依法收集的物证、书证、证人证言、被调查人供述和辩解、视听资料、电子数据等证据材料，在刑事诉讼中可以作为证据使用。

监察机关调取的证据在刑事诉讼采取强制措施、审查起诉、审判程序中直接使用。

二、监察机关调取证据的审查判断

监察机关在收集、固定、审查、运用证据时，应当与刑事审判关于证据的要求和标准相一致。

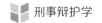

刑事诉讼法中非法证据排除、关联证据、补强证据、传闻证据、最佳证据、意见证据规则均适用于监察机关在调查过程中收集的证据。

第四节　监察机关的调查程序

一、受案

（1）监察机关对于报案或者举报，应当接受并按照有关规定处理。对于不属于本机关管辖的，应当移送主管机关处理。

人民法院、人民检察院、公安机关、审计机关等国家机关在工作中发现公职人员涉嫌贪污贿赂、失职渎职等职务违法或者职务犯罪的问题线索，应当移送监察机关，由监察机关依法调查处置。

（2）监察机关应当严格按照程序开展工作，建立问题线索处置、调查、审理各部门相互协调、相互制约的工作机制。

监察机关应当加强对调查、处置工作全过程的监督管理，设立相应的工作部门履行线索管理、监督检查、督促办理、统计分析等管理协调职能。

（3）监察机关对监察对象的问题线索，应当按照有关规定提出处置意见，履行审批手续，进行分类办理。线索处置情况应当定期汇总、通报，定期检查、抽查。

二、初步核实

需要采取初步核实方式处置问题线索的，监察机关应当依法履行审批程序，成立核查组。初步核实工作结束后，核查组应当撰写初步核实情况报告，提出处理建议。承办部门应当提出分类处理意见。初步核实情况报告和分类处理意见报监察机关主要负责人审批。

三、立案

经过初步核实，对监察对象涉嫌职务违法犯罪，需要追究法律责任的，监察机关应当按照规定的权限和程序办理立案手续。

监察机关主要负责人依法批准立案后，应当主持召开专题会议，研究确定调查方案，决定需要采取的调查措施。

立案调查决定应当向被调查人宣布，并通报相关组织。涉嫌严重职务违法或者职务犯罪的，应当通知被调查人家属，并向社会公开发布。

四、调查

（1）监察机关对职务违法和职务犯罪案件，应当进行调查，收集被调查人有无违法犯罪以及情节轻重的证据，查明违法犯罪事实，形成相互印证、完整稳定的证据链。

严禁以威胁、引诱、欺骗及其他非法方式收集证据，严禁侮辱、打骂、虐待、体罚或者变相体罚被调查人和涉案人员。

（2）调查人员采取讯问、询问、留置、搜查、调取、查封、扣押、勘验检查等调查措施，均应当依照规定出示证件，出具书面通知，由2人以上进行，形成笔录、报告等书面材料，并由相关人员签名、盖章。

（3）调查人员进行讯问以及搜查、查封、扣押等重要取证工作，应当对全过程进行录音录像，留存备查。

（4）调查人员应当严格执行调查方案，不得随意扩大调查范围、变更调查对象和事项。

对调查过程中的重要事项，应当集体研究后按程序请示报告。

（5）讯问被留置人员应当合理安排讯问时间和时长，讯问笔录由被讯问人阅看后签名。监察机关应当保障被留置人员的饮食、休息和安全，提供医疗服务。

（6）监察机关在调查职务犯罪案件过程中，犯罪嫌疑人逃匿或者死亡，需要继续调查的经省级以上监察机关批准，应当继续调查并作出结论。

第五节　调查终结

一、移送审查起诉

1. 制作《起诉意见书》移送案卷

监察机关根据监督、调查结果，认定被调查人涉嫌职务犯罪的，监察机关经调查认为犯罪事实清楚，证据确实、充分的，制作《起诉意见书》，连同案卷材料、证据一并移送人民检察院依法审查、提起公诉。

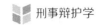

2. 提出认罪认罚从宽处罚的建议

涉嫌职务犯罪的被调查人主动认罪认罚，有下列情形之一的，监察机关经领导人员集体研究，并报上一级监察机关批准，可以在移送人民检察院时提出从宽处罚的建议：

（1）自动投案，真诚悔罪悔过的。

（2）积极配合调查工作，如实供述监察机关还未掌握的违法犯罪行为的。

（3）积极退赃，减少损失的。

（4）具有重大立功表现或者案件涉及国家重大利益等情形的。

3. 提出立功从宽处罚的建议

职务违法犯罪的涉案人员揭发有关被调查人职务违法犯罪行为，查证属实的，或者提供重要线索，有助于调查其他案件的，监察机关经领导人员集体研究，并报上一级监察机关批准，可以在移送人民检察院时提出从宽处罚的建议。

4. 移送涉案财物

监察机关经调查，对违法取得的财物，依法予以没收、追缴或者责令退赔；对涉嫌犯罪取得的财物，应当随案移送人民检察院。

二、撤销案件

监察机关经调查，没有证据证明被调查人存在违法犯罪行为的，应当撤销案件，并通知被调查人所在单位。

三、提出适用违法所得的没收程序的意见

监察机关在调查贪污贿赂、失职渎职等职务犯罪案件过程中，被调查人逃匿或者死亡，有必要继续调查的，经省级以上监察机关批准，应当继续调查并作出结论。被调查人逃匿，在通缉1年后不能到案，或者死亡的，由监察机关提请人民检察院依照法定程序，向人民法院提出没收违法所得的申请。

四、申请复审、复核

监察对象对监察机关作出的涉及本人的处理决定不服的，可以在收到处理决定之日起1个月内，向作出决定的监察机关申请复审，复审机关应当在1个月内作出复审决定；监察对象对复审决定仍不服的，可以在收到复审决定之日起 1 个月内，向上一级监察机关申请复核，复核机关应当在 2 个月内作出复核决定。复审、复核期间，不停止原处理决定的执行。复核机关经审查，认定处理决定有错误的，原处理机关应当及时予以纠正。

第六节　反腐败国际合作

一、统筹反腐败国际合作

国家监察委员会统筹协调与其他国家、地区、国际组织开展的反腐败国际交流、合作，组织反腐败国际条约实施工作。

二、组织反腐败各领域国际合作

国家监察委员会组织协调有关方面加强与有关国家、地区、国际组织在反腐败执法、引渡、司法协助、被判刑人移管、资产追回和信息交流等领域的合作。

三、反腐败国际追逃追赃和防逃

国家监察委员会加强对反腐败国际追逃追赃和防逃工作的组织协调，督促有关单位做好相关工作：

（1）对于重大贪污贿赂、失职渎职等职务犯罪案件，被调查人逃匿到国（境）外，掌握证据比较确凿的，通过开展境外追逃合作，追捕归案。

（2）向赃款赃物所在国请求查询、冻结、扣押、没收、追缴、返还涉案资产。

（3）查询、监控涉嫌职务犯罪的公职人员及其相关人员进出国（境）和跨境资金流动情况，在调查案件过程中设置防逃程序。

第七节　监察机关及其人员的监督

一、回避制度

办理监察事项的监察人员有下列情形之一的，应当自行回避，监察对象、检举人及其他有关人员也有权要求其回避：

（1）是监察对象或者检举人的近亲属的；

（2）担任过本案的证人的；

（3）本人或者其近亲属与办理的监察事项有利害关系的；

（4）有可能影响监察事项公正处理的其他情形的。

二、脱密期规定

监察机关涉密人员离岗离职后，应当遵守脱密期管理规定，严格履行保密义务，不得泄露相关秘密。

监察人员辞职、退休3年内，不得从事与监察和司法工作相关联且可能发生利益冲突的职业。

三、申诉

监察机关及其工作人员有下列行为之一的，被调查人及其近亲属有权向该机关申诉：

（1）留置法定期限届满，不予以解除的；

（2）查封、扣押、冻结与案件无关的财物的；

（3）应当解除查封、扣押、冻结措施而不解除的；

（4）贪污、挪用、私分、调换以及违反规定使用查封、扣押、冻结的财物的；

（5）其他违反法律法规、侵害被调查人合法权益的行为。

受理申诉的监察机关应当在受理申诉之日起1个月内作出处理决定。申诉人对处理决定不服的，可以在收到处理决定之日起1个月内向上一级监察机关申请复查，上一级监察机关应当在收到复查申请之日起2个月内作出处理决定，情况属实的，及时予以纠正。

四、错案追究制

对调查工作结束后发现立案依据不充分或者失实，案件处置出现重大失误，监察人员严重违法的，应当追究负有责任的领导人员和直接责任人员的责任。

五、国家赔偿

监察机关及其工作人员行使职权，侵犯公民、法人和其他组织的合法权益造成损害的，依法给予国家赔偿。

第八节 监察委员会管辖的案件

2018 年 4 月 16 日，中央纪律检查委员会、国家监察委员会印发了《国家监察委员会管辖规定（试行）》，规定国家监察委员会负责调查行使公权力的公职人员涉嫌贪污贿赂、滥用职权、玩忽职守、权力寻租、利益输送、徇私舞弊以及浪费国家资财等职务犯罪案件。

国家监察委员会管辖的 6 大类 88 个职务犯罪案件罪名，分别是：贪污贿赂犯罪涉及《刑法》24 个条文，共 17 个罪名；滥用职权犯罪涉及《刑法》15 个条文，共 15 个罪名；玩忽职守犯罪涉及《刑法》11 个条文，共 11 个罪名；徇私舞弊犯罪涉及《刑法》15 个条文，共 15 个罪名；公职人员重大责任事故犯罪涉及《刑法》11 个条文，共 11 个罪名；公职人员其他犯罪涉及《刑法》19 个条文，共 19 个罪名。

一、贪污贿赂犯罪

贪污贿赂犯罪案件，包括贪污罪；挪用公款罪；受贿罪；单位受贿罪；利用影响力受贿罪；行贿罪；对有影响力的人行贿罪；对单位行贿罪；介绍贿赂罪；单位行贿罪；巨额财产来源不明罪；隐瞒境外存款罪；私分国有资产罪；私分罚没财物罪；非国家工作人员受贿罪；对非国家工作人员行贿罪；对外国公职人员、国际公共组织官员行贿罪。

二、滥用职权犯罪

滥用职权犯罪案件，包括滥用职权罪；国有公司、企业、事业单位人员滥用职权罪；滥用管理公司、证券职权罪；食品监管渎职罪；故意泄露国家秘密罪；报复陷害罪；阻碍解救被拐卖、绑架妇女、儿童罪；帮助犯罪分子逃避处罚罪；违法发放林木采伐许可证罪；办理偷越国（边）境人员出入境证件罪；放行偷越国（边）境人员罪；挪用特定款物罪；非法剥夺公民宗教

信仰自由罪；侵犯少数民族风俗习惯罪；打击报复会计、统计人员罪。

三、玩忽职守犯罪

玩忽职守犯罪案件，包括玩忽职守罪；国有公司、企业、事业单位人员失职罪；签订、履行合同失职被骗罪；国家机关工作人员签订、履行合同失职被骗罪；环境监管失职罪；传染病防治失职罪；商检失职罪；动植物检疫失职罪；不解救被拐卖、绑架妇女、儿童罪；失职造成珍贵文物损毁、流失罪；过失泄露国家秘密罪。

四、徇私舞弊犯罪

徇私舞弊犯罪案件，包括徇私舞弊低价折股、出售国有资产罪；非法批准征收、征用、占用土地罪；非法低价出让国有土地使用权罪；非法经营同类营业罪；为亲友非法牟利罪；枉法仲裁罪；徇私舞弊发售发票、抵扣税款、出口退税罪；商检徇私舞弊罪；动植物检疫徇私舞弊罪；放纵走私罪；放纵制售伪劣商品犯罪行为罪；招收公务员、学生徇私舞弊罪；徇私舞弊不移交刑事案件罪；违法提供出口退税凭证罪；徇私舞弊不征、少征税款罪。

五、公职人员重大责任事故犯罪

公职人员在行使公权力过程中发生的重大责任事故犯罪案件，包括重大责任事故罪；教育设施重大安全事故罪；消防责任事故罪；重大劳动安全事故罪；强令违章冒险作业罪；不报、谎报安全事故罪；铁路运营安全事故罪；重大飞行事故罪；大型群众性活动重大安全事故罪；危险物品肇事罪；工程重大安全事故罪。

六、公职人员其他犯罪

公职人员在行使公权力过程中发生的其他犯罪案件，包括破坏选举罪；背信损害上市公司利益罪；金融工作人员购买假币、以假币换取货币罪；利用未公开信息交易罪；诱骗投资者买卖证券、期货合约罪；背信运用受托财产罪；违法运用资金罪；违法发放贷款罪；吸收客户资金不入帐罪；违规出具金融票证罪；对违法票据承兑、付款、保证罪；非法转让、倒卖土地使用权罪；私自开拆、隐匿、毁弃邮件、电报罪；职务侵占罪；挪用资金罪；故意延误投递邮件罪；泄露不应公开的案件信息罪；披露、报道不应公开的案件信息罪；接送不合格兵员罪。

七、交叉案件的管辖

（1）公职人员既涉嫌严重职务违法或者职务犯罪，又涉嫌其他违法犯罪的案件，由国家监察委员会与最高人民检察院、公安部等机关协商解决管辖问题，一般应当由国家监察委员会为主调查，其他机关予以配合。

（2）在诉讼监督活动中发现的司法工作人员利用职权实施的侵犯公民权利、损害司法公正的犯罪，由人民检察院管辖更为适宜的可以由人民检察院管辖。

（3）公职人员以外的其他人员涉嫌的下列犯罪，仍然由公安机关管辖：①重大责任事故犯罪；②非国家工作人员受贿罪，对非国家工作人员行贿罪，对外国公职人员、国际公共组织官员行贿罪；③破坏选举罪；背信损害上市公司利益罪；金融工作人员购买假币、以假币换取货币罪；利用未公开信息交易罪；诱骗投资者买卖证券、期货合约罪；背信运用受托财产罪；违法运用资金罪；违法发放贷款罪；吸收客户资金不入账罪；违规出具金融票证罪；对违法票据承兑、付款、保证罪；非法转让、倒卖土地使用权罪；私自开拆、隐匿、毁弃邮件、电报罪；职务侵占罪；挪用资金罪；故意延误投递邮件罪；泄露不应公开的案件信息罪；披露、报道不应公开的案件信息罪；接送不合格兵员罪。

第十五章

审查起诉

第一节　审查程序

人民检察院对移送审查起诉案件的审查程序如下。

一、审查的内容

依据《刑事诉讼法》第 171 条，《人民检察院刑事诉讼规则》第 330 条的规定："人民检察院审查移送起诉的案件，应当查明：（一）犯罪嫌疑人身份状况是否清楚，包括姓名、性别、国籍、出生年月日、职业和单位等；单位犯罪的，单位的相关情况是否清楚；（二）犯罪事实、情节是否清楚；实施犯罪的时间、地点、手段、危害后果是否明确；（三）认定犯罪性质和罪名的意见是否正确；有无法定的从重、从轻、减轻或者免除处罚情节及酌定从重、从轻情节；共同犯罪案件的犯罪嫌疑人在犯罪活动中的责任认定是否恰当；（四）犯罪嫌疑人是否认罪认罚；（五）证明犯罪事实的证据材料是否随案移送；证明相关财产系违法所得的证据材料是否随案移送；不宜移送的证据的清单、复制件、照片或者其他证明文件是否随案移送；（六）证据是否确实、充分，是否依法收集，有无应当排除非法证据的情形；（七）采取侦查措施包括技术侦查措施的法律手续和诉讼文书是否完备；（八）有无遗漏罪行和其他应当追究刑事责任的人；（九）是否属于不应当追究刑事责任的；（十）有无附带民事诉讼；对于国家财产、集体财产遭受损失的，是否需要由人民检察院提起附带民事诉讼；对于破坏生态环境和资源保护，食品药品安全领域侵害众多消费者合法权益，侵害英雄烈士的姓名、肖像、名誉、荣誉等损害社会公共利益的行为，是否需要由人民检察院提起附带民事公益诉讼；（十一）采取的强制措施是否适当，对于已经逮捕的犯罪嫌疑人，有无继续羁押的必要；（十二）侦查活动是否合法；（十三）涉案财物是否查封、扣押、冻结并妥善保管，清单是否齐备；对被害人合法财产的返还和对违禁品或者不宜长期保存的物品的处理是否妥当，移送的证明文件是否完备。"

二、讯问犯罪嫌疑人

依据《刑事诉讼法》第 173 条，《人民检察院刑事诉讼规则》第 331 条的规定，人民检察院办理审查起诉案件，应当讯问犯罪嫌疑人。犯罪嫌疑人认罪认罚的，人民检察院应告知其享有的诉讼权利和认罪认罚的法律规定。

三、听取意见

《人民检察院刑事诉讼规则》第 261 条、第 262 条规定，办理审查起诉案件，应当听取辩护人或者值班律师、被害人及其诉讼代理人的意见，并制作笔录。辩护人或者值班律师、被害人及其诉讼代理人提出书面意见的，应当附卷。对于辩护律师在审查起诉阶段多次提出意见的，均应如实记录。辩护律师提出犯罪嫌疑人不构成犯罪、无社会危险性、不适宜羁押或者侦查活动有违法犯罪情形等书面意见的，检察人员应当审查，并在相关工作文书中说明是否采纳的情况和理由。

直接听取辩护人、被害人及其诉讼代理人的意见有困难的，可以通过电话、视频等方式听取意见并记录在案，或者通知辩护人、被害人及其诉讼代理人提出书面意见。无法通知或者在指定期限内未提出意见的，应当记录在案。

四、审查鉴定意见

《人民检察院刑事诉讼规则》第 332 条至第 334 条是对鉴定意见审查方法的规定。

（1）人民检察院认为需要对案件中某些专门性问题进行鉴定而监察机关或者公安机关没有鉴定的，应当要求监察机关或者公安机关进行鉴定。必要时，也可以由人民检察院进行鉴定，或者由人民检察院聘请有鉴定资格的人进行鉴定。

人民检察院自行进行鉴定的，可以商请监察机关或者公安机关派员参加，必要时可以聘请有鉴定资格或者有专门知识的人参加。

（2）在审查起诉中，发现犯罪嫌疑人可能患有精神病的，人民检察院应当依照该规则的有关规定对犯罪嫌疑人进行鉴定。

犯罪嫌疑人的辩护人或者近亲属以犯罪嫌疑人可能患有精神病为由申请对犯罪嫌疑人进行鉴定的，人民检察院也可以依照该规则的有关规定对犯罪嫌疑人进行鉴定。鉴定费用由申请方承担。

（3）人民检察院对鉴定意见有疑问的，可以询问鉴定人或者有专门知识的人并制作笔录附卷，也可以指派有鉴定资格的检察技术人员或者聘请其他有鉴定资格的人进行补充鉴定或者重新鉴定。

人民检察院对鉴定意见等技术性证据材料需要进行专门审查的，按照有关规定交检察技术人员或者其他有专门知识的人进行审查并出具审查意见。

五、复验、复查

《人民检察院刑事诉讼规则》第335条规定，人民检察院审查案件时，对监察机关或者公安机关的勘验、检查，认为需要复验、复查的，应当要求其复验、复查，人民检察院可以派员参加；也可以自行复验、复查，商请监察机关或者公安机关派员参加，必要时也可以指派检察技术人员或者聘请其他有专门知识的人参加。

六、审查笔录

《人民检察院刑事诉讼规则》第336条规定，人民检察院对物证、书证、视听资料、电子数据及勘验、检查、辨认、侦查实验等笔录存在疑问的，可以要求调查人员或者侦查人员提供获取、制作的有关情况，必要时也可以询问提供相关证据材料的人员和见证人并制作笔录附卷，对物证、书证、视听资料、电子数据进行鉴定。

七、非法证据排除的审查

《人民检察院刑事诉讼规则》第341条规定，人民检察院在审查起诉中发现有应当排除的非法证据，应当依法排除，同时可以要求监察机关或者公安机关另行指派调查人员或者侦查人员重新取证。必要时，人民检察院也可以自行调查取证。

八、需要补充调查、侦查的案件处理

《人民检察院刑事诉讼规则》第 342 条、第 343 条规定，人民检察院认为犯罪事实不清、证据不足或者存在遗漏罪行、遗漏同案犯罪嫌疑人等情形需要补充调查、侦查的，应当制作补充调查、侦查提纲，连同案卷材料一并退回监察机关、公安机关补充调查、侦查。人民检察院也可以自行侦查，必要时可以要求监察机关、公安机关提供协助。

九、审查结果

《人民检察院刑事诉讼规则》第 339 条规定，人民检察院对案件进行审查后，应当依法作出起诉或者不起诉以及是否提起附带民事诉讼、附带民事公益诉讼的决定。

十、审查起诉期限

《刑事诉讼法》第 172 条第 1 款规定，人民检察院对于监察机关、公安机关移送起诉的案件，应当在 1 个月以内作出决定，重大、复杂的案件，可以延长 15 日。

人民检察院审查起诉的案件，改变管辖的，从改变后的人民检察院收到案件之日起计算审查起诉期限。

第二节　认罪认罚案件的审查程序

《刑事诉讼法》第 173 条、第 174 条、第 176 条，《人民检察院刑事诉讼规则》第 267 条至第 279 条是对认罪认罚案件的审查程序进行了规定。

一、告知义务

侦查机关、人民检察院在讯问犯罪嫌疑人的时候，应当告知其享有的诉讼权利和认罪认罚的法律规定。侦查机关、人民检察院应当告知犯罪嫌疑人有权约见值班律师，并为其约见值班律师提供便利。

二、保障犯罪嫌疑人获得有效法律帮助

人民检察院办理犯罪嫌疑人认罪认罚案件，应当保障犯罪嫌疑人获得有效法律帮助，确保其了解认罪认罚的性质和法律后果，自愿认罪认罚。

（1）人民检察院受理案件后，应当向犯罪嫌疑人了解其委托辩护人的情况。犯罪嫌疑人自愿认罪认罚、没有辩护人的，在审查逮捕阶段，人民检察院应当要求公安机关通知值班律师为其提供法律帮助；在审查起诉阶段，人民检察院应当通知值班律师为其提供法律帮助。

人民检察院应当在法律援助机构设立法律援助工作站，派驻值班律师或者及时安排值班律师，为犯罪嫌疑人提供法律咨询、程序选择建议、申请变更强制措施、对案件处理提出意见等法律帮助。

（2）犯罪嫌疑人符合法律援助条件的，人民检察院应当依法通知法律援助机构指派律师为其提供辩护。

三、听取意见

犯罪嫌疑人认罪认罚的，人民检察院应当听取犯罪嫌疑人、辩护人或者值班律师、被害人及其诉讼代理人对下列事项的意见，并记录在案：

（1）涉嫌的犯罪事实、罪名及适用的法律规定。

（2）从轻、减轻或者免除处罚等从宽处罚的建议。

（3）认罪认罚后案件审理适用的程序。

（4）其他需要听取意见的事项。

依照前述规定听取值班律师意见的，应当提前为值班律师了解案件有关情况提供必要的便利。自人民检察院对案件审查起诉之日起，值班律师可以查阅案卷材料，了解案情。人民检察院应当为值班律师查阅案卷材料提供便利。

人民检察院不采纳辩护人或者值班律师所提意见的，应当向其说明理由。

四、认罪认罚后的羁押必要性审查

批准或者决定逮捕，应当将犯罪嫌疑人涉嫌犯罪的性质、情节，认罪认罚等情况，作为是否可能发生社会危险性的考虑因素。

已经逮捕的犯罪嫌疑人认罪认罚的，人民检察院应当及时对羁押必要性

进行审查。经审查，认为没有继续羁押必要的，应当予以释放或者变更强制措施。

五、审查认罪认罚的案件的重点内容

在审查起诉阶段，对于在侦查阶段认罪认罚的案件，人民检察院应当重点审查以下内容：

（1）犯罪嫌疑人是否自愿认罪认罚，有无因受到暴力、威胁、引诱而违背意愿认罪认罚。

（2）犯罪嫌疑人认罪认罚时的认知能力和精神状态是否正常。

（3）犯罪嫌疑人是否理解认罪认罚的性质和可能导致的法律后果。

（4）公安机关是否告知犯罪嫌疑人享有的诉讼权利，如实供述自己罪行可以从宽处理和认罪认罚的法律规定，并听取意见。

（5）起诉意见书中是否写明犯罪嫌疑人认罪认罚情况。

（6）犯罪嫌疑人是否真诚悔罪，是否向被害人赔礼道歉。

经审查，犯罪嫌疑人违背意愿认罪认罚的，人民检察院可以重新开展认罪认罚工作。存在刑讯逼供等非法取证行为的，依照法律规定处理。

六、认罪认罚具结书

犯罪嫌疑人自愿认罪认罚，同意量刑建议和程序适用的，应当在辩护人或者值班律师在场的情况下签署认罪认罚具结书。具结书应当包括犯罪嫌疑人如实供述罪行、同意量刑建议和程序适用等内容，由犯罪嫌疑人及其辩护人、值班律师签名。

犯罪嫌疑人具有下列情形之一的，不需要签署认罪认罚具结书：

（1）犯罪嫌疑人是盲、聋、哑人，或者是尚未完全丧失辨认或者控制自己行为能力的精神病人的。

（2）未成年犯罪嫌疑人的法定代理人、辩护人对未成年人认罪认罚有异议的。

（3）其他不需要签署认罪认罚具结书的情形。

有前述情形，犯罪嫌疑人未签署认罪认罚具结书的，不影响认罪认罚从宽制度的适用。

七、认罪认罚案件审查起诉期限

犯罪嫌疑人认罪认罚，人民检察院经审查，认为符合速裁程序适用条件的，应当在 10 日以内作出是否提起公诉的决定，对可能判处的有期徒刑超过 1 年的，可以延长至 15 日；对于公安机关建议适用速裁程序办理的案件，人民检察院负责案件管理的部门应当在受理案件的当日将案件移送负责捕诉的部门。

人民检察院认为不符合速裁程序适用条件的，应当在 1 个月以内作出决定，重大、复杂的案件，可以延长 15 日。

八、应当提出认罪认罚案件的量刑建议

（1）认罪认罚案件，人民检察院向人民法院提起公诉的，应当提出量刑建议，在起诉书中写明被告人认罪认罚情况，并移送认罪认罚具结书等材料。量刑建议可以另行制作文书，也可以在起诉书中写明。

（2）犯罪嫌疑人认罪认罚的，人民检察院应当就主刑、附加刑、是否适用缓刑等提出量刑建议。量刑建议一般应当为确定刑。对新类型、不常见犯罪案件，量刑情节复杂的重罪案件等，也可以提出幅度刑量刑建议。

九、认罪认罚案件的和解与谅解

办理认罪认罚案件，人民检察院应当将犯罪嫌疑人是否与被害方达成和解或者调解协议，或者赔偿被害方损失，取得被害方谅解，或者自愿承担公益损害修复、赔偿责任，作为提出量刑建议的重要考虑因素。

犯罪嫌疑人自愿认罪并且愿意积极赔偿损失，但由于被害方赔偿请求明显不合理，未能达成和解或者调解协议的，一般不影响对犯罪嫌疑人的从宽处理。

对于符合当事人和解程序适用条件的公诉案件，犯罪嫌疑人认罪认罚的，人民检察院应当积极促使当事人自愿达成和解。和解协议书和被害方出具的谅解意见应当随案移送。被害方符合司法救助条件的，人民检察院应当积极协调办理。

十、认罪认罚案件的调查评估

犯罪嫌疑人认罪认罚，人民检察院拟提出适用缓刑或者判处管制的量刑建议，可以委托犯罪嫌疑人居住地的社区矫正机构进行调查评估，也可以自行调查评估，出具调查评估报告。

十一、排除认罪认罚对不起诉决定的影响

犯罪嫌疑人认罪认罚，人民检察院依法作出酌定不起诉决定后，犯罪嫌疑人反悔的，人民检察院应当进行审查，并区分下列情形依法作出处理：

（1）发现犯罪嫌疑人没有犯罪事实，或者符合《刑事诉讼法》第16条规定的情形之一的，应当撤销原不起诉决定，依法重新作出法定不起诉决定。

（2）犯罪嫌疑人犯罪情节轻微，依照《刑法》不需要判处刑罚或者免除刑罚的，可以维持原不起诉决定。

（3）排除认罪认罚因素后，符合起诉条件的，应当根据案件具体情况撤销原不起诉决定，依法提起公诉。

十二、认罪认罚案件审查起诉程序中的辩护

辩护律师在认罪认罚案件审查起诉程序中应注意以下工作：

（一）解答刑事速裁程序的法律规定

辩护律师在会见犯罪嫌疑人时，应当向犯罪嫌疑人详细解释刑事速裁程序的内容和要求，告知选择刑事速裁程序对其诉讼权利及实体权益带来的后果，包括承认指控的犯罪事实、同意人民检察院的量刑建议、签署具结书、起诉书简化、由审判员一人独任审判、开庭时一般不进行法庭调查和法庭辩论、审理期限及送达期限等缩短、开庭时被告人有最后陈述的权利等。

（二）解答认罪认罚的法律规定

辩护律师应当向犯罪嫌疑人具体介绍认罪认罚从宽制度的重点内容：

（1）适用认罪认罚从宽制度犯罪嫌疑人必须自愿认罪，同意被指控的犯罪事实和量刑建议，签署具结书。

（2）认罪认罚案件的审理，可以适用刑事速裁程序、简易程序及普通程序。

（3）犯罪嫌疑人有程序选择权及选择不同程序的相应法律权利及后果。

（4）犯罪嫌疑人依法享有辩护权和其他诉讼权利，有权获得有效法律帮助。

（5）犯罪嫌疑人自愿如实供述涉嫌犯罪的事实，有重大立功或者案件涉及国家重大利益的，经层报公安部提请最高人民检察院批准，侦查机关可以撤销案件；在审查起诉期间，报经最高人民检察院批准，人民检察院可以作出不起诉决定。

（6）法律规定不适用认罪认罚从宽制度的情形。

（三）阅卷及审核

适用认罪认罚从宽制度的案件，辩护律师应当全面阅卷，了解案情，认真审核犯罪嫌疑人被指控的事实是否构成犯罪以及犯罪嫌疑人在侦查、审查起诉阶段的认罪认罚是否出于自愿，有无受到暴力、威胁、引诱、欺骗等非法取证等情况。

（四）参与认罪认罚诉讼活动

在审查起诉过程中，辩护律师应当积极参与犯罪嫌疑人与检察机关的认罪认罚协商、诉讼程序的选择、量刑建议以及具结书的签署等活动，提示检察机关在起诉书中写明被告人认罪认罚的情况、量刑建议，并移送具结书等相关材料。

辩护律师在审查起诉阶段应当依法促成和参与犯罪嫌疑人与被害人达成调解、和解协议或者取得被害人谅解。

（五）提出取保候审或监视居住的申请书

在审查起诉期间，认罪认罚的犯罪嫌疑人被羁押的，辩护人应以"采取非羁押性强制措施足以防止发生社会危险性"为理由，为犯罪嫌疑人申请取保候审或监视居住。

（六）提出量刑意见

在审查起诉期间，辩护律师在与犯罪嫌疑人充分沟通后，经犯罪嫌疑人同意，可以向检察机关提出量刑意见。

（七）关注犯罪嫌疑人财产被查封、扣押、冻结的情况

在办理适用认罪认罚从宽制度案件的过程中，辩护律师应当关注犯罪嫌疑人财产被查封、扣押、冻结的情况。认为查封、扣押、冻结措施不当的，应当及时向检察机关提出，要求纠正。

第三节　起　诉

一、起诉条件

依据《刑事诉讼法》第176条的规定，提起公诉必须同时具备"犯罪事实已经查清，证据确实、充分""依法应当追究刑事责任""符合审判管辖规定"三个条件。

（一）犯罪事实已经查清，证据确实、充分

提起公诉的首要条件是"犯罪事实已经查清，证据确实、充分"，这是提起公诉的证明标准，是人民检察院自己认为已经达到证明标准。这与《刑事诉讼法》第12条确立的"未经人民法院依法判决，对任何人不得确定有罪"的原则相适应。

1. 犯罪事实已经查清

《人民检察院刑事诉讼规则》第355条规定，具有下列情形之一的，可以认为犯罪事实已经查清：

（1）属于单一罪行的案件，查清的事实足以定罪量刑或者与定罪量刑有关的事实已经查清，不影响定罪量刑的事实无法查清的；

（2）属于数个罪行的案件，部分罪行已经查清并符合起诉条件，其他罪行无法查清的；

（3）无法查清作案工具、赃物去向，但有其他证据足以对被告人定罪量刑的；

（4）证人证言、犯罪嫌疑人供述和辩解、被害人陈述的内容主要情节一致，个别情节不一致，但不影响定罪的。

属于数个罪行的案件，部分罪行已经查清并符合起诉条件，其他罪行无法查清的，应当以已经查清的罪行起诉。

在共同犯罪案件中，部分犯罪嫌疑人在逃，对已经归案的犯罪嫌疑人的犯罪事实已经查清的，应当先行提起公诉。

《人民检察院刑事诉讼规则》第356条规定，人民检察院在办理公安机关移送起诉的案件中，发现遗漏罪行或者有依法应当移送起诉的同案犯罪嫌疑人未移送起诉的，应当要求公安机关补充侦查或者补充移送起诉。对于犯罪

事实清楚，证据确实、充分的，也可以直接提起公诉。

2. 证据确实、充分

《刑事诉讼法》第 55 条第 2 款规定，证据确实、充分，应当同时符合以下条件：

（1）定罪量刑的事实都有证据证明；

（2）据以定案的证据均经法定程序查证属实；

（3）综合全案证据，对所认定事实已排除合理怀疑。

（二）应当追究刑事责任

犯罪嫌疑人没有犯罪事实或具有《刑事诉讼法》第 16 条规定的六种情形之一的，不能作出提起公诉的决定。

（三）符合审判管辖规定

前两个条件是提起公诉的实体性要件，本要件是提起公诉的程序性要件，人民检察院提起公诉必须符合级别管辖、专门管辖、地域管辖的规定。人民检察院发现不属于同级人民法院管辖的，应当将案件移送至有管辖权的人民法院的同级人民检察院或者移送至共同上级人民检察院。

二、起诉程序

（一）制作起诉书

《人民检察院刑事诉讼规则》第 358 条规定，人民检察院决定起诉的，应当制作起诉书。起诉书的主要内容包括：

（1）被告人的基本情况，包括姓名、性别、出生年月日、出生地和户籍地、公民身份号码、民族、文化程度、职业、工作单位及职务、住址，是否受过刑事处分及处分的种类和时间，采取强制措施的情况等；如果是单位犯罪，应当写明犯罪单位的名称和组织机构代码、所在地址、联系方式，法定代表人和诉讼代表人的姓名、职务、联系方式；如果还有应当负刑事责任的直接负责的主管人员或其他直接责任人员，应当按上述被告人基本情况的内容叙写。

（2）案由和案件来源。

（3）案件事实，包括犯罪的时间、地点、经过、手段、动机、目的、危害后果等与定罪量刑有关的事实要素。起诉书叙述的指控犯罪事实的必备要素应当明晰、准确。被告人被控有多项犯罪事实的，应当逐一列举，对于犯罪手段相同的同一犯罪可以概括叙写；

（4）起诉的根据和理由，包括被告人触犯的刑法条款、犯罪的性质及认定的罪名、处罚条款、法定从轻、减轻或者从重处罚的情节，共同犯罪各被告人应负的罪责等。

（5）被告人认罪认罚情况，包括认罪认罚的内容、具结书签署情况等。

被告人真实姓名、住址无法查清的，可以按其绰号或者自报的姓名、住址制作起诉书，并在起诉书中注明。被告人自报的姓名可能造成损害他人名誉、败坏道德风俗等不良影响的，可以对被告人编号并按编号制作起诉书，附具被告人的照片，记明足以确定被告人面貌、体格、指纹以及其他反映被告人特征的事项。

起诉书应当附有被告人现在处所，证人、鉴定人、需要出庭的有专门知识的人的名单，需要保护的被害人、证人、鉴定人的化名名单，查封、扣押、冻结的财物及孳息的清单，附带民事诉讼、附带民事公益诉讼情况以及其他需要附注的情况。

证人、鉴定人、有专门知识的人的名单应当列明姓名、性别、年龄、职业、住址、联系方式，并注明证人、鉴定人是否出庭。

（二）移送全部案卷材料及证据

《人民检察院刑事诉讼规则》第 359 条至第 363 条是人民检察院向人民法院移送全部案卷材料及证据的规定。

（1）人民检察院提起公诉的案件，应当向人民法院移送起诉书、案卷材料、证据和认罪认罚具结书等材料。

起诉书应当一式 8 份，每增加一名被告人增加起诉书 5 份。

关于被害人姓名、住址、联系方式、被告人被采取强制措施的种类、是否在案及羁押处所等问题，人民检察院应当在起诉书中列明，不再单独移送材料；对于涉及被害人隐私或者为保护证人、鉴定人、被害人人身安全，而不宜公开证人、鉴定人、被害人姓名、住址、工作单位和联系方式等个人信息的，可以在起诉书中使用化名。但是，应当另行书面说明使用化名的情况并标明密级，单独成卷。

（2）人民检察院对于犯罪嫌疑人、被告人或者证人等翻供、翻证的材料以及对犯罪嫌疑人、被告人有利的其他证据材料，应当移送人民法院。

（3）人民法院向人民检察院提出书面意见要求补充移送材料，人民检察院认为有必要移送的，应当自收到通知之日起 3 日以内补送。

（4）对提起公诉后，在人民法院宣告判决前补充收集的证据材料，人民检察院应当及时移送人民法院。

（5）在审查起诉期间，人民检察院可以根据辩护人的申请，向监察机关、公安机关调取在调查、侦查期间收集的证明犯罪嫌疑人、被告人无罪或者罪轻的证据材料，人民检察院应当移送人民法院。

（三）制作并移送量刑建议书

人民检察院提起公诉的案件，可以向人民法院提出量刑建议。除有减轻处罚或者免除处罚情节外，量刑建议应当在法定量刑幅度内提出。建议判处有期徒刑、管制、拘役的，可以具有一定的幅度，也可以提出具体、确定的建议。

提出量刑建议的，可以制作量刑建议书，与起诉书一并移送人民法院。量刑建议书的主要内容应当包括被告人所犯罪行的法定刑、量刑情节、建议人民法院对被告人判处刑罚的种类、刑罚幅度、可以适用的刑罚执行方式以及提出量刑建议的依据和理由等。

认罪认罚案件的量刑建议，按照本章第二节的规定办理。

（四）提出审理程序的建议

《刑事诉讼法》第 214 条、第 222 条规定，符合适用简易程序或速裁程序审理的案件，人民检察院在提起公诉的时候，可以建议人民法院适用简易程序、速裁程序审理。依据《最高人民法院关于适用〈中华人民共和国刑事诉讼法〉的解释》第 359 条、第 369 条的规定，被告人及其辩护人有权向人民法院提出适用简易程序、速裁程序的申请。但最终仍然由法院决定是否适用。

第四节　不起诉种类和条件

一、法定不起诉

（一）法定不起诉的法律规定

（1）《刑事诉讼法》第 16 条规定："有下列情形之一的，不追究刑事责任，已经追究的，应当撤销案件，或者不起诉，或者终止审理，或者宣告无罪：（一）情节显著轻微、危害不大，不认为是犯罪的；（二）犯罪已过追诉时效期限的；（三）经特赦令免除刑罚的；（四）依照刑法告诉才处理的犯罪，没有告诉或者撤回告诉的；（五）犯罪嫌疑人、被告人死亡的；（六）其他法律规定免予追究刑事责任的。"

《刑事诉讼法》第 177 条第 1 款规定："犯罪嫌疑人没有犯罪事实，或者有本法第十六条规定的情形之一的，人民检察院应当作出不起诉决定。"

（2）《人民检察院刑事诉讼规则》第 365 条规定："人民检察院对于监察机关或者公安机关移送起诉的案件，发现犯罪嫌疑人没有犯罪事实，或者符合刑事诉讼法第十六条规定的情形之一的，经检察长批准，应当作出不起诉决定。对于犯罪事实并非犯罪嫌疑人所为，需要重新调查或者侦查的，应当在作出不起诉决定后书面说明理由，将案卷材料退回监察机关或者公安机关并建议重新调查或者侦查。"

《人民检察院刑事诉讼规则》第 366 条规定："负责捕诉的部门对于本院负责侦查的部门移送起诉的案件，发现具有本规则第三百六十五条第一款规定情形的，应当退回本院负责侦查的部门，建议撤销案件。"

（二）法定不起诉性质

法定不起诉又称绝对不起诉，是指法律规定的"应当"不起诉，即人民检察院"应当"对犯罪嫌疑人作出不起诉决定，没有自由裁量权，其性质属于无罪不起诉。

（三）法定不起诉条件

法定不起诉条件犯罪嫌疑人没有犯罪事实或具有《刑事诉讼法》第 16 条规定的六种情形之一，是法定不起诉条件。人民检察院应分别作出不起诉或撤销案件的决定。

1. 作出不起诉决定

如果属于监察机关或者公安机关移送到人民检察院审查起诉的案件，人民检察院应当作出不起诉的决定，此种不起诉为法定不起诉。

2. 作出撤销案件决定

如果人民检察院直接侦查的案件，捕诉部门应当将案件退回本院侦查部门，作出撤销案件的决定。

二、酌定不起诉

（一）酌定不起诉的法律规定

（1）《刑事诉讼法》第177条第2款规定："对于犯罪情节轻微，依照刑法规定不需要判处刑罚或者免除刑罚的，人民检察院可以作出不起诉决定。"

《刑事诉讼法》第290条规定："对于达成和解协议的案件，公安机关可以向人民检察院提出从宽处理的建议。人民检察院可以向人民法院提出从宽处罚的建议；对于犯罪情节轻微，不需要判处刑罚的，可以作出不起诉的决定。人民法院可以依法对被告人从宽处罚。"

（2）《人民检察院刑事诉讼规则》第370条规定："人民检察院对于犯罪情节轻微，依照刑法规定不需要判处刑罚或者免除刑罚的，经检察长批准，可以作出不起诉决定。"

《人民检察院刑事诉讼规则》第502条第1款规定："人民检察院对于公安机关移送审查起诉的案件，双方当事人达成和解协议的，可以作为是否需要判处刑罚或者免除刑罚的因素予以考虑，符合法律规定的不起诉条件的，可以决定不起诉。"

（二）酌定不起诉性质

酌定不起诉又称相对不起诉，是指法律规定的"可以"不起诉，即人民检察院对于起诉与否享有自由裁量权，对符合条件的既可以作出起诉决定，也可以作出不起诉决定，其性质属于有罪轻微不起诉。

（三）酌定不起诉条件

酌定不起诉应当同时具备两个条件：

第一，犯罪嫌疑人行为已构成犯罪，应当负刑事责任。

第二，犯罪情节轻微，依《刑法》规定不需判处刑罚或免除刑罚。

1. 犯罪情节轻微

犯罪情节轻微，是酌定不起诉的前提条件，只有在犯罪情节轻微的条件下，才进一步认定是否需要判处刑罚或免除刑罚。犯罪情节轻微没有明确的法律规定，人民检察院要根据犯罪嫌疑人年龄、犯罪目的、犯罪动机、犯罪手段、危害后果、犯罪前后表现等综合因素确定犯罪情节是否轻微。

2. 不需判处刑罚或免除刑罚

依《刑法》规定不需判处刑罚或免除刑罚是指具有以下情节之一：

（1）犯罪嫌疑人在中国领域外犯罪，依照中国《刑法》应当负刑事责任，但在外国已经受过刑事处罚的。（《刑法》第 10 条）

（2）犯罪嫌疑人又聋又哑，或者是盲人的。（《刑法》第 19 条）

（3）犯罪嫌疑人因正当防卫或紧急避险过当而犯罪的。（《刑法》第 20 条、第 21 条）

（4）为犯罪准备工具，制造条件的。（《刑法》第 22 条）

（5）在犯罪过程中自动中止犯罪或者自动有效防止犯罪结果发生，没有造成损害的。（《刑法》第 24 条）

（6）在共同犯罪中，起次要或辅助作用的。（《刑法》第 27 条）

（7）被胁迫参加犯罪的。（《刑法》第 28 条）

（8）犯罪嫌疑人自首或者重大立功表现或者自首后又有重大立功表现的。（《刑法》第 67 条、第 68 条）

依据《刑法》，以上情节均有"免除刑罚"的规定。

（9）双方当事人达成和解协议，不需判处刑罚或免除刑罚的。（《刑事诉讼法》第 290 条、《人民检察院刑事诉讼规则》第 502 条）

三、证据不足不起诉

（一）证据不足不起诉的法律规定

（1）《刑事诉讼法》第 175 条第 4 款规定："对于二次补充侦查的案件，人民检察院仍然认为证据不足，不符合起诉条件的，应当作出不起诉的决定"。

（2）《人民检察院刑事诉讼规则》第 367 条规定："人民检察院对于二次退回补充调查或者补充侦查的案件，仍然认为证据不足，不符合起诉条件的，经检察长批准，依法作出不起诉决定。人民检察院对于经过一次退回补充调查或者补充侦查的案件，认为证据不足，不符合起诉条件，且没有再次退回补充调查或者补充侦查必要的，经检察长批准，可以作出不起诉决定。"

《人民检察院刑事诉讼规则》第 368 条规定："具有下列情形之一，不能确定犯罪嫌疑人构成犯罪和需要追究刑事责任的，属于证据不足，不符合起诉条件：（一）犯罪构成要件事实缺乏必要的证据予以证明的；（二）据以定罪的证据存在疑问，无法查证属实的；（三）据以定罪的证据之间、证据与案件事实之间的矛盾不能合理排除的；（四）根据证据得出的结论具有其他可能性，不能排除合理怀疑的；（五）根据证据认定案件事实不符合逻辑和经验法则，得出的结论明显不符合常理的。"

《人民检察院刑事诉讼规则》第 369 条规定："人民检察院根据刑事诉讼法第一百七十五条第四款规定决定不起诉的，在发现新的证据，符合起诉条件时，可以提起公诉。"

（二）证据不足不起诉性质

证据不足不起诉是指在审查起诉阶段，人民检察院发现证据不足、指控的犯罪不能成立作出不起诉的决定。它是疑罪从无的刑事司法原则在审查起诉阶段的体现，案件证据不足，先按无罪处理作出不起诉决定，待有新的证据，达到有罪的证明标准，再另行起诉。其法律性质属于暂时无罪不起诉。

（三）证据不足不起诉条件

（1）证据不足、指控的犯罪不能成立，即达不到"犯罪事实清楚，证据确实、充分"的证明标准。

（2）作不起诉的前提条件是案件必须经过 1 次或 2 次补充调查或者补充侦查。

（3）案件经过 1 次补充调查或者补充侦查"可以"作出不起诉的决定，案件经过 2 次补充调查或者补充侦查"应当"作出不起诉的决定。

四、附条件不起诉

（一）附条件不起诉的法律规定

《刑事诉讼法》第 282 条规定："对于未成年人涉嫌刑法分则第四章、第五章、第六章规定的犯罪，可能判处一年有期徒刑以下刑罚，符合起诉条件，但有悔罪表现的，人民检察院可以作出附条件不起诉的决定。人民检察院在作出附条件不起诉的决定以前，应当听取公安机关、被害人的意见。对附条件不起诉的决定，公安机关要求复议、提请复核或者被害人申诉的，适用本法第一百七十九条、第一百八十条的规定。未成年犯罪嫌疑人及其法定代理人对人民检察院决定附条件不起诉有异议的，人民检察院应当作出起诉的决定。"

《刑事诉讼法》第 283 条规定："在附条件不起诉的考验期内，由人民检察院对被附条件不起诉的未成年犯罪嫌疑人进行监督考察。未成年犯罪嫌疑人的监护人，应当对未成年犯罪嫌疑人加强管教，配合人民检察院做好监督考察工作。附条件不起诉的考验期为六个月以上一年以下，从人民检察院作出附条件不起诉的决定之日起计算。被附条件不起诉的未成年犯罪嫌疑人，应当遵守下列规定：（一）遵守法律法规，服从监督；（二）按照考察机关的规定报告自己的活动情况；（三）离开所居住的市、县或者迁居，应当报经考察机关批准；（四）按照考察机关的要求接受矫治和教育。"

《刑事诉讼法》第 284 条规定："被附条件不起诉的未成年犯罪嫌疑人，在考验期内有下列情形之一的，人民检察院应当撤销附条件不起诉的决定，提起公诉：（一）实施新的犯罪或者发现决定附条件不起诉以前还有其他犯罪需要追诉的；（二）违反治安管理规定或者考察机关有关附条件不起诉的监督管理规定，情节严重的。被附条件不起诉的未成年犯罪嫌疑人，在考验期内没有上述情形，考验期满的，人民检察院应当作出不起诉的决定。"

（二）附条件不起诉性质

附条件不起诉是指人民检察院在审查起诉时，根据犯罪嫌疑人的年龄、定罪事实、罪名、量刑情节、犯罪后的表现等，为犯罪嫌疑人设置应遵守的规定和不能出现的情形的法定条件，犯罪嫌疑人在法定期限内符合法定条件就作出不起诉的决定。其性质是有罪暂缓不起诉。

（三）附条件不起诉的法定条件

人民检察院可以作出附条件不起诉决定的，要同时符合下列条件的：

（1）附条件不起诉的适用对象，只能是未成年人。

（2）犯罪事实清楚，证据确实、充分，依法应当追究刑事责任，符合起诉条件。

（3）涉嫌的罪名为《刑法》分则第四章（侵犯公民人身权利、民主权利罪）、第五章（侵犯财产罪）、第六章（妨害社会管理秩序罪）规定的犯罪。

（4）根据具体犯罪事实、情节，可能被判处 1 年有期徒刑以下刑罚。

（5）具有悔罪表现。

在未成年人不符合法定不起诉、酌定不起诉、证据不足不起诉条件的情况下，才能适用附条件不起诉。

未成年犯罪嫌疑人及其法定代理人对人民检察院决定附条件不起诉有异议的，人民检察院应当作出起诉的决定。

五、特殊不起诉

（一）特殊不起诉的法律规定

（1）《刑事诉讼法》第 182 条规定："犯罪嫌疑人自愿如实供述涉嫌犯罪的事实，有重大立功或者案件涉及国家重大利益的，经最高人民检察院核准，公安机关可以撤销案件，人民检察院可以作出不起诉决定，也可以对涉嫌数罪中的一项或者多项不起诉。根据前款规定不起诉或者撤销案件的，人民检察院、公安机关应当及时对查封、扣押、冻结的财物及其孳息作出处理。"

（2）《人民检察院刑事诉讼规则》第 279 条规定："犯罪嫌疑人自愿如实供述涉嫌犯罪的事实，有重大立功或者案件涉及国家重大利益的，经最高人民检察院核准，公安机关可以撤销案件，人民检察院可以作出不起诉决定，也可以对涉嫌数罪中的一项或者多项不起诉。前款规定的不起诉，应当由检察长决定。决定不起诉的，人民检察院应当及时对查封、扣押、冻结的财物及其孳息作出处理。"

（二）特殊不起诉的性质

特殊不起诉又称核准不起诉，是指在审查起诉阶段，人民检察院对符合起诉条件的犯罪嫌疑人自愿如实供述犯罪事实，有重大立功或者涉及国家重大利益，经最高人民检察院核准，不作为犯罪处理，从而作出的不起诉决定。其性质是无罪不起诉。

特殊不起诉是 2018 年《刑事诉讼法（修正案）》新增加的内容。犯罪嫌疑人的"犯罪事实清楚，证据确实、充分"，其犯罪事实、性质、情节和社会危害性又不属于情节轻微，不能作酌定不起诉的决定，应当依法提起公诉对其追究刑事责任，但是犯罪嫌疑人所犯罪行与其重大立功或涉及国家重大利益相比较相对较小，作有罪并免除处罚的判决都显得过重，难以实现"功过相抵"，此种情况在 2018 年《刑事诉讼法（修正案）》之前是无法解决的，此后可以按无罪处理。为了达到捍卫法律的严肃性和严格控制适用范围及统一适用尺度的目的，作特殊不起诉决定需经最高人民检察院核准。

（三）特殊不起诉条件

人民检察院作特殊不起诉的决定，要同时符合下列三个条件：

（1）犯罪嫌疑人"犯罪事实清楚，证据确实、充分，依法应当追究刑事责任"，符合起诉条件。

（2）犯罪嫌疑人自愿如实供述自己的犯罪事实，有重大立功或者涉及国家重大利益。

（3）经最高人民检察院核准。

第五节　不起诉程序

一、不起诉决定主体

（1）公安机关移送起诉的案件，人民检察院作出法定、酌定、证据不足、附条件不起诉的决定由检察长批准。

（2）《人民检察院刑事诉讼规则》第 371 条规定，人民检察院直接受理侦查的案件，以及监察机关移送起诉的案件，拟作出法定、酌定、证据不足、附条件不起诉决定的，应当报请上一级人民检察院批准。

（3）人民检察院作出特殊不起诉决定，需经最高人民检察院核准。

二、制作不起诉决定书

《人民检察院刑事诉讼规则》第 372 条规定，人民检察院决定不起诉的，应当制作不起诉决定书。不起诉决定书的主要内容包括：

（1）被不起诉人的基本情况，包括姓名、性别、出生年月日、出生地和户籍地、公民身份号码、民族、文化程度、职业、工作单位及职务、住址、是否受过刑事处分，采取强制措施的情况以及羁押处所等；如果是单位犯罪，应当写明犯罪单位的名称和组织机构代码、所在地址、联系方式，法定代表人和诉讼代表人的姓名、职务、联系方式；

（2）案由和案件来源；

（3）案件事实，包括否定或者指控被不起诉人构成犯罪的事实以及作为不起诉决定根据的事实；

（4）不起诉的法律根据和理由，写明作出不起诉决定适用的法律条款；

（5）查封、扣押、冻结的涉案财物的处理情况；

（6）有关告知事项。

三、解除查封、扣押、冻结措施

《人民检察院刑事诉讼规则》第 374 条规定，人民检察院决定不起诉的案件，应当同时书面通知作出查封、扣押、冻结决定的机关或者执行查封、扣押、冻结决定的机关解除查封、扣押、冻结。

四、采取非刑罚处置措施

《人民检察院刑事诉讼规则》第 373 条、第 375 条规定，人民检察院决定不起诉的案件，可以根据案件的不同情况，对被不起诉人予以训诫或者责令具结悔过、赔礼道歉、赔偿损失。

对被不起诉人需要给予行政处罚、政务处分或者其他处分的，经检察长批准，人民检察院应当提出检察意见，连同不起诉决定书一并移送有关主管机关处理，并要求有关主管机关及时通报处理情况。

人民检察院决定不起诉的案件，需要没收违法所得的，经检察长批准，应当提出检察意见，移送有关主管机关处理，并要求有关主管机关及时通报处理情况。

五、公开宣布不起诉决定

《人民检察院刑事诉讼规则》第 376 条规定，不起诉的决定，由人民检察院公开宣布。公开宣布不起诉决定的活动应当被记录在案。

不起诉决定书自公开宣布之日起生效。

被不起诉人在押的，应当立即释放；被采取其他强制措施的，应当通知执行机关解除。

六、送达不起诉决定书

《人民检察院刑事诉讼规则》第 377 条规定，不起诉决定书应当送达被害人或者其近亲属及其诉讼代理人、被不起诉人及其辩护人以及被不起诉人所在单位。送达时，应当告知被害人或者其近亲属及其诉讼代理人，如果对不起诉决定不服，可以自收到不起诉决定书后 7 日以内向上一级人民检察院申诉；也可以不经申诉，直接向人民法院起诉。依照《刑事诉讼法》第 177 条第 2 款作出酌定不起诉决定的，应当告知被不起诉人，如果对不起诉决定不服，可以自收到不起诉决定书后 7 日以内向人民检察院申诉。

《人民检察院刑事诉讼规则》第 378 条规定，对于监察机关或者公安机关移送起诉的案件，人民检察院决定不起诉的，应当将不起诉决定书送达监察机关或者公安机关。

七、不起诉决定的救济措施

（一）监察机关对不起诉决定提请复议程序

《人民检察院刑事诉讼规则》第 379 条规定，监察机关认为不起诉的决定有错误，向上一级人民检察院提请复议的，上一级人民检察院应当在收到提请复议意见书后 30 日以内，经检察长批准，作出复议决定，通知监察机关。

（二）公安机关对不起诉决定提请复议、复核程序

（1）公安机关认为不起诉决定有错误要求复议的，人民检察院负责捕诉的部门应当另行指派检察官或者检察官办案组进行审查，并在收到要求复议意见书后 30 日以内，经检察长批准，作出复议决定，通知公安机关。

（2）《人民检察院刑事诉讼规则》第 380 条规定，公安机关对不起诉决定提请复核的，上一级人民检察院应当在收到提请复核意见书后 30 日以内，经检察长批准，作出复核决定，通知提请复核的公安机关和下级人民检察院。经复核认为下级人民检察院不起诉决定错误的，应当指令下级人民检察院纠正，或者撤销、变更下级人民检察院作出的不起诉决定。

（三）被害人对不起诉决定提出申诉程序

《人民检察院刑事诉讼规则》第 387 条规定，被害人对不起诉决定不服提出申诉的，应当递交申诉书，写明申诉理由。没有书写能力的，也可以口头提出申诉。人民检察院应当根据其口头提出的申诉制作笔录。

《人民检察院刑事诉讼规则》第 381 条规定，被害人不服不起诉决定，在收到不起诉决定书后 7 日以内提出申诉的，由作出不起诉决定的人民检察院的上一级人民检察院负责捕诉的部门进行复查。被害人向作出不起诉决定的人民检察院提出申诉的，作出决定的人民检察院应当将申诉材料连同案卷一并报送上一级人民检察院。

《人民检察院刑事诉讼规则》第 382 条规定，被害人不服不起诉决定，在收到不起诉决定书 7 日以后提出申诉的，由作出不起诉决定的人民检察院负责控告申诉检察的部门进行审查。经审查，认为不起诉决定正确的，出具审

查结论直接答复申诉人，并做好释法说理工作；认为不起诉决定可能存在错误的，移送负责捕诉的部门进行复查。

《人民检察院刑事诉讼规则》第 383 条规定，人民检察院应当将复查决定书送达被害人、被不起诉人和作出不起诉决定的人民检察院。

上级人民检察院经复查作出起诉决定的，应当撤销下级人民检察院的不起诉决定，交由下级人民检察院提起公诉，并将复查决定抄送移送起诉的监察机关或者公安机关。

《人民检察院刑事诉讼规则》第 384 条规定，人民检察院收到人民法院受理被害人对被不起诉人起诉的通知后，应当终止复查，将作出不起诉决定所依据的有关案卷材料移送人民法院。

（四）被不起诉人对不起诉决定提出申诉程序

《人民检察院刑事诉讼规则》第 387 条规定，被不起诉人对不起诉决定不服提出申诉的，应当递交申诉书，写明申诉理由。没有书写能力的，也可以口头提出申诉。人民检察院应当根据其口头提出的申诉制作笔录。

《人民检察院刑事诉讼规则》第 385 条规定，对于人民检察院依照《刑事诉讼法》第 177 条第 2 款规定作出的酌定不起诉决定，被不起诉人不服，在收到不起诉决定书后 7 日以内提出申诉的，应当由作出决定的人民检察院负责捕诉的部门进行复查；被不起诉人在收到不起诉决定书 7 日以后提出申诉的，由负责控告申诉检察的部门进行审查。经审查，认为不起诉决定正确的，出具审查结论直接答复申诉人，并做好释法说理工作；认为不起诉决定可能存在错误的，移送负责捕诉的部门复查。

人民检察院应当将复查决定书送达被不起诉人、被害人。复查后，撤销不起诉决定，变更不起诉的事实或者法律依据的，应当同时将复查决定书抄送移送起诉的监察机关或者公安机关。

（五）复查期限

《人民检察院刑事诉讼规则》第 386 条规定，人民检察院复查不服不起诉决定的申诉，应当在立案后 3 个月以内报经检察长批准作出复查决定。案情复杂的，不得超过 6 个月。

（六）不起诉决定的法律监督

《人民检察院刑事诉讼规则》第 388 条规定，人民检察院发现不起诉决定确有错误，符合起诉条件的，应当撤销不起诉决定，提起公诉。

《人民检察院刑事诉讼规则》第 389 条规定，最高人民检察院对地方各级人民检察院的起诉、不起诉决定，上级人民检察院对下级人民检察院的起诉、不起诉决定，发现确有错误的，应当予以撤销或者指令下级人民检察院纠正。

八、附条件不起诉程序

附条件不起诉的程序除按照本节前述不起诉程序规定执行外，人民检察院拟作出附条件不起诉决定至考验期满最终作出不起诉决定还要遵守以下程序。《人民检察院刑事诉讼规则》第 469 条至第 480 条对此作出了具体规定。

（一）听取意见

人民检察院在作出附条件不起诉的决定以前，应当听取公安机关、被害人、未成年犯罪嫌疑人及其法定代理人、辩护人的意见，并制作笔录附卷。

（二）制作附条件不起诉决定书

人民检察院作出附条件不起诉的决定后，应当制作附条件不起诉决定书。

（三）送达附条件不起诉决定书

人民检察院应将附条件不起诉决定书在 3 日以内送达公安机关、被害人或者其近亲属及其诉讼代理人、未成年犯罪嫌疑人及其法定代理人、辩护人。

人民检察院应当当面向未成年犯罪嫌疑人及其法定代理人宣布附条件不起诉决定，告知考验期限、在考验期内应当遵守的规定以及违反规定应负的法律责任，并制作笔录附卷。

（四）对附条件不起诉决定的复议、复核、申诉

对附条件不起诉的决定，公安机关要求复议、提请复核或者被害人提出申诉的，参照"本节七不起诉决定的救济措施"的规定执行。唯一不同的是，被害人不服附条件不起诉决定的，不能向人民法院起诉，只能向人民检察院申诉。

对附条件不起诉决定的复议、复核、申诉由相应人民检察院负责未成年人检察的部门进行审查。

（五）确定考验期

人民检察院作出附条件不起诉决定的，应当确定考验期。考验期为 6 个月以上 1 年以下，从人民检察院作出附条件不起诉的决定之日起计算。

（六）负责监督考察的主体

（1）在附条件不起诉的考验期内，由人民检察院对被附条件不起诉的未

成年犯罪嫌疑人进行监督考察。未成年犯罪嫌疑人的监护人，应当对未成年犯罪嫌疑人加强管教，配合人民检察院做好监督考察工作。

（2）人民检察院可以会同未成年犯罪嫌疑人的监护人、所在学校、单位、居住地的村民委员会、居民委员会、未成年人保护组织等的有关人员，定期对未成年犯罪嫌疑人进行考察、教育，实施跟踪帮教。

（七）监督考察期间应遵守的规定

人民检察院对于被附条件不起诉的未成年犯罪嫌疑人，应当监督考察其是否遵守下列规定：

（1）遵守法律法规，服从监督；

（2）按照考察机关的规定报告自己的活动情况；

（3）离开所居住的市、县或者迁居，应当报经考察机关批准；

（4）按照考察机关的要求接受矫治和教育。

（八）接受矫治和教育

人民检察院可以要求被附条件不起诉的未成年犯罪嫌疑人接受下列矫治和教育：

（1）完成戒瘾治疗、心理辅导或者其他适当的处遇措施；

（2）向社区或者公益团体提供公益劳动；

（3）不得进入特定场所，与特定的人员会见或者通信，从事特定的活动；

（4）向被害人赔偿损失、赔礼道歉等；

（5）接受相关教育；

（6）遵守其他保护被害人安全以及预防再犯的禁止性规定。

（九）制作附条件不起诉考察意见书

考验期届满，办案人员应当制作附条件不起诉考察意见书，提出起诉或者不起诉的意见，报请检察长决定。

考验期届满作出不起诉的决定以前，应当听取被害人意见。

1. 提起公诉

《人民检察院刑事诉讼规则》第479条规定，被附条件不起诉的未成年犯罪嫌疑人，在考验期内有下列情形之一的，人民检察院应当撤销附条件不起诉的决定，提起公诉：

（1）实施新的犯罪的；

（2）发现决定附条件不起诉以前还有其他犯罪需要追诉的；

（3）违反治安管理规定，造成严重后果，或者多次违反治安管理规定的；

（4）违反考察机关有关附条件不起诉的监督管理规定，造成严重后果，或者多次违反考察机关有关附条件不起诉的监督管理规定的。

2. 作出不起诉决定

被附条件不起诉的未成年犯罪嫌疑人，在考验期内没有《人民检察院刑事诉讼规则》第479条规定的情形，考验期满的，人民检察院应当作出不起诉的决定。制作不起诉决定书。

第六节　审查起诉辩护

审查起诉辩护是指辩护律师在审查起诉阶段，为了使犯罪嫌疑人、被告人无罪、罪轻、减轻、免除处罚或判处"非监禁刑"而从事的诉讼活动，是辩护律师在审查起诉阶段行使辩护权利和履行辩护义务的具体体现，是辩护律师在审查起诉阶段的工作范围。辩护律师在审查起诉阶段具有会见、通信权，阅卷权，获取证据权，申请回避、复议权，申诉、控告权，取得法律文书权，同时负有法律规定的义务。审查起诉阶段辩护律师会见犯罪嫌疑人、被告人的目的与侦查阶段有所不同，调取证据的范围与侦查阶段不同，同时辩护律师在此阶段享有阅卷权。辩护律师在审查起诉阶段的辩护工作，除遵守本书第九章辩护律师的诉讼权利和义务的一般规定之外，还应注意在审查起诉阶段的特殊规定。

一、审查起诉阶段的会见权

在审查起诉阶段，辩护律师会见犯罪嫌疑人，需要注意以下三个问题：

1. 事实和证据向辩护律师解密

在审查起诉阶段，辩护律师的会见、通信权不再受"危害国家安全罪、恐怖活动犯罪两类案件"经许可才能会见的限制，卷宗中的事实和证据依法向辩护律师予以解密，对辩护律师来说，已不再是秘密。

2. 会见的核心目的

《刑事诉讼法》第39条第4款规定，自案件移送审查起诉之日起，辩护律师可以向犯罪嫌疑人、被告人核实有关证据。辩护律师在审查起诉阶段会见犯罪嫌疑人的核心目的已不再是"了解案件事实，提供法律咨询"，而是向犯罪嫌疑人核实卷宗中的案件事实和证据。

值得辩护律师注意的是，《刑事诉讼法》并没有规定在庭审前犯罪嫌疑人、被告人有权查阅卷宗，此时卷宗中的内容对犯罪嫌疑人、被告人来说仍然是秘密，所以辩护律师不得将卷宗交给犯罪嫌疑人、被告人翻阅。然而，辩护律师既要向犯罪嫌疑人、被告人核实卷宗中的案件事实和证据，又要做到不让其看卷宗，此种做法实难把握。希望在今后的《刑事诉讼法（修正案）》中修改为："自案件审查起诉之日起，辩护律师会见时可以向犯罪嫌疑人、被告人宣读、出示案卷材料及辩护意见，听取犯罪嫌疑人、被告人意见。"

在审查起诉阶段，辩护律师是向犯罪嫌疑人核对事实和证据，而不是全面介绍事实，这必然会给辩护律师带来职业风险，辩护律师可以对询问过程进行完整的录音录像，这样做既能够弥补笔录记载的漏洞，又能够自我保护，以防止犯罪嫌疑人、被告人因想立功而揭发辩护律师。

3. 会见姿态

辩护律师会见犯罪嫌疑人、被告人既不可采取训斥的态度，也不可采取言听计从的依附态度，而是使犯罪嫌疑人感到辩护律师有温暖、有责任感、有实力，同时不要忘记在事实、证据、法律允许的范围内，最大限度地维护其合法权益。

二、审查起诉阶段的调取证据权

（一）辩护律师在审查起诉阶段调取证据权的法律规定

（1）《刑事诉讼法》第41条规定："辩护人认为在侦查、审查起诉期间公安机关、人民检察院收集的证明犯罪嫌疑人、被告人无罪或者罪轻的证据材料未提交的，有权申请人民检察院、人民法院调取。"

《律师法》第35条规定："受委托的律师根据案情的需要，可以申请人民检察院、人民法院收集、调取证据或者申请人民法院通知证人出庭作证。律师自行调查取证的，凭律师执业证书和律师事务所证明，可以向有关单位或者个人调查与承办法律事务有关的情况。"

《刑事诉讼法》第43条第1款规定："辩护律师经证人或者其他有关单位和个人同意，可以向他们收集与本案有关的材料，也可以申请人民检察院、人民法院收集、调取证据，或者申请人民法院通知证人出庭作证。"

（2）《人民检察院刑事诉讼规则》第 50 条规定："案件提请批准逮捕或者移送起诉后，辩护人认为公安机关在侦查期间收集的证明犯罪嫌疑人无罪或者罪轻的证据材料未提交，申请人民检察院向公安机关调取的，人民检察院负责捕诉的部门应当及时审查。经审查，认为辩护人申请调取的证据已收集并且与案件事实有联系的，应当予以调取；认为辩护人申请调取的证据未收集或者与案件事实没有联系的，应当决定不予调取并向辩护人说明理由。公安机关移送相关证据材料的，人民检察院应当在三日以内告知辩护人。人民检察院办理直接受理侦查的案件，适用前款规定。"

《人民检察院刑事诉讼规则》第 51 条规定："在人民检察院侦查、审查逮捕、审查起诉过程中，辩护人收集的有关犯罪嫌疑人不在犯罪现场、未达到刑事责任年龄、属于依法不负刑事责任的精神病人的证据，告知人民检察院的，人民检察院应当及时审查。"

《人民检察院刑事诉讼规则》第 52 条规定："案件移送起诉后，辩护律师依据刑事诉讼法第四十三条第一款的规定申请人民检察院收集、调取证据的，人民检察院负责捕诉的部门应当及时审查。经审查，认为需要收集、调取证据的，应当决定收集、调取并制作笔录附卷；决定不予收集、调取的，应当书面说明理由。人民检察院根据辩护律师的申请收集、调取证据时，辩护律师可以在场。"

《人民检察院刑事诉讼规则》第 53 条规定："辩护律师申请人民检察院许可其向被害人或者其近亲属、被害人提供的证人收集与本案有关材料的，人民检察院负责捕诉的部门应当及时进行审查。人民检察院应当在五日以内作出是否许可的决定，通知辩护律师；不予许可的，应当书面说明理由。"

（二）辩护律师在审查起诉阶段调取证据权的法律释义

（1）在审查起诉阶段，辩护律师有权自行调取证据，但需经被调查的单位和个人同意，对三项特殊证据仍有及时开示义务；辩护律师向被害人或者其近亲属、被害人提供的证人调取证据，还需要人民检察院同意。

（2）辩护律师可以申请人民检察院收集、调取证据。

（3）辩护律师认为在侦查、审查起诉期间公安机关、人民检察院收集的证明犯罪嫌疑人、被告人无罪或者罪轻的证据材料未被提交的，有权申请人民检察院调取。

（4）辩护律师申请人民检察院收集、调取证据，应当向人民检察院捕诉部门提出申请，经审查同意调取的，在审查起诉阶段由捕诉部门调取。

（5）辩护律师申请人民检察院调取证据，应采取书面形式提出，并说明理由，写明需要收集、调取证据材料的内容或者需要调查的问题的提纲。

（6）调查权的立法缺失。会见、阅卷、调查权是辩护律师的基本权利，是辩护律师从事辩护工作不可缺少的三大支柱。然而，我国法律赋予律师的调查权是有限的，被调查者没有必须接受辩护律师调查的义务，甚至向被害人一方的人员收集证据还需要经公诉方同意。不仅如此，律师还要面对《刑法》第306条（辩护人、诉讼代理人毁灭证据、伪造证据、妨害作证罪）这一"尚方宝剑"的威胁和震慑。例如，辩护律师向证人调取的证言与该证人先前的证言不一致的，该证人前后证言必然有一个证言是虚假的，对证人来说构成伪证罪，对辩护律师来说一旦调取的该证人证言得不到法庭的确认，就有坐牢的危险。所以，辩护律师在调取有利于犯罪嫌疑人、被告人的证据，维护其合法权益的同时，也不可忽视职业风险。实践中，我国辩护律师在法律赋予有限制的辩护权的条件下，往往是用强大的智慧和技术控制参与刑事诉讼活动的。

（三）审查起诉阶段辩护律师需要收集或申请收集证据的情形

（1）侦查机关对犯罪嫌疑人、被告人有利的证据未收集的，例如犯罪嫌疑人自动投案、犯罪嫌疑人表现良好等法定或酌定量刑情节。

（2）对侦查机关收集的有罪证据的真实性、关联性、合法性以及对犯罪构成要件的事实、证据锁链存有疑问，也需要调查核实。

（3）对侦查机关收集证据的程序合法性存有疑问，需要收集线索或证据的。

（4）证据如不及时调取，就存有灭失的可能性的物证、书证，需要及时收集的。

（5）需要辩护律师收集或申请收集的证据是卷宗中没有的、内容相反的或者需要补强的证据，要根据案件的具体情况具体分析。

三、辩护律师在审查起诉阶段需要审核的案件内容

在审查起诉阶段，检察员和辩护律师都要审查案件是否符合起诉、不起诉、撤销案件的条件，都要对全案事实和证据进行是否符合法定的实体、程序要件的要求的审查。由于双方的法定职责不同，检察员更侧重于审查能够认定犯罪嫌疑人、被告人有罪的事实、证据和从严处罚情节，辩护律师更侧

重于审查犯罪嫌疑人、被告人无罪的事实、证据和从宽处罚情节，辩护律师需要审查的内容有以下几个方面。

（一）犯罪主体

犯罪嫌疑人、被告人的自然状况，单位犯罪的，单位的登记注册情况，是否符合犯罪构成要件中的主体要件。

（二）犯罪事实是否清楚

辩护律师必须依据《刑法》犯罪构成的规定审查定罪事实是否清楚；起诉意见书中认定的犯罪性质和罪名是否正确；法定和酌定量刑情节是否清楚、有无遗漏；在共同犯罪案件中的主犯、从犯、胁从犯、教唆犯及排序是否正确等内容。

（三）犯罪事实的证据材料是否随案移送

辩护律师审查犯罪事实的证据材料，不要忽视审查采取技术侦查措施的决定书及证据材料；违法所得及其他涉案财物的证据材料；未移送的证据清单中有无能够证明犯罪嫌疑人、被告人无罪、罪轻或从宽处罚的证据；认罪认罚手续等。

（四）证据是否达到证明标准，有无违反法定程序的行为

（1）定罪事实和从重处罚的量刑情节是否达到"事实清楚，证据确实、充分"的证明标准。

（2）对单项证据，要进行真实性、关联性、合法性三性审查判断，确认是否具有证据能力和证据的证明力的大小。

（3）犯罪事实中的每一个证明对象是否有相应的证据证明，同一证明对象的一组证据相互之间是否存有矛盾；同一人的言词证据前后是否冲突；全案证据之间是否存有矛盾。

（4）全案证据是否能够形成完整的、排除合理怀疑的证据锁链，得出的结论是否具有唯一性。

（5）收集证据的方法是否符合法定程序，侦查的手续和文书是否完备，是否具有非法证据排除的情形。

（6）辩护律师不仅要注重对犯罪嫌疑人、被告人有利的事实、证据的审查判断，而且也要善于面对犯罪嫌疑人、被告人有罪和从重处罚的事实和证据，要对犯罪嫌疑人、被告人不利的证据做出否定、部分否定、削弱证明力、承认的抉择。

（7）控诉证据和辩护证据有时是交叉存在的，在同一个证据中既有控诉证据，又有辩护证据，辩护律师应当重视"以子之矛攻子之盾"的技巧辩护方式。

（8）辩护律师审查案件事实时，不要仅局限于卷宗中的现有证据和现有证据所证明的事实，而是应当做时间、空间上的延伸和扩展，例如贪污的公款是否用于公务、犯罪目的和动机、利用发包工程项目骗取钱财的工程项目是否存在、犯罪前后表现。

（9）辩护律师要以怀疑一切的态度，利用会见、调查权全面核实案件事实、证据，同时要善于发现新的证据线索，收集或申请收集新证据。

（10）辩护律师在审查疑难复杂案件时，需要将全案证据按不同的证明对象进行分组归类，然后按事实发展的先后顺序进行排列，制作以证明对象和相应证据为内容的图表，有利于了解审查案件事实、证据。

（11）辩护律师应帮助检察员了解审查案件事实、证据，将准备好的资料交于检察员，以避免公诉人因对案件事实了解得不透彻而不采纳辩护律师的意见。检察员办理案件往往是对领导满意负责、对工资负责、对自己不犯错误负责，而对办案质量的重视程度相应较弱。

（12）辩护律师也不可忽视审查证据来源、笔录形成时间和地点、证据所在卷宗的页码等细节问题。

（13）辩护律师在审查案件事实和证据、寻找辩护方案的过程中往往是从山穷水尽到努力坚持，再到担心失败，最后柳暗花明。这是辩护律师办案的良性顺序，也是有经验的辩护律师办案的思维顺序。

（五）有无其他需要追究刑事责任的人

在共同犯罪中，要综合全案犯罪事实和证据进行审查，审查每一个犯罪嫌疑人、被告人所处的地位和作用，有无遗漏需要追究刑事责任的人，如果有在逃的嫌疑犯，并且不归案无法查清犯罪事实，就不符合起诉条件。

（六）辩护律师需要审核的其他内容

有无应当撤销案件和不起诉的情形；有无附带民事诉讼；强制措施是否得当，羁押期限是否合法；涉案款物是否查封、扣押、冻结并妥善保管，清单是否齐备；对被害人的合法财产是否返还；违禁品和不宜长期保存的物品是否还留存，相应的文件清单是否完备。

四、审查起诉阶段的辩护意见

（一）人民检察院在审查起诉阶段必须听取辩护律师意见并附卷

《刑事诉讼法》第 173 条第 1 款规定："人民检察院审查案件，应当讯问犯罪嫌疑人，听取辩护人或者值班律师、被害人及其诉讼代理人的意见，并记录在案。辩护人或者值班律师、被害人及其诉讼代理人提出书面意见的，应当附卷。"

根据此法条规定，听取律师的辩护意见，是人民检察院在审查起诉阶段必须从事的工作，而且应当主动听取，否则视为违反法定程序，当然是在审查起诉阶段有辩护律师参加的前提条件下。

（二）在审查起诉阶段辩护意见的内容

辩护律师在审查起诉阶段可以从实体、程序方面提出口头或书面辩护意见，包括起诉从宽处罚（罪轻、从轻、减轻、免除处罚或者判处非监禁刑）的辩护意见、不起诉（包括法定、酌定、证据不足、附条件、特殊不起诉）的辩护意见、退回本院侦查部门作出撤销案件决定的辩护意见、违法采取强制措施的辩护意见四种类型。证据不足、非法证据排除、没有犯罪事实发生等情况均是在这四种类型的辩护意见之下的辩护理由。

辩护律师的辩护意见要有明确的请求，并论述事实和理由，有证据的，还应附有相应证据，而且还以书面形式提出辩护意见。

五、不起诉意见书示例

案件事实：2019 年 4 月 17 日下午 3 时许，犯罪嫌疑人王×在天津市××区地税大厅盗取空白《完税证明》100 份。2019 年 5 月，王×与犯罪嫌疑人李×一起吃晚饭时称："税务局的一个同学给我 100 份《完税证明》，你找一下买家，每份以人民币 10 000.00 元出售。"2019 年 6 月，李×找到买家犯罪嫌疑人张×，李×对张×说"自己手里有《完税证明》，每份以人民币 15 000.00 元出售"，张×随即同意购买，并当场向李×交付定金人民币 5000.00 元。然后李×找到王×称"找到了一位买《完税证明》的人，你先给我一份《完税证明》，我跟买家要回钱后，再把 10 000.00 元钱转给你"，王×同意后，随即向李×交付一份《完税证明》。李×回到自己家后，担心"出事"，越想越害怕，于2019 年 7 月 3 日通过微信转账，将张×交付自己的人民币 5000.00 元定金退回，将王×交给自己的一份《完税证明》销毁。天津市××区地税局发现《完税证明》丢失便向公安机关报案，天津市公安局××区分局立案侦查后，将犯罪嫌疑人王×、李×、张×分别抓获，天津市公安局××区分局向天津市××区人民检察院移送审查起诉，《起诉意见书》中指控："王×涉嫌盗窃国家机关公文、证件罪，李×、张×涉嫌买卖国家机关公文、证件罪，并依据《中华人民共和国刑法》第二百八十条之规定惩处"。

天津××律师事务所接受本案犯罪嫌疑人李×的委托，指派律师朱×担任李×的辩护人，律师朱×在案件审查起诉阶段向天津市××区人民检察院提交如下酌定不起诉的辩护意见。

犯罪嫌疑人李×涉嫌买卖国家机关公文、证件罪一案的不起诉意见书

检察员、助理检察员：

天津××律师事务所接受本案犯罪嫌疑人李×的委托，指派朱×律师担任涉嫌买卖国家机关公文、证件罪一案犯罪嫌疑人李×的辩护人。辩护人在本案审查起诉阶段接受委托后，询问了犯罪嫌疑人李×、查阅了本案全部卷宗，对本案事实、证据有了充分的了解。辩护人对犯罪嫌疑人李×构成买卖国家机关公文、证件罪不持异议，现仅就犯罪嫌疑人李×是否起诉提出如下辩护意见，请贵院及检察员、助理检察员予以参考。

第一，犯罪嫌疑人李×的故意犯罪形态属于犯罪中止。

经本案证据证明：2019年4月17日，犯罪嫌疑人王×在天津市××区地税大厅盗取空白《完税证明》100份，构成盗窃国家机关公文、证件罪。

2019年6月，犯罪嫌疑人李×联系犯罪嫌疑人张×购买《完税证明》，并预谋从中牟利。

涉案《完税证明》的交付过程：犯罪嫌疑人张×填写完毕后交给犯罪嫌疑人李×，犯罪嫌疑人李×因为"害怕出事被抓"并未将涉案《完税证明》交付给犯罪嫌疑人张×；也是因为"害怕出事被抓"将涉案《完税证明》销毁（见事实第2卷第164页至第167页张×供述、第317页至第320页李×供述）。

涉案赃款的交付过程：犯罪嫌疑人张×将购买《完税证明》定金人民币5000.00元交付给犯罪嫌疑人李×，犯罪嫌疑人李×因其"害怕出事被抓"又

将赃款退给犯罪嫌疑人张×（见事实第 2 卷第 164 页至第 167 页张×供述、第 186 页至第 191 页李×供述，事实第 1 卷第 33 页至第 34 页微信转账书证诉讼证据）。

前述事实表明：犯罪嫌疑人李×不仅未将《完税证明》交付给犯罪嫌疑人张×，而且将收取的 5000.00 元赃款又退给张×。买卖国家机关公文、证件罪的犯罪既遂标准，需要交付公文、证件及交付款项均要完成。故犯罪嫌疑人李×构成的买卖国家机关公文、证件罪处于故意犯罪的未完成形态，属于自动放弃犯罪，依法应属于犯罪中止；因没有造成损害后果，所以"应当免除处罚"。

第二，犯罪嫌疑人李×的犯罪情节轻微。

犯罪嫌疑人李×系初犯，没有前科劣迹。且犯罪前表现良好；犯罪后认罪悔罪。

犯罪嫌疑人李×自动放弃犯罪，没有造成损害后果。

犯罪嫌疑人李×犯罪参与程度较低，因自动放弃犯罪也没有达到获利的犯罪目的。

从犯罪嫌疑人李×的犯罪目的、犯罪手段、危害后果、犯罪的前后表现等综合因素分析，应当认定其犯罪情节轻微。

第三，犯罪嫌疑人李×符合不起诉条件。

"对于犯罪情节轻微，依照刑法规定不需要判处刑罚或者免除刑罚的，人民检察院可以作出不起诉决定。"犯罪嫌疑人李×犯罪情节轻微、且具有免除处罚情节，依法符合酌定不起诉条件。

综上所述，犯罪嫌疑人李×构成买卖国家机关公文、证件罪，犯罪情节轻微、具有免除处罚情节，符合酌定不起诉条件，请贵院依据《中华人民共和国刑法》第二十四条、第二百八十条及《中华人民共和国刑事诉讼法》第一百七十七条第二款之规定对犯罪嫌疑人李×作出不起诉决定。

此致

天津市××区人民检察院

辩护人：朱× 天津××律师事务所律师

2020 年 6 月 26 日

附件：1. 法律依据三页

2. 阅卷笔录五页

第十六章

第一审程序

第一节　审判组织

《刑事诉讼法》第 183 条至第 185 条，《最高人民法院关于适用〈中华人民共和国刑事诉讼法〉的解释》第 212 条至第 217 条是对人民法院审理刑事案件审判组织的规定。

一、独任审判

基层人民法院适用简易程序、速裁程序审理的案件可以由审判员一人独任审判。

二、合议庭

（一）合议庭组成

（1）基层人民法院、中级人民法院适用普通程序审判第一审案件，应当由审判员 3 人或者由审判员和人民陪审员共 3 人或者 7 人组成合议庭进行。

（2）高级人民法院审判第一审案件，应当由审判员 3 人至 7 人或者由审判员和人民陪审员共 3 人或者 7 人组成合议庭进行。

（3）最高人民法院审判第一审案件，应当由审判员 3 人至 7 人组成合议庭进行。

合议庭的成员人数应当是单数。

合议庭由审判员担任审判长。院长或者庭长参加审理案件时，由其本人担任审判长。

开庭审理和评议案件，应当由同一合议庭进行。合议庭成员在评议案件时，应当独立发表意见并说明理由。意见分歧的，应当按多数意见作出决定，但少数意见应当记入笔录。评议笔录由合议庭的组成人员在审阅确认无误后签名。评议情况应当保密。

（二）合议庭审理的案件

（1）基层人民法院、中级人民法院、高级人民法院审判下列第一审刑事案件，由审判员和人民陪审员组成合议庭进行：①涉及群体利益、公共利益的；②人民群众广泛关注或者其他社会影响较大的；③案情复杂或者有其他情形，需要由人民陪审员参加审判的。

（2）基层人民法院、中级人民法院、高级人民法院审判下列第一审刑事案件，由审判员和人民陪审员组成7人合议庭进行：①可能判处10年以上有期徒刑、无期徒刑、死刑，且社会影响重大的；②涉及征地拆迁、生态环境保护、食品药品安全，且社会影响重大的；③其他社会影响重大的。

三、审判委员会

（1）合议庭审理、评议后，应当及时作出判决、裁定。对下列案件，合议庭应当提请院长决定提交审判委员会讨论决定：①高级人民法院、中级人民法院拟判处死刑立即执行的案件，以及中级人民法院拟判处死刑缓期执行的案件；②本院已经发生法律效力的判决、裁定确有错误需要再审的案件；③人民检察院依照审判监督程序提出抗诉的案件。

对合议庭成员意见有重大分歧的案件、新类型案件、社会影响重大的案件以及其他疑难、复杂、重大的案件，合议庭认为难以作出决定的，可以提请院长决定提交审判委员会讨论决定。

人民陪审员可以要求合议庭将案件提请院长决定是否提交审判委员会讨论决定。

对提请院长决定提交审判委员会讨论决定的案件，院长认为不必要的，可以建议合议庭复议一次。

（2）独任审判的案件，审判员认为有必要的，也可以提请院长决定提交审判委员会讨论决定。

（3）审判委员会的决定，合议庭、独任审判员应当执行；有不同意见的，可以建议院长提交审判委员会复议。

第二节　第一审普通程序

第一审普通程序是指人民法院对人民检察院提起公诉案件的第一次审判时所遵循的普通审判程序。包括审查受理、开庭审判前准备、庭前会议、法庭审判程序以及延期或中止审理等诉讼环节。

一、审查受理

《刑事诉讼法》第186条，《最高人民法院关于适用〈中华人民共和国刑事诉讼法〉的解释》第218条至第220条是人民法院对人民检察院提起公诉案件的审查受理规定。

（一）审查

《最高人民法院关于适用〈中华人民共和国刑事诉讼法〉的解释》第218条规定，对提起公诉的案件，人民法院应当在收到起诉书（一式8份，每增加一名被告人，增加起诉书5份）和案卷、证据后，审查以下内容：

（1）是否属于本院管辖。

（2）起诉书是否写明被告人的身份，是否受过或者正在接受刑事处罚、行政处罚、处分，被采取留置措施的情况，被采取强制措施的时间、种类、羁押地点，犯罪的时间、地点、手段、后果以及其他可能影响定罪量刑的情节；有多起犯罪事实的，是否在起诉书中将事实分别列明。

（3）是否移送证明指控犯罪事实及影响量刑的证据材料，包括采取技术调查、侦查措施的法律文书和所收集的证据材料。

（4）是否查封、扣押、冻结被告人的违法所得或者其他涉案财物，查封、扣押、冻结是否逾期；是否随案移送涉案财物、附涉案财物清单；是否列明涉案财物权属情况；是否就涉案财物处理提供相关证据材料。

（5）是否列明被害人的姓名、住址、联系方式；是否附有证人、鉴定人名单；是否申请法庭通知证人、鉴定人、有专门知识的人出庭，并列明有关人员的姓名、性别、年龄、职业、住址、联系方式；是否附有需要保护的证人、鉴定人、被害人名单。

（6）当事人已委托辩护人、诉讼代理人或者已接受法律援助的，是否列明辩护人、诉讼代理人的姓名、住址、联系方式。

（7）是否提起附带民事诉讼；提起附带民事诉讼的，是否列明附带民事诉讼当事人的姓名、住址、联系方式等，是否附有相关证据材料。

（8）监察调查、侦查、审查起诉程序的各种法律手续和诉讼文书是否齐全；

（9）被告人认罪认罚的，是否提出量刑建议、移送认罪认罚具结书等材料；

（10）有无《刑事诉讼法》第16条第2项至第6项规定的不追究刑事责任的情形。

（二）审查后处理

《最高人民法院关于适用〈中华人民共和国刑事诉讼法〉的解释》第219条规定，人民法院对提起公诉的案件审查后，应当按照下列情形分别处理：

（1）不属于本院管辖的，应当退回人民检察院。

（2）属于《刑事诉讼法》第16条第2项至第6项规定的不追究刑事责任情形的，应当退回人民检察院；属于告诉才处理的案件，应当同时告知被害人有权提起自诉。

（3）被告人不在案的，应当退回人民检察院。但是，对人民检察院按照缺席审判程序提起公诉的，应当依照缺席审判程序的规定作出处理。

（4）不符合《最高人民法院关于适用〈中华人民共和国刑事诉讼法〉的解释》第218条第2项至第9项规定之一，需要补充材料的，应当通知人民检察院在3日以内补送。

（5）依照《刑事诉讼法》第200条第3项"证据不足，不能认定被告人有罪的，应当作出证据不足、指控的犯罪不能成立的无罪判决"的规定宣告被告人无罪后，人民检察院根据新的事实、证据重新起诉的，应当依法受理。

（6）依照《最高人民法院关于适用〈中华人民共和国刑事诉讼法〉的解释》第296条"人民检察院要求撤回起诉的"的规定裁定准许撤诉的案件，没有新的影响定罪量刑的事实、证据，重新起诉的，应当退回人民检察院。

（7）被告人真实身份不明，但符合《刑事诉讼法》第160条第2款"对于犯罪事实清楚，证据确实、充分，确实无法查明其身份的，也可以按其自报的姓名起诉、审判"的规定，应当依法受理。

对公诉案件是否受理，应当在7日以内审查完毕。

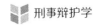

（三）分案或并案审理

对一案起诉的共同犯罪或者关联犯罪案件，被告人人数众多、案情复杂，人民法院经审查认为，分案审理更有利于保障庭审质量和效率的，可以分案审理。分案审理不得影响当事人质证权等诉讼权利的行使。

对分案起诉的共同犯罪或者关联犯罪案件，人民法院经审查认为，合并审理更有利于查明案件事实、保障诉讼权利、准确定罪量刑的，可以并案审理。

二、开庭审判前准备

《刑事诉讼法》第187条至第189条，《最高人民法院关于适用〈中华人民共和国刑事诉讼法〉的解释》第221条至第225条是人民法院开庭审判前准备的规定。

（一）审判前准备

开庭审理前，人民法院应当进行下列工作：

（1）确定审判长及合议庭组成人员。

（2）开庭10日以前将起诉书副本送达被告人、辩护人。

（3）通知当事人、法定代理人、辩护人、诉讼代理人在开庭5日以前提供证人、鉴定人名单，以及拟当庭出示的证据；申请证人、鉴定人、有专门知识的人出庭的，应当列明有关人员的姓名、性别、年龄、职业、住址、联系方式。

（4）开庭3日以前将开庭的时间、地点通知人民检察院。

（5）开庭3日以前将传唤当事人的传票和通知辩护人、诉讼代理人、法定代理人、证人、鉴定人等出庭的通知书送达；通知有关人员出庭，也可以采取电话、短信、传真、电子邮件、即时通信等能够确认对方收悉的方式；对被害人人数众多的涉众型犯罪案件，可以通过互联网公布相关文书，通知有关人员出庭。

（6）公开审理的案件，在开庭3日以前公布案由、被告人姓名、开庭时间和地点。

上述工作情况应当记录在案。

（二）公开与不公开审理

人民法院审判案件应当公开进行。

案件涉及国家秘密或者个人隐私的，不公开审理；涉及商业秘密，当事人提出申请的，法庭可以决定不公开审理。

不公开审理的案件，任何人不得旁听。但是，经未成年被告人及其法定代理人同意，未成年被告人所在学校和未成年人保护组织可以派代表到场。

公开审理的案件，可以旁听。但是，精神病人、醉酒的人、未经人民法院批准的未成年人以及其他不宜旁听的人不得旁听案件审理。

（三）被害人的代表人参加庭审

被害人人数众多，且案件不属于附带民事诉讼范围的，被害人可以推选若干代表人参加庭审。

（四）未到庭的处理

被害人、诉讼代理人经传唤或者通知未到庭，不影响开庭审理的，人民法院可以开庭审理。

辩护人经通知未到庭，被告人同意的，人民法院可以开庭审理，但被告人属于应当提供法律援助情形的除外。

三、庭前会议

《刑事诉讼法》第187条，《最高人民法院关于适用〈中华人民共和国刑事诉讼法〉的解释》第226条至第233条是庭前会议的规定。

（一）庭前会议的召开条件

案件具有下列情形之一的，人民法院可以决定召开庭前会议：

（1）证据材料较多、案情重大复杂的；

（2）控辩双方对事实、证据存在较大争议的；

（3）社会影响重大的；

（4）需要召开庭前会议的其他情形。

（二）庭前会议提起召开的主体

控辩双方可以申请人民法院召开庭前会议，提出申请应当说明理由。人民法院经审查认为有必要的，应当召开庭前会议；决定不召开的，应当告知申请人。

（三）庭前会议的内容

庭前会议可以就下列事项向控辩双方了解情况，听取意见：

（1）是否对案件管辖有异议；

（2）是否申请有关人员回避；

（3）是否申请不公开审理；

（4）是否申请排除非法证据；

（5）是否提供新的证据材料；

（6）是否申请重新鉴定或者勘验；

（7）是否申请收集、调取证明被告人无罪或者罪轻的证据材料；

（8）是否申请证人、鉴定人、有专门知识的人、调查人员、侦查人员或者其他人员出庭，是否对出庭人员名单有异议；

（9）是否对涉案财物的权属情况和人民检察院的处理建议有异议；

（10）与审判相关的其他问题。

庭前会议中，人民法院可以开展附带民事调解。

对前述规定中可能导致庭审中断的程序性事项，人民法院可以在庭前会议后依法作出处理，并在庭审中说明处理决定和理由。控辩双方没有新的理由，在庭审中再次提出有关申请或者异议的，法庭可以在说明庭前会议情况和处理决定理由后，依法予以驳回。

庭前会议情况应当制作笔录，由参会人员核对后签名。

（四）庭前会议的参加主体

（1）庭前会议由审判长主持，合议庭其他审判员也可以主持庭前会议。

（2）召开庭前会议应当通知公诉人、辩护人到场。

（3）庭前会议准备就非法证据排除了解情况、听取意见，或者准备询问控辩双方对证据材料的意见的，应当通知被告人到场。有多名被告人的案件，可以根据情况确定参加庭前会议的被告人。

（五）庭前会议方式

庭前会议一般不公开进行。根据案件情况，庭前会议可以采用视频等方式进行。

（六）庭前会议中听取控辩双方对案件事实、证据材料的意见

（1）庭前会议中，审判人员可以询问控辩双方对证据材料有无异议，对有异议的证据，应当在庭审时重点调查；无异议的，庭审时举证、质证可以简化。

（2）人民法院在庭前会议中听取控辩双方对案件事实、证据材料的意见后，对明显事实不清、证据不足的案件，可以建议人民检察院补充材料或者

撤回起诉。建议撤回起诉的案件，人民检察院不同意的，开庭审理后，没有新的事实和理由，一般不准许撤回起诉。

（七）庭前会议的效力

对召开庭前会议的案件，可以在开庭时告知庭前会议情况。对庭前会议中达成一致意见的事项，法庭在向控辩双方核实后，可以当庭予以确认；未达成一致意见的事项，法庭可以归纳控辩双方争议焦点，听取控辩双方意见，依法作出处理。

控辩双方在庭前会议中就有关事项达成一致意见，在庭审中反悔的，除有正当理由外，法庭一般不再进行处理。

四、法庭审判程序

法庭审判程序分为开庭、法庭调查、法庭辩论、被告人最后陈述、评议和宣判五个阶段。《刑事诉讼法》第190条至第203条，《最高人民法院关于适用〈中华人民共和国刑事诉讼法〉的解释》第234条至第304条是法庭审判程序的规定。

（一）开庭

1. 开庭审理前，书记员应当依次进行下列工作

（1）受审判长委托，查明公诉人、当事人、辩护人、诉讼代理人、证人及其他诉讼参与人是否到庭。

（2）核实旁听人员中是否有证人、鉴定人、有专门知识的人。

（3）请公诉人、辩护人、诉讼代理人及其他诉讼参与人入庭。

（4）宣读法庭规则。

（5）请审判长、审判员、人民陪审员入庭。

（6）审判人员就座后，向审判长报告开庭前的准备工作已经就绪。

2. 传被告人到庭

审判长宣布开庭，传被告人到庭后，应当查明被告人的下列情况：

（1）姓名、出生日期、民族、出生地、文化程度、职业、住址，或者被告单位的名称、住所地、法定代表人、实际控制人以及诉讼代表人的姓名、职务。

（2）是否受过刑事处罚、行政处罚、处分及其种类、时间。

（3）是否被采取留置措施及留置的时间，是否被采取强制措施及强制措

施的种类、时间。

(4) 收到起诉书副本的日期；有附带民事诉讼的，附带民事诉讼被告人收到附带民事起诉状的日期。

被告人较多的，可以在开庭前查明上述情况，但开庭时审判长应当作出说明。

3. 宣布案件的来源、案由及是否公开审理

审判长宣布案件的来源、起诉的案由、附带民事诉讼当事人的姓名及是否公开审理；不公开审理的，应当宣布理由。

4. 宣布诉讼参与人的名单

审判长宣布合议庭组成人员、法官助理、书记员、公诉人的名单，以及辩护人、诉讼代理人、鉴定人、翻译人员等诉讼参与人的名单。

5. 告知诉讼权利

审判长应当告知当事人及其法定代理人、辩护人、诉讼代理人在法庭审理过程中依法享有下列诉讼权利：

(1) 可以申请合议庭组成人员、法官助理、书记员、公诉人、鉴定人和翻译人员回避。

(2) 可以提出证据，申请通知新的证人到庭、调取新的证据，申请重新鉴定或者勘验。

(3) 被告人可以自行辩护；

(4) 被告人可以在法庭辩论终结后作最后陈述。

6. 询问是否申请回避

审判长应当询问当事人及其法定代理人、辩护人、诉讼代理人是否申请回避、申请何人回避和申请回避的理由。

当事人及其法定代理人、辩护人、诉讼代理人申请回避的，依照刑事诉讼法及相关司法解释的规定处理。

同意或者驳回回避申请的决定及复议决定，由审判长宣布，并说明理由。必要时，也可以由院长到庭宣布。

(二) 法庭调查

1. 宣读起诉书、附带民事起诉状

审判长宣布法庭调查开始后，应当先由公诉人宣读起诉书。

有附带民事诉讼的，公诉人宣读起诉书后，由附带民事诉讼原告人或者

其法定代理人、诉讼代理人宣读附带民事起诉状。

2. 被告人、被害人陈述

公诉人宣读起诉书后，审判长应当询问被告人对起诉书指控的犯罪事实和罪名有无异议。在审判长的主持下，被告人、被害人可以就起诉书指控的犯罪事实分别陈述。

3. 讯问、发问被告人

向被告人讯问与发问，应当在审判长的主持下按下列顺序进行：

（1）公诉人可以就起诉书指控的犯罪事实讯问被告人。

（2）被害人及其法定代理人、诉讼代理人可以就公诉人讯问的犯罪事实补充发问。

（3）附带民事诉讼原告人及其法定代理人、诉讼代理人可以就附带民事部分的事实向被告人发问。

（4）被告人的法定代理人、辩护人，附带民事诉讼被告人及其法定代理人、诉讼代理人可以在控诉方、附带民事诉讼原告方就某一问题讯问、发问完毕后向被告人发问。

（5）审判人员讯问被告人。

讯问、发问需要注意下列问题：①被告人存有2起以上的犯罪事实，应当就每一起犯罪事实分别进行；②讯问同案审理（共同犯罪）的被告人，应当分别进行；③审判长对于与本案无关或者讯问、发问方式不当的，应当予以制止；④控辩双方认为对方讯问、发问的内容与本案无关或者讯问、发问方式不当提出异议的，审判长应当判定情况后予以支持或驳回；⑤就证据问题对被告人的讯问、发问也可以在举证、质证环节进行。

4. 发问被害人和附带民事诉讼原告人

经审判长准许，控辩双方可以向被害人、附带民事诉讼原告人发问。

审判人员可以向被害人、附带民事诉讼原告人发问。

5. 出庭作证或者出示证据

证人、鉴定人、有专门知识的人、调查人员、侦查人员或者其他人员出庭作证或者出示证据。

（1）公诉人可以提请法庭通知证人、鉴定人、有专门知识的人、调查人员、侦查人员或者其他人员出庭，或者出示证据。被害人及其法定代理人、诉讼代理人，附带民事诉讼原告人及其诉讼代理人也可以提出申请。

在控诉方举证后，被告人及其法定代理人、辩护人可以提请法庭通知证人、鉴定人、有专门知识的人、调查人员、侦查人员或者其他人员出庭，或者出示证据。

（2）控辩双方申请证人出庭作证，出示证据，应当说明证据的名称、来源和拟证明的事实。法庭认为有必要的，应当准许；对方提出异议，认为有关证据与案件无关或者明显重复、不必要，法庭经审查异议成立的，可以不予准许。

（3）已经移送人民法院的案卷和证据材料，控辩双方需要出示的，可以向法庭提出申请，法庭可以准许。案卷和证据材料应当在质证后当庭归还。

需要播放录音录像或者需要将证据材料交由法庭、公诉人或者诉讼参与人查看的，法庭可以指令值庭法警或者相关人员予以协助。

（4）公诉人、当事人或者辩护人、诉讼代理人对证人证言有异议，且该证人证言对定罪量刑有重大影响，或者对鉴定意见有异议，人民法院认为证人、鉴定人有必要出庭作证的，应当通知证人、鉴定人出庭。

控辩双方对侦破经过、证据来源、证据真实性或者合法性等有异议，申请调查人员、侦查人员或者有关人员出庭，人民法院认为有必要的，应当通知调查人员、侦查人员或者有关人员出庭。

（5）公诉人、当事人及其辩护人、诉讼代理人申请法庭通知有专门知识的人出庭，就鉴定意见提出意见的，应当说明理由。法庭认为有必要的，应当通知有专门知识的人出庭。

申请有专门知识的人出庭，不得超过2人。有多种类鉴定意见的，可以相应增加人数。

（6）为查明案件事实、调查核实证据，人民法院可以依职权通知证人、鉴定人、有专门知识的人、调查人员、侦查人员或者其他人员出庭。

经人民法院通知，鉴定人拒不出庭作证的，鉴定意见不得作为定案的依据。

（7）人民法院通知有关人员出庭的，可以要求控辩双方予以协助。

6. 强制到庭

经人民法院通知，证人没有正当理由不出庭作证，人民法院可以强制其到庭，但是被告人的配偶、父母、子女除外。

证人没有正当理由拒绝出庭或者出庭后拒绝作证的，予以训诫，情节严重的，经院长批准，处以 10 日以下的拘留。被处罚人对拘留决定不服的，可以向上一级人民法院申请复议。复议期间不停止执行。

强制证人出庭的，应当由院长签发强制证人出庭令，由法警执行。必要时，可以商请公安机关协助。

7. 视频等方式作证

证人具有下列情形之一，无法出庭作证的，人民法院可以准许其不出庭：

（1）庭审期间身患严重疾病或者行动极为不便的。

（2）居所远离开庭地点且交通极为不便的。

（3）身处国外短期无法回国的。

（4）有其他客观原因，确实无法出庭的。

具有前述规定情形的，可以通过视频等方式作证。

8. 出庭补助

证人出庭作证所支出的交通、住宿、就餐等费用，人民法院应当给予补助。

9. 采取保护措施

（1）证人、鉴定人、被害人因出庭作证，本人或者其近亲属的人身安全面临危险的，人民法院应当采取不公开其真实姓名、住址和工作单位等个人信息，或者不暴露其外貌、真实声音等保护措施。辩护律师经法庭许可，查阅对证人、鉴定人、被害人使用化名情况的，应当签署保密承诺书。

（2）审判期间，证人、鉴定人、被害人提出保护请求的，人民法院应当立即审查；认为确有保护必要的，应当及时决定采取相应保护措施。必要时，可以商请公安机关协助。

（3）决定对出庭作证的证人、鉴定人、被害人采取不公开个人信息的保护措施的，审判人员应当在开庭前核实其身份，对证人、鉴定人如实作证的保证书不得公开，在判决书、裁定书等法律文书中可以使用化名等代替其个人信息。

10. 签署保证书

证人、鉴定人、有专门知识的人、调查人员、侦查人员或者其他人员出庭的，法庭应当核实其身份、与当事人以及本案的关系，并告知其有如实提供证言及有关的权利义务和有意作伪证或隐匿罪证的法律责任。证人、鉴定人、有专门知识的人、调查人员、侦查人员或者其他人员应当保证向法庭如实提供言词，并在保证书上签名。

11. 发问顺序

发问证人、鉴定人、有专门知识的人、调查人员、侦查人员或者其他人员，在审判长主持下按下列顺序进行：

（1）证人、鉴定人、有专门知识的人、调查人员、侦查人员或者其他人员出庭后，一般先向法庭陈述证言。

（2）经审判长许可，由申请通知出庭的一方发问。

（3）申请通知出庭的一方发问完毕后，对方也可以发问。

（4）审判人员认为必要时，可以向证人、鉴定人、有专门知识的人、调查人员、侦查人员或者其他人员发问。

法庭依职权通知证人、鉴定人、有专门知识的人、调查人员、侦查人员或者其他人员出庭的，发问顺序由审判长根据案件情况确定。

12. 发问规则

向被告人、被害人、附带民事诉讼当事人、证人、鉴定人、有专门知识的人、调查人员、侦查人员或者其他人员的发问应当遵循以下规则：

（1）发问的内容应当与本案事实有关。

（2）不得以诱导方式发问。

（3）不得威胁证人。

（4）不得损害证人的人格尊严。

向证人、调查人员、侦查人员发问应当分别进行。

证人、鉴定人、有专门知识的人、调查人员、侦查人员或者其他人员不得旁听对本案的审理。有关人员作证或者发表意见后，审判长应当告知其退庭。

审理涉及未成年人的刑事案件，询问未成年被害人、证人，通知未成年被害人、证人出庭作证，按照未成年人刑事案件诉讼程序的有关规定执行。

13. 举证质证顺序

（1）举证说明。由出示证据的一方就证据名称、证据来源、证明事实等作出必要的说明。对未到庭的证人的证言笔录、鉴定意见、勘验检查笔录及其他言词证据和书证应当当庭宣读。当庭出示物证、播放视听资料、电子数据证据。

（2）质证意见。举证方当庭出示证据后，由对方进行辨认并发表"三性"

（证据真实性、合法性、关联性）、"双性"（证据能力和证据的证明力）的质证意见。

（3）相互辩论。在审判人员的主持下，控辩双方可以对证据和案件情况相互辩论。

法庭辩论方式：在法庭调查阶段，经审判长许可，控、辩双方可以对正在调查的单项证据进行辩论，也可以在全案证据出示完毕时，先对全案"事实是否清楚，证据是否确实、充分"进行辩论，此为分散式的辩论方式。

14. 举证质证方式

（1）对可能影响定罪量刑的关键证据和控辩双方存在争议的证据，一般应当单独举证、质证，充分听取质证意见。

（2）对控辩双方无异议的非关键证据，举证方可以仅就证据的名称及拟证明的事实作出说明。

（3）召开庭前会议的案件，举证、质证可以按照庭前会议确定的方式进行。

根据案件和庭审情况，法庭可以对控辩双方的举证、质证方式进行必要的指引。

15. 被告人对质

审理过程中，法庭认为有必要的，可以传唤同案被告人、分案审理的共同犯罪或者关联犯罪案件的被告人等到庭对质。

16. 当庭质证与例外

法庭对证据有疑问的，可以告知公诉人、当事人及其法定代理人、辩护人、诉讼代理人补充证据或者作出说明。必要时，可以宣布休庭，对证据进行调查核实。

人民法院调查核实证据，可以采用勘验、检查、查封、扣押、鉴定和查询、冻结措施。

对公诉人、当事人及其法定代理人、辩护人、诉讼代理人补充的和审判人员庭外调查核实取得的证据，应当经过当庭质证才能作为定案的根据。但是，对不影响定罪量刑的非关键证据、有利于被告人的量刑证据以及认定被告人有犯罪前科的裁判文书等证据，经庭外征求意见，控辩双方没有异议的除外。

17. 突袭证据

公诉人申请出示开庭前未移送或者提交人民法院的证据，辩护方提出异议的，审判长应当要求公诉人说明理由；理由成立并确有出示必要的，应当准许。

辩护方提出需要对新的证据作辩护准备的，法庭可以宣布休庭，并确定准备辩护的时间。

辩护方申请出示开庭前未提交的证据，参照适用前述规定。

18. 调取新证据

（1）在法庭审理过程中，控辩双方申请通知新的证人到庭、调取新的证据、申请重新鉴定或者勘验的，应当提供证人的基本信息、证据的存放地点，说明拟证明的事项，申请重新鉴定或者勘验的理由。法庭认为有必要的，应当同意，并宣布休庭；根据案件情况，可以决定延期审理。

人民法院决定重新鉴定的，应当及时委托鉴定，并将鉴定意见告知人民检察院、当事人及其辩护人、诉讼代理人。

（2）审判期间，公诉人发现案件需要补充侦查，建议延期审理的，合议庭可以同意，但建议延期审理不得超过2次。

人民检察院将补充收集的证据移送人民法院的，人民法院应当通知辩护人、诉讼代理人查阅、摘抄、复制。

补充侦查期限届满后，人民检察院未将补充的证据材料移送人民法院的，人民法院可以根据在案证据作出判决、裁定。

19. 向人民检察院调取证据

（1）人民法院向人民检察院调取需要调查核实的证据材料，或者根据被告人、辩护人的申请，向人民检察院调取在调查、侦查、审查起诉期间收集的有关被告人无罪或者罪轻的证据材料，应当通知人民检察院在收到调取证据材料决定书后3日以内移交。

（2）审判期间，合议庭发现被告人可能有自首、坦白、立功等法定量刑情节，而人民检察院移送的案卷中没有相关证据材料的，应当通知人民检察院在指定时间内移送。

审判期间，被告人提出新的立功线索的，人民法院可以建议人民检察院补充侦查。

20. 量刑情节的调查

法庭审理过程中，对与量刑有关的事实、证据，应当进行调查。

人民法院除应当审查被告人是否具有法定量刑情节外，还应当根据案件情况审查以下酌定量刑情节：

（1）案件起因。

（2）被害人有无过错及过错程度，是否对矛盾激化负有责任及责任大小。

（3）被告人的近亲属是否协助抓获被告人。

（4）被告人平时表现，有无悔罪态度。

（5）退赃、退赔及赔偿情况。

（6）被告人是否取得被害人或者其近亲属谅解。

（7）影响量刑的其他酌定情节。

21. 法庭调查模式

在法庭调查过程中，是采用定罪、量刑相互独立模式，还是采用定罪、量刑合二为一模式，属于人民法院自由裁量权的范围。

对被告人认罪的案件，在确认被告人了解起诉书指控的犯罪事实和罪名，自愿认罪且知悉认罪的法律后果后，法庭调查可以主要围绕量刑和其他有争议的问题进行；对被告人不认罪或者辩护人作无罪辩护的案件，法庭调查应当在查明定罪事实的基础上，查明有关量刑事实。

22. 涉案财物的调查

法庭审理过程中，应当对查封、扣押、冻结财物及其孳息的权属、来源等情况，是否属于违法所得或者依法应当追缴的其他涉案财物进行调查，由公诉人说明情况、出示证据、提出处理建议，并听取被告人、辩护人等诉讼参与人的意见。

案外人对查封、扣押、冻结的财物及其孳息提出权属异议的，人民法院应当听取案外人的意见；必要时，可以通知案外人出庭。

经审查，不能确认查封、扣押、冻结的财物及其孳息属于违法所得或者依法应当追缴的其他涉案财物的，不得没收。

23. 宣布法庭调查结束

合议庭认为案件事实已经调查清楚的，应当由审判长宣布法庭调查结束。

24. 不需要证据证明的事实

在法庭审理中，下列事实不必提出证据进行证明：

（1）为一般人共同知晓的常识性事实。

（2）人民法院生效裁判所确认并且未依审判监督程序重新审理的事实。

（3）法律、法规的内容以及适用等属于审判人员履行职务所应当知晓的事实。

（4）在法庭审理中不存在异议的程序事实。

（5）法律规定的推定事实。

（6）自然规律或者定律。

（三）法庭辩论

1. 宣布开始法庭辩论

审判长宣布开始就定罪、量刑、涉案财物处理的事实、证据、适用法律等问题进行法庭辩论。

法庭辩论方式：在法庭辩论阶段，既要对全案的事实和证据进行辩论，也要对适用法律和量刑进行辩论，此为集中式的辩论方式。

2. 法庭辩论顺序

法庭辩论应当在审判长的主持下，按照下列顺序进行：

（1）公诉人发言。

（2）被害人及其诉讼代理人发言。

（3）被告人自行辩护。

（4）辩护人辩护。

（5）控辩双方进行辩论。

3. 量刑建议及意见

人民检察院可以提出量刑建议并说明理由；建议判处管制、宣告缓刑的，一般应当附有调查评估报告，或者附有委托调查函。

当事人及其辩护人、诉讼代理人可以对量刑提出量刑建议并说明理由。

4. 法庭辩论模式

在法庭辩论过程中，是采用定罪、量刑相互独立模式，还是采用定罪、量刑合二为一模式，属于人民法院自由裁量权的范围。如果法庭决定采用定罪、量刑相互独立模式，控辩双方就应当先发表定罪意见，后发表量刑意见。

对被告人认罪的案件，法庭辩论时，审判人员应当指引控辩双方主要围绕量刑和其他有争议的问题进行；对于被告人不认罪或者辩护人作无罪辩护的案件，法庭辩论时，审判人员可以指引控辩双方先辩论定罪问题，后辩论量刑和其他问题。

5. 附带民事部分的辩论

附带民事部分的辩论应当在刑事部分的辩论结束后进行，先由附带民事诉讼原告人及其诉讼代理人发言，后由附带民事诉讼被告人及其诉讼代理人答辩。

6. 提醒、制止不当的发言

在法庭辩论过程中，审判长应当充分听取控辩双方的意见，对控辩双方与案件无关、重复或者指责对方的发言应当提醒、制止。

7. 恢复法庭调查

在法庭辩论过程中，合议庭发现与定罪、量刑有关的新的事实，有必要调查的，审判长可以宣布恢复法庭调查，在对新的事实进行调查后，继续法庭辩论。

8. 变更、追加、补充或者撤回起诉

公诉人当庭发表与起诉书不同的意见，属于变更、追加、补充或者撤回起诉的，人民法院应当要求人民检察院在指定时间内以书面方式提出；必要时，可以宣布休庭。人民检察院在指定时间内未提出的，人民法院应当根据法庭审理情况，就起诉书指控的犯罪事实依法作出判决、裁定。

人民检察院变更、追加、补充起诉的，人民法院应当给予被告人及其辩护人必要的准备时间。

9. 撤回起诉的情形

人民法院宣告判决前，人民检察院发现具有下列情形之一的，经检察长批准，可以撤回起诉：

（1）不存在犯罪事实的。

（2）犯罪事实并非被告人所为的。

（3）情节显著轻微、危害不大，不认为是犯罪的。

（4）证据不足或证据发生变化，不符合起诉条件的。

（5）被告人因未达到刑事责任年龄，不负刑事责任的。

（6）法律、司法解释发生变化导致不应当追究被告人刑事责任的。

（7）其他不应当追究被告人刑事责任的。

对于撤回起诉的案件，人民检察院应当在撤回起诉后 30 日以内作出不起诉决定。需要重新调查或者侦查的，应当在作出不起诉决定后将案卷材料退回监察机关或者公安机关，建议监察机关或者公安机关重新调查或者侦查，并书面说明理由。

对于撤回起诉的案件，没有新的事实或者新的证据，人民检察院不得再行起诉。

新的事实是指原起诉书中未指控的犯罪事实。该犯罪事实触犯的罪名既可以是原指控罪名的同一罪名，也可以是其他罪名。

新的证据是指撤回起诉后收集、调取的足以证明原指控犯罪事实的证据。

10. 提交书面辩护意见

辩护人应当及时将书面辩护意见提交人民法院。

11. 审判长宣布法庭辩论终结。

（四）被告人最后陈述

审判长宣布法庭辩论终结后，合议庭应当保证被告人充分行使最后陈述的权利。

（1）被告人在最后陈述中多次重复自己的意见的，法庭可以制止；陈述内容蔑视法庭、公诉人，损害他人及社会公共利益或者与本案无关的，应当制止。

在公开审理的案件中，被告人最后陈述的内容涉及国家秘密、个人隐私或者商业秘密的，应当制止。

（2）被告人在最后陈述中提出新的事实、证据，合议庭认为可能影响正确裁判的，应当恢复法庭调查；被告人提出新的辩解理由，合议庭认为可能影响正确裁判的，应当恢复法庭辩论。

（五）评议与宣判

1. 合议庭评议

被告人最后陈述后，审判长应当宣布休庭，由合议庭进行评议。

合议庭评议案件，应当根据已经查明的事实、证据和有关法律规定，在充分考虑控辩双方意见的基础上，确定被告人是否有罪、构成何罪，有无从重、从轻、减轻或者免除处罚情节，应否处以刑罚、判处何种刑罚，附带民事诉讼如何解决，查封、扣押、冻结的财物及其孳息如何处理等，并依法作出判决、裁定。

2. 法庭笔录

（1）开庭审理的全部活动，应当由书记员制作笔录；笔录经审判长审阅后，分别由审判长和书记员签名。

（2）法庭笔录应当在庭审后交由当事人、法定代理人、辩护人、诉讼代理人阅读或者向其宣读。

法庭笔录中的出庭证人、鉴定人、有专门知识的人、调查人员、侦查人员或者其他人员的证言、意见部分，应当在庭审后分别交由有关人员阅读或者向其宣读。

前述人员认为记录有遗漏或者差错的，可以请求补充或者改正；确认无误后，应当签名；拒绝签名的，应当记录在案；要求改变庭审中的陈述的，不予准许。

3. 作出判决、裁定

对第一审公诉案件，人民法院审理后，应当按照下列情形分别作出判决、裁定：

（1）起诉指控的事实清楚，证据确实、充分，依据法律认定指控被告人的罪名成立的，应当作出有罪判决。

（2）起诉指控的事实清楚，证据确实、充分，但指控的罪名不当的，应当依据法律和审理认定的事实作出有罪判决。

（3）案件事实清楚，证据确实、充分，依据法律认定被告人无罪的，应当判决宣告被告人无罪。

（4）证据不足，不能认定被告人有罪的，应当以证据不足、指控的犯罪不能成立，判决宣告被告人无罪。

（5）案件部分事实清楚，证据确实、充分的，应当作出有罪或者无罪的判决；对事实不清、证据不足部分，不予认定。

（6）被告人因未达到刑事责任年龄，不予刑事处罚的，应当判决宣告被告人不负刑事责任。

（7）被告人是精神病人，在不能辨认或者不能控制自己行为时造成危害结果，不予刑事处罚的，应当判决宣告被告人不负刑事责任；被告人符合强制医疗条件的，应当按照依法不负刑事责任的精神病人的强制医疗程序的规定进行审理并作出判决。

（8）犯罪已过追诉时效期限且不是必须追诉，或者经特赦令免除刑罚的，应当裁定终止审理。

（9）属于告诉才处理的案件，应当裁定终止审理，并告知被害人有权提

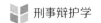

起自诉。

(10) 被告人死亡的，应当裁定终止审理。但有证据证明被告人无罪，经缺席审理确认无罪的，应当判决宣告被告人无罪。

对涉案财物，人民法院应当根据审理查明的情况，依照涉案财物处理的规定作出处理。

起诉指控的事实清楚，证据确实、充分，但指控的罪名不当的，人民法院应当在判决前听取控辩双方的意见，保障被告人、辩护人充分行使辩护权。必要时，可以再次开庭，组织控辩双方围绕被告人的行为构成何罪及如何量刑进行辩论。

4. 裁定撤回起诉

在开庭后、宣告判决前，人民检察院要求撤回起诉的，人民法院应当审查撤回起诉的理由，作出是否准许的裁定。

5. 仅就起诉指控的事实作出判决、裁定

审判期间，人民法院发现新的事实，可能影响定罪量刑的，或者需要补查补证的，应当通知人民检察院，由其决定是否补充、变更、追加起诉或者补充侦查。

人民检察院不同意或者在指定时间内未回复书面意见的，人民法院应当仅就起诉指控的事实作出判决、裁定。

6. 本次判决写明曾经被判决宣告无罪

被告人曾被人民检察院提起公诉，因证据不足，指控的犯罪不能成立，被人民法院依法判决宣告无罪，本次判决中应当写明前述情况，原判决不再予以撤销。

7. 在评议笔录、法律文书上签名

合议庭成员、法官助理、书记员应当在评议笔录上签名，在判决书、裁定书等法律文书上署名。

8. 裁判文书内容

裁判文书应当写明裁判依据，阐释裁判理由，反映控辩双方的意见并说明采纳或者不予采纳的理由。

适用普通程序审理的被告人认罪的案件，裁判文书可以适当简化。

9. 更换合议庭人员

庭审结束后、评议前，部分合议庭成员不能继续履行审判职责的，人民法院应当依法更换合议庭组成人员，重新开庭审理。

评议后、宣判前，部分合议庭成员因调动、退休等正常原因不能参加宣判，在不改变原评议结论的情况下，可以由审判本案的其他审判员宣判，裁判文书上仍署审判本案的合议庭成员的姓名。

10. 宣告、送达判决书

（1）当庭宣告判决的，应当在5日以内送达判决书。定期宣告判决的，应当在宣判前，先期公告宣判的时间和地点，传唤当事人并通知公诉人、法定代理人、辩护人和诉讼代理人；判决宣告后，应当立即送达判决书。

（2）判决书应当送达人民检察院、当事人、法定代理人、辩护人、诉讼代理人，并可以送达被告人的近亲属。被害人死亡，其近亲属申请领取判决书的，人民法院应当及时提供。

判决生效后，还应当送达被告人的所在单位或者户籍地的公安派出所，或者被告单位的注册登记机关。被告人系外国人，且在境内有居住地的，应当送达居住地的公安派出所。

（3）宣告判决，一律公开进行。宣告判决结果时，法庭内全体人员应当起立。

公诉人、辩护人、诉讼代理人、被害人、自诉人或者附带民事诉讼原告人未到庭的，不影响宣判的进行。

五、延期或中止审理

《刑事诉讼法》第204条、第206条，《最高人民法院关于适用〈中华人民共和国刑事诉讼法〉的解释》第314条是对延期、中止审理的规定。

（一）延期审理

在法庭审判过程中，遇有下列情形之一，影响审判进行的，可以延期审理：

（1）需要通知新的证人到庭，调取新的物证，重新鉴定或者勘验的。

（2）检察人员发现提起公诉的案件需要补充侦查，提出建议的。

（3）由于申请回避而不能进行审判的。

（二）中止审理

在审判过程中，有下列情形之一，致使案件在较长时间内无法继续审理的，可以中止审理：

(1) 被告人患有严重疾病，无法出庭的。

(2) 被告人脱逃的。

(3) 自诉人患有严重疾病，无法出庭，未委托诉讼代理人出庭的。

(4) 由于不能抗拒的原因。

中止审理的原因消失后，应当恢复审理。中止审理的期间不计入审理期限。

六、第一审普通程序审理期限

《刑事诉讼法》第 208 条，《最高人民法院关于适用〈中华人民共和国刑事诉讼法〉的解释》第 210 条、第 211 条是对公诉案件一审普通程序审理期限的规定。

(1) 人民法院按第一审普通程序审理的公诉案件，应当在受理后 2 个月以内宣判，至迟不得超过 3 个月。

人民法院改变管辖的案件，从改变后的人民法院收到案件之日起计算审理期限。

人民检察院补充侦查的案件，补充侦查完毕移送人民法院后，人民法院重新计算审理期限。

审判期间，对被告人作精神病鉴定的时间不计入审理期限。

(2) 有下列情形之一的，经上一级人民法院批准，可以延长审理期限 1 次，期限为 3 个月：①可能判处死刑的案件；②附带民事诉讼的案件；③交通十分不便的边远地区的重大复杂案件、重大的犯罪集团案件；④流窜作案的重大复杂案件；⑤犯罪涉及面广、取证困难的重大复杂案件。

(3) 因特殊情况还需要延长的，报请最高人民法院批准。

因特殊情况报请最高人民法院批准延长审理期限，最高人民法院经审查，予以批准的，可以延长审理期限 1 个月至 3 个月。期限届满案件仍然不能审结的，可以再次提出申请。

七、更换辩护人

《最高人民法院关于适用〈中华人民共和国刑事诉讼法〉的解释》第 311 条、第 313 条是对更换辩护人的规定。

(一) 更换辩护人次数限制

(1) 被告人在一个审判程序中更换辩护人一般不得超过 2 次。

被告人当庭拒绝辩护人辩护，要求另行委托辩护人或者指派律师的，合议庭应当准许。被告人拒绝辩护人辩护后，没有辩护人的，应当宣布休庭；仍有辩护人的，庭审可以继续进行。

有多名被告人的案件，部分被告人拒绝辩护人辩护后，没有辩护人的，根据案件情况，可以对该部分被告人另案处理，对其他被告人的庭审继续进行。

重新开庭后，被告人再次当庭拒绝辩护人辩护的，可以准许，但被告人不得再次另行委托辩护人或者要求另行指派律师，由其自行辩护。

被告人属于应当提供法律援助的情形，重新开庭后再次当庭拒绝辩护人辩护的，不予准许。

（2）在法庭审理过程中，辩护人拒绝为被告人辩护，有正当理由的，应当准许；是否继续庭审，参照适用前述规定。

（二）*更换后的辩护人准备辩护的期限*

（1）另行委托辩护人或者通知法律援助机构指派律师的，自案件宣布休庭之日起至第 15 日止，由辩护人准备辩护，但被告人及其辩护人自愿缩短时间的除外。

（2）庭审结束后、判决宣告前另行委托辩护人的，可以不重新开庭；辩护人提交书面辩护意见的，应当接受。

第三节　辩护律师解析刑事案件的程序

辩护律师在复制本案卷宗后，在开庭审理前，要对刑事案件进行解析，解析刑事案件的程序主要包括十个步骤，分别是：阅程序卷、归纳法条、阅事实卷（制作阅卷笔录和阅卷示意图）、制作质证意见、确定辩护事实、确定辩护方案、会见被告人、制作发问提纲、类案检索、撰写辩护意见。

一、阅程序卷

程序卷的内容包括诉讼文书和办案过程，所以也可称为诉讼文书卷。程序卷中合议庭、审判委员会的讨论记录以及其他依法不公开的材料不允许辩护律师查阅、摘抄和复制。

（一）*辩护律师审阅程序卷的顺序*

（1）审阅《起诉意见书》《起诉书》和《量刑建议书》。

（2）审阅采取强制措施文书。

（3）审阅侦查措施文书。

（4）审阅量刑情节文书。

（5）其他材料。

（二）辩护律师审阅程序卷的目的体现在下列四个方面

（1）辩护律师接到卷宗后，首先要审阅《起诉意见书》《起诉书》和《量刑建议书》，对其中概括论述的犯罪性质（罪名）、定罪事实、量刑情节、法律依据、社会危害性程度和刑罚要从整体上予以把握，形成总体思维脉络，并用铅笔作出标记，做到一目了然的程度，最好在确定辩护方案时能够记下来。

（2）辩护律师审阅采取的强制措施时，要对其合法性、必要性、适当性、变更性进行审查，以便依法申请变更或解除强制措施。

（3）审阅采取的侦查措施时，要对采取的搜查、查询、冻结、技术侦查等侦查措施是否违反法定程序进行审查，以便为申请非法证据排除做准备。

（4）审查在抓捕过程中有无自首情节，本案有无从严、从宽处罚的各种量刑情节，以便为作有罪并从宽处罚的辩护作准备。

二、归纳法条

（1）结合《起诉意见书》《起诉书》和《量刑建议书》概括论述的犯罪性质（罪名）、定罪事实、量刑情节、法律依据、社会危害性程度和刑罚全面检索本案适用的法律依据，并把适用本案的相应法律条文排序整理打印，形成法律依据卷。法律依据卷标题为《××涉嫌××罪一案的法律依据》，法律条文之上要有法律名称、颁布部门和时效性说明。

（2）为了更精准、省时地归纳法条，可购置法律出版社出版的《刑法及司法解释全书》《刑法分解实用全书》《刑事诉讼法及司法解释全书》，以上书籍应当在每年更新后及时购买。网上检索法条容易造成漏检和错误。

三、阅事实卷

事实卷的内容包括案卷笔录及其他证据材料，所以也可被称为证据材料卷。

（一）审阅顺序

辩护律师审阅事实卷的顺序，可以按事实卷排列的序号顺序审阅，一般是初学刑事辩护律师的做法，如果审阅一遍不能对案件事实脉络做到熟记，那么无非也就是多看几遍而已。其实，审阅事实卷的顺序有一定的技巧：

（1）审阅被告人供述或辩解、被害人陈述。因为被告人、被害人是亲历案件事实发展全过程的人，是对案件事实直接感知的人，所以被告人供述或辩解、被害人陈述往往反映的是案件事实发展的全过程，与书证、鉴定意见及物证等其他证据相比较而言，其证明对象更广泛。辩护律师先行审阅被告人供述或辩解、被害人陈述，不仅有利于从整体上把握案件事实发展的全过程，而且有利于把握被告人与被害人对案件事实的争议焦点，对审阅其他相关证据也能起到警示作用。

（2）审阅证人证言。证人证言比被告人、被害人的言词更具可信度，证明的对象往往也比其他证据广泛。

（3）审阅书证、鉴定意见及勘验、检查、辨认、侦查实验等笔录。虽然书证、鉴定意见、勘验、检查、辨认、侦查实验等笔录有时也会失真，但是与言词证据相比较，可信度强，所以法律规定书证与言词证据发生冲突时，以书证为准。

（4）审阅物证。虽然物证具有证据稳定、不容易伪造、证明力往往较强的优势，但也具有证明对象相应狭窄的弱势。

（5）审阅视听资料、电子数据。虽然视听资料、电子数据具有直观性和动态连续性，往往是个动态过程，对事实发展过程一目了然，这是其他证据无法比拟的，但是视听资料、电子数据也容易被伪造、变造和篡改，难以确定其真实性，所以在审阅其他证据之后，再行对其审阅，其他证据往往能够协助审查判断视听资料、电子数据的真实性。

综上所述，辩护律师应当用宽广、严谨的逻辑思维审阅全案证据，而且不能颠倒思维顺序，否则容易出现以偏概全的错误，所以审阅事实卷也就应当采取前述由宽到窄、先面后点的顺序。

（二）辩护律师的工作

辩护律师阅事实卷需要做的工作，主要有以下三个方面：

1. 勾画证明对象

要全面审阅事实卷，审阅事实卷一般需要两遍：第一遍要将所有证据内容中有证明对象的内容全部用铅笔勾画下来；第二遍检查勾画的有证明对象的内容的全面性和精准度，并予以补充或更改勾画。

2. 制作阅卷笔录

（1）摘录出证据中有证明对象的内容，按原证据的内容摘录。

（2）言词证据要有一问一答的内容。

（3）单项证据要写明证据名称、讯问或调取时间以及第几卷第几页。

（4）阅卷笔录按原卷宗的顺序排序。

（5）根据法律的规定，对讯问过程应当进行同步录音录像的，辩护律师应将视听资料整理出书面版，卷宗中已有书面版的，要复核与视听资料原音像的一致性以及视听资料的连续性和完整性。

（6）阅卷笔录的标题为《××涉嫌××罪一案的阅卷笔录》。

（7）将阅卷笔录整理打印，要将原卷宗中证据目录排在阅卷笔录之前。

3. 制作阅卷示意图

将犯罪事实发展的过程、单项事实有哪些证据证明、同一证明对象的证据之间的一致性或冲突性、全案证据之间的一致性或冲突性等列入示意图。

四、制作质证意见

辩护律师对全案证据进行审查判断后，在阅卷笔录中摘录控、辩双方争议的证据，写出质证意见，并制作质证意见电子版、书面版，质证意见的标题为《××涉嫌××罪一案的质证意见》。质证意见不仅要观点明确，而且要阐述简要理由，以及准备对证据的辩论意见。在法庭调查阶段控辩双方对证据进行辩论，需要经审判人员许可。辩护律师对"三性"无异议的证据不必制作质证意见。

（1）对单项证据从"三性"（真实性、合法性、关联性）及"双性"（证据能力和证据的证明力）角度提出质证意见。

辩护律师对单项证据的审查判断，并非要么认可要么否定，而是划分为认可、否定、部分认可部分否定、认可的前提下削弱其证明力四种质证意见。例如，被害人的近亲属为被害人出具的证言，在认可证据能力的前提下，证据的证明力较弱，与其他证据相矛盾时，应采信其他证据。

（2）综合全案证据从定罪事实和从重处罚情节是否达到"事实清楚，证据确实、充分"的证明标准的角度提出质证意见。

第一，"证据确实、充分"是指同时具备三个条件：①定罪量刑的事实都有证据证明；②据以定案的证据均经法定程序查证属实；③综合全案证据，对所认定事实已排除合理怀疑。

第二，"合理性怀疑"是指具有三个条件之一：①证据之间、证据与案件事实之间存有矛盾；②根据证据得出的结论不具有确定性、唯一性；③证据认定案件事实不符合逻辑和经验法则，得出的结论明显不符合常理。

质证意见按照本书第十章第六节"证据审查判断"撰写。

五、确定辩护事实

犯罪事实有客观事实和法律事实之分，因为法律事实无法完全与客观事实相符合，所以法律规定人民法院审理案件以查证属实的法律事实为根据。

法律事实包括审判事实、控诉事实、辩护事实等。控诉事实是控方在本案证据的基础上审查判断出的法律事实。辩护事实是辩方在本案证据的基础上审查判断出的法律事实。因为控诉事实与辩护事实时常出现不一致的状况，所以法律规定人民法院审理案件以查证属实的法律事实为根据，控、辩双方均有协助法庭查明法律事实的义务。控诉事实与辩护事实时常出现不一致的状况也是设立"认罪认罚从宽处罚制度"的动因之一。

辩护律师根据阅卷笔录归纳出辩护事实，并形成书面版。如果是案件简单或辩护经验比较丰富的律师，也可以省略这一环节。

六、确定辩护方案

根据阅卷笔录和归纳法条中高度集中的事实和法律，归纳出辩护事实与控诉事实相冲突的地方、辩方适用法律与控方适用法律不一致之处，然后根据辩护事实、依据辩方拟将适用的法律确定无罪、罪轻、从轻、减轻、免除处罚或判处"非监禁刑"的辩护方案。

辩护方案就是辩护律师解决刑事案件的整体方案，既包括定罪、量刑（主刑、附加刑）的解决方案，也不能遗漏对涉案财物的处理方案。

七、会见被告人

审查起诉阶段会见被告人的主要目的是向被告人核对卷宗中的案件事实和证据与被告人认可的案件事实与证据是否一致。

审判阶段会见被告人的主要目的有两个：其一是与被告人协商辩护方案，争取得到被告人的认可和配合；其二是向被告人介绍庭审程序，指导其在法庭上行使诉讼权利，如申请回避，对讯问不知道怎么回答可以用"记不清了""想不起来了"等模糊词语回答。公诉人宣读起诉书后对是否认可犯罪事实和指控的罪名作简要陈述、简要的质证意见、简要的自行辩护意见、庭审的最后陈述等。

八、制作发问提纲

（一）发问内容

审判阶段，辩护律师应撰写发问被告人、被害人、证人、鉴定人、有专门知识的人提纲，发问提纲要包括所有对被告人有利的问话，做到"明知故问"。对控、辩双方争议的事实，只要属于对被告人有利的事实，都要作为重点发问内容。当然，如果公诉人、审判员对被告人有利的事实已经发问，而且被告人、被害人、证人、鉴定人、有专门知识的人的回答也很理想，辩护人就不必重复发问。

（二）发问方式

1. 诱导性发问

发问被告人、被害人、证人、鉴定人、有专门知识的人时，应当避免诱导性发问，如果发现公诉人进行诱导性发问，可以要求审判长制止，并可以要求对该项陈述或者证言不予采纳。

法律之所以不允许诱导性和提示性发问，规定诱导性和提示性发问无效，是因为问话中含有答案。在庭审时会出现辩护律师发问被法庭予以制止的情况，有时是由于辩护律师失误而问错，有时是故意采用诱导性发问，如果公诉人没有提出异议、法庭也没有制止，就蒙混过关；如果被法庭制止，甚至导致问话和回答无效，造成的影响将是无法挽回的，但若辩护律师换个合法的方式再问，回答者就知道该作出怎样的回答了。

诱导性发问和对诱导性发问提出异议是辩护律师庭审时重要的策略性工具，辩护律师策略地对公诉人提出诱导性发问的异议，以打断被告人、被害人、证人、鉴定人、有专门知识的人说出不利于被告人的话。

2. 封闭式发问

辩护律师对不利于被告人的证人、鉴定人、有专门知识的人应当采取封闭式发问，采取一问一答形式，提问应当简洁清楚、逻辑严谨、步步紧逼、不给考虑时间、明知故问，圈定证人、鉴定人、有专门知识的人的回答方式，只能回答是与不是、真的假的、有或没有，尽量问出破绽，达到否定或削弱证明力的意图。辩护律师对不利于被告人的证人、鉴定人、有专门知识的人发问，应当针对有罪证言自身的矛盾、与其他有罪证据的冲突、时间空间上的漏洞、有利于被告人的事实和情节进行发问。对证人、鉴定人、有专门知识的人回答的内容予以记录，待闭庭后与庭审笔录核对。对证人、鉴定人、有专门知识的人作不利于被告人的虚假陈述，要提醒作假证负法律责任，要详细询问，争取问出虚假的地方和造成虚假的原因。

3. 开放式发问

辩护律师对有利于被告人的证人、鉴定人、有专门知识的人应当采取开放式发问，庭前要与证人、鉴定人、有专门知识的人做好交流，要求证人、鉴定人、有专门知识的人就其所了解的与案件有关的事实进行陈述，不能连贯陈述的，辩护律师也可以采用分层次式发问，但要注意采用温和的发问方式，给证人、鉴定人、有专门知识的人考虑时间，避免其因紧张而回答错误。公诉人对有利于被告人的证人、鉴定人、有专门知识的人采用封闭式发问方式时，辩护律师为了避免证人因紧张而说错，或者将要说错，或者已经说错一部分，应当不失时机地、策略性地向法庭提出公诉人属于诱导性发问，要求发问无效，目的是打断证人说出不利于被告人的话，给证人、鉴定人、有专门知识的人赢得思考时间。也可以用"不要紧张，想好了以后再实事求是地回答""做假证负法律责任"等穿插性语言打断证人、鉴定人、有专门知识的人说出不利于被告人的话。

九、类案检索

《最高人民法院关于统一法律适用加强类案检索的指导意见（试行）》第4条规定："类案检索范围一般包括：（一）最高人民法院发布的指导性案例；（二）最高人民法院发布的典型案例及裁判生效的案件；（三）本省（自治区、直辖市）高级人民法院发布的参考性案例及裁判生效的案件；（四）上一级人民法院及本院裁判生效的案件。除指导性案例以外，优先检索近三年的案例或者案件；已经在前一顺位中检索到类案的，可以不再进行检索。"

此条司法解释说明，人民法院审理待决案件要与本院及上级人民法院已审结的案件相比对，待决案件与已决案件的基本事实、争议焦点、法律适用等方面具有相似性的情况下，在待决案件的处理方向、裁量幅度、案件结果等要与已决案件基本相适应，即"同案同判"的原则。按最高人民法院发布的指导性案例、最高人民法院、本省（自治区、直辖市）高级人民法院、上一级人民法院、本级人民法院案例及裁判生效案件的自上而下的顺序检索和比对。并且，除最高人民法院指导性案例绝对优先比对外，要优先检索近三年的案例及裁判生效的案件。在司法实践中，办案人员在检索出类案以后，待决案件要与检索出的若干类案相比对，在检索出多个类案的情况下，要综合运用归纳推理推导出案件结果。辩护律师可以选择有利于本案被告人的类案比对，并作为撰写辩护意见的基础。

十、撰写辩护意见

根据阅卷笔录、质证意见、归纳的法条、辩护方案、类案检索案例撰写辩护意见。辩护意见的标题为《××涉嫌××罪一案××阶段的辩护意见》。辩护意见、质证意见、归纳的法条和类案检索案例均准备 2 份书面版，一份留辩护律师庭审时使用，另一份交给合议庭评议时使用。

综上所述，辩护律师解析刑事案件的程序需要前述十个步骤，前一个步骤是后一个步骤的坚实基础，前一个步骤的工作质量直接对后一个步骤的工作质量产生严重影响，特别是初级阶段的辩护律师一定要按前述程序解析刑事案件，注重从生变熟、熟能生巧、巧再升华的发展过程。简单地翻阅卷宗后就一步到底撰写辩护词的做法，容易引发案件事故，是不负责任的做法。当然，前述十个步骤仅是辩护律师解析刑事案件的一般程序，如果辩护律师调取证据并提交给法庭，还要制作证据目录和举证提纲；如果辩护律师申请证人、有专门知识的人出庭作证，还要制作向证人、有专门知识的人的发问提纲等。

十一、质证意见示例

被告人张×涉嫌非法占用农用地罪一案
质 证 意 见

程序卷一

一、立案告知书：2016 年 7 月 19 日，天津市公安局武清分局告知武清区国土资源分局对天津市××混凝土有限公司非法占用农用地立案侦查。（程序卷

一第 2 页)

质证意见：

1. 真实性、合法性、关联性没有异议。

2. 提醒法庭案件来源是国土分局向公安分局移送的案件。

事实卷一

二、新疆维吾尔自治区司法鉴定科学技术研究所农林牧司法鉴定中心司法鉴定意见书：2016 年 7 月 25 日出具，"天津市××混凝土搅拌有限公司修建道路、房屋、堆料场地等改变了其《临时建设用地批准书》批准的 59 亩土地（包括 56.32 亩基本农田）和超出批准占用 7.89 亩土地（包括 6.07 亩基本农田）的性质"，"使天津市武清区汉沽港镇四街村集体土地 66.9 亩（包括 62.4 亩基本农田）的种植条件均遭到严重毁坏。（事实卷一第 120~126 页）

司法鉴定许可证（事实卷一第 124 页）证明目的：无从事"耕地毁坏程度"的司法鉴定许可。

质证意见：

（一）合法性

1. 属于司法鉴定，不是法定的行政鉴定。

2. 有土地性质、数量、造成损失的价值鉴定许可，无从事"耕地毁坏程度"鉴定的许可，其认定的"天津市××混凝土有限公司修建道路、房屋、堆料场地等改变了包括 62.4 亩基本农田在内的 66.9 亩土地的性质"的结论有效，认定的"使天津市武清区汉沽港镇四街村集体土地……的种植条件均遭到严重毁坏"的结论无效。

3. 未写明鉴定所依据的技术标准及技术规范、未写明资料摘要、后附鉴定所依据的相关资料不齐全。

4. 其所作出的"66.9 亩（包括 62.4 亩基本农田）的种植条件均遭到严重毁坏"的根据不足，缺少现场勘查土地毁坏深度、土壤中含有的元素成分毁坏程度、造成土地几年不能耕种等技术数据。

（二）真实性

其所作出的"66.9 亩（包括 62.4 亩基本农田）的种植条件均遭到严重毁坏"的结论部分是不真实的，真实情况是其中的一部分遭到严重毁坏。

（三）关联性无异议

此项证据关于"66.9 亩（包括 62.4 亩基本农田）的种植条件均遭到严

重毁坏"的结论不具有证据能力和证明力。

三、临时租地协议书：2012 年 5 月 4 日天津市××混凝土有限公司与天津市武清区汉沽港镇四街村村民委员会签订，租期两年，自 2012 年 4 月 10 日至 2014 年 4 月 10 日，建设料场。（事实卷一第 131 页）

质证意见：

真实性、合法性、关联性均无异议，但提醒法庭租地用途为建设料场，而不是用于堆料。

事实卷五

四、刘××2016 年 8 月 30 日询问笔录：现任武清区交通局公路科副科长，2011 年 9 月至 2012 年年底安排到 112 高速公路延长线工程任技术主管，"主管施工过程中的技术问题，但是工程中的其他事情也知道一点儿，因为开会的时候我也在场"。"讲一下该工程是否需要堆料？答：需要，我印象中是堆放在线路上，因为其他地块我们无权使用，而且安全也得不到保证"，"该工程是否需要混凝土材料？答：需要，我们有自己的混凝土搅拌站，是雍阳集团自己的搅拌站"，"是否使用过天津市××混凝土有限公司的混凝土材料？以及是否向天津市××混凝土有限公司提出过要用其公司地块进行临时堆料？答：都没有过，因为我从工期开始就在该工程上，至我离开，这两种情况都没有过，而且在我之后也没有过"，"该工程是否向天津市××混凝土有限公司出具过加盖公章及财务章的证明书，内容为委托其建设一处堆料场进行堆料？答：从来没有过，我离开后也没有过。也没在线外建过建筑"，"讲一下该工程公章由谁保管？答：是小闫，大名我不知道，是临时合同工，现在已经不在这干了，我们找不到他"。（事实卷五第 96～98 页）

质证意见：

1. 对合法性、关联性无异议。

2. 真实性：这是一份传来证据，证人不是直接控制公章的人，而是由"小闫"直接控制公章，既没有找到"小闫"确认是否盖了这份《证明信》，也没有对《证明信》的真实性进行鉴定，所以不能确认《证明信》是虚假的。

第四节　第一审普通程序辩护

第一审普通程序辩护是指人民法院按第一审普通程序审理案件，辩护律师为了使犯罪嫌疑人无罪、罪轻、减轻、免除处罚或者判处"非监禁刑"而从事的诉讼活动，是辩护律师在第一审普通程序中行使辩护权利和履行辩护义务的具体体现，是辩护律师在第一审普通程序中应当从事的工作范围。

辩护律师的诉讼权利和义务已在本书第九章中予以概括性阐述，本节只论述辩护律师在第一审普通程序中的工作范围及程序。辩护律师在自诉案件的第一审程序、简易程序、速裁程序中的辩护可参照适用第一审普通程序辩护。

一、庭前准备工作

辩护律师在开庭审理前，除按本章第三节从事"辩护律师解析刑事案件的程序"的工作之外，需要从事以下工作。

（一）调取证据

1. 辩护律师收集证据的标准

对被告人有利的证据，包括能够证明被告人无罪、罪轻、从轻、减轻、免除处罚或判处"非监禁刑"的定罪事实和量刑情节应当予以调取或申请调取证据。

公安机关、人民检察院已经调取，但未提交的对被告人有利的证据，应当向法庭申请调取。

辩护律师调取证据或申请调取证据要拟定调证提纲或调取证据申请书，明确调取的证据名称、证明对象及调取理由等内容。

辩护律师调取证据也要符合证据的三性要求，也要证明调取证据程序的合法性。例如，辩护律师调取证人证言，可以要求证人自行书写证言，也可以用调查笔录，并用录音录像对调证过程予以固定，以证明调取证据程序的合法性。

2. 辩护律师取证的职业风险

辩护律师调取的证人证言与侦查、检察机关调取同一人的证人证言相冲突，对证人来说是有风险的，因前后相互冲突的证言必有一个是虚假的，证人就有构成伪证罪的危险。辩护律师也有引诱证人违背事实，改变证言或者作伪证，从而构成《刑法》第 306 条规定的辩护人妨害作证罪的危险。所以辩护律师在调取证人证言时要高度慎重，最好全程录音、录像。

辩护律师调取刑讯逼供、暴力取证的线索和相应证据，也要注意职业风险，特别是在采取非法取证方法的人员有可能构成犯罪的情况下，一定要有自我保护的调证措施，避免遭受职业报复。

辩护律师调取犯罪嫌疑人、被告人的言词证据和辅导被告人出庭接受讯问和陈述，也要有自我保护措施，最好全程录音、录像，录音、录像只需犯罪嫌疑人、被告人本人同意，无需看守所允许，以防止犯罪嫌疑人、被告人为立功而揭发律师。

（二）申请证人、鉴定人、有专门知识的人出庭

案件如果涉及财务、报关、技术等专业知识，应当向有专门知识的人请教学习，必要时邀请有专门知识的人出庭。

与有利于被告人的证人、鉴定人沟通，必要时邀请其出庭作证。

辩护律师拟当庭出示的证据或申请证人、鉴定人、有专门知识的人出庭的，应当在开庭 5 日前向法庭提供证据或前述人员名单。

（三）参加庭前会议

（1）人民法院召集庭前会议的，辩护律师可以就下列事项提出意见或申请：①是否对案件管辖有异议；②是否申请有关人员回避，辩护律师有权了解公诉人、合议庭组成人员、书记员、鉴定人和翻译人员等情况，协助被告人确定有无申请回避的事由及是否提出回避的申请；③是否申请不公开审理；④是否申请排除非法证据；⑤是否提供新的证据材料；⑥是否申请重新鉴定或者勘验；⑦是否申请收集、调取证明被告人无罪或者罪轻的证据材料；⑧是否申请证人、鉴定人、有专门知识的人、调查人员、侦查人员或者其他人员出庭，是否对出庭人员名单有异议；⑨是否对涉案财物的权属情况和人民检察院的处理建议有异议；⑩与审判相关的其他问题。

在庭前会议中，人民法院可以开展附带民事调解。

对前述规定中可能导致庭审中断的程序性事项，人民法院可以在庭前会议后依法作出处理，并在庭审中说明处理决定和理由。控辩双方没有新的理由，在庭审中再次提出有关申请或者异议的，法庭可以在说明庭前会议情况和处理决定理由后，依法予以驳回。

（2）人民法院未召开庭前会议，辩护律师认为有上述相关事由的，可以申请人民法院召开庭前会议，并说明理由。

（3）庭前会议准备就非法证据排除了解情况、听取意见，或者准备询问控辩双方对证据材料的意见的，应当通知被告人到场，在人民法院未通知被告人到场的情况下，辩护律师应当申请人民法院通知被告人参加庭前会议。

（四）出席法庭

（1）辩护律师接到出庭通知书后应当按时出庭，因下列正当理由不能出庭的，应当提前向人民法院提出并说明理由，申请调整开庭日期：①辩护律师收到 2 个以上出庭通知，只能按时参加其中之一的；②庭审前发现新的证据线索，需进一步调查取证或拟出庭的有专门知识的人、证人因故不能出庭的；③因其他正当理由无法按时出庭的。

辩护律师申请调整开庭日期，未获准许又确实不能出庭的，应当与委托人协商，妥善解决。

（2）辩护律师收到出庭通知书距开庭时间不满 3 日的，可以建议人民法院更改开庭日期。

二、法庭调查阶段的工作

（一）法庭座位

辩护律师应当在审判人员的左边辩护席就坐。辩护律师参加有 2 名以上被告人案件的审理，应当按起诉书指控被告人的顺序依次就座。

（二）申请回避

合议庭组成人员、书记员、公诉人、鉴定人和翻译人员具有法定回避情形的，在审判长宣布被告人的诉讼权利后，辩护律师可以根据情况提出，并说明理由。

（三）澄清被告人情况

法庭核对被告人年龄、身份、有无前科劣迹等情况有误，可能影响案件审理的，律师应当认真记录，在法庭调查时予以澄清。

（四）庭审发问

（1）辩护律师在公诉人、被害人及其代理律师发问后，经审判长许可，有权向被告人发问。

（2）在法庭调查过程中，经审判长许可，辩护律师有权对证人、鉴定人、被害人、有专门知识的人发问。

（3）公诉人、其他辩护人、诉讼代理人、审判人员以威胁、诱导或其他不当方式发问的，或发问问题与本案无关、损害被告人人格尊严的，辩护律师可以提出异议并申请审判长予以制止。

（4）辩护律师发问应当简洁、清楚，重点围绕与定罪量刑相关的事实进行发问。

（5）对出庭的证人、鉴定人等，辩护律师应当按照法庭安排的顺序发问。发问内容应当重点针对定罪量刑相关的问题进行。

（6）公诉人对辩护律师的发问提出反对或异议的，辩护律师可以进行反驳。法庭作出决定的，辩护律师应当服从。

（7）庭审对质：被告人对同一事实的陈述存在矛盾需要对质的，辩护人可以建议法庭传唤有关被告人同时到庭对质。

（8）交叉询问：公诉人对证人发问后，辩护律师可以根据证人回答的情况，经审判长许可，对证人发问。交叉询问是一轮一轮地进行，公诉人发问后，由辩护人发问。这是第一轮交叉询问。公诉人补充性发问后，辩护人进行有针对性的补充发问。这是第二轮发问。如此往复地进行，直至控、辩双方不再发问，如果辩护律师先发问，公诉人后发问，也应当如此。如果公诉人进行补充发问后，法庭没有提示辩护人进行补充发问，辩护律师应当提醒法庭允许自己补充发问，交叉询问不得仅进行一轮半或两轮半，应当保证完整过程，除非公诉人或辩护人自愿放弃。交叉询问也适用于对被告人、被害人、鉴定人、有专门知识的人发问。

（五）庭审质证

（1）辩护律师可以就举证质证方式与公诉人、审判人员进行协商，根据不同的案件情况，既可以对单个证据举证质证，也可以就一类证据或同一待证事实的一组证据、全案证据综合举证质证。

庭审时，如果公诉人要求全案证据一起宣读、出示、一同质证，辩护律师可以提出同意或反对意见。如果辩护律师提出反对意见，法庭应当依法遵循一证一质原则；辩护律师如果同意公诉人将全案证据一起或分类宣读、出示，应当要求公诉人将有利于被告人的证据单独宣读、出示、单独质证。

（2）辩护律师应当围绕证据的真实性、合法性、关联性，就证据能力、证明力以及证明对象、证明标准、证明体系等发表质证意见。

（3）辩护律师对公诉人出示、宣读、播放的证据提出质证意见，应当围绕下列与定罪、量刑有关的事实进行：①被告人的身份；②指控的犯罪事实是否存在，是否为被告人所实施；③实施犯罪行为的时间、地点、方法、手段、结果，被告人犯罪后的表现等；④犯罪集团或者其他共同犯罪案件中参与犯罪人员的各自地位和应负的责任；⑤被告人有无刑事责任能力，有无故意或者过失，行为的动机、目的；⑥有无依法不应当追究刑事责任的情况，有无法定的从重或者从轻、减轻以及免除处罚的情节；⑦犯罪对象、作案工具的主要特征，与犯罪有关的财物的来源、数量以及去向；⑧被告人全部或者部分否认起诉书指控的犯罪事实的，否认的根据和理由能否成立；⑨与定罪、量刑有关的其他事实。

（4）在法庭审理中，公诉人有义务客观、全面、公正地向法庭出示与定罪、量刑有关的证据，如果发现公诉人未出示对被告人有利的证据的情况，应当要求公诉人出示；如果公诉人拒绝出示，辩护人在向法庭出示、宣读本方调取的证据时，一同出示控方调取的对被告人有利的证据。

在司法实践中经常出现单项证据既有对被告人不利的内容，也有对被告人有利的内容，公诉人经常仅宣读对被告人不利的内容，在此种情况下，辩护人应当要求公诉人宣读对被告人有利的内容；如果公诉人拒绝宣读，辩护人在发表质证意见时应当提出该单项证据中对被告人有利的内容，并阐明证明对象。

（5）对公诉人及其他诉讼参与人发表的不同的质证意见，辩护律师可以进行辩论。

（6）在法庭审理过程中，辩护律师发现在侦查、审查起诉中收集的有关被告人有利的证据材料未提交的，应当申请法庭调取。

（7）辩护律师有时要避免过早地暴露自己的辩护方案，以避免公诉人提前有所戒备，制造质证障碍，从而影响有利于被告人的证据的庭审质证效果。

（六）申请证人出庭作证

辩护律师对证人证言有异议，且该证人证言对案件定罪量刑有重大影响的，可以申请人民法院通知证人出庭作证。辩护律师申请人民法院通知证人出庭的，应当制作证人名单，注明身份、住址、通讯方式等，并说明出庭目的。

对于经人民法院通知而未到庭的证人，辩护律师应当建议人民法院强制证人到庭或者建议对该证人证言不予采信。

（七）对鉴定意见的质证

1. 申请鉴定人出庭

辩护律师对鉴定意见有异议，可以申请人民法院通知鉴定人出庭说明情况，辩护律师申请人民法院通知鉴定人出庭的，应当制作鉴定人名单，注明身份、住址、通信方式等，并说明出庭目的。

经人民法院通知，鉴定人拒不出庭的，辩护律师可以建议法庭不得采纳该鉴定意见作为定案的根据。

2. 申请重新、补充鉴定或鉴别

辩护律师对鉴定有异议，可以申请法庭重新鉴定、补充鉴定，也可以申请法庭通知有专门知识的人到庭对鉴定意见提出鉴别意见。

3. 对鉴定意见的质证

辩护律师对鉴定意见进行审查判断时，既要审查鉴定意见实体内容的真实性，也不要忽视对鉴定单位、鉴定资格和鉴定程序的合法性进行审查。鉴定违反法定程序、鉴定意见所依据的理由不充分、鉴定结果不客观、送检鉴定的物品与涉案物品不具有同一性、审计的数字不准确等都是辩护律师的质证意见。

（八）申请排除非法证据

辩护律师认为可能存在以非法方法收集证据情形的，应当申请排除非法证据。

（1）辩护律师申请排除非法证据的，应当在开庭审理前或庭前会议中提出；在庭审期间发现相关线索或者材料的，可以在开庭审理过程中提出，应当申请法庭对证据的合法性进行法庭调查。

（2）被告人申请排除非法证据的，辩护律师应当向被告人了解涉嫌非法取证的人员、时间、地点、方式、内容等相关线索或者材料。

（3）申请排除非法证据的，可以申请法庭通知侦查人员出庭说明情况，调取、播放侦查讯问录音、录像以及调取其他相关证据。

（九）指出瑕疵证据

（1）侦查、审查起诉程序违法和瑕疵证据，在不符合非法证据排除条件的情况下，辩护人也应当向法庭提出，以削弱违法程序调取的证据和瑕疵证据的证明力。

（2）单项证据的来源、收集、保管、出示是一个完整的证据调取程序合法性的链条，证据来源不明、真伪难辨或者链条上有违法行为，在不符合非法证据排除条件的情况下，辩护人也应当向法庭提出，以削弱证据的证明力。

（十）庭审翻供

1. 法庭不予采信庭审翻供的条件

被告人庭审中翻供，但不能合理说明翻供原因或者其辩解与全案证据矛盾，而其庭前供述与其他证据相互印证的，可以采信其庭前供述。

被告人庭前供述和辩解存在反复，但庭审中供认，且与其他证据相互印证的，可以采信其庭审供述；被告人庭前供述和辩解存在反复，庭审中不供认，且无其他证据与庭前供述印证的，不得采信其庭前供述。

2. 法庭采信庭审翻供的条件

被告人庭前供认，庭审翻供，应当对翻供原因作出合理性说明，并且庭前供认与其他证据不能相互印证的，庭审翻供才能被法庭予以采信。辩护律师遇到此种情形应当协助被告人说明翻供原因和有罪供认不能与其他证据相互印证的理由。

被告人庭前口供反复，庭审不供认，并且庭前供认没有其他证据相互印证的，庭审的无罪辩解才能被法庭予以采信。辩护律师遇到此种情形应当协助被告人说明庭前有罪供认不能与其他证据相互印证的理由。

三、法庭辩论阶段的工作

（1）辩护律师应当根据法庭对案件事实调查的情况，针对公诉人及其他诉讼参与人发表的辩论意见，结合案件争议焦点事实、证据、程序及法律适用问题，充分发表辩论意见。

（2）辩护律师对于起诉书指控犯罪持有异议，提出无罪辩护或者依法不应当追究刑事责任的辩护，可以从以下方面发表辩论意见：①被告人没有犯罪事实的意见；②指控的事实不清、证据不足的意见；③指控被告人的行为依法不构成犯罪的意见；④被告人未达到法定刑事责任年龄的意见；⑤被告人属于依法不负刑事责任的精神病人的意见；⑥具有《刑事诉讼法》第16条规定情形之一的，依法不应当追究刑事责任的意见。

（3）辩护律师做无罪辩护的案件，法庭辩论时，辩护律师可以先就定罪问题发表辩论意见，然后就量刑问题发表意见。

（4）辩护律师认为起诉书指控的犯罪罪名不成立，但指控的犯罪事实构成其他处罚较轻的罪名，可以提出改变罪名的辩护意见。

(5) 辩护律师对于起诉书指控的罪名不持异议，可以从量刑方面发表辩论意见，包括针对检察机关提出的量刑建议及其理由发表量刑意见。

(6) 辩护律师认为案件诉讼程序存在违法情形对定罪量刑有影响或具有依法应当排除的非法证据，可以在法庭辩论时发表意见。

(7) 辩护律师发表辩护意见所依据的证据、引用的法律要清楚、准确。

(8) 辩护律师的辩护意见应当观点明确、重点突出、论据充分、论证有力、逻辑严谨、用词准确、语言简洁。

(9) 辩护律师在与公诉人相互辩论中，重点针对控诉方的新问题、新观点，结合案件争议焦点发表意见。

(10) 一审宣判前，辩护律师发现有新的或遗漏的事实、证据需要查证的，可以申请恢复法庭调查。

(11) 在法庭审理过程中，如果被告人当庭拒绝辩护、要求更换律师或辩护律师与被告人产生严重分歧不能达成一致意见，辩护律师应当建议休庭，与当事人协商妥善处理。

四、庭后工作

(1) 休庭后，辩护律师应当就当庭出示、宣读的证据及时与法庭办理交接手续；及时阅读庭审笔录，认为记录有遗漏或差错的，应当要求书记员补充或者改正，确认无误后签名。

(2) 休庭后，辩护律师应当尽快整理书面辩护意见，提交法庭。

(3) 人民法院宣告判决后，辩护律师应当及时收取判决书。

在上诉期间，第一审辩护律师和拟担任第二审辩护人的律师可以会见被告人，听取其对判决书的意见及是否上诉的意见并提出建议。

五、第一审普通程序辩护意见示例

案件事实： 2014 年 5 月起至 2015 年 5 月，被告人许×控制的天津市××有限公司向天津××物贸实业有限公司虚开增值税专用发票 1005 份，金额 1 370 156 930.00元，税款数额 199 082 630.85 元；同期，天津××物贸实业有限公司向付×控制的沈阳市××有限公司虚开增值税专用发票 1459 份，金额 1 342 686 269.00元，税额 195 091 167.29 元。

被告人虚开增值税专用发票赚取所谓"利润"的过程：被告人许×控制的天津市××有限公司向天津××物贸实业有限公司虚开17个税点的增值税专用发票，收取天津××物贸实业有限公司10个税点的增值税，从而使天津××物贸实业有限公司的进项税款得以加大，然后天津××物贸实业有限公司向付×控制的沈阳市××有限公司虚开17个税点的增值税专用发票，收取付×控制的沈阳市××有限公司13个税点的增值税，天津××物贸实业有限公司赚取所谓3个点的"利润"。

案发后，公安机关将天津市××有限公司原法定代表人许×、天津××物贸实业有限公司原法定代表人张×、沈阳市××有限公司原法定代表人付×抓获归案。在案件起诉后，一审开庭审理前，许×揭发张×有贪污行为。

检察机关《起诉书》中指控："被告人许×控制的天津市××有限公司向天津××物贸实业有限公司虚开增值税专用发票1005份，金额1 370 156 930.00元，税款数额199 082 630.85元；然后被告人许×利用天津××物贸实业有限公司对外向付×控制的沈阳市××有限公司虚开增值税专用发票1459份，金额1 342 686 269.00元，税额195 091 167.29元，所以被告人许×控制的天津市××有限公司虚开增值税专用发票涉税总金额为人民币394 173 798.14元（199 082 630.85元+195 091 167.29元），被告人许×涉嫌虚开增值税专用发票罪，且数额巨大，应依据《中华人民共和国刑法》第205条之规定追究其刑事责任。

天津××律师事务所接受被告人许×的委托，指派王×为许×涉嫌虚开增值税专用发票罪一案的一审辩护人，辩护律师王×向法庭提出如下辩护意见。

被告人许×涉嫌虚开增值税专用发票罪一案的辩 护 意 见

审判长、审判员：

天津××律师事务所接受被告人许×的委托，指派王×为许×涉嫌虚开增值税专用发票罪一案的辩护人。辩护人通过查阅本案证据材料及会见被告人、参加庭前会议，又通过刚才的法庭调查，对本案事实已经全面了解。辩护人就天津市人民检察院××分院《起诉书》中指控"被告人许×构成虚开增值税专用发票罪"不持异议，现仅就涉嫌虚开的税款数额及量刑情节提出如下辩护意见，请合议庭在评议时予以参考。

第一，不应当将天津××物贸实业有限公司向付×经营的四家公司虚开增值税专用发票的税款数额 195 091 167.29 元作为许×的犯罪数额。理由如下：

1.《起诉书》中指控："被告人许×控制的天津市××有限公司向天津××物贸实业有限公司虚开增值税专用发票 1005 份，金额 1 370 156 930.00 元，税款数额 199 082 630.85 元；然后被告人许×利用天津××物贸实业有限公司对外向付×控制的沈阳市××有限公司虚开增值税专用发票 1459 份，金额 1 342 686 269.00 元，税额 195 091 167.29 元，所以被告人许×控制的天津市××有限公司虚开增值税专用发票涉税总金额为人民币 394 173 798.14 元（199 082 630.85 元＋195 091 167.29 元）"。

《起诉书》中指控"被告人许×控制的天津市××有限公司向天津××物贸实业有限公司虚开增值税专用发票 1005 份，金额 137 015 6930.00 元，税款数额 199 082 630.85 元；将被告人许×虚开增值税专用发票税款数额 199 082 630.85 元作为其犯罪数额"，对此部分事实的认定，辩护人不持异议。

《起诉书》中指控："被告人许×利用他人（即天津××物贸实业有限公司）对外（付×控制的沈阳市××有限公司）虚开增值税专用发票 1459 份，金额 1 342 686 269.00 元，税额 195 091 167.29 元。"公诉人认为许×此行为属于"利用他人对外虚开"的行为，对此辩护人也同样认为是属于"利用他人对外虚开"的行为，但辩护人同时认为：依据《中华人民共和国刑法》第 205 条第 3 款规定构成虚开增值税专用发票罪的行为是指"为他人虚开""为自己虚开""让他人为自己虚开""介绍他人虚开"四种行为之一，不包括"利用他人对外虚开"行为，"利用他人对外虚开"不是构成虚开增值税专用发票罪的法定四种行为之一，所以此税款数额，不应认定为被告人许×的犯罪数额。

2. 虽然许×曾经找过需要增值税专用发票的付×控制的沈阳市××有限公司，但是现有证据不能证明天津××物贸实业有限公司向付×控制的沈阳市××有限公司虚开的 1459 份增值税专用发票的行为每次许×都参与了；现有银行流水书证也不能证明付×控制的沈阳市××有限公司向天津××物贸实业有限公司支付款项每次均是通过许×天津市××有限公司再转回到付×控制的沈阳市××有限公司，也就是说，不能仅因许×曾找过需要增值税专用发票的付×控制的沈阳市××有限公司，就将天津××物贸实业有限公司向付×控制的沈阳市××有限公司开出的所有增值税专用发票均推定为与许×有关，所以将天津××物贸实业有限公司向付×控制的沈阳市××有限公司虚开的增值税专用发票 1459 份、虚开税额 228 256 665.66 元全额认定为被告人许×的犯罪数额属于证据不足。此组证据不能达到"确实、充分"的证明标准，只能按疑罪从无的原则处理。

3. 刚才的法庭调查的证据和事实表明：三被告人虚开增值税专用发票赚取所谓"利润"的过程：被告人许×控制的天津市××有限公司向天津××物贸实业有限公司虚开 17 个税点的增值税专用发票，收取天津××物贸实业有限公司 10 个税点的增值税，从而使天津××物贸实业有限公司的进项税款得以加大，然后天津××物贸实业有限公司向向付×控制的沈阳市××有限公司虚开 17 个税点的增值税专用发票，收取付×控制的沈阳市××有限公司 13 个税点的增值税，天津××物贸实业有限公司赚取所谓 3 个点的"利润"。前后两个虚开增值税专用发票的行为之间具有目的和手段的牵连关系，应当依法选择其中一个虚开税款的数额作为被告人许×的犯罪数额，不能重复评价。

综上，建议贵院仅将被告人许×向天津××物贸实业有限公司虚开增值税专用发票的税款数额 199 082 630.85 元作为其犯罪数额。

第二，建议法庭对被告人许×在量刑时，考虑量刑的持恒。

依据《最高人民法院研究室关于如何适用法发〔1996〕30 号司法解释数额标准问题的电话答复》，虚开税款数额巨大的标准为人民币 250 万元以上，依法应处 10 年以上有期徒刑或者无期徒刑，虽然本案被告人许×虚开增值税专用发票的税款数额达到 199 082 630.85 元，超出数额巨大标准较高，甚至是在天津市司法审判中虚开增值税专用发票的涉税数额是最高的，但是从目前社会上虚开增值税专用发票犯罪现状看，有的虚开税款数额达到几十亿元、甚至几百亿元，且从本案的《天津市国家税务局稽查局税务稽查报告》中看，天津××物贸实业有限公司不仅仅从许×控制的天津××有限公司虚开增值税专用发票，而且还从其他公司虚开增值税专用发票，涉嫌虚开税款数额达十几个亿，所以建议法庭对被告人许×在有期徒刑的范围内予以量刑，给以后虚开税款数额更大的被告人量刑留有空间，达到量刑的持恒，体现罪刑相适应原则。

第三，被告人许×有立功行为。

被告人许×有揭发天津××物贸实业有限公司原法定代表人张×涉嫌贪污罪的行为，2016 年 9 月 22 日本辩护人将揭发材料、证据目录及八项书证递交贵院，建议贵院依法将材料移交天津市人民检察院第××分院依法处理，2016 年 12 月 8 日贵院将材料移交天津市××区人民检察院，2017 年 4 月 8 日天津市××区人民检察院对张×涉嫌贪污罪已经查证属实，并向天津市××区人民法院提起公诉，刚才的法庭调查已经对天津市××区人民检察院的《起诉书》予以了庭审质证，控、辩、审三方《起诉书》的真实性、合法性、关联性均无异议，请法庭予以确认，并依据《中华人民共和国刑法》第 68 条之规定认定被告人许×有立功行为。

综上所述，被告人许×构成虚开增值税专用发票罪，且涉税数额达到 199 082 630.85 元，超出"数额巨大"的标准，依据《中华人民共和国刑法》第 205 条之规定量刑幅度为"十年以上有期徒刑或者无期徒刑"，刚才公诉人向法庭提出处无期徒刑的量刑建议，辩护人认为此量刑建议是在涉税数额 394 173 798.14 元的基础上作出的，同时对被告人许×的立功行为未予以考虑，同时被告人许×在审查起诉阶段和刚才的法庭调查能够如实供述自己的犯罪事实，故此辩护人不同意公诉人提出的处无期徒刑的量刑建议，请贵院依据《中华人民共和国刑法》第 67 条第 3 款、第 68 条对被告人许×予以从轻处罚，在 10 年以上有期徒刑的范围内予以量刑。

此致
天津市××中级人民法院

辩护人：王×　天津××律师事务所律师
2017 年 7 月××日

附：一、质证意见十五页
二、法律依据五页
三、类案检索判决书三份共二十八页

第五节　自诉案件的第一审程序

一、自诉案件的范围

依据《刑事诉讼法》第 210 条以及《最高人民法院关于适用〈中华人民共和国刑事诉讼法〉的解释》第 1 条的规定，自诉案件包括以下三类：

（1）告诉才处理的案件：①侮辱、诽谤案（《刑法》第 246 条规定的，但严重危害社会秩序和国家利益的除外）；②暴力干涉婚姻自由案（《刑法》第 257 条第 1 款规定的）；③虐待案（《刑法》第 260 条第 1 款规定的，但被害人没有能力告诉，或者因受到强制、威吓无法告诉的除外）；④侵占案（《刑法》第270条规定的）。

（2）人民检察院没有提起公诉，被害人有证据证明的轻微刑事案件：①故意伤害案（《刑法》第234条第1款规定的）；②非法侵入住宅案（《刑法》第245条规定的）；③侵犯通信自由案（《刑法》第252条规定的）；④重婚案（《刑法》第258条规定的）；⑤遗弃案（《刑法》第261条规定的）；⑥生产、销售伪劣商品案（《刑法》分则第三章第一节规定的，但严重危害社会秩序和国家利益的除外）；⑦侵犯知识产权案（《刑法》分则第三章第七节规定的，但严重危害社会秩序和国家利益的除外）；⑧《刑法》分则第四章（侵犯公民人身权利、民主权利罪）、第五章（侵犯财产罪）规定的，对被告人可能判处3年有期徒刑以下刑罚的案件。

本项规定的案件，被害人直接向人民法院起诉的，人民法院应当依法受理。对其中证据不足、可以由公安机关受理的，或者认为对被告人可能判处3年有期徒刑以上刑罚的，应当告知被害人向公安机关报案，或者移送公安机关立案侦查。

（3）被害人有证据证明对被告人侵犯自己人身、财产权利的行为应当依法追究刑事责任，且有证据证明曾经提出控告，而公安机关或者人民检察院不予追究被告人刑事责任的案件。此为"公诉转自诉的案件"。

"公安机关或者人民检察院不予追究被告人刑事责任的案件"是指公安机关或者人民检察院已经作出不予立案、撤销案件、不起诉等书面决定的案件。

二、提起自诉条件

《最高人民法院关于适用〈中华人民共和国刑事诉讼法〉的解释》第316条、第317条规定，自诉案件必须同时符合下列条件：

（1）案件属于自诉案件三个种类的范围。

（2）属于受诉人民法院管辖。

（3）被害人告诉。

如果被害人死亡、丧失行为能力或者因受强制、威吓等无法告诉，或者是限制行为能力人以及因年老、患病、盲、聋、哑等不能亲自告诉，其法定代理人、近亲属告诉或者代为告诉的，人民法院应当依法受理。

被害人的法定代理人、近亲属告诉或者代为告诉的，应当提供与被害人关系的证明和被害人不能亲自告诉的原因的证明。

（4）有明确的被告人、具体的诉讼请求和证明被告人犯罪事实的证据。

公诉转自诉的案件，还要有公安机关、人民检察院已经作出不予立案决定、撤销案件决定、不起诉决定等不予追究被告人刑事责任的书面决定。

三、刑事自诉状

《最高人民法院关于适用〈中华人民共和国刑事诉讼法〉的解释》第 318 条、第 319 条规定，提起自诉应当提交《刑事自诉状》。同时提起附带民事诉讼的，应当提交《刑事附带民事自诉状》。

自诉状的内容：①自诉人（代为告诉人）、被告人的姓名、性别、年龄、民族、出生地、文化程度、职业、工作单位、住址、联系方式；②被告人实施犯罪的时间、地点、手段、情节和危害后果等；③具体的诉讼请求；④致送的人民法院和具状时间；⑤证据的名称、来源等；⑥证人的姓名、住址、联系方式等。

对两名以上被告人提出告诉的，应当按照被告人的人数提供自诉状副本。

四、自诉案件的审查与处理

《刑事诉讼法》第 211 条，《最高人民法院关于适用〈中华人民共和国刑事诉讼法〉的解释》第 320 条至第 323 条是对自诉案件审查与处理的规定。

（一）立案审理

对自诉案件，人民法院应当在 15 日以内审查完毕。经审查，符合提起自诉条件的，应当决定立案，并书面通知自诉人或者代为告诉人。

对已经立案，经审查缺乏罪证的自诉案件，自诉人提不出补充证据的，人民法院应当说服其撤回起诉或者裁定驳回起诉；自诉人撤回起诉或者被驳回起诉后，又提出了新的足以证明被告人有罪的证据，再次提起自诉的，人民法院应当受理。

（二）撤回起诉或不予受理

人民法院经审查，具有下列情形之一的，应当说服自诉人撤回起诉；自诉人不撤回起诉的，裁定不予受理：

（1）不属于提起自诉条件的案件；

（2）缺乏罪证的；

（3）犯罪已过追诉时效期限的；

（4）被告人死亡的；

（5）被告人下落不明的；

（6）除因证据不足而撤诉的以外，自诉人撤诉后，就同一事实又告诉的；

（7）经人民法院调解结案后，自诉人反悔，就同一事实再行告诉的；

（8）"被害人有证据证明的轻微刑事案件"，公安机关正在立案侦查或者人民检察院正在审查起诉的；

（9）不服人民检察院对未成年犯罪嫌疑人作出的附条件不起诉决定或者附条件不起诉考验期满后作出的不起诉决定，向人民法院起诉的。

（三）部分共同被害人或对部分侵害人提起自诉案件的处理

自诉人明知有其他共同侵害人，但只对部分侵害人提起自诉的，人民法院应当受理，并告知其放弃告诉的法律后果；自诉人放弃告诉，判决宣告后又对其他共同侵害人就同一事实提起自诉的，人民法院不予受理。

共同被害人中只有部分人告诉的，人民法院应当通知其他被害人参加诉讼，并告知其不参加诉讼的法律后果。被通知人接到通知后表示不参加诉讼或者不出庭的，视为放弃告诉。第一审宣判后，被通知人就同一事实又提起自诉的，人民法院不予受理。但是，当事人另行提起民事诉讼的，应当按照民事诉讼法立案条件审查决定是否受理。

（四）不予受理或者驳回起诉裁定的上诉

自诉人对不予受理或者驳回起诉的裁定不服的，可以提起上诉。

第二审人民法院查明第一审人民法院作出的不予受理裁定有错误的，应当在撤销原裁定的同时，指令第一审人民法院立案受理；查明第一审人民法院驳回起诉裁定有错误的，应当在撤销原裁定的同时，指令第一审人民法院进行审理。

五、自诉案件的审理

《刑事诉讼法》第 212 条，《最高人民法院关于适用〈中华人民共和国刑事诉讼法〉的解释》第 324 条至第 333 条是对自诉案件审理的规定。

（一）开庭审理条件

人民法院对犯罪事实清楚，有足够证据的自诉案件，应当开庭审理。

（二）适用的审理程序

（1）自诉案件符合简易程序适用条件的，可以适用简易程序审理。不适用简易程序审理的自诉案件，参照适用公诉案件第一审普通程序的有关规定。

（2）被告人实施两个以上犯罪行为，分别属于公诉案件和自诉案件，人民法院可以一并审理。对自诉部分按照自诉案件的第一审程序的规定审理。

（三）申请人民法院调取证据

自诉案件当事人因客观原因不能取得的证据，申请人民法院调取的，应当说明理由，并提供相关线索或者材料。人民法院认为有必要的，应当及时调取。

对通过信息网络实施的侮辱、诽谤行为，被害人向人民法院告诉，但提供证据确有困难的，人民法院可以要求公安机关提供协助。

（四）调解

人民法院审理自诉案件，可以在查明事实、分清是非的基础上，根据自愿、合法的原则进行调解。调解达成协议的，应当制作刑事调解书，由审判人员、法官助理、书记员署名，并加盖人民法院印章。调解书经双方当事人签收后，即具有法律效力。调解没有达成协议，或者调解书签收前当事人反悔的，应当及时作出判决。

"被害人有证据证明对被告人侵犯自己人身、财产权利的行为应当依法追究刑事责任，且有证据证明曾经提出控告，而公安机关或者人民检察院不予追究被告人刑事责任的案件"不适用调解。

（五）撤诉

（1）判决宣告前，自诉案件的当事人可以自行和解，自诉人可以撤回自诉。

人民法院经审查，认为和解、撤回自诉确属自愿的，应当裁定准许；认为系被强迫、威吓等，并非自愿的，不予准许。

（2）裁定准许撤诉的自诉案件，被告人被采取强制措施的，人民法院应当立即解除。

（3）自诉人经 2 次传唤，无正当理由拒不到庭，或者未经法庭准许中途退庭的，人民法院应当裁定按撤诉处理。

部分自诉人撤诉或者被裁定按撤诉处理的，不影响案件的继续审理。

（六）中止审理

被告人在自诉案件审判期间下落不明的，人民法院可以裁定中止审理；符合条件的，可以对被告人依法决定逮捕。

（七）作出判决

对自诉案件，应当参照《刑事诉讼法》第 200 条和《最高人民法院关于适用〈中华人民共和国刑事诉讼法〉的解释》第 295 条的一审普通程序的规定作出判决。对依法宣告无罪的案件，有附带民事诉讼的，其附带民事部分可以依法进行调解或者一并作出判决，也可以告知附带民事诉讼原告人另行提起民事诉讼。

六、自诉案件的反诉

《刑事诉讼法》第 213 条，《最高人民法院关于适用〈中华人民共和国刑事诉讼法〉的解释》第 334 条是对自诉案件反诉的规定。

告诉才处理和被害人有证据证明的轻微刑事案件的被告人或者其法定代理人在诉讼过程中，可以对自诉人提起反诉。反诉必须符合下列条件：

（1）反诉的对象必须是本案自诉人。

（2）反诉的内容必须是与本案有关的行为。

（3）反诉的案件必须符合"告诉才处理和被害人有证据证明的轻微刑事案件"范围的规定。

反诉案件适用自诉案件的规定，应当与自诉案件一并审理。自诉人撤诉的，不影响反诉案件的继续审理。

七、自诉案件第一审程序审理期限

人民法院审理自诉案件的第一审程序的期限，被告人被羁押的，适用《中刑事诉讼法》第 208 条第 1 款、第 2 款公诉案件的第一审普通程序审限的规定；未被羁押的，应当在受理后 6 个月以内宣判。

八、自诉案件的第一审程序辩护

辩护律师担任自诉案件第一审程序被告人的辩护人，应当注意以下事项：

（1）自诉案件被告人有权提起反诉。

（2）自诉人经 2 次合法传唤无正当理由不到庭或者未经法庭许可中途退

庭的，按撤诉处理。

（3）自诉案件可以调解。

（4）自诉人可以同被告人自行和解，或者撤回自诉。

（5）对于被羁押的自诉案件被告人，辩护律师应当会见，并为其申请变更强制措施。

（6）辩护律师担任自诉案件第一审程序被告人的辩护人的工作，参照辩护律师在第一审普通程序的工作内容执行。

第六节　单位犯罪案件的审理

单位犯罪案件的审理，适用本节单位犯罪案件的审理的规定，本节没有规定的，适用自然人犯罪的规定。

一、审查受理

《最高人民法院关于适用〈中华人民共和国刑事诉讼法〉的解释》第335条规定："人民法院受理单位犯罪案件，除依照本解释第二百一十八条的有关规定进行审查外，还应当审查起诉书是否列明被告单位的名称、住所地、联系方式，法定代表人、实际控制人、主要负责人以及代表被告单位出庭的诉讼代表人的姓名、职务、联系方式。需要人民检察院补充材料的，应当通知人民检察院在三日以内补送。"

二、确定诉讼代表人

《最高人民法院关于适用〈中华人民共和国刑事诉讼法〉的解释》第336条规定："被告单位的诉讼代表人，应当是法定代表人、实际控制人或者主要负责人；法定代表人、实际控制人或者主要负责人被指控为单位犯罪直接责任人员或者因客观原因无法出庭的，应当由被告单位委托其他负责人或者职工作为诉讼代表人。但是，有关人员被指控为单位犯罪直接责任人员或者知道案件情况、负有作证义务的除外。依据前款规定难以确定诉讼代表人的，可以由被告单位委托律师等单位以外的人员作为诉讼代表人。诉讼代表人不得同时担任被告单位或者被指控为单位犯罪直接责任人员的有关人员的辩护人。"

三、出庭通知

《最高人民法院关于适用〈中华人民共和国刑事诉讼法〉的解释》第 337 条规定："开庭审理单位犯罪案件，应当通知被告单位的诉讼代表人出庭；诉讼代表人不符合前条规定的，应当要求人民检察院另行确定。被告单位的诉讼代表人不出庭的，应当按照下列情形分别处理：（一）诉讼代表人系被告单位的法定代表人、实际控制人或者主要负责人，无正当理由拒不出庭的，可以拘传其到庭；因客观原因无法出庭，或者下落不明的，应当要求人民检察院另行确定诉讼代表人。（二）诉讼代表人系其他人员的，应当要求人民检察院另行确定诉讼代表人。"

四、被告单位诉讼代表人席位

《最高人民法院关于适用〈中华人民共和国刑事诉讼法〉的解释》第 338 条规定："被告单位的诉讼代表人享有刑事诉讼法规定的有关被告人的诉讼权利。开庭时，诉讼代表人席位置于审判台前左侧，与辩护人席并列。"

五、对被告单位追加起诉

《最高人民法院关于适用〈中华人民共和国刑事诉讼法〉的解释》第 340 条规定："对应当认定为单位犯罪的案件，人民检察院只作为自然人犯罪起诉的，人民法院应当建议人民检察院对犯罪单位追加起诉。人民检察院仍以自然人犯罪起诉的，人民法院应当依法审理，按照单位犯罪直接负责的主管人员或者其他直接责任人员追究刑事责任，并援引刑法分则关于追究单位犯罪中直接负责的主管人员和其他直接责任人员刑事责任的条款。"

六、查封、扣押、冻结等措施

《最高人民法院关于适用〈中华人民共和国刑事诉讼法〉的解释》第 241 条至第 343 条对犯罪单位违法所得及其他涉案财物采取查封、扣押、冻结等措施的规定。

（1）被告单位的违法所得及其他涉案财物，尚未被依法追缴或者查封、扣押、冻结的，人民法院应当决定追缴或者查封、扣押、冻结。

（2）为保证判决的执行，人民法院可以先行查封、扣押、冻结被告单位的财产，或者由被告单位提出担保。

（3）采取查封、扣押、冻结等措施，应当严格依照法定程序进行，最大限度地降低对被告单位正常生产经营活动的影响。

七、被告单位被吊销、注销

《最高人民法院关于适用〈中华人民共和国刑事诉讼法〉的解释》第344条规定："审判期间，被告单位被吊销营业执照、宣告破产但尚未完成清算、注销登记的，应当继续审理；被告单位被撤销、注销的，对单位犯罪直接负责的主管人员和其他直接责任人员应当继续审理。"

八、被告单位合并、分立

《最高人民法院关于适用〈中华人民共和国刑事诉讼法〉的解释》第345条规定："审判期间，被告单位合并、分立的，应当将原单位列为被告单位，并注明合并、分立情况。对被告单位所判处的罚金以其在新单位的财产及收益为限。"

第七节　认罪认罚案件的审理

一、认罪认罚从宽制度的概念

《刑事诉讼法》第15条，《最高人民法院关于适用〈中华人民共和国刑事诉讼法〉的解释》第347条，《人民检察院刑事诉讼规则》第11条对认罪认罚从宽制度的概念作出了概括性的规定。

认罪认罚从宽处理制度是指犯罪嫌疑人、被告人自愿如实供述自己的罪行，承认指控的犯罪事实，愿意接受处罚的，可以依法从宽处理的一项制度。

认罪认罚从宽制度适用于所有刑事案件。

"认罪"，是指犯罪嫌疑人、被告人自愿如实供述自己的罪行，对指控的犯罪事实没有异议。

"认罚"，是指犯罪嫌疑人、被告人真诚悔罪，愿意接受处罚。

被告人认罪认罚的，可以依照《刑事诉讼法》的规定，在程序上从简、实体上从宽处理。

二、认罪认罚案件适用的审理程序

依据《最高人民法院关于适用〈中华人民共和国刑事诉讼法〉的解释》第 348 条的规定，对认罪认罚案件，应当根据案件情况，依法适用速裁程序、简易程序或者第一审普通程序审理。

三、人民法院对认罪认罚案件的审查

依据《最高人民法院关于适用〈中华人民共和国刑事诉讼法〉的解释》第 349 条的规定："对人民检察院提起公诉的认罪认罚案件，人民法院应当重点审查以下内容：（一）人民检察院讯问犯罪嫌疑人时，是否告知其诉讼权利和认罪认罚的法律规定。（二）是否随案移送听取犯罪嫌疑人、辩护人或者值班律师、被害人及其诉讼代理人意见的笔录。（三）被告人与被害人达成调解、和解协议或者取得被害人谅解的，是否随案移送调解、和解协议、被害人谅解书等相关材料。（四）需要签署认罪认罚具结书的，是否随案移送具结书。未随案移送前款规定的材料的，应当要求人民检察院补充。"

四、非羁押性强制措施的适用

依据《最高人民法院关于适用〈中华人民共和国刑事诉讼法〉的解释》第 350 条的规定："人民法院应当将被告人认罪认罚作为其是否具有社会危险性的重要考虑因素。被告人罪行较轻，采用非羁押性强制措施足以防止发生社会危险性的，应当依法适用非羁押性强制措施。"

五、告知义务

依据《最高人民法院关于适用〈中华人民共和国刑事诉讼法〉的解释》第 351 条的规定："对认罪认罚案件，法庭审理时应当告知被告人享有的诉讼权利和认罪认罚的法律规定，审查认罪认罚的自愿性和认罪认罚具结书内容的真实性、合法性。"

六、罪名或量刑建议不当的处理

《刑事诉讼法》第 201 条及《最高人民法院关于适用〈中华人民共和国刑事诉讼法〉的解释》第 352 条、第 353 条、第 354 条是人民法院对人民检察院认罪认罚案件的罪名和量刑建议采纳与否的规定。

（1）对于认罪认罚案件，人民法院依法作出判决时，一般应当采纳人民检察院指控的罪名和量刑建议，但有下列情形的除外：①被告人的行为不构成犯罪或者不应当追究其刑事责任的；②被告人违背意愿认罪认罚的；③被告人否认指控的犯罪事实的；④起诉指控的罪名与审理认定的罪名不一致的；⑤其他可能影响公正审判的情形。

（2）对认罪认罚案件，人民检察院起诉指控的事实清楚，但指控的罪名与审理认定的罪名不一致的，人民法院应当听取人民检察院、被告人及其辩护人对审理认定罪名的意见，依法作出判决。

（3）对量刑建议是否明显不当，应当根据审理认定的犯罪事实、认罪认罚的具体情况，结合相关犯罪的法定刑、类似案件的刑罚适用等作出审查判断。

对认罪认罚案件，人民法院经审理认为量刑建议明显不当，或者被告人、辩护人对量刑建议提出异议的，人民检察院可以调整量刑建议。人民检察院不调整或者调整后仍然明显不当的，人民法院应当依法作出判决。

（4）适用速裁程序审理认罪认罚案件，需要调整量刑建议的，应当在庭前或者当庭作出调整；调整量刑建议后，仍然符合速裁程序适用条件的，继续适用速裁程序审理。

七、从宽幅度

依据《最高人民法院关于适用〈中华人民共和国刑事诉讼法〉的解释》第355条，《最高人民法院、最高人民检察院关于常见犯罪的量刑指导意见（试行）》第3条第14项的规定，对认罪认罚案件，人民法院一般应当对被告人从轻处罚；符合非监禁刑适用条件的，应当适用非监禁刑；具有法定减轻处罚情节的，可以减轻处罚。

对于被告人认罪认罚的，综合考虑其犯罪的性质、罪行的轻重、认罪认罚的阶段、程度、价值、悔罪表现以及认罪认罚的主动性、稳定性、彻底性等情况，可以减少基准刑的30%以下；具有自首、重大坦白、退赃退赔、赔偿谅解、刑事和解等情节的，可以减少基准刑的60%以下，犯罪较轻的，可以减少基准刑的60%以上或者依法免除处罚。认罪认罚与自首、坦白、当庭自愿认罪、退赃退赔、赔偿谅解、刑事和解、羁押期间表现好等量刑情节不作重复评价。

共同犯罪案件，部分被告人认罪认罚的，可以依法对该部分被告人从宽处罚，但应当注意全案的量刑平衡。

八、第一审程序认罪认罚的处理

依据《最高人民法院关于适用〈中华人民共和国刑事诉讼法〉的解释》第356条、第358条的规定，被告人在人民检察院提起公诉前未认罪认罚，在第一审程序认罪认罚的，人民法院可以不再通知人民检察院提出或者调整量刑建议。但人民法院应当就定罪量刑听取控辩双方意见，依法作出判决。

案件审理过程中，被告人不再认罪认罚的，人民法院应当根据审理查明的事实，依法作出裁判。需要转换审判程序的，依法转换审判程序。

九、第二审程序认罪认罚的处理

依据《最高人民法院关于适用〈中华人民共和国刑事诉讼法〉的解释》第357条的规定："对被告人在第一审程序中未认罪认罚，在第二审程序中认罪认罚的案件，应当根据其认罪认罚的具体情况决定是否从宽，并依法作出裁判。确定从宽幅度时应当与第一审程序认罪认罚有所区别。"

十、认罪认罚案件审理程序中的辩护

辩护律师在办理认罪认罚案件审理程序中应当注意的工作：

（1）提出适用速裁程序审理的申请或异议。辩护律师应当根据案件情况，依法对认罪认罚案件的审理适用的速裁、简易、普通程序作出判断，符合适用速裁程序条件的，可以向人民法院提出适用速裁程序的申请。对不符合适用速裁程序的案件，应向人民法院提出转化为适用普通程序或简易程序审理的意见。

（2）解答认罪认罚和刑事速裁程序的法律规定。辩护律师在会见被告人时，应当向被告人详细解释刑事速裁程序的内容和要求，告知选择刑事速裁程序将会给其诉讼权利及实体权益带来的后果，包括承认指控的犯罪事实、同意人民检察院的量刑建议、签署具结书、起诉书简化、由审判员一人独任审判、开庭时一般不进行法庭调查和法庭辩论、审理期限及送达期限等缩短、开庭时被告人有最后陈述的权利等。

辩护律师应向被告人解答享有的诉讼权利和认罪认罚的法律规定，应向被告人解答适用速裁、简易、普通等不同审理程序产生的法律权利义务及后果。

（3）审核认罪认罚的自愿性和《认罪认罚具结书》内容的真实性、合法性。有无暴力、威胁、引诱、欺骗以及其他非法方法收集证据情况，并向人民法院提出意见。

（4）认罪认罚案件不得作无罪和改变犯罪事实的辩护。认罪认罚案件无论是适用普通、简易、速裁哪一个程序审理，如果辩护律师对适用认罪认罚从宽处理无异议，辩护律师就不得作无罪辩护，也不得作改变犯罪事实的辩护，否则视为否定适用认罪认罚从宽处理制度，陷入自相矛盾的悖论，因为"被告人对指控的犯罪事实没有异议"是适用认罪认罚从宽处罚的必要条件。

（5）适用普通、简易程序审理认罪认罚的案件和适用速裁程序审理的认罪认罚的一人犯罪案件，辩护律师可以作改变罪名和对量刑建议提出异议的辩护，但是必须以认可犯罪事实和同意接受处罚为前提。

（6）适用速裁程序审理的认罪认罚的共同犯罪案件，辩护律师既不得作无罪和改变犯罪事实的辩护，也不得作改变罪名和对量刑建议提出异议的辩护。辩护律师可以对"幅度刑量刑建议"在量刑幅度范围内提出量刑意见，如果量刑建议没有否定适用缓刑，也可以提出适用缓刑的辩护意见。

适用速裁程序审理认罪认罚案件，辩护律师经全面审查后同意适用刑事速裁程序时，在共同犯罪案件中，辩护律师也不再对罪名和"确定刑量刑建议"提出异议，因为"共同犯罪案件中部分被告人对指控罪名、量刑建议有异议的"不再符合适用速裁程序的条件，如果辩护律师对罪名、量刑建议提出异议就等于否定速裁程序的适用，从而陷入自相矛盾的悖论，但是辩护律师可以对"幅度刑量刑建议"在量刑幅度范围内提出量刑意见，因为此种辩护意见不属于对量刑建议有异议；如果量刑建议没有否定适用缓刑，也可以提出适用缓刑的辩护意见，因为此种辩护意见也不属于对量刑建议有异议，缓刑仅是一种刑罚执行方法。

（7）提出取保候审或监视居住的申请书。在第一审程序期间，认罪认罚的被告人被羁押的，辩护人应以"采取非羁押性强制措施足以防止发生社会危险性"为理由，为被告人申请取保候审或监视居住。

（8）辩护律师应当依法促成被告人与被害人达成调解、和解协议或者取得被害人谅解。

（9）辩护律师应当向人民法院提出量刑意见或者对人民检察院的量刑建议发表同意或不同意的量刑意见，最大限度地为被告人争取减轻、从轻、免除处罚（包括主刑和附加刑）或判处"非监禁刑"。

（10）在认罪认罚案件第一审程序期间，辩护律师应当关注被告人财产被查封、扣押、冻结的情况。查封、扣押、冻结措施不当的，应当向人民法院提出纠正的辩护意见。

十一、认罪认罚案件第一审程序辩护意见示例

案件事实： 被告人高××系天津市××国家机关工作人员，2015年9月至2021年10月期间，被告人高××利用本人职权形成的便利条件，通过其他国家工作人员职务上的行为，为请托人在亲友就业、入托等事项上谋取不正当利益，五次收受请托人钱款共计人民币42万元，一次索取请托人钱款共计人民币10万元，索取、收受贿赂总计人民币52万元。

2021年2月25日因涉嫌职务违法被天津市××监察委员会留置，2021年8月19日涉嫌受贿罪被天津市××人民检察院刑事拘留，同年8月27日决定逮捕，羁押于天津市××看守所，2022年2月28日天津市××人民检察院向天津市××人民法院提起公诉。

被告人高××涉嫌受贿罪一案一审阶段的
辩　护　意　见

审判长、审判员：

天津××律师事务所接受被告人高××的委托，指派王×为高××涉嫌受贿罪一案的辩护人。辩护人通过会见被告人、查阅本案证据材料、在审查起诉阶段与公诉人一起依法审核并确认了本案符合认罪认罚的法律规定，又通过今天的庭审，对本案事实已经全面了解。对天津市××人民检察院《起诉书》中指控高××构成受贿罪以及受贿、索贿数额总计人民币52万元的事实及证据不持异议，并同意公诉机关在《量刑建议书》中确认的3年以上4年以下有期徒刑的量刑幅度，现辩护人仅就被告人高××判处的确定刑期、罚金数额发表如下辩护意见，请法庭予以采纳。

第一，被告人高××具有三种从宽处罚情节。

被告人高××具有自首、退缴全部赃款、自愿认罪认罚三种从宽处罚情节，有本案中的事实和证据予以证明，并经控辩双方已达成一致共识，请法庭予以确认。

第二，被告人高××属于全案自首、部分索贿。

因被告人高××涉嫌职务违法而被监察机关询问时，主动交代监察机关不掌握的收受六位人员贿赂的职务犯罪行为，所以被告人高××属于全案自首，（补查卷二《线索来源说明》第1页）。

被告人高××系部分索贿，索贿10万元占总犯罪总额52万元的19.2%。

第三，依法应对被告人高××予以从轻处罚。

1. 自首

《中华人民共和国刑法》第67条规定，对于自首的犯罪分子，可以从轻或者减轻处罚"。依法可以参照《最高人民法院关于常见犯罪的量刑指导意见（试行）》第3条第6项的规定"可以减少基准刑的40%以下"。

2. 退缴全部赃款

《最高人民法院、最高人民检察院关于办理职务犯罪案件认定自首、立功等量刑情节若干问题的意见》第4条第2款规定："受贿案件中赃款赃物全部或者大部分追缴的，视具体情况可以酌定从轻处罚。"依法可以参照《最高人民法院关于常见犯罪的量刑指导意见（试行）》第3条第10项的规定"可以减少基准刑的30%以下"。

3. 自愿认罪认罚

依据《中华人民共和国刑事诉讼法》第15条规定："犯罪嫌疑人、被告人自愿如实供述自己的罪行，承认指控的犯罪事实，愿意接受处罚的，可以依法从宽处理。"依法可以参照《最高人民法院关于常见犯罪的量刑指导意见（试行）》第3条第14项的规定"可以减少基准刑的30%以下"。

4. 认罪认罚与自首、退缴全部赃款量刑情节进行综合评价的从宽处罚幅度

参照《最高人民法院关于常见犯罪的量刑指导意见（试行）》第3条第14项的规定，具有认罪认罚与自首、退赃等量刑情节不作重复评价，而作综合评价的情况下，可以减少基准刑的60%以下。

综上，参照《最高人民法院关于常见犯罪的量刑指导意见》具有多个从宽、从严处罚的量刑情节的情况下，采用"同向相加、逆向相减"的原则调

整基准刑，确认宣告刑，本案中从轻处罚的从轻幅度和部分索贿从重处罚的从重幅度相比较，从轻幅度远远超过从重幅度，所以辩护人请求法庭对被告人高××予以从轻处罚。

自首、退缴全部赃款、自愿认罪认罚三种从宽处罚情节虽然《刑法》规定均是可以从轻，是否适用从轻均属贵院的自由裁量权，但鉴于三种从宽处罚情节均体现了被告人高××认罪悔罪态度较好，为了有利于其本人的改造，为了与拒不认罪悔罪的其他犯罪分子量刑相区别，请法庭在对高××裁量刑期时采用从宽处罚情节。

第四，请法庭对被告人高××量三年有期徒刑。

依据《刑法》的规定，受贿数额在 20 万元以上不满 300 万元的，应判处 3 年以上 10 年以下有期徒刑，如果将 20 万元至 300 万元之间的 280 万元的犯罪数额划分七个档次，每个档次为 40 万元，在不考虑其他量刑情节的情况下，对被告人高××的犯罪数额 52 万元，量刑应当在 3 至 4 年之间，本案中从轻处罚的从轻幅度远远超过部分索贿从重处罚的从重幅度，所以辩护人请求法庭对被告人高××量刑时体现出从轻处罚，对其量 3 年有期徒刑。

第五，罚金刑。

《最高人民法院、最高人民检察院关于办理贪污贿赂刑事案件适用法律若干问题的解释》第 19 条规定："对贪污罪、受贿罪判处三年以下有期徒刑或者拘役的，应当并处十万元以上五十万元以下的罚金；判处三年以上十年以下有期徒刑的，应当并处二十万元以上犯罪数额二倍以下的罚金或者没收财产……"

对高××的犯罪事实、量刑情节和悔罪表现综合分析，并依据法律规定，辩护人认为对高××判处罚金刑在 10 万元至 20 万元之间为罪刑相适应。

综上所述，被告人高××构成受贿罪，依据其犯罪数额和量刑情节请贵院考虑对其量 3 年有期徒刑，并处罚金 20 万元。

此致

天津市××人民法院

辩护人：王×　　天津××律师事务所律师

2022 年 4 月××日

附：一、质证意见五页

二、法律依据九页

三、类案检索判决书三份，共四十页

第八节　简易程序

一、简易程序适用的肯定条件

《刑事诉讼法》第214条，《最高人民法院关于适用〈中华人民共和国刑事诉讼法〉的解释》第359条规定基层人民法院适用简易程序审判案件，要同时符合下列条件：

（1）案件事实清楚、证据充分的。

（2）被告人承认自己所犯罪行，对指控的犯罪事实没有异议的。

（3）被告人对适用简易程序没有异议的。

人民检察院在提起公诉的时候，可以建议人民法院适用简易程序；辩护人可以申请人民法院适用简易程序。

二、简易程序适用的否定条件

《刑事诉讼法》第215条，《最高人民法院关于适用〈中华人民共和国刑事诉讼法〉的解释》第360条规定有下列情形之一的，不得适用简易程序审判案件：

（1）被告人是盲、聋、哑人的。

（2）被告人是尚未完全丧失辨认或者控制自己行为能力的精神病人的。

（3）案件有重大社会影响的。

（4）共同犯罪案件中部分被告人不认罪或者对适用简易程序有异议的。

（5）辩护人作无罪辩护的。

（6）被告人认罪但经审查认为可能不构成犯罪的。

（7）不宜适用简易程序审理的其他情形。

三、审判组织

《刑事诉讼法》第216条，《最高人民法院关于适用〈中华人民共和国刑事诉讼法〉的解释》第 366 条规定，适用简易程序审理案件，对可能判处 3 年有期徒刑以下刑罚的，可以组成合议庭进行审判，也可以由审判员一人独任审判；对可能判处的有期徒刑超过 3 年的，应当组成合议庭进行审判。

适用简易程序审理公诉案件，人民检察院应当派员出席法庭。

四、开庭通知

《最高人民法院关于适用〈中华人民共和国刑事诉讼法〉的解释》第 362 条规定，适用简易程序审理案件，人民法院应当在开庭前将开庭的时间、地点通知人民检察院、自诉人、被告人、辩护人，也可以通知其他诉讼参与人。

开庭通知可以采用简便方式，不受开庭 3 日前送达开庭通知书的限制，也不受开庭 10 日前送达起诉书副本的限制，但应当记录在案。

五、当庭确认被告人是否同意适用简易程序

《刑事诉讼法》第 217 条，《最高人民法院关于适用〈中华人民共和国刑事诉讼法〉的解释》第 364 条规定，适用简易程序审理案件，审判长或者独任审判员应当当庭询问被告人对指控的犯罪事实的意见，告知被告人适用简易程序审理的法律规定，确认被告人是否同意适用简易程序。

六、法庭审理程序

《刑事诉讼法》第 218 条、第 219 条，《最高人民法院关于适用〈中华人民共和国刑事诉讼法〉的解释》第 365 条、第 367 条规定，适用简易程序审理案件，可以对庭审作如下简化：

（1）公诉人可以摘要宣读起诉书。

（2）公诉人、辩护人、审判人员对被告人的讯问、发问可以简化或者省略。

（3）对控辩双方无异议的证据，可以仅就证据的名称及所证明的事项作出说明；对控辩双方有异议或者法庭认为有必要调查核实的证据，应当出示，并进行质证。

（4）控辩双方对与定罪量刑有关的事实、证据没有异议的，法庭审理可以直接围绕罪名确定和量刑问题进行。

适用简易程序审理案件，判决宣告前应当听取被告人的最后陈述。

适用简易程序审理案件，裁判文书可以简化。适用简易程序审理案件，一般应当当庭宣判。

七、转化普通程序

《刑事诉讼法》第 221 条，《最高人民法院关于适用〈中华人民共和国刑事诉讼法〉的解释》第 368 条规定，适用简易程序审理案件，在法庭审理过程中，具有下列情形之一的，应当转为普通程序重新审理：

（1）被告人的行为可能不构成犯罪的。

（2）被告人可能不负刑事责任的。

（3）被告人当庭对起诉指控的犯罪事实予以否认的。

（4）案件事实不清、证据不足的。

（5）不应当或者不宜适用简易程序的其他情形。

决定转为普通程序审理的案件，审理期限应当从作出决定之日起计算。

八、简易程序审理期限

《刑事诉讼法》第 220 条规定，人民法院适用简易程序审理案件，应当在受理后 20 日以内审结；对可能判处的有期徒刑超过 3 年的，可以延长至一个半月。

九、简易程序辩护

辩护律师在简易程序中应注意的工作如下：

（1）律师可以接受当事人、近亲属或其法定代理人的委托，担任辩护人，参与人民法院适用简易程序审理的案件。

（2）辩护律师应当及时向被告人释明关于适用简易程序的法律规定及法律后果。

（3）辩护律师应当依据《刑事诉讼法》规定的简易程序的适用条件，审查适用简易程序是否符合法律规定。认为不应当适用简易程序的，应当及时提出异议，请求人民法院依法适用普通程序。

（4）辩护律师办理适用简易程序审理的案件，在庭审期间发现以下情形时，应当建议法庭转为普通程序审理：①被告人对适用简易程序有异议的；②案件事实不清、证据不足的；③被告人当庭对起诉书指控的犯罪事实予以否认的；④被告人的行为可能不构成犯罪的；⑤共同犯罪案件中部分被告人不认罪的；⑥辩护人作无罪辩护的；⑦被告人可能不负刑事责任的；⑧被告人是盲、聋、哑人的；⑨被告人是尚未完全丧失辨认或者控制自己行为能力的精神病人的；⑩案件有重大社会影响的；⑪其他不应当适用简易程序的。

（5）适用简易程序审理的案件，辩护律师可以对有异议的证据进行质证；经审判人员许可，辩护律师可以同公诉人、自诉人及诉讼代理人互相辩论。

（6）辩护律师在简易程序中的其他工作，可参照辩护律师在第一审普通程序中的工作进行。

第九节　速裁程序

一、速裁程序的历史沿革

近些年来，中国刑事案件的数量与日俱增，然而司法资源稀缺，二者的矛盾日益凸显，如何有效提高刑事诉讼效率、实现刑事诉讼程序的繁简分流，已成为中国司法体制改革亟待解决的问题。为了使人民法院在审理刑事案件一审普通程序、简易程序的基础上进一步简化审理程序，我国初步确立了对刑事案件审理的速裁程序。2014 年 6 月 27 日，第十二届全国人大常务委员会第九次会议表决并通过《关于授权最高人民法院、最高人民检察院在部分地区开展刑事案件速裁程序试点工作的决定》；2014 年 8 月，最高人民法院、最高人民检察院、公安部、司法部颁布了《关于在部分地区开展刑事案件速裁程序试点工作的办法》，该办法自颁布之日起试行期为 2 年。

为进一步落实宽严相济刑事政策，完善刑事诉讼程序，合理配置司法资源，提高办理刑事案件的质量与效率，确保无罪的人不受刑事追究，有罪的人受到公正惩罚，维护当事人的合法权益，促进司法公正，2016 年 9 月 3 日，第十二届全国人民代表大会常务委员会第二十二次会议通过《全国人民代表大会常务委员会关于授权最高人民法院、最高人民检察院在部分地区开展刑事案件认罪认罚从宽制度试点工作的决定》，授权最高人民法院、最高人民检察院在北京、天津、上海、重庆、沈阳、大连、南京、杭州、福州、厦门、济南、青岛、郑州、武汉、长沙、广州、深圳、西安这 18 个市开展刑事案件认罪认罚从宽制度试点工作，并决定《关于在部分地区开展刑事案件速裁程序试点工作的办法》按照新的试点办法继续试行。

2016 年 11 月 16 日，最高人民法院、最高人民检察院、公安部、国家安全部、司法部颁布《关于在部分地区开展刑事案件认罪认罚从宽制度试点工作的办法》，该办法自颁布之日起试行期为 2 年；2018 年 10 月 26 日第十三届全国人民代表大会常务委员会通过的《刑事诉讼法》第三次修正案将刑事案件速裁程序纳入法律。

二、速裁程序适用的肯定条件

依据《刑事诉讼法》第 222 条，《最高人民法院关于适用〈中华人民共和国刑事诉讼法〉的解释》第 369 的规定，基层人民法院适用速裁程序审理的案件要同时具备下列条件：

（1）案件事实清楚、证据确实充分。

（2）可能判处 3 年有期徒刑以下刑罚的案件。

（3）被告人认罪认罚。

（4）被告人同意适用速裁程序。

三、速裁程序适用的否定条件

依据《刑事诉讼法》第 223 条，《最高人民法院关于适用〈中华人民共和国刑事诉讼法〉的解释》第 370 条的规定，具有下列情形之一的，不适用速裁程序审理：

（1）被告人是盲、聋、哑人的。

（2）被告人是尚未完全丧失辨认或者控制自己行为能力的精神病人的。

（3）被告人是未成年人的。

（4）案件有重大社会影响的。

（5）共同犯罪案件中部分被告人对指控的犯罪事实、罪名、量刑建议或者适用速裁程序有异议的。

（6）被告人与被害人或者其法定代理人没有就附带民事诉讼赔偿等事项达成调解、和解协议的。

（7）辩护人作无罪辩护的。

（8）其他不宜适用速裁程序的情形。

四、速裁程序的启动

1. 公安机关建议适用速裁程序

依据《公安机关办理刑事案件程序规定》第 289 条第 2 款的规定，公安机关侦查终结移送审查起诉时，认为案件符合速裁程序适用条件的，可以向人民检察院提出适用速裁程序的建议。

2. 犯罪嫌疑人、被告人及其辩护人申请适用速裁程序

依据《最高人民法院关于适用〈中华人民共和国刑事诉讼法〉的解释》第 369 条第 3 款，《人民检察院刑事诉讼规则》第 439 条的规定，犯罪嫌疑人、被告人及其辩护人认为案件符合速裁程序适用条件的，可以向人民检察院、人民法院提出适用速裁程序的建议、申请。

3. 人民检察院建议适用速裁程序

依据《刑事诉讼法》第 222 条，《最高人民法院关于适用〈中华人民共和国刑事诉讼法〉的解释》第 369 条第 2 款，《人民检察院刑事诉讼规则》第 439 条的规定，人民检察院经审查认为符合速裁程序适用条件的，可以建议人民法院适用速裁程序审理。

4. 人民法院决定适用速裁程序

依据《最高人民法院关于适用〈中华人民共和国刑事诉讼法〉的解释》第 369 条第 1 款、第 2 款的规定，人民法院经审查认为符合速裁程序适用条件的，可以决定适用速裁程序。

五、审判组织

依据《刑事诉讼法》第 222 条的规定，基层人民法院决定适用速裁程序审理案件，由审判员一人独任审判。

六、开庭通知

依据《刑事诉讼法》第 224 条，《最高人民法院关于适用〈中华人民共和国刑事诉讼法〉的解释》第 371 条的规定，人民法院决定适用速裁程序的，应在开庭前将开庭的时间、地点通知人民检察院、被告人、辩护人，也可以通知其他诉讼参与人。

通知可以采用简便方式，不受开庭 3 日前送达开庭通知书的限制，也不

受开庭 10 日前送达起诉书副本的限制，但应当记录在案。

七、法庭审理程序

依据《刑事诉讼法》第 224 条，《最高人民法院关于适用〈中华人民共和国刑事诉讼法〉的解释》第 372 条至第 374 条，《人民检察院刑事诉讼规则》第 440 条至第 442 条的规定适用速裁程序的法庭审理程序如下：

（一）公诉人简要宣读起诉书

（1）人民检察院建议人民法院适用速裁程序的案件，人民检察院应当派员出席法庭；起诉书内容可以适当简化，重点写明指控的事实和适用的法律；公诉人出席速裁程序法庭时，可以简要宣读起诉书指控的犯罪事实、证据、适用法律及量刑建议，一般不再讯问被告人。

（2）人民检察院认为对犯罪嫌疑人可能宣告缓刑或者判处管制的，可以委托犯罪嫌疑人居住地所在的县级司法行政机关进行调查评估。司法行政机关一般应当在收到委托书后 5 个工作日内完成调查评估并出具评估意见，并及时向人民检察院和受理案件的人民法院反馈。

（二）审判人员讯问被告人

审判人员讯问被告人对指控事实、证据、量刑建议以及适用速裁程序的意见，核实具结书签署的自愿性、真实性、合法性，并核实附带民事诉讼赔偿等情况。

适用速裁程序审理案件，一般不进行法庭调查、法庭辩论。

（三）辩护人发表辩护意见

（四）被告人的最后陈述

人民法院适用速裁程序审理案件，裁判文书可以简化，应当当庭宣判。

人民法院适用速裁程序审理案件，可以集中开庭，逐案审理。

八、转为普通或简易程序

依据《刑事诉讼法》第 226 条，《最高人民法院关于适用〈中华人民共和国刑事诉讼法〉的解释》第 375 条、第 376 条的规定，适用速裁程序审理案件，在法庭审理过程中，具有下列情形之一的，应当转为普通程序或者简易程序重新审理：

（1）被告人的行为可能不构成犯罪或者不应当追究刑事责任的。

（2）被告人违背意愿认罪认罚的。

（3）被告人否认指控的犯罪事实的。

（4）案件疑难、复杂或者对适用法律有重大争议的。

（5）其他不宜适用速裁程序的情形。

决定转为普通程序或者简易程序审理的案件，审理期限应当从作出决定之日起计算。

九、速裁程序审理期限

依据《刑事诉讼法》第 225 条的规定，人民法院适用速裁程序审理案件，应当在受理后 10 日以内审结；对可能判处的有期徒刑超过 1 年的，可以延长至 15 日。

十、发回重审适用第一审普通程序

依据《最高人民法院关于适用〈中华人民共和国刑事诉讼法〉的解释》第 377 条的规定，适用速裁程序审理的案件，第二审人民法院因原判决事实不清或者证据不足，发回原审人民法院重新审判的，原审人民法院应当适用第一审普通程序重新审判。

第十七章

第二审程序

第一节　第二审程序的提起

一、两审终审制的例外

（1）第一审裁判作出后，在法定上诉期限届满，没有提起上诉、抗诉的情况下，第一审裁判发生法律效力。

（2）两审终审制是针对刑事诉讼中的普通程序而言的，死刑案件依法必须经过死刑复核诉讼程序后，两审裁判才发生法律效力。

（3）犯罪分子在不具有法定减轻情节的情况下，人民法院根据案件的特殊情况，如果需要在法定刑以下量刑，要经过最高人民法院复核，核准后方能生效。

（4）最高人民法院审理的案件为一审终审。

二、上诉、抗诉主体

《刑事诉讼法》第 227 条至第 229 条，《最高人民法院关于适用〈中华人民共和国刑事诉讼法〉的解释》第 378 条、第 379 条规定了对第一审裁判不服的上诉、抗诉主体。

（一）上诉主体

（1）被告人、自诉人对第一审裁判具有独立的上诉权。

（2）被告人、自诉人为无行为能力人或限制行为能力人的情况下，其法定代理人对第一审裁判也具有独立的上诉权，不受被告人、自诉人是否同意的限制。

（3）被告人的辩护人、近亲属不具有独立的上诉权，只有在经被告人同意后，才能提起上诉。

（4）附带民事诉讼的当事人及其法定代理人，享有对第一审裁判中附带民事诉讼部分的上诉权。

被告人、自诉人、附带民事诉讼当事人及其法定代理人是否提出上诉，以其在上诉期满前最后一次的意思表示为准。

（二）上诉状内容

人民法院受理的上诉案件，一般应当有上诉状正本及副本。

上诉状内容一般包括：第一审判决书、裁定书的文号和上诉人收到的时间，第一审人民法院的名称，上诉的请求和理由，提出上诉的时间。被告人的辩护人、近亲属经被告人同意提出上诉的，还应当写明其与被告人的关系，并应当以被告人作为上诉人。

（三）抗诉主体

地方各级人民检察院认为本级人民法院第一审的判决、裁定确有错误的时候，应当向上一级人民法院提出抗诉。

被害人及其法定代理人不服地方各级人民法院第一审的判决的，自收到判决书后 5 日以内，有权请求人民检察院提出抗诉。人民检察院自收到被害人及其法定代理人的请求后 5 日以内，应当作出是否抗诉的决定并且答复请求人。

三、上诉、抗诉期限

《刑事诉讼法》第 230 条，《最高人民法院关于适用〈中华人民共和国刑事诉讼法〉的解释》第 380 条规定，不服人民法院第一审判决的上诉和抗诉的期限为 10 日，不服人民法院第一审裁定的上诉和抗诉的期限为 5 日，从接到判决书、裁定书的第二日起算。

对附带民事判决、裁定的上诉、抗诉期限，应当按照刑事部分的上诉、抗诉期限确定。附带民事部分另行审判的，上诉期限也应当按照《刑事诉讼法》规定的期限确定。

四、上诉、抗诉程序

（一）上诉程序

《刑事诉讼法》第 231 条，《最高人民法院关于适用〈中华人民共和国刑事诉讼法〉的解释》第 378 条、第 381 条、第 382 条是对上诉程序的规定。

（1）地方各级人民法院在宣告第一审判决、裁定时，应当告知被告人、自诉人及其法定代理人不服判决和准许撤回起诉、终止审理等裁定的，有权在法定期限内以书面或者口头形式，通过本院或者直接向上一级人民法院提出上诉。

（2）上诉人通过第一审人民法院提出上诉的，第一审人民法院应当审查。上诉符合法律规定的，应当在上诉期满后 3 日内将上诉状连同案卷、证据移送上一级人民法院，并将上诉状副本送交同级人民检察院和对方当事人。

（3）上诉人直接向第二审人民法院提出上诉的，第二审人民法院应当在收到上诉状后 3 日内将上诉状交第一审人民法院。第一审人民法院应当审查上诉是否符合法律规定。符合法律规定的，应当在接到上诉状后 3 日内将上诉状连同案卷、证据移送上一级人民法院，并将上诉状副本送交同级人民检察院和对方当事人。

（二）抗诉程序

《刑事诉讼法》第 232 条，《最高人民法院关于适用〈中华人民共和国刑事诉讼法〉的解释》第 384 条是对抗诉程序的规定。

地方各级人民检察院对同级人民法院第一审判决、裁定的抗诉，应当通过第一审人民法院提交抗诉书，并且将抗诉书抄送上一级人民检察院。第一审人民法院应当在抗诉期满后 3 日以内将抗诉书连同案卷、证据移送上一级人民法院，并将抗诉书副本送交当事人。

五、撤回上诉、抗诉

（一）撤回上诉

《最高人民法院关于适用〈中华人民共和国刑事诉讼法〉的解释》第 383 条是对撤回上诉的规定。

（1）上诉人在上诉期限内要求撤回上诉的，人民法院应当准许。

（2）上诉人在上诉期满后要求撤回上诉的，第二审人民法院应当审查。经审查，认为原判认定事实和适用法律正确，量刑适当的，应当裁定准许；认为原判确有错误的，应当不予准许，继续按照上诉案件审理。

（3）被判处死刑立即执行的被告人提出上诉，在第二审开庭后宣告裁判前申请撤回上诉的，应当不予准许，继续按照上诉案件审理。

（二）撤回抗诉

《最高人民法院关于适用〈中华人民共和国刑事诉讼法〉的解释》第385条是对撤回抗诉的规定。

（1）人民检察院在抗诉期限内要求撤回抗诉的，人民法院应当准许。

（2）人民检察院在抗诉期满后要求撤回抗诉的，第二审人民法院可以裁定准许，但是认为原判存在将无罪判为有罪、轻罪重判等情形的，应当不予准许，继续审理。

（3）上级人民检察院认为下级人民检察院抗诉不当，向第二审人民法院要求撤回抗诉的，适用前述规定。

（三）撤诉后原裁判生效时间

《最高人民法院关于适用〈中华人民共和国刑事诉讼法〉的解释》第386条规定，在上诉、抗诉期满前撤回上诉、抗诉的，第一审判决、裁定在上诉、抗诉期满之日起生效。在上诉、抗诉期满后要求撤回上诉、抗诉，第二审人民法院裁定准许的，第一审判决、裁定应当自第二审裁定书送达上诉人或者抗诉机关之日起生效。

第二节　第二审审判程序

一、审判组织

人民法院审判上诉和抗诉案件，由审判员3人至5人组成合议庭进行。合议庭的成员人数应当是单数。合议庭由院长或者庭长指定审判员一人担任审判长。院长或者庭长参加审判案件的时候，自己担任审判长。

二、全面审查

《刑事诉讼法》第233条，《最高人民法院关于适用〈中华人民共和国刑事诉讼法〉的解释》第388条至第390条是对上诉、抗诉案件全面审查的规定。

全面审查是指第二审人民法院对第一审裁判事实是否清楚、证据是否确实充分、适用法律是否正确、量刑是否适当、有无违反法定诉讼程序五项范围进行全面审查，并作出全面处理，不受上诉、抗诉范围的限制。

（1）共同犯罪案件，只有部分被告人提出上诉，或者自诉人只对部分被告人的判决提出上诉，或者人民检察院只对部分被告人的判决提出抗诉的，第二审人民法院应当对全案进行审查，对未上诉的被告人、未被上诉和抗诉的被告人，应一并处理。

共同犯罪案件，上诉的被告人死亡，其他被告人未上诉的，第二审人民法院应当对死亡的被告人终止审理；但有证据证明被告人无罪，经缺席审理确认无罪的，应当判决宣告被告人无罪。第二审人民法院仍应对全案进行审查，对其他未上诉的同案被告人作出判决、裁定。

共同犯罪案件，只有部分被告人提出上诉，或者自诉人只对部分被告人的判决提出上诉，或者人民检察院只对部分被告人的判决提出抗诉的，其他同案被告人也可以委托辩护人辩护。

（2）刑事附带民事诉讼案件，只对刑事部分上诉、抗诉，也要对附带民事部分进行审查；只对附带民事部分上诉、抗诉，也要对刑事部分进行审查。

三、审查形式内容

《最高人民法院关于适用〈中华人民共和国刑事诉讼法〉的解释》第387条规定，第二审人民法院对第一审人民法院移送的上诉、抗诉案卷、证据，应当审查是否包括下列内容：

（1）移送上诉、抗诉案件函。

（2）上诉状或者抗诉书。

（3）第一审判决书、裁定书8份（每增加一名被告人增加1份）及其电子文本。

（4）全部案卷、证据，包括案件审理报告和其他应当移送的材料。

前述所列材料齐全的，第二审人民法院应当收案；材料不全的，应当通知第一审人民法院及时补送。

四、审查实质内容

《最高人民法院关于适用〈中华人民共和国刑事诉讼法〉的解释》第391条规定，第二审人民法院对上诉、抗诉案件，应当着重审查下列内容：

（1）第一审判决认定的事实是否清楚，证据是否确实、充分。

（2）第一审判决适用法律是否正确，量刑是否适当。

（3）在调查、侦查、审查起诉、第一审程序中，有无违反法定程序的情形。

（4）上诉、抗诉是否提出新的事实、证据。

（5）被告人的供述和辩解情况。

（6）辩护人的辩护意见及采纳情况。

（7）附带民事部分的判决、裁定是否合法、适当。

（8）对涉案财物的处理是否正确。

（9）第一审人民法院合议庭、审判委员会讨论的意见。

五、开庭审理

《刑事诉讼法》第 234 条、第 235 条、第 344 条，《最高人民法院关于适用〈中华人民共和国刑事诉讼法〉的解释》第 393 条至第 399 条、第 413 条是对第二审人民法院开庭审理上诉、抗诉案件的规定。

（一）开庭审理的概念

开庭审理是指第二审人民法院采取由检察人员和诉讼参与人参加，通过法庭调查、法庭辩论、合议庭评议、宣判的方式审理案件。

（二）开庭审理的案件范围

第二审人民法院对于下列案件，应当组成合议庭，开庭审理：

（1）被告人、自诉人及其法定代理人对第一审认定的事实、证据提出异议，可能影响定罪量刑的上诉案件。

（2）被告人被判处死刑的上诉案件。

（3）人民检察院抗诉的案件；

（4）其他应当开庭审理的案件。

被判处死刑的被告人没有上诉，同案的其他被告人上诉的案件，第二审人民法院应当开庭审理。

第二审人民法院开庭审理上诉、抗诉案件，可以到案件发生地或者原审人民法院所在地进行。

（三）开庭审理程序

第二审人民法院开庭审理上诉、抗诉案件，在全面审查的基础上，可以重点围绕对第一审判决、裁定有争议的问题或者有疑问的部分进行。除参照第一审程序的规定以外，应当按下列程序进行：

1. 开庭前的准备

（1）开庭时宣布合议庭组成成员，告知当事人诉讼权利等。

（2）人民检察院提出抗诉的案件或者第二审人民法院开庭审理的公诉案件，同级人民检察院都应当派员出席法庭。第二审人民法院应当在决定开庭审理后及时通知人民检察院查阅案卷。人民检察院应当在1个月以内查阅完毕。自通知后第二日起，人民检察院查阅案卷的时间不计入审理期限。

抗诉案件，人民检察院接到开庭通知后不派员出庭，且未说明原因的，人民法院可以裁定按人民检察院撤回抗诉处理。

在第二审程序中，人民检察院派员出席法庭，是法律监督者的身份，虽然在上诉、抗诉案件的第二审程序中仍然行使部分控诉职能，但是需称呼为检察人员，不再是公诉人。

（3）第二审期间，人民检察院或者被告人及其辩护人提交新证据的，人民法院应当及时通知对方查阅、摘抄或者复制。

（4）对同案审理案件中未上诉的被告人，未被申请出庭或者人民法院认为没有必要到庭的，可以不再传唤到庭。

（5）同案审理的案件，未提出上诉、人民检察院也未对其判决提出抗诉的被告人要求出庭的，应当准许。出庭的被告人可以参加法庭调查和辩论。

2. 法庭调查

法庭调查阶段，审判人员宣读第一审判决书、裁定书后，上诉案件由上诉人或者辩护人先宣读上诉状或者陈述上诉理由，抗诉案件由检察员先宣读抗诉书；既有上诉又有抗诉的案件，先由检察员宣读抗诉书，再由上诉人或者辩护人宣读上诉状或者陈述上诉理由。

宣读第一审判决书，可以只宣读案由、主要事实、证据名称和判决主文等。

法庭调查应当重点围绕对第一审判决提出异议的事实、证据以及新的证据等进行；对没有异议的事实、证据和情节，可以直接确认。

被告人犯有数罪的案件，对其中事实清楚且无异议的犯罪，可以不在庭审时审理。

3. 法庭辩论

法庭辩论阶段，上诉案件，先由上诉人、辩护人发言，后由检察员、诉讼代理人发言；抗诉案件，先由检察员、诉讼代理人发言，后由被告人、辩护人发言；既有上诉又有抗诉的案件，先由检察员、诉讼代理人发言，后由上诉人、辩护人发言。

4. 上诉人、被告人最后陈述

5. 合议庭评议，作出判决并宣判

第二审人民法院可以委托第一审人民法院代为宣判，并向当事人送达第二审判决书、裁定书。第一审人民法院应当在代为宣判后 5 日以内将宣判笔录送交第二审人民法院，并在送达完毕后及时将送达回证送交第二审人民法院。

委托宣判的，第二审人民法院应当直接向同级人民检察院送达第二审判决书、裁定书。

第二审判决、裁定是终审的判决、裁定的，自宣告之日起发生法律效力。

六、不开庭审理

《刑事诉讼法》第 234 条，《最高人民法院关于适用〈中华人民共和国刑事诉讼法〉的解释》第 400 条是对第二审人民法院不开庭审理上诉、抗诉案件的规定。

（1）不开庭审理又称调查询问式审理，是指第二审人民法院通过阅卷，讯问被告人，听取其他当事人、辩护人、诉讼代理人的意见后作出裁判的审判方式。

（2）人民法院不开庭审理的案件，也应当由审判员 3 人至 5 人组成合议庭；合议庭全体成员应当阅卷，必要时应当提交书面阅卷意见。

七、上诉不加刑原则

《刑事诉讼法》第 237 条，《最高人民法院关于适用〈中华人民共和国刑事诉讼法〉的解释》第 401 条至第 403 条是对上诉不加刑原则的规定。

（一）上诉不加刑原则的概念

上诉不加刑原则是指第二审人民法院审判被告人或者其法定代理人、近亲属、辩护人上诉的案件，不得以任何理由加重被告人的刑罚或对被告人刑罚作出实质不利的改判的一种审判原则。

第二审人民法院审理被告人或者他的法定代理人、辩护人、近亲属上诉的案件，不得加重被告人的刑罚。第二审人民法院发回原审人民法院重新审判的案件，除有新的犯罪事实，人民检察院补充起诉的以外，原审人民法院也不得加重被告人的刑罚。

人民检察院提出抗诉或者自诉人提出上诉的，不受前述规定的限制。

（二）上诉不加刑原则的具体规定

（1）同案审理的案件，只有部分被告人上诉的，既不得加重上诉人的刑罚，也不得加重其他同案被告人的刑罚。

（2）原判认定的罪名不当的，可以改变罪名，但不得加重刑罚或者对刑罚执行产生不利影响。

（3）原判认定的罪数不当的，可以改变罪数，并调整刑罚，但不得加重决定执行的刑罚或者对刑罚执行产生不利影响。

（4）原判对被告人宣告缓刑的，不得撤销缓刑或者延长缓刑考验期。

（5）原判没有宣告职业禁止、禁止令的，不得增加宣告；原判宣告职业禁止、禁止令的，不得增加内容、延长期限。

（6）原判对被告人判处死刑缓期执行没有限制减刑、决定终身监禁的，不得限制减刑、决定终身监禁。

（7）原判判处的刑罚不当、应当适用附加刑而没有适用的，不得直接加重刑罚、适用附加刑。原判判处的刑罚畸轻，必须依法改判的，应当在第二审判决、裁定生效后，依照审判监督程序重新审判。

（8）人民检察院只对部分被告人的判决提出抗诉，或者自诉人只对部分被告人的判决提出上诉的，第二审人民法院不得对其他同案被告人加重刑罚。

（9）被告人或者其法定代理人、辩护人、近亲属提出上诉，人民检察院未提出抗诉的案件，第二审人民法院发回重新审判后，除有新的犯罪事实且人民检察院补充起诉的以外，原审人民法院不得加重被告人的刑罚。

原审人民法院对上诉发回重新审判的案件依法作出判决后，人民检察院抗诉的，第二审人民法院不得改判为重于原审人民法院第一次判处的刑罚。

八、第二审案件的处理

《刑事诉讼法》第 236 条、第 238 条至第 241 条，《最高人民法院关于适用〈中华人民共和国刑事诉讼法〉的解释》第 404 条至第 412 条是对第二审案件处理的规定。

（一）不服第一审判决的处理

第二审人民法院对不服第一审判决的上诉、抗诉案件，经过审理后，应当按照下列情形分别处理：

（1）原判决认定事实和适用法律正确、量刑适当的，应当裁定驳回上诉或者抗诉，维持原判。

（2）原判决认定事实没有错误，但适用法律有错误，或者量刑不当的，应当改判。

（3）原判决事实不清楚或者证据不足的，可以在查清事实后改判；也可以裁定撤销原判，发回原审人民法院重新审判。

有多名被告人的案件，部分被告人的犯罪事实不清、证据不足或者有新的犯罪事实需要追诉，且有关犯罪与其他同案被告人没有关联的，第二审人民法院根据案件情况，可以对该部分被告人分案处理，将该部分被告人发回原审人民法院重新审判。原审人民法院重新作出判决后，被告人上诉或者人民检察院抗诉，其他被告人的案件尚未作出第二审判决、裁定的，第二审人民法院可以并案审理。

第二审人民法院因原判决事实不清楚或者证据不足，而发回原审人民法院重新审判的案件作出判决后，被告人提出上诉或者人民检察院提出抗诉的，第二审人民法院应当依法作出判决或者裁定，不得再发回原审人民法院重新审判，发回重审以一次为限。

（4）原审人民法院的审理有下列违反法律规定的诉讼程序的情形之一的，应当裁定撤销原判，发回原审人民法院重新审判：①违反《刑事诉讼法》有关公开审判的规定的；②违反回避制度的；③剥夺或者限制了当事人的法定诉讼权利，可能影响公正审判的；④审判组织的组成不合法的；⑤其他违反法律规定的诉讼程序，可能影响公正审判的。

第二审人民法院发现原审人民法院在重新审判过程中有前述违反法律规定的诉讼程序的情形之一的，仍应当裁定撤销原判，发回重新审判。

第二审期间，发现第一审判决未对随案移送的涉案财物及其孳息作出处理的，可以裁定撤销原判，发回原审人民法院重新审判。

（二）发回重审的处理

原审人民法院对于发回重新审判的案件，应当另行组成合议庭，依照第一审程序进行审判。对于重新审判后的判决，依法可以上诉、抗诉。

第二审人民法院发现原审人民法院在重新审判过程中没有遵守前述规定的，仍应当裁定撤销原判，发回重新审判。

第二审人民法院发回原审人民法院重新审判的案件，原审人民法院从收到发回的案件之日起，重新计算审理期限。

（三）不服第一审裁定的处理

第二审人民法院对不服第一审裁定的上诉或者抗诉，经过审查后，应当参照对第一审判决的处理规定，分别情形用裁定驳回上诉、抗诉，或者撤销、变更原裁定。

（四）刑事附带民事诉讼案件的处理

（1）第二审人民法院审理对刑事部分提出上诉、抗诉，附带民事部分已经发生法律效力的案件，发现第一审判决、裁定中的附带民事部分确有错误的，应当依照审判监督程序对附带民事部分予以纠正。

（2）刑事附带民事诉讼案件，只有附带民事诉讼当事人及其法定代理人上诉的，第一审刑事部分的判决在上诉期满后即发生法律效力。

应当送监执行的第一审刑事被告人是第二审附带民事诉讼被告人的，在第二审附带民事诉讼案件审结前，可以暂缓送监执行。

（3）第二审人民法院审理对附带民事部分提出上诉，刑事部分已经发生法律效力的案件，应当对全案进行审查，并按照下列情形分别处理：①第一审判决的刑事部分并无不当的，只需就附带民事部分作出处理；②第一审判决的刑事部分确有错误的，依照审判监督程序对刑事部分进行再审，并将附带民事部分与刑事部分一并审理。

（五）增加附带民事诉讼请求及反诉的处理

第二审期间，第一审附带民事诉讼原告人增加独立的诉讼请求或者第一审附带民事诉讼被告人提出反诉的，第二审人民法院可以根据自愿、合法的原则进行调解；调解不成的，告知当事人另行起诉。

（六）自诉案件调解与和解的处理

对第二审自诉案件，必要时可以调解，当事人也可以自行和解。调解结案的，应当制作调解书，第一审判决、裁定视为自动撤销；当事人自行和解的，人民法院经审查认为系被强迫、恐吓等并非自愿的，不予准许，经审查认为和解、撤回自诉确属自愿的，应当裁定准许撤回自诉，并撤销第一审判决、裁定。

九、第二审程序审理期限

《刑事诉讼法》第 243 条是对第二审审理期限的规定。

（1）第二审人民法院受理上诉、抗诉案件，应当在 2 个月以内审结。

（2）具有下列情况之一的，经省、自治区、直辖市高级人民法院批准或者决定，可以延长一次审限，期限为 2 个月：

①对于可能判处死刑的案件或者附带民事诉讼的案件；②交通十分不便的边远地区的重大复杂案件；③重大的犯罪集团案件；④流窜作案的重大复杂案件；⑤犯罪涉及面广，取证困难的重大复杂案件。

（3）因特殊情况还需要延长的，报请最高人民法院批准。

最高人民法院受理上诉、抗诉案件的审理期限，由最高人民法院决定。

第三节　第二审程序辩护

辩护律师第二审程序中的工作范围，除参照辩护律师第一审程序中的工作范围之外，要注意以下工作。

一、提交委托手续

第一审辩护律师在上诉期内受被告人、被告人的法定代理人的委托担任二审辩护人的，受委托担任第二审辩护人的律师，应当及时与第二审人民法院取得联系，提交委托手续，及时参与二审诉讼活动。

二、提起上诉

辩护律师应当协助被告人提起上诉，包括确定上诉的请求和理由，代写上诉状等。第一审辩护律师经被告人同意，在法定上诉期内可以提出上诉。

辩护律师在第二审程序中的工作已经不再是针对起诉书中的指控，而应是针对第一审裁判中存在的事实不清、证据不足、适用法律错误、量刑失当、违反法定程序确定上诉请求及事实理由。上诉请求要具体明确。

（1）原判决认定事实没有错误，但适用法律有错误，或者量刑不当的，上诉请求要写明改判原审判决第几项、具体改判到何种刑种（包括主刑和附加刑）、刑期、数额、期限及刑罚执行方法。

（2）原判决事实不清楚或者证据不足的，请求第二审人民法院在查清事实后改判的，撰写上诉请求的内容同上；请求第二审人民法院裁定撤销原判，发回原审人民法院重新审判的，要论述第二审人民法院因无法查清事实或缺少证据，因此难以改判的理由。

（3）原审人民法院的审理案件有下列违反法律规定的诉讼程序的情形之一的，上诉请求应当明确裁定撤销原判，发回原审人民法院重新审判：①违反《刑事诉讼法》有关公开审判的规定的；②违反回避制度的；③剥夺或者限制了当事人的法定诉讼权利，可能影响公正审判的；④审判组织的组成不合法的；⑤其他违反法律规定的诉讼程序，可能影响公正审判的。

辩护律师要注意违反公开审判、回避制度、审判组织的组成的法律规定，是无条件的发回原审人民法院重审；原审人民法院剥夺或者限制了当事人的法定诉讼权利以及其他违反法律规定的诉讼程序，要达到影响公正审判的程度，才能发回原审人民法院重审。

三、提出开庭审理的意见

（1）第二审案件具有下列情形之一的，辩护律师应当以书面形式向人民法院提出开庭审理的意见并说明具体理由：

①被告人、自诉人及其法定代理人对第一审认定的事实、证据提出异议，可能影响定罪量刑的上诉案件；②被告人被判处死刑的上诉案件；③人民检察院抗诉的案件；④其他应当开庭审理的案件。

被判处死刑的被告人没有上诉，同案的其他被告人上诉的案件，第二审人民法院应当开庭审理。

（2）第二审案件具有下列情形之一的，辩护律师可以以书面形式向人民法院提出开庭审理的意见并说明具体理由：

①人民检察院或者上诉人及其辩护律师提交新证据的；②上诉人及其辩护律师要求排除非法证据的；③其他上诉案件。

辩护律师应当争取第二审开庭审理，因为第二审案件采用不开庭审理方式，辩护律师的工作往往仅是向第二审法院交一份辩护词，所以辩护律师的作用不能得到全面、有效的发挥。

上诉人对原审判决认定的事实、证据提出异议，并且可能影响定罪量刑的上诉案件，在司法实践中大量发生。因此辩护律师应将此项规定运用娴熟，在代被告人撰写上诉状和开庭审理意见书时，不仅要论述原审认定事实不清、证据不足，而且要论述达到影响定罪量刑的程度。例如，辩护律师在上诉时提出新证据、提出作为原判依据的鉴定意见存在严重瑕疵等，往往会影响定罪量刑。

四、阅卷、会见、调取证据材料

（一）阅卷

第二审程序启动后，辩护律师应当及时到法院复制案卷材料，阅卷方法及工作内容与"辩护律师解析刑事案件的程序"中的规定基本相同，只不过是阅程序卷时要先阅第一审裁判文书。

（二）会见

辩护律师在第二审程序中，会见上诉人、原审被告人的主要目的是征求对第一审裁判的意见、协商二审辩护方案和指导开庭审理的二审程序。

（三）调取证据材料

1. 调取证据重要性

辩护律师在第二审程序中，不要仅局限于现有案卷证据材料审核案件，必要时要调查收集相关证据材料。

辩护律师应当重视第二审新证据，因为它不仅能够使第二审法院采用开庭审理的方式审判案件，也是改变原审判决定罪量刑的重要内容。

作为上诉人、被告人的辩护律师如果想推翻第一审判决，在第二审程序中，应尽量调取新的证据；如果不能调取新的证据，就应当使有利于上诉人、被告人一方的证据（包括控、辩双方调取的证据）及证明体系达到事实清楚、证据确实、充分的证明标准，仅仅找出第一审判决的一点漏洞，难以改变第一审判决。

2. 第二审新证据

具有下列情形之一，可能改变原裁判据以定罪量刑的事实的证据，应当认定为刑事诉讼第二审新证据：

（1）原判决、裁定作出后新发现的证据。

（2）原判决、裁定作出前已经发现，但未予收集的证据。

（3）原判决、裁定作出前已经收集，但未经质证的证据。

（4）原判决、裁定所依据的鉴定意见，勘验、检查等笔录或者其他证据被改变或者否定的。

(5) 原判决、裁定所依据的被告人供述、证人证言等证据发生变化，影响定罪量刑，且有合理理由的。

五、辩护方案

辩护律师出席第二审案件开庭审理活动，应当根据上诉请求及事实理由确定辩护方案，展开辩护：

(1) 对上诉案件，应当重点围绕上诉所涉及的事实、证据、法律适用及量刑问题展开辩护活动，请求第二审人民法院改判、发回原审法院重新审判。已经发回重审一次，再次上诉、抗诉仍然事实不清、证据不足的案件，应当直接要求第二审人民法院按疑罪从无原则宣告上诉人、被告人无罪。

(2) 对抗诉案件，应当根据抗诉对原审被告人产生的影响确定辩护方案。对不利原审被告人的抗诉，应当维护原审判决，请求第二审人民法院驳回抗诉，维持原判；对有利原审被告人的抗诉，应当支持抗诉，请求第二审人民法院撤销原判，作出对被告人有利的改判。

(3) 对既有上诉又有抗诉的案件，应当重点围绕上诉请求和理由展开辩护活动，同时兼顾抗诉请求和理由，分不同情况，支持有利上诉人、原审被告人的抗诉，反对不利上诉人、原审被告人的抗诉。

六、发问

辩护律师在第二审程序中向被告人、证人、鉴定人、被害人等进行发问针对的是原审判决认定的事实不清、证据不足、适用法律错误、量刑失当、违反法定程序，以达到第二审人民法院支持上诉请求的目的。

七、在上诉案件中辩护律师的举证质证

1. 辩护律师在上诉案件中举证质证意见

上诉人、被告人的辩护律师在上诉案件中的举证质证意见是指辩护律师在第二审开庭时，为了证明原审判决认定的事实不清、证据不足、适用法律错误、量刑失当、违反法定程序和上诉请求及事实理由的正确性向第二审法庭出示证据的意见，以及对检察人员、对方当事人出示证据的答辩意见。

2. 上诉案件证明体系

上诉案件在第二审程序中的举证责任，由上诉方承担。上诉人、被告人的辩护律师在上诉案件中的举证任务较第一审程序繁重，要对第一审判决存在的错误以及本方的上诉请求及事实理由进行全面举证，形成两条相互联系的证明体系，在立论证明上诉请求及理由正确性的同时，也就隐含着第一审判决中存在错误；在立论第一审判决中存在错误的同时，也就隐含着上诉请求及事实理由的正确性。其实质是形成一条使第二审人民法院支持上诉请求的完整证明体系。

3. 上诉案件举证方式

在第一审程序中已经出示的证据（包括控诉和辩护证据）在第二审程序庭审时应当出示。辩护律师对第一审程序中没有争议的证据应当简化出示；对第一审程序中有争议的对上诉人、被告人有利的证据以及在第二审程序中辩护律师调取的新证据应当强化出示，既要保证证明体系的完整性，也要避免出现不必要的重复。

八、在抗诉案件中辩护律师的举证质证

人民检察院抗诉的案件，在第二审程序中仍然是由人民检察院的检察员负举证责任，上诉人、被告人的辩护律师举证质证方法参照第一审程序进行，只不过是在第二审程序中上诉人、被告人的辩护律师举证质证意见的目标是对不利原审被告人的抗诉，应当维护原审判决，请求第二审人民法院驳回抗诉，维持原判；对有利原审被告人的抗诉，应当支持抗诉，请求第二审人民法院撤销原判，作出对被告人有利的改判。

九、未上诉或未被抗诉的被告人要求出庭

（1）同案未上诉或未被抗诉的被告人，在第二审程序中有权委托律师进行辩护。

（2）辩护律师接受同案未上诉或未被抗诉的被告人委托，应当提醒其向第二审人民法院要求出庭；辩护律师也应当将其要求出庭的意见以书面形式递交第二审人民法院，否则第二审人民法院有权因其未被申请出庭或者认为没有必要出庭而不再传唤其到庭。

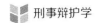

十、提交或当面陈述辩护意见

第二审人民法院决定不开庭审理的上诉、抗诉案件，辩护律师应当及时向人民法院提交书面辩护意见。必要时可以提出向办案法官当面陈述辩护意见的要求。

第十八章

在法定刑以下判处刑罚和特殊假释的核准

第一节　在法定刑以下判处刑罚的核准

一、酌定减轻处罚的概念

（1）酌定减轻处罚是指人民法院处理个案的过程中，虽然被告人不具有法定减轻情节，但是根据被告人具有的酌定量刑情节对其在法定刑以下判处刑罚或者刑法规定有数个量刑幅度的，在法定量刑幅度的下一个量刑幅度内判处刑罚。

中国《刑法》中的酌定量刑情节包括从重、从轻、减轻三种情节，不存在酌定免除量刑情节。酌定从重、从轻情节属于人民法院在处理个案中的自由裁量权；对酌定减轻情节，在人民法院处理个案的过程中无权自行决定适用，需要经最高人民法院核准才能适用，这种需经"核准"适用的酌定减轻，在司法实践中被称为"破格酌情减轻"。

（2）《刑法》第63条规定："犯罪分子具有本法规定的减轻处罚情节的，应当在法定刑以下判处刑罚；本法规定有数个量刑幅度的，应当在法定量刑幅度的下一个量刑幅度内判处刑罚。犯罪分子虽然不具有本法规定的减轻处罚情节，但是根据案件的特殊情况，经最高人民法院核准，也可以在法定刑以下判处刑罚。"

本条中规定的"特殊情况"是指与国家、社会利益有关系的重要情况。本节下文将阐述"破格酌情减轻"，也即"在法定刑以下判处刑罚"的核准程序。

二、酌定减轻处罚的核准程序

《最高人民法院关于适用〈中华人民共和国刑事诉讼法〉的解释》第 414 条至第 419 条规定了酌定减轻处罚的复核、核准程序。

（一）上级人民法院的复核

报请最高人民法院核准在法定刑以下判处刑罚的案件，应当按照下列情形分别处理：

（1）被告人未上诉、人民检察院未抗诉的，在上诉、抗诉期满后 3 日以内报请上一级人民法院复核。上级人民法院同意原判的，应当书面层报最高人民法院核准；不同意的，应当裁定发回重新审判，或者按照第二审程序提审。

（2）被告人上诉或者人民检察院抗诉的，上一级人民法院维持原判，或者改判后仍在法定刑以下判处刑罚的，应当层报最高人民法院核准。

（二）第二审法院可以在法定刑以下判处刑罚

对符合刑法"在法定刑以下判处刑罚"需核准的案件，第一审人民法院未在法定刑以下判处刑罚的，第二审人民法院可以在法定刑以下判处刑罚，并层报最高人民法院核准。

（三）报请核准材料

报请最高人民法院核准在法定刑以下判处刑罚的案件，应当报送判决书、报请核准的报告各 5 份，以及全部案卷、证据。

（四）处理结果

对在法定刑以下判处刑罚的案件，最高人民法院予以核准的，应当作出核准裁定书；不予核准的，应当作出不核准裁定书，并撤销原判决、裁定，发回原审人民法院重新审判或者指定其他下级人民法院重新审判。

（五）发回重审后的处理

对在法定刑以下判处刑罚需核准的案件，最高人民法院、上级人民法院发回第二审人民法院重新审判的，第二审人民法院可以直接改判；必须通过开庭查清事实、核实证据或者纠正原审程序违法的，应当开庭审理。

（六）复核期限

最高人民法院和上级人民法院复核在法定刑以下判处刑罚需核准的案件的审理期限，参照适用第二审人民法院审理上诉、抗诉案件期限的规定。

第二节　特殊假释的核准

一、特殊假释的概念

（1）特殊假释是指被判处有期徒刑或者无期徒刑的犯罪分子，如果有特殊情况，可以不受实际执行刑期的限制，将其附条件地予以提前释放，并经最高人民法院核准的制度。

（2）《刑法》第 81 条规定："被判处有期徒刑的犯罪分子，执行原判刑期二分之一以上，被判处无期徒刑的犯罪分子，实际执行十三年以上，如果认真遵守监规，接受教育改造，确有悔改表现，没有再犯罪的危险的，可以假释。如果有特殊情况，经最高人民法院核准，可以不受上述执行刑期的限制。对累犯以及因故意杀人、强奸、抢劫、绑架、放火、爆炸、投放危险物质或者有组织的暴力性犯罪被判处十年以上有期徒刑、无期徒刑的犯罪分子，不得假释。对犯罪分子决定假释时，应当考虑其假释后对所居住社区的影响。"

依据《最高人民法院关于办理减刑、假释案件具体应用法律的规定》第 24 条的规定，"特殊情况"是指有国家政治、国防、外交等方面特殊需要的情况。

二、特殊假释的核准程序

《最高人民法院关于适用〈中华人民共和国刑事诉讼法〉的解释》第 420 条至第 422 条规定了特殊假释的核准程序。

（一）报请程序

报请最高人民法院核准因罪犯具有特殊情况，不受执行刑期限制的假释案件，应当按照下列情形分别处理：

（1）中级人民法院依法作出假释裁定后，应当报请高级人民法院复核。高级人民法院同意的，应当书面报请最高人民法院核准；不同意的，应当裁定撤销中级人民法院的假释裁定。

（2）高级人民法院依法作出假释裁定的，应当报请最高人民法院核准。

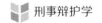

（二）报请核准材料

报请最高人民法院核准因罪犯具有特殊情况，不受执行刑期限制的假释案件，应当报送报请核准的报告、罪犯具有特殊情况的报告、假释裁定书各5份，以及全部案卷。

（三）处理结果

对因罪犯具有特殊情况，不受执行刑期限制的假释案件，最高人民法院予以核准的，应当作出核准裁定书；不予核准的，应当作出不核准裁定书，并撤销原裁定。

第十九章

涉案财物的处理

第一节　涉案财物概论

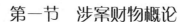

一、涉案财物的概念

（一）法律依据

《刑法》第 64 条规定："犯罪分子违法所得的一切财物，应当予以追缴或者责令退赔；对被害人的合法财产，应当及时返还；违禁品和供犯罪所用的本人财物，应当予以没收。没收的财物和罚金，一律上缴国库，不得挪用和自行处理。"

《人民检察院刑事诉讼规则》第 515 条规定："犯罪嫌疑人、被告人通过实施犯罪直接或者间接产生、获得的任何财产，应当认定为'违法所得'。违法所得已经部分或者全部转变、转化为其他财产的，转变、转化后的财产应当视为前款规定的'违法所得'。来自违法所得转变、转化后的财产收益，或者来自已经与违法所得相混合财产中违法所得相应部分的收益，也应当视为第一款规定的违法所得。"

《人民检察院刑事诉讼规则》第 516 条规定："犯罪嫌疑人、被告人非法持有的违禁品、供犯罪所用的本人财物，应当认定为'其他涉案财产'。"

依据前述法律规定，涉案财物是指犯罪嫌疑人、被告人违法所得及其他涉案财产，其中"违法所得"是指通过实施犯罪行为直接或者间接产生、获得及转化的财物和孳息，"其他涉案财产"是指非法持有违禁品和供犯罪所用的本人财物。

（二）作为定罪和量刑依据的"违法所得"与作为追缴没收依据的"违法所得"的区别

1. 作为定罪和量刑依据的"违法所得"

作为定罪和量刑依据的"违法所得"是指获利数额，即违法获得的全部收入扣除其直接用于经营活动的合理支出后剩余的数额。

例如，《刑法》第225条规定："违反国家规定，有下列非法经营行为之一，扰乱市场秩序，情节严重的，处五年以下有期徒刑或者拘役，并处或者单处违法所得一倍以上五倍以下罚金；情节特别严重的，处五年以上有期徒刑，并处违法所得一倍以上五倍以下罚金或者没收财产……"此处作为判处罚金依据的"违法所得"是指获利数额，即违法"经营数额"扣除其直接用于经营活动的合理支出后剩余的数额。

再例如，《刑法》第217条规定："以营利为目的，有下列侵犯著作权或者与著作权有关的权利的情形之一，违法所得数额较大或者有其他严重情节的，处三年以下有期徒刑，并处或者单处罚金；违法所得数额巨大或者有其他特别严重情节的，处三年以上十年以下有期徒刑，并处罚金……"此处作为定罪和量刑依据的"违法所得"也是指获利数额，即违法"经营数额"扣除其直接用于经营活动的合理支出后剩余的数额。

2. 作为追缴没收依据的"违法所得"

作为追缴没收依据的"违法所得"是指通过实施犯罪直接或者间接产生、获得及转化的财物和孳息，即违法获得的全部收入的数额，对其直接用于经营活动的合理支出的数额不予扣除。

例如，《刑法》第176条规定："非法吸收公众存款或者变相吸收公众存款，扰乱金融秩序的，处三年以下有期徒刑或者拘役，并处或者单处罚金；数额巨大或者有其他严重情节的，处三年以上十年以下有期徒刑，并处罚金；数额特别巨大或者有其他特别严重情节的，处十年以上有期徒刑，并处罚金。单位犯前款罪的，对单位判处罚金，并对其直接负责的主管人员和其他直接责任人员，依照前款的规定处罚。有前两款行为，在提起公诉前积极退赃退赔，减少损害结果发生的，可以从轻或者减轻处罚。"

本条非法吸收公众存款罪中的"违法所得"，是指犯罪嫌疑人、被告人向社会公众非法吸收的资金总额。犯罪嫌疑人、被告人以吸收的资金向集资参与人支付的利息、分红等回报；向帮助吸收资金的人员支付的代理费、好处费、返点费、佣金、提成等费用，以及其他经营支出一概不予扣除。除应当返还被害人的以外均作为"违法所得"依法追缴没收。

二、涉案财物的妥善保管

依据《刑事诉讼法》第245条，《最高人民法院关于适用〈中华人民共和国刑事诉讼法〉的解释》第437条的规定，公安机关、人民检察院、人民法院对查封、扣押、冻结的犯罪嫌疑人、被告人的财物及其孳息，应当妥善保管，以供核查，并制作清单，随案移送。任何单位和个人均不得挪用或者自行处理。

（1）查封不动产、车辆、船舶、航空器等财物，应当扣押其权利证书，经拍照或者录像后原地封存，或者交持有人、被告人的近亲属保管，登记并写明财物的名称、型号、权属、地址等详细信息，并通知有关财物的登记、管理部门办理查封登记手续。

（2）扣押物品，应当登记并写明物品名称、型号、规格、数量、重量、质量、成色、纯度、颜色、新旧程度、缺损特征和来源等。扣押货币、有价证券，应当登记并写明货币、有价证券的名称、数额、面额等，货币应当存入银行专门账户，并登记银行存款凭证的名称、内容。扣押文物、金银、珠宝、名贵字画等贵重物品以及违禁品，应当拍照，需要鉴定的，应当及时鉴定。对扣押的物品应当根据有关规定及时估价。

（3）冻结存款、汇款、债券、股票、基金份额等财产，应当登记并写明编号、种类、面值、张数、金额等。

三、涉案财物的先行处置

《最高人民法院关于适用〈中华人民共和国刑事诉讼法〉的解释》第439条规定，审判期间，对不宜长期保存、易贬值或者市场价格波动大的财产，或者有效期即将届满的票据等，经权利人申请或者同意，并经院长批准，可以依法先行处置，所得款项由人民法院保管。

涉案财物先行处置应当依法、公开、公平。

第二节　涉案财物的审理

一、涉案财物的审查

依据《最高人民法院关于适用〈中华人民共和国刑事诉讼法〉的解释》第 279 条、第 442 条的规定，法庭审理过程中，应当对查封、扣押、冻结财物及其孳息的权属、来源等情况，是否属于违法所得或者依法应当追缴的其他涉案财物进行调查，由公诉人说明情况、出示证据、提出处理建议，并听取被告人、辩护人等诉讼参与人的意见。

案外人对查封、扣押、冻结的财物及其孳息提出权属异议的，人民法院应当听取案外人的意见；必要时，可以通知案外人出庭。

经审查，不能确认查封、扣押、冻结的财物及其孳息属于违法所得或者依法应当追缴的其他涉案财物的，不得没收。

二、返还被害人合法财产

《最高人民法院关于适用〈中华人民共和国刑事诉讼法〉的解释》第 438 条规定了对被害人的合法财产的返还。

人民法院对被害人的合法财产，权属明确的，应当依法及时返还，但须经拍照、鉴定、估价，并在案卷中注明返还的理由，将原物照片、清单和被害人的领取手续附卷备查；权属不明的，应当在人民法院判决、裁定生效后，按比例返还被害人，但已获退赔的部分应予扣除。

三、涉案财物的追缴

《最高人民法院关于适用〈中华人民共和国刑事诉讼法〉的解释》第 443 条、第 445 条规定了应当追缴的涉案财物。

（1）被告人将依法应当追缴的涉案财物用于投资或者置业的，对因此形成的财产及其收益，应当追缴。

被告人将依法应当追缴的涉案财物与其他合法财产共同用于投资或者置业的，对因此形成的财产中与涉案财物对应的份额及其收益，应当追缴。

（2）人民法院对查封、扣押、冻结的财物及其孳息，经审查，确属违法所得或者依法应当追缴的其他涉案财物的，应当判决返还被害人，或者没收上缴国库，但法律另有规定的除外。

对判决时尚未追缴到案或者尚未足额退赔的违法所得，应当判决继续追缴或者责令退赔。

四、涉案财物的判决

《最高人民法院关于适用〈中华人民共和国刑事诉讼法〉的解释》第444条规定，对查封、扣押、冻结的财物及其孳息，应当在判决书中写明名称、金额、数量、存放地点及其处理方式等。涉案财物较多，不宜在判决主文中详细列明的，可以附清单。

判决追缴违法所得或者责令退赔的，应当写明追缴、退赔的金额或者财物的名称、数量等情况；已经发还的，应当在判决书中写明。

五、实物证据随案移送

《最高人民法院关于适用〈中华人民共和国刑事诉讼法〉的解释》第440条规定，对作为证据使用的实物，应当随案移送。第一审判决、裁定宣告后，被告人上诉或者人民检察院抗诉的，第一审人民法院应当将上述证据移送第二审人民法院。

六、未随案移送实物的审查

《最高人民法院关于适用〈中华人民共和国刑事诉讼法〉的解释》第441条规定了人民法院对实物未随案移送的，应当根据情况，分别审查以下内容：

（1）大宗的、不便搬运的物品，是否随案移送查封、扣押清单，并附原物照片和封存手续，注明存放地点等。

（2）易腐烂、霉变和不易保管的物品，查封、扣押机关变卖处理后，是否随案移送原物照片、清单、变价处理的凭证（复印件）等。

（3）枪支弹药、剧毒物品、易燃易爆物品以及其他违禁品、危险物品，查封、扣押机关根据有关规定处理后，是否随案移送原物照片和清单等。

上述未随案移送的实物，应当依法鉴定、估价的，还应当审查是否附有鉴定、估价意见。

对查封、扣押的货币、有价证券等，未移送实物的，应当审查是否附有原物照片、清单或者其他证明文件。

七、遗漏涉案财物的处理

《最高人民法院关于适用〈中华人民共和国刑事诉讼法〉的解释》第 446 条规定，第二审期间，发现第一审判决未对随案移送的涉案财物及其孳息作出处理的，可以裁定撤销原判，发回原审人民法院重新审判，由原审人民法院依法对涉案财物及其孳息一并作出处理。

判决生效后，发现原判未对随案移送的涉案财物及其孳息作出处理的，由原审人民法院依法对涉案财物及其孳息另行作出处理。

第三节　判决生效后对财物的处理

一、涉案财物的执行

《最高人民法院关于适用〈中华人民共和国刑事诉讼法〉的解释》第 445 条、第 447 条、第 448 条规定了涉案财物的执行。

（1）随案移送的或者人民法院查封、扣押的财物及其孳息，由第一审人民法院在判决生效后负责处理。

实物未随案移送、由扣押机关保管的，人民法院应当在判决生效后 10 日以内，将判决书、裁定书送达扣押机关，并告知其在 1 个月以内将执行回单送回，确因客观原因无法按时完成的，应当说明原因。

（2）对冻结的存款、汇款、债券、股票、基金份额等财产判决没收的，第一审人民法院应当在判决生效后，将判决书、裁定书送达相关金融机构和财政部门，通知相关金融机构依法上缴国库并在接到执行通知书后 15 日以内，将上缴国库的凭证、执行回单送回。

（3）判决返还被害人的涉案财物，应当通知被害人认领；无人认领的，应当公告通知；公告满 1 年无人认领的，应当上缴国库；上缴国库后有人认领，经查证属实的，应当申请退库予以返还；原物已经拍卖、变卖的，应当返还价款。

对侵犯国有财产的案件，被害单位已经终止且没有权利义务继受人，或者损失已经被核销的，查封、扣押、冻结的财物及其孳息应当上缴国库。

二、与本案无关财物的处理

《最高人民法院关于适用〈中华人民共和国刑事诉讼法〉的解释》第 449 条规定，查封、扣押、冻结的财物与本案无关但已列入清单的，应当由查封、扣押、冻结机关依法处理。

查封、扣押、冻结的财物属于被告人合法所有的，应当在赔偿被害人损失、执行财产刑后及时返还被告人。

三、涉案财物的辩护

（1）辩护律师在阅卷时，一定要审阅随案移送的涉案财物清单及对涉案财物采取的侦查措施和保管状态。要对清单中财物进行审查判断，进而划分出确属涉案财物、属于被害人合法所有财物、属于被告人合法所有财物、属于其他单位和个人合法所有财物、属于国家所有的财物、所有人不明的财物。

（2）辩护律师在确定辩护方案时，对前述六类财物要分别确定出处理方案：①属于涉案财物的应予以追缴，实物毁损、灭失的应责令退赔；②属于被害人、被告人、其他单位和个人合法所有的财物，应当返还享有所有权的单位或个人；③属于国家所有的财物，原单位已经终止且没有权利义务继受人，或者损失已经被核销的，应当将财物及其孳息上缴国库；④属于所有人不明的财物，应当公告通知，公告满 1 年无人认领的，应当上缴国库。

（3）辩护律师在法庭调查时，要对财物归类提出质证意见；在法庭辩论时，要对财物进行分类，并分别提出处理意见。

第二十章

死刑复核程序

第一节　适用死刑的限制

一、死刑适用条件的限制

《刑法》第 48 条规定，死刑只适用于罪行极其严重的犯罪分子。

"罪行极其严重"是指对国家、社会和个人的利益危害极其严重，情节极其恶劣的犯罪。它是犯罪的性质、情节、人身危险性极其严重的统一体。

死刑包括立即执行和缓期二年执行。

二、死刑适用对象的限制

《刑法》第 49 条规定，犯罪的时候不满 18 周岁的人和审判的时候怀孕的妇女，不适用死刑。

审判的时候已满 75 周岁的人，不适用死刑，但以特别残忍手段致人死亡的除外。

三、死刑立即执行的限制

《刑法》第 48 条规定，死刑只适用于罪行极其严重的犯罪分子。对于应当判处死刑的犯罪分子，如果不是必须立即执行的，可以判处死刑同时宣告缓期二年执行。死缓是对死刑立即执行制度的限制。

死刑不是必须立即执行的，在司法实践中，是指下列情形之一：

（1）犯罪后自首、立功或者有其他法定、酌定从轻、减轻情节的。

（2）在共同犯罪中，罪行不是最严重的或者其他在同一级或同类案件中罪行不是最严重的。

（3）因被害人的过错导致被告人激愤犯罪或者有其他表明犯罪人容易改造的情节的。

（4）其他不是必须立即执行的。

第二节　死刑复核具体程序

一、死刑立即执行案件报请核准程序

《刑事诉讼法》第 246 条、第 247 条，《最高人民法院关于适用〈中华人民共和国刑事诉讼法〉的解释》第 423 条规定，报请最高人民法院核准死刑案件，应当按照下列程序报请核准：

（1）中级人民法院判处死刑的第一审案件，被告人未上诉、人民检察院未抗诉的，在上诉、抗诉期满后 10 日以内报请高级人民法院复核。高级人民法院同意判处死刑的，应当在作出裁定后 10 日以内报请最高人民法院核准；认为原判认定的某一具体事实或者引用的法律条款等存在瑕疵，但判处被告人死刑并无不当的，可以在纠正后作出核准的判决、裁定；不同意判处死刑的，应当依照第二审程序提审或者发回重新审判。

（2）中级人民法院判处死刑的第一审案件，被告人上诉或者人民检察院抗诉，高级人民法院裁定维持的，应当在作出裁定后 10 日以内报请最高人民法院核准。

（3）高级人民法院判处死刑的第一审案件，被告人未上诉、人民检察院未抗诉的，应当在上诉、抗诉期满后 10 日以内报请最高人民法院核准。

二、死刑缓期执行案件报请核准程序

《刑事诉讼法》第 248 条，《最高人民法院关于适用〈中华人民共和国刑事诉讼法〉的解释》第 424 条规定，报请高级人民法院核准死刑缓期二年执行案件，应当按照下列程序报请核准：

（1）中级人民法院判处死刑缓期二年执行的第一审案件，被告人未上诉、人民检察院未抗诉的，应当报请高级人民法院核准。高级人民法院同意判处死刑缓期二年执行的，应当裁定予以核准。

（2）中级人民法院判处死刑缓期二年执行的第一审案件，被告人上诉或者人民检察院抗诉，高级人民法院经过第二审程序，同意判处死刑缓期二年执行的，应当作出维持原判并核准死刑缓期二年执行的裁定。

（3）高级人民法院判处死刑缓期二年执行的第一审案件，被告人未上诉、人民检察院未抗诉的，即作出核准死刑缓期二年执行的裁定。

三、报请死刑、死期执行复核材料

《最高人民法院关于适用〈中华人民共和国刑事诉讼法〉的解释》第425条、第426条规定，报请复核的死刑、死刑缓期二年执行案件，应当一案一报。报送的材料包括报请复核的报告，第一、二审裁判文书，案件综合报告各5份以及全部案卷、证据。案件综合报告，第一、二审裁判文书和审理报告应当附送电子文本。

同案审理的案件应当报送全案案卷、证据。曾经发回重新审判的案件，原第一、二审案卷应当一并报送。

（1）报请复核的报告，应当写明案由、简要案情、审理过程和判决结果。

（2）案件综合报告应当包括以下内容：①被告人、被害人的基本情况。被告人有前科或者曾受过行政处罚、处分的，应当写明。②案件的由来和审理经过。案件曾经发回重新审判的，应当写明发回重新审判的原因、时间、案号等。③案件侦破情况。通过技术调查、侦查措施抓获被告人、侦破案件，以及与自首、立功认定有关的情况，应当写明。④第一审审理情况。包括控辩双方意见，第一审认定的犯罪事实，合议庭和审判委员会意见。⑤第二审审理或者高级人民法院复核情况。包括上诉理由、人民检察院的意见，第二审审理或者高级人民法院复核认定的事实，证据采信情况及理由，控辩双方意见及采纳情况。⑥需要说明的问题。包括共同犯罪案件中另案处理的同案犯的处理情况，案件有无重大社会影响，以及当事人的反应等情况。⑦处理意见。写明合议庭和审判委员会的意见。

四、审判组织

《刑事诉讼法》第249条规定："最高人民法院复核死刑、高级人民法院复核死刑缓期执行的案件，由审判员三人组成合议庭进行。"合议庭成员应当阅卷，并提出书面意见存查。对证据有疑问的，应当对证据进行调查核实，必要时到案发现场调查。

五、复核死刑、死刑缓期执行案件应审查的内容

《刑事诉讼法》第251条，《最高人民法院关于适用〈中华人民共和国刑事诉讼法〉的解释》第427条、第434条、第435条是对复核死刑、死刑缓期执行案件审查的内容和方式的规定。

（一）全面审查

最高人民法院复核死刑、高级人民法院复核死刑缓期二年执行案件，应当全面审查以下内容：

（1）被告人的年龄，被告人有无刑事责任能力、是否系怀孕的妇女。

（2）原判认定的事实是否清楚，证据是否确实、充分。

（3）犯罪情节、后果及危害程度。

（4）原判适用法律是否正确，是否必须判处死刑，是否必须立即执行。

（5）有无法定、酌定从重、从轻或者减轻处罚情节。

（6）诉讼程序是否合法。

（7）应当审查的其他情况。

（二）讯问被告人

最高人民法院复核死刑、高级人民法院复核死刑缓期二年执行案件，应当讯问被告人，否则即为程序违法。

（三）听取辩护律师意见

最高人民法院复核死刑案件，辩护律师提出要求的，应当听取辩护律师的意见。

死刑复核期间，辩护律师要求当面反映意见的，最高人民法院有关合议庭应当在办公场所听取其意见，并制作笔录；辩护律师提出书面意见的，应当附卷。

（四）审核反馈检察意见

死刑复核期间，最高人民检察院提出意见的，最高人民法院应当审查，并将采纳情况及理由反馈最高人民检察院。

六、复核死刑立即执行案件后的处理

《刑事诉讼法》第250条，《最高人民法院关于适用〈中华人民共和国刑事诉

讼法〉的解释》第 429 条至第 433 条是对复核死刑立即执行案件处理的规定。

（1）最高人民法院复核死刑案件，应当按照下列情形分别处理：①原判认定事实和适用法律正确、量刑适当、诉讼程序合法的，应当裁定核准。②原判认定的某一具体事实或者引用的法律条款等存在瑕疵，但判处被告人死刑并无不当的，可以在纠正后作出核准的判决、裁定。③原判事实不清、证据不足的，应当裁定不予核准，并撤销原判，发回重新审判。④复核期间出现新的影响定罪量刑的事实、证据的，应当裁定不予核准，并撤销原判，发回重新审判。⑤原判认定事实正确、证据充分，但依法不应当判处死刑的，应当裁定不予核准，并撤销原判，发回重新审判；根据案件情况，必要时，也可以依法改判。⑥原审违反法定诉讼程序，可能影响公正审判的，应当裁定不予核准，并撤销原判，发回重新审判。

（2）最高人民法院裁定不予核准死刑的，根据案件情况，可以发回第二审人民法院或者第一审人民法院重新审判。

对最高人民法院发回第二审人民法院重新审判的案件，第二审人民法院一般不得发回第一审人民法院重新审判。

第一审人民法院重新审判的，应当开庭审理。第二审人民法院重新审判的，可以直接改判；必须通过开庭查清事实、核实证据或者纠正原审程序违法的，应当开庭审理。

（3）高级人民法院依照复核程序审理后报请最高人民法院核准死刑，最高人民法院裁定不予核准，发回高级人民法院重新审判的，高级人民法院可以依照第二审程序提审或者发回重新审判。

（4）最高人民法院裁定不予核准死刑，发回重新审判的案件，原审人民法院应当另行组成合议庭审理，但下列案件除外：①复核期间出现新的影响定罪量刑的事实、证据的，应当裁定不予核准，并撤销原判，发回重新审判的案件。②原判认定事实正确、证据充分，但依法不应当判处死刑的，应当裁定不予核准，并撤销原判，发回重新审判；根据案件情况，必要时，也可以依法改判的案件。

（5）最高人民法院裁定不予核准死刑的，发回重新审判的案件，第一审人民法院判处死刑、死刑缓期二年执行的，上一级人民法院依照第二审程序或者复核程序审理后，应当依法作出判决或者裁定，不得再发回重新审判。但是，发回重新审判的案件第一审人民法院有下列情形之一的除外：①违反

《刑事诉讼法》有关公开审判的规定的；②违反回避制度的；③剥夺或者限制了当事人的法定诉讼权利，可能影响公正审判的；④审判组织的组成不合法的；⑤没有另行组成合议庭审理的；⑥其他违反法律规定的诉讼程序，可能影响公正审判的。

七、复核死刑缓期执行案件后的处理

《最高人民法院关于适用〈中华人民共和国刑事诉讼法〉的解释》第428条是对复核死刑缓期二年执行案件处理的规定。

（1）高级人民法院复核死刑缓期执行案件，应当按照下列情形分别处理：①原判认定事实和适用法律正确、量刑适当、诉讼程序合法的，应当裁定核准；②原判认定的某一具体事实或者引用的法律条款等存在瑕疵，但判处被告人死刑缓期二年执行并无不当的，可以在纠正后作出核准的判决、裁定；③原判认定事实正确，但适用法律有错误，或者量刑过重的，应当改判；④原判事实不清、证据不足的，可以裁定不予核准，并撤销原判，发回重新审判，或者依法改判；⑤复核期间出现新的影响定罪量刑的事实、证据的，可以裁定不予核准，并撤销原判，发回重新审判，或者依照《最高人民法院关于适用〈中华人民共和国刑事诉讼法〉的解释》第271条〔1〕的规定，审理后依法改判；⑥原审违反法定诉讼程序，可能影响公正审判的，应当裁定不予核准，并撤销原判，发回重新审判。

（2）高级人民法院复核死刑缓期二年执行案件，不得加重被告人的刑罚。

第三节　死刑复核法律监督

一、死刑复核法律监督的概念

《刑事诉讼法》第251条，《人民检察院刑事诉讼规则》第602条规定，

---

〔1〕《最高人民法院关于适用〈中华人民共和国刑事诉讼法〉的解释》第271条规定："法庭对证据有疑问的，可以告知公诉人、当事人及其法定代理人、辩护人、诉讼代理人补充证据或者作出说明；必要时，可以宣布休庭，对证据进行调查核实。对公诉人、当事人及其法定代理人、辩护人、诉讼代理人补充的和审判人员庭外调查核实取得的证据，应当经过当庭质证才能作为定案的根据。但是，对不影响定罪量刑的非关键证据、有利于被告人的量刑证据以及认定被告人有犯罪前科的裁判文书等证据，经庭外征求意见，控辩双方没有异议的除外。有关情况，应当记录在案。"

死刑复核法律监督是指最高人民检察院依法对最高人民法院的死刑复核活动实行的法律监督；省级人民检察院依法对高级人民法院复核未上诉且未抗诉死刑立即执行案件和死刑缓期二年执行案件的活动实行法律监督。

在死刑复核期间，最高人民检察院提出意见的，最高人民法院应当审查，将采纳情况及理由反馈最高人民检察院，并向最高人民检察院通报死刑案件复核结果。

二、死刑复核法律监督案件的范围

《人民检察院刑事诉讼规则》第 603 条规定，最高人民检察院、省级人民检察院通过办理下列案件对死刑复核活动实行法律监督：

（1）人民法院向人民检察院通报的死刑复核案件。

（2）下级人民检察院提请监督或者报告重大情况的死刑复核案件。

（3）当事人及其近亲属或者受委托的律师向人民检察院申请监督的死刑复核案件。

（4）认为应当监督的其他死刑复核案件。

三、死刑复核法律监督的提请

《人民检察院刑事诉讼规则》第 604 条、第 605 条规定，省级人民检察院对于进入最高人民法院死刑复核程序的案件，发现具有下列情形之一的，应当及时向最高人民检察院提请监督：

（1）案件事实不清、证据不足，依法应当发回重新审判或者改判的。

（2）被告人具有从宽处罚情节，依法不应当判处死刑的。

（3）适用法律错误的。

（4）违反法律规定的诉讼程序，可能影响公正审判的。

（5）其他应当提请监督的情形。

省级人民检察院发现死刑复核案件被告人有自首、立功、怀孕或者被告人家属与被害人家属达成赔偿谅解协议等新的重大情况，影响死刑适用的，应当及时向最高人民检察院报告。

四、死刑复核期间的申诉

《人民检察院刑事诉讼规则》第 606 条规定，死刑复核期间当事人及其近亲属或者受委托的律师向最高人民检察院提出不服死刑裁判的申诉，由最高人民检察院负责死刑复核监督的部门审查。

五、死刑复核法律监督案件的审查方式

《人民检察院刑事诉讼规则》第 609 条规定，最高人民检察院对死刑复核监督案件的审查可以采取下列方式：

（1）审查人民法院移送的材料、下级人民检察院报送的相关案卷材料、当事人及其近亲属或者受委托的律师提交的材料。

（2）向下级人民检察院调取案件审查报告、公诉意见书、出庭意见书等，了解案件相关情况。

（3）向人民法院调阅或者查阅案卷材料。

（4）核实或者委托核实主要证据。

（5）讯问被告人、听取受委托的律师的意见。

（6）就有关技术性问题向专门机构或者有专门知识的人咨询，或者委托进行证据审查。

（7）需要采取的其他方式。

六、死刑复核法律监督案件的条件

《人民检察院刑事诉讼规则》第 611 条规定，最高人民检察院经审查发现死刑复核案件具有下列情形之一的，应当经检察长决定，依法向最高人民法院提出检察意见：

（1）认为适用死刑不当，或者案件事实不清、证据不足，依法不应当核准死刑的。

（2）认为不予核准死刑的理由不成立，依法应当核准死刑的。

（3）发现新的事实和证据，可能影响被告人定罪量刑的。

（4）严重违反法律规定的诉讼程序，可能影响公正审判的。

（5）司法工作人员在办理案件时，有贪污受贿、徇私舞弊、枉法裁判等行为的。

（6）其他需要提出检察意见的情形。

同意最高人民法院核准或者不核准意见的，应当经检察长批准，书面回复最高人民法院。

对于省级人民检察院提请监督、报告重大情况的案件，最高人民检察院认为存在影响死刑适用情形的，应当及时将有关材料转送最高人民法院。

第四节　死刑复核辩护

一、死刑复核辩护工作范围

辩护律师在复核死刑立即执行、复核死刑缓期二年执行程序中的工作范围：

（1）律师可以接受案件当事人及其近亲属的委托、法律援助机构的指派，担任死刑立即执行案件和死刑缓期二年执行案件的被告人的辩护人。

（2）辩护律师办理复核死刑立即执行、复核死刑缓期二年执行案件，可以约见被告人的近亲属及其他人了解案件情况，可以要求被告人的近亲属提供相关的案件材料，可以到人民法院复制案卷材料，也可以向原承办律师请求提供案卷材料等，案件原承办律师应当给予工作上的便利和必要的协助。

（3）辩护律师办理复核死刑立即执行、复核死刑缓期二年执行案件，应当按照下列情形分别开展工作：

①中级人民法院判处死刑缓期二年执行的第一审案件，被告人未上诉、人民检察院未抗诉的，辩护律师应当在上诉、抗诉期满后，高级人民法院核准期间内，向高级人民法院提交委托手续和书面辩护意见；②中级人民法院判处死刑立即执行的第一审案件，被告人未上诉、人民检察院未抗诉的，辩护律师应当在上诉、抗诉期满后，高级人民法院复核期间内，向高级人民法院提交委托手续和书面辩护意见。高级人民法院同意判处死刑立即执行的，辩护律师应当在其作出裁定后，最高人民法院复核期间内，向最高人民法院提交委托手续和书面辩护意见；③中级人民法院判处死刑立即执行的第一审案件，被告人上诉或者人民检察院抗诉，高级人民法院裁定维持的，辩护律师应当在收到裁定后、最高人民法院复核期间内，向最高人民法院提交委托手续和书面辩护意见；④高级人民法院判处死刑立即执行的第一审案件，被告人未上诉、人民检察院未抗诉的，辩护律师应当在上诉、抗诉期满后向最高人民法院提交委托手续和书面辩护意见。

（4）辩护律师办理复核死刑立即执行、复核死刑缓期二年执行案件，应当认真查阅案卷材料，重点审查以下内容并提出相应的辩护意见：①被告人涉嫌犯罪时的年龄、被告人有无刑事责任能力、审判时是否系怀孕的妇女、审判时是否年满75周岁；②原判认定的事实是否清楚，证据是否确实、充分，是否已经排除合理怀疑；③犯罪情节、后果及危害程度；④原判适用法律是否正确，是否必须判处死刑立即执行；⑤有无法定、酌定从轻或者减轻处罚的情节，包括自首、立功、被害人有无过错、是否赔偿被害人、被害人是否表示谅解等；⑥诉讼程序是否合法；⑦其他应当审查的情况。

（5）在复核死刑立即执行、复核死刑缓期二年执行期间，辩护律师除应当向合议庭提交书面辩护意见外，还可以依法约见合议庭成员当面陈述辩护意见。

（6）在复核死刑立即执行、复核死刑缓期二年执行期间，辩护律师会见被告人时，除与被告人核实相关事实、证据外，还应当告知其如有检举、揭发重大案件等立功表现的，可以从轻或减轻处罚；辩护律师知悉被告人有检举、揭发的情形，应当及时形成书面材料，报请原审人民法院或复核人民法院调查核实。

（7）在复核死刑立即执行、复核死刑缓期二年执行期间，辩护律师发现新的或者遗漏可能导致无罪、罪轻、从轻、减轻、免除处罚的事实或证据，应当及时形成书面材料，连同该证据向原审人民法院或复核人民法院提供并请求调查核实。

二、死刑复核辩护工作程序

依据《刑事诉讼法》《律师法》和《最高人民法院关于办理死刑复核案件听取辩护律师意见的办法》的有关法律规定，最高人民法院复核死刑立即执行案件，应当全面审查、讯问被告人，听取辩护律师意见。律师在死刑立即执行复核程序中的辩护流程如下：

（一）查询立案信息

死刑立即执行复核案件的辩护律师可以向最高人民法院立案庭查询立案信息。辩护律师查询时，应当提供本人姓名、律师事务所名称、被告人姓名、案由，以及报请复核的高级人民法院的名称及案号。

最高人民法院立案庭能够立即答复的，应当立即答复，不能立即答复的，应当在2个工作日内答复，答复内容为案件是否立案及承办案件的审判庭。

（二）提交委托或指派手续

律师接受被告人、被告人近亲属的委托或者法律援助机构的指派，担任死刑复核案件辩护律师的，应当在接受委托或者指派之日起 3 个工作日内向最高人民法院相关审判庭提交有关手续。

辩护律师提交委托手续、法律援助手续的，可以经高级人民法院同意后代收并随案移送，也可以寄送至最高人民法院承办案件的审判庭或者在当面反映意见时提交；对尚未立案的案件，辩护律师可以寄送至最高人民法院立案庭，由立案庭在立案后随案移送。

（三）查阅、摘抄、复制案卷材料

辩护律师可以到最高人民法院办公场所查阅、摘抄、复制案卷材料。但依法不公开的材料不得查阅、摘抄、复制。

（四）提交证据等书面材料

辩护律师提交证据等书面材料的，可以经高级人民法院同意后代收并随案移送，也可以寄送至最高人民法院承办案件的审判庭或者在当面反映意见时提交；对尚未立案的案件，辩护律师可以寄送至最高人民法院立案庭，由立案庭在立案后随案移送。

（五）提交书面辩护意见

辩护律师提交书面辩护意见的，可以经高级人民法院同意后代收并随案移送，也可以寄送至最高人民法院承办案件的审判庭或者在当面反映意见时提交；对尚未立案的案件，辩护律师可以寄送至最高人民法院立案庭，由立案庭在立案后随案移送。

辩护律师应当在接受委托或者指派之日起 1 个半月内提交辩护意见。

（六）要求当面阐述辩护意见

（1）辩护律师要求当面反映意见的，案件承办法官应当及时安排。一般由案件承办法官与书记员当面听取辩护律师意见，也可以由合议庭其他成员或者全体成员与书记员当面听取。

（2）当面听取辩护律师意见，应当在最高人民法院或者地方人民法院办公场所进行。辩护律师可以携律师助理参加。当面听取意见的人员应当核实辩护律师和律师助理的身份。

（3）当面听取辩护律师意见时，应当制作笔录，由辩护律师签名后附卷。辩护律师提交相关材料的，应当接收并开列收取清单一式 2 份，一份交给辩护律师，另一份附卷。

（4）当面听取辩护律师意见时，具备条件的人民法院应当指派工作人员全程录音、录像。其他在场人员不得自行录音、录像、拍照。

（七）接受裁判文书

复核终结后，受委托进行宣判的人民法院应当在宣判后 5 个工作日内将最高人民法院裁判文书送达辩护律师。

高级人民法院复核死刑立即执行、复核死刑缓期二年执行的案件，应当全面审查、讯问被告人，但是否应当听取辩护律师意见，法律并没有明确规定。但是依据《刑事诉讼法》第 35 条第 3 款、《最高人民法院关于适用〈中华人民共和国刑事诉讼法〉的解释》第 47 条第 2 款之规定，高级人民法院复核死刑立即执行、复核死刑缓期二年执行案件，被告人没有委托辩护人的，应当通知法律援助机构为其提供辩护，此规定表明辩护律师参与复核死刑立即执行、复核死刑缓期二年执行案件的辩护是法律强制性规定，所以高级人民法院复核死刑立即执行、复核死刑缓期二年执行的案件，也应当听取辩护律师意见。律师在高级人民法院复核死刑立即执行、复核死刑缓期二年执行案件中的辩护工作程序应当参照最高人民法院死刑复核程序中的辩护工作程序执行。

三、辩护律师应熟练掌握的死刑复核规定

1. 死刑复核的方式

死刑复核程序不具有第一审、第二审程序控辩式的诉讼形态，最高人民法院、高级人民法院复核死刑案件，采取的是调查讯问式的不开庭审理方式。

最高人民法院、高级人民法院未核准死刑而发回原一审或二审程序重审的案件，第一审人民法院重新审判的，应当开庭审理。第二审人民法院重新审判的，可以直接改判；必须通过开庭查清事实、核实证据或者纠正原审程序违法的，应当开庭审理。

2. 讯问被告人的方式

最高人民法院、高级人民法院复核死刑案件，采取远程讯问或直接到案件发生地看守所提审被告人等方式讯问被告人。

3. 听取辩护意见的方式

最高人民法院、高级人民法院复核死刑案件，采用由辩护律师提交书面

辩护意见或当面阐述辩护意见的方式听取辩护律师意见。

4. 死刑不是必须立即执行的情形

在复核死刑立即执行的案件中，律师的量刑辩护与定罪辩护相比较，成功率相应较高。在司法实践中，改判成死刑缓期二年执行或发回重审后改判成死刑缓期执行的情形，比改判成无罪或有期徒刑的情形多，所以辩护律师应当熟练掌握"死刑不是必须立即执行"的各种情形，要特别重视对被告人自首、立功或者其他法定、酌定从轻、减轻情节的证据的审阅和调取。

在死刑复核阶段，虽然辩护律师做无罪辩护的情况并不多见，调取证据的空间也不大，但是辩护律师也不能忽视无罪的可能性和证据的调取。

5. 死刑复核的目的

死刑复核的目的不是审核该不该杀，而是尽量少杀、慎杀，国际立法和中国立法趋势均是逐渐减少死刑的适用乃至完全废除死刑。在司法实践中，涉及婚姻家庭、邻里纠纷的案件，只要有自首、立功、达成赔偿和解协议等法定或酌定量刑情节的，一般不核准死刑；贪污、贿赂犯罪案件，虽然仍保留了死刑刑种，但是一般不适用死刑等。辩护律师应当掌握死刑复核的目的和判处死刑的司法实践动态。

6. 申诉与辩护相结合

死刑复核期间当事人及其近亲属或者受委托的律师向最高人民检察院提出的不服死刑裁判的申诉，由最高人民检察院复核死刑负责监督的部门审查。死刑复核期间，最高人民检察院提出意见的，最高人民法院应当审查，并将采纳情况及理由反馈最高人民检察院。辩护律师要善于采用向最高人民检察院提出申诉意见和向最高人民法院提出辩护意见的双重方式办理死刑复核案件。

第二十一章

审判监督程序

第一节　审判监督程序的提起

一、提起审判监督程序的主体

《刑事诉讼法》第 254 条、第 255 条，《最高人民法院关于适用〈中华人民共和国刑事诉讼法〉的解释》第 460 条、第 461 条对提起审判监督程序的主体作出了规定。

1. 各级人民法院院长和审判委员会

各级人民法院院长对本院已经发生法律效力的判决和裁定，如果发现在认定事实上或者在适用法律上确有错误，应当提交审判委员会讨论决定是否再审。

2. 最高人民法院和上级人民法院

最高人民法院对各级人民法院已经发生法律效力的判决和裁定，上级人民法院对下级人民法院已经发生法律效力的判决和裁定，如果发现确有错误，有权提审或者指令下级人民法院再审。

上级人民法院发现下级人民法院已经发生法律效力的判决、裁定确有错误的，可以指令下级人民法院再审；原判决、裁定认定事实正确但适用法律错误，或者案件疑难、复杂、重大，或者有不宜由原审人民法院审理情形的，也可以提审。

上级人民法院指令下级人民法院再审的，一般应当指令原审人民法院以外的下级人民法院审理；由原审人民法院审理更有利于查明案件事实、纠正裁判错误的，也可以指令原审人民法院审理。

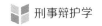

3. 最高人民检察院和上级人民检察院

最高人民检察院对各级人民法院已经发生法律效力的判决和裁定，上级人民检察院对下级人民法院已经发生法律效力的判决和裁定，如果发现确有错误，有权按照审判监督程序向同级人民法院提出抗诉。

人民检察院抗诉的案件，接受抗诉的人民法院应当组成合议庭重新审理，对于原判决事实不清楚或者证据不足的，可以指令下级人民法院再审。

二、提起审判监督程序的理由

提起审判监督程序的理由是指发现已经发生法律效力的判决和裁定"在认定事实上或者在适用法律上确有错误"；也是当事人及其法定代理人、近亲属及案外人对已经发生法律效力的判决和裁定提出的法定申诉理由；是人民检察院对已经发生法律效力的判决和裁定提起抗诉和人民法院立案受理、审查、决定再审的法定条件。

"认定事实上确有错误"是指已经发生法律效力的判决和裁定认定事实不清或证据不能达到"确实、充分"的证明标准。

"适用法律上确有错误"是指原判适用实体法（即《刑法》）或程序法（即《刑事诉讼法》）有错误。

《刑事诉讼法》第 253 条，《最高人民法院关于适用〈中华人民共和国刑事诉讼法〉的解释》第 457 条、第 458 条，《人民检察院刑事诉讼规则》第 591 条对提起审判监督程序的理由作出具体的规定。符合下列情形之一的，人民法院应当重新审判：

（1）有新的证据证明原判决、裁定认定的事实确有错误，可能影响定罪量刑的。

具有下列情形之一，可能改变原判决、裁定据以定罪量刑的事实的证据，应当认定为刑事诉讼法的"新的证据"：①原判决、裁定生效后新发现的证据；②原判决、裁定生效前已经发现，但未予收集的证据；③原判决、裁定生效前已经收集，但未经质证的证据；④原判决、裁定所依据的鉴定意见，勘验、检查等笔录或者其他证据被改变或者否定的；⑤原判决、裁定所依据的被告人供述、证人证言等证据发生变化，影响定罪量刑，且有合理理由的。

（2）据以定罪量刑的证据不确实、不充分、依法应当予以排除的。

（3）证明案件事实的主要证据之间存在矛盾的。

（4）主要事实依据被依法变更或者撤销的。

（5）认定罪名错误的。

（6）量刑明显不当的。

（7）对违法所得或者其他涉案财物的处理确有明显错误的。

（8）违反法律关于溯及力规定的。

（9）违反法律规定的诉讼程序，可能影响公正审判的。

《刑事诉讼法》第 238 条规定："第二审人民法院发现第一审人民法院的审理有下列违反法律规定的诉讼程序的情形之一的，应当裁定撤销原判，发回原审人民法院重新审判：（一）违反本法有关公开审判的规定的；（二）违反回避制度的；（三）剥夺或者限制了当事人的法定诉讼权利，可能影响公正审判的；（四）审判组织的组成不合法的；（五）其他违反法律规定的诉讼程序，可能影响公正审判的。"

此条规定属于人民法院审理刑事案件违反法律规定诉讼程序范围的界定，不仅一审、二审人民法院不得有前述违反程序法规定的情形，而且在裁判生效后发现有前述违反法律规定诉讼程序的情形的，也应认定为适用法律确有错误，从而作为提起审判监督的理由。

（10）审判人员在审理该案件的时候，有贪污受贿、徇私舞弊、枉法裁判行为的。

第二节　向人民法院申诉程序

一、申诉主体

《刑事诉讼法》第 252 条，《最高人民法院关于适用〈中华人民共和国刑事诉讼法〉的解释》第 451 条对按审判监督程序申诉的主体作出了规定。

1. 当事人及其法定代理人、近亲属

当事人及其法定代理人、近亲属，对已经发生法律效力的判决、裁定，可以向人民法院提出申诉，人民法院应当审查处理。

2. 案外人

案外人认为已经发生法律效力的判决、裁定侵害其合法权益，提出申诉的，人民法院应当审查处理。

申诉可以委托律师代为进行。

二、申诉材料

《最高人民法院关于适用〈中华人民共和国刑事诉讼法〉的解释》第452条规定，向人民法院申诉，应当提交以下材料：

（1）申诉状。应当写明当事人的基本情况、联系方式以及申诉的事实与理由。

（2）原一、二审判决书、裁定书等法律文书。经过人民法院复查或者再审的，应当附有驳回申诉通知书、再审决定书、再审判决书、裁定书。

（3）其他相关材料。以有新的证据证明原判决、裁定认定的事实确有错误为由申诉的，应当同时附有相关证据材料；申请人民法院调查取证的，应当附有相关线索或者材料。

申诉符合前述规定的，人民法院应当出具收到申诉材料的回执。申诉不符合前述规定的，人民法院应当告知申诉人补充材料；申诉人拒绝补充必要材料且无正当理由的，不予审查。

三、人民法院对申诉的受理和审查

《最高人民法院关于适用〈中华人民共和国刑事诉讼法〉的解释》第453条至第459条是人民法院对申诉受理和审查的规定。

（一）人民法院对申诉审查的管辖

（1）申诉由终审人民法院审查处理。但是，第二审人民法院裁定准许撤回上诉的案件，申诉人对第一审判决提出申诉的，可以由第一审人民法院审查处理。

上一级人民法院对未经终审人民法院审查处理的申诉，可以告知申诉人向终审人民法院提出申诉，或者直接交终审人民法院审查处理，并告知申诉人；案件疑难、复杂、重大的，也可以直接审查处理。

对未经终审人民法院及其上一级人民法院审查处理，直接向上级人民法院申诉的，上级人民法院应当告知申诉人向下级人民法院提出。

（2）最高人民法院或者上级人民法院可以指定终审人民法院以外的人民法院对申诉进行审查。被指定的人民法院审查后，应当制作审查报告，提出处理意见，层报最高人民法院或者上级人民法院审查处理。

（3）对死刑案件的申诉，可以由原核准的人民法院直接审查处理，也可以交由原审人民法院审查。原审人民法院应当制作审查报告，提出处理意见，层报原核准的人民法院审查处理。

（二）人民法院对申诉审查方式

对立案审查的申诉案件，人民法院可以听取当事人和原办案单位的意见，也可以对原判据以定罪量刑的证据和新的证据进行核实。必要时，可以进行听证。

（三）人民法院对申诉审查后的处理

人民法院对申诉案件受理后，经审查符合法定申诉理由的，应作出重新审判的决定；对不符合法定申诉理由的，应当说服申诉人撤回申诉；对仍然坚持申诉的，应当书面通知驳回。

申诉人对驳回申诉不服的，可以向上一级人民法院申诉。上一级人民法院经审查认为申诉不符合法定申诉理由的，应当说服申诉人撤回申诉；对仍然坚持申诉的，应当驳回或者通知不予重新审判。

（四）人民法院审查申诉案件的期限

对立案审查的申诉案件，应当在受理后 3 个月内作出是否重新审理的决定，至迟不得超过 6 个月。因案件疑难、复杂、重大或者其他特殊原因需要延长审查期限的，参照第一审普通程序延长审查期限的规定处理。

第三节　向人民检察院申诉程序

一、申诉主体

当事人及其法定代理人、近亲属，对已经发生法律效力的判决、裁定，可以向人民检察院提出申诉。

申诉可以委托律师代为进行。

二、人民检察院对申诉的受理和审查

《人民检察院刑事诉讼规则》第 593 条至第 598 条是人民检察院对申诉的受理和审查的规定。

（一）人民检察院对申诉审查的管辖

（1）当事人及其法定代理人、近亲属认为人民法院已经发生法律效力的刑事判决、裁定确有错误，向人民检察院申诉的，由作出生效判决、裁定的人民法院的同级人民检察院依法办理。

当事人及其法定代理人、近亲属直接向上级人民检察院申诉的，上级人民检察院可以交由作出生效判决、裁定的人民法院的同级人民检察院受理；案情重大、疑难、复杂的，上级人民检察院可以直接受理。

当事人及其法定代理人、近亲属对人民法院已经发生法律效力的刑事判决、裁定提出申诉，经人民检察院复查决定不予抗诉后继续提出申诉的，上一级人民检察院应当受理。

（2）对不服人民法院已经发生法律效力的刑事判决、裁定的申诉，经两级人民检察院办理，省级人民检察院已经复查的，如果没有新的证据，人民检察院不再复查，但原审被告人可能被宣告无罪或者判决、裁定有其他重大错误可能的除外。

（二）人民检察院对申诉审查后的处理

1. 作出抗诉决定

（1）人民检察院对已经发生法律效力的判决、裁定的申诉复查后，认为需要提请或者提出抗诉的，报请检察长决定。

地方各级人民检察院对不服同级人民法院已经发生法律效力的判决、裁定的申诉复查后，认为需要提出抗诉的，应当提请上一级人民检察院抗诉。

上级人民检察院对下一级人民检察院提请抗诉的申诉案件进行审查后，认为需要提出抗诉的，应当向同级人民法院提出抗诉。

（2）人民检察院按照审判监督程序向人民法院提出抗诉的，应当将抗诉书副本报送上一级人民检察院。

2. 通知申诉复查结果

人民检察院对不服人民法院已经发生法律效力的判决、裁定的申诉案件复查终结后，应当制作《刑事申诉复查通知书》，在 10 日以内通知申诉人。

经复查向上一级人民检察院提请抗诉的，应当在上一级人民检察院作出是否抗诉的决定后制作《刑事申诉复查通知书》。

三、人民法院对抗诉的受理和审查

《最高人民法院关于适用〈中华人民共和国刑事诉讼法〉的解释》第 462 条、第 463 条是人民法院对抗诉的受理和审查的规定。

（一）人民法院对抗诉案件的受理

人民法院对人民检察院依照审判监督程序提出抗诉的案件，应当在收到抗诉书后 1 个月内立案。但是，有下列情形之一的，应当区别情况予以处理：

（1）不属于本院管辖的，应当将案件退回人民检察院。

（2）按照抗诉书提供的住址无法向被抗诉的原审被告人送达抗诉书的，应当通知人民检察院在 3 日内重新提供原审被告人的住址；逾期未提供的，将案件退回人民检察院；

（3）以有新的证据为由提出抗诉，但未附相关证据材料或者有关证据不是指向原起诉事实的，应当通知人民检察院在 3 日内补送相关材料；逾期未补送的，将案件退回人民检察院。

决定退回的抗诉案件，人民检察院经补充相关材料后再次抗诉，经审查符合受理条件的，人民法院应当受理。

（二）人民法院对抗诉案件的审查

对人民检察院依照审判监督程序提出抗诉的案件，接受抗诉的人民法院应当组成合议庭审理。对原判事实不清、证据不足，包括有新的证据证明原判可能有错误，需要指令下级人民法院再审的，应当在立案之日起 1 个月内作出决定，并将指令再审决定书送达抗诉的人民检察院。

第四节　再审程序

一、再审审判方式

依据《最高人民法院关于刑事再审案件开庭审理程序的具体规定（试行）》第 5 条、第 6 条的规定，刑事再审案件的审判方式分为开庭审理和不开庭审理（即调查讯问式审理）两种。

（一）下列再审案件应当开庭审理

（1）依照第一审程序审理的。

（2）依照第二审程序需要对事实或证据进行审理的。

（3）人民检察院按照审判监督程序提出抗诉的。

（4）可能对原审被告人（原审上诉人）加重刑罚的。

（5）有其他应当开庭审理情形的。

（二）下列再审案件可以不开庭审理：

（1）原判决、裁定事实清楚，证据确实、充分，但适用法律错误，量刑畸重的。

（2）1979 年《刑事诉讼法》施行以前裁判的。

（3）原审被告人（原审上诉人）、原审自诉人已经死亡或者丧失行为能力的。

（4）原审被告人（原审上诉人）在交通十分不便的边远地区监狱服刑，提押到庭确有困难的；但人民检察院提出抗诉的，人民法院应当征得人民检察院的同意。

（5）人民法院按照审判监督程序决定再审，经 2 次通知，人民检察院不派员出庭的。

二、再审具体程序

《刑事诉讼法》第 256 条，《最高人民法院关于适用〈中华人民共和国刑事诉讼法〉的解释》第 465 条至第 471 条对再审具体程序作出了规定。

（1）人民法院按照审判监督程序重新审判的案件，由原审人民法院审理的，应当另行组成合议庭进行。

如果原来是第一审案件，应当依照第一审程序进行审判，所作的判决、裁定，可以上诉、抗诉；如果原来是第二审案件，或者是上级人民法院提审的案件，应当依照第二审程序进行审判，所作的判决、裁定，是终审的判决、裁定。

被告人因病不能出庭或被告人死亡的，人民法院可以缺席审判。

（2）人民法院开庭审理的再审案件，同级人民检察院应当派员出席法庭。

（3）对依照审判监督程序重新审判的案件，人民法院在依照第一审程序进行审判的过程中，发现原审被告人还有其他犯罪的，一般应当并案审理，但分案审理更为适宜的，可以分案审理。

（4）开庭审理再审案件，再审决定书或者抗诉书只针对部分原审被告人，其他同案原审被告人不出庭不影响审理的，可以不出庭参加诉讼。

（5）除人民检察院抗诉的以外，再审一般不得加重原审被告人的刑罚。再审决定书或者抗诉书只针对部分原审被告人的，不得加重其他同案原审被告人的刑罚。

（6）人民法院审理人民检察院抗诉的再审案件，人民检察院在开庭审理前撤回抗诉的，应当裁定准许；人民检察院接到出庭通知后不派员出庭，且未说明原因的，可以裁定按撤回抗诉处理，并通知诉讼参与人。

人民法院审理申诉人申诉的再审案件，申诉人在再审期间撤回申诉的，可以裁定准许。但认为原判确有错误的，应当不予准许，继续按照再审案件审理。申诉人经依法通知无正当理由拒不到庭，或者未经法庭许可中途退庭的，可以裁定按撤回申诉处理，但申诉人不是原审当事人的除外。

（7）开庭审理的再审案件，系人民法院决定再审的，由合议庭组成人员宣读再审决定书；系人民检察院抗诉的，由检察员宣读抗诉书；系申诉人申诉的，由申诉人或者其辩护人、诉讼代理人陈述申诉理由。

（8）依照审判监督程序重新审判的案件，人民法院应当重点针对申诉、抗诉和决定再审的理由进行审理。必要时，应当对原判决、裁定认定的事实、证据和适用法律进行全面审查。

三、再审后的处理

《最高人民法院关于适用〈中华人民共和国刑事诉讼法〉的解释》第 472 条至第 474 条对人民法院再审后的处理作出了规定。

（1）再审案件经过重新审理后，应当按照下列情形分别处理：①原判决、裁定认定事实和适用法律正确、量刑适当的，应当裁定驳回申诉或者抗诉，维持原判决、裁定；②原判决、裁定定罪准确、量刑适当，但在认定事实、适用法律等方面有瑕疵的，应当裁定纠正并维持原判决、裁定；③原判决、裁定认定事实没有错误，但适用法律错误或者量刑不当的，应当撤销原判决、裁定，依法改判；④依照第二审程序审理的案件，原判决、裁定事实不清、证据不足的，可以在查清事实后改判，也可以裁定撤销原判，发回原审人民法院重新审判。

原判决、裁定事实不清或者证据不足，经审理事实已经查清的，应当根据查清的事实依法裁判；事实仍无法查清，证据不足，不能认定被告人有罪的，应当撤销原判决、裁定，判决宣告被告人无罪。

（2）原判决、裁定认定被告人姓名等身份信息有误，但认定事实和适用法律正确、量刑适当的，作出生效判决、裁定的人民法院可以通过裁定对有关信息予以更正。

（3）对再审改判宣告无罪并依法享有申请国家赔偿权利的当事人，人民法院在宣判时，应当告知其在判决发生法律效力后可以依法申请国家赔偿。

四、再审期间的强制措施

《刑事诉讼法》第 257 条，《最高人民法院关于适用〈中华人民共和国刑事诉讼法〉的解释》第 464 条是对再审期间强制措施的规定。

（1）人民法院决定再审的案件，需要对被告人采取强制措施的，由人民法院依法决定；人民检察院提出抗诉的再审案件，需要对被告人采取强制措施的，由人民检察院依法决定。

（2）人民法院对决定再审的案件，应当制作再审决定书。再审期间不停止原判决、裁定的执行，但被告人可能经再审改判无罪，或者可能经再审减轻原判刑罚而致刑期届满的，可以决定中止原判决、裁定的执行，必要时，可以对被告人采取取保候审、监视居住措施。

五、再审程序审理期限

《刑事诉讼法》第 258 条规定，人民法院按照审判监督程序重新审判的案件，应当在作出提审、再审决定之日起 3 个月以内审结，需要延长期限的，不得超过 6 个月。

第五节　审判监督程序代理与辩护

律师在审判监督程序中的工作范围，即权利和义务与审查起诉、一审、二审程序中的基本相同。依据《最高人民法院、最高人民检察院、司法部关于逐步实行律师代理申诉制度的意见》（2017 年 4 月 1 日颁布）及其他法律和司法解释的规定，律师在审判监督程序中，还应注意以下权利和义务：

一、审查申诉理由及条件

律师听取申诉人申诉请求及理由、向申诉人询问案件情况、审查案卷材料、提供法律咨询后分别作出如下处理：

（1）对不符合法定申诉理由的，应做好法律释明工作。

（2）对符合法定申诉理由及其他法定申诉条件的，可以接受委托，代为向人民法院或人民检察院提起申诉。

代理律师拟向人民法院提出申诉，请求决定再审的，应当向终审人民法院提出申诉。但是，终审裁定准许撤回上诉的案件，申诉人对原审判决提出申诉的，也可以向原审人民法院申诉。案件疑难、复杂、重大的，可以向终审人民法院的上一级人民法院提出申诉。

代理律师拟向人民检察院提出申诉，请求抗诉的，应向作出生效判决、裁定的人民法院的同级人民检察院申诉（即应当向终审人民法院的同级人民检察院申诉，但是，终审裁定准许撤回上诉的案件，申诉人对原审判决提出申诉的，也可以向原审人民法院的同级人民检察院申诉）。案情重大、疑难、复杂的，可以向上级人民检察院直接申诉。

（3）经审查认为符合法律援助条件的，应协助申诉人申请法律援助。

申诉人申请法律援助，应当向作出生效裁判、决定的人民法院所在地同级司法行政机关所属法律援助机构提出，或者向作出人民检察院诉讼终结的刑事处理决定的人民检察院所在地同级司法行政机关所属法律援助机构提出。申诉已经被人民法院或者人民检察院受理的，应当向该人民法院或者人民检察院所在地同级司法行政机关所属法律援助机构提出。

法律援助机构经审查认为符合法律援助条件的，为申诉人指派律师，并将律师名单函告人民法院或者人民检察院。

二、提交申诉材料

律师接受委托后，代写申诉状、代为整理和提交申诉材料、代为接收法律文书。

（1）律师接受申诉人委托，可以到人民法院、人民检察院申诉接待场所或者通过来信、网上申诉平台、远程视频接访系统、律师服务平台等提交申诉材料。

（2）人民法院、人民检察院应认真审查律师代为提出的申诉材料及意见，并在法律规定期限内审查完毕。①提交的材料不符合要求的，人民法院或人民检察院可以通知其限期补充或者补正，并一次性告知应当补充或者补正的全部材料。未在通知期限内提交的，人民法院或者人民检察院不予受理。

②符合法定申诉理由及其他法定申诉条件的，人民法院、人民检察院应当接收材料，依法立案审查。

经审查认为案件确有错误的，应当依法予以纠正。认为案件存在瑕疵的，应当依法采取相应补正、补救措施。

（3）不符合法定申诉理由及其他法定申诉条件的，应当依法向申诉人出具法律文书，同时送达代理律师。

三、申诉律师的阅卷、会见

代理申诉律师享有阅卷权、会见权。人民法院、人民检察院、监狱管理机关等部门应当在诉讼服务大厅或者信访接待场所建立律师阅卷室、会见室。为律师查阅、摘抄、复制案卷材料等提供方便和保障。对法律援助机构指派的律师复制相关材料的费用予以免收。有条件的地区，可以提供网上阅卷服务。

四、申请举行公开听证

完善律师代理申诉公开机制。对律师代理的申诉案件，除法律规定不能公开、当事人不同意公开或者其他不适宜公开的情形，人民法院、人民检察院可以公开立案、审查程序，并告知申诉人及其代理律师审查结果。案件疑难、复杂的，申诉人及其代理律师可以申请举行公开听证，人民法院、人民检察院可以依申请或者依职权进行公开听证，并邀请相关领域专家、人大代表、政协委员及群众代表等社会第三方参加。

五、申诉代理的其他工作

代理申诉律师应当参加询问、讯问、提出律师意见和开庭审理等审判监督程序的其他工作。

六、律师在审判监督程序中的地位

当事人及其法定代理人、近亲属或者案外人对人民法院已经发生法律效力的刑事裁判不服，委托律师向人民法院或人民检察院提出申诉，在人民法院作出再审决定之前，为申诉代理人身份。在人民法院作出再审决定之后，代理罪犯的律师转为辩护律师身份；作为其他当事人及其法定代理人、近亲属或者案外人的代理律师仍为代理人身份。

七、保障申诉代理律师的人身安全

依法保障代理申诉律师人身安全。对在驻点或者代理申诉过程中出现可能危害律师人身安全的违法行为，人民法院或人民检察院要依法及时制止，固定证据，并做好相关处置工作。

第二十二章

涉外刑事案件审理

第一节　涉外刑事案件概述

一、涉外刑事案件范围

涉外刑事案件是指具有涉外因素的刑事案件。涉外因素是指诉讼当事人全部或部分为外国人、无国籍人、外国法人或组织，或者刑事案件发生在国外。

《最高人民法院关于适用〈中华人民共和国刑事诉讼法〉的解释》第475条规定了涉外刑事案件范围：

（1）在中华人民共和国领域内，外国人犯罪或者中国公民对外国、外国人犯罪的案件。

（2）符合《刑法》第7条、第10条规定情形的中国公民在中华人民共和国领域外犯罪的案件。

（3）符合《刑法》第8条、第10条规定情形的外国人犯罪的案件。

（4）符合《刑法》第9条规定情形的中华人民共和国在所承担国际条约义务范围内行使管辖权的案件。

二、涉外刑事案件的法律规定

1. 《刑法》对涉外刑事案件的规定

《刑法》第6条规定："凡在中华人民共和国领域内犯罪的，除法律有特别规定的以外，都适用本法。凡在中华人民共和国船舶或者航空器内犯罪的，也适用本法。犯罪的行为或者结果有一项发生在中华人民共和国领域内的，就认为是在中华人民共和国领域内犯罪。"

《刑法》第7条第1款规定："中华人民共和国公民在中华人民共和国领域外犯本法规定之罪的，适用本法，但是按本法规定的最高刑为三年以下有期徒刑的，可以不予追究。"

《刑法》第8条规定："外国人在中华人民共和国领域外对中华人民共和国国家或者公民犯罪，而按本法规定的最低刑为三年以上有期徒刑的，可以适用本法，但是按照犯罪地的法律不受处罚的除外。"

《刑法》第9条规定："对于中华人民共和国缔结或者参加的国际条约所规定的罪行，中华人民共和国在所承担条约义务的范围内行使刑事管辖权的，适用本法。"

《刑法》第10条规定："凡在中华人民共和国领域外犯罪，依照本法应当负刑事责任的，虽然经过外国审判，仍然可以依照本法追究，但是在外国已经受过刑罚处罚的，可以免除或者减轻处罚。"

《刑法》第11条规定："享有外交特权和豁免权的外国人的刑事责任，通过外交途径解决。"

2. 《刑事诉讼法》对涉外刑事案件的规定

《刑事诉讼法》第17条规定："对于外国人犯罪应当追究刑事责任的，适用本法的规定。对于享有外交特权和豁免权的外国人犯罪应当追究刑事责任的，通过外交途径解决。"

《刑事诉讼法》第18条规定："根据中华人民共和国缔结或者参加的国际条约，或者按照互惠原则，我国司法机关和外国司法机关可以相互请求刑事司法协助。"

3. 《外交特权与豁免条例》对外交代表和使馆其他人员享有刑事管辖的豁免权

4. 国际条约对涉外刑事案件的规定

第六届全国人民代表大会常务委员会第二十一次会议通过的《关于对中华人民共和国缔结或者参加的国际条约所规定的罪行行使刑事管辖权的决定》明确，中国对缔结和参加的国际条约所规定的罪行在条约的义务范围内具有刑事管辖权，这些国际条约有《关于防止和惩处侵害应受国际保护人员包括外交代表的罪行的公约》《关于在航空器内的犯罪和其他某些行为的公约》《关于制止非法劫持航空器的公约》《关于制止危害民用航空安全的非法行为的公约》《核材料实物保护公约》《反对劫持人质国际公约》《联合国禁止非法贩运麻醉药品和精神药物公约》《联合国打击跨国有组织犯罪公约》《联合国反腐败公约》等。

5. 《引渡法》对外国向中国引渡和中国向外国引渡的条件和程序的规定

6. 两高一部对涉外刑事案件的规定

《最高人民法院关于适用〈中华人民共和国刑事诉讼法〉的解释》《人民检察院刑事诉讼规则》《公安机关办理刑事案件程序规定》对办理涉外刑事案件作出了原则和程序上的具体规定。

三、涉外刑事案件的特有原则

1. 国家主权原则

国家主权原则是指司法机关办理涉外刑事案件适用中国刑事法律的原则。

依据《刑法》第6条至第10条，《刑事诉讼法》第17条的规定，无论在中华人民共和国领域内还是在领域外犯罪，依据中国法律需要追究刑事责任的，一律由中国司法机关管辖，适用中国刑事法律规定。但享有外交特权和豁免权的外国人的刑事责任需要通过外交途径解决。

2. 平等原则

平等原则是指外国人在中国进行刑事诉讼与中国公民享有平等的诉讼权利和承担平等的诉讼义务。

《最高人民法院关于适用〈中华人民共和国刑事诉讼法〉的解释》第478条规定："在刑事诉讼中，外国籍当事人享有我国法律规定的诉讼权利并承担相应义务。"

3. 国际条约优先适用原则

国际条约优先适用原则是指司法机关办理涉外刑事案件，当国内刑事立法与中国承担的国际条约义务相冲突时，应适用国际条约的有关规定，但中国声明保留条文的除外。

4. 使用中国通用语言文字原则

使用中国通用语言文字原则是指司法机关在办理涉外刑事案件过程中，应当使用中国通用的语言文字进行诉讼活动，为外国和无国籍诉讼参与人提供翻译。

《公安机关办理刑事案件程序规定》第362条规定："公安机关办理外国

人犯罪案件，使用中华人民共和国通用的语言文字。犯罪嫌疑人不通晓我国语言文字的，公安机关应当为他翻译；犯罪嫌疑人通晓我国语言文字，不需要他人翻译的，应当出具书面声明。"

《最高人民法院关于适用〈中华人民共和国刑事诉讼法〉的解释》第484条规定："人民法院审判涉外刑事案件，使用中华人民共和国通用的语言、文字，应当为外国籍当事人提供翻译。翻译人员应当在翻译文件上签名。人民法院的诉讼文书为中文本。外国籍当事人不通晓中文的，应当附有外文译本，译本不加盖人民法院印章，以中文本为准。外国籍当事人通晓中国语言、文字，拒绝他人翻译，或者不需要诉讼文书外文译本的，应当由其本人出具书面声明。拒绝出具书面声明的，应当记录在案；必要时，应当录音录像。"

5. 委托或指定中国律师参与诉讼原则

委托或指定中国律师参与诉讼原则是指外国籍当事人委托律师作为辩护人或诉讼代理人，司法机关为外国籍当事人指定辩护人或诉讼代理人，只能委托和指定中国律师。

《最高人民法院关于适用〈中华人民共和国刑事诉讼法〉的解释》第485条规定，外国籍被告人委托律师辩护，或者外国籍附带民事诉讼原告人、自诉人委托律师代理诉讼的，应当委托具有中华人民共和国律师资格并依法取得执业证书的律师。

外国籍被告人在押的，其监护人、近亲属或者其国籍国驻华使领馆可以代为委托辩护人。其监护人、近亲属代为委托的，应当提供与被告人关系的有效证明。

外国籍当事人委托其监护人、近亲属担任辩护人、诉讼代理人的，被委托人应当提供与当事人关系的有效证明。经审查，符合《刑事诉讼法》、有关司法解释规定的，人民法院应当准许。

外国籍被告人没有委托辩护人的，人民法院可以通知法律援助机构为其指派律师提供辩护。被告人拒绝辩护人辩护的，应当由其出具书面声明，或者将其口头声明记录在案；必要时，应当录音录像。被告人属于应当提供法律援助情形的，被告人拒绝指派的律师为其辩护的，人民法院应当查明原因。理由正当的，应当准许，但被告人应当在 5 日以内另行委托辩护人；被告人未另行委托辩护人的，人民法院应当在 3 日以内通知法律援助机构另行指派律师为其提供辩护。

第二节　涉外刑事案件的管辖

一、侦查管辖

依据《公安机关办理刑事案件程序规定》第 363 条至第 365 条的规定，外国人犯罪案件按以下三种不同情形决定负责立案侦查的公安机关：

（1）外国人犯罪案件，由犯罪地的县级以上公安机关立案侦查。

（2）外国人犯中华人民共和国缔结或者参加的国际条约规定的罪行后进入中国领域内的，由该外国人被抓获地的设区的市一级以上公安机关立案侦查。

（3）外国人在中华人民共和国领域外对中华人民共和国国家或者公民犯罪，应当受刑罚处罚的，由该外国人入境地或者入境后居住地的县级以上公安机关立案侦查；该外国人未入境的，由被害人居住地的县级以上公安机关立案侦查；没有被害人或者是对中华人民共和国国家犯罪的，由公安部指定管辖。

二、审判管辖

依据《刑事诉讼法》第 20 条至第 25 条，《最高人民法院关于适用〈中华人民共和国刑事诉讼法〉的解释》第 476 条的规定，涉外刑事案件第一审级别管辖如下：

（1）第一审涉外刑事案件由基层人民法院管辖，但是依法应由上级人民法院管辖的除外；必要时，中级人民法院可以指定辖区内若干基层人民法院集中管辖第一审涉外刑事案件。

（2）中级人民法院管辖的第一审涉外刑事案件：危害国家安全、恐怖活动案件；可能判处无期徒刑、死刑的案件；

请求移送上一级人民法院审理的应由基层人民法院管辖的第一审涉外刑事案件。

（3）高级人民法院管辖的第一审涉外刑事案件，是全省（自治区、直辖市）性的重大涉外刑事案件。

（4）最高人民法院管辖的第一审涉外刑事案件，是全国性的重大涉外刑事案件。

第三节　涉外刑事案件的强制措施

《最高人民法院关于适用〈中华人民共和国刑事诉讼法〉的解释》第479条、第481条、第482条、第487条，《公安机关办理刑事案件程序规定》第367条、第368条、第370条，《人民检察院刑事诉讼规则》第294条，是司法机关在办理涉外刑事案件过程中，对外国籍犯罪嫌疑人、被告人采取措施时应遵守的规定。

一、公安机关采取强制措施的规定

1. 强制措施的层报、通报

公安机关对外国籍犯罪嫌疑人依法作出取保候审、监视居住决定或者执行拘留、逮捕后，应当在48小时以内层报省级公安机关，同时通报同级人民政府外事办公室。

重大涉外案件应当在48小时以内层报公安部，同时通报同级人民政府外事办公室。

2. 强制措施的通知、报告

公安机关对外国籍犯罪嫌疑人依法作出取保候审、监视居住决定或者执行拘留、逮捕后，由省级公安机关根据有关规定，将其姓名，性别，入境时间，护照或者证件号码，案件发生的时间、地点，涉嫌犯罪的主要事实，已采取的强制措施及其法律依据等，通知该外国人所属国家的驻华使馆、领事馆，同时报告公安部。经省级公安机关批准，领事通报任务较重的副省级城市公安局可以直接行使领事通报职能。

外国人在公安机关侦查或者执行刑罚期间死亡的，有关省级公安机关应当通知该外国人国籍国的驻华使馆、领事馆，同时报告公安部。

未在华设立使馆、领事馆的国家，可以通知其代管国家的驻华使馆、领事馆；无代管国家或者代管国家不明的，可以不予通知。

3. 会见、通信和探视

公安机关侦查终结前，外国驻华外交、领事官员要求探视被监视居住、拘留、逮捕或者正在看守所服刑的本国公民的，应当及时安排有关探视事宜。

犯罪嫌疑人拒绝其国籍国驻华外交、领事官员探视的，公安机关可以不予安排，但应当由其本人提出书面声明。

在公安机关侦查羁押期间，经公安机关批准，外国籍犯罪嫌疑人可以与其近亲属、监护人会见、与外界通信。

二、人民检察院批准逮捕的规定

1. 三类案件需要层报最高人民检察院作出批准逮捕的批复

外国人、无国籍人涉嫌危害国家安全犯罪的案件或者涉及国与国之间政治、外交关系的案件以及在适用法律上确有疑难的案件，需要逮捕犯罪嫌疑人的，按照《刑事诉讼法》关于管辖的规定，分别由基层人民检察院或者设区的市级人民检察院审查并提出意见，层报最高人民检察院审查。最高人民检察院认为需要逮捕的，征求外交部的意见后，作出批准逮捕的批复；认为不需要逮捕的，作出不批准逮捕的批复。基层人民检察院或者设区的市级人民检察院根据最高人民检察院的批复，依法作出批准或者不批准逮捕的决定。在层报过程中，上级人民检察院认为不需要逮捕的，应当作出不批准逮捕的批复。报送的人民检察院根据批复依法作出不批准逮捕的决定。

基层人民检察院或者设区的市级人民检察院认为不需要逮捕的，可以直接依法作出不批准逮捕的决定。

2. 三类案件以外的案件批准逮捕需要备案、通报

外国人、无国籍人涉嫌危害国家安全犯罪的案件或者涉及国与国之间政治、外交关系的案件以及在适用法律上确有疑难的案件以外的其他犯罪案件，决定批准逮捕的人民检察院应当在作出批准逮捕决定后48小时以内报上一级人民检察院备案，同时向同级人民政府外事部门通报。上一级人民检察院经审查发现批准逮捕决定错误的，应当依法及时纠正。

三、人民法院采取措施的规定

（一）人民法院采取强制措施的规定

1. 强制措施的通报、通知

涉外刑事案件审判期间，人民法院决定对外国籍被告人采取强制措施的，应当将采取强制措施的情况，包括外国籍当事人的姓名（包括译名）、性别、入境时间、护照或者证件号码、采取的强制措施及法律依据、羁押地点等及

时通报同级人民政府外事主管部门，并依照有关规定通知有关国家驻华使领馆。

2. 探视、会见

人民法院受理涉外刑事案件后，应当告知在押的外国籍被告人享有与其国籍国驻华使领馆联系，与其监护人、近亲属会见、通信，以及请求人民法院提供翻译的权利。

涉外刑事案件审判期间，外国籍被告人在押，其国籍国驻华使领馆官员要求探视的，可以向受理案件的人民法院所在地的高级人民法院提出。人民法院应当根据中国与被告人国籍国签订的双边领事条约规定的时限予以安排；没有条约规定的，应当尽快安排。必要时，可以请人民政府外事主管部门协助。

涉外刑事案件审判期间，外国籍被告人在押，其监护人、近亲属申请会见的，可以向受理案件的人民法院所在地的高级人民法院提出，并提供与被告人关系的所在国公证机关公证、所在国中央外交主管机关或其授权机关以及中华人民共和国驻该国使领馆认证证明。人民法院经审查认为不妨碍案件审判的，可以批准。

被告人拒绝接受探视、会见的，应当由其本人出具书面声明。拒绝出具书面声明的，应当记录在案；必要时，应当录音录像。

探视、会见被告人应当遵守中国法律规定。

（二）执行死刑或死亡通知

1. 人民法院对外国籍被告人执行死刑的，死刑裁决下达后执行前，应当通知其国籍国驻华使领馆。

2. 外国籍被告人在案件审理中死亡的，人民法院应当及时通报同级人民政府外事主管部门，并通知有关国家驻华使领馆。

（三）限制出境、暂缓出境的通报

人民法院对涉外刑事案件的被告人，可以决定限制出境；对开庭审理案件时必须到庭的证人，可以要求暂缓出境。限制外国人出境的，应当通报同级人民政府外事主管部门和当事人国籍国驻华使领馆。

人民法院决定限制外国人和中国公民出境的，应当书面通知被限制出境的人在案件审理终结前不得离境，并可以采取扣留护照或者其他出入境证件的办法限制其出境；扣留证件的，应当履行必要手续，并发给本人扣留证件的证明。

（四）边控

人民法院需要对外国人和中国公民在口岸采取边控措施的，受理案件的人民法院应当按照规定制作边控对象通知书，并附有关法律文书，层报高级人民法院办理交控手续。在紧急情况下，需要采取临时边控措施的，受理案件的人民法院可以先向有关口岸所在地出入境边防检查机关交控，但应当在7日以内按照规定层报高级人民法院办理手续。

四、人民法院通知国籍国驻华使领馆的规定

人民法院需要向有关国家驻华使领馆通知有关事项的，应当层报高级人民法院，由高级人民法院按照下列规定通知：

（1）外国籍当事人国籍国与中国签订有双边领事条约的，根据条约规定办理；未与中国签订双边领事条约，但参加《维也纳领事关系公约》的，根据公约规定办理；未与中国签订领事条约，也未参加《维也纳领事关系公约》，但与中国有外交关系的，可以根据外事主管部门的意见，按照互惠原则，根据有关规定和国际惯例办理。

（2）在外国驻华领馆领区内发生的涉外刑事案件，通知有关外国驻该地区的领馆；在外国领馆领区外发生的涉外刑事案件，通知有关外国驻华使馆；与中国有外交关系，但未设使领馆的国家，可以通知其代管国家驻华使领馆；无代管国家、代管国家不明的，可以不通知。

（3）双边领事条约规定通知时限的，应当在规定的期限内通知；没有规定的，应当根据或者参照《维也纳领事关系公约》和国际惯例尽快通知，至迟不得超过7日。

（4）双边领事条约没有规定必须通知，外国籍当事人要求不通知其国籍国驻华使领馆的，可以不通知，但应当由其本人出具书面声明。

高级人民法院向外国驻华使领馆通知有关事项，必要时，可以请人民政府外事主管部门协助。

第四节　涉外刑事案件的审理

人民法院审理涉外刑事案件适用涉外刑事案件审理的规定，涉外刑事案

件审理过程中的其他事项，依照法律、司法解释和其他有关规定办理。

一、外国人身份及国籍的确认

《公安机关办理刑事案件程序规定》第 359 条、第 360 条，《最高人民法院关于适用〈中华人民共和国刑事诉讼法〉的解释》第 477 条规定了外国人身份及国籍的确认。

（1）确认外国籍犯罪嫌疑人、被告人的身份，可以依照有关国际条约或者通过国际刑事警察组织、警务合作渠道办理。确实无法查明的，可以按其自报的姓名移送人民检察院审查起诉和审判。

（2）外国籍犯罪嫌疑人、被告人的国籍，以其在入境时持用的有效证件予以确认；国籍不明的，由出入境管理部门协助予以查明或者根据有关国家驻华使领馆出具的证明确认。国籍确实无法查明的，以无国籍人对待，在裁判文书中写明"国籍不明"。

二、公开审理

《最高人民法院关于适用〈中华人民共和国刑事诉讼法〉的解释》第 483 条规定，人民法院审理涉外刑事案件，应当公开进行，但依法不应公开审理的除外。

公开审理的涉外刑事案件，外国籍当事人国籍国驻华使领馆官员要求旁听的，可以向受理案件的人民法院所在地的高级人民法院提出申请，人民法院应当安排。

三、开庭、宣判的通报、通知

《最高人民法院关于适用〈中华人民共和国刑事诉讼法〉的解释》第 479 条、第 489 条规定，人民法院应当将开庭的时间、地点、是否公开审理等事项和宣判的时间、地点及时通报同级人民政府外事主管部门，并依照有关规定通知有关国家驻华使领馆。

涉外刑事案件宣判后，应当将处理结果及时通报同级人民政府外事主管部门。

涉外刑事案件宣判后，外国籍当事人国籍国驻华使领馆要求提供裁判文书的，可以向受理案件的人民法院所在地的高级人民法院提出，人民法院可以提供。

四、委托书和关系证明的公证、认证

《最高人民法院关于适用〈中华人民共和国刑事诉讼法〉的解释》第486条规定，外国籍当事人从中华人民共和国领域外寄交或者托交给中国律师或者中国公民的委托书，以及外国籍当事人的监护人、近亲属提供的与当事人关系的证明，必须经所在国公证机关证明，所在国中央外交主管机关或者其授权机关认证，并经中华人民共和国驻该国使领馆认证，或者履行中华人民共和国与该所在国订立的有关条约中规定的证明手续，但中国与该国之间有互免认证协定的除外。

五、涉外刑事案件的审理期限

《最高人民法院关于适用〈中华人民共和国刑事诉讼法〉的解释》第488条规定，涉外刑事案件，符合《刑事诉讼法》第208条第1款、第243条规定的，经有关人民法院批准或者决定，可以延长审理期限。这说明，法律对涉外刑事案件审理期限没有特殊规定，应按照第一审普通程序和第二审程序的审理期限执行。

六、驱逐出境的执行

《公安机关办理刑事案件程序规定》第371条规定，对判处独立适用驱逐出境刑罚的外国人，省级公安机关在收到人民法院的刑事判决书、执行通知书的副本后，应当指定该外国人所在地的设区的市一级公安机关执行。

被判处徒刑的外国人，主刑执行期满后应当执行驱逐出境附加刑的，省级公安机关在收到执行监狱的上级主管部门转交的刑事判决书、执行通知书副本或者复印件后，应当通知该外国人所在地的设区的市一级公安机关或者指定有关公安机关执行。

中国政府已按照国际条约或者《外交特权与豁免条例》的规定，实施犯罪但享有外交或者领事特权和豁免权的外国人宣布为不受欢迎的人，或者不可接受并拒绝承认其外交或者领事人员身份，责令限期出境的人，无正当理由逾期不自动出境的，由公安部凭外交部公文指定该外国人所在地的省级公安机关负责执行或者监督执行。

第二十三章

刑事司法协助

第一节　刑事司法协助概述

一、刑事司法协助概念

《国际刑事司法协助法》第2条规定，国际刑事司法协助，是指中华人民共和国和外国在刑事案件调查、侦查、起诉、审判和执行等活动中相互提供协助，包括送达文书，调查取证，安排证人作证或者协助调查，查封、扣押、冻结涉案财物，没收、返还违法所得及其他涉案财物，移管被判刑人以及其他协助。

二、刑事司法协助主体

中国的刑事司法协助主体包括监察委员会、人民法院、人民检察院、公安机关、司法部、国家安全机关等部门。

《国际刑事司法协助法》第6条规定："国家监察委员会、最高人民法院、最高人民检察院、公安部、国家安全部等部门是开展国际刑事司法协助的主管机关，按照职责分工，审核向外国提出的刑事司法协助请求，审查处理对外联系机关转递的外国提出的刑事司法协助请求，承担其他与国际刑事司法协助相关的工作。在移管被判刑人案件中，司法部按照职责分工，承担相应的主管机关职责。办理刑事司法协助相关案件的机关是国际刑事司法协助的办案机关，负责向所属主管机关提交需要向外国提出的刑事司法协助请求、执行所属主管机关交办的外国提出的刑事司法协助请求。"

三、刑事司法协助的范围

依据《国际刑事司法协助法》,《人民检察院刑事诉讼规则》第 672 条,《公安机关办理刑事案件程序规定》第 375 条以及中国缔结和参加的国际条约的规定,刑事司法协助的范围包括:

(1) 刑事诉讼文书送达;

(2) 调查取证;

(3) 安排证人作证或者协助调查;

(4) 查封、扣押、冻结涉案财物;

(5) 没收、返还违法所得及其他涉案财物;

(6) 移管被判刑人;

(7) 犯罪情报信息的交流与合作;

(8) 引渡、缉捕和递解犯罪嫌疑人、被告人或者罪犯;

(9) 国际条约、协议规定的其他刑事司法协助和警务合作事宜。

四、刑事司法协助的法律依据

依据《刑事诉讼法》第 18 条,《最高人民法院关于适用〈中华人民共和国刑事诉讼法〉的解释》第 491 条的规定,刑事司法协助的法律依据包括:

(1) 中华人民共和国缔结或者参加的国际条约。

(2) 如果两国没有共同缔结或者参加的国际条约,则可按照互惠原则相互进行刑事司法协助。

(3)《国际刑事司法协助法》。

(4) 其他有刑事司法协助条文的法律。

第二节　刑事司法协助请求书

一、刑事司法协助请求书内容

司法机关之间请求或提供司法协助,应当向对方递交《刑事司法协助请求书》,依据联合国大会 1990 年通过的《刑事事件互助示范条约》第 5 条的规定,司法协助请求书应当包含下列内容:

（1）请求机构的名称和进行该请求所涉调查或起诉的主管当局的名称；

（2）该项请求的目的和所需协助的简短说明；

（3）除请求递送文件的情况外，应叙述据称构成犯罪的事实以及关于相关法律的陈述或文本；

（4）必要情况下收件人的姓名或地址；

（5）请求国希望遵循的任何特定程序或要求的理由和细节，包括说明是否要求得到经宣誓或证实的证词或陈述；

（6）对希望在任何期限内执行有关情况的说明；

（7）妥善执行请求所必需的其他材料。

《国际刑事司法协助法》第 13 条规定，外国向中华人民共和国提出刑事司法协助请求的，应当依照刑事司法协助条约的规定提出请求书。没有条约或者条约没有规定的，应当在请求书中载明下列事项并附相关材料：

（1）请求机关的名称；

（2）案件性质、涉案人员基本信息及犯罪事实；

（3）本案适用的法律规定；

（4）请求的事项和目的；

（5）请求的事项与案件之间的关联性；

（6）希望请求得以执行的期限；

（7）其他必要的信息或者附加的要求。

在没有刑事司法协助条约的情况下，请求国应当作出互惠的承诺。

请求书及所附材料应当附有中文译文。

二、送达刑事诉讼文书请求书

《国际刑事司法协助法》第 21 条、第 23 条规定，中华人民共和国向外国请求送达文书的，请求书应当载明受送达人的姓名或者名称、送达的地址以及需要告知受送达人的相关权利和义务。

外国向中华人民共和国请求送达文书的，请求书应当载明受送达人的姓名或者名称、送达的地址以及需要告知受送达人的相关权利和义务。

三、调查取证请求书

（1）《国际刑事司法协助法》第 25 条规定，中华人民共和国与外国相互之间需要就下列事项协助调查取证的，应当制作刑事司法协助请求书并附相关材料：①查找、辨认有关人员；②查询、核实涉案财物、金融账户信息；③获取并提供有关人员的证言或者陈述；④获取并提供有关文件、记录、电子数据和物品；⑤获取并提供鉴定意见；⑥勘验或者检查场所、物品、人身、尸体；⑦搜查人身、物品、住所和其他有关场所；⑧其他事项。

请求协助调查取证时，办案机关可以同时请求在执行请求时派员到场。

（2）依据《国际刑事司法协助法》第26条的规定，中华人民共和国与外国相互之间请求调查取证的，请求书及所附材料应当根据需要载明下列事项：①被调查人的姓名、性别、住址、身份信息、联系方式和有助于确认被调查人的其他资料；②需要向被调查人提问的问题；③需要查找、辨认人员的姓名、性别、住址、身份信息、联系方式、外表和行为特征以及有助于查找、辨认的其他资料；④需要查询、核实的涉案财物的权属、地点、特性、外形和数量等具体信息，需要查询、核实的金融账户相关信息；⑤需要获取的有关文件、记录、电子数据和物品的持有人、地点、特性、外形和数量等具体信息；⑥需要鉴定的对象的具体信息；⑦需要勘验或者检查的场所、物品等的具体信息；⑧需要搜查的对象的具体信息；⑨有助于执行请求的其他材料。

四、安排证人作证或者协助调查请求书

《国际刑事司法协助法》第32条规定，中华人民共和国与外国相互之间请求安排证人、鉴定人作证或者协助调查的，请求书及所附材料应当根据需要载明下列事项：

（1）证人、鉴定人的姓名、性别、住址、身份信息、联系方式和有助于确认证人、鉴定人的其他资料；

（2）作证或者协助调查的目的、必要性、时间和地点等；

（3）证人、鉴定人的权利和义务；

（4）对证人、鉴定人的保护措施；

（5）对证人、鉴定人的补助；

（6）有助于执行请求的其他材料。

五、查封、扣押、冻结涉案财物请求书

《国际刑事司法协助法》第40条规定，中华人民共和国与外国相互之间

请求查封、扣押、冻结涉案财物的，请求书及所附材料应当根据需要载明下列事项：

（1）需要查封、扣押、冻结的涉案财物的权属证明、名称、特性、外形和数量等；

（2）需要查封、扣押、冻结的涉案财物的地点。资金或者其他金融资产存放在金融机构中的，应当载明金融机构的名称、地址和账户信息；

（3）相关法律文书的副本；

（4）有关查封、扣押、冻结以及利害关系人权利保障的法律规定；

（5）有助于执行请求的其他材料。

六、没收、返还违法所得及其他涉案财物请求书

《国际刑事司法协助法》第48条规定，中华人民共和国与外国相互之间请求没收、返还违法所得及其他涉案财物的，请求书及所附材料应当根据需要载明下列事项：

（1）需要没收、返还的违法所得及其他涉案财物的名称、特性、外形和数量等；

（2）需要没收、返还的违法所得及其他涉案财物的地点。资金或者其他金融资产存放在金融机构中的，应当载明金融机构的名称、地址和账户信息；

（3）没收、返还的理由和相关权属证明；

（4）相关法律文书的副本；

（5）有关没收、返还以及利害关系人权利保障的法律规定；

（6）有助于执行请求的其他材料。

七、移管被判刑人请求书

《国际刑事司法协助法》第57条规定，中华人民共和国与外国相互之间请求移管被判刑人的，请求书及所附材料应当根据需要载明下列事项：

（1）请求机关的名称；

（2）被请求移管的被判刑人的姓名、性别、国籍、身份信息和其他资料；

（3）被判刑人的服刑场所；

（4）请求移管的依据和理由；

（5）被判刑人或者其代理人同意移管的书面声明；

（6）其他事项。

第三节　人民法院刑事司法协助

一、拒绝刑事司法协助情形

《最高人民法院关于适用〈中华人民共和国刑事诉讼法〉的解释》第492条规定，外国法院请求的事项有损中华人民共和国的主权、安全、社会公共利益以及违反中华人民共和国法律的基本原则的，人民法院不予协助；属于有关法律规定的可以拒绝提供刑事司法协助情形的，可以不予协助。

《国际刑事司法协助法》第14条规定，外国向中华人民共和国提出的刑事司法协助请求，有下列情形之一的，可以拒绝提供协助：

（1）根据中华人民共和国法律，请求针对的行为不构成犯罪。

（2）在收到请求时，在中华人民共和国境内对于请求针对的犯罪正在进行调查、侦查、起诉、审判，已经作出生效判决，终止刑事诉讼程序，或者犯罪已过追诉时效期限。

（3）请求针对的犯罪属于政治犯罪。

（4）请求针对的犯罪纯属军事犯罪。

（5）请求的目的是基于种族、民族、宗教、国籍、性别、政治见解或者身份等方面的原因而进行调查、侦查、起诉、审判、执行刑罚，或者当事人可能由于上述原因受到不公正待遇。

（6）请求的事项与请求协助的案件之间缺乏实质性联系。

（7）其他可以拒绝的情形。

二、最高人民法院审核同意

《最高人民法院关于适用〈中华人民共和国刑事诉讼法〉的解释》第493条规定，人民法院请求外国提供司法协助的，应当层报最高人民法院，经最高人民法院审核同意后交由有关对外联系机关及时向外国提出请求。

外国法院请求中国提供司法协助，有关对外联系机关认为属于人民法院职权范围的，经最高人民法院审核同意后转有关人民法院办理。

三、刑事司法协助请求书的制作

《最高人民法院关于适用〈中华人民共和国刑事诉讼法〉的解释》第 494 条规定，人民法院请求外国提供司法协助的请求书，应当依照刑事司法协助条约的规定提出；没有条约或者条约没有规定的，应当载明法律规定的相关信息并附相关材料。请求书及其所附材料应当以中文制作，并附有被请求国官方文字的译本。

外国请求中国法院提供司法协助的请求书，应当依照刑事司法协助条约的规定提出；没有条约或者条约没有规定的，应当载明中国法律规定的相关信息并附相关材料。请求书及所附材料应当附有中文译本。

四、向外国请求送达刑事诉讼文书

《最高人民法院关于适用〈中华人民共和国刑事诉讼法〉的解释》第 495 条、第 496 条规定，人民法院向在中华人民共和国领域外居住的当事人送达刑事诉讼文书，可以采用下列方式：

（1）根据受送达人所在国与中华人民共和国缔结或者共同参加的国际条约规定的方式送达。

（2）通过外交途径送达。

（3）对中国籍当事人，所在国法律允许或者经所在国同意，可以委托中国驻受送达人所在国的使领馆代为送达。

（4）当事人是自诉案件的自诉人或者附带民事诉讼原告人的，可以向有权代其接受送达的诉讼代理人送达。

（5）当事人是外国单位的，可以向其在中华人民共和国领域内设立的代表机构或者有权接受送达的分支机构、业务代办人送达；

（6）受送达人所在国法律允许的，可以邮寄送达；自邮寄之日起满 3 个月，送达回证未退回，但根据各种情况足以认定已经送达的，视为送达；

（7）受送达人所在国法律允许的，可以采用传真、电子邮件等能够确认受送达人收悉的方式送达。

人民法院通过外交途径向在中华人民共和国领域外居住的受送达人送达刑事诉讼文书的，所送达的文书应当经高级人民法院审查后报最高人民法院审核。最高人民法院认为可以发出的，由最高人民法院交外交部主管部门

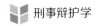

转递。

五、向中华人民共和国请求送达刑事诉讼文书

外国法院通过外交途径请求人民法院送达刑事诉讼文书的，由该国驻华使馆将法律文书交中国外交部主管部门转最高人民法院。最高人民法院审核后认为属于人民法院职权范围，且可以代为送达的，应当转有关人民法院办理。

《国际刑事司法协助法》第 22 条规定，外国可以请求中华人民共和国协助送达传票、通知书、起诉书、判决书和其他司法文书。中华人民共和国协助送达司法文书，不代表对外国司法文书法律效力的承认。

请求协助送达出庭传票的，应当按照有关条约规定的期限提出。没有条约或者条约没有规定的，应当至迟在开庭前 3 个月提出。

对于要求中华人民共和国公民接受讯问或者作为被告人出庭的传票，中华人民共和国不负有协助送达的义务。

第四节　人民检察院刑事司法协助

一、最高人民检察院审核决定

《人民检察院刑事诉讼规则》第 673 条规定，最高人民检察院是检察机关开展国际刑事司法协助的主管机关，负责审核地方各级人民检察院向外国提出的刑事司法协助请求，审查处理对外联系机关转递的外国提出的刑事司法协助请求，审查决定是否批准执行外国的刑事司法协助请求，承担其他与国际刑事司法协助相关的工作。

办理刑事司法协助相关案件的地方各级人民检察院应当向最高人民检察院层报需要向外国提出的刑事司法协助请求，执行最高人民检察院交办的外国提出的刑事司法协助请求。

二、刑事司法协助请求书的制作

《人民检察院刑事诉讼规则》第 674 条规定，地方各级人民检察院需要向外国请求刑事司法协助的，应当制作刑事司法协助请求书并附相关材料。经省级人民检察院审核同意后，报送最高人民检察院。

刑事司法协助请求书应当依照相关刑事司法协助条约的规定制作；没有条约或者条约没有规定的，可以参照《国际刑事司法协助法》第 13 条的规定制作。被请求方有特殊要求的，在不违反中国法律的基本原则的情况下，可以按照被请求方的特殊要求制作。

三、向外国提出刑事司法协助请求

《人民检察院刑事诉讼规则》第 675 条规定，最高人民检察院收到地方各级人民检察院刑事司法协助请求书及所附相关材料后，应当依照国际刑事司法协助法和有关条约进行审查。对符合规定、所附材料齐全的，最高人民检察院是对外联系机关的，应当及时向外国提出请求；不是对外联系机关的，应当通过对外联系机关向外国提出请求。对不符合规定或者材料不齐全的，应当退回提出请求的人民检察院或者要求其补充、修正。

四、接受外国刑事司法协助请求

（一）审查

《人民检察院刑事诉讼规则》第 676 条规定，最高人民检察院收到外国提出的刑事司法协助请求后，应当对请求书及所附材料进行审查。对于请求书形式和内容符合要求的，应当按照职责分工，将请求书及所附材料转交有关主管机关或者省级人民检察院处理；对于请求书形式和内容不符合要求的，可以要求请求方补充材料或者重新提出请求。

外国提出的刑事司法协助请求明显损害中国主权、安全和社会公共利益的，可以直接拒绝提供协助。

（二）处理

《人民检察院刑事诉讼规则》第 677 条规定，最高人民检察院在收到对外联系机关转交的刑事司法协助请求书及所附材料后，经审查，分别作出以下处理：

（1）根据国际刑事司法协助法和刑事司法协助条约的规定，认为可以协助执行的，作出决定并安排有关省级人民检察院执行。

（2）根据国际刑事司法协助法或者刑事司法协助条约的规定，认为应当全部或者部分拒绝协助的，将请求书及所附材料退回对外联系机关并说明理由。

（3）对执行请求有保密要求或者有其他附加条件的，通过对外联系机关向外国提出，在外国接受条件并且作出书面保证后，决定附条件执行。

（4）需要补充材料的，书面通过对外联系机关要求请求方在合理期限内提供。

（三）执行

《人民检察院刑事诉讼规则》第 678 条规定，有关省级人民检察院收到最高人民检察院交办的外国刑事司法协助请求后，应当依法执行，或者交由下级人民检察院执行。

负责执行的人民检察院收到刑事司法协助请求书和所附材料后，应当立即安排执行，并将执行结果及有关材料报经省级人民检察院审查后，报送最高人民检察院。

对于不能执行的，应当将刑事司法协助请求书和所附材料，连同不能执行的理由，通过省级人民检察院报送最高人民检察院。

因请求书提供的地址不详或者材料不齐全，人民检察院难以执行该项请求的，应当立即通过最高人民检察院书面通知对外联系机关，要求请求方补充提供材料。

（四）转交或转告

《人民检察院刑事诉讼规则》第 679 条规定，最高人民检察院应当对执行结果进行审查。对于符合请求要求和有关规定的，通过对外联系机关转交或者转告请求方。

第五节　公安机关刑事司法协助和警务合作

一、公安刑事司法协助和警务合作的中央主管机关

《公安机关办理刑事案件程序规定》第 374 条规定，公安部是公安机关进行刑事司法协助和警务合作的中央主管机关，通过有关法律、国际条约、协议规定的联系途径、外交途径或者国际刑事警察组织渠道，接收或者向外国提出刑事司法协助或者警务合作请求。

地方各级公安机关依照职责权限办理刑事司法协助事务和警务合作事务。

其他司法机关在办理刑事案件过程中，需要外国警方协助的，由其中央主管机关与公安部联系办理。

二、相邻国家警务合作

《公安机关办理刑事案件程序规定》第 376 条规定，在不违背中国法律和有关国际条约、协议的前提下，中国边境地区设区的市一级公安机关和县级公安机关与相邻国家的警察机关，可以按照惯例相互开展执法会晤、人员往来、边境管控、情报信息交流等警务合作，但应当报省级公安机关批准，并报公安部备案；开展其他警务合作的，应当报公安部批准。

三、接收外国刑事司法协助请求

（一）审查、处理

《公安机关办理刑事案件程序规定》第 377 条规定，公安部收到外国的刑事司法协助或者警务合作请求后，应当依据中国法律和国际条约、协议的规定进行审查。对于符合规定的，交有关省级公安机关办理，或者移交其他有关中央主管机关；对于不符合条约或者协议规定的，通过接收请求的途径退回请求方。

对于请求书的签署机关、请求书及所附材料的语言文字、有关办理期限和具体程序等事项，在不违反中国法律基本原则的情况下，可以按照刑事司法协助条约、警务合作协议规定或者双方协商办理。

（二）执行

《公安机关办理刑事案件程序规定》第 378 条规定，负责执行刑事司法协助或者警务合作的公安机关收到请求书和所附材料后，应当按照中国法律和有关国际条约、协议的规定安排执行，并将执行结果及其有关材料报经省级公安机关审核后报送公安部。

在执行过程中，需要采取查询、查封、扣押、冻结等措施或者返还涉案财物，且符合法律规定的条件的，可以根据中国有关法律和公安部的执行通知办理有关法律手续。

请求书提供的信息不准确或者材料不齐全难以执行的，应当立即通过省级公安机关报请公安部要求请求方补充材料；因其他原因无法执行或者具有应当拒绝协助、合作的情形等不能执行的，应当将请求书和所附材料，连同不能执行的理由通过省级公安机关报送公安部。

（三）办理期限

《公安机关办理刑事案件程序规定》第 379 条规定，执行刑事司法协助和警务合作，请求书中附有办理期限的，应当按期完成。未附办理期限的，调查取证应当在 3 个月以内完成；送达刑事诉讼文书，应当在 10 日以内完成。不能按期完成的，应当说明情况和理由，层报公安部。

四、向外国提出刑事司法协助请求

《公安机关办理刑事案件程序规定》第 380 条至第 382 条作出了中国公安机关请求外国警方提供刑事司法协助或警务合作的规定。

（1）中国公安机关需要请求外国警方提供刑事司法协助或者警务合作的，应当按照中国有关法律、国际条约、协议的规定提出刑事司法协助或者警务合作请求书，所附文件及相应译文，经省级公安机关审核后报送公安部。

（2）中国公安机关需要通过国际刑事警察组织查找或者缉捕犯罪嫌疑人、被告人或者罪犯，查询资料、调查取证的，应当提出申请层报国际刑事警察组织中国国家中心局。

（3）中国公安机关需要外国协助安排证人、鉴定人来中华人民共和国作证或者通过视频、音频作证，或者协助调查的，应当制作刑事司法协助请求书并附相关材料，经公安部审核同意后，由对外联系机关及时向外国提出请求。

来中华人民共和国作证或者协助调查的证人、鉴定人离境前，公安机关不得就其入境前实施的犯罪进行追究；除因入境后实施违法犯罪而被采取强制措施的以外，其人身自由不受限制。

证人、鉴定人在条约规定的期限内或者被通知无需继续停留后 15 日内没有离境的，前述规定不再适用，但是由于不可抗力或者其他特殊原因未能离境的除外。

五、收取或者支付费用

《公安机关办理刑事案件程序规定》第 383 条规定，中国公安机关提供或者请求外国提供刑事司法协助或者警务合作，应当收取或者支付费用的，根据有关国际条约、协议的规定，或者按照对等互惠的原则协商办理。

第六节　引　渡

一、引渡概念

引渡是指本国把在本国境内而被外国指控犯罪或判处刑罚的人，依据外国请求，移交给请求国审判或执行的制度。

二、外国向中国提出引渡请求的条件

（一）准予引渡条件

《引渡法》第 7 条规定，外国向中华人民共和国提出的引渡请求必须同时符合下列条件，才能准予引渡：

（1）引渡请求所指的行为，依照中华人民共和国法律和请求国法律均构成犯罪。

（2）为了提起刑事诉讼而请求引渡的，根据中华人民共和国法律和请求国法律，对于引渡请求所指的犯罪均可判处 1 年以上有期徒刑或者其他更重的刑罚；为了执行刑罚而请求引渡的，在提出引渡请求时，被请求引渡人尚未服完的刑期至少为 6 个月。

对于引渡请求中符合前述第（1）项规定的多种犯罪，只要其中有一种犯罪符合前述第（2）项的规定，就可以对上述各种犯罪准予引渡。

（二）应当拒绝引渡情形

《引渡法》第 8 条规定，外国向中华人民共和国提出的引渡请求，有下列情形之一的，应当拒绝引渡：

（1）根据中华人民共和国法律，被请求引渡人具有中华人民共和国国籍的。

（2）在收到引渡请求时，中华人民共和国的司法机关对于引渡请求所指的犯罪已经作出生效判决，或者已经终止刑事诉讼程序的。

（3）因政治犯罪而请求引渡的，或者中华人民共和国已经给予被请求引渡人受庇护权利的。

（4）被请求引渡人可能因其种族、宗教、国籍、性别、政治见解或者身份等方面的原因而被提起刑事诉讼或者执行刑罚，或者被请求引渡人在司法程序中可能由于上述原因受到不公正待遇的。

（5）根据中华人民共和国或者请求国法律，引渡请求所指的犯罪纯属军事犯罪的。

（6）根据中华人民共和国或者请求国法律，在收到引渡请求时，由于犯罪已过追诉时效期限或者被请求引渡人已被赦免等原因，不应当追究被请求引渡人的刑事责任的。

（7）被请求引渡人在请求国曾经遭受或者可能遭受酷刑或者其他残忍、不人道或者有辱人格的待遇或者处罚的。

（8）请求国根据缺席判决提出引渡请求的。但请求国承诺在引渡后对被请求引渡人给予在其出庭的情况下进行重新审判机会的除外。

（三）可以拒绝引渡情形

《引渡法》第9条规定，外国向中华人民共和国提出的引渡请求，有下列情形之一的，可以拒绝引渡：

（1）中华人民共和国对于引渡请求所指的犯罪具有刑事管辖权，并且对被请求引渡人正在进行刑事诉讼或者准备提起刑事诉讼的。

（2）由于被请求引渡人的年龄、健康等原因，根据人道主义原则不宜引渡的。

三、外国向中国提出引渡请求的程序

（一）提出引渡请求，并出具《引渡请求书》

（1）《引渡法》第10条规定，请求国的引渡请求应当向中华人民共和国外交部提出。

（2）《引渡法》第11条规定，请求国请求引渡应当出具请求书，请求书应当载明：①请求机关的名称；②被请求引渡人的姓名、性别、年龄、国籍、身份证件的种类及号码、职业、外表特征、住所地和居住地以及其他有助于辨别其身份和查找该人的情况；③犯罪事实，包括犯罪的时间、地点、行为、结果等；④对犯罪的定罪量刑以及追诉时效方面的法律规定。

（3）《引渡法》第12条规定，请求国请求引渡，应当在出具请求书的同时，提供以下材料：①为了提起刑事诉讼而请求引渡的，应当附有逮捕证或者其他具有同等效力的文件的副本；为了执行刑罚而请求引渡的，应当附有发生法律效力的判决书或者裁定书的副本，对于已经执行部分刑罚的，还应

当附有已经执行刑期的证明；②必要的犯罪证据或者证据材料。

请求国掌握被请求引渡人照片、指纹以及其他可供确认被请求引渡人的材料的，应当提供。

（4）《引渡法》第13条规定，请求国提交的引渡请求书或者其他有关文件，应当由请求国的主管机关正式签署或者盖章，并应当附有中文译本或者经中华人民共和国外交部同意使用的其他文字的译本。

（二）请求国保证和承诺

（1）《引渡法》第14条规定，请求国请求引渡，应当作出如下保证：

①请求国不对被引渡人在引渡前实施的其他未准予引渡的犯罪追究刑事责任，也不将该人再引渡给第三国。但经中华人民共和国同意，或者被引渡人在其引渡罪行诉讼终结、服刑期满或者提前释放之日起30日内没有离开请求国，或者离开后又自愿返回的除外；②请求国提出请求后撤销、放弃引渡请求，或者提出引渡请求错误的，由请求国承担因请求引渡对被请求引渡人造成损害的责任。

（2）《引渡法》第15条规定，在没有引渡条约的情况下，请求国应当作出互惠的承诺。

（三）外交部对引渡请求的审查和转交给最高人民法院、最高人民检
　　　察院

《引渡法》第16条至第19条规定了外交部对引渡请求的审查与转交。

（1）外交部收到请求国提出的引渡请求后，应当对引渡请求书及其所附文件、材料是否符合《引渡法》和引渡条约的规定进行审查。

（2）对于两个以上国家就同一行为或者不同行为请求引渡同一人的，应当综合考虑中华人民共和国收到引渡请求的先后、中华人民共和国与请求国是否存在引渡条约关系等因素，确定接受引渡请求的优先顺序。

（3）外交部对请求国提出的引渡请求进行审查，认为不符合《引渡法》和引渡条约的规定的，可以要求请求国在30日内提供补充材料。经请求国请求，上述期限可以延长15日。

请求国未在上述期限内提供补充材料的，外交部应当终止该引渡案件。请求国可以对同一犯罪再次提出引渡该人的请求。

（4）外交部对请求国提出的引渡请求进行审查，认为符合《引渡法》和引渡条约的规定的，应当将引渡请求书及其所附文件和材料转交最高人民法

院、最高人民检察院。

（四）最高人民法院将引渡请求转交给高级人民法院进行审查

《引渡法》第20条规定，外国提出正式引渡请求前被请求引渡人已经被引渡拘留的，最高人民法院接到引渡请求书及其所附文件和材料后，应当将引渡请求书及其所附文件和材料及时转交有关高级人民法院进行审查。

外国提出正式引渡请求前被请求引渡人未被引渡拘留的，最高人民法院接到引渡请求书及其所附文件和材料后，通知公安部查找被请求引渡人。公安机关查找到被请求引渡人后，应当根据情况对被请求引渡人予以引渡拘留或者引渡监视居住，由公安部通知最高人民法院。最高人民法院接到公安部的通知后，应当及时将引渡请求书及其所附文件和材料转交有关高级人民法院进行审查。

（五）被请求引渡人不在境内或查找不到的处理

公安机关经查找后，确认被请求引渡人不在中华人民共和国境内或者查找不到被请求引渡人的，公安部应当及时通知最高人民法院。最高人民法院接到公安部的通知后，应当及时将查找情况通知外交部，由外交部通知请求国。

（六）最高人民检察院认为应当由中国司法机关追诉的处理

《引渡法》第21条规定，最高人民检察院经审查，认为对引渡请求所指的犯罪或者被请求引渡人的其他犯罪，应当由中国司法机关追诉，但尚未提起刑事诉讼的，应当自收到引渡请求书及其所附文件和材料之日起1个月内，将准备提起刑事诉讼的意见分别告知最高人民法院和外交部。

（七）人民法院审查引渡案件程序

最高人民法院指定的高级人民法院对请求国提出的引渡请求是否符合《引渡法》和引渡条约关于引渡条件等规定进行审查并作出裁定。最高人民法院对高级人民法院作出的裁定进行复核。《引渡法》第22条至第28条作出裁定和复核的具体程序如下：

（1）高级人民法院根据《引渡法》和引渡条约关于引渡条件等有关规定，对请求国的引渡请求进行审查，由审判员3人组成合议庭进行。

（2）高级人民法院审查引渡案件，应当听取被请求引渡人的陈述及其委托的中国律师的意见。高级人民法院应当在收到最高人民法院转来的引渡请求书之日起10日内将引渡请求书副本发送被请求引渡人。被请求引渡人应当在收到之日起 30 日内提出意见。

（3）高级人民法院经审查后，应当分别作出以下裁定：①认为请求国的引渡请求符合《引渡法》和引渡条约规定的，应当作出符合引渡条件的裁定。如果被请求引渡人具有《引渡法》第 42 条规定的暂缓引渡情形的，裁定中应当予以说明；②认为请求国的引渡请求不符合《引渡法》和引渡条约规定的，应当作出不引渡的裁定。

根据请求国的请求，在不影响中华人民共和国领域内正在进行的其他诉讼、不侵害中华人民共和国领域内任何第三人的合法权益的情况下，可以在作出符合引渡条件的裁定的同时，作出移交与案件有关财物的裁定。

（4）高级人民法院作出符合引渡条件或者不引渡的裁定后，应当向被请求引渡人宣读，并在作出裁定之日起 7 日内将裁定书连同有关材料报请最高人民法院复核。

被请求引渡人对高级人民法院作出符合引渡条件的裁定不服的，被请求引渡人及其委托的中国律师可以在人民法院向被请求引渡人宣读裁定之日起 10 日内，向最高人民法院提出意见。

（5）最高人民法院复核高级人民法院的裁定，应当根据下列情形分别处理：

①认为高级人民法院作出的裁定符合《引渡法》和引渡条约规定的，应当对高级人民法院的裁定予以核准；②认为高级人民法院作出的裁定不符合《引渡法》和引渡条约规定的，可以裁定撤销，发回原审人民法院重新审查，也可以直接作出变更的裁定。

（6）人民法院在审查过程中，在必要时，可以通过外交部要求请求国在 30 日内提供补充材料。

（7）最高人民法院作出核准或者变更的裁定后，应当在作出裁定之日起 7 日内将裁定书送交外交部，并同时送达被请求引渡人。

最高人民法院核准或者作出不引渡裁定的，应当立即通知公安机关解除对被请求引渡人采取的强制措施。

（八）外交部接到人民法院裁定的处理

《引渡法》第 29 条规定，外交部接到最高人民法院不引渡的裁定后，应当及时通知请求国。

外交部接到最高人民法院符合引渡条件的裁定后，应当报送国务院决定是否引渡。

国务院决定不引渡的，外交部应当及时通知请求国。人民法院应当立即通知公安机关解除对被请求引渡人采取的强制措施。

（九）为引渡而采取的强制措施

（1）《引渡法》第 30 条规定，外国正式提出引渡请求前，因紧急情况申请对将被请求引渡的人采取羁押措施的，公安机关可以根据外国的申请采取引渡拘留措施。

前述申请应当通过外交途径或者向公安部书面提出，并应当载明：①《引渡法》第 11 条引渡请求书、第 14 条引渡保证规定的内容；②已经具有《引渡法》第 12 条第 1 项下述材料的说明，"为了提起刑事诉讼而请求引渡的，应当附有逮捕证或者其他具有同等效力的文件的副本；为了执行刑罚而请求引渡的，应当附有发生法律效力的判决书或者裁定书的副本，对于已经执行部分刑罚的，还应当附有已经执行刑期的证明"；③即将正式提出引渡请求的说明。

通过外交途径提出申请的，外交部应当及时将该申请转送公安部。对于向公安部提出申请的，公安部应当将申请的有关情况通知外交部。

（2）《引渡法》第 31 条规定，公安机关根据《引渡法》第 30 条的规定对被请求人采取引渡拘留措施，向公安部提出申请的，公安部应当将执行情况及时通知对方，对于通过外交途径提出申请的，公安部将执行情况通知外交部，外交部应当及时通知请求国。通过上述途径通知时，被请求人已被引渡拘留的，应当同时告知提出正式引渡请求的期限。

公安机关采取引渡拘留措施后 30 日内外交部没有收到外国正式引渡请求的，应当撤销引渡拘留，经该外国请求，上述期限可以延长 15 日。

撤销引渡拘留的，请求国可以在事后对同一犯罪正式提出引渡该人的请求。

（3）《引渡法》第 32 条规定，高级人民法院收到引渡请求书及其所附文件和材料后，不采取引渡逮捕措施可能影响引渡正常进行的，应当及时作出引渡逮捕的决定。对被请求引渡人不采取引渡逮捕措施的，应当及时作出引渡监视居住的决定。

（4）《引渡法》第 33 条规定，引渡拘留、引渡逮捕、引渡监视居住由公安机关执行。

（5）《引渡法》第 34 条规定，采取引渡强制措施的机关应当在采取引渡强制措施后 24 小时内对被采取引渡强制措施的人进行讯问。

被采取引渡强制措施的人自被采取引渡强制措施之日起，可以聘请中国律师为其提供法律帮助。公安机关在执行引渡强制措施时，应当告知被采取引渡强制措施的人享有上述权利。

（6）《引渡法》第 35 条规定，对于应当引渡逮捕的被请求引渡人，如果患有严重疾病，或者是正在怀孕、哺乳自己婴儿的妇女，可以采取引渡监视居住措施。

（7）《引渡法》第 36 条规定，国务院作出准予引渡决定后，应当及时通知最高人民法院。如果被请求引渡人尚未被引渡逮捕，人民法院应当立即决定引渡逮捕。

（8）《引渡法》第 37 条规定，外国撤销、放弃引渡请求的，应当立即解除对被请求引渡人采取的引渡强制措施。

（十）引渡的执行

《引渡法》第 38 条至第 41 条规定了引渡的执行。

（1）引渡由公安机关执行。对于国务院决定准予引渡的，外交部应当及时通知公安部，并通知请求国与公安部约定移交被请求引渡人的时间、地点、方式以及执行引渡有关的其他事宜。

（2）执行引渡的，公安机关应当根据人民法院的裁定，向请求国移交与案件有关的财物。

因被请求引渡人死亡、逃脱或者其他原因而无法执行引渡时，也可以向请求国移交上述财物。

（3）请求国自约定的移交之日起 15 日内不接收被请求引渡人的，应当视为自动放弃引渡请求。公安机关应当立即释放被请求引渡人，外交部可以不再受理该国对同一犯罪再次提出的引渡该人的请求。

请求国在上述期限内因无法控制的原因不能接收被请求引渡人的，可以申请延长期限，但最长不得超过 30 日，也可以重新约定移交事宜。

（4）被引渡人在请求国的刑事诉讼终结或者服刑完毕之前逃回中华人民共和国的，可以根据请求国再次提出的相同的引渡请求准予重新引渡，无需请求国另行提交引渡请求的文件和材料。

（十一）暂缓引渡和临时引渡

《引渡法》第42条、第43条对暂缓引渡和临时引渡进行了规定。

（1）国务院决定准予引渡时，中华人民共和国司法机关正在对被请求引渡人由于其他犯罪进行刑事诉讼或者执行刑罚的，可以同时决定暂缓引渡。

（2）如果暂缓引渡可能给请求国的刑事诉讼造成严重障碍，在不妨碍中华人民共和国领域内正在进行的刑事诉讼，并且请求国保证在完成有关诉讼程序后立即无条件送回被请求引渡人的情况下，可以根据请求国的请求，临时引渡该人。

临时引渡的决定，由国务院征得最高人民法院或者最高人民检察院的同意后作出。

四、中国向外国请求引渡

《引渡法》第47条至第51条规定了向外国请求引渡程序。

（1）请求外国准予引渡或者引渡过境的，应当由负责办理有关案件的省、自治区或者直辖市的审判、检察、公安、国家安全或者监狱管理机关分别向最高人民法院、最高人民检察院、公安部、国家安全部、司法部提出意见书，并附有关文件和材料及其经证明无误的译文。最高人民法院、最高人民检察院、公安部、国家安全部、司法部分别会同外交部审核同意后，通过外交部向外国提出请求。

（2）在紧急情况下，可以在向外国正式提出引渡请求前，通过外交途径或者被请求国同意的其他途径，请求外国对有关人员先行采取强制措施。

（3）引渡、引渡过境或者采取强制措施的请求所需的文书、文件和材料，应当依照引渡条约的规定提出；没有引渡条约或者引渡条约没有规定的，可以参照《引渡法》的规定提出；被请求国有特殊要求的，在不违反中华人民共和国法律的基本原则的情况下，可以按照被请求国的特殊要求提出。

（4）被请求国就准予引渡附加条件的，不损害中华人民共和国主权、国家利益、公共利益的，可以由外交部代表中华人民共和国政府向被请求国作出承诺。限制追诉的承诺由最高人民检察院决定；量刑的承诺由最高人民法院决定。

在对被引渡人追究刑事责任时，司法机关应当受所作出的承诺的约束。

（5）公安机关负责接收外国准予引渡的人以及与案件有关的财物。

对于其他部门提出引渡请求的，公安机关在接收被引渡人以及与案件有关的财物后，应当及时转交提出引渡请求的部门；也可以会同有关部门共同接收被引渡人以及与案件有关的财物。

第二十四章

执行程序

第一节　执行概述

一、执行依据

执行依据是指发生法律效力的判决和裁定。依据《刑事诉讼法》第259条，《刑法》第63条、第81条 d 规定，下列判决和裁定是发生法律效力的判决和裁定：

（1）已过法定期限没有上诉、抗诉的判决和裁定。

（2）终审的判决和裁定。

（3）最高人民法院核准的死刑的判决和高级人民法院核准的死刑缓期二年执行的判决。

（4）最高人民法院的判决以及对在法定刑以下判处刑罚和特殊假释的核准裁判。

二、执行主体

执行主体是指实施生效裁判的机关和有关单位，包括人民法院、人民检察院、公安机关、监狱管理机关、未成年人管教所、看守所、社区矫正机构以及罪犯所在单位及居住地的基层组织等。

三、执行监督主体

依据《刑事诉讼法》第276条以及《人民检察院刑事诉讼规则》第621条至第650条的规定，人民检察院是国家法律监督机关，依法对执行机关执行刑罚的活动是否合法实行监督。

四、无罪、免除刑事处罚的执行

依据《刑事诉讼法》第 260 条，《公安机关办理刑事案件程序规定》第 298 条第 2 款的规定，第一审人民法院判决被告人无罪、免除刑事处罚的，如果被告人在押，公安机关在收到人民法院的法律文书后应当立即办理释放手续；对人民法院建议给予行政处理的，应当依照有关规定处理或者移送有关部门。

第二节　死刑的执行

一、死刑命令的签发

《刑事诉讼法》第 261 条规定，最高人民法院判处和核准的死刑立即执行的判决，应当由最高人民法院院长签发执行死刑的命令。执行死刑命令应当按照统一格式填写并加盖人民法院印章。

二、执行死刑机关及期限

依据《刑事诉讼法》第 262 条，《最高人民法院关于适用〈中华人民共和国刑事诉讼法〉的解释》第 499 条的规定，最高人民法院的执行死刑命令，由高级人民法院交付第一审人民法院执行。

第一审人民法院接到执行死刑命令后，应当在 7 日以内执行。在死刑缓期执行期间故意犯罪，最高人民法院核准执行死刑的，由罪犯服刑地的中级人民法院执行。

三、执行死刑的方法和场所

依据《刑事诉讼法》第 263 条，《最高人民法院关于适用〈中华人民共和国刑事诉讼法〉的解释》第 507 条的规定，死刑采用枪决或者注射等方法执行。

采用注射方法执行死刑的，应当在指定的刑场或者羁押场所内执行。

采用枪决、注射以外的其他方法执行死刑的，应当事先层报最高人民法院批准。

四、执行死刑的指挥人员和工作

依据《刑事诉讼法》第263条,《最高人民法院关于适用〈中华人民共和国刑事诉讼法〉的解释》第508条的规定,执行死刑前,指挥执行的审判人员应当对罪犯验明正身,讯问有无遗言、信札,并制作笔录,再交执行人员执行死刑。执行死刑应当公布,禁止游街示众或者其他有辱罪犯人格的行为。

五、执行死刑的监督

《人民检察院刑事诉讼规则》第647条规定,被判处死刑立即执行的罪犯在被执行死刑时,人民检察院应当指派检察官临场监督。

死刑执行临场监督由人民检察院负责刑事执行检察的部门承担。人民检察院派驻看守所、监狱的检察人员应当予以协助,负责捕诉的部门应当提供有关情况。

执行死刑过程中,人民检察院临场监督人员根据需要可以进行拍照、录像。执行死刑后,人民检察院临场监督人员应当检查罪犯是否确已死亡,并填写死刑执行临场监督笔录,签名后入卷归档。

六、死刑罪犯同近亲属、亲友会见

《最高人民法院关于适用〈中华人民共和国刑事诉讼法〉的解释》第505条规定,第一审人民法院在执行死刑前,应当告知罪犯有权会见其近亲属。罪犯申请会见并提供具体联系方式的,人民法院应当通知其近亲属。确实无法与罪犯近亲属取得联系,或者其近亲属拒绝会见的,应当告知罪犯。罪犯申请通过录音录像等方式留下遗言的,人民法院可以准许。

罪犯近亲属申请会见的,人民法院应当准许并及时安排,但罪犯拒绝会见的除外。罪犯拒绝会见的,应当记录在案并及时告知其近亲属;必要时,应当录音录像。

罪犯申请会见近亲属以外的亲友,经人民法院审查确有正当理由的,在确保安全的情况下可以准许。

罪犯申请会见未成年子女的,应当经未成年子女的监护人同意;会见可能影响未成年人身心健康的,人民法院可以通过视频方式安排会见,会见时监护人应当在场。

会见一般在罪犯羁押场所进行。

会见情况应当被记录在案，附卷存档。

七、执行死刑后的处理

依据《刑事诉讼法》第263条，《最高人民法院关于适用〈中华人民共和国刑事诉讼法〉的解释》第509条、第510条的规定，执行死刑后，应当由法医验明罪犯确实死亡，在场书记员制作笔录。负责执行的人民法院应当在执行死刑后15日以内将执行情况（包括罪犯被执行死刑前后的照片）上报最高人民法院。

执行死刑后，负责执行的人民法院还应当办理以下事项：

（1）对罪犯的遗书、遗言笔录应当及时审查；涉及财产继承、债务清偿、家事嘱托等内容的，将遗书、遗言笔录交给家属，同时复制附卷备查；涉及案件线索等问题的，抄送有关机关。

（2）通知罪犯家属在限期内领取罪犯骨灰；没有火化条件或者因民族、宗教等原因不宜火化的，通知领取尸体；过期不领取的，由人民法院通知有关单位处理，并要求有关单位出具处理情况的说明；对罪犯骨灰或者尸体的处理情况，应当记录在案。

（3）对外国籍罪犯执行死刑后，通知外国驻华使领馆的程序和时限，根据有关规定办理。

八、死刑停止执行情形

《刑事诉讼法》第262条规定，下级人民法院接到最高人民法院执行死刑的命令后，交付执行前，发现有下列情形之一的，应当停止执行，并且立即报告最高人民法院，由最高人民法院作出裁定：

（1）在执行前发现判决可能有错误的。

（2）在执行前罪犯揭发重大犯罪事实或者有其他重大立功表现，可能需要改判的。

（3）罪犯正在怀孕。

上述第（1）项、第（2）项停止执行的原因消失后，必须报请最高人民法院院长再签发执行死刑的命令才能执行；由于上述第（3）项原因停止执行的，应当报请最高人民法院依法改判。

九、死刑暂停执行情形

《最高人民法院关于适用〈中华人民共和国刑事诉讼法〉的解释》第500条规定，下级人民法院在接到执行死刑命令后、执行前，发现有下列情形之一的，应当暂停执行，并立即将请求停止执行死刑的报告和相关材料层报最高人民法院：

（1）罪犯可能有其他犯罪的。

（2）共同犯罪的其他犯罪嫌疑人到案，可能影响罪犯量刑的。

（3）共同犯罪的其他罪犯被暂停或者停止执行死刑，可能影响罪犯量刑的。

（4）罪犯揭发重大犯罪事实或者有其他重大立功表现，可能需要改判的。

（5）罪犯怀孕的。

（6）判决、裁定可能有影响定罪量刑的其他错误的。

最高人民法院经审查，认为可能影响罪犯定罪量刑的，应当裁定停止执行死刑；认为不影响的，应当决定继续执行死刑。

十、死刑停止、暂缓执行程序

《最高人民法院关于适用〈中华人民共和国刑事诉讼法〉的解释》第501条至第504条是对死刑停止、暂缓执行程序的规定。

（1）最高人民法院在执行死刑命令签发后、执行前，发现有暂停执行情形的，应当立即裁定停止执行死刑，并将有关材料移交下级人民法院。

（2）下级人民法院接到最高人民法院停止执行死刑的裁定后，应当会同有关部门调查核实停止执行死刑的事由，并及时将调查结果和意见层报最高人民法院审核。

（3）对下级人民法院报送的停止执行死刑的调查结果和意见，由最高人民法院原作出核准死刑判决、裁定的合议庭负责审查；必要时，另行组成合议庭进行审查。

（4）最高人民法院对停止执行死刑的案件，应当按照下列情形分别处理：①确认罪犯怀孕的，应当改判；②确认罪犯有其他犯罪，依法应当追诉的，应当裁定不予核准死刑，撤销原判，发回重新审判；③确认原判决、裁定有错误或者罪犯有重大立功表现，需要改判的，应当裁定不予核准死刑，撤销原判，发回重新审判；④确认原判决、裁定没有错误，罪犯没有重大立功表现，或者重大立功表现不影响原判决、裁定执行的，应当裁定继续执行死刑，并由院长重新签发执行死刑的命令。

第三节　死刑缓期执行、无期徒刑、有期徒刑、拘役的执行

一、交付执行的期限

《最高人民法院关于适用〈中华人民共和国刑事诉讼法〉的解释》第511条、第512条规定，被判处死刑缓期执行、无期徒刑、有期徒刑、拘役的罪犯，第一审人民法院应当在判决、裁定生效后10日以内将判决书、裁定书、起诉书副本、自诉状复印件、执行通知书、结案登记表送达公安机关、监狱或者其他执行机关。

同案审理的案件中，部分被告人被判处死刑，对未被判处死刑的同案被告人需要羁押执行刑罚的，也应当在判决、裁定生效后10日以内交付执行。但是，该同案被告人参与实施有关死刑之罪的，应当在复核讯问被判处死刑的被告人后交付执行。

二、执行场所

依据《刑事诉讼法》第264条、《公安机关办理刑事案件程序规定》第300条的规定，罪犯被交付执行刑罚的时候，应当由交付执行的人民法院在判决生效后10日以内将有关的法律文书送达执行机关。

（1）公安机关接到人民法院生效的判处死刑缓期二年执行、无期徒刑、有期徒刑的判决书、裁定书以及执行通知书后，应当在1个月以内将罪犯送交监狱执行。

（2）对被判处有期徒刑的罪犯，在被交付执行刑罚前，剩余刑期在3个月以下的，由看守所代为执行。

（3）对被判处拘役的罪犯，由公安机关执行。

（4）对未成年犯应当在未成年犯管教所执行刑罚。

执行机关应当将罪犯及时收押，并且通知罪犯家属。

判处有期徒刑、拘役的罪犯，执行期满，应当由执行机关发给释放证明书。

三、暂予监外执行

（一）暂予监外执行的情形

《刑事诉讼法》第 265 条规定，对被判处有期徒刑或者拘役的罪犯，有下列情形之一的，可以暂予监外执行：

（1）有严重疾病需要保外就医的；

（2）怀孕或者正在哺乳自己婴儿的妇女；

（3）生活不能自理，适用暂予监外执行不致危害社会的。

对被判处无期徒刑的罪犯，属于怀孕或者正在哺乳自己婴儿的妇女，可以暂予监外执行。

对适用保外就医可能有社会危险性的罪犯，或者自伤自残的罪犯，不得保外就医。

对罪犯确有严重疾病，必须保外就医的，由省级人民政府指定的医院诊断并开具证明文件。

对于判处死缓的罪犯，因为罪行深重，危险性较大，在监外执行难以达到改造目的，所以依法不能适用监外执行。

（二）暂予监外执行的机关

《刑事诉讼法》第 269 条规定，对于暂予监外执行的罪犯，依法实行社区矫正，由社区矫正机构负责执行。

（三）暂予监外执行的决定和批准机关

在罪犯交付执行前，暂予监外执行由交付执行的人民法院决定；在交付执行后，暂予监外执行由监狱或者看守所提出书面意见，报省级以上监狱管理机关或者设区的市一级以上公安机关批准。

（四）暂予监外执行的程序

1. 人民法院决定暂予监外执行的程序

《最高人民法院关于适用〈中华人民共和国刑事诉讼法〉的解释》第 515 条规定，人民法院决定暂予监外执行的程序：

（1）人民法院决定暂予监外执行的，应当制作《暂予监外执行决定书》，写明罪犯基本情况、判决确定的罪名和刑罚、决定暂予监外执行的原因、依据等。

（2）人民法院在作出暂予监外执行决定前，应当征求人民检察院的意见；

（3）人民检察院认为人民法院的暂予监外执行决定不当，应当在收到通知之日起 1 个月以内向人民法院提出书面意见，人民法院应当立即对该决定重新核查，并在 1 个月以内作出决定；

（4）人民法院决定暂予监外执行的，由看守所或者执行取保候审、监视居住的公安机关自收到决定之日起 10 日以内将罪犯移送社区矫正机构。

2. 公安机关批准暂予监外执行的程序

依据《刑事诉讼法》第 266 条、第 267 条，《公安机关办理刑事案件程序规定》第 307 条至第 309 条的规定，公安机关批准暂予监外执行的程序：

（1）看守所提出对罪犯暂予监外执行的书面意见，报设区的市一级以上公安机关批准，同时将书面意见抄送同级人民检察院。

（2）设区的市一级以上公安机关决定对罪犯暂予监外执行的，应当将《暂予监外执行决定书》交被暂予监外执行的罪犯，同时抄送同级人民检察院。

（3）人民检察院认为暂予监外执行不当的，应当自接到通知之日起 1 个月以内将书面意见送交批准暂予监外执行的公安机关；批准暂予监外执行的设区的市一级以上公安机关接到人民检察院认为暂予监外执行不当的意见后，应当立即对暂予监外执行的决定进行重新核查。

（4）设区的市一级以上公安机关批准对罪犯暂予监外执行的，应当将《暂予监外执行决定书》送交社区矫正机构，并将罪犯移送社区矫正机构。

3. 监狱管理机关批准暂予监外执行的程序

《监狱法》第 25 条至第 27 条规定，监狱管理机关批准暂予监外执行的程序：

（1）由监狱提出暂予监外执行书面意见，报省、自治区、直辖市监狱管理机关批准。批准机关应当将批准的暂予监外执行决定通知公安机关和原判人民法院，并抄送人民检察院。

（2）人民检察院认为对罪犯适用暂予监外执行不当的，应当自接到通知之日起 1 个月内将书面意见送交批准暂予监外执行的机关，批准暂予监外执行的机关接到人民检察院的书面意见后，应当立即对该决定进行重新核查。

（3）对暂予监外执行的罪犯，依法实行社区矫正，由社区矫正机构负责执行。原关押监狱应当及时将罪犯在监内改造情况通报负责执行的社区矫正机构。

（五）暂予监外执行的终止

依据《刑事诉讼法》第 268 条，《最高人民法院关于适用〈中华人民共和国刑事诉讼法〉的解释》第 518 条，《公安机关办理刑事案件程序规定》第 310 条，《监狱法》第 28 条，《最高人民法院、最高人民检察院、公安部、国家安全部、司法部、全国人大常委会法制工作委员会关于实施刑事诉讼法若干问题的规定》第 34 条是对暂予监外执行终止的规定。

（1）对暂予监外执行的罪犯，有下列情形之一的，应当及时收监：①发现不符合暂予监外执行条件的；②严重违反有关暂予监外执行监督管理规定的；③暂予监外执行的情形消失后，罪犯刑期未满的。

罪犯在暂予监外执行期间死亡的，执行机关应当及时通知监狱或者看守所。

对不符合暂予监外执行条件的罪犯通过贿赂等非法手段被暂予监外执行的，在监外执行的期间不计入执行刑期。罪犯在暂予监外执行期间脱逃的，脱逃的期间不计入执行刑期。

（2）对于人民法院决定暂予监外执行的罪犯应当予以收监执行的，由人民法院作出收监执行的决定，暂予监外执行的罪犯有不计入执行刑期情形的，人民法院应当在作出收监执行的决定时，确定不计入执行刑期的具体时间，并将有关的法律文书送达公安机关、监狱或者其他执行机关。

（3）对于公安机关批准暂予监外执行的罪犯应当予以收监执行的，由批准的公安机关作出收监执行的决定，暂予监外执行的罪犯有不计入执行刑期情形的，由执行看守所提出不计入执行刑期的建议，经设区的市一级以上公安机关审查同意后，报所在地中级以上人民法院审核裁定。

（4）对于监狱管理机关批准暂予监外执行的罪犯应当予以收监执行的，由批准的监狱管理机关作出收监执行的决定，暂予监外执行的罪犯有不计入执行刑期情形的，由监狱及时向所在地的中级人民法院提出不计入执行刑期的建议书，由人民法院审核裁定。

（六）辩护人提出暂予监外执行的申请

《最高人民法院、最高人民检察院、公安部、国家安全部、司法部、全国人大常委会法制工作委员会关于实施刑事诉讼法若干问题的规定》第 33 条规定，被告人在交付执行前，被告人及其辩护人有权向人民法院提出暂予监外执行的申请，看守所可以将有关情况通报人民法院。人民法院应当进行审查，并在交付执行前作出是否暂予监外执行的决定。

第四节　管制、缓刑、剥夺政治权利的执行

一、执行场所

《最高人民法院关于适用〈中华人民共和国刑事诉讼法〉的解释》第519条，《公安机关办理刑事案件程序规定》第311条、第314条是对管制、缓刑、剥夺政治权利执行的规定。

（1）对被判处管制、宣告缓刑的罪犯，依法实行社区矫正，人民法院应当依法确定社区矫正执行地。社区矫正执行地为罪犯的居住地；罪犯在多个地方居住的，可以确定其经常居住地为执行地；罪犯的居住地、经常居住地无法确定或者不适宜执行社区矫正的，应当根据有利于罪犯接受矫正、更好地融入社会的原则，确定执行地。

（2）被剥夺政治权利的罪犯，由公安机关执行；负责执行剥夺政治权利的派出所应当按照人民法院的判决，向罪犯及其所在单位、居住地基层组织宣布其犯罪事实、被剥夺政治权利的期限，以及罪犯在执行期间应当遵守的规定；执行期满，公安机关应当书面通知本人及其所在单位、居住地基层组织。

二、交付执行的期限

《最高人民法院关于适用〈中华人民共和国刑事诉讼法〉的解释》第519条、第520条是对管制、缓刑、剥夺政治权利交付执行期限的规定。

（1）对被判处管制、宣告缓刑的罪犯，人民法院宣判时，应当告知罪犯自判决、裁定生效之日起10日以内到执行地社区矫正机构报到，以及不按期报到的后果。人民法院应当自判决、裁定生效之日起5日以内通知执行地社区矫正机构，并在10日以内将判决书、裁定书、执行通知书等法律文书送达执行地社区矫正机构，同时抄送人民检察院和执行地公安机关。人民法院与社区矫正执行地不在同一地方的，由执行地社区矫正机构将法律文书转送所在地的人民检察院和公安机关。

（2）对单处剥夺政治权利的罪犯，人民法院应当在判决、裁定生效后 10 日以内，将判决书、裁定书、执行通知书等法律文书送达罪犯居住地的县级公安机关，并抄送罪犯居住地的县级人民检察院；对附加剥夺政治权利的罪犯，剥夺政治权利的刑期，从有期徒刑、拘役执行完毕之日或者从假释之日起计算，其效力当然适用于主刑执行期间。

三、执行期间应当遵守的规定

（一）犯罪分子在管制执行期间应遵守的规定

《刑法》第 39 条规定，被判处管制的犯罪分子，在执行期间，应当遵守下列规定：

（1）遵守法律、行政法规，服从监督；

（2）未经执行机关批准，不得行使言论、出版、集会、结社、游行、示威自由的权利；

（3）按照执行机关规定报告自己的活动情况；

（4）遵守执行机关关于会客的规定；

（5）离开所居住的市、县或者迁居，应当报经执行机关批准。

对于被判处管制的犯罪分子，在劳动中应当同工同酬。

（二）犯罪分子在缓刑执行期间应遵守的规定

《刑法》第 75 条规定，被宣告缓刑的犯罪分子，应当遵守下列规定：

（1）遵守法律、行政法规，服从监督；

（2）按照考察机关的规定报告自己的活动情况；

（3）遵守考察机关关于会客的规定；

（4）离开所居住的市、县或者迁居，应当报经考察机关批准。

（三）犯罪分子在剥夺政治权利期间应遵守的规定

《公安机关办理刑事案件程序规定》第 312 条规定，被剥夺政治权利的罪犯在执行期间应当遵守下列规定：

（1）遵守国家法律、行政法规和公安部制定的有关规定，服从监督管理；

（2）不得享有选举权和被选举权；

（3）不得组织或者参加集会、游行、示威、结社活动；

（4）不得出版、制作、发行书籍、音像制品；

（5）不得接受采访，发表演说；

（6）不得在境内外发表有损国家荣誉、利益或者其他具有社会危害性的言论；

（7）不得担任国家机关职务；

（8）不得担任国有公司、企业、事业单位和人民团体的领导职务。

四、执行期满后的处理

（1）《刑法》第40条规定，被判处管制的犯罪分子，管制期满，执行机关应即向本人和其所在单位或者居住地的群众宣布解除管制。

（2）《刑法》第76条、第77条规定，对宣告缓刑的犯罪分子，在缓刑考验期限内，依法实行社区矫正，如果没有违反规定的情形，缓刑考验期满，原判的刑罚就不再执行，并公开予以宣告。

（3）《公安机关办理刑事案件程序规定》第313条、第314条规定，被剥夺政治权利的罪犯，执行期满，公安机关应当书面通知本人及其所在单位、居住地基层组织。

被剥夺政治权利的罪犯违反规定，尚未构成新的犯罪的，公安机关依法可以给予治安管理处罚。

第五节　刑事裁判涉财产部分和附带民事裁判的执行

一、刑事裁判涉财产部分的范围

《最高人民法院关于适用〈中华人民共和国刑事诉讼法〉的解释》第521条规定，刑事裁判涉财产部分的执行，是指发生法律效力的刑事裁判中下列判项的执行：

（1）罚金、没收财产。

（2）追缴、责令退赔违法所得。

（3）处置随案移送的赃款赃物。

（4）没收随案移送的供犯罪所用本人财物。

（5）其他应当由人民法院执行的相关涉财产的判项。

二、执行机关

《最高人民法院关于适用〈中华人民共和国刑事诉讼法〉的解释》第 522 条规定，刑事裁判涉财产部分和附带民事裁判应当由人民法院执行的，由第一审人民法院负责裁判执行的机构执行。

三、罚金的执行

依据《刑事诉讼法》第 271 条，《最高人民法院关于适用〈中华人民共和国刑事诉讼法〉的解释》第 523 条、第 524 条、第 526 条的规定，罚金在判决规定的期限内一次或者分期缴纳。被判处罚金的罪犯，期满无故不缴纳或者未足额缴纳的，人民法院应当强制缴纳。经强制缴纳仍不能全部缴纳的，在任何时候，包括主刑执行完毕后，发现被执行人有可供执行的财产的，应当追缴。

因遭遇不能抗拒的灾祸等原因缴纳罚金确有困难，被执行人申请延期缴纳、酌情减少或者免除罚金的，应当提交相关证明材料。人民法院应当在收到申请后 1 个月以内作出裁定。符合法定条件的，应当准许；不符合条件的，驳回申请。

行政机关对被告人就同一事实已经处以罚款的，人民法院判处罚金时应当折抵，扣除行政处罚已执行的部分。

执行罚金，应当参照被扶养人住所地政府公布的上年度当地居民最低生活费标准，保留被执行人及其所扶养人的生活必需费用。

四、没收财产的执行

依据《刑法》第 59 条，《刑事诉讼法》第 272 条，《最高人民法院关于适用〈中华人民共和国刑事诉讼法〉的解释》第 525 条、第 526 条的规定，没收财产只能没收被告人已经拥有的、现实存在的本人合法财产，不能没收可得利益和将来可能得到的财产；不能没收已经合法转让的财产。是没收部分财产还是没收全部财产，根据罪行轻重和被告人再犯罪可能性大小确定。判处没收部分财产的，应当明确没收的具体财物或者金额。

没收财产的判决，无论附加适用或者独立适用，都由人民法院执行；在必要的时候，可以会同公安机关执行。

判处没收财产的，判决生效后，应当立即执行。

执行没收财产，应当参照被扶养人住所地政府公布的上年度当地居民最低生活费标准，保留被执行人及其所扶养人的生活必需费用。

五、委托财产所在地法院执行

《最高人民法院关于适用〈中华人民共和国刑事诉讼法〉的解释》第530条规定，被执行财产在外地的，第一审人民法院可以委托财产所在地的同级人民法院执行。

六、民事赔偿优先

《最高人民法院关于适用〈中华人民共和国刑事诉讼法〉的解释》第527条规定，被判处财产刑，同时又承担附带民事赔偿责任的被执行人，应当先履行民事赔偿责任。

七、案外人对被执行标的异议

《最高人民法院关于适用〈中华人民共和国刑事诉讼法〉的解释》第528条规定，执行刑事裁判涉财产部分、附带民事裁判过程中，当事人、利害关系人认为执行行为违反法律规定，或者案外人对被执行标的书面提出异议的，人民法院应当参照民事诉讼法的有关规定处理。

八、终结执行

《最高人民法院关于适用〈中华人民共和国刑事诉讼法〉的解释》第529条规定，执行刑事裁判涉财产部分、附带民事裁判过程中，具有下列情形之一的，人民法院应当裁定终结执行：

（1）据以执行的判决、裁定被撤销的；

（2）被执行人死亡或者被执行死刑，且无财产可供执行的；

（3）被判处罚金的单位终止，且无财产可供执行的；

（4）依照《刑法》第53条规定，因遭遇不能抗拒的灾祸等原因缴纳罚金确有困难，经人民法院裁定免除罚金的；

（5）应当终结执行的其他情形。

裁定终结执行后，发现被执行人的财产有被隐匿、转移等情形的，应当追缴。

九、执行回转

《最高人民法院关于适用〈中华人民共和国刑事诉讼法〉的解释》第 531 条规定，刑事裁判涉财产部分、附带民事裁判全部或者部分被撤销的，已经执行的财产应当全部或者部分返还被执行人；无法返还的，应当依法赔偿。

第二十五章

减刑、假释

第一节 减 刑

一、减刑的概念

减刑是指判处管制、拘役、有期徒刑、无期徒刑、剥夺政治权利、缓刑罪犯，在执行期间认真遵守管制规定或监规，接受教育改造，确有悔改或立功表现的，可以依法减轻其刑期的一种制度。减刑既可以减少原判刑期，也可以将原判较重的刑种改为较轻的刑种。

二、可以或应当减刑条件

依据《刑法》第 78 条，《最高人民法院关于适用〈中华人民共和国刑事诉讼法〉的解释》第 536 条，《最高人民法院关于办理减刑、假释案件具体应用法律的规定》第 2 条、第 3 条、第 4 条，被判处管制、拘役、有期徒刑、无期徒刑的犯罪分子，在执行期间，如果认真遵守监规，接受教育改造，确有悔改表现的，或者有立功表现的，可以减刑；有重大立功表现的，应当减刑。

（一）"确有悔改表现"是指同时具备下列四个方面情形

（1）认罪悔罪。

（2）遵守法律法规及监规，接受教育改造。

（3）积极参加思想、文化、职业技术教育。

（4）积极参加劳动，努力完成劳动任务。

对职务犯罪、破坏金融管理秩序和金融诈骗犯罪、组织（领导、参加、包庇、纵容）黑社会性质组织犯罪等罪犯，不积极退赃、协助追缴赃款赃物、赔偿损失，或者服刑期间利用个人影响力和社会关系等不正当手段意图获得减刑的，不认定其"确有悔改表现"。

罪犯在刑罚执行期间的申诉权利应当依法保护，对其正当申诉不能不加分析地认为是不认罪悔罪。

（二）"有立功表现"是指具有下列情形之一

（1）阻止他人实施犯罪活动的。

（2）检举、揭发监狱内外犯罪活动，或者提供重要的破案线索，经查证属实的。

（3）协助司法机关抓捕其他犯罪嫌疑人（包括同案犯）的。

（4）在生产、科研中进行技术革新，成绩突出的。

（5）在抗御自然灾害或者排除重大事故中，表现积极的。

（6）对国家和社会有其他较大贡献的。

第（4）项、第（6）项中的技术革新或者其他较大贡献应当由罪犯在刑罚执行期间独立或者为主完成，并经省级主管部门确认。

（三）"重大立功表现"是指具有下列情形之一

（1）阻止他人实施重大犯罪活动的。

（2）检举监狱内外重大犯罪活动，经查证属实的。

（3）协助司法机关抓捕其他重大犯罪嫌疑人（包括同案犯）的。

（4）有发明创造或者重大技术革新的。

（5）在日常生产、生活中舍己救人的。

（6）在抗御自然灾害或者排除重大事故中，有突出表现的。

（7）对国家和社会有其他重大贡献的。

第（4）项中的发明创造或者重大技术革新应当是罪犯在刑罚执行期间独立或者为主完成并经国家主管部门确认的发明专利，且不包括实用新型专利和外观设计专利；第（7）项中的其他重大贡献应当由罪犯在刑罚执行期间独立或者为主完成，并经国家主管部门确认。

（四）减刑

对符合"可以减刑"条件的案件，在办理时应当综合考察罪犯犯罪的性质和具体情节、社会危害程度、原判刑罚及生效裁判中财产性判项的履行情况、交付执行后的一贯表现等因素决定是否予以减刑。

三、有期徒刑减刑

《刑法》第47条，《最高人民法院关于办理减刑、假释案件具体应用法律的规定》第6条、第7条、第34条，《最高人民法院关于办理减刑、假释案件具体应用法律的补充规定》第1条、第2条、第5条是对有期徒刑减刑的规定。

（一）一般罪名有期徒刑减刑

1. 减刑起始时间

被判处有期徒刑的罪犯减刑起始时间为：不满5年有期徒刑的，应当执行1年以上方可减刑；5年以上不满10年有期徒刑的，应当执行1年6个月以上方可减刑；10年以上有期徒刑的，应当执行2年以上方可减刑。

有期徒刑减刑的起始时间自判决执行之日起计算，判决执行之前先行羁押期间不予折抵。即判决执行之前先行羁押期间不计算在有期徒刑减刑的起始时间之内。

有期徒刑的刑期，从判决执行之日起计算；判决执行之前先行羁押的，羁押1日折抵刑期1日。

有期徒刑减刑后的刑期，自判决执行之日起计算，判决执行日之前先行羁押期间及减刑之前的服刑期间应予折抵，即判决执行之前先行羁押及减刑之前的服刑期间应计入减刑以后的刑期。

2. 减刑幅度

确有悔改表现或者有立功表现的，一次减刑不超过9个月有期徒刑；确有悔改表现并有立功表现的，一次减刑不超过1年有期徒刑；有重大立功表现的，一次减刑不超过1年6个月有期徒刑；确有悔改表现并有重大立功表现的，一次减刑不超过2年有期徒刑。

3. 减刑间隔时间

被判处不满10年有期徒刑的罪犯，两次减刑间隔时间不得少于1年；被判处10年以上有期徒刑的罪犯，两次减刑间隔时间不得少于1年6个月。减刑间隔时间不得低于上次减刑减去的刑期。

罪犯有重大立功表现的，可以不受上述减刑起始时间和间隔时间的限制。

（二）特殊罪名有期徒刑减刑

（1）对符合减刑条件的职务犯罪罪犯，破坏金融管理秩序和金融诈骗犯罪罪犯，组织、领导、参加、包庇、纵容黑社会性质组织犯罪罪犯，危害国家安全犯罪罪犯，恐怖活动犯罪罪犯，毒品犯罪集团的首要分子及毒品再犯、累犯，确有履行能力而不履行或者不全部履行生效裁判中财产性判项的罪犯，被判处 10 年以下有期徒刑的，执行 2 年以上方可减刑，减刑幅度应当比照一般罪名有期徒刑减刑幅度从严掌握，一次减刑不超过 1 年有期徒刑，两次减刑之间应当间隔 1 年以上。

对被判处 10 年以上有期徒刑的前述罪犯，以及因故意杀人、强奸、抢劫、绑架、放火、爆炸、投放危险物质或者有组织的暴力性犯罪被判处 10 年以上有期徒刑的罪犯，数罪并罚且其中两罪以上被判处 10 年以上有期徒刑的罪犯，执行 2 年以上方可减刑，减刑幅度应当比照一般罪名有期徒刑减刑幅度从严掌握，一次减刑不超过 1 年有期徒刑，两次减刑之间应当间隔 1 年 6 个月以上。

罪犯有重大立功表现的，可以不受上述减刑起始时间和间隔时间的限制。

(2) 贪污贿赂罪被判处 10 年以上有期徒刑，符合减刑条件的，执行 3 年以上方可减刑；被判处不满 10 年有期徒刑，符合减刑条件的，执行 2 年以上方可减刑。

确有悔改表现或者有立功表现的，一次减刑不超过 6 个月有期徒刑；确有悔改表现并有立功表现的，一次减刑不超过 9 个月有期徒刑；有重大立功表现的，一次减刑不超过 1 年有期徒刑。

被判处 10 年以上有期徒刑的，两次减刑之间应当间隔 2 年以上；被判处不满 10 年有期徒刑的，两次减刑之间应当间隔 1 年 6 个月以上。

罪犯有重大立功表现的，可以不受上述减刑起始时间和间隔时间的限制。

对拒不认罪悔罪的，或者确有履行能力而不履行或者不全部履行生效裁判中财产性判项的，一般不予减刑。

(三) 漏罪对有期徒刑减刑的影响

罪犯被裁定减刑后，刑罚执行期间因发现漏罪而数罪并罚的，原减刑裁定自动失效。漏罪系罪犯主动交代的，对其原减去的刑期，由执行机关报请有管辖权的人民法院重新作出减刑裁定，予以确认；漏罪系有关机关发现或者他人检举揭发的，由执行机关报请有管辖权的人民法院，在原减刑裁定减去的刑期总和之内，酌情重新裁定。

四、无期徒刑减刑

《刑法》第 80 条，《最高人民法院关于办理减刑、假释案件具体应用法律的规定》第 8 条、第 9 条、第 34 条、第 37 条，《最高人民法院关于办理减刑、假释案件具体应用法律的补充规定》第 1 条、第 3 条、第 5 条是对无期徒刑减刑的规定。

（一）一般罪名无期徒刑减刑

1. 减刑起始时间

被判处无期徒刑的罪犯在刑罚执行期间，符合减刑条件的，执行 2 年以上，可以减刑。

无期徒刑减刑的起始时间自判决生效之日起计算，判决生效日之前先行羁押期间不予折抵。即判决生效日之前先行羁押期间不计算在无期徒刑减刑的起始时间之内。

无期徒刑减为有期徒刑的刑期，从裁定减刑之日起计算，减刑之前先行羁押及服刑期间不予折抵，即减刑之前先行羁押及服刑期间均不计入减为有期徒刑以后的刑期。

2. 减刑幅度

减刑幅度为：确有悔改表现或者有立功表现的，可以减为 22 年有期徒刑；确有悔改表现并有立功表现的，可以减为 21 年以上 22 年以下有期徒刑；有重大立功表现的，可以减为 20 年以上 21 年以下有期徒刑；确有悔改表现并有重大立功表现的，可以减为 19 年以上 20 年以下有期徒刑。

3. 减刑间隔时间

无期徒刑罪犯减为有期徒刑后再减刑时，减刑幅度按照有期徒刑减刑的规定执行。两次减刑间隔时间不得少于 2 年。

罪犯有重大立功表现的，可以不受上述减刑起始时间和间隔时间的限制。

（二）特殊罪名无期徒刑减刑

（1）对被判处无期徒刑的职务犯罪罪犯，破坏金融管理秩序和金融诈骗犯罪罪犯，组织、领导、参加、包庇、纵容黑社会性质组织犯罪罪犯，危害国家安全犯罪罪犯，恐怖活动犯罪罪犯，毒品犯罪集团的首要分子及毒品再犯，累犯以及因故意杀人、强奸、抢劫、绑架、放火、爆炸、投放危险物质或者有组织的暴力性犯罪的罪犯，确有履行能力而不履行或者不全部履行生效裁判中财产性判项的罪犯，数罪并罚被判处无期徒刑的罪犯，符合减刑条件的，执行 3 年以上方可减刑，减刑幅度应当比照无期徒刑减刑的规定从严掌握，减刑后的刑期最低不得少于 20 年有期徒刑；减为有期徒刑后再减刑时，减刑幅度比照有期徒刑减刑的规定从严掌握，一次不超过 1 年有期徒刑，两次减刑之间应当间隔 2 年以上。

罪犯有重大立功表现的，可以不受上述减刑起始时间和间隔时间的限制。

(2) 贪污贿赂罪被判处无期徒刑，符合减刑条件的，执行 4 年以上方可减刑。

确有悔改表现或者有立功表现的，可以减为 23 年有期徒刑；确有悔改表现并有立功表现的，可以减为 22 年以上 23 年以下有期徒刑；有重大立功表现的，可以减为 21 年以上 22 年以下有期徒刑。

无期徒刑减为有期徒刑后再减刑时，减刑幅度比照贪污贿赂罪有期徒刑减刑的规定执行。两次减刑之间应当间隔 2 年以上。

罪犯有重大立功表现的，可以不受上述减刑起始时间和间隔时间的限制。

对拒不认罪悔罪的，或者确有履行能力而不履行或者不全部履行生效裁判中财产性判项的，一般不予减刑。

(三) 漏罪对无期徒刑减刑的影响

被判处无期徒刑的罪犯在减为有期徒刑后因发现漏罪，依据《刑法》第 70 条规定数罪并罚，决定执行无期徒刑的，前罪无期徒刑生效之日起至新判决生效之日止已经实际执行的刑期，应当在新判决的无期徒刑减为有期徒刑时，在减刑裁定决定执行的刑期内扣减。

无期徒刑罪犯减为有期徒刑后因发现漏罪判处 3 年有期徒刑以下刑罚，数罪并罚决定执行无期徒刑的，在新判决生效后执行 1 年以上，符合减刑条件的，可以减为有期徒刑，减刑幅度依照无期徒刑减刑的规定执行。

罪犯被裁定减刑后，刑罚执行期间因发现漏罪而数罪并罚的，原减刑裁定自动失效（此处仅指无期徒刑减为有期徒刑后再减刑的裁定失效，原判无期徒刑减为有期徒刑的裁定继续有效）。漏罪系罪犯主动交代的，对其原减去的刑期，由执行机关报请有管辖权的人民法院重新作出减刑裁定，予以确认；漏罪系有关机关发现或者他人检举揭发的，由执行机关报请有管辖权的人民法院，在原减刑裁定减去的刑期总和之内，酌情重新裁定。

五、徒刑再犯减刑的限制

《最高人民法院关于办理减刑、假释案件具体应用法律的规定》第 21 条、第 33 条规定，被判处有期徒刑、无期徒刑的罪犯在刑罚执行期间又故意犯罪，新罪被判处有期徒刑的，自新罪判决确定之日起 3 年内不予减刑；新罪被判处无期徒刑的，自新罪判决确定之日起 4 年内不予减刑。

罪犯被裁定减刑后，刑罚执行期间因故意犯罪而数罪并罚时，犯新罪之前已经减刑裁定减去的刑期不计入已经执行的刑期。

六、管制、拘役减刑

《刑法》第 41 条、第 44 条，《最高人民法院关于办理减刑、假释案件具体应用法律的规定》第 16 条规定，被判处管制、拘役的罪犯，以及判决生效后剩余刑期不满 2 年有期徒刑的罪犯，符合减刑条件的，可以酌情减刑，减刑起始时间可以适当缩短。

管制的刑期，从判决执行之日起计算；判决执行以前先行羁押的，羁押 1 日折抵刑期 2 日。管制减刑后的刑期，自判决执行之日起计算，判决执行日之前先行羁押期间应予折抵，即判决执行日之前先行羁押期间（按 1 日折抵 2 日）应计入减刑之后的刑期。

拘役的刑期，从判决执行之日起计算；判决执行以前先行羁押的，羁押 1 日折抵刑期 1 日。拘役减刑后的刑期，自判决执行之日起计算，判决执行日之前先行羁押及减刑之前服刑期间应予折抵，即判决执行日之前先行羁押及减刑之前服刑期间应计入减刑以后的刑期之内。

七、剥夺政治权利减刑

《刑法》第 55 条、第 57 条、第 58 条，《最高人民法院关于办理减刑、假释案件具体应用法律的规定》第 17 条是对剥夺政治权利的规定。

（1）对于被判处死刑、无期徒刑的犯罪分子，应当剥夺政治权利终身。

判处管制附加剥夺政治权利的，剥夺政治权利的期限与管制的期限相等，同时执行。

剥夺政治权利的期限，除前述规定之外，为 1 年以上 5 年以下。

（2）被判处死刑缓期执行、无期徒刑的罪犯减为有期徒刑时，应当将附加剥夺政治权利的期限减为 7 年以上 10 年以下，经过一次或者几次减刑后，最终剥夺政治权利的期限不得少于 3 年。

被判处有期徒刑罪犯减刑时，对附加剥夺政治权利的期限可以酌减。酌减后剥夺政治权利的期限，不得少于 1 年。

（3）附加剥夺政治权利的刑期，从徒刑、拘役执行完毕之日或者从假释之日起计算；剥夺政治权利的效力当然施用于主刑执行期间。

八、缓刑罪犯的减刑

《刑法》第 73 条、《最高人民法院关于办理减刑、假释案件具体应用法律的规定》第 18 条是对缓刑期限的规定。

（1）拘役的缓刑考验期限为原判刑期以上 1 年以下，但是不能少于 2 个月；有期徒刑的缓刑考验期限为原判刑期以上 5 年以下，但是不能少于 1 年。

（2）被判处拘役或者 3 年以下有期徒刑，并宣告缓刑的罪犯，一般不适用减刑。

罪犯在缓刑考验期内有重大立功表现的，可以予以减刑，同时应当依法缩减其缓刑考验期。缩减后，拘役的缓刑考验期限不得少于 2 个月，有期徒刑的缓刑考验期限不得少于 1 年。

（3）缓刑考验期限，从判决确定之日起计算。对于一审判决后被告人未上诉、检察机关也未提出抗诉的刑事案件，"判决确定之日"是指判决生效之日；对于上诉或抗诉的刑事案件，"判决确定之日"是指二审判决或裁定宣告之日。

九、未成年人减刑

《最高人民法院关于办理减刑、假释案件具体应用法律的规定》第 19 条规定，对在报请减刑前的服刑期间不满 18 周岁，认罪悔罪，遵守法律法规及监规，积极参加学习、劳动，应当视为确有悔改表现。减刑幅度可以适当放宽，或者减刑起始时间、间隔时间可以适当缩短，但放宽的幅度和缩短的时间不得超过本规定中相应幅度、时间的 1/3。

对累犯以及因故意杀人、强奸、抢劫、绑架、放火、爆炸、投放危险物质或者有组织的暴力性犯罪被判处十年以上有期徒刑、无期徒刑的犯罪分子，不适用前述规定。

十、老病残人减刑

（1）《最高人民法院关于办理减刑、假释案件具体应用法律的规定》第20条规定，老年罪犯、患严重疾病罪犯或者身体残疾罪犯减刑时，应当主要考察其认罪悔罪的实际表现。

对基本丧失劳动能力，生活难以自理的上述罪犯减刑时，减刑幅度可以适当放宽，或者减刑起始时间、间隔时间可以适当缩短，但放宽的幅度和缩短的时间不得超过本规定中相应幅度、时间的1/3。

"老年罪犯"，是指报请减刑、假释时年满65周岁的罪犯。

（2）《最高人民法院关于办理减刑、假释案件具体应用法律的规定》第31条规定，年满80周岁、身患疾病或者生活难以自理、没有再犯罪危险的罪犯，既符合减刑条件，又符合假释条件的，优先适用假释。

十一、实际执行刑期的限制

"减刑以后实际执行的刑期"是指判决执行后或死缓减为无期徒刑、有期徒刑后犯罪分子实际服刑的期限。

依据《刑法》第78条，《最高人民法院关于办理减刑、假释案件具体应用法律的规定》第23条、第40条的规定，减刑以后实际执行的刑期不能少于下列期限：

（1）判处管制、拘役、有期徒刑的，不能少于原判刑期的1/2；从判决执行之日起计算，判决执行之前先行羁押期间予以折抵，即判决执行之前先行羁押期间应计入实际执行的刑期以内。"判决执行之日"是指罪犯实际送交刑罚执行机关之日。

（2）判处无期徒刑的，不能少于13年；从无期徒刑判决生效之日起计算，无期徒刑判决生效日之前先行羁押期不予折抵，即判决生效日之前先行羁押期间不应计入实际执行的刑期以内。

第二节　特殊减刑

一、死缓减刑

死缓减为无期徒刑或有期徒刑，也是刑法规定的一种广义上的减刑，与其他刑罚的减刑在适用对象、减刑条件及适用时间的限制等方面均有不同，它是一种特殊形式的减刑。

二、死缓减刑条件及方法

依据《刑法》第50条、第51条，《最高人民法院关于适用〈中华人民共和国刑事诉讼法〉的解释》第498条、第533条的规定，死刑缓期执行期间，故意犯罪，情节恶劣的，报请最高人民法院核准后执行死刑；如果没有故意犯罪或有故意犯罪未执行死刑的，就应依法予以减刑。减刑条件及方法如下。

（一）死刑缓期执行期满后的减刑

（1）判处死刑缓期执行的，在死刑缓期执行期间，如果没有故意犯罪，2年期满以后，减为无期徒刑；如果确有重大立功表现，2年期满以后，减为25年有期徒刑。

（2）死刑缓期执行期间，对于有故意犯罪未被执行死刑的，死刑缓期二年执行期间重新计算，并报最高人民法院备案。

（3）死刑缓期执行期满后，尚未裁定减刑前又犯罪的，应当在依法减刑后，对其所犯新罪另行审判。

（4）死刑缓期执行期间，从判决确定之日起计算，判决确定日之前羁押期间不予折抵。"判决确定之日"是指判决或者裁定核准死刑缓期二年执行的法律文书宣告或送达之日。

死刑缓期执行减为有期徒刑的刑期，从死刑缓期执行期满之日起计算，死刑缓期执行期满日之前先行羁押期间及死刑缓期执行期间不予折抵。即死刑缓期执行期满日之前先行羁押期间及死刑缓期执行期间均不计入减为有期徒刑后的刑期。

（二）死缓减为无期徒刑后的再减刑

《最高人民法院关于办理减刑、假释案件具体应用法律的规定》第 10 条至第 13 条，《最高人民法院关于办理减刑、假释案件具体应用法律的补充规定》第 1 条、第 4 条、第 5 条对死缓减为无期徒刑后的再减刑作出了规定。

1. 一般罪名死缓减为无期徒刑后的再减刑

（1）减刑起始时间。

被判处死刑缓期执行的罪犯减为无期徒刑后，符合减刑条件的，执行 3 年以上方可减刑。

被限制减刑的死刑缓期执行罪犯，减为无期徒刑后，符合减刑条件的，执行 5 年以上方可减刑。

（2）减刑幅度。

死刑缓期执行罪犯，减为无期徒刑后，符合减刑条件的再减刑幅度为：确有悔改表现或者有立功表现的，可以减为 25 年有期徒刑；确有悔改表现并有立功表现的，可以减为 24 年以上 25 年以下有期徒刑；有重大立功表现的，可以减为 23 年以上 24 年以下有期徒刑；确有悔改表现并有重大立功表现的，可以减为 22 年以上 23 年以下有期徒刑。减为有期徒刑后再减刑按照有期徒刑减刑的规定执行。

被限制减刑的死刑缓期执行罪犯，减为无期徒刑后，符合减刑条件的再减刑幅度为：一般减为 25 年有期徒刑，有立功表现或者重大立功表现的，可以减为 23 年以上 25 年以下有期徒刑；减为有期徒刑后再减刑时，减刑幅度比照有期徒刑减刑的规定从严掌握，一次不超过 1 年有期徒刑，两次减刑之间应当间隔 2 年以上。

2. 特殊罪名死缓减为无期徒刑后的再减刑

（1）对被判处死刑缓期执行的职务犯罪罪犯，破坏金融管理秩序和金融诈骗犯罪罪犯，组织、领导、参加、包庇、纵容黑社会性质组织犯罪罪犯，危害国家安全犯罪罪犯，恐怖活动犯罪罪犯，毒品犯罪集团的首要分子及毒品再犯，累犯以及因故意杀人、强奸、抢劫、绑架、放火、爆炸、投放危险物质或者有组织的暴力性犯罪的罪犯，确有履行能力而不履行或者不全部履行生效裁判中财产性判项的罪犯，数罪并罚被判处死刑缓期执行的罪犯，减为无期徒刑后，符合减刑条件的，执行 3 年以上方可减刑，一般减为 25 年有期徒刑，有立功表现或者重大立功表现的，可以减为 23 年以上 25 年以下有期徒刑；减为有期徒刑后再减刑时，减刑幅度比照有期徒刑减刑的规定从严掌握，一次不超过1年有期徒刑，两次减刑之间应当间隔2年以上。

（2）贪污贿赂罪被判处死刑缓期执行的，减为无期徒刑后，符合减刑条件的，执行4年以上方可减刑。

确有悔改表现或者有立功表现的，可以减为25年有期徒刑；确有悔改表现并有立功表现的，可以减为24年6个月以上25年以下有期徒刑；有重大立功表现的，可以减为24年以上24年6个月以下有期徒刑。

减为有期徒刑后再减刑时，减刑幅度比照贪污贿赂罪有期徒刑减刑的规定执行。两次减刑之间应当间隔2年以上。

罪犯有重大立功表现的，可以不受上述减刑起始时间和间隔时间的限制。

对拒不认罪悔罪的，或者确有履行能力而不履行或者不全部履行生效裁判中财产性判项的，一般不予减刑。

3. 死刑缓期执行罪犯在缓期执行期间不服从监管、抗拒改造，尚未构成犯罪的，在减为无期徒刑后再减刑时应当适当从严

（三）死缓减为有期徒刑后的再减刑

《最高人民法院关于办理减刑、假释案件具体应用法律的规定》第8条、第10条规定，对死缓直接减为有期徒刑后的再减刑按照无期徒刑减为有期徒刑的规定执行；减为有期徒刑后的再减刑按照有期徒刑减刑的规定执行。

《最高人民法院关于办理减刑、假释案件具体应用法律的规定》第14条规定，被限制减刑的死刑缓期执行罪犯，减为有期徒刑后再减刑时，一次减刑不超过6个月有期徒刑，两次减刑间隔时间不得少于2年。有重大立功表现的，间隔时间可以适当缩短，但一次减刑不超过1年有期徒刑。

（四）漏罪对死缓减刑的影响

《最高人民法院关于办理减刑、假释案件具体应用法律的规定》第34条至第36条就漏罪对死缓减刑的影响作出了规定。

（1）被判处死刑缓期执行的罪犯，在死刑缓期执行期内被发现漏罪，依据刑法规定数罪并罚，决定执行死刑缓期执行的，死刑缓期执行期间自新判决确定之日起计算，已经执行的死刑缓期执行期间计入新判决的死刑缓期执行期间内，但漏罪被判处死刑缓期执行的除外。

（2）被判处死刑缓期执行的罪犯，在死刑缓期二年执行期满后被发现漏罪，依据刑法规定数罪并罚，决定执行死刑缓期执行的，交付执行时对罪犯

实际执行无期徒刑，死缓考验期不再执行，但漏罪被判处死刑缓期二年执行的除外。

在无期徒刑减为有期徒刑时，前罪死刑缓期二年执行减为无期徒刑之日起至新判决生效之日止已经实际执行的刑期，应当被计算在减刑裁定决定执行的刑期以内。

罪犯被裁定减刑后，刑罚执行期间因发现漏罪而数罪并罚的，原减刑裁定自动失效（此处仅指死缓减为有期徒刑后再减刑的裁定失效，原判死刑缓期执行减为无期徒刑、有期徒刑的裁定继续有效）。漏罪系罪犯主动交代的，对其原减去的刑期，由执行机关报请有管辖权的人民法院重新作出减刑裁定，予以确认；漏罪系有关机关发现或者他人检举揭发的，由执行机关报请有管辖权的人民法院，在原减刑裁定减去的刑期总和之内，酌情重新裁定。

（五）死缓再犯减刑的限制

《最高人民法院关于办理减刑、假释案件具体应用法律的规定》第 21 条规定，罪犯在死刑缓期二年执行期间又故意犯罪，未被执行死刑的，死刑缓期执行的期间重新计算，减为无期徒刑后，5 年内不予减刑。

被判处死刑缓期二年执行罪犯减刑后，在刑罚执行期间又故意犯罪的，新罪被判处有期徒刑的，自新罪判决确定之日起 3 年内不予减刑；新罪被判处无期徒刑的，自新罪判决确定之日起 4 年内不予减刑。原判死刑缓期二年执行减为无期徒刑、有期徒刑的裁定继续有效。

被判处死刑缓期执行罪犯减刑后，在刑罚执行期间又故意犯罪而实行数罪并罚时，犯新罪之前已经减刑裁定减去的刑期不计入已经执行的刑期。

三、死缓实际执行刑期的限制

《刑法》第 78 条第 2 款、第 50 条第 2 款，《最高人民法院关于办理减刑、假释案件具体应用法律的规定》第 12 条、第 15 条是对减刑以后，死缓实际执行刑期的限制规定。

1. 15 年

被判处死刑缓期二年执行的罪犯经过一次或者几次减刑后，其实际执行的刑期不得少于 15，死刑缓期执行期间不包括在内。

2. 25 年或 20 年

人民法院依照《刑法》第 50 条第 2 款规定对被判处死刑缓期执行的累犯

以及因故意杀人、强奸、抢劫、绑架、放火、爆炸、投放危险物质或者有组织的暴力性犯罪被判处死刑缓期二年执行的犯罪分子，人民法院根据犯罪情节等情况决定对其限制减刑的死刑缓期二年执行的犯罪分子，缓期执行期满后依法减为无期徒刑的，不能少于25年，缓期执行期满后依法减为25年有期徒刑的，不能少于20年。

3. 终身监禁

对被判处终身监禁的罪犯，在死刑缓期二年执行期满依法减为无期徒刑的裁定中，应当明确终身监禁，不得再减刑或者假释。

4. 被判处死刑缓期二年执行的罪犯，减刑以后的实际执行刑期从死刑缓期二年执行期满之日起计算，在死刑缓期二年执行期满日之前先行羁押期间及死刑缓期二年执行期间均不予折抵，即死刑缓期二年执行期满日之前先行羁押期间及死刑缓期二年执行期间均不计入实际执行刑期以内。

死刑缓期二年执行期间，有故意犯罪未被执行死刑的，死刑缓期二年执行期间重新计算。

第三节 假　释

一、假释的概念

假释是指判处有期徒刑和无期徒刑的罪犯在执行一定刑罚以后，确有悔改表现且不致再危害社会的，将其附条件地予以提前释放的制度。

二、假释条件

《刑法》第81条，《最高人民法院关于办理减刑、假释案件具体应用法律的规定》第3条、第22条至第27条，《最高人民法院关于办理减刑、假释案件具体应用法律的补充规定》第1条、第6条、第7条，《最高人民法院关于适用〈中华人民共和国刑事诉讼法〉的解释》第536条是对假释条件的规定。

（一）可以假释条件

被判处有期徒刑的犯罪分子，执行原判刑期1/2以上，被判处无期徒刑的犯罪分子，实际执行13年以上，如果认真遵守监规，接受教育改造，确有悔改表现，没有再犯罪的危险，可以假释。

对犯罪分子决定假释时，应当考虑其假释后对所居住社区的影响。

1. "确有悔改表现"

假释的"确有悔改表现"与缓刑的"有悔罪表现"不完全相同，假释的"确有悔改表现"是指同时具备下列四个方面情形：

（1）认罪悔罪。

（2）遵守法律法规及监规，接受教育改造。

（3）积极参加思想、文化、职业技术教育。

（4）积极参加劳动，努力完成劳动任务。

对职务犯罪、破坏金融管理秩序和金融诈骗犯罪、组织（领导、参加、包庇、纵容）黑社会性质组织犯罪等罪犯，不积极退赃、协助追缴赃款赃物、赔偿损失，或者服刑期间利用个人影响力和社会关系等不正当手段意图获得减刑的，不认定其"确有悔改表现"。

罪犯在刑罚执行期间的申诉权利应当依法保护，对其正当申诉不能不加分析地认为是不认罪悔罪。

2. "没有再犯罪的危险"

假释"没有再犯罪的危险"与缓刑"没有再犯罪的危险"不完全相同，缓刑"没有再犯罪的危险"从犯罪分子犯罪前、后的一贯表现予以认定；假释"没有再犯罪的危险"主要是从刑罚执行中的一贯表现予以认定，而且要从犯罪的具体情节、原判刑罚情况、罪犯的年龄、身体状况、性格特征，假释后生活来源以及监管条件等因素综合考虑。

3. "对所居住社区的影响"

"对所居住社区的影响"主要是指犯罪分子所居住的社区的居民对该犯罪分子假释的意见、社区的社会治安状况，以及接受管制、缓刑、假释犯等实行社区矫正的对象的数量或规模等状况。如果社区的居民不同意该犯罪分子假释、社区的社会治安不好、实行社区矫正的对象数量庞大，就不能在该社区安置假释犯，否则就难以实现假释的目的。当然，如果未达到"对所居住社区有重大不良影响"的程度，应该认为具备假释条件，"假释犯对所居住社区没有重大不良影响"与"缓刑犯对所居住社区没有重大不良影响"的认定方法相同，"缓刑犯对所居住社区没有重大不良影响"已在本书第三章第三节缓刑辩护中予以阐述，故不再赘述。

4. 执行期

被判处有期徒刑的罪犯假释时，执行原判刑期 1/2 的时间，应当从判决执行之日起计算，判决执行以前先行羁押的，羁押 1 日折抵刑期 1 日。

被判处无期徒刑的罪犯假释时，实际执行刑期不得少于 13 年的时间，应当从判决生效之日起计算，判决生效以前先行羁押的时间不予折抵。

被判处死刑缓期二年执行的罪犯减为无期徒刑或者有期徒刑后，实际执行 15 年以上，方可假释，该实际执行时间应当从死刑缓期执行期满之日起计算。判决确定以前先行羁押期间及死刑缓期执行期间不予折抵。

（二）禁止假释条件

（1）对累犯以及因故意杀人、强奸、抢劫、绑架、放火、爆炸、投放危险物质或者有组织的暴力性犯罪被判处 10 年以上有期徒刑、无期徒刑的犯罪分子，不得假释。

因前述情形和犯罪被判处死刑缓期执行的罪犯，被减为无期徒刑、有期徒刑后，也不得假释。

（2）贪污贿赂犯罪对拒不认罪悔罪的，或者确有履行能力而不履行或者不全部履行生效裁判中财产性判项的，不予假释。

（3）对于生效裁判中有财产性判项，罪犯确有履行能力而不履行或者不全部履行的，不予假释。

（三）假释宽严相济规定

（1）对下列罪犯适用假释时可以依法从宽掌握：①过失犯罪的罪犯、中止犯罪的罪犯、被胁迫参加犯罪的罪犯；②因防卫过当或者紧急避险过当而被判处有期徒刑以上刑罚的罪犯；③犯罪时未满 18 周岁的罪犯；④基本丧失劳动能力、生活难以自理，假释后生活确有着落的老年罪犯、患严重疾病罪犯或者身体残疾罪犯；⑤服刑期间改造表现特别突出的罪犯；⑥具有其他可以从宽假释情形的罪犯。

罪犯既符合法定减刑条件，又符合法定假释条件的，可以优先适用假释。

（2）审理减刑、假释案件，对罪犯积极履行刑事裁判涉财产部分、附带民事裁判确定的义务的，可以认定有悔改表现，在减刑、假释时从宽掌握；对确有履行能力而不履行或者不全部履行的，在减刑、假释时从严掌握。

（3）对贪污贿赂犯罪适用假释时，应当从严掌握。

三、减刑与假释间隔期

《最高人民法院关于办理减刑、假释案件具体应用法律的规定》第 28 条规定罪犯减刑后又假释的，间隔时间不得少于 1 年；对一次减去 1 年以上有期徒刑后，决定假释的，间隔时间不得少于 1 年 6 个月。

罪犯减刑后余刑不足 2 年，决定假释的，可以适当缩短间隔时间。

四、假释考验期限

《刑法》第 83 条规定，有期徒刑的假释考验期限，为没有执行完毕的刑期；无期徒刑的假释考验期限为 10 年。

假释考验期限，从假释之日起计算。

五、假释考验期间应遵守的规定

《刑法》第 84 条规定，被宣告假释的犯罪分子，应当遵守下列规定：
（1）遵守法律、行政法规，服从监督。
（2）按照监督机关的规定报告自己的活动情况。
（3）遵守监督机关关于会客的规定。
（4）离开所居住的市、县或者迁居，应当报经监督机关批准。

六、假释考验期满的处理

《刑法》第 85 条规定，对假释的犯罪分子，在假释考验期限内，依法实行社区矫正，如果没有违反规定的情形，假释考验期满，就认为原判刑罚已经执行完毕，并公开予以宣告。

第四节　减刑和一般假释的审理程序

特殊假释的核准已经在本书第十八章第二节中阐述，本节仅阐述减刑和一般假释的审理程序。

一、提出减刑、假释建议书

依据《刑法》第 79 条，《刑事诉讼法》第 273 条的规定，被判处管制、拘役、有期徒刑或者无期徒刑的罪犯，在执行期间确有悔改或者立功表现，应当依法予以减刑、假释的时候，由执行机关提出建议书，报请人民法院审核裁定，并将建议书副本抄送人民检察院。人民检察院可以向人民法院提出书面意见。

二、减刑、假释案件的管辖及审理期限

《最高人民法院关于适用〈中华人民共和国刑事诉讼法〉的解释》第 534 条规定，人民法院对减刑、假释案件，应当按照下列情形分别处理：

（1）对被判处死刑缓期执行的罪犯的减刑，由罪犯服刑地的高级人民法院在收到同级监狱管理机关审核同意的减刑建议书后 1 个月以内作出裁定。

（2）对被判处无期徒刑的罪犯的减刑、假释，由罪犯服刑地的高级人民法院在收到同级监狱管理机关审核同意的减刑、假释建议书后 1 个月以内作出裁定，案情复杂或者情况特殊的，可以延长 1 个月。

（3）对被判处有期徒刑和被减为有期徒刑的罪犯的减刑、假释，由罪犯服刑地的中级人民法院在收到执行机关提出的减刑、假释建议书后 1 个月以内作出裁定，案情复杂或者情况特殊的，可以延长 1 个月。

（4）对被判处管制、拘役的罪犯的减刑，由罪犯服刑地的中级人民法院在收到同级执行机关审核同意的减刑建议书后 1 个月以内作出裁定。

对社区矫正对象的减刑，由社区矫正执行地的中级以上人民法院在收到社区矫正机构减刑建议书后 30 日以内作出裁定。

三、对减刑、假释案件的审查受理

依据《最高人民法院关于适用〈中华人民共和国刑事诉讼法〉的解释》第 535 条，《最高人民法院关于办理减刑、假释案件具体应用法律的规定》第 38 条的规定，人民法院受理减刑、假释案件，应当审查执行机关移送的材料是否包括下列内容：

（1）减刑、假释建议书。

（2）原审法院的裁判文书、执行通知书、历次减刑裁定书的复制件。

（3）证明罪犯确有悔改、立功或者重大立功表现具体事实的书面材料。

（4）罪犯评审鉴定表、奖惩审批表等。

（5）罪犯假释后对所居住社区影响的调查评估报告。

（6）刑事裁判涉财产部分、附带民事裁判的执行、履行情况。

人民法院作出的刑事判决、裁定发生法律效力后，在依照《刑事诉讼法》的规定将罪犯交付执行刑罚时，如果生效裁判中有财产性判项，人民法院应当将反映财产性判项执行、履行情况的有关材料一并随案移送刑罚执行机关。罪犯在服刑期间本人履行或者其亲属代为履行生效裁判中财产性判项的，应当及时向刑罚执行机关报告。刑罚执行机关报请减刑时应随案移送以上材料。

人民法院办理减刑、假释案件时，可以向原一审人民法院核实罪犯履行财产性判项的情况。原一审人民法院应当出具相关证明。

刑罚执行期间，负责办理减刑、假释案件的人民法院可以协助原一审人民法院执行生效裁判中的财产性判项。

（7）根据案件情况需要移送的其他材料。

人民检察院对报请减刑、假释案件提出意见的，执行机关应当一并移送受理减刑、假释案件的人民法院。

经审查，材料不全的，应当通知提请减刑、假释的执行机关在 3 日以内补送；逾期未补送的，不予立案。

四、对减刑、假释案件的公示

《最高人民法院关于适用〈中华人民共和国刑事诉讼法〉的解释》第 537 条、第 540 条规定，审理减刑、假释案件，应当在立案后 5 日以内对下列事项予以公示：

（1）罪犯的姓名、年龄等个人基本情况。

（2）原判认定的罪名和刑期。

（3）罪犯历次减刑情况。

（4）执行机关的减刑、假释建议和依据。

公示应当写明公示期限和提出意见的方式。

减刑、假释裁定作出前，执行机关书面提请撤回减刑、假释建议的，人民法院可以决定是否准许。

五、对减刑、假释案件的审理方式

《最高人民法院关于适用〈中华人民共和国刑事诉讼法〉的解释》第 538 条规定，审理减刑、假释案件，应当组成合议庭，可以采用书面审理的方式，

但下列案件应当开庭审理:

(1) 因罪犯有重大立功表现提请减刑的。

(2) 提请减刑的起始时间、间隔时间或者减刑幅度不符合一般规定的。

(3) 被提请减刑、假释罪犯系职务犯罪罪犯,组织、领导、参加、包庇、纵容黑社会性质组织罪犯,破坏金融管理秩序罪犯或者金融诈骗罪犯的。

(4) 社会影响重大或者社会关注度高的。

(5) 公示期间收到不同意见的。

(6) 人民检察院提出异议的。

(7) 有必要开庭审理的其他案件。

六、对减刑、假释案件的裁定与送达

《最高人民法院关于适用〈中华人民共和国刑事诉讼法〉的解释》第539条第1款规定,人民法院作出减刑、假释裁定后,应当在7日以内送达提请减刑、假释的执行机关、同级人民检察院以及罪犯本人。人民检察院认为减刑、假释裁定不当,在法定期限内提出书面纠正意见的,人民法院应当在收到意见后另行组成合议庭审理,并在1个月以内作出裁定。

七、对减刑、假释案件的监督

《最高人民法院关于适用〈中华人民共和国刑事诉讼法〉的解释》第541条规定:"人民法院发现本院已经生效的减刑、假释裁定确有错误的,应当另行组成合议庭审理;发现下级人民法院已经生效的减刑、假释裁定确有错误的,可以指令下级人民法院另行组成合议庭审理,也可以自行组成合议庭审理。"

《刑事诉讼法》第274条规定:"人民检察院认为人民法院减刑、假释的裁定不当,应当在收到裁定书副本后二十日以内,向人民法院提出书面纠正意见。人民法院应当在收到纠正意见后一个月以内重新组成合议庭进行审理,作出最终裁定。"

八、再审对减刑、假释裁定的影响

《最高人民法院关于办理减刑、假释案件具体应用法律的规定》第32条规定,人民法院按照审判监督程序重新审理的案件,裁定维持原判决、裁定

的，原减刑、假释裁定继续有效。

再审裁判改变原判决、裁定的，原减刑、假释裁定自动失效，执行机关应当及时报请有管辖权的人民法院重新作出是否减刑、假释的裁定。重新作出减刑裁定时，不受有关减刑起始时间、间隔时间和减刑幅度的规定限制。重新裁定时应综合考虑各方面因素，减刑幅度不得超过原裁定减去的刑期总和。

再审改判为死刑缓期执行或者无期徒刑的，在新判决减为有期徒刑之时，原判决已经实际执行的刑期一并扣减。

再审裁判宣告无罪的，原减刑、假释裁定自动失效。

第五节　缓刑、假释的撤销

一、提出撤销缓刑、假释建议书

《刑事诉讼法》第 273 条规定，罪犯在服刑期间又犯罪的，或者发现了判决的时候所没有发现的罪行，由执行机关提出撤销缓刑、假释建议书，移送人民检察院处理。

在缓刑、假释期间，因违反监管规定，应当撤销缓刑、假释的，由负责执行的社区矫正机构提出撤销缓刑、假释建议书。

二、因新罪、漏罪撤销缓刑、假释

《刑法》第 86 条第 1、2 款，第 77 条第 1 款，《最高人民法院关于适用〈中华人民共和国刑事诉讼法〉的解释》第 542 条是关于撤销缓刑、假释的规定。

1. 因新罪、漏罪撤销缓刑、假释的审判管辖

罪犯在缓刑、假释考验期限内犯新罪或者被发现在判决宣告前还有其他罪没有判决，应当撤销缓刑、假释的，由审判新罪的人民法院撤销原判决、裁定宣告的缓刑、假释，并书面通知原审人民法院和执行机关。

2. 因新罪、漏罪撤销缓刑

被宣告缓刑的犯罪分子，在缓刑考验期限内犯新罪或者发现判决宣告以前还有其他罪没有判决的，应当撤销缓刑，对新犯的罪或者新发现的罪作出

判决，把前罪和后罪所判处的刑罚，依法实行数罪并罚。

3. 因新罪、漏罪撤销假释

被假释的犯罪分子，在假释考验期限内犯新罪，应当撤销假释，依法实行数罪并罚；在假释考验期限内，发现被假释的犯罪分子在判决宣告以前还有其他罪没有判决的，应当撤销假释，依法实行数罪并罚。

三、因违反监管规定撤销缓刑、假释

（一）因违反监管规定撤销缓刑的条件

《最高人民法院关于适用〈中华人民共和国刑事诉讼法〉的解释》第543条规定，人民法院收到社区矫正机构的撤销缓刑建议书后，经审查，确认罪犯在缓刑考验期限内具有下列情形之一的，应当作出撤销缓刑的裁定：

（1）违反禁止令，情节严重的。

（2）无正当理由不按规定时间报到或者接受社区矫正期间脱离监管，超过1个月的。

（3）因违反监督管理规定受到治安管理处罚，仍不改正的。

（4）受到执行机关二次警告，仍不改正的。

（5）违反法律、行政法规和监督管理规定，情节严重的其他情形。

（二）因违反监管规定撤销假释的条件

作出假释裁定的人民法院收到社区矫正机构的撤销假释建议书后，经审查，确认罪犯在假释考验期限内具有情形之一，尚未构成新的犯罪的，应当作出撤销假释的裁定：

（1）无正当理由不按规定时间报到或者接受社区矫正期间脱离监管，超过1个月的。

（2）受到执行机关二次警告，仍不改正的。

（3）有其他违反监督管理规定的行为。

（三）对缓刑、假释罪犯的决定逮捕

《最高人民法院关于适用〈中华人民共和国刑事诉讼法〉的解释》第544条规定，被提请撤销缓刑、假释的罪犯可能逃跑或者可能发生社会危险，社区矫正机构在提出撤销缓刑、假释建议的同时，提请人民法院决定对其予以逮捕的，人民法院应当在48小时以内作出是否逮捕的决定。决定逮捕的，由公安机关执行。逮捕后的羁押期限不得超过30日。

（四）撤销缓刑、假释审理期限及送达

《最高人民法院关于适用〈中华人民共和国刑事诉讼法〉的解释》第 545 条规定，人民法院应当在收到社区矫正机构的撤销缓刑、假释建议书后 30 日以内作出裁定。撤销缓刑、假释的裁定一经作出，立即生效。

人民法院应当将撤销缓刑、假释裁定书送达社区矫正机构和公安机关，并抄送人民检察院，由公安机关将罪犯送交执行。执行以前被逮捕的，羁押 1 日折抵刑期 1 日。

罪犯在逃的，撤销缓刑、假释裁定书可以作为对罪犯进行追捕的依据。

（五）因违反监管规定撤销缓刑、假释的后果

《刑法》第 77 条第 2 款规定，被宣告缓刑的犯罪分子，在缓刑考验期限内，违反法律、行政法规或者国务院有关部门关于缓刑的监督管理规定，或者违反人民法院判决中的禁止令，情节严重的，应当撤销缓刑，执行原判刑罚。

《刑法》第 86 条第 3 款规定，被假释的犯罪分子，在假释考验期限内，有违反法律、行政法规或者国务院有关部门关于假释的监督管理规定的行为，尚未构成新的犯罪的，应当依照法定程序撤销假释，收监执行未执行完毕的刑罚。

第二十六章

未成年人刑事案件诉讼程序

未成年人刑事案件诉讼程序,是中国刑事诉讼法规定的五大特别程序之一。办理未成年人刑事案件适用未成年人刑事案件诉讼程序的规定,未成年人刑事案件诉讼程序没有规定的适用《刑事诉讼法》其他程序的规定。

第一节　未成年人刑事诉讼制度

一、方针和原则

依据《刑事诉讼法》第277条,《最高人民法院关于适用〈中华人民共和国刑事诉讼法〉的解释》546条至第548条,《人民检察院刑事诉讼规则》第457条、第489条,《公安机关办理刑事案件程序规定》第317条、第318条的规定,人民法院、人民检察院、公安机关对犯罪的未成年人实行教育、感化、挽救的方针,坚持教育为主、惩罚为辅的原则。

对犯罪的未成年人实行教育、感化、挽救的方针,是未成年人刑事案件诉讼的最终目的;坚持教育为主、惩罚为辅的原则,体现了法律在保护社会和保护未成年人的功能上优先选择了对未成年人的保护。

人民法院、人民检察院、公安机关办理未成年人刑事案件应当保障未成年人的合法权益。办理未成年人刑事案件,应当保障未成年人行使其诉讼权利并得到法律帮助,依法保护未成年人的名誉和隐私,尊重其人格尊严;人民法院、人民检察院、公安机关应当加强同政府有关部门、人民团体、社会组织等的配合,推动未成年人刑事案件人民陪审、情况调查、安置帮教等工作的开展,充分保障未成年人的合法权益,积极参与社会治安综合治理;对遭受性侵害或者暴力伤害的未成年被害人及其家庭实施必要的心理干预、经济救助、法律援助、转学安置等保护措施。

未成年人刑事案件，是指犯罪嫌疑人实施涉嫌犯罪行为时已满 14 周岁、未满 18 周岁的刑事案件。

二、专门机构及人员条件

《最高人民法院关于适用〈中华人民共和国刑事诉讼法〉的解释》549 条，《人民检察院刑事诉讼规则》第 458 条，《公安机关办理刑事案件程序规定》第 319 条对人民法院、人民检察院、公安机关办理未成年人刑事案件的专门机构及专门人员作出了规定。

（1）公安机关应当设置专门机构或者配备专职人员办理未成年人刑事案件。

未成年人刑事案件应当由熟悉未成年人身心特点，善于做未成年人思想教育工作，具有一定办案经验的人员办理。

（2）人民检察院应当指定熟悉未成年人身心特点的检察人员办理未成年人刑事案件。

（3）人民法院应当确定专门机构或者指定专门人员，负责审理未成年人刑事案件。审理未成年人刑事案件的人员应当经过专门培训，熟悉未成年人身心特点、善于做未成年人思想教育工作。参加审理未成年人刑事案件的人民陪审员，可以从熟悉未成年人身心特点、关心未成年人保护工作的人民陪审员名单中随机抽取确定。

三、保障获得辩护权

《刑事诉讼法》第 278 条，《人民检察院刑事诉讼规则》第 460 条，《公安机关办理刑事案件程序规定》第 320 条规定，未成年犯罪嫌疑人、被告人没有委托辩护人的，人民法院、人民检察院、公安机关应当通知法律援助机构指派律师为其提供辩护。

四、分案处理

《刑事诉讼法》第 280 条第 2 款，《最高人民法院关于适用〈中华人民共和国刑事诉讼法〉的解释》第 551 条，《人民检察院刑事诉讼规则》第 459 条，《公安机关办理刑事案件程序规定》第 328 条是对人民法院、人民检察院、公安机关办理未成年人刑事案件的分别关押、分别起诉、分别审理的规定。

（1）对被拘留、逮捕和执行刑罚的未成年人与成年人应当分别关押、分别管理、分别教育。并根据其生理和心理特点在生活和学习方面给予照顾。

（2）人民检察院办理未成年人与成年人共同犯罪案件，一般应当对未成年人与成年人分案办理、分别起诉。不宜分案处理的，应当对未成年人采取隐私保护、快速办理等特殊保护措施。

（3）对分案起诉至同一人民法院的未成年人与成年人共同犯罪案件，可以由同一个审判组织审理；不宜由同一个审判组织审理的，可以分别审理。

未成年人与成年人共同犯罪案件，由不同人民法院或者不同审判组织分别审理的，有关人民法院或者审判组织应当互相了解共同犯罪被告人的审判情况，注意全案的量刑平衡。

五、出具社会调查报告

《刑事诉讼法》第 279 条，《人民检察院刑事诉讼规则》第 461 条，《公安机关办理刑事案件程序规定》第 322 条规定，公安机关、人民检察院、人民法院办理未成年人刑事案件，根据情况可以对未成年犯罪嫌疑人、被告人的成长经历、犯罪原因、监护教育等情况进行调查并制作调查报告。开展社会调查可以委托有关组织和机构进行。开展社会调查应当尊重和保护未成年人隐私，不得向不知情人员泄露未成年犯罪嫌疑人的涉案信息。

公安机关在提请批准逮捕、移送审查起诉时，应当结合案情综合考虑，并将调查报告与案卷材料一并移送人民检察院。

人民检察院应当对公安机关移送的社会调查报告进行审查。必要时，可以进行补充调查。人民检察院制作的社会调查报告应当随案移送人民法院。

六、严格限制逮捕措施

《刑事诉讼法》第 280 条，《人民检察院刑事诉讼规则》第 462 条至第 465 条，《公安机关办理刑事案件程序规定》第 321 条、第 327 条，《最高人民法院关于适用〈中华人民共和国刑事诉讼法〉的解释》第 553 条、第 554 条规定，对未成年犯罪嫌疑人、被告人应当严格限制适用逮捕措施。

（一）人民检察院审查批准逮捕和人民法院决定逮捕，应当根据未成年犯罪嫌疑人涉嫌犯罪的性质、情节、主观恶性、有无监护与社会帮教条件、认罪认罚等情况，综合衡量其社会危险性，严格限制适用逮捕措施

1. 应当不逮捕

（1）对于罪行较轻，具备有效监护条件或者社会帮教措施，没有社会危险性或者社会危险性较小的未成年犯罪嫌疑人，应当不逮捕。

（2）审查逮捕未成年犯罪嫌疑人，应当重点查清其是否已满14周岁、16周岁、18周岁。对犯罪嫌疑人实际年龄难以判断，影响对该犯罪嫌疑人是否应当负刑事责任认定的，应当不批准逮捕。

2. 可以不逮捕

对于罪行比较严重，但主观恶性不大，有悔罪表现，具备有效监护条件或者社会帮教措施，具有下列情形之一，不逮捕不致发生社会危险性的未成年犯罪嫌疑人，可以不批准逮捕：

（1）初次犯罪、过失犯罪的。

（2）犯罪预备、中止、未遂的。

（3）防卫过当、避险过当的。

（4）有自首或者立功表现的。

（5）犯罪后认罪认罚，或者积极退赃，尽力减少和赔偿损失，被害人谅解的。

（6）不属于共同犯罪的主犯或者集团犯罪中的首要分子的。

（7）属于已满14周岁不满16周岁的未成年人或者系在校学生的。

（8）其他可以不批准逮捕的情形。

3. 社会危险性

社会危险性要从犯罪嫌疑人、被告人涉嫌犯罪事实、性质、情节、社会危害性等综合因素来考量。社会危险性是指具有下列情形之一：

（1）可能实施新的犯罪的。

（2）有危害国家安全、公共安全或者社会秩序的现实危险的。

（3）可能毁灭、伪造证据，干扰证人作证或者串供的。

（4）可能对被害人、举报人、控告人实施打击报复的。

（5）企图自杀或者逃跑的。

对有证据证明有犯罪事实，可能判处 10 年有期徒刑以上刑罚的，或者有证据证明有犯罪事实，可能判处徒刑以上刑罚，曾经故意犯罪或者身份不明的，视为具有社会危险性。

被取保候审、监视居住的犯罪嫌疑人、被告人违反取保候审、监视居住规定，情节严重的，视为具有社会危险性。

（二）应当讯问及听取辩护意见

人民检察院审查批准逮捕和人民法院决定逮捕，应当讯问未成年犯罪嫌疑人、被告人，听取辩护人的意见。并制作笔录附卷。辩护人提出书面意见的，应当附卷。

对于辩护人提出犯罪嫌疑人、被告人无罪、罪轻或者减轻、免除刑事责任、不适宜羁押或者侦查活动有违法情形等意见的，检察人员、审判人员应当进行审查，并在相关工作文书中叙明辩护人提出的意见，说明是否采纳的情况和理由。

（三）及时变更强制措施

未成年犯罪嫌疑人被拘留、逮捕后服从管理、依法变更强制措施不致发生社会危险性，能够保证诉讼正常进行的，人民法院、人民检察院、公安机关应当依法及时变更强制措施。

对无固定住所、无法提供保证人的未成年被告人适用取保候审的，应当指定合适成年人作为保证人，必要时可以安排取保候审的被告人接受社会观护。

七、在场权

《刑事诉讼法》第 281 条，《人民检察院刑事诉讼规则》第 465 条至第 468 条，《公安机关办理刑事案件程序规定》第 323 条至第 326 条，《最高人民法院关于适用〈中华人民共和国刑事诉讼法〉的解释》第 555 条、第 556 条是对公安机关、人民检察院、人民法院办理未成年人刑事案件在场权的规定。

（一）讯问、询问未成年时的在场权

（1）公安机关、人民检察院、人民法院对于未成年人刑事案件，在讯问和审判的时候，应当通知未成年犯罪嫌疑人、被告人的法定代理人到场。无法通知、法定代理人不能到场或者法定代理人是共犯的，也可以通知未成年犯罪嫌疑人、被告人的其他成年亲属，所在学校、单位、居住地基层组织或者未成年人保护组织的代表到场，并将有关情况记录在案。

到场的法定代理人可以代为行使未成年犯罪嫌疑人、被告人的诉讼权利。到场的法定代理人或者其他人员认为办案人员在讯问、审判中侵犯未成年人合法权益的，可以提出意见。讯问笔录、法庭笔录应当交给到场的法定代理人或者其他人员阅读或者向他宣读。

讯问女性未成年犯罪嫌疑人，应当有女工作人员在场。

讯问未成年犯罪嫌疑人应当保护其人格尊严。讯问未成年犯罪嫌疑人一般不得使用戒具。对于确有人身危险性必须使用戒具的，在现实危险消除后应当立即停止使用。

（2）询问未成年被害人、证人，适用前述规定；同时应当以适当的方式进行，注意保护其隐私和名誉，尽可能减少询问频次，避免造成二次伤害。必要时，可以聘请熟悉未成年人身心特点的专业人员协助。

（二）未成年认罪认罚案件的在场权

（1）未成年犯罪嫌疑人认罪认罚的，公安机关、人民检察院、人民法院应当告知本人及其法定代理人享有的诉讼权利和认罪认罚的法律规定，并依法听取、记录未成年犯罪嫌疑人及其法定代理人、辩护人、被害人及其诉讼代理人的意见。

（2）未成年犯罪嫌疑人认罪认罚的，应当在法定代理人、辩护人在场的情况下签署认罪认罚具结书。法定代理人、辩护人对认罪认罚有异议的，不需要签署具结书。因未成年犯罪嫌疑人的法定代理人、辩护人对其认罪认罚有异议而不签署具结书的，公安机关、人民检察院、人民法院应当对未成年人认罪认罚情况，法定代理人、辩护人的异议情况如实记录，并应当将该材料与其他案卷材料随案移送。未成年犯罪嫌疑人的法定代理人、辩护人对认罪认罚有异议而不签署具结书的，不影响从宽处理。法定代理人无法到场的，合适成年人可以代为行使到场权、知情权、异议权等。法定代理人未到场的原因以及听取合适成年人意见等情况应当记录在案。

八、犯罪记录封存

《刑事诉讼法》第 286 条，《人民检察院刑事诉讼规则》第 481 条至第 487 条，《公安机关办理刑事案件程序规定》第 331 条，《最高人民法院关于适用〈中华人民共和国刑事诉讼法〉的解释》第559条、第581条是对未成年犯罪人犯罪记录的封存与查询的规定。

（1）犯罪的时候不满18周岁，被判处5年有期徒刑以下刑罚的，应当对相关犯罪记录予以封存。

办理未成年人刑事案件过程中，应当对涉案未成年人的资料予以保密，不得公开或者传播涉案未成年人的姓名、住所、照片、图像及可能推断出该未成年人身份的其他资料。

依法查阅、摘抄、复制的案卷材料，涉及未成年人的，不得公开和传播。

（2）犯罪记录被封存的，除司法机关为办案需要或者有关单位根据国家规定进行查询的以外，公安机关、人民检察院、人民法院不得向任何单位和个人提供，也不得向任何单位和个人提供有犯罪记录的证明。

被封存犯罪记录的未成年人或者其法定代理人申请出具无犯罪记录证明的，公安机关、人民检察院、人民法院应当出具。

依法进行查询的单位，应当对被封存的犯罪记录的情况予以保密。

（3）未成年人犯罪记录封存后，没有法定事由、未经法定程序不得解封。对被封存犯罪记录的未成年人，符合下列条件之一的，应当对其犯罪记录解除封存：①实施新的犯罪，且新罪与封存记录之罪数罪并罚后被决定执行5年有期徒刑以上刑罚的；②发现漏罪，且漏罪与封存记录之罪数罪并罚后被决定执行5年有期徒刑以上刑罚的。

九、附条件不起诉

附条件不起诉的条件和程序，已在本书第十五章审查起诉第四、五节予以阐述，故此不再赘述。

第二节　未成年人犯罪审判程序

一、受案范围

《最高人民法院关于适用〈中华人民共和国刑事诉讼法〉的解释》第550条是对未成年人刑事案件受案范围的规定。

（一）应当由少年法庭及其他专门机构审理的案件

被告人实施被指控的犯罪时不满 18 周岁、人民法院立案时不满 20 周岁的案件，由未成年人案件审判组织审理。

（二）可以由少年法庭审理的案件

下列案件可以由未成年人案件审判组织审理：

（1）人民法院立案时不满 22 周岁的在校学生犯罪案件。

（2）强奸、猥亵、虐待、遗弃未成年人等侵害未成年人人身权利的犯罪案件。

（3）由未成年人案件审判组织审理更为适宜的其他案件。

共同犯罪案件中有未成年被告人的或者其他涉及未成年人的刑事案件，是否由未成年人案件审判组织审理，由院长根据实际情况决定。

二、不公开审理

《刑事诉讼法》第 285 条，《最高人民法院关于适用〈中华人民共和国刑事诉讼法〉的解释》第 557 条规定，开庭审理时被告人不满 18 周岁的案件，一律不公开审理。经未成年被告人及其法定代理人同意，未成年被告人所在学校和未成年人保护组织可以派代表到场。

到场代表的人数和范围由法庭决定。经法庭同意，到场代表可以参与对未成年被告人的法庭教育工作。

对依法公开审理，但可能需要封存犯罪记录的案件，不得组织人员旁听；有旁听人员的，应当告知其不得传播案件信息。

三、庭前准备

《最高人民法院关于适用〈中华人民共和国刑事诉讼法〉的解释》第 555条、第 563 条至第 570 条是对庭前准备的规定。

（一）送达起诉书副本

人民法院向未成年被告人送达起诉书副本时，应当向其讲明被指控的罪行和有关法律规定，并告知其审判程序和诉讼权利、义务。

（二）指派律师

（1）审判时不满 18 周岁的未成年被告人没有委托辩护人的，人民法院应当通知法律援助机构指派熟悉未成年人身心特点的律师为其提供辩护。

（2）未成年被害人及其法定代理人因经济困难或者其他原因没有委托诉讼代理人的，人民法院应当帮助其申请法律援助。

（三）征求审理程序的意见

对未成年人刑事案件，人民法院决定适用简易程序审理的，应当征求未成年被告人及其法定代理人、辩护人的意见。

上述人员提出异议的，不适用简易程序。

（四）开庭通知

人民法院审理未成年人刑事案件，应当通知开庭时未满18周岁的未成年人的法定代理人到场。法定代理人无法通知、不能到场或者是共犯的，也可以通知合适成年人到场，并将有关情况记录在案。

被告人实施被指控的犯罪时不满18周岁，开庭时已满18周岁、不满20周岁的，人民法院开庭时，一般应当通知其近亲属到庭。经法庭同意，近亲属可以发表意见。近亲属无法通知、不能到场或者是共犯的，应当记录在案。

（五）接受、收集社会调查材料

对人民检察院移送的关于未成年被告人性格特点、家庭情况、社会交往、成长经历、犯罪原因、犯罪前后的表现、监护教育等情况的调查报告，以及辩护人提交的反映未成年被告人上述情况的书面材料，法庭应当接受。

必要时，人民法院可以委托社区矫正机构、共青团、社会组织等对未成年被告人的上述情况进行调查，或者自行调查。

（六）心理疏导、测评

人民法院根据情况，可以对未成年被告人、被害人、证人进行心理疏导；根据实际需要并经未成年被告人及其法定代理人同意，可以对未成年被告人进行心理测评。

心理疏导、心理测评可以委托专门机构、专业人员进行。

心理测评报告可以作为办理案件和教育未成年人的参考。

（七）安排会见

开庭前和休庭时，法庭根据情况，可以安排未成年被告人与其法定代理人或者合适成年人会见。

四、法庭审理

《最高人民法院关于适用〈中华人民共和国刑事诉讼法〉的解释》第558

条、第 571 条至第 579 条是对法庭按第一审普通程序审理未成年人犯罪的特别规定。

（一）设置席位

人民法院应当在辩护台靠近旁听区一侧为未成年被告人的法定代理人或者合适成年人设置席位。

审理可能判处 5 年有期徒刑以下刑罚或者过失犯罪的未成年人刑事案件，可以采取适合未成年人特点的方式设置法庭席位。

（二）拒绝辩护的处理

未成年被告人或者其法定代理人当庭拒绝辩护人辩护，要求另行委托辩护人或者指派律师的，合议庭应当准许。拒绝辩护人辩护后，没有辩护人的，应当宣布休庭；仍有辩护人的，庭审可以继续进行。

有多名被告人的案件，部分未成年被告人或者其法定代理人拒绝辩护人辩护后，没有辩护人的，根据案件情况，可以对该部分未成年被告人另案处理，对其他被告人的庭审继续进行。

重新开庭后，未成年被告人或者其法定代理人再次当庭拒绝辩护人辩护的，不予准许。重新开庭时被告人已满 18 周岁的，可以准许，但不得再另行委托辩护人或者要求另行指派律师，由其自行辩护。

（三）适合未成年人的语言表达方式

法庭审理过程中，审判人员应当根据未成年被告人的智力发育程度和心理状态，使用适合未成年人的语言表达方式。

发现有对未成年被告人威胁、训斥、诱供或者讽刺等情形的，审判长应当制止。

（四）获得监护、帮教及对所居住社区无重大不良影响的材料

控辩双方提出对未成年被告人判处管制、宣告缓刑等量刑建议的，应当向法庭提供有关未成年被告人能够获得监护、帮教以及对所居住社区无重大不良影响的书面材料。

（五）对社会调查报告进行法庭调查

对未成年被告人情况的调查报告，以及辩护人提交的有关未成年被告人情况的书面材料，法庭应当审查并听取控辩双方意见。上述报告和材料可以作为办理案件和教育未成年人的参考。

人民法院可以通知作出调查报告的人员出庭说明情况，接受控辩双方和

法庭的询问。

（六）出庭作证保护措施

开庭审理涉及未成年人的刑事案件，未成年被害人、证人一般不出庭作证；必须出庭的，应当采取保护其隐私的技术手段和心理干预等保护措施。

（七）法治教育

法庭辩论结束后，法庭可以根据未成年人的生理、心理特点和案件情况，对未成年被告人进行法治教育；判决未成年被告人有罪的，宣判后，应当对未成年被告人进行法治教育。

到场的法定代理人或者其他人员，经法庭同意，可以参与对未成年被告人的法庭教育等工作。

对未成年被告人进行教育，其法定代理人以外的成年亲属或者教师、辅导员等参与有利于感化、挽救未成年人的，人民法院应当邀请其参加有关活动。

适用简易程序审理的案件，对未成年被告人进行法庭教育，适用前述规定。

（八）最后陈述

未成年被告人最后陈述后，法庭应当询问其法定代理人是否补充陈述。

（九）公开宣判

（1）对未成年人刑事案件，宣告判决应当公开进行。

对依法应当封存犯罪记录的案件，宣判时，不得组织人员旁听；有旁听人员的，应当告知其不得传播案件信息。

（2）定期宣告判决的未成年人刑事案件，未成年被告人的法定代理人无法通知、不能到场或者是共犯的，法庭可以通知合适成年人到庭，并在宣判后向未成年被告人的成年亲属送达判决书。

（十）刑罚适用的特殊规定

《最高人民法院关于审理未成年人刑事案件具体应用法律若干问题的解释》以及《刑法》对未成年被告人刑罚适用的特殊规定。

（1）未成年人犯罪不适用死刑，只有罪行极其严重的，才可以适用无期徒刑。对已满14周岁不满16周岁的人犯罪一般不判处无期徒刑。

（2）除刑法规定"应当"附加剥夺政治权利外，对未成年罪犯一般不判处附加剥夺政治权利。对未成年罪犯判处附加剥夺政治权利的，应当依法从轻判处。

（3）对未成年罪犯实施刑法规定的"并处"没收财产或者罚金的犯罪，应当依法判处相应的财产刑；对未成年罪犯实施刑法规定的"可以并处"没收财产或者罚金的犯罪，一般不判处财产刑。

对未成年罪犯判处罚金刑时，应当依法从轻或者减轻判处，并根据犯罪情节，综合考虑其缴纳罚金的能力，确定罚金数额。但罚金的最低数额不得少于 500 元人民币。

对被判处罚金刑的未成年罪犯，其监护人或者其他人自愿代为垫付罚金的，人民法院应当允许。

（4）对于被判处拘役、3 年以下有期徒刑的未成年罪犯，同时符合下列条件的，应当宣告缓刑：①犯罪情节较轻；②有悔罪表现；③没有再犯罪的危险；④宣告缓刑对所居住社区没有重大不良影响。

对于被判处拘役、3 年以下有期徒刑的未成年罪犯，宣告缓刑对所居住社区没有重大不良影响，同时具有下列情形之一的，可以宣告缓刑：①初次犯罪；②积极退赃或赔偿被害人经济损失；③具备监护、帮教条件。

（5）未成年罪犯根据其所犯罪行，可能被判处拘役、3 年以下有期徒刑，如果悔罪表现好，并具有下列情形之一的，应当依照《刑法》第 37 条 "对于犯罪情节轻微不需要判处刑罚的"规定，免予刑事处罚：①系又聋又哑的人或者盲人；②防卫过当或者避险过当；③犯罪预备、中止或者未遂；④共同犯罪中的从犯、胁从犯；⑤犯罪后自首或者有立功表现；⑥其他犯罪情节轻微不需要判处刑罚的。

（6）已满 14 周岁不满 18 周岁的人犯罪，应当从轻或者减轻处罚。

第三节 未成年罪犯执行规定

《最高人民法院关于适用〈中华人民共和国刑事诉讼法〉的解释》第 580 条至第 586 条，《人民检察院刑事诉讼规则》第 488 条是对未成年罪犯执行的特别规定。

一、送达报告、材料及法律文书

将未成年罪犯送监执行刑罚或者送交社区矫正时，人民法院应当将有关未成年罪犯的调查报告及其在案件审理中的表现材料，连同有关法律文书，一并送达执行机关。

二、回访考察

人民法院可以与未成年犯管教所等服刑场所建立联系，了解未成年罪犯的改造情况，协助做好帮教、改造工作，并可以对正在服刑的未成年罪犯进行回访考察。

三、督促探视

人民法院认为必要时，可以督促被收监服刑的未成年罪犯的父母或者其他监护人及时探视。

四、制定帮教措施

对被判处管制、宣告缓刑、裁定假释、决定暂予监外执行的未成年罪犯，人民法院可以协助社区矫正机构制定帮教措施。

五、承担管教责任

人民法院可以适时走访被判处管制、宣告缓刑、免予刑事处罚、裁定假释、决定暂予监外执行等的未成年罪犯及其家庭，了解未成年罪犯的管理和教育情况，引导未成年罪犯的家庭承担管教责任，为未成年罪犯改过自新创造良好环境。

六、安置建议

被判处管制、宣告缓刑、免予刑事处罚、裁定假释、决定暂予监外执行等的未成年罪犯，具备就学、就业条件的，人民法院可以就其安置问题向有关部门提出建议，并附送必要的材料。

七、执行法律监督

人民检察院负责未成年人检察的部门应当依法对看守所、未成年犯管教所监管未成年人的活动实行监督，配合做好对未成年人的教育。发现没有对未成年犯罪嫌疑人、被告人与成年犯罪嫌疑人、被告人分别关押、管理或者违反规定对未成年犯留所执行刑罚的，应当依法提出纠正意见。负责未成年人检察的部门发现社区矫正机构违反未成年人社区矫正相关规定的，应当依法提出纠正意见。

第四节　未成年人犯罪的辩护

作为未成年犯罪嫌疑人、被告人的辩护律师，除按普通程序享有辩护权利和承担辩护义务之外，享有特殊的辩护权利和承担辩护义务，这也是作为未成年犯罪嫌疑人、被告人的辩护律师的工作范围。

一、接受委托或指派

律师可以接受未成年当事人及其法定代理人、近亲属的委托或接受法律援助机构的指派，担任未成年人的辩护律师。

二、维护"三分"权利

辩护律师办理未成年人案件，应当充分注意未成年人的身心特点及应当与成年人分别关押（分别起诉、分别审理）、分别管理、分别教育等依法享有的特殊权利。

三、遵守犯罪记录封存和保密制度

辩护律师应当严格遵守未成年人犯罪记录封存和保密制度，不得向外界披露未成年人姓名、住所、照片、图像以及可能推断出该未成年人身份的其他资料，对查阅、摘抄、复制的未成年人刑事案件的案卷材料，也应当封存，不得公开传播。

泄露不公开审理案件中不应当公开的信息，造成信息公开传播或其他严重后果的；或者公开披露、报道不公开审理案件中不应当公开的信息，情节严重的，依法追究刑事责任。

四、审查案件的重点内容

律师担任未成年人的辩护人，应当重点审查以下内容并提出相应的辩护意见：

（1）未成年人实施被指控的犯罪行为时是否已满 14 周岁、16 周岁、18 周岁。

（2）讯问和开庭时，是否通知未成年人的法定代理人到场；法定代理人因无法通知或其他情况不能到场的，是否有合适成年人到场。

（3）讯问女性未成年人，是否有女性工作人员在场。

（4）是否具备不逮捕条件，包括罪行较轻，具备有效监护条件或者社会帮教措施，没有社会危险性或者社会危险性较小，不逮捕不致妨害诉讼正常进行。

（5）人民法院决定适用简易程序审理的，是否征求了未成年被告人及其法定代理人和辩护律师的意见。

（6）在法庭上，是否存在未成年被告人人身危险性不大，不可能妨碍庭审活动而被使用戒具的情况。

（7）法庭审理过程中，是否有对未成年被告人诱供、训斥、讽刺或者威胁等情形。

（8）被告人是否属于被指控的犯罪发生时不满 18 周岁、人民法院立案时不满 20 周岁等应当由少年法庭审理的情形等。

五、调取社会调查材料

对未成年犯罪嫌疑人、被告人的情况申请调查、自行调查、质证、补充调查是辩护律师的一项重要工作。

（1）依据法律规定，公安机关、人民检察院、人民法院办理未成年人刑事案件，根据情况可以对未成年犯罪嫌疑人、被告人的成长经历、犯罪原因、监护教育等情况进行调查，并出具《社会调查报告》。并非应当和必须调查，是否进行社会调查由公、检、法机关自行决定。

（2）《社会调查报告》是采取强制措施、审查起诉和定罪量刑的重要依据，辩护律师应当申请公、检、法机关对未成年犯罪嫌疑人、被告人的情况进行社会调查，并形成《社会调查报告》；对公、检、法机关出具的《社会调查报告》提出质证、修改或补充意见。

（3）辩护律师可以对未成年犯罪嫌疑人、被告人的情况进行调查，形成书面的《社会调查材料》。

辩护律师可以向未成年犯罪嫌疑人、被告人住所（居住）地社区矫正机构、有关社会组织、共青团调取未成年犯罪嫌疑人、被告人的情况；也可以向未成年犯罪嫌疑人、被告人住所地村（居）委会及所在的学校调取；还可以向对未成年犯罪嫌疑人、被告人步入犯罪产生过重要影响的人调取；以及向其他与未成年犯罪嫌疑人、被告人有关的单位和个人调取。

六、提出不逮捕意见

依据法律规定，人民检察院审查批准逮捕和人民法院决定逮捕未成年犯罪嫌疑人、被告人，应当听取辩护律师意见。

辩护律师应当准确掌握对未成年犯罪嫌疑人、被告人严格限制适用逮捕措施的规定和"应当不逮捕""可以不逮捕"的法定条件。符合"应当不逮捕""可以不逮捕"的法定条件时，应当向人民检察院或人民法院提出《不批准逮捕意见书》或《不予逮捕意见书》。

七、申请羁押必要性审查

未成年人被逮捕后，辩护律师应当根据案件情况，依据《刑事诉讼法》的相关规定，及时向人民检察院提出羁押必要性审查的申请。

八、申请变更或撤销强制措施

辩护律师在办理未成年人案件过程中，发现采取强制措施不当的，应当依据《刑事诉讼法》的相关规定，及时向办案机关提出变更或撤销强制措施的申请。

九、提出不起诉意见

（一）提出法定、酌定、证据不足、特殊不起诉意见

未成年犯罪嫌疑人符合法定、酌定、证据不足、特殊不起诉条件的，辩护律师应向人民检察院提出法定、酌定、证据不足、特殊不起诉的意见；只有在不符合法定、酌定、证据不足、特殊不起诉条件的情况下，才可提出附条件不起诉意见，因为前者的性质属于无罪不起诉或犯罪情节轻微不需要判处刑罚或免罚不起诉，后者属于可能判处 1 年以下有期徒刑的有罪暂缓不起诉。

（二）提出附条件不起诉意见

（1）在审查起诉期间，辩护律师可以向人民检察院提出辩护意见。

（2）依据法律规定，对于未成年人涉嫌《刑法》分则第四章（侵犯公民人身权利民主权利罪）、第五章（侵犯财产罪）、第六章（妨害社会管理秩序罪）规定的犯罪，可能判处 1 年有期徒刑以下刑罚，符合起诉条件，但有悔罪表现的，人民检察院可以作出附条件不起诉的决定。人民检察院在作出附条件不起诉的决定以前，应当听取公安机关、被害人、未成年犯罪嫌疑人的法定代理人、辩护人的意见，并制作笔录附卷。

辩护律师在审查起诉阶段，发现未成年犯罪嫌疑人符合附条件不起诉的，应向人民检察院提出《附条件不起诉意见书》，建议作出附条件不起诉的决定。

（3）未成年人犯罪嫌疑人及其法定代理人对人民检察院决定附条件不起诉有异议的，辩护律师应当依据《刑事诉讼法》的相关规定，协助其及时提出异议。

（4）附条件不起诉考验期满后，辩护律师应当申请人民检察院作出不起诉决定。

十、调取监护、帮教及没有重大不良影响材料

辩护律师对未成年被告人作判处管制、宣告缓刑、免予刑事处罚辩护的，应当调取未成年被告人能够获得监护、帮教以及对所居住社区无重大不良影响的书面材料，并向法庭提交。

（一）调取监护、帮教材料

（1）未成年犯罪嫌疑人、被告人能够获得监护，应当从监护人对未成年犯罪嫌疑人、被告人的监护能力角度去调取证据，以证明未成年犯罪嫌疑人、被告人具备有效的监护条件。监护、帮教材料可以向未成年犯罪嫌疑人、被告人住所（居所）地村（居）委会及所在的学校或单位调取；可以向监护人住所（居所）地村（居）委会及所在的单位调取；也可以向作为监护人的单位调取；还可以向其他有关单位和个人调取。

（2）未成年犯罪嫌疑人、被告人能够获得帮教，应当由未成年犯罪嫌疑人、被告人住所（居所）地社区矫正机构、有关社会组织或县（区）级司法行政机关出具同意帮教的书面材料。

（二）调取对所居住社区没有重大不良影响材料

（1）对所居住社区有重大不良影响是指如果对未成年被告人判处管制、宣告缓刑、免予刑事处罚，在其所居住社区的范围内就达不到预防犯罪的目的或者会产生其他重大不良影响。

（2）人民法院、人民检察院、公安机关可以调取"未成年罪犯对所居住社区没有重大不良影响"材料，也可以委托未成年犯罪嫌疑人、被告人住所（居所）地社区矫正机构、有关社会组织调取；辩护律师可以申请人民法院、人民检察院、公安机关调取，也可以自行向未成年犯罪嫌疑人、被告人住所（居所）地社区矫正机构、有关社会组织、居住地村（居）民委员会、学校等单位及个人调取。

"未成年犯罪嫌疑人、被告人对所居住社区没有重大不良影响"与"宣告缓刑对所居住社区没有重大不良影响"的认定方法相同，已在本书第三章第三节缓刑辩护中予以阐述，故不再赘述。

十一、掌握未成年人有悔罪表现

未成年人"有悔罪表现"是可以不逮捕、附条件不起诉、宣告缓刑、免予刑事处罚的必备条件之一，辩护律师应当准确掌握未成年人有悔罪表现的概念。"有悔罪表现"已在本书第三章第三节缓刑辩护中予以阐述，故不再赘述。

十二、建议法庭安排会见

开庭前和休庭时，辩护律师可以建议法庭安排未成年被告人与其法定代理人或者其他合适的成年亲属、代表会见。

第二十七章

当事人和解的公诉案件诉讼程序

当事人和解的公诉案件诉讼程序，是中国刑事诉讼法规定的五大特别程序之一。当事人和解的公诉案件诉讼程序没有规定的适用《刑事诉讼法》其他程序的规定。

第一节　当事人和解的公诉案件范围

一、当事人和解的公诉案件诉讼程序概念

当事人和解的公诉案件诉讼程序是指公、检、法机关在法定的公诉案件范围内，犯罪嫌疑人、被告人真诚悔罪，通过向被害人赔偿损失、赔礼道歉等方式获得被害人谅解，被害人自愿和解，双方当事人达成和解协议的，可以对犯罪嫌疑人、被告人进行从宽处理的程序。

二、和解主体

《最高人民法院关于适用〈中华人民共和国刑事诉讼法〉的解释》第587条至第589条，《人民检察院刑事诉讼规则》第493条、第494条、第496条规定，当事人和解的公诉案件诉讼程序的和解主体是犯罪嫌疑人、被告人与被害人。

（1）对符合当事人和解的公诉案件范围的，事实清楚、证据充分的，人民法院、人民检察院、公安机关应当告知或建议当事人可以自行和解；当事人提出申请的，人民法院、人民检察院、公安机关可以主持双方当事人协商以达成和解。

双方当事人也可以经人民调解委员会、村民委员会、居民委员会、当事

人所在单位或者同事、亲友等组织或者个人调解后达成和解。

根据案件情况，人民法院、人民检察院、公安机关可以邀请人民调解员、辩护人、诉讼代理人、当事人亲友等参与促成双方当事人和解。

（2）被害人死亡的，其近亲属可以与犯罪嫌疑人、被告人和解。近亲属有多人的，达成和解协议，应当经处于最先继承顺序的所有近亲属同意。

（3）被害人系无行为能力或者限制行为能力人的，其法定代理人、近亲属可以代为和解。

（4）犯罪嫌疑人、被告人的近亲属经被告人同意，可以代为和解。

犯罪嫌疑人、被告人系限制行为能力人的，其法定代理人可以代为和解。

犯罪嫌疑人、被告人的法定代理人、近亲属代为和解的，和解协议约定的赔礼道歉等事项，应当由被告人本人履行。

三、当事人和解的公诉案件的范围

《刑事诉讼法》第 288 条，《人民检察院刑事诉讼规则》第 492 条，《公安机关办理刑事案件程序规定》第 333 条、第 334 条是对当事人和解的公诉案件的范围的规定。

（1）下列公诉案件，犯罪嫌疑人、被告人真诚悔罪，通过向被害人赔偿损失、赔礼道歉等方式获得被害人谅解，被害人自愿和解的，双方当事人可以和解：①因民间纠纷引起，涉嫌《刑法》分则第四章（侵犯公民人身权利、民主权利罪）、第五章（侵犯财产罪）规定的犯罪案件，可能判处 3 年有期徒刑以下刑罚的；②除《刑法》分则第九章渎职犯罪以外的其他各章可能判处 7 年有期徒刑以下刑罚的过失犯罪案件。

（2）犯罪嫌疑人、被告人在 5 年以内曾经故意犯罪的，不适用当事人和解的公诉案件诉讼程序的规定，即不在当事人和解的公诉案件的范围内。

犯罪嫌疑人在犯罪前 5 年内曾经故意犯罪，无论该故意犯罪是否已经追究和判处刑罚，均应当认定为 5 年以内曾经故意犯罪。

累犯当然不适用当事人和解的公诉案件诉讼程序。

（3）"民间纠纷"是指公民之间因人身、财产权益和日常生活琐事发生的纠纷。有下列情形之一的，不属于因民间纠纷引起的犯罪案件：①雇凶伤害他人的；②涉及黑社会性质组织犯罪的；③涉及寻衅滋事的；④涉及聚众斗殴的；⑤多次故意伤害他人身体的；⑥其他不宜和解的。

四、当事人和解条件

《刑事诉讼法》第 288 条，《最高人民法院关于适用〈中华人民共和国刑事诉讼法〉的解释》第 587 条，《人民检察院刑事诉讼规则》第 492 条，《公安机关办理刑事案件程序规定》第 333 条规定，适用当事人和解的公诉案件诉讼程序，不仅要符合当事人和解的公诉案件范围的规定，而且要同时符合下列条件：

1. 犯罪嫌疑人、被告人构成犯罪

犯罪嫌疑人、被告人的行为符合犯罪构成要件，案件符合事实清楚，证据确实、充分的证明标准，能够确认犯罪嫌疑人、被告人构成犯罪，而且触犯的是有特定被害人或直接被害人的罪名。

2. 犯罪嫌疑人、被告人真诚悔罪

悔罪以认罪为前提。犯罪嫌疑人、被告人首先要承认犯罪，而且要如实供述自己的犯罪事实；然后要有真诚的悔悟之心和悔罪表现。

犯罪嫌疑人、被告人的悔罪表现是通过向被害人赔偿损失、赔礼道歉等行为方式表现出来的。这里的赔偿损失可以是物质损失和精神损失，与附带民事诉讼仅赔偿物质损失不同。犯罪嫌疑人、被告人的悔罪表现不限于向被害人赔偿损失、赔礼道歉等方式，也可通过其他民事责任的承担方式进行，还可以采取合法的其他方式，比如提供劳务等。

3. 被害人明确表示对犯罪嫌疑人、被告人予以谅解

4. 双方当事人自愿和解，符合相关法律规定

第二节　当事人和解的公诉案件诉讼程序的基本规定

一、和解协议书的内容

《最高人民法院关于适用〈中华人民共和国刑事诉讼法〉的解释》第 592 条至第 595 条，《人民检察院刑事诉讼规则》第 495 条、第 498 条、第 499 条，《公安机关办理刑事案件程序规定》第 337 条是对当事人和解内容的规定。

（一）当事人可以和解事项的范围

双方当事人可以就赔偿损失、赔礼道歉等民事责任事项进行和解，并且可以就被害人及其法定代理人或者近亲属是否要求或者同意公安机关、人民检察院、人民法院对犯罪嫌疑人依法从宽处理进行协商，但不得对案件的事实认定、证据采信、法律适用和定罪量刑等依法属于公安机关、人民检察院、人民法院职权范围的事宜进行协商。

（二）《和解协议书》应包括以下内容：

（1）双方当事人的基本情况。

（2）案件的基本事实和主要证据。

（3）犯罪嫌疑人、被告人承认自己所犯罪行，对指控的犯罪事实没有异议，真诚悔罪。

（4）犯罪嫌疑人、被告人通过向被害人赔礼道歉、赔偿损失等方式获得被害人谅解；涉及赔偿损失的，应当写明赔偿的数额、方式等；提起附带民事诉讼的，由附带民事诉讼原告人撤回附带民事诉讼。

（5）被害人及其法定代理人或者近亲属对犯罪嫌疑人予以谅解，并要求或者同意公安机关、人民检察院、人民法院对犯罪嫌疑人依法从宽处理。

和解协议书应当由双方当事人签字。和解协议书如果系在公安机关、人民检察院主持下制作，侦查人员、检察人员不在当事人和解协议书上签字，也不加盖公安机关、人民检察院印章；和解协议书如果系在人民法院主持下制作，应当由审判人员签名，但不加盖人民法院印章。和解协议书一式3份，双方当事人各持一份，另一份交公安机关、人民检察院、人民法院附卷备查。

（三）和解协议的履行

（1）和解协议书约定的赔偿损失内容，应当在双方签署协议后立即履行，确实难以一次性履行的，在提供有效担保并且被害人同意的情况下，也可以分期履行。

（2）和解协议已经全部履行，当事人反悔的，人民法院不予支持，但有证据证明和解违反自愿、合法原则的除外。

（3）双方当事人在侦查、审查起诉期间已经达成和解协议并全部履行，被害人或者其法定代理人、近亲属又提起附带民事诉讼的，人民法院不予受理，但有证据证明和解违反自愿、合法原则的除外。

（4）被害人或者其法定代理人、近亲属提起附带民事诉讼后，双方愿意和解，但被告人不能即时履行全部赔偿义务的，人民法院应当制作附带民事调解书。

二、和解协议的审查

《刑事诉讼法》第 289 条，《最高人民法院关于适用〈中华人民共和国刑事诉讼法〉的解释》第 590 条、第 591 条，《人民检察院刑事诉讼规则》第 497 条，《公安机关办理刑事案件程序规定》第 335 条、第 336 条是对和解协议审查的规定。

（一）审查主体

双方当事人自愿和解的，在侦查阶段，由公安机关进行审查；在审查起诉阶段，由人民检察院进行审查；在审判阶段，由人民法院进行审查。

（二）审查内容

审查的内容是针对和解的自愿性、合法性以及是否符合法定的当事人和解的公诉案件的范围和条件进行审查。自愿性是指和解内容系双方真实意思表示，不是被强制和胁迫。合法性是指是否符合实体法和程序法，是否损害国家、集体和社会公共利益或者他人的合法权益，是否符合社会公德。

公安机关、人民检察院、人民法院审查和解内容应当听取当事人、辩护人、诉讼代理人和其他有关人员的意见；必要时，可以听取双方当事人亲属、当地居民委员会或者村民委员会人员以及其他了解案件情况的相关人员的意见，并记录在案。

（三）审查结果

公安机关、人民检察院、人民法院对和解内容审查后，认为符合自愿性、合法性原则的，且符合当事人和解的公诉案件的范围和条件的，应当主持制作《和解协议书》，《和解协议书》对双方当事人具有法律拘束力。

对公安机关、人民检察院主持制作的和解协议书，当事人提出异议的，人民法院应当审查。经审查，和解自愿、合法的，予以确认，无需重新制作和解协议书；和解违反自愿、合法原则的，应当认定无效。和解协议被认定无效后，双方当事人重新达成和解的，人民法院应当主持制作新的《和解协议书》。

三、和解协议的法律效果

《刑事诉讼法》第 290 条，《最高人民法院关于适用〈中华人民共和国刑事诉讼法〉的解释》第 596 条、第 597 条，《人民检察院刑事诉讼规则》第 500 条至第 504 条，《公安机关办理刑事案件程序规定》第 333 条、第 338 条对当事人达成和解协议后的法律效果作出了规定。

（一）侦查阶段达成和解协议的法律效果

在侦查阶段达成和解协议的案件，经县级以上公安机关负责人批准，可以依法作为当事人和解的公诉案件办理，公安机关将案件移送人民检察院审查起诉时，可以提出从宽处理的建议。

（二）达成和解协议对审查逮捕和审查起诉结果的法律效果

（1）双方当事人在侦查阶段达成和解协议，公安机关向人民检察院提出从宽处理建议的，人民检察院在审查逮捕和审查起诉时应当充分考虑公安机关的建议。

（2）人民检察院对于公安机关提请批准逮捕的案件，双方当事人达成和解协议的，可以作为判断有无社会危险性或者社会危险性大小的因素予以考虑。经审查认为不需要逮捕的，可以作出不批准逮捕的决定；在审查起诉阶段可以依法变更强制措施。

（3）人民检察院对于公安机关移送起诉的案件，双方当事人达成和解协议的，可以作为是否需要判处刑罚或者免除刑罚的因素予以考虑。符合法律规定的不起诉条件的，可以决定不起诉。对于依法应当提起公诉的，人民检察院可以向人民法院提出从宽处罚的量刑建议。

（4）人民检察院拟对当事人达成和解的公诉案件作出不起诉决定的，应当听取双方当事人对和解的意见，并且查明犯罪嫌疑人是否已经切实履行和解协议、不能即时履行的是否已经提供有效担保，将其作为是否决定不起诉的因素予以考虑。当事人在不起诉决定作出之前反悔的，可以另行达成和解。不能另行达成和解的，人民检察院应当依法作出起诉或者不起诉决定。当事人在不起诉决定作出之后反悔的，人民检察院不撤销原决定，但有证据证明和解违反自愿、合法原则的除外。

（5）犯罪嫌疑人或者其亲友等以暴力、威胁、欺骗或者其他非法方法强迫、引诱被害人和解，或者在协议履行完毕之后威胁、报复被害人的，应当认定和解协议无效。已经作出不批准逮捕或者不起诉决定的，人民检察院根据案件情况可以撤销原决定，对犯罪嫌疑人批准逮捕或者提起公诉。

（三）达成和解协议对审判结果的法律效果

（1）对达成和解协议的案件，人民法院应当对被告人从轻处罚；符合非监禁刑适用条件的，应当适用非监禁刑；判处法定最低刑仍然过重的，可以减轻处罚；综合全案认为犯罪情节轻微不需要判处刑罚的，可以免予刑事处罚。

共同犯罪案件，部分被告人与被害人达成和解协议的，可以依法对该部分被告人从宽处罚，但应当注意全案的量刑平衡。

（2）达成和解协议的，裁判文书应当叙明，并援引《刑事诉讼法》的相关条文。

第三节　当事人和解的公诉案件诉讼程序的辩护与代理

一、告知和解的法律效果

律师应当告知当事人达成和解协议的法律效果。辩护律师应告知犯罪嫌疑人、被告人通过公诉案件的和解可以得到从宽处理；被害人代理律师应告知被害人通过公诉案件的和解可争取超过法定限额的赔偿。

和解有利于化解矛盾、平息纠纷，有利于案件的处理，有利于社会和谐稳定。

二、促成和解

律师可以建议当事人自行和解或向办案机关提出和解申请，也可以参与促成双方当事人和解。双方当事人自行和解的，可以协助其制作书面文件提交办案机关审查，或者提请办案机关主持制作和解协议书。

三、提出不逮捕意见

辩护律师应当准确掌握"应当逮捕""可以逮捕""禁止逮捕"的法定条件。对于双方当事人达成和解协议的公诉案件，可以以犯罪嫌疑人、被告人无社会危险性或者社会危险性较小等理由，向人民检察院、人民法院提交

《不批准逮捕意见书》《不予逮捕意见书》，促成人民检察院、人民法院作出不批准或不予逮捕的决定；已经逮捕的，可以申请羁押必要性审查，申请变更或者解除强制措施。

四、提出不起诉意见

辩护律师对于双方当事人达成和解协议的公诉案件，可以以犯罪情节轻微，依据《刑法》不需要判处刑罚或者免除刑罚为由，向人民检察院提交《酌定不起诉意见书》，促成人民检察院作出不起诉的决定。

五、提请出具从宽处理建议

双方当事人在侦查、审查起诉期间达成和解的，辩护律师及代理律师可以提请办案机关向下一诉讼程序办案机关出具从宽处理建议书或在起诉意见书和起诉书中列明从宽处理建议。

六、赔偿内容的保密义务

律师参与当事人和解的公诉案件，对和解协议中的赔偿损失内容，双方当事人要求保密的，律师不得以任何方式公开。

第二十八章

缺席审判程序

缺席审判程序是中国刑事诉讼法规定的五大特别程序之一。缺席审判程序没有规定的适用《刑事诉讼法》其他程序的规定。

第一节　缺席审判程序概述

一、缺席审判程序的概念

缺席审判程序是指人民法院在被告人因法定事由不能出庭的情况下，对案件进行审理并作出判决的程序。

为了严厉打击贪污贿赂犯罪和严重危害国家安全犯罪、恐怖活动犯罪，克服以前犯罪分子畏罪潜逃海外无法按刑事案件普通程序审理而使其逍遥法外的立法缺陷，2018年《刑事诉讼法（修正案）》增加了缺席审判程序，使畏罪潜逃海外的犯罪分子能够得以定罪量刑和涉案财物一并处理，发挥了法律应有的惩罚和震慑作用。同时也将被告人患有严重疾病无法出庭、被告人死亡的其他刑事案件也纳入此程序，完善了中国刑事诉讼程序制度。

二、缺席审判案件的范围及条件

依据《刑事诉讼法》第291条、第296条、第297条，《最高人民法院关于适用〈中华人民共和国刑事诉讼法〉的解释》第605条至第607条，《人民检察院刑事诉讼规则》第505条的规定，缺席审判案件的范围及条件包括三种情形：

（一）犯罪嫌疑人、被告人在境外

（1）监察机关移送起诉的贪污贿赂犯罪案件，犯罪嫌疑人、被告人在境外，人民检察院认为犯罪事实已经查清，证据确实、充分，依法应当追究刑事责任的，向人民法院提起公诉。

贪污贿赂犯罪是指《刑法》分则第八章规定的贪污贿赂罪和其他章明确规定按照贪污贿赂罪的规定定罪处罚的犯罪。

（2）公安机关移送起诉的需要及时进行审判的严重危害国家安全犯罪、恐怖活动犯罪案件，犯罪嫌疑人、被告人在境外，人民检察院认为犯罪事实已经查清，证据确实、充分，依法应当追究刑事责任的，经最高人民检察院核准，向人民法院提起公诉。

（3）危害国家安全犯罪是指《刑法》分则第一章规定的危害国家安全罪以及危害国家安全的其他犯罪。

恐怖活动犯罪是指以制造社会恐慌、危害公共安全或者胁迫国家机关、国际组织为目的，采用暴力、破坏、恐吓等手段，造成或者意图造成人员伤亡、重大财产损失、公共设施损坏、社会秩序混乱等严重社会危害的犯罪，以及煽动、资助或者以其他方式协助实施上述活动的犯罪。

《反恐怖主义法》第3条第1、2款规定："本法所称恐怖主义是指通过暴力、破坏、恐吓等手段，制造社会恐慌、危害公共安全、侵犯人身财产，或者胁迫国家机关、国际组织，以实现其政治、意识形态等目的的主张和行为。本法所称恐怖活动，是指恐怖主义性质的下列行为：（一）组织、策划、准备实施、实施造成或者意图造成人员伤亡、重大财产损失、公共设施损坏、社会秩序混乱等严重社会危害的活动的；（二）宣扬恐怖主义，煽动实施恐怖活动，或者非法持有宣扬恐怖主义的物品，强制他人在公共场所穿戴宣扬恐怖主义的服饰、标志的；（三）组织、领导、参加恐怖活动组织的；（四）为恐怖活动组织、恐怖活动人员、实施恐怖活动或者恐怖活动培训提供信息、资金、物资、劳务、技术、场所等支持、协助、便利的；（五）其他恐怖活动。"

（二）被告人患有严重疾病无法出庭

因被告人患有严重疾病无法出庭，中止审理超过6个月，被告人仍无法出庭，被告人及其法定代理人、近亲属申请或者同意恢复审理的，人民法院可以在被告人不出庭的情况下缺席审理，依法作出判决。

（三）被告人死亡

（1）被告人死亡的，人民法院应当裁定终止审理，但有证据证明被告人无罪，人民法院经缺席审理确认无罪的，应当依法作出判决。

"有证据证明被告人无罪，经缺席审理确认无罪"，包括案件事实清楚，证据确实、充分，依据法律认定被告人无罪的情形，以及证据不足，不能认定被告人有罪的情形。

（2）人民法院按照审判监督程序重新审判的案件，被告人死亡的，人民法院可以缺席审理，依法作出判决。有证据证明被告人无罪，经缺席审理确认被告人无罪的，应当判决宣告被告人无罪；虽然构成犯罪，但原判量刑畸重的，应当依法作出判决。

三、缺席审判案件的管辖

（1）按缺席审判程序审理的贪污贿赂犯罪、严重危害国家安全犯罪、恐怖活动犯罪第一审案件的地域管辖和级别管辖，是由犯罪地、被告人离境前居住地或者最高人民法院指定的中级人民法院进行审理。

（2）按缺席审判程序审理的被告人患有严重疾病无法出庭、被告人死亡的第一审案件的地域管辖，与其他普通刑事案件相同，仍然是由犯罪地的人民法院管辖，由被告人居住地的人民法院审判更为适宜的，可以由被告人居住地的人民法院管辖。

按缺席审判程序审理的被告人患有严重疾病无法出庭、被告人死亡的第一审案件的级别管辖与其他普通刑事案件相同，仍然是由基层人民法院管辖；可能判处无期徒刑、死刑的案件由中级人民法院管辖；全省（自治区、直辖市）性的重大刑事案件由高级人民法院管辖；全国性的重大刑事案件由最高人民法院管辖。

四、缺席审判案件的审理方式

中级人民法院审理第一审贪污贿赂犯罪、严重危害国家安全犯罪、恐怖活动犯罪缺席审判案件，由审判员 3 人或者由审判员和人民陪审员共 3 人或者 7 人组成合议庭进行开庭审理。

五、传票和起诉书的送达

依据《刑事诉讼法》第 292 条，《最高人民法院关于适用〈中华人民共和国刑事诉讼法〉的解释》第 600 条的规定，被告人在境外的贪污贿赂犯罪案件和严重危害国家安全犯罪、恐怖活动犯罪案件，人民法院应当通过有关国际条约规定的或者外交途径提出的司法协助方式，或者被告人所在地法律允许的其他方式，将传票和人民检察院的起诉书副本送达被告人，传票应当载明被告人到案期限以及不按要求到案的法律后果等事项；并应当将起诉书副本送达被告人近亲属，告知其有权代为委托辩护人，并通知其敦促被告人归案。传票和起诉书副本送达后，被告人未按要求到案的，人民法院应当开庭审理，依法作出判决，并对违法所得及其他涉案财产作出处理。

六、委托或指定辩护

依据《刑事诉讼法》第293条，《最高人民法院关于适用〈中华人民共和国刑事诉讼法〉的解释》第50条、第601条的规定，人民法院缺席审判案件，被告人有权委托辩护人，被告人的近亲属可以代为委托辩护人。

人民法院审理被告人在境外的贪污贿赂犯罪案件和严重危害国家安全犯罪、恐怖活动犯罪案件，被告人委托律师担任辩护人的，应当委托具有中华人民共和国律师资格并依法取得执业证书的律师；在境外委托的，应当经所在国公证机关证明，（已入外籍的被告人还需经所在国中央外交主管机关或者其授权机关认证）并经中华人民共和国驻该国使领馆认证，或者履行中华人民共和国与该所在国订立的有关条约中规定的证明手续，但中国与该国之间有互免认证协定的除外。

被告人及其近亲属没有委托辩护人的，人民法院应当通知法律援助机构指派律师为其提供辩护。被告人及其近亲属拒绝指派的律师为其辩护的，人民法院应当查明原因，理由正当的，应当准许，但被告人应当在5日以内另行委托辩护人；被告人未另行委托辩护人的，人民法院应当在3日以内通知法律援助机构另行指派律师为其提供辩护。

第二节　犯罪嫌疑人、被告人在境外的缺席审判程序

一、审查

依据《最高人民法院关于适用〈中华人民共和国刑事诉讼法〉的解释》第598条的规定，人民法院对人民检察院提起公诉的按缺席审判程序审理的贪污贿赂犯罪、严重危害国家安全犯罪、恐怖活动犯罪案件，应当重点审查

以下内容：

（1）是否属于可以适用缺席审判程序的案件范围；

（2）是否属于本院管辖；

（3）是否写明被告人的基本情况，包括明确的境外居住地、联系方式等；

（4）是否写明被告人涉嫌有关犯罪的主要事实，并附证据材料；

（5）是否写明被告人有无近亲属以及近亲属的姓名、身份、住址、联系方式等情况；

（6）是否列明违法所得及其他涉案财产的种类、数量、价值、所在地等，并附证据材料；

（7）是否附有查封、扣押、冻结违法所得及其他涉案财产的清单和相关法律手续。

前述规定的材料需要翻译件的，人民法院应当要求人民检察院一并移送。

二、受理与退回

依据《最高人民法院关于适用〈中华人民共和国刑事诉讼法〉的解释》第 599 条的规定，对人民检察院提起公诉的按缺席审判程序审理的贪污贿赂犯罪、严重危害国家安全犯罪、恐怖活动犯罪案件，人民法院审查后，应当按照下列情形分别处理：

（1）符合缺席审判程序适用条件，属于本院管辖，且材料齐全的，应当受理。

（2）不属于可以适用缺席审判程序的案件范围、不属于本院管辖或者不符合缺席审判程序的其他适用条件的，应当退回人民检察院。

（3）材料不全的，应当通知人民检察院在 30 日以内补送；30 日以内不能补送的，应当退回人民检察院。

三、审理程序

依据《最高人民法院关于适用〈中华人民共和国刑事诉讼法〉的解释》第 603 条的规定，人民法院对人民检察院提起公诉的按缺席审判程序审理的贪污贿赂犯罪、严重危害国家安全犯罪、恐怖活动犯罪案件，参照适用公诉案件第一审普通程序的有关规定进行审理。

四、被告人近亲属参加诉讼

依据《最高人民法院关于适用〈中华人民共和国刑事诉讼法〉的解释》第 602 条、第 603 条的规定，人民法院对人民检察院提起公诉的按缺席审判程序审理的贪污贿赂犯罪、严重危害国家安全犯罪、恐怖活动犯罪案件，被告人的近亲属申请参加诉讼的，应当在收到起诉书副本后、第一审开庭前提出，并提供与被告人关系的证明材料。有多名近亲属的，应当推选 1 人至 2 人参加诉讼。

对被告人的近亲属提出申请的，人民法院应当及时审查决定。

被告人的近亲属参加诉讼的，可以发表意见，出示证据，申请法庭通知证人、鉴定人等出庭，进行辩论。

五、作出判决、裁定

依据《最高人民法院关于适用〈中华人民共和国刑事诉讼法〉的解释》第 604 条的规定，人民法院对人民检察院提起公诉的按缺席审判程序审理的贪污贿赂犯罪、严重危害国家安全犯罪、恐怖活动犯罪案件审理后，应当作出如下判决、裁定：

（1）有罪证据达到证据确实、充分的证明标准的，应当作出有罪判决。

（2）经审理认定的罪名不属于贪污贿赂犯罪、严重危害国家安全犯罪、恐怖活动犯罪规定的罪名的，应当裁定终止审理。

适用缺席审判程序审理案件，可以对违法所得及其他涉案财产一并作出处理。

六、上诉、抗诉

依据《刑事诉讼法》第 294 条的规定："人民法院应当将判决书送达被告人及其近亲属、辩护人。被告人或者其近亲属不服判决的，有权向上一级人民法院上诉。辩护人经被告人或者其近亲属同意，可以提出上诉。人民检察院认为人民法院的判决确有错误的，应当向上一级人民法院提出抗诉。"

七、重新审理

依据《刑事诉讼法》第 295 条的规定，人民法院对人民检察院提起公诉的按缺席审判程序审理的贪污贿赂犯罪、严重危害国家安全犯罪、恐怖活动犯罪案件，在缺席审理过程中，被告人自动投案或者被抓获的，人民法院应当重新审理；罪犯在判决、裁定发生法律效力后到案的，人民法院应当将罪犯交付执行刑罚，交付执行刑罚前，人民法院应当告知罪犯有权对判决、裁定提出异议，罪犯对判决、裁定提出异议的，人民法院应当重新审理。依照生效判决、裁定对罪犯的财产进行的处理确有错误的，应当予以返还、赔偿。

第三节　缺席审判程序辩护

辩护律师在缺席审判程序中的工作除参照辩护律师在一审普通程序中的工作范围执行外，应注意以下事项：

一、委托时间

（一）被告人在境外

人民法院对人民检察院提起公诉的按缺席审判程序审理的被告人在境外的贪污贿赂犯罪、严重危害国家安全犯罪、恐怖活动犯罪案件，自人民检察院向人民法院提起公诉之日起被告人有权委托或者由其近亲属代为委托辩护人。因为《刑事诉讼法》并未有辩护律师可参与此类缺席审判案件的调查、侦查和审查起诉程序进行辩护的规定。

（二）被告人患有严重疾病无法出庭

被告人患有严重疾病无法出庭按缺席审判程序审理的案件仍然是依据《刑事诉讼法》第34条的规定，犯罪嫌疑人自侦查机关第一次讯问或者采取强制措施之日起，有权委托辩护人。犯罪嫌疑人、被告人在押的，也可以由其监护人、近亲属代为委托辩护人。因为被告人患有严重疾病无法出庭，并不影响辩护律师参与对此类缺席审判案件的侦查和审查起诉的辩护。

（三）被告人死亡

被告人在人民法院受理案件后死亡按缺席审判程序审理的案件仍然是依据《刑事诉讼法》第34条的规定，犯罪嫌疑人自侦查机关第一次讯问或者采取强制措施之日起，有权委托辩护人。犯罪嫌疑人、被告人在押的，也可以由其监护人、近亲属代为委托辩护人。因为被告人在人民法院受理案件后死亡，并不影响被告人委托辩护律师参与对此类缺席审判案件的侦查和审查起诉的辩护。

二、与在境外的被告人通讯与会见

《刑事诉讼法》允许在境外的被告人委托中国律师为其辩护人，这样一来，辩护人与被告人通信和会见就无法避免，所以辩护人与被告人通信和会见时一定要高度慎重，防止违反职业道德和执业纪律以及违法犯罪的情况发生。

三、被告人潜逃境外的证据质证

因为人民检察院提起公诉的按缺席审判程序审理的被告人在境外的贪污贿赂犯罪、严重危害国家安全犯罪、恐怖活动犯罪案件，应当向人民法院提交被告人已出境的证据，同时被告人已出境也是人民法院对此类案件按缺席审判程序审理的必要条件，所以辩护律师要对被告人潜逃境外的证据进行庭审质证。

四、被告人最后陈述的替代

辩护律师在缺席审判程序审理过程中，除依法行使举证、质证、发表辩护意见外，可以代理在境外的被告人作最后陈述，但不得代理被告人认罪，如果代理被告人认罪就违背了辩护人的基本职责。

五、对被告人近亲属的出庭指导

依据《最高人民法院关于适用〈中华人民共和国刑事诉讼法〉的解释》第 603 条的规定，人民法院按缺席审判程序审理的被告人在境外的贪污贿赂犯罪、严重危害国家安全犯罪、恐怖活动犯罪案件，被告人近亲属可以参加诉讼，并可以发表意见，出示证据，申请法庭通知证人、鉴定人等出庭，进行辩论。辩护律师为更好地维护被告人的合法权益，应当对出庭的被告人近亲属依法进行庭审指导。

六、被告人到案重新审理

在缺席审理过程中，被告人自动投案或者被抓获的，人民法院必须重新审理；罪犯在判决、裁定发生法律效力后到案的，只要罪犯对判决、裁定提出异议，人民法院就应当重新审理，不需要对生效判决、裁定正确与否作实质性审查。

第二十九章

犯罪嫌疑人、 被告人逃匿、 死亡案件
违法所得的没收程序

犯罪嫌疑人、被告人逃匿、死亡案件违法所得的没收程序，是中国刑事诉讼法规定的五大特别程序之一。犯罪嫌疑人、被告人逃匿、死亡案件违法所得的没收程序没有规定的适用《刑事诉讼法》其他程序的规定。

第一节　违法所得的没收程序概述

一、违法所得的没收程序的概念

犯罪嫌疑人、被告人逃匿、死亡案件违法所得的没收程序是指在法律规定的案件范围内，在犯罪嫌疑人、被告人逃匿或死亡的情况下，对其违法所得及其他涉案财产予以没收的特别诉讼程序。

犯罪嫌疑人、被告人逃匿、死亡案件违法所得的没收程序与缺席审判程序适用的对象不同，犯罪嫌疑人、被告人逃匿、死亡案件违法所得的没收程序只针对涉案财物，缺席审判程序主要是针对被告人的定罪量刑，同时也包括涉案财物。

二、设置违法所得的没收程序的重要性

1. 履行国际公约的需要

《联合国反腐败公约》第 54 条第 1 款第（c）项规定："各缔约国应根据其本国法律，考虑采取必要的措施，以便在因为犯罪人死亡、潜逃或者缺席而无法对其起诉的情形或者其他有关情形下，能够不经过刑事定罪而没收这类财产。"2005 年 10 月 27 日，第十届全国人大常委会第十八次会议批准加入《联合国反腐败公约》，该公约于 2006 年 2 月 12 日对中国生效。可见，中国

《刑事诉讼法》设置违法所得的没收程序是履行国际公约的需要。

2. 避免因犯罪嫌疑人、被告人逃匿、死亡而造成涉案财产无法追缴

为了严厉打击贪污贿赂犯罪、恐怖活动犯罪等重大犯罪活动，严厉惩治腐败，因腐败分子畏罪自杀或潜逃海外对其无法按刑事案件普通程序审理；同时在其他刑事案件中因犯罪嫌疑人、被告人死亡而依法撤销案件、不起诉、终止审理，使违法所得及其他涉案财产无法追缴，2012 年《刑事诉讼法（修正案）》增设了犯罪嫌疑人、被告人逃匿、死亡案件违法所得的没收程序制度。

第二节　违法所得的没收程序的适用条件

《刑事诉讼法》第 298 条，《最高人民法院关于适用〈中华人民共和国刑事诉讼法〉的解释》第 609 条、第 610 条，《人民检察院刑事诉讼规则》第 512 条至第 516 条，以及《最高人民法院、最高人民检察院关于适用犯罪嫌疑人、被告人逃匿、死亡案件违法所得没收程序若干问题的规定》（2017 年 1 月 5 日起施行）规定，适用犯罪嫌疑人、被告人逃匿、死亡案件违法所得的没收程序审理的案件，需要同时具备两个条件：其一是符合违法所得的没收程序适用的案件范围；其二是依照《刑法》应当追缴涉案财产。

一、违法所得的没收程序适用的案件范围

（一）贪污贿赂犯罪、恐怖活动犯罪等重大犯罪案件，且犯罪嫌疑人、被告人逃匿，在通缉 1 年后不能到案

1. "贪污贿赂犯罪、恐怖活动犯罪等犯罪案件"

（1）贪污贿赂、失职渎职等职务犯罪案件。贪污贿赂犯罪案件包括贪污、挪用公款、巨额财产来源不明、隐瞒境外存款、私分国有资产、私分罚没财物犯罪案件；受贿、单位受贿、利用影响力受贿、行贿、对有影响力的人行贿、对单位行贿、介绍贿赂、单位行贿犯罪等案件。

（2）《刑法》分则第二章（危害公共安全罪）规定的相关恐怖活动犯罪案件，以及恐怖活动组织、恐怖活动人员实施的杀人、爆炸、绑架等犯罪案件。恐怖活动犯罪案件包括组织、领导、参加恐怖组织，帮助恐怖活动，准备实施恐怖活动，宣扬恐怖主义、极端主义、煽动实施恐怖活动，利用极端主义破坏法律实施，强制穿戴宣扬恐怖主义、极端主义服饰、标志，非法持

有宣扬恐怖主义、极端主义物品犯罪等案件。

（3）危害国家安全、走私、洗钱、金融诈骗、黑社会性质的组织、毒品犯罪案件。

（4）电信诈骗、网络诈骗犯罪案件。

2."重大"

在省、自治区、直辖市或者全国范围内具有较大影响，或者犯罪嫌疑人、被告人逃匿境外的，应当认定为"重大"。

3."逃匿"

犯罪嫌疑人、被告人为逃避侦查和刑事追究潜逃、隐匿，或者在刑事诉讼过程中脱逃的，应当认定为"逃匿"。

犯罪嫌疑人、被告人因意外事件下落不明满2年，或者因意外事件下落不明，经有关机关证明其不可能生存的，未依法宣告死亡的按照"逃匿"处理。

4."通缉"

公安机关发布通缉令或者公安部通过国际刑警组织发布红色国际通报，应当认定为"通缉"。

（二）犯罪嫌疑人、被告人死亡的所有刑事案件

"死亡"包括自然死亡和依据《民法典》第46条规定宣告死亡。

二、依照刑法应当追缴涉案财产

适用犯罪嫌疑人、被告人逃匿、死亡案件违法所得的没收程序审理的案件，不仅要符合违法所得的没收程序适用的案件范围，而且依照《刑法》规定应当追缴犯罪嫌疑人、被告人违法所得及其他涉案财产。

"涉案财产"是指犯罪嫌疑人、被告人违法所得及其他涉案财产。

"违法所得"是指犯罪嫌疑人、被告人通过实施犯罪行为直接或者间接产生、获得及转化的财产和孳息。已经与违法所得相混合财产中违法所得相应部分的收益，也视为违法所得。

"其他涉案财产"是指犯罪嫌疑人、被告人非法持有违禁品和供犯罪所用的本人财物。

第三节　违法所得的没收程序

一、违法所得的没收案件的管辖

（一）人民法院的管辖

《刑事诉讼法》第 299 条对人民法院审理违法所得的没收案件的地域管辖、级别管辖均作出了规定。

（1）没收违法所得的申请，由犯罪地或者犯罪嫌疑人、被告人居住地的中级人民法院组成合议庭进行审理。

犯罪地是指犯罪行为发生地和犯罪嫌疑人、被告人实际取得财产的结果发生地。

居住地是指犯罪嫌疑人、被告人的户籍所在地和居所地。

（2）在案件审理过程中，被告人脱逃或死亡的，人民检察院可以向原受理案件的人民法院提出申请，并可以由同一审判组织依据违法所得的没收程序审理，此时原受理案件的人民法院具有管辖权。

（二）人民检察院的管辖

《人民检察院刑事诉讼规则》第 519 条、第 521 条规定，没收违法所得的申请，应当由有管辖权的中级人民法院的同级人民检察院提出。

监察机关或者公安机关向人民检察院移送没收违法所得意见书，应当由有管辖权的人民检察院的同级监察机关或者公安机关移送。

二、违法所得的没收案件的申请

（一）移送《没收违法所得意见书》

（1）《公安机关办理刑事案件程序规定》第 339 条至第 341 条规定，公安机关侦查的案件，对于符合适用违法所得的没收程序条件的案件，经县级以上公安机关负责人批准，公安机关应当出具《没收违法所得意见书》，连同相关证据材料一并移送有管辖权人民检察院。《没收违法所得意见书》应载明下列内容：①犯罪嫌疑人的基本情况；②犯罪事实和相关的证据材料；③犯罪嫌疑人逃匿、被通缉或者死亡的情况；④犯罪嫌疑人的违法所得及其他涉案财产的种类、数量、所在地；⑤查封、扣押、冻结的情况等。

公安机关将《没收违法所得意见书》移送人民检察院后，在逃的犯罪嫌疑人自动投案或者被抓获的，公安机关应当及时通知同级人民检察院。

（2）监察机关在调查贪污贿赂、失职渎职等职务犯罪案件过程中，对于符合适用违法所得的没收程序条件的案件，经省级以上监察机关批准，监察机关应当写出《没收违法所得意见书》，连同相关证据材料一并移送有管辖权的人民检察院。

（3）《人民检察院刑事诉讼规则》第527条规定，人民检察院直接受理侦查的案件，犯罪嫌疑人死亡而撤销案件，对于符合适用违法所得的没收程序条件的案件，负责侦查的部门应当启动违法所得的没收程序进行调查。

负责侦查的部门进行调查应当查明犯罪嫌疑人涉嫌的犯罪事实，犯罪嫌疑人死亡的情况，以及犯罪嫌疑人的违法所得及其他涉案财产的情况，并可以对违法所得及其他涉案财产依法进行查封、扣押、查询、冻结。

负责侦查的部门认为符合适用违法所得的没收程序条件的，应当写出《没收违法所得意见书》，连同案卷材料一并移送有管辖权的人民检察院负责侦查的部门，并由有管辖权的人民检察院负责侦查的部门移送本院负责捕诉的部门。

（二）对《没收违法所得意见书》的审查

《人民检察院刑事诉讼规则》第518条、第522条至第528条规定，人民检察院审查监察机关或者公安机关移送的《没收违法所得意见书》，向人民法院提出没收违法所得的申请以及对违法所得的没收程序中调查活动、审判活动的监督，由负责捕诉的部门办理。

（1）人民检察院审查监察机关或者公安机关移送的没收违法所得意见书，应当审查下列内容：①是否属于本院管辖；②是否符合刑事诉讼法第298条第1款规定的条件；③犯罪嫌疑人基本情况，包括姓名、性别、国籍、出生年月日、职业和单位等；④犯罪嫌疑人涉嫌犯罪的事实和相关证据材料；⑤犯罪嫌疑人逃匿、下落不明、被通缉或者死亡的情况，通缉令或者死亡证明是否随案移送；⑥违法所得及其他涉案财产的种类、数量、所在地以及查封、扣押、冻结的情况，查封、扣押、冻结的财产清单和相关法律手续是否随案移送；⑦违法所得及其他涉案财产的相关事实和证据材料；⑧有无近亲属和其他利害关系人以及利害关系人的姓名、身份、住址、联系方式。

对于与犯罪事实、违法所得及其他涉案财产相关的证据材料，不宜移送的，应当审查证据的清单、复制件、照片或者其他证明文件是否随案移送。

（2）人民检察院应当在接到监察机关或者公安机关移送的《没收违法所得意见书后》30日以内作出是否提出没收违法所得申请的决定。30日以内不能作出决定的，可以延长15日。

对于监察机关或者公安机关移送的没收违法所得案件，经审查认为不符合《刑事诉讼法》第298条第1款规定条件的，应当作出不提出没收违法所得申请的决定，并向监察机关或者公安机关书面说明理由；认为需要补充证据的，应当书面要求监察机关或者公安机关补充证据，必要时也可以自行调查。

监察机关或者公安机关补充证据的时间不计入人民检察院办案期限。

（3）人民检察院发现公安机关应当启动违法所得的没收程序而不启动的，可以要求公安机关在7日以内书面说明不启动的理由。经审查，认为公安机关不启动理由不能成立的，应当通知公安机关启动程序。

（4）人民检察院发现公安机关在违法所得的没收程序的调查活动中有违法情形的，应当向公安机关提出纠正意见。

（5）在审查监察机关或者公安机关移送的《没收违法所得意见书》的过程中，在逃的犯罪嫌疑人、被告人自动投案或者被抓获的，人民检察院应当终止审查，并将案卷退回监察机关或者公安机关处理。

（6）在人民检察院审查起诉过程中，对符合适用违法所得的没收程序条件的案件，人民检察院可以直接提出没收违法所得的申请。

在人民法院审理案件过程中，被告人死亡而裁定终止审理，或者被告人脱逃而裁定中止审理，人民检察院可以依法另行向人民法院提出没收违法所得的申请。

（三）移送《没收违法所得申请书》

《人民检察院刑事诉讼规则》第520条规定，人民检察院向人民法院提出没收违法所得的申请，应当制作《没收违法所得申请书》。《没收违法所得申请书》应当载明以下内容：

（1）犯罪嫌疑人、被告人的基本情况，包括姓名、性别、出生年月日、出生地、户籍地、公民身份号码、民族、文化程度、职业、工作单位及职务、住址等。

（2）案由及案件来源。

（3）犯罪嫌疑人、被告人的犯罪事实及相关证据材料。

（4）犯罪嫌疑人、被告人逃匿、被通缉或者死亡的情况。

（5）申请没收的财产种类、数量、价值、所在地以及查封、扣押、冻结财产清单和相关法律手续。

（6）申请没收的财产属于违法所得及其他涉案财产的相关事实及证据材料。

（7）提出没收违法所得申请的理由和法律依据。

（8）有无近亲属和其他利害关系人以及利害关系人的姓名、身份、住址、联系方式。

（9）其他应当写明的内容。

上述材料需要翻译件的，人民检察院应当随《没收违法所得申请书》一并移送人民法院。

三、违法所得的没收案件的受理

《最高人民法院关于适用〈中华人民共和国刑事诉讼法〉的解释》第 612 条、第 613 条是对违法所得的没收案件的审查、受理的规定。

（1）对人民检察院提出的没收违法所得申请，人民法院应当审查以下内容：①是否属于可以适用违法所得的没收程序的案件范围；

②是否属于本院管辖；

③是否写明犯罪嫌疑人、被告人基本情况，以及涉嫌有关犯罪的情况，并附证据材料；

④是否写明犯罪嫌疑人、被告人逃匿、被通缉、脱逃、下落不明、死亡等情况，并附证据材料；

⑤是否列明违法所得及其他涉案财产的种类、数量、价值、所在地等，并附证据材料；

⑥是否附有查封、扣押、冻结违法所得及其他涉案财产的清单和法律手续；

⑦是否写明犯罪嫌疑人、被告人有无利害关系人，利害关系人的姓名、身份、住址、联系方式及其要求等情况；

⑧是否写明申请没收的理由和法律依据；

⑨其他依法需要审查的内容和材料。

前述规定的材料需要翻译件的，人民法院应当要求人民检察院一并移送。

（2）对没收违法所得的申请，人民法院应当在 30 日以内审查完毕，并按照下列情形分别处理

①属于没收违法所得申请受案范围和本院管辖，且材料齐全、有证据证明有犯罪事实的，应当受理；②不属于没收违法所得申请受案范围或者本院管辖的，应当退回人民检察院；③没收违法所得申请不符合"有证据证明有犯罪事实"标准要求的，应当通知人民检察院撤回申请；④材料不全的，应当通知人民检察院在 7 日以内补送；7 日以内不能补送的，应当退回人民检察院。

人民检察院尚未查封、扣押、冻结申请没收的财产或者查封、扣押、冻结期限即将届满，涉案财产有被隐匿、转移或者毁损、灭失危险的，人民法院可以查封、扣押、冻结申请没收的财产。

四、违法所得的没收案件的公告

《最高人民法院关于适用〈中华人民共和国刑事诉讼法〉的解释》第 614 条、第 615 条是对违法所得的没收案件的公告的规定。

（1）人民法院受理没收违法所得的申请后，应当在 15 日以内发布公告。公告应当载明以下内容：①案由、案件来源；②犯罪嫌疑人、被告人的基本情况；③犯罪嫌疑人、被告人涉嫌犯罪的事实；④犯罪嫌疑人、被告人逃匿、被通缉、脱逃、下落不明、死亡等情况；⑤申请没收的财产的种类、数量、价值、所在地等以及已查封、扣押、冻结财产的清单和法律手续；⑥申请没收的财产属于违法所得及其他涉案财产的相关事实；⑦申请没收的理由和法律依据；⑧利害关系人申请参加诉讼的期限、方式以及未按照该期限、方式申请参加诉讼可能承担的不利法律后果；⑨其他应当公告的情况。

公告期为 6 个月，公告期间不适用中止、中断、延长的规定。

（2）公告应当在全国公开发行的报纸、信息网络媒体、最高人民法院的官方网站发布，并在人民法院公告栏发布。必要时，公告可以在犯罪地、犯罪嫌疑人、被告人居住地或者被申请没收财产所在地发布。最后发布的公告的日期为公告日期。发布公告的，应当采取拍照、录像等方式记录发布过程。

人民法院已经掌握境内利害关系人联系方式的，应当直接送达含有公告内容的通知；直接送达有困难的，可以委托代为送达、邮寄送达。经受送达

人同意的，可以采用传真、电子邮件等能够确认其收悉的方式告知公告内容，并记录在案。

人民法院已经掌握境外犯罪嫌疑人、被告人、利害关系人联系方式，经受送达人同意的，可以采用传真、电子邮件等能够确认其收悉的方式告知公告内容，并记录在案；受送达人未表示同意，或者人民法院未掌握境外犯罪嫌疑人、被告人、利害关系人联系方式，其所在国、地区的主管机关明确提出应当向受送达人送达含有公告内容的通知的，人民法院可以决定是否送达。决定送达的，应当层报最高人民法院，经最高人民法院审核同意后交由有关对外联系机关及时向外国提出请求。

五、申请参加诉讼

《刑事诉讼法》第 299 条第 2 款，《最高人民法院关于适用〈中华人民共和国刑事诉讼法〉的解释》第 616 条至第 618 条是对申请参加违法所得的没收案件诉讼程序的规定。

1. 犯罪嫌疑人、被告人的近亲属和其他利害关系人申请参加诉讼

犯罪嫌疑人、被告人的近亲属和其他利害关系人申请参加诉讼的，应当在公告期间内提出。犯罪嫌疑人、被告人的近亲属应当提供其与犯罪嫌疑人、被告人关系的证明材料，其他利害关系人应当提供证明其对违法所得及其他涉案财产主张权利的证据材料。

利害关系人在公告期满后申请参加诉讼，能够合理说明理由的，人民法院应当准许。

"其他利害关系人"，是指除犯罪嫌疑人、被告人的近亲属以外的，对申请没收的财产主张权利的自然人和单位。

2. 犯罪嫌疑人、被告人的近亲属和其他利害关系人委托诉讼代理人参加诉讼

犯罪嫌疑人、被告人的近亲属和其他利害关系人可以委托诉讼代理人参加诉讼。委托律师担任诉讼代理人的，应当委托具有中华人民共和国律师资格并依法取得执业证书的律师；在境外委托的，应当经所在国公证机关证明，（已入外籍的被告人还需经所在国中央外交主管机关或者其授权机关认证）并经中华人民共和国驻该国使领馆认证，或者履行中华人民共和国与该所在国订立的有关条约中规定的证明手续，但中国与该国之间有互免认证协定的

除外。

3. 犯罪嫌疑人、被告人委托诉讼代理人参加诉讼

犯罪嫌疑人、被告人逃匿境外，委托诉讼代理人申请参加诉讼，且违法所得或者其他涉案财产所在地国、地区主管机关明确提出意见予以支持的，人民法院可以准许。

人民法院准许参加诉讼的，犯罪嫌疑人、被告人的诉讼代理人依照关于利害关系人的诉讼代理人的规定行使诉讼权利。

六、违法所得的没收案件第一审程序

（一）审理方式

《最高人民法院关于适用〈中华人民共和国刑事诉讼法〉的解释》第 619 条规定，公告期满后，人民法院应当组成合议庭对申请没收违法所得的案件进行审理。

利害关系人申请参加或者委托诉讼代理人参加诉讼的，应当开庭审理。没有利害关系人申请参加诉讼的，或者利害关系人及其诉讼代理人无正当理由拒不到庭的，可以不开庭审理。

（二）送达开庭通知

人民法院确定开庭日期后，应当将开庭的时间、地点通知人民检察院、利害关系人及其诉讼代理人、证人、鉴定人、翻译人员。至迟在开庭审理 3 日以前送达；受送达人在境外的，至迟在开庭审理 30 日以前送达。人民法院已经掌握境内利害关系人联系方式的，应当直接送达开庭通知；直接送达有困难的，可以委托代为送达、邮寄送达。经受送达人同意的，可以采用传真、电子邮件等能够确认其收悉的方式送达，并记录在案。

（三）举证责任

《人民检察院刑事诉讼规则》第 529 条规定，人民法院对没收违法所得的申请进行审理，人民检察院应当承担举证责任。人民法院对没收违法所得的申请开庭审理的，人民检察院应当派员出席法庭。

（四）开庭审理程序

《最高人民法院关于适用〈中华人民共和国刑事诉讼法〉的解释》第 620 条规定，开庭审理申请没收违法所得的案件，按照下列程序进行：

（1）审判长宣布法庭调查开始后，先由检察员宣读申请书，后由利害关

系人、诉讼代理人发表意见。

（2）法庭应当依次就犯罪嫌疑人、被告人是否实施了贪污贿赂犯罪、恐怖活动犯罪等重大犯罪并已经通缉 1 年不能到案，或者是否已经死亡，以及申请没收的财产是否依法应当追缴进行调查；调查时，先由检察员出示证据，后由利害关系人、诉讼代理人出示证据，并进行质证；

（3）法庭辩论阶段，先由检察员发言，后由利害关系人、诉讼代理人发言，并进行辩论。

利害关系人接到通知后无正当理由拒不到庭，或者未经法庭许可中途退庭的，可以转为不开庭审理，但还有其他利害关系人参加诉讼的除外。

（五）审理结果

《刑事诉讼法》第 300 条，《最高人民法院关于适用〈中华人民共和国刑事诉讼法〉的解释》第 621 条规定，对申请没收违法所得的案件，人民法院审理后，应当按照下列情形分别处理：

（1）申请没收的财产属于违法所得及其他涉案财产的，除依法返还被害人的以外，应当裁定没收。

（2）不符合适用犯罪嫌疑人、被告人逃匿、死亡案件违法所得的没收程序审理的案件条件的，应当裁定驳回申请，解除查封、扣押、冻结措施。

申请没收的财产具有高度可能属于违法所得及其他涉案财产的，应当认定为前述规定的"申请没收的财产属于违法所得及其他涉案财产"。巨额财产来源不明犯罪案件中，没有利害关系人对违法所得及其他涉案财产主张权利，或者利害关系人对违法所得及其他涉案财产虽然主张权利但提供的证据没有达到相应证明标准的，应当视为"申请没收的财产属于违法所得及其他涉案财产"。

七、违法所得的没收案件第二审程序

（一）上诉、抗诉

《最高人民法院关于适用〈中华人民共和国刑事诉讼法〉的解释》第 622 条规定，对没收违法所得或者驳回申请的裁定，犯罪嫌疑人、被告人的近亲属和其他利害关系人或者人民检察院可以在 5 日以内提出上诉、抗诉。

（二）审理结果

《最高人民法院关于适用〈中华人民共和国刑事诉讼法〉的解释》第 623

条、第 624 条规定，对不服第一审没收违法所得或者驳回申请裁定的上诉、抗诉案件，第二审人民法院经审理，应当按照下列情形分别处理：

（1）第一审裁定认定事实清楚和适用法律正确的，应当驳回上诉或者抗诉，维持原裁定。

（2）第一审裁定认定事实清楚，但适用法律有错误的，应当改变原裁定。

（3）第一审裁定认定事实不清的，可以在查清事实后改变原裁定，也可以撤销原裁定，发回原审人民法院重新审判。

（4）第一审裁定违反法定诉讼程序，可能影响公正审判的，应当撤销原裁定，发回原审人民法院重新审判。

第一审人民法院对发回重新审判的案件作出裁定后，第二审人民法院对不服第一审人民法院裁定的上诉、抗诉，应当依法作出裁定，不得再发回原审人民法院重新审判；但是，第一审人民法院在重新审判过程中违反法定诉讼程序，可能影响公正审判的除外。

利害关系人非因故意或者重大过失在第一审期间未参加诉讼，在第二审期间申请参加诉讼的，人民法院应当准许，并撤销原裁定，发回原审人民法院重新审判。

（三）审理期限

《最高人民法院关于适用〈中华人民共和国刑事诉讼法〉的解释》第 627 条规定，审理申请没收违法所得案件的期限，参照公诉案件第一审普通程序和第二审程序的审理期限执行。

公告期间和请求刑事司法协助的时间不计入审理期限。

八、审理中被告人到案终止审理

《最高人民法院关于适用〈中华人民共和国刑事诉讼法〉的解释》第 625 条规定，在审理申请没收违法所得的案件过程中，在逃的犯罪嫌疑人、被告人到案的，人民法院应当裁定终止审理。人民检察院向原受理申请的人民法院提起公诉的，可以由同一审判组织审理。

九、违法所得的没收案件的审判监督程序

《刑事诉讼法》第 301 条，《最高人民法院关于适用〈中华人民共和国刑事诉讼法〉的解释》第 628 条规定，没收违法所得裁定生效后，犯罪嫌疑人、

被告人到案并对没收裁定提出异议，人民检察院向原作出裁定的人民法院提起公诉的，可以由同一审判组织审理。

（1）人民法院经审理，应当按照下列情形分别处理：①原裁定正确的，予以维持，不再对涉案财产作出判决；②原裁定确有错误的，应当撤销原裁定，并在判决中对有关涉案财产一并作出处理。

（2）人民法院生效的没收裁定确有错误的，除前述规定的情形外，应当依照审判监督程序予以纠正。

没收犯罪嫌疑人、被告人财产确有错误的，应当予以返还、赔偿。

十、审理中被告人脱逃或者死亡的处理

《最高人民法院关于适用〈中华人民共和国刑事诉讼法〉的解释》第 626 条规定，在审理案件过程中，被告人脱逃或者死亡，符合《刑事诉讼法》第 298 条第 1 款适用犯罪嫌疑人、被告人逃匿、死亡案件违法所得的没收程序审理的案件条件的，人民检察院可以向人民法院提出没收违法所得的申请；符合《刑事诉讼法》第 291 条第 1 款缺席审判案件的范围及条件的，人民检察院可以按照缺席审判程序向人民法院提起公诉。

人民检察院向原受理案件的人民法院提出没收违法所得申请的，可以由同一审判组织审理。

第四节　违法所得的没收程序的代理

一、接受委托

在犯罪嫌疑人、被告人逃匿、死亡案件违法所得的没收程序中，律师可以接受犯罪嫌疑人、被告人的近亲属或其他利害关系人的委托担任诉讼代理人。

犯罪嫌疑人、被告人逃匿境外，委托诉讼代理人申请参加诉讼，违法所得或者其他涉案财产所在地国、地区主管机关明确提出意见予以支持，且人民法院准许的，律师也可以接受委托担任犯罪嫌疑人、被告人的诉讼代理人。

二、代为申请参加诉讼

律师可以为犯罪嫌疑人、被告人的近亲属及其他利害关系人代为申请参

加诉讼。犯罪嫌疑人、被告人的近亲属及其他利害关系人在公告期满后申请参加诉讼，律师可以代为向人民法院说明合理理由。

三、调取证据

律师接受犯罪嫌疑人、被告人的近亲属委托的，应当协助其收集、整理、提交与犯罪嫌疑人、被告人关系的证明材料。

律师接受利害关系人委托的，应当协助其收集、整理、提交对违法所得及其他涉案财产享有权利的证据材料。

四、查阅案卷材料

代理律师应当重点审查案卷材料的以下内容：

（1）犯罪嫌疑人、被告人是否实施了贪污贿赂犯罪、恐怖活动犯罪等重大犯罪后逃匿且在通缉一年后不能到案。

犯罪嫌疑人、被告人构成犯罪的情况下，才适用违法所得的没收程序，但需要代理律师注意的是违法所得的没收程序犯罪事实的证明标准是"有证据证明有犯罪事实"与普通刑事案件犯罪事实的证明标准不同，普通刑事案件犯罪事实证明标准为"事实清楚，证据确实、充分"，所以违法所得的没收程序犯罪事实的证明标准低于普通刑事案件犯罪事实的证明标准。

（2）犯罪嫌疑人、被告人是否死亡。

（3）是否属于依法应当追缴的违法所得及其他涉案财产。

（4）是否符合法律关于管辖的规定。

（5）违法所得及其他涉案财产的种类、数量、所在地及相关证据材料。

（6）查封、扣押、冻结违法所得及其他涉案财产的清单和相关法律手续。

（7）委托人是否在6个月公告期内提出申请等。

五、申请开庭审理

律师接受犯罪嫌疑人、被告人的近亲属及其他利害关系人委托的，可以依照《刑事诉讼法》第299条第3款"人民法院在公告期满后对没收违法所得的申请进行审理。利害关系人参加诉讼的，人民法院应当开庭审理"的规定，要求人民法院开庭审理。

六、参加庭审

律师参加申请没收违法所得案件的开庭审理，对检察员宣读的申请书发表意见；对检察员出示的有关证据，发表质证意见；出示相关证据；在法庭辩论期间，在检察员发言后，发表代理意见并进行辩论。

七、代为提起上诉

对没收违法所得的裁定，律师可以接受犯罪嫌疑人、被告人的近亲属和其他利害关系人的委托，自收到裁定书 5 日内提出上诉。

第三十章

依法不负刑事责任的精神病人的 强制医疗程序

依法不负刑事责任的精神病人的强制医疗程序，是中国刑事诉讼法规定的五大特别程序之一。依法不负刑事责任的精神病人的强制医疗程序没有规定的适用《刑事诉讼法》其他程序的规定。

第一节 强制医疗程序的适用对象

《刑事诉讼法》第 302 条，《最高人民法院关于适用〈中华人民共和国刑事诉讼法〉的解释》第 630 条规定，实施暴力行为，危害公共安全或者严重危害公民人身安全，社会危害性已经达到犯罪程度，但经法定程序鉴定依法不负刑事责任的精神病人，有继续危害社会可能的，可以予以强制医疗。

依据前述规定强制医疗程序的适用对象应当同时具备行为程度条件、责任能力和社会危害性条件。

一、行为程度条件

（1）必须是行为人"实施了暴力行为"。如果行为人没有实施暴力行为，则不能采取强制医疗。

（2）行为人实施了暴力行为，且达到危害公共安全或者严重危害公民人身安全的程度，即要达到犯罪程度。如果没有达到犯罪程度，则不能采取强制医疗。

二、责任能力条件

强制医疗只能对"经法定程序鉴定依法不负刑事责任的精神病人"适用。司法精神病鉴定意见是强制医疗的核心证据。未经司法精神病鉴定，则不能

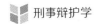

采取强制医疗。

三、社会危害性条件

行为人"有继续危害社会可能"。依据精神病人已经实施的行为性质及其精神状态等情况判断，如仍有可能继续实施犯罪，使法律保护的社会关系处于危险状态。

第二节 强制医疗程序

一、强制医疗程序的启动

《刑事诉讼法》第 303 条，《公安机关办理刑事案件程序规定》第 342 条至第 345 条，《人民检察院刑事诉讼规则》第 534 条至第 543 条是对启动强制医疗程序的规定。

（一）在侦查阶段发现符合强制医疗条件的处理

1. 移送强制医疗意见书

公安机关对经法定程序鉴定依法不负刑事责任的精神病人，有继续危害社会可能，符合强制医疗条件的，公安机关应当在 7 日以内写出强制医疗意见书，经县级以上公安机关负责人批准，连同相关证据材料和鉴定意见一并移送同级人民检察院。

对实施暴力行为的精神病人，在人民法院决定强制医疗前，经县级以上公安机关负责人批准，公安机关可以采取临时的保护性约束措施。必要时，可以将其送精神病医院接受治疗。

采取临时的保护性约束措施时，应当对精神病人严加看管，并注意约束的方式、方法和力度，以避免和防止危害他人和精神病人的自身安全为限度。

对于精神病人已没有继续危害社会可能，解除约束后不致发生社会危险性的，公安机关应当及时解除保护性约束措施。

2. 作出决定

人民检察院应当在接到公安机关移送的强制医疗意见书后 30 日以内作出是否提出强制医疗申请的决定。

（1）人民检察院审查公安机关移送的强制医疗意见书，应当查明：

第一，是否属于本院管辖。

第二，涉案精神病人身份状况是否清楚，包括姓名、性别、国籍、出生年月日、职业和单位等。

第三，涉案精神病人实施危害公共安全或者严重危害公民人身安全的暴力行为的事实。

第四，公安机关对涉案精神病人进行鉴定的程序是否合法，涉案精神病人是否依法不负刑事责任。

第五，涉案精神病人是否有继续危害社会的可能。

第六，证据材料是否随案移送，不宜移送的证据的清单、复制件、照片或者其他证明文件是否随案移送。

第七，证据是否确实、充分。

第八，采取的临时保护性约束措施是否适当。

（2）人民检察院办理公安机关移送的强制医疗案件，可以采取以下方式开展调查，调查情况应当记录并附卷：

第一，会见涉案精神病人，听取涉案精神病人的法定代理人、诉讼代理人意见。

第二，询问办案人员、鉴定人。

第三，向被害人及其法定代理人、近亲属了解情况。

第四，向涉案精神病人的主治医生、近亲属、邻居、其他知情人员或者基层组织等了解情况。

第五，就有关专门性技术问题委托具有法定资质的鉴定机构、鉴定人进行鉴定。

（3）人民检察院发现公安机关应当启动强制医疗程序而不启动的，可以要求公安机关在 7 日以内书面说明不启动的理由。

经审查，认为公安机关不启动理由不能成立的，应当通知公安机关启动强制医疗程序。

公安机关收到启动强制医疗程序通知书后，未按要求启动强制医疗程序的，人民检察院应当提出纠正意见。

（4）人民检察院对公安机关移送的强制医疗案件，发现公安机关对涉案精神病人进行鉴定违反法律规定，具有下列情形之一的，应当依法提出纠正意见：

第一，鉴定机构不具备法定资质的。

第二，鉴定人不具备法定资质或者违反回避规定的。

第三，鉴定程序违反法律或者有关规定，鉴定的过程和方法违反相关专业规范要求的。

第四，鉴定文书不符合法定形式要件的。

第五，鉴定意见没有依法及时告知相关人员的。

第六，鉴定人故意作虚假鉴定的。

第七，其他违反法律规定的情形。

人民检察院对精神病鉴定程序进行监督，可以要求公安机关补充鉴定或者重新鉴定。必要时，可以询问鉴定人并制作笔录，或者委托具有法定资质的鉴定机构进行补充鉴定或者重新鉴定。

（5）人民检察院发现公安机关对涉案精神病人不应当采取临时保护性约束措施而采取的，应当提出纠正意见。

认为公安机关应当采取临时保护性约束措施而未采取的，应当建议公安机关采取临时保护性约束措施。

（6）人民检察院对于公安机关移送的强制医疗案件，经审查认为不符合法定强制医疗条件的，应当作出不提出强制医疗申请的决定，并向公安机关书面说明理由；认为需要补充证据的，应当书面要求公安机关补充证据，必要时也可以自行调查。公安机关补充证据的时间不计入人民检察院办案期限。

人民检察院对于公安机关移送的强制医疗案件，经审查认为符合法定强制医疗条件的，应当向人民法院提出强制医疗的申请。

人民检察院提出强制医疗的申请以及对强制医疗决定的监督，由负责捕诉的部门办理。

（二）在审查起诉阶段发现符合强制医疗条件的处理

（1）人民检察院在审查起诉中，犯罪嫌疑人经鉴定系依法不负刑事责任的精神病人的，人民检察院应当作出不起诉决定。认为符合强制医疗法定条件的，应当向人民法院提出强制医疗的申请。

（2）强制医疗的申请由被申请人实施暴力行为所在地的基层人民检察院提出；由被申请人居住地的人民检察院提出更为适宜的，可以由被申请人居住地的基层人民检察院提出。

（3）人民检察院向人民法院提出强制医疗的申请，应当制作《强制医疗申请书》。《强制医疗申请书》的主要内容包括：①涉案精神病人的基本情况，包括姓名、性别、出生年月日、出生地、户籍地、公民身份号码、民族、文化程度、职业、工作单位及职务、住址，采取临时保护性约束措施的情况及处所等；②涉案精神病人的法定代理人的基本情况，包括姓名、住址、联系方式等；③案由及案件来源；④涉案精神病人实施危害公共安全或者严重危害公民人身安全的暴力行为的事实，包括实施暴力行为的时间、地点、手段、后果等及相关证据情况；⑤涉案精神病人不负刑事责任的依据，包括有关鉴定意见和其他证据材料；⑥涉案精神病人继续危害社会的可能；⑦提出强制医疗申请的理由和法律依据。

（三）在审判阶段发现符合强制医疗条件的处理

人民法院在审理案件过程中发现被告人可能符合强制医疗条件的，应当依照法定程序对被告人进行法医精神病鉴定。经鉴定，被告人属于依法不负刑事责任的精神病人的，应当适用强制医疗程序，对案件进行审理。

二、管辖法院

《最高人民法院关于适用〈中华人民共和国刑事诉讼法〉的解释》第631条规定："人民检察院申请对依法不负刑事责任的精神病人强制医疗的案件，由被申请人实施暴力行为所在地的基层人民法院管辖；由被申请人居住地的人民法院审判更为适宜的，可以由被申请人居住地的基层人民法院管辖。"

三、审判组织及审理方式

《刑事诉讼法》第304条，《最高人民法院关于适用〈中华人民共和国刑事诉讼法〉的解释》第635条，《人民检察院刑事诉讼规则》第544条规定，人民法院审理强制医疗案件，应当组成合议庭，开庭审理。但是，被申请人、被告人的法定代理人请求不开庭审理，并经人民法院审查同意的除外。

审理强制医疗案件，应当会见被申请人，听取被害人及其法定代理人的意见。

人民法院对强制医疗案件开庭审理的，人民检察院应当派员出席法庭。

四、通知到庭

《刑事诉讼法》第304条，《最高人民法院关于适用〈中华人民共和国刑事诉讼法〉的解释》第634条规定，人民法院审理强制医疗案件，应当通知被申请人或者被告人的法定代理人到场；被申请人或者被告人的法定代理人经通知未到场的，可以通知被申请人或者被告人的其他近亲属到场。

五、委托或指派律师担任诉讼代理人

人民法院审理强制医疗案件，被申请人或者被告人没有委托诉讼代理人的，应当自受理强制医疗申请或者发现被告人符合强制医疗条件之日起3日以内，通知法律援助机构指派律师担任其诉讼代理人，为其提供法律帮助。

六、对强制医疗申请的审查

（1）《最高人民法院关于适用〈中华人民共和国刑事诉讼法〉的解释》第632条规定，对人民检察院提出的强制医疗申请，人民法院应当审查以下内容：①是否属于本院管辖；②是否写明被申请人的身份，实施暴力行为的时间、地点、手段、所造成的损害等情况，并附证据材料；③是否附有法医精神病鉴定意见和其他证明被申请人属于依法不负刑事责任的精神病人的证据材料；④是否列明被申请人的法定代理人的姓名、住址、联系方式；⑤需要审查的其他事项。

（2）《最高人民法院关于适用〈中华人民共和国刑事诉讼法〉的解释》第633条规定，对人民检察院提出的强制医疗申请，人民法院应当在7日以内审查完毕，并按照下列情形分别处理：①属于强制医疗程序受案范围和本院管辖，且材料齐全的，应当受理；②不属于本院管辖的，应当退回人民检察院；③材料不全的，应当通知人民检察院在3日以内补送；3日以内不能补送的，应当退回人民检察院。

七、开庭审理程序

（1）《最高人民法院关于适用〈中华人民共和国刑事诉讼法〉的解释》第636条规定，开庭审理申请强制医疗的案件，按照下列程序进行：

①审判长宣布法庭调查开始后，先由检察员宣读申请书，后由被申请人的法定代理人、诉讼代理人发表意见；②法庭依次就被申请人是否实施了危害公共安全或者严重危害公民人身安全的暴力行为、是否属于依法不负刑事责任的精神病人、是否有继续危害社会的可能进行调查；调查时，先由检察

员出示证据，后由被申请人的法定代理人、诉讼代理人出示证据，并进行质证；必要时，可以通知鉴定人出庭对鉴定意见作出说明；③法庭辩论阶段，先由检察员发言，后由被申请人的法定代理人、诉讼代理人发言，并进行辩论。被申请人要求出庭，人民法院经审查其身体和精神状态，认为可以出庭的，应当准许。出庭的被申请人，在法庭调查、辩论阶段，可以发表意见。检察员宣读申请书后，被申请人的法定代理人、诉讼代理人无异议的，法庭调查可以简化。

（2）《最高人民法院关于适用〈中华人民共和国刑事诉讼法〉的解释》第638条规定，人民法院在审理普通刑事案件过程中发现被告人符合强制医疗条件的，应当依照法定程序对被告人进行法医精神病鉴定。经鉴定，被告人属于依法不负刑事责任的精神病人的，应当适用强制医疗程序审理，审理按下列程序进行：①审判长宣布法庭调查开始后，先由合议庭组成人员宣读对被告人的法医精神病鉴定意见，说明被告人可能符合强制医疗的条件。②依次由公诉人和被告人的法定代理人、诉讼代理人发表意见。③经审判长许可，公诉人和被告人的法定代理人、诉讼代理人可以进行辩论。

八、审理结果

（1）《最高人民法院关于适用〈中华人民共和国刑事诉讼法〉的解释》第637条规定，对人民检察院提出强制医疗申请的案件，人民法院审理后，应当按照下列情形分别处理：①符合刑事诉讼法规定的强制医疗条件的，应当作出对被申请人强制医疗的决定；②被申请人属于依法不负刑事责任的精神病人，但不符合强制医疗条件的，应当作出驳回强制医疗申请的决定；被申请人已经造成危害结果的，应当同时责令其家属或者监护人严加看管和医疗；③被申请人具有完全或者部分刑事责任能力，依法应当追究刑事责任的，应当作出驳回强制医疗申请的决定，并退回人民检察院依法处理。

（2）《最高人民法院关于适用〈中华人民共和国刑事诉讼法〉的解释》第639条规定，人民法院在审理普通刑事案件过程中发现被告人符合强制医疗条件的，应当适用强制医疗程序审理，审理后应当按照下列情形分别处理：①被告人符合强制医疗条件的，应当判决宣告被告人不负刑事责任，同时作出对被告人强制医疗的决定；②被告人属于依法不负刑事责任的精神病人，但不符合强制医疗条件的，应当判决宣告被告人无罪或者不负刑事责任；被告人已经造成危害结果的，应当同时责令其家属或者监护人严加看管和医疗；③被告人具有完全或者部分刑事责任能力，依法应当追究刑事责任的，应当依照普通刑事案件程序继续审理。

九、审理期限

《刑事诉讼法》第 305 条第 1 款规定，人民法院经审理，对于被申请人或者被告人符合强制医疗条件的，应当在 1 个月以内作出强制医疗的决定。自人民法院收到人民检察院强制医疗申请书之日起计算，由于不可抗力原因致使案件中止审理的期间，或者被申请人、被告人申请延期审判的期间不计算在审限以内。

十、复议程序

《刑事诉讼法》第 305 条第 2 款，《最高人民法院关于适用〈中华人民共和国刑事诉讼法〉的解释》第 640 条至第 644 条是对复议程序的规定。

（一）复议申请

被决定强制医疗的人、被害人及其法定代理人、近亲属对强制医疗决定不服的，可以自收到决定书之日起 5 日内向上一级人民法院申请复议。复议期间不停止执行强制医疗的决定。

（二）复议决定

对不服强制医疗决定的复议申请，上一级人民法院应当组成合议庭审理，并在 1 个月内，按照下列情形分别作出复议决定：

（1）被决定强制医疗的人符合强制医疗条件的，应当驳回复议申请，维持原决定。

（2）被决定强制医疗的人不符合强制医疗条件的，应当撤销原决定。

（3）原审违反法定诉讼程序，可能影响公正审判的，应当撤销原决定，发回原审人民法院重新审判。

第一审人民法院在审理案件过程中发现被告人符合强制医疗条件，适用强制医疗程序对案件进行审理的，得出的判决、决定，人民检察院提出抗诉，同时被决定强制医疗的人、被害人及其法定代理人、近亲属申请复议的，上一级人民法院应当依照第二审程序一并处理。

人民法院在审理第二审普通刑事案件过程中，发现被告人可能符合强制医疗条件的，可以依照强制医疗程序对案件作出处理，也可以裁定发回原审人民法院重新审判。

十一、强制医疗的执行

人民法院决定强制医疗的，应当在作出决定后 5 日内，向公安机关送达《强制医疗决定书》和《强制医疗执行通知书》，由公安机关将被决定强制医疗的人送交强制医疗。

第三节　解除强制医疗程序

《刑事诉讼法》第 306 条，《最高人民法院关于适用〈中华人民共和国刑事诉讼法〉的解释》第 645 条至第 647 条是对解除强制医疗程序的规定。

一、解除强制医疗意见和申请

（一）提出解除强制医疗意见

强制医疗机构应当定期对被强制医疗的人进行诊断评估。对于已不具有人身危险性，不需要继续强制医疗的，应当及时提出解除意见，报决定强制医疗的人民法院批准。

（二）提出解除强制医疗申请

被强制医疗的人及其近亲属申请解除强制医疗的，应当向决定强制医疗的人民法院提出。

被强制医疗的人及其近亲属提出的解除强制医疗申请被人民法院驳回，6个月后再次提出申请的，人民法院应当受理。

二、诊断评估报告

强制医疗机构提出解除强制医疗意见，或者被强制医疗的人及其近亲属申请解除强制医疗的，人民法院应当审查是否附有对被强制医疗的人的诊断评估报告。

强制医疗机构提出解除强制医疗意见，未附诊断评估报告的，人民法院应当要求其提供。

被强制医疗的人及其近亲属向人民法院申请解除强制医疗，强制医疗机构未提供诊断评估报告的，申请人可以申请人民法院调取。必要时，人民法院可以委托鉴定机构对被强制医疗的人进行鉴定。

三、解除强制医疗的审理程序

强制医疗机构提出解除强制医疗意见，或者被强制医疗的人及其近亲属申请解除强制医疗的，人民法院应当组成合议庭进行审查，并在 1 个月内，按照下列情形分别处理：

（1）被强制医疗的人已不具有人身危险性，不需要继续强制医疗的，应当作出解除强制医疗的决定，并可责令被强制医疗的人的家属严加看管和医疗。

（2）被强制医疗的人仍具有人身危险性，需要继续强制医疗的，应当作出继续强制医疗的决定。

对前述规定的案件，必要时，人民法院可以开庭审理，通知人民检察院派员出庭。

人民法院应当在作出决定后 5 日内，将决定书送达强制医疗机构、申请解除强制医疗的人、被决定强制医疗的人和人民检察院。决定解除强制医疗的，应当通知强制医疗机构在收到决定书的当日解除强制医疗。

第四节　强制医疗的法律监督

《刑事诉讼法》第 307 条，《最高人民法院关于适用〈中华人民共和国刑事诉讼法〉的解释》第 648 条，《人民检察院刑事诉讼规则》第 545 条至第550 条是对强制医疗法律监督的规定。

一、审理活动的法律监督

人民检察院发现人民法院强制医疗案件审理活动具有下列情形之一的，应当提出纠正意见：

（1）未通知被申请人或者被告人的法定代理人到场的。

（2）被申请人或者被告人没有委托诉讼代理人，未通知法律援助机构指派律师为其提供法律帮助的。

（3）未组成合议庭或者合议庭组成人员不合法的。

（4）未经被申请人、被告人的法定代理人请求直接作出不开庭审理决定的。

（5）未会见被申请人的。

（6）被申请人、被告人要求出庭且具备出庭条件，未准许其出庭的。

（7）违反法定审理期限的。

（8）收到人民检察院对强制医疗决定不当的书面纠正意见后，未另行组成合议庭审理或者未在一个月以内作出复议决定的。

（9）人民法院作出的强制医疗决定或者驳回强制医疗申请决定不当的。

（10）其他违反法律规定的情形。

二、诉讼程序的法律监督

出席法庭的检察官发现人民法院或者审判人员审理强制医疗案件违反法律规定的诉讼程序，应当记录在案，并在休庭后及时向检察长报告，由人民检察院在庭审后向人民法院提出纠正意见。

三、强制医疗决定或驳回申请决定的法律监督

（1）人民检察院认为人民法院作出的强制医疗决定或者驳回强制医疗申请的决定，具有下列情形之一的，应当在收到决定书副本后 20 日以内向人民法院提出纠正意见：①据以作出决定的事实不清或者确有错误的；②据以作出决定的证据不确实、不充分的；③据以作出决定的证据依法应当予以排除的；④据以作出决定的主要证据之间存在矛盾的；⑤有确实、充分的证据证明应当决定强制医疗而予以驳回的，或者不应当决定强制医疗而决定强制医疗的；⑥审理过程中严重违反法定诉讼程序，可能影响公正审理和决定的。

（2）人民法院作出宣告被告人无罪或者不负刑事责任的判决和强制医疗决定的，人民检察院应当进行审查。对判决确有错误的，应当依法提出抗诉；对强制医疗决定不当或者未作出强制医疗的决定不当的，应当提出纠正意见。

四、其他违法行为的法律监督

（1）人民法院收到被决定强制医疗的人、被害人及其法定代理人、近亲属复议申请后，未组成合议庭审理，或者未在 1 个月以内作出复议决定，或

者有其他违法行为的，人民检察院应当提出纠正意见。

（2）人民检察院认为强制医疗决定或者解除强制医疗决定不当，在收到决定书后 20 日内提出书面纠正意见的，人民法院应当另行组成合议庭审理，并在 1 个月内作出决定。

（3）人民检察院对于人民法院批准解除强制医疗的决定实行监督，发现人民法院解除强制医疗的决定不当的，应当提出纠正意见。

第五节　强制医疗程序的代理

一、接受委托或指派

律师可以接受强制医疗案件被申请人、被告人及其法定代理人、近亲属的委托担任诉讼代理人或接受法律援助机构的指派担任诉讼代理人。

二、查阅案卷材料

代理律师应当重点审查案卷材料以下内容：

（1）被申请人或者被告人是否实施了暴力行为，是否危害公共安全或者严重危害公民人身安全。

（2）被申请人或者被告人是否属于经法定程序鉴定依法不负刑事责任的精神病人。

（3）被申请人或者被告人是否有继续危害社会的可能等。

三、参加庭审

代理律师参加强制医疗案件的开庭审理，在检察员宣读申请书后，发表意见；对检察员出示的有关证据，发表质证意见，并可以出示相关证据；法庭辩论期间，在检察员发言后，发表代理意见并进行辩论。

四、代理申请复议

被决定强制医疗的人、被害人及其法定代理人、近亲属对强制医疗决定不服的，律师可以接受其委托，自收到决定书之日起 5 日内向上一级人民法院申请复议。

五、申请解除强制医疗

代理律师可以接受被强制医疗的人及其近亲属的委托，协助其向决定强制医疗的人民法院提出解除强制医疗申请。

律师代为提出解除强制医疗申请的，应当协助委托人提交对被强制医疗的人的诊断评估报告或申请人民法院调取。必要时，可以申请人民法院委托鉴定机构对被强制医疗的人进行鉴定。

第三十一章
权利救济与执业纪律

第一节　权利救济

　　律师参与刑事诉讼，依照《刑事诉讼法》及《律师法》的规定，在职责范围内依法享有知情权、申请权、申诉权，以及会见、阅卷、收集证据和发问、质证、辩论等方面的执业权利。任何机关不得阻碍律师依法履行辩护、代理职责，不得侵害律师合法权利。

一、向人民检察院申诉或者控告

　　(1) 律师认为办案机关及其工作人员有下列阻碍其依法行使执业权利、诉讼权利行为之一的，可以向同级或者上一级人民检察院申诉或者控告：①对律师提出的回避要求不予受理或者对不予回避决定不服的复议申请不予受理的；②未依法告知犯罪嫌疑人、被告人有权委托辩护人的；③未转达在押的或者被监视居住的犯罪嫌疑人、被告人委托辩护人的要求的；④应当通知而不通知法律援助机构为符合条件的犯罪嫌疑人、被告人或者被申请强制医疗的人指派律师提供辩护或者法律援助的；⑤在规定时间内不受理、不答复辩护人提出的变更强制措施申请或者解除强制措施要求的；⑥未依法告知辩护律师犯罪嫌疑人涉嫌的罪名和案件有关情况的；⑦违法限制辩护律师同在押、被监视居住的犯罪嫌疑人、被告人会见和通信的；⑧违法不允许辩护律师查阅、摘抄、复制本案的案卷材料的；⑨违法限制辩护律师收集、核实有关证据材料的；⑩没有正当理由不同意辩护律师提出的收集、调取证据或者通知证人出庭作证的申请，或者不答复、不说明理由的；⑪未依法提交证明犯罪嫌疑人、被告人无罪或者罪轻的证据材料的；⑫未依法听取律师的意见的；

⑬未依法将开庭的时间、地点及时通知律师的；⑭未依法向律师及时送达案件的法律文书或者及时告知案件移送情况的；⑮阻碍律师在法庭审理过程中依法发问、举证、质证、发表辩护或代理意见及行使其他诉讼权利的；⑯其他阻碍律师依法行使诉讼权利的行为等。

（2）庭审参加人员侵犯被告人的权利的，审判人员未按法律规定的程序、方式进行审理的，辩护律师可以向法庭指出并要求予以纠正，也可以向同级或者上一级人民检察院申诉、控告。

（3）律师可以在庭审中对程序性问题提出意见或异议。法庭决定驳回的，律师可以当庭提出复议。经复议后律师应当尊重法庭决定。律师坚持认为法庭决定不当的，可以提请法庭将其意见详细记入法庭笔录，作为上诉理由。休庭后律师可以视违法情形向同级或者上一级人民检察院申诉、控告。

二、向上级人民法院申诉或向人民检察院控告

（1）律师认为被训诫、被带出法庭理由不当的，可以向上级人民法院申诉，也可以向人民检察院控告。

（2）律师向人民检察院提出申诉或者控告后，可以要求人民检察院在10日以内将处理情况作出书面答复。逾期不答复的，可以向上级人民检察院申诉或者控告。

三、向司法行政机关、律师协会申请维权

（1）律师认为办案机关及其工作人员阻碍其依法行使执业权利的，可以向其注册地的市级司法行政机关、所属的律师协会申请维护执业权利。情况紧急的，可以向事发地的司法行政机关、律师协会申请维护执业权利。事发地的司法行政机关、律师协会应当给予协助。

（2）律师在执业过程中遇有以下情形，认为其执业权利受到侵犯的，可以向相关律师协会申请维护执业权利：①知情权、申请权、申诉权，控告权，以及会见、通信、阅卷、收集证据和发问、质证、辩论、提出法律意见等合法执业权利受到限制、阻碍、侵害、剥夺的；②受到侮辱、诽谤、威胁、报复、人身伤害的；③在法庭审理过程中，被违反规定打断或者制止按程序发言的；④被违反规定强行带出法庭的；⑤被非法关押、扣留、拘禁或者以其他方式限制人身自由的；⑥其他妨碍依法履行辩护、代理职责，侵犯执业权

利的。

四、投诉、申诉、控告、申请维权并举

律师认为办案机关及其工作人员明显违反法律规定，阻碍律师依法履行辩护、代理职责，侵犯律师执业权利的，可以向办案机关或者其上一级机关投诉；向同级或者上一级人民检察院申诉、控告；向注册地的市级司法行政机关、所属的律师协会申请维护执业权利。律师向事发地司法行政机关、律师协会提出申请的，相关司法行政机关、律师协会应当予以接待，并于 24 小时以内将其申请移交注册地的市级司法行政机关、所属律师协会。情况紧急的，应当即时移交。

第二节　执业纪律

律师从事刑事案件业务要遵守律师职业道德、执业纪律，遵守法律法规以及司法部和中华全国律师协会的相关规定，不得从事下列行为。

一、违规收案、收费

律师不得有下列违规收案、收费的行为：

（1）不按规定与委托人签订书面委托合同的。

（2）不按规定统一接受委托、签订书面委托合同和收费合同，统一收取委托人支付的各项费用的，或者不按规定统一保管、使用律师服务专用文书、财务票据、业务档案的。

（3）私自接受委托，私自向委托人收取费用，或者收取规定、约定之外的费用或者财物的。

（4）违反律师服务收费管理规定或者收费协议约定，擅自提高收费的。

（5）执业期间以非律师身份从事有偿法律服务的。

（6）不向委托人开具律师服务收费合法票据，或者不向委托人提交办案费用开支有效凭证的。

（7）在实行政府指导价的业务领域违反规定标准收取费用，或者违反风险代理管理规定收取费用。

（8）假借法院、检察院、公安机关办案人员以及其他工作人员的名义或

者以联络、酬谢法院、检察院、公安机关办案人员以及其他工作人员为由，向当事人索取财物或者其他利益。

（9）利用提供法律服务的便利牟取当事人利益。

（10）接受委托后，故意损害委托人利益的。

（11）为阻挠当事人解除委托关系，威胁、恐吓当事人或者扣留当事人提供的材料的。

（12）其他违规收案、收费的行为。

二、提供法律服务不尽责

律师不得具有以下提供法律服务不尽责的行为：

（1）接受委托后，无正当理由，不向委托人提供约定的法律服务的；拒绝辩护或者代理的；不及时调查了解案情，不及时收集、申请保全证据材料的；办案不认真负责或者无故延误参与诉讼等不尽责的行为。

（2）无正当理由拒绝接受律师事务所或者法律援助机构指派的法律援助案件的，或者接受指派后，拖延、懈怠履行或者擅自停止履行法律援助职责的，或者接受指派后，未经律师事务所或者法律援助机构同意，擅自将法律援助案件转交其他人员办理的。

（3）其他提供法律服务不尽责的行为。

三、利益冲突行为

律师不得具有以下利益冲突行为：

（1）同一律师事务所的不同律师同时担任同一刑事案件的被害人的代理人和犯罪嫌疑人、被告人的辩护人，但在该县区域内只有一家律师事务所且事先征得当事人同意的除外。

（2）担任刑事案件犯罪嫌疑人、被告人的辩护人，而同所的其他律师是该案件被害人的近亲属的。

（3）各级人民法院、人民检察院离任人员在离任后二年内，不得以律师身份担任诉讼代理人或者辩护人。各级人民法院、人民检察院离任人员终身不得担任原任职人民法院、人民检察院办理案件的诉讼代理人或者辩护人，但是作为当事人的监护人或者近亲属代理诉讼或者进行辩护的除外。

（4）其他利益冲突行为。

四、不正当竞争

律师应按有关规定接受案件，不得以下列不正当手段争揽业务：

（1）为争揽业务，向委托人作虚假承诺的。

（2）向当事人明示或者暗示与办案机关、政府部门及其工作人员有特殊关系的。

（3）利用媒体、广告或者其他方式进行不真实或者不适当宣传的。

（4）以支付介绍费等不正当手段争揽业务的。

（5）在事前或事后为承办案件的人员牟取物质的或非物质的利益，为了争揽案件事前或事后给予有关人员物质的或非物质利益的。

（6）在司法机关、监管场所周边违规设立办公场所、散发广告、举牌等不正当手段争揽业务的。

（7）捏造、散布虚假事实，损害、诋毁其他律师、律师事务所声誉的。

（8）哄骗、唆使当事人提起诉讼，制造、扩大矛盾，影响社会稳定的。

（9）利用与司法机关、行政机关或其他具有社会管理职能组织的关系，进行不正当竞争的。

（10）其他不正当竞争行为。

五、不正当交往

律师与办案机关及其工作人员接触交往，应当遵守法律及相关规定。

（1）不得在承办案件期间，为了不正当目的，在非工作期间、非工作场所，会见法院、检察院、公安机关办案人员及其他有关工作人员。

（2）不得利用与法院、检察院、公安机关办案人员以及其他有关工作人员的特殊关系，打探办案机关内部对案件的办理意见。

（3）不得向法院、检察院、公安机关办案人员及其他有关工作人员行贿、介绍贿赂或者指使、诱导当事人行贿。

（4）不得利用与承办法院、检察院、公安机关办案人员及其他有关工作人员的特殊关系，影响依法办理案件。

（5）其他不正当交往行为。

六、妨碍诉讼活动

律师参与诉讼活动，应当遵守法庭纪律和相关规定，不得有下列妨碍、干扰诉讼活动正常进行的行为：

（1）未经当事人委托或者法律援助机构指派，以律师名义为当事人提供法律服务、介入案件，干扰依法办理案件的。

（2）对本人或者其他律师正在办理的案件进行歪曲、有误导性的宣传和评论，恶意炒作案件的。

（3）以串联组团、联署签名、发表公开信、组织网上聚集、声援等方式或者借个案研讨之名，制造舆论压力，攻击、诋毁司法机关和司法制度的

（4）煽动、教唆和组织当事人或者其他人员到司法机关或者其他国家机关静坐、举牌、打横幅、喊口号、声援、围观等扰乱公共秩序、危害公共安全的非法手段，聚众滋事，制造影响，向有关机关施加压力的

（5）发表、散布否定宪法确立的根本政治制度、基本原则和危害国家安全的言论，利用网络、媒体挑动对党和政府的不满，发起、参与危害国家安全的组织或者支持、参与、实施危害国家安全的活动的。

（6）以歪曲事实真相、明显违背社会公序良俗等方式，发表恶意诽谤他人的言论，或者发表严重扰乱法庭秩序的言论的

（7）会见在押犯罪嫌疑人、被告人时，违反有关规定，携带犯罪嫌疑人、被告人的近亲属或者其他利害关系人会见，将通信工具提供给在押犯罪嫌疑人、被告人使用，或者传递物品、文件。

（8）无正当理由，拒不按照人民法院通知出庭参与诉讼，或者违反法庭规则，擅自退庭。

（9）聚众哄闹、冲击法庭，侮辱、诽谤、威胁、殴打司法工作人员或者诉讼参与人，否定国家认定的邪教组织的性质，或者有其他严重扰乱法庭秩序的行为。

（10）故意提供虚假证据或者威胁、利诱他人提供虚假证据，妨碍作证的。

（11）其他妨碍、干扰诉讼活动正常进行的行为。

七、违反保密义务

律师在执业活动中知悉的商业秘密、个人隐私、国家秘密以及不公开审理案件的信息、材料应当予以保密，不得泄漏、散布和传播。

八、不正当言论

律师当庭陈述意见应当尊重法庭，以理服人，尊重其他诉讼参与人。不得侮辱、诽谤、威胁他人，不得发表与案件无关的意见，不得发表严重扰乱法庭秩序的言论。律师对案件向社会公开发表言论，应当依法、客观、公正、审慎。

律师办理刑事案件违反执业纪律，由其注册地司法行政机关或律师协会按《律师法》《律师执业管理办法》及《律师协会会员违规行为处分规则（试行）》进行行政处罚或行业处分。